Dear Brother John Acaster,

SYMBOLIQUE

DES GRADES DE PERFECTION

ET DES ORDRES DE SAGESSE

I hope this book will interest you and you find it synthetic, precise and clear and appreciat his lecture.

Sincerely and fraternally

[illegible]

Paris le 26.01.04

Du même auteur

Les Initiations et l'initiation maçonnique, Edimaf, 2000.

La Symbolique maçonnique du troisième millénaire, Dervy 2001 (3e édition 2003).

Des contes de fées à l'opéra : une voie royale, d'Amélie Gedalge, textes présentés et rassemblés, en collaboration avec André Gedalge, Dervy, 2003.

22, rue Huyghens, 75014 • Paris
ISBN : 2-84454-224-7

contact@dervy.fr

Irène MAINGUY

SYMBOLIQUE DES GRADES DE PERFECTION ET DES ORDRES DE SAGESSE

Aux Rites Écosssais Ancien et Accepté et Français

ou la Maîtrise approfondie

Illustré de 96 figures et 31 planches
par Henri-Jean Deguillemain et Amis,
ainsi que de 4 lithographies couleur
de Jean Beauchard

Éditions DERVY
204, boulevard Raspail
75014 Paris

A la mémoire de

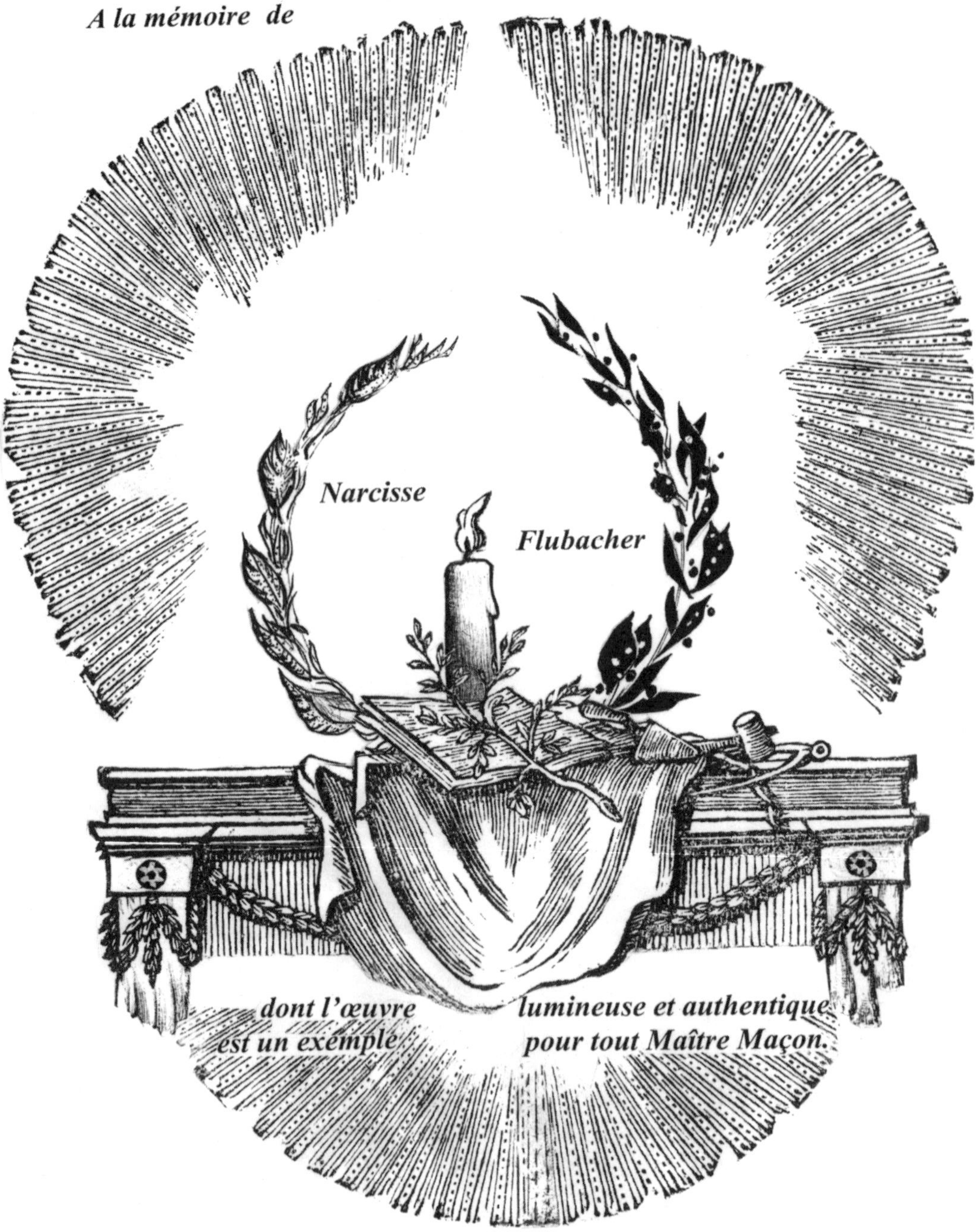

Narcisse Flubacher

dont l'œuvre lumineuse et authentique est un exemple pour tout Maître Maçon.

PORTRAIT D'UN VRAI MAÇON

Le vrai et universel maçon, Citoyen du monde entier,
n'est étranger dans aucun pays, sans le secours de la voix,
il parle et se fait entendre, il voit sans le secours des yeux,
on le reconnaît à des marques infaillibles, et plus encore
à ses vertus. Honnête homme, il exerce les préceptes
de l'humanité envers tous, et par un désir particulier,
envers les FF.·. auxquels il est lié par un secret inviolable.
Maître de lui, libre sans licence, enjoué sans indécence,
sur la ruine des passions il élève des temples à la vertu.
Soutenu par la Force, instruit par la Sagesse, décoré par
la Beauté, lui seul peut se glorifier de posséder le grand
art de jouir de la vie sans en abuser. Héritier des mœurs
et des biens de cet âge heureux où la folle ambition de
l'aveugle fortune n'ayant pas encore d'autel dans le cœur
des humains, il n'était de grandeur que la vertu, de richesse
que la paix et la satisfaction intérieure.
Enfin les maçons composent, sous les mêmes lois,
un Peuple innombrable de frères dispersés
dans toutes les parties du globe, qui
savent respecter les droits des religions et
des souverains auxquels la providence les a soumis.

Tel est le portrait d'un vrai Maçon[1].

1. *Grade de Parfait Élu de la Voûte sacrée de Jacques VI ou Grand Écossais*, traduit en français par le Respectable F.·. le Grand baron de Blairfaindi, sur les cahiers originaux de la Très Respectable Maîtresse Loge Écossaise d'Édimbourg. Manuscrit de Bayreuth, 7760-32.

יהוה
Mes plus chaleureux remerciements à celles et ceux qui m'ont soutenue dans la réalisation de cette œuvre !
Que cette modeste pierre permette aux Maîtres Maçons d'avancer plus avant dans la Voie de la Connaissance!
Z
נ א

SOMMAIRE

CHAPITRE II

MAÎTRE PARFAIT (5e DEGRÉ)

CHAPITRE III

SECRÉTAIRE INTIME OU MAÎTRE ANGLAIS (6e DEGRÉ)

CHAPITRE IV

PRÉVÔT ET JUGE OU MAÎTRE IRLANDAIS (7e DEGRÉ)

CHAPITRE V

INTENDANT DES BÂTIMENTS (8e DEGRÉ) OU MAÎTRE EN ISRAËL OU MAÎTRE ÉCOSSAIS DES TROIS J

CHAPITRE VI

ÉLU DES NEUF (9e DEGRÉ)

CHAPITRE VII

ILLUSTRE ÉLU DES QUINZE (10e DEGRÉ)

CHAPITRE VIII

SUBLIME CHEVALIER ÉLU (11e DEGRÉ)

CHAPITRE IX

GRAND MAÎTRE ARCHITECTE (12e DEGRÉ)

CHAPITRE X

CHEVALIER DE ROYALE ARCHE (13e DEGRÉ)

CHAPITRE XI

GRAND ÉLU DE LA VOÛTE SACRÉE, SUBLIME MAÇON OU GRAND ÉCOSSAIS(14e DEGRÉ)

CHAPITRE XII

PREMIER ORDRE DE SAGESSE DU RITE FRANÇAIS OU ÉLU SECRET

CHAPITRE XIII

DEUXIÈME ORDRE DE SAGESSE DU RITE FRANÇAIS GRADE DU GRAND ÉLU ÉCOSSAIS

APPENDICE

BIBLIOGRAPHIE

TABLES

Préface

Si la Franc-Maçonnerie organisée existe depuis près de deux cent quatre-vingts ans, il nous manque cette vue globale de l'ensemble qui intégrerait nos connaissances, tant sur le plan de l'histoire des institutions maçonniques que des relations entre celles-ci et leurs différentes composantes. Si l'on examine le contexte sociologique ou évolué et s'est développé la société des francs-maçons en relation avec l'invention, la naissance et la croissance des Rites qui articulent ce qu'il est d'usage de nommer les « Haut Grades », cette dénomination qui implique une gradation progressive des connaissances maçonniques, on constate que cette relation n'a jamais été mise en évidence. Les « Haut Grades » ont été pratiqués tardivement en Angleterre où la Franc-Maçonnerie spéculative est apparue vers 1720, mais ils ont été inventés et répandus, surtout en France, et dans les autres pays d'Europe continentale, dès le milieu du XVIIIe siècle.

La Franc-Maçonnerie en tant qu'institution a une caractéristique fondamentale et essentielle, c'est sa faculté de s'adapter à des milieux sociaux et politiques très variés. Au départ en Angleterre, à Londres et ensuite très progressivement à Norwich, Bristol et autres centres urbains et commerciaux importants, les loges de la Société des Franc-Maçons regroupent des membres de la petite bourgeoisie, commerçants et artisans. Les loges maçonniques sont urbaines et participent à la vie de la ville et la motivation fondamentale des francs-maçons est l'entraide. Celle-ci s'exerce dans une société où il n'existe ni assurances sociales qu'il s'agisse de maladies ou d'accidents, ni retraites et où l'endettement conduit immédiatement à la prison. Cette entraide se manifeste au sein de groupes spécifiques, dont les loges maçonniques, mais pas elles seules, où tous les membres participent à un fond de solidarité réservé au bénéfice exclusif des cotisants. La structure interne des loges est une copie des nombreuses institutions religieuses protestantes qui, durant le siècle, ont adopté des procédures de gestion interne et d'application de la solidarité en faveur de leurs membres. Leurs origines sont diverses. Il s'agit aussi bien de réfugiés huguenots victimes de la révocation de l'Édit de Nantes, que des Églises Calvinistes Wallonnes issues des persécutions espagnoles aux Pays Bas, ou des Congrégations dites puritaines, mais elles sont toutes imprégnées à des degrés divers d'un sentiment égalitaire de source calviniste. L'appropriation par les premières loges de procédures internes, l'adoption et l'adaptation de termes et de légendes vétéro-testamentaires, associées à des pratiques sociales usuelles dans le pays constituent le fond de ce qui établit la structure spécifique des rituels maçonniques au cours des deux premiers tiers du XVIIIe siècle.

Les thèmes de base en sont : le travail bien fait, toujours la morale calviniste, et la solidarité des participants dans le respect de l'ordre social. L'Ancien Testament est la référence qui gouverne l'appréciation du travail bien fait. Dans ce pays où la connaissance de la Bible est générale, il est évident que le Roi Salomon est le Maître du Temple spirituel, tandis que les allusions aux outils employés symboliquement dans un sens moralisateur, confirment le lien imaginaire et légendaire avec un profession ancienne et respectée. C'est ici qu'interviennent les manuscrits des « Anciennes Instructions » [dans *l'expression anglaise "The Old Charges", le mot "charges" signifie dans le langage maçonnique toujours en usage "Instructions" et pas « Devoirs ». Ceci modifie le sens de la traduction française et l'on saisit pourquoi cette dernière est erronée*] des documents qui permettent de procéder à la réception des francs-maçons. Ces « *Anciennes instructions* » décrivent les droits et devoirs des maçons *opératifs,* soit des travailleurs manuels, par opposition aux franc-maçons qui sont eux spéculatifs, et membres de loges antérieures à 1717 ou issues directement ou indirectement de la première Grande Loge d'Angleterre après 1717. Le mot « *franc-maçon* » se trouve dans les textes antérieurs à 1717, il désigne alors des personnes, et jamais une institution car elle n'existait pas. Ces « Anciennes Instructions » n'ont pas d'existence légale, elles garantissent tant aux candidats qu'aux assistants que la réception est conforme aux anciens usages. Elles ne proviennent pas, autant qu'on le sache, des Guildes, des Confréries ou autres organisations professionnelles qui ont une existence officielle. Il existe aujourd'hui plus de 120 copies de ces « Anciennes Instructions » qui ne sont pas des formes primitives de rituels maçonniques. Il est important de tenir compte du fait que le terme anglais est « making a mason », ce qui veut dire « faire un maçon ». le mot initiation n'apparaît que plus tardivement.

Telle apparaît la structure de la Franc-Maçonnerie en Angleterre à ses débuts. Au cours des vingt-cinq premières années de la Maçonnerie organisée, soit après 1723, date de la publication du premier "Livre des Constitutions" il semble que le rituel maçonnique se stabilise et en Angleterre on ne trouve des indices de l'apparition de ce qui pourrait être considéré comme des « Haut Grades » que vers les années 1770. Fondamentalement la Franc-Maçonnerie anglaise n'aborde pas de réflexions symboliques, elle reste moralisatrice et fait reposer l'approche intellectuelle sur des analogies bibliques. C'est William Preston (1742-1818) qui introduit dans le dernier quart du siècle une approche symbolique qui va influencer toute la Franc-Maçonnerie anglo-saxonne.

Au contraire lors qu'entre 1725 et 1735 la Franc-Maçonnerie est exportée, d'abord en France d'où elle va se répandre sur le Continent, elle se transforme au contact d'une société où la structure des relations sociales est différente de celles de l'Angleterre. Une remarque préalable s'impose : la Franc-Maçonnerie anglaise dispose d'un "Livre des Constitutions" qui définit et codifie les rapports entre le franc-maçon et sa loge, et ceux qui lient les loges et la Grande Loge, ainsi que les pouvoirs et devoirs que ces entités se doivent réciproquement. Mais en matière de rituel, le "Livre des Constitutions" est muet, si ce n'est que les Règlements Généraux recommandent que les "usages", c'est-à-dire les rituels soient semblables et qu'une certaine uniformité soit atteinte par des visites réciproques des membres des différentes loges.

Or lors du passage vers la France et d'autres nations, aucun texte écrit de rituel n'a été transmis, la Grande Loge estimant que la transmission orale qui est de règle chez elle, était connue et appliquée dans tous les autres pays. Ceci fait que lors des installations de loges en France, ce sont uniquement des textes mémorisés, avec tous les risques d'erreurs que cela comporte, qui ont été transmis et simultanément traduits. De plus, en l'absence du "Livre des Constitutions" les règles relatives aux liens entre les maçons, les loges et les Grandes Loges ont nécessairement été réinventées et adaptées aux besoins des différentes contrées où la Franc-Maçonnerie s'est pratiquée.

La fraction de la société française où la Franc-Maçonnerie s'est introduite et propagée est étrangère à toute forme d'égalité entre des personnes de rangs différents, et en vérité elle n'a que faire d'une institution qui lui propose de représenter des ouvriers du bâtiment, même s'ils sont hautement qualifiés et travaillent sous l'égide du Roi Salomon. L'origine ouvrière proclamée par les anglais n'a donc aucune chance de satisfaire les aspirations des francs-maçons français. La société du XVIIIe siècle est figée en castes, qui se côtoient certes, mais ne se mélangent pas, aussi était-il nécessaire que la Franc-Maçonnerie française s'adapte à la structure sociale française. La solution adoptée consista à ajouter aux trois degrés venus d'Angleterre une série de grades ou degrés dotés de titres qui reflètent la situation sociale des adeptes. Mais ce ne sont que certains aspects des difficultés que rencontra l'installation de la Franc-Maçonnerie en France. En Angleterre en 1730, il n'existe pas de censure de la presse et des imprimés, les associations se constituent à leur gré, et la tolérance religieuse existe à quelques exceptions près, tandis que les persécutions religieuses n'existent plus depuis la fin du XVIIe siècle, lorsque l'on constate que la diversité des religions ne porte pas atteinte à la sûreté de l'État. Ainsi les réunions des francs-maçons ou d'autres associations ne sont soumises ni à autorisation, ni à aucun contrôle. Le « secret » des francs-maçons est dès lors légitime et personne ne soupçonne une si honorable société de complot ou d'activités inavouables.

On mesure dès lors les problèmes qui se posent aux premiers organisateurs de loges en France, et parmi ces obstacles, dans ce pays dominé par l'Église catholique, le plus important est justement le secret des francs-maçons. Si, étant donné la qualité des premiers membres, la subversion peut être écartée, malgré les dénégations, la suspicion existe et le secret des réunions maçonniques doit aux yeux des autorités tant civiles qu'ecclésiastiques, cacher quelques éléments inacceptables pour la foi, ce qui va rapidement être confirmé par une Bulle Papale en 1737, cependant qui n'est pas approuvée par le Parlement et n'est donc pas appliquée en France. Simultanément un auteur franc-maçon dont les écrits antérieurs ne peuvent être soupçonnés de ne pas respecter l'orthodoxie catholique la plus stricte, le Chevalier Ramsay, va inventer une nouvelle origine pour les francs-maçons. La solution qu'il présente est impeccable : la Franc-Maçonnerie a été rapportée en Occident par les Templiers de la Terre Sainte.

La voie est donc ouverte, la Franc-Maçonnerie n'est plus une institution d'ouvriers, mais elle s'offre de nobles ancêtres, et lorsque les premiers « Haut Grades » apparaissent ils se modèlent sur la société civile avec son échelle de relations subordonnées. Mais pourtant avec une différence essentielle : en Franc-Maçonnerie le rang, le grade et la fonction sont attribués, officiellement du moins, au mérite et pas seulement à la naissance. Quel honneur supplémentaire pourrait espérer ce Maître Tapissier de Paris qui devient en Franc-Maçonnerie "Empereur d'Orient et d'Occident" et cela uniquement par son mérite. La Franc-Maçonnerie est dès lors la société où le rêve social devient une réalité.

La chronologie de l'apparition des « Haut Grades » a été exposée par plusieurs auteurs, pourtant nous ne disposions pas, avant la parution du livre d'Irène Mainguy, d'un outil qui éclaire le mystérieux mécanisme intérieur qui motivait les francs-maçons du XVIIIe siècle et les portait à s'affilier à ces « Haut Grades » où ils trouvaient honneur et respect. Certes les rituels sont connus et de nombreuses versions existent, elles ont été créées en ordre dispersé, elles se ressemblent et diffèrent au gré de l'approche symbolique pour satisfaire le goût et le niveau intellectuel de chacun. C'est à ce moment que le Guide qui nous est proposé démontre toute son importance. En effet l'on ne pénètre pas dans un labyrinthe symbolique aussi complexe sans qu'une main sûre ne nous guide qui fournisse des explications raisonnées et fiables à tous les degrés. La plupart de ces grades sont actifs et développent des récits fantastiques et passionnants qui demandent que l'on découvre les sources symboliques, liant ces actions et les rendant compréhensibles et cohérentes.

Reste que le travail ne s'achève pas au 14e degré du Rite Écossais et les grandes étapes de la progression maçonnique que sont les grades de Prince Rose Croix et de Chevalier Kadosh attendent aussi leurs études.

L'importance des rituels maçonniques rédigés au XVIIIe siècle est souvent négligée tant pour leur valeur propre que par le lien supplémentaire qu'ils établissent entre le maçon et sa loge, quel qu'en soit le titre, Loge de Perfection, Chapitre ou Aréopage, où ils supportent et enrichissent la vie maçonnique. Ceci n'est pas un jugement de valeur mais un constat qui doit amener tous les maçons à ouvrir leur esprit. Le présent livre va permettre à ses lecteurs de saisir la beauté et parfois la grandeur des différents degrés auxquels il est consacré. Il va aussi, et ce n'est pas son moindre mérite, ouvrir aux lecteurs une fenêtre indiscrète sur ce passionnant XVIIIe siècle qui porte en lui toute notre société moderne.

Que ce livre les aide et les instruise.

Michel L. Brodsky, 33e,
Past Grand Assistant Director Ceremonies
(Grande Loge Unie d'Angleterre)
Past Master Quatuor Coronati Lodge 2076 English Constitution.

Avant-propos

Les grades de perfection constituent le prolongement immédiat des trois premiers degrés de la maçonnerie bleue où culmine le grade de Maître. Ils sont un complément nécessaire à leur meilleure compréhension et bénéficient actuellement d'un regain d'intérêt par la pratique plus approfondie de leurs rituels. Selon l'expression employée par Claude Guérillot *la séparation qui s'est instaurée entre ce que l'on appelle les « degrés bleus « et ce que l'on dit être des « Hauts grades « est, en fait, une hérésie initiatique. Celui qui s'arrête au 3e degré peut bien prétendre avoir reçu la totalité de l'initiation maçonnique, il reste un ignorant quant à cet Hiram l'Architecte qu'il prétend s'être, un soir, réincarné en lui. Il ne saura jamais ce que « les mots substitués » remplacent. Pire, il demeurera toujours un « initié incomplet »* [2].

S'il y a quelques décennies encore, un Maître Maçon accédait directement au Chapitre (18e degré) après plusieurs années de maîtrise, depuis une trentaine d'années les ateliers de perfection ont pris un essor croissant par le développement des grades intermédiaires et leur pratique rituelle. Actuellement, dans bien des obédiences, des initiations se font aux grades de Maître Secret (4e) - Maître Parfait (5e) - Maître Élu des neuf (9e) - Grand Maître Architecte (12e) - Chevalier de Royal Arche (13e) - et au grade de Grand Élu de la Voûte sacrée (14e). Ces transmissions sont effectuées dans le cadre du système écossais.

Chaque grade représente un univers en lui-même et mérite que l'on fasse une étude comparée entre ses différentes variantes à l'aide des nombreux manuscrits existants, ce qui est malheureusement impossible de manière détaillée dans le cadre de cet ouvrage. Dans ce domaine le lecteur pourra prendre connaissance des études magistralement approfondies développées par Guérillot, basées principalement sur l'étude du *Manuscrit Francken.* Celles-ci font autorité auprès de tous les chercheurs [3].

L'objectif de cette étude est seulement de susciter auprès du lecteur l'envie d'aller plus loin par lui-même et de lui fournir des pistes d'investigation.

2. Guérillot Claude, *La légende d'Hiram selon le rite de Perfection et le Rite Écossais Ancien et Accepté*, Éditions Trédaniel, 2003, pp. 100-101.

3. Guérillot Claude, *La Rose maçonnique*, Éditions Trédaniel, 1995 ; et *Les loges de perfection*, Éditions Trédaniel, 1993.

Ces grades de perfection donnent à méditer sur des questions essentielles auxquelles chacun est confronté un jour, ou plusieurs fois même dans son existence, telles que : *faire son devoir, observer la fidélité à l'engagement pris, tirer vengeance ou rendre justice, exercer sa curiosité à bon escient, s'efforcer de construire, être obéissant, être placé devant la nécessité de transgresser la loi mû par un mobile estimé supérieur,* etc. Le Maître progressera dans sa démarche initiatique à condition de faire un travail d'approfondissement suivi, et un effort constant pour intégrer le rituel et les symboles.

L'interprétation des symboles relève du domaine du travail personnel en fonction du niveau d'éveil spirituel et de la capacité de compréhension de chacun. Sur le plan du rituel, par contre, on peut considérer que les symboles ont au moins trois sens. Le premier est matériel, en général simple à comprendre, le second est intellectuel provenant de son ontologie, le troisième participe de celui-ci, mais avec une valeur spirituelle que l'on ne peut que suggérer à celui qui a la capacité de l'appréhender, car il est du domaine de l'incommunicable. Ce qui permet de constater que le rôle du rituel est surtout d'être un guide, tout comme le symbole, en mettant sur la voie. C'est pourquoi il nous paraît essentiel pour aborder les différents symboles des grades de perfection de nous référer chaque fois que cela est possible, au rituel lui-même.

Chaque symbole sert de clé, trouve sa place dans l'ensemble de l'enseignement initiatique. Chacun peut se servir de cet ensemble pour approfondir le grade de Maître selon son expérience et les matériaux reçus, en s'appuyant sur l'assise donnée par les trois premiers grades qui sont le fondement de l'édifice, dont les grades dits « supérieurs » ne sont qu'un complément. Ainsi on peut considérer que les 4e, 5e, 6e, 9e, 10e et 11e degrés permettent d'approfondir la maîtrise, alors que les 7e, 8e et 12e degrés donnent de nombreux éléments pour l'approfondissement du compagnonnage. Le 13e et le 14e correspondent au couronnement de la maîtrise, par l'accès à la perfection de la connaissance.

Parallèlement, depuis peu, la pratique des quatre Ordres de Sagesse du Rite Français a repris force et vigueur dans plusieurs obédiences. C'est pourquoi, dans cette étude, nous examinerons plus particulièrement les symboles constitutifs des deux premiers de ces Ordres qui présentent de nombreuses correspondances avec quatre des hauts grades des ateliers de perfection du R.E.A.A (9e et 10e/ 13e et 14e). Le système des hauts grades du Rite Français synthétisé en quatre Ordres supérieurs propose une vision et une approche philosophique différentes du R.E.A.A. Mais ces deux systèmes sont particulièrement intéressants à comparer, car leurs contenus fort enrichissants montrent un cheminement parallèle et complémentaire.

Il est à souhaiter que dans les obédiences qui donnent la possibilité de pratiquer plusieurs rites, chaque rite ne soit pas considéré comme le modèle d'une voie unique, en dehors de laquelle rien de bon n'existe. Il est néfaste de s'enfermer dans la logique exclusive d'un système de hauts grades qui peut aller jusqu'à se transformer en ghetto, suivant en cela un schéma intégriste. Trop souvent en effet on s'imagine pratiquer le meilleur rite, et par là même être le seul à détenir la Vérité, ce qui est un schéma négatif et un peu simpliste. Il n'y a pas de bons ou de mauvais rites, mais seulement de bons ou de mauvais maçons ! Puisque la Franc-Maçonnerie donne la possibilité de pratiquer plusieurs rites et non un seul et unique, on peut légitimement envisager, au nom de cette pluralité spirituelle, que tout Maître Maçon expérimenté ouvre son entendement en approfondissant un ou plusieurs autres rites, différents de celui initialement pratiqué… et dès lors on peut espérer qu'un Maître Maçon rassemblera effectivement ce qui est épars, en ayant une pratique sérieuse des principaux rites.

À ce sujet, on émet le vœu que cet ouvrage contribue à mieux faire connaître ces compléments de la maîtrise, que ce soit les *Grades de Perfection de l'Écossisme* ou les *Ordres de Sagesse* du Rite Français, dont l'approche philosophique et symbolique différente permet un enrichissement mutuel et une plus grande ouverture de l'esprit. Chacun et chacune peut y trouver un nouvel éclairage qui devrait être un terrain de rencontre et de découverte entre « écossais » et « français », car, sous une forme différente ils apportent des clés qui se ressemblent beaucoup. Tout maçon de bonne volonté est un chercheur de Vérité, c'est pourquoi on espère que cette étude contribuera à vaincre des préjugés de part et d'autre, le plus souvent liés à la méconnaissance et à l'enfermement dans un système unique.

Dans cet esprit on constate que bien des symboles des 9e et 10e grades se retrouvent au *1er Ordre* du Rite Français, et il en va de même des 13e et 14e grades avec le *2e Ordre.* Ainsi le lecteur aura intérêt pour avoir un terrain d'investigation et de réflexion plus large, à lire les rubriques qui l'intéressent dans les deux rites, découvrant qu'il y a plus d'éléments conciliateurs et unificateurs que divergents. Cette proximité et cette différence illustrent bien le dicton « qu'il y a plusieurs demeures dans la maison du Père », sans pour cela devoir établir la moindre discrimination d'infériorité ou de supériorité d'un rite sur l'autre. Il s'agit davantage de deux versions différentes, ou plutôt légèrement modifiées, d'une même histoire dont la trame reste la même.

En procédant à une analyse attentive de tous ces grades, les uns après les autres, on est amené à faire des retours fréquents à la symbolique initiale des trois premiers degrés qui constituent toujours la base sans laquelle l'édifice des grades au dessus de la maîtrise ne pourrait avoir de cohérence. On s'efforcera de démontrer cette constante en se référant aux rituels apparus au XVIIIe siècle qui portent en germe tous ces développements. Après avoir consulté de nombreux rituels des hauts grades de l'écossisme et du français provenant des fonds maçonniques du Cabinet des manuscrits de la *Bibliothèque Nationale* ainsi que des fonds des bibliothèques d'*Alençon, Avignon, Bayreuth, Bordeaux, La Haye, Lyon, Strasbourg Toulouse* et *Vienne*, on est confronté à un très important foisonnement d'écrits issus des divers systèmes de hauts grades apparus à cette époque. Ce sont des systèmes imbriqués et complexes qui ont déjà été analysés (notamment par Claude Guérillot), aussi mon propos n'est pas de répéter ce qui a déjà été dit. Dès lors, ce qu'il paraît le plus important de développer dans cette étude, c'est l'esprit même de l'idéal de perfection transmis au Maître Maçon, qui cherche à devenir un Maître complet. Pour ce faire on évitera de se perdre dans la forêt touffue de trop nombreux détails qui n'éclairent pas forcément le cheminement initiatique. Ainsi que le qualifie Yves Hivert-Messeca le terme de *patchwork* peut paraître adapté, *ce qui n'implique pas que le R.E.A.A. soit incohérent, mais que sa cohérence et sa rationalité n'apparaissent pas de prime abord. Il est vain de vouloir y démontrer une progression graduelle, degré après degré. Le cinquième degré n'est pas la suite du quatrième (il s'agit en fait d'une inversion). En réalité le R.E.A.A. et avant lui « l'Ordre du Royal Secret « que l'historiographie maçonnique nomme improprement « Rite de Perfection », et la plupart des autres systèmes de hauts grades, obéissent à ce que la Chambre des grades du Grand Orient de France nomme en 1782 « l'ordre analytique connu « : d'abord des trois « sous-familles « des « petits grades « (Parfait, Maître Secret...), des « Élus « (des 9, des 15...) et des degrés « écossais « (de la Voûte), puis la grande « tribu « des grades chevaleresques. Il ne faut guère chercher une logique générale à la progression des 33 degrés. La cohérence du R.E.A.A. est ailleurs... Ce qui a présidé à sa construction, ce n'est pas une volonté d'ordonnancement. La cohésion du R.E.A.A. vient du fait que ses « constructeurs » successifs ont, de manière délibérée ou implicite, cherché à en faire une « reliance » « à prétention universaliste», cosmopolite et « œcuménique ». La « règle » du bricolage est simple : tout ce qui « est bien » doit y être*[4].

À la lumière de ces constatations on peut considérer que ces grades, du 4e au 14e, ainsi que les deux *Premiers Ordres de Sagesse*, sont de bons prétextes pour faire prendre conscience à tout cherchant, des grandes questions métaphysiques telles que le Beau, le Bien, le Vrai, la Vertu, l'Amour, la Justice. Tout Maître Maçon qui cherche à devenir un Maître accompli se doit de faire preuve de courage, ce qui nécessite de ne pas être timoré, de dépasser ses limites et surtout d'en trouver l'application pratique dans sa vie, afin que ces grades qui proposent de développer de généreuses vertus ne restent pas seulement théoriques.

4. Hivert-Messeca Yves, *Vengeance, justice et équité, prolégomènes méthodologiques,* dans *Bulletin du Grand Collège du Rite Écossais Ancien et Accepté,* n° 136, septembre 2001.

De même que dans notre précédent ouvrage traitant des trois premiers grades [5], on s'est efforcé sous forme didactique d'ouvrir des portes et d'esquisser des pistes de recherche que le lecteur pourra approfondir par la suite. Les principaux éléments constitutifs de ces grades sont exposés en prenant pour référence différents manuscrits qui ont formé leur matrice significative.

Chaque réception de grade est importante, car elle est la découverte d'une nouvelle amplitude de l'univers spirituel, d'un nouvel espace de méditation qui élargit progressivement le champ de l'entendement et de la conscience du Maître Maçon en voie de perfectibilité. Quels que soient les qualificatifs pompeux reçus dans cette hiérarchie initiatique, il s'agit toujours d'un Maître Maçon qui cherche à devenir un Maître complet en gravissant au fur et à mesure les échelons de cette voie initiatique.

Dans le système écossais du R.E.A.A, les grades dont les rituels sont effectivement pratiqués seront ici, bien évidemment, nettement plus développés que ceux transmis par simple communication (soit les 6e, 7e, 8e, 10e et 11e grades).

On s'aperçoit qu'il se trouve dans les anciennes divulgations des trois grades bleus, notamment dans La Maçonnerie disséquée de Samuel Prichard, de nombreux éléments explicatifs des grades de perfection ; ceci semble bien démontrer que ces grades sont le complément et le prolongement naturel du grade de Maître et que tout est donné en germe dès la maçonnerie bleue. Après avoir pris connaissance de nombreux rituels des grades pratiqués après la maîtrise dans le système de perfection, une hypothèse s'impose : elle amène à envisager que les grades de compagnon et de maître auraient pu être vidés très tôt de l'essentiel de leur contenu initiatique pour justifier l'apparition d'une échelle de hauts grades. Ainsi, un certain nombre d'éléments épars laissent penser que le grade de Maître Parfait pourrait correspondre initialement (avant 1750) à la version complète du grade de Maître. On constate, par exemple, qu'un Manuscrit de la Bibliothèque Municipale de Bordeaux, MS 2098, appelé Ancien Maître propose un croquis du tableau de loge qui correspond en tous points au thème de la quadrature du cercle du Maître Parfait, semblant confirmer cette probabilité, (voir page 139).

Le Maître Maçon continue à cheminer. Il cherche à acquérir les éléments qui manquent à la plénitude de sa maîtrise. C'est pourquoi ces grades en quelque sorte démultipliés sont indispensables pour devenir Maître, autrement, et accéder à une autre dimension d'intériorité et d'affinement de la conscience, que ce soit *au Rite Écossais Ancien et Accepté, au Rite Français, au Régime Écossais Rectifié, au Rite Anglais de Style Émulation, à Memphis Misraïm etc.*

5. Mainguy Irène, *La Symbolique maçonnique du troisième millénaire*, Éditions Dervy, 2001, réimpressions 2002 et 2003.

Bon nombre de questions posées par l'histoire de la Franc-Maçonnerie restent sans réponse et il semble, vu le peu d'éléments scripturaires connus, bien difficile de trouver un jour des réponses conformes à la réalité de sa genèse. Néanmoins un fait subsiste, quelles que soient son origine obscure, l'élaboration complexe de ses rituels plus ou moins justifiable et la diversité de ses rites, il demeure que la Franc-Maçonnerie a apporté et continue à apporter à un grand nombre d'êtres de bonne volonté répandus sur la surface de la terre, des éléments de recherche de la Vérité.

Il y aurait lieu de s'interroger sur l'appauvrissement des rituels, provoqué par des élagages, suivis, au fil des générations d'adjonctions fantaisistes pour combler les vides provoqués par les retraits précédents, ce qui conduit aujourd'hui à pratiquer souvent des rituels appauvris et en quelque sorte dévitalisés. C'est ce qui rend la tâche du Maître Maçon de bonne volonté extrêmement difficile pour rassembler ce qui est épars et retrouver ce qui est perdu.

Selon les Constitutions d'Anderson de 1723, *la Franc-Maçonnerie offre le moyen de concilier une sincère amitié entre des personnes qui n'auraient jamais pu sans cela se rendre familières entre elles.* Espérons que des rencontres fraternelles et amicales se multiplient et facilitent le travail initiatique en permettant la restauration de ce qui a été perdu !

Cependant les formes spécifiques des rituels de chaque grade renferment un enseignement initiatique qui amène tout Maître Maçon à découvrir, à chaque fois, un ensemble cohérent de symboles qui l'interpellent face aux interrogations de sa propre vie. Il n'est pas question ici d'escalader une pyramide qui permettrait d'avoir une contemplation passive du monde, mais de se servir activement de chaque clé reçue pour ouvrir une porte d'accès à l'Univers, où chaque être s'efforce de construire un monde idéal, au service des valeurs du Beau, du Bien et du Vrai.

Cet ouvrage propose une recherche analytique des éléments symboliques de chaque grade, donnant une approche spécifique selon le système du syllabaire. Mais il est bien évident que cette méthode n'est qu'une approche proposée au lecteur pour qu'il arrive, *in fine,* à avoir une vision synthétique du grade étudié et qu'il ne se contente pas d'un symbole travaillé pour un éventuel « passage » qui ne lui laissera qu'une perception fragmentaire et limitée du grade à approfondir. Il est essentiel d'arriver à une vision synthétique de chaque grade, et celle-ci ne peut être obtenue que par une étude globale.

(Toutes les citations relatives aux passages d'anciennes instructions citées dans cet ouvrage sont remises en français moderne, les formes orthographiques anciennes n'apportant rien de plus à la compréhension du texte).

I – L'enseignement des ateliers supérieurs au R.E.A.A. et au R.F.

Beaucoup de maçons hostiles aux hauts grades émettent des doutes sur leur utilité, compte tenu du fait que la maîtrise est censée conférer la plénitude des droits maçonniques. Par ailleurs s'il y a grades supérieurs, il doit y avoir « travaux » supérieurs, alors pourquoi ne pas faire profiter les loges bleues de ces travaux importants qui devraient être de véritable morceaux d'architecture ? À cela on peut répondre en se référant à l'observation de Narcisse Flubacher : *Si l'on considère que le grade de Maître apparaît, dans la suite logique de l'enseignement, après l'apprentissage et le compagnonnage, comme le premier des hauts-grades, il faut absolument laisser un temps d'adaptation avant d'aller plus loin. Et ce n'est pas la Loge de Maître qui peut donner ce moment de réflexion, car les travaux des loges bleues sont conditionnés par des obligations multiples qui ne laissent aucun temps aux jeunes maîtres pour méditer sur ce grade. Reportons-nous à notre expérience, c'est seulement en Loge de perfection que l'on comprend la portée réelle de la maîtrise et que la lumière se fait en nous* [6].

À l'origine le grade de Maître est considéré comme le premier des « hauts grades », qui achève un cursus qui va de l'apprentissage au compagnonnage du métier. Cependant le récit de la mort d'Hiram reste incomplet (Que sont devenus ses meurtriers ? Comment l'enterrer en fonction de la dignité de sa fonction ? Par qui remplacer l'architecte disparu ? Quand le temple pourra-t-il être achevé ? etc.). Ces nombreuses questions restées en suspens suscitent dès les années 1745 le développement d'échelles de grades qui vont avoir pour fonction de répondre à ces interrogations. C'est alors qu'est apparue, dans les années qui suivent, une multitude de systèmes de hauts grades.

Ces hauts grades apparaissent progressivement à partir de 1730 autour d'une hiérarchie souple. Ils se fixent dans une série de 25 degrés autour de 1760. Et après un détour aux États-Unis, ils reviennent en France réorganisés en 33 grades, huit nouveaux degrés seront ajoutés aux vingt-cinq du Rite de perfection.

Plus tard, afin de former la hiérarchie des 33 grades du R.E.A.A., huit nouveaux degrés seront ajoutés aux vingt-cinq du Rite de perfection.

Le 31 mai 1801 se constitue un Suprême Conseil des Souverains Grands Inspecteurs Généraux à Charleston en Amérique qui représente le 33e et dernier grade du Rite Écossais Ancien et Accepté. Alexandre de Grasse-Tilly et Jean-Baptiste Delahogue sont considérés comme les deux principaux fondateurs de ce nouveau système.

6. Flubacher Narcisse, *Loge de perfection,* dans *Les Cahiers du Pélican,* n° 27, pp. 17-20.

L'un et l'autre appartenaient au *Rite de Perfection* et ils avaient fondé le 13 janvier 1797 un Sublime Conseil du 25ᵉ et dernier grade de ce rite. Il est probable que de Grasse-Tilly a pris une grande part dans la rédaction des Grandes Constitutions de 1786 qui constituent le lien qui unit tous les Suprêmes Conseils existants.

Les premières informations sur le R.E.A.A. parviennent de Charleston en 1802. C'est un système de hauts grades où se mêlent légendes et histoire.

Sa version finale trouve son origine dans la *Mère Loge du Contrat Social* à laquelle appartenait de Grasse Tilly qui a été une des principales chevilles ouvrières dans l'implantation du R.E.A.A. C'est en 1804 qu'il est mandaté officiellement pour fonder en France un Suprême Conseil d'une Maçonnerie écossaise, dont la pratique a perduré jusqu'à nos jours.

Une autre date importante dans la constitution définitive de ce rite est le *Convent de Lausanne* en septembre 1875 auquel on doit l'établissement d'un Tuileur pour les 33 grades du Rite qui définit tous les éléments constituant chacun de ses grades, faisant désormais autorité !
Chaque Maçon est bien conscient que sa maîtrise est très virtuelle et demande à être approfondie jusqu'à la fin de son existence. Son passage à l'Orient Éternel seul lui permettra d'accéder à cette plénitude. Ainsi que le remarque René Guénon : *Si le grade de Maître était plus explicite et si tous ceux qui y sont admis étaient plus véritablement qualifiés, c'est à l'intérieur de ce grade que les développements devraient trouver place, sans qu'il soit besoin d'en faire l'objet d'autres grades nominalement distincts de celui-là*[7].

Les hauts grades n'entraînent aucune prérogative observe Luquet : *le grade de maître confère à lui seul la plénitude des droits maçonniques... Loin de conférer une supériorité quelconque sur le grade de maître, les grades supérieurs lui sont en un sens subordonnés. Pour accéder à ces grades, il faut être maître et membre actif d'une loge ; pour les conserver, il faut continuer à remplir ces conditions. Quiconque, de quelque façon que ce soit, perd la qualité de maître régulier, perd de ce fait et automatiquement tous les hauts grades dont il peut être titulaire.*

Luquet souligne encore que *les cordons sont le péché capital des hauts grades. À n'y voir que des hochets de la vanité, ils ne sont pas moins excusables que tous les titres ou distinctions honorifiques du monde profane*[8].

La caricature des prérogatives et privilèges accordés aux Maîtres Maçons dignitaires de hauts grades atteint son summum avec les *Règlements Généraux de la Maçonnerie Écossaise de 5784* édictés par le GODF, dont voici quelques extraits significatifs :

7. Guénon René, *Études sur la Franc-Maçonnerie et le compagnonnage*, t. II, Éditions Traditionnelles, 1972, p. 41.

8. Luquet Georges, *Hauts grades et maçonnerie bleue*, dans *la Chaîne d'Union*, n° 9, 1937-1938, pp. 438-451.

Tout Maçon qui sera assez heureux pour être décoré des trois couleurs et du grade de Grand Écossais Sublime Maître de l'Anneau lumineux, sera reçu dans la salle du milieu, par neuf FF.·. de haut grade, avec leurs rayons formant la voûte d'acier ; il sera précédé de deux maîtres des cérémonies ; et à son entrée dans le Temple, l'Orateur se placera à sa gauche : dès qu'on aura annoncé un tel Maçon, toute la Loge sera debout à l'Ordre, glaive en main : dès qu'on l'apercevra, les portes s'ouvriront, les maillets battront, et toute la loge fera retentir le temple de chants d'allégresse, jusqu'au moment où ce Frère sera placé. Les applaudissements seront triples. Le Vén.·., à moins qu'il n'ait le même grade, lui remettra son maillet, et se placera à ses côtés ; dès qu'il y sera placé, l'Orateur le complimentera, après quoi on lui présentera sur un coussin les clefs du temple, les registres, etc. Un F.·. décoré du haut grade de Grand Écossais Élu de la Voûte sacrée de Jacques VI a le droit d'entrer et de sortir de la L.·. ou du Chapitre, sans en faire la demande au Vén.·. ou au Président. Il prend la parole quand et autant de fois qu'il le juge à propos, sans la demander. Il est exempt de toutes questions de l'instruction, et de celles qui se font ordinairement en entrant en Loge. Il ne doit jamais être envoyé en députation. Il est toujours placé à l'O.·., à la droite du Vén.·.. Il a le droit de rester assis et couvert, quand on ouvre ou quand on ferme les travaux, ainsi que quand on introduit un Visiteur à qui il n'est dû que les petits honneurs. On ne peut porter contre lui aucune plainte, ni encore moins lui infliger une peine, etc.

C'est oublier qu'un Maître Maçon est l'égal de tout autre Maître Maçon. Ce règlement établit une hiérarchie dans la hiérarchie instituant une maçonnerie de décorum et de privilèges plus profane que le monde profane lui-même, au détriment de la maçonnerie initiatique.

Dans l'article déjà cité, Luquet observe que *la maçonnerie est une école dans laquelle les supérieurs sont tout simplement les instructeurs, les initiateurs. Un maçon qui comprend bien l'Art, pour employer l'expression d'Anderson, sait que l'initiation rituelle n'est que le début de l'initiation véritable qui, même aidée par autrui, est œuvre essentiellement personnelle et reste inachevée jusqu'au passage à l'Orient éternel. La raison d'être d'un Ordre traditionnel est d'assurer la pérennité de la transmission des rites et des symboles, cette transmission s'opère en gravissant une longue échelle initiatique degrés par degrés*[8].

On terminera cette introduction sur cette remarque de René Guénon qui dit des Hauts grades : *nous les considérons comme ayant une utilité pratique incontestable, mais à la condition, malheureusement trop peu souvent réalisée, surtout aujourd'hui, qu'ils remplissent vraiment le but pour lequel ils ont été créés. Pour cela, il faudrait que les Ateliers de ces hauts grades fussent réservés aux études philosophiques et métaphysiques, trop négligées dans les loges symboliques*[9].

8. Luquet Georges, *op. cit.*
9. Guénon René, *op. cit.*, pp. 271-272.

Correspondance des grades ou ordres selon les rites

	RITE DE PERFECTION en 25 Grades	RITE ÉCOSSAIS ANCIEN ET ACCEPTÉ	RITE FRANÇAIS	RITE ANGLAIS DE STYLE ÉMULATION
ATELIERS SYMBOLIQUES ou LOGES BLEUES	**1** Apprenti **2** Compagnon **3** Maître	**1** Apprenti **2** Compagnon **3** Maître	**1** Apprenti **2** Compagnon **3** Maître	**1** Apprenti **2** Compagnon **3** Maître
LOGES DE PERFECTION, ORDRES DE SAGESSE, SIDE DEGREES	**4** Maître Secret **5** Maître Parfait **6** Secrétaire Intime **7** Prévôt et Juge 8 Intendant des Bâtiments **9** Maître Élu des 9 **10** Maître Élu des 15 **11** Élu Illustre **12** Grand Maître Architecte **13** Chevalier Royal Arch **14** Grand Élu	**4** Maître Secret **5** Maître Parfait **6** Secrétaire Intime **7** Prévôt et Juge **8** Intendant des Bâtiments **9** Maître Élu des 9 **10** Illustre Élu des 15 **11** Sublime Chevalier Élu **12** Grand Maître Architecte **13** Royale Arche **14** Grand Écossais de la Voûte sacrée	**4** Élu **5** Écossais	Maître de Marque Arc Royal [10]
CHAPITRES ou Ateliers Capitulaires	**15** Chev. d'Orient et de l'Épée **16** Prince de Jérusalem **17** Chev. d'Orient et d'Occident **18** Souverain Prince Rose-croix	**15** Chev. d'Orient et de l'Épée **16** Prince de Jérusalem **17** Chev. d'Orient et d'Occident **18** Chevalier Rose-croix	**6**. Chev. d'Orient et de l'Épée **7** Souverain Prince Rose-Croix	
ARÉOPAGES ou ATELIERS PHILOSOPHIQUES	**19** Grand Pontife **20** Grand Patriarche noachite **21** Grand Maître de la Clef **22** Prince du Liban **23** Chevalier du Soleil **24** Chevalier Kadosh	**19** Grand Pontife **20** Grand Patriarche noachite **21** Grand Maître de la Clef **22** Prince du Liban **23** Chef du tabernacle **24** Prince du tabernacle **25** Chev. du serpent d'Airain **26** Prince de Merci **27**. G. Commandeur du Temple **28** Chevalier du Soleil **29**. G. Écosais de Saint-André **30** Chevalier Kadosh		
CONSISTOIRES ou ATELIERS DE HAUTS GRADES	**25** Prince du Royal Secret	**31** Grand Insp. Commandeur **32** Souv. Prince du Royal Secret **33** Souv. Grand Inspecteur général	5e Ordre [11]	

10. Les *side degrees* étant terminé au *Rite Anglais*, les Franc-maçons ont la possibilité de poursuivre en Angleterre une progression au *Rite Écossais Ancien et Accepté* en accédant au Chapitre.

11. Ce 5e Ordre qui paraît à beaucoup si mystérieux est appelé aussi « Illustre et Parfait Maître ». Ses statuts ont été adoptés en 1784 par le Grand Chapitre Général. Son rôle semble être double. D'un côté il s'agit d'une sorte d'académie chargée d'étudier ou de conserver « tous les grades physiques et métaphysiques et tous les systèmes » ; de l'autre il composera « le bureau de correspondance, et le comité du Grand Chapitre Général ». Voir *Les Grades de sagesse du Rite Français, histoire, naissance et renaissance*, Éditions À l'Orient, 2000.

II – Considérations préliminaires sur l'Écossisme

Un ensemble de grade créé entre 1740 et 1745, regroupé sous le qualificatif d'Écossais, fournit d'importants prolongements à la légende d'Hiram apparue pour la première fois en 1730 avec *La Maçonnerie disséquée* de Samuel Prichard. En réalité ces nombreux rituels n'ont d'écossais que le nom.

Souvent l'Écossisme est confondu avec le Rite Écossais Ancien et Accepté. Pierre Mollier reconnaît que c'est un terme imprécis, aux définitions plurielles assez vagues : *les francs-maçons ont même forgé le néologisme « écossisme » tout aussi insaisissable lorsque l'on essaie de le faire entrer dans une définition précise*[11]. C'est pour cette raison que Donzac et Piovesan préfèrent parler des « Écossais » plutôt que de l'Écossisme, même si le terme « écossais » renferme lui aussi plusieurs acceptions puisqu'il recouvre autant de grades que de systèmes [12].

L'hypothèse avancée par Roger Dachez sur la notion d'*écossisme* mérite d'être retenue, il dit : *le mot écossais doit retenir l'attention car il est à l'origine du mot écossisme, promis à un avenir sans égal dans la maçonnerie universelle. Lui aussi de signification discutée, il semble simplement traduire le fait que parmi les premiers maçons, en France autant qu'en Angleterre, le souvenir demeurait du rôle majeur joué par l'Écosse dans la maturation finale du système maçonnique spéculatif. Les mots écossais, écossisme, en vinrent alors à désigner tout ce que la maçonnerie considérait comme éminent, choisi, particulièrement digne de respect et d'honneur, sans qu'il faille y voir une origine proprement liée à l'Écosse elle-même*[13].

Ces préliminaires esquissent les données d'un problème qui continue à être insoluble.

III – Considérations sur les ateliers de perfection

Chacun peut constater que l'expérience initiatique est une aventure vécue spécifiquement personnelle, ce en quoi elle est incommunicable. Si la valeur de l'initiation reçue est liée à la régularité initiatique de l'Ordre qui en assure la transmission, ensuite c'est la force de la volonté du récepteur qui sera le moteur essentiel de la progression dans sa quête, par une bonne utilisation des clés reçues, qui ont une dimension cosmologique, initiatique et métaphysique.

11. *Écossais*, dans *Encyclopédie de la Franc-Maçonnerie*, la Pochothèque, 2000, p. 234.
12. Donzac Jean-Pierre et Piovesan Pierre, *Le Rite Écossais Ancien et Accepté des hauts grades*, Édimaf, 2003, pp. 21-34.
13. Dachez Roger, *Histoire de la Franc-Maçonnerie française*, coll. "Que sais-je ?", PUF, 2003, pp. 61-62.

Les premiers grades d'apprenti et de compagnon sont assez homogènes, car ils sont basés principalement sur le travail du bâtisseur, de l'homme de métier qui étend son champ d'investigation de l'extérieur vers l'intérieur et de l'intérieur vers l'extérieur.

Dès l'accession au grade de maître avec l'apparition du *Mythe d'Hiram*, on comprend que c'est l'amorce d'un travail en profondeur, qui a nécessairement d'autres prolongements. Le maître mis à mort, puis relevé par les cinq points de la maîtrise est placé sur un seuil qu'il lui faudra inévitablement franchir pour passer de l'équerre au compas.

On peut déplorer que beaucoup de maçons accédant à la maîtrise s'y arrêtent définitivement, comme si le grade de maître était le point final de leur progression, sorte de bâton de maréchal. En réalité, tous les maîtres maçons du R.E.A.A. devraient, chacun à son rythme, avancer sur cette voie du juste milieu, en accédant tous, un jour, à un atelier de perfection qui est la voie indispensable à l'approfondissement de la maîtrise. Or un faible pourcentage seulement d'entre eux y accède, comme c'est le cas aujourd'hui dans la plupart des obédiences. Le peu de travail des maîtres maçons, constaté ici ou là, donne l'impression que les ateliers de perfection relèvent d'une forme d'élitisme. Cet élitisme n'est en fait que le résultat du peu de travail de beaucoup de maçons, ainsi que de leur manque de motivation et de volonté spirituelle. Souhaitons que davantage de maîtres approfondissent leur grade, afin d'acquérir la capacité de saisir ce qui constitue la plénitude du grade de Maître, dans la logique du rite pratiqué.

Si tout est en germe au troisième degré, l'acquisition de la maîtrise reste à faire, car l'œuvre est interrompue et inachevée et la parole désormais perdue est à retrouver…

En frappant à la porte de la loge de perfection, le Maître de St. Jean est surpris car il ne s'attend pas à y découvrir autre chose, un éclairage différent, un développement sous une autre forme, qui l'obligent à repartir à zéro, en révisant complètement ses acquis. Mais l'essentiel demeure.

Bien que la notion de devoir semble aller de soi puisque dès son initiation elle devient familière au nouvel apprenti et est approfondie par le compagnon et le maître, ici une nouvelle notion fondamentale est donnée. Outre les devoirs quotidiens, l'atelier de perfection met l'accent sur « le Devoir du Maître Secret » qui s'amorce ici, et se poursuivra jusqu'au terme de la progression initiatique. La conscience du Maître est suffisamment éveillée pour qu'il ait la volonté de rechercher la Vérité et la Parole perdue en rassemblant ce qui est épars.

André Doré remarque qu'*il est d'observation constante que la rituélie maçonnique très simple à l'origine s'est compliquée considérablement avec le temps. Outre la prolifération démentielle des grades, leur contenu s'est augmenté d'une surenchère d'éléments superflus et souvent insolites dans le contexte initial. Il est rare, très rare qu'il se soit enrichi au cours des années : tout au contraire, et sans contestation possible, il s'est alourdi et sa signification obscurcie. Cet indice de vieillissement permet de fixer approximativement une date aux divers rituels. Cependant même occulté et incompris, le symbole qu'ils proposent demeure, à la manière d'une graine enfouie dans un sol qui la rend stérile ; que les circonstances deviennent favorables, il se libère de sa gangue et retrouve sa richesse*[14].

L'intégration des nouvelles données de la loge de perfection se fait lentement et parfois difficilement, car il y a à la fois continuité et rupture. Continuité sur le fond car il s'agit d'approfondir les arcanes de la maîtrise, rupture sur la forme car la méthode de travail est différente.

IV – Considérations sur les deux premiers ordres du Chapitre Français

Daniel Ligou observe que l'*une des grandes originalités du Rite Français est le fait d'appeler « Ordre » ce que les autres régimes appellent degré ou grade, alors que d'une façon générale, ce terme désigne l'ensemble de la maçonnerie tout autant que d'en avoir réduit le nombre à quatre. L'explication généralement donnée est que chacun de ces « ordres » synthétise une série de « grades » des divers rites écossais, et, par la suite, du Rite Écossais Ancien et Accepté avec ses 33 grades qui n'existaient évidemment pas en 1786.* Ligou observe encore *nos aïeux de 1786 avaient conçu un mécanisme de progression dans la connaissance maçonnique fort remarquable. Pourquoi négliger cette portion de notre patrimoine ?* [15].

Selon le Chevalier Fustier, Officier du Grand Orient de France, dans sa déclaration de 1809 il disait : *Le Grand Orient de France, dont l'origine date de 5772, a borné longtemps le travail des LL.·. aux trois grades symboliques, qu'un Grand Chapitre avait créé à la vallée de Paris en 5721, par la G.·. L.·. d'Édimbourg ; il demanda sa réunion au G.·. O.·., et cette réunion eut lieu le 12e mois de 5778. C'est donc de cette époque que date l'érection d'un G.·. Chapitre dans le G.·. O.·. de France ; et comme ce dernier était alarmé de la multitude des grades qu'avaient enfantés successivement l'imagination, l'orgueil et la cupidité, il fut arrêté, qu'ils seraient tous fondus en quatre ordres, à savoir, l'Élu, l'Écossais, le Chevalier d'Orient et le Rose-croix.*

Ce cheminement, ainsi conçu de manière synthétique en quatre étapes, reflète l'essentiel du contenu de l'enseignement maçonnique que l'on retrouve dans les 15 grades qui suivent le grade de Maître au

14. Doré André, *Un grade méconnu le Chevalier de Royal Arch*, dans *Bulletin du Grand Collège des Rites*, n° 99, 1983.
15. *Rituels du Rite Français moderne 1786*, les quatre « Ordres » Supérieurs : Élu – Écossais – Chevalier d'Orient – Rose-croix, préface de Daniel Ligou, pp. I à XXXIV, tome II, Éditions Champion – Slatkine, 1992.

R.·.E.·.A.·.A.·., à condition de suivre les rituels de 1786, ce qui n'est pas toujours le cas aujourd'hui, où l'on voit apparaître des versions assez expurgées.

Le Grand Orient de France n'a pratiqué que les trois premiers grades symboliques jusqu'au 18 janvier 1782, date à laquelle il fonde une *Chambre des Grades.* Un Grand Chapitre Général de France se constitue le 2 février 1784, rassemblant sept Chapitres parisiens de Rose-croix souchés sur des loges du Grand Orient.

Ce Grand Chapitre se donne :

le 19 mars 1784 des *Statuts et Règlements généraux*

le 23 avril 1784 des *Règlements particuliers et de disciplines*

Ses rituels se codifient successivement :

Le Ier Ordre, Élu Secret, les 24 et 25 avril 1784.

Le IIe Ordre, Écossais, le 18 décembre 1784.

Le IIIe Ordre, Chevalier d'Orient, le 19 mai 1785.

Le IVe Ordre, Souverain Prince Rose-Croix, circa deuxième semestre 1785.

Le Grand Chapitre général de France est incorporé au Grand Orient de France le 17 février 1786 [16].

Ces Ordres supérieurs de Sagesse retrouvent, depuis quelques années, vie et dynamisme après plus de 150 ans de disparition du Grand Chapitre Général du Rite Français (bien qu'il fussent à l'origine antérieurs au système de hauts grades du Rite Écossais). C'est lors du Convent du Grand Orient de France, du 3 septembre 1999, qu'un Grand Chapitre Général fut réveillé et mandaté pour gérer et administrer officiellement les quatre Ordres qui sont le prolongement des trois premiers grades dans une échelle de sept grades. Ces Ordres constituent la suite et le complément logique du grade de Maître, auxquels tout Maître Maçon de ce Rite devrait pouvoir légitimement espérer accéder pour compléter sa maîtrise, après un minimum de préparation et d'approfondissement du 3e grade.

Nous n'étudierons ici que les deux premiers Ordres, ceux d'*Élu* et d'*Écossais* (ou Grand Élu) qui trouvent des équivalences dans quatre des grades de perfection du R.·.E .·.A.·. A.·.(9e et 10e pour l'Élu, 13e et 14e pour l'Écossais).

16. Mollier Pierre, *Le Grand Chapitre général de France et la fixation du Rite Français,* dans *Renaissance Traditionnelle,* n° 105, janvier 1996, n° 106, avril 1996, n° 115-116 juillet 1998.

Fig. 1 – Emblème des Statuts et règlements généraux de 1784.

Ce symbole qui sert d'entête aux Statuts et Règlements généraux en date du 19 mars 1784 est un symbole universel. Inscrite au centre d'un delta (ou triangle équilatéral) une croix à branches égales rappelle les quatre directions de l'espace s'inscrivant dans un ternaire fondamental d'universalité et de lumière (Cette croix par sa forme ne peut en aucun cas être assimilée à un symbole religieux). Ces deux symboles imbriqués s'inscrivent dans un soleil représenté par 16 rais irradiantes qui vont en s'élargissant de façon centrifuge vers l'extérieur. On peut voir dans ce symbole une représentation de l'initié rayonnant de lumière qui transmet depuis son centre, dans tout l'univers, énergie et lumière.

Cette représentation évoque la terre, par les quatre directions de l'espace figurées, par la croix, et le ciel, représenté par un cercle.

V – Le travail en loge de perfection du 4e au 14e

Il s'agit bien de loges de perfection où chaque Maître progresse en veillant à son perfectionnement individuel. Selon les définitions fournies par Quillet, la perfection *est l'état de ce qui est complètement achevé,* alors que le perfectionnement correspond *à l'action individuelle de se perfectionner.* Ces définitions confirment bien que le Maître Maçon rentre dans un atelier de perfection pour œuvrer à son perfectionnement individuel qui doit rejoindre l'Universel.

Concernant la perfection, René Guénon précise que ce terme doit toujours être entendu dans son sens absolu, lorsqu'il est employé comme désignation des possibilités de l'être. Dans la représentation d'un être, l'axe vertical est le symbole de la « voie personnelle » qui conduit à la Perfection, et qui est une spécification de la « Voie universelle » [17].

17. Guénon René, *Le symbolisme de la croix,* chap. XXII, Éditions Vèga, 1970.

Les thèmes et légendes développés dans ces onze grades sont inspirés ou extraits pour la plupart de l'Ancien Testament. Cette source nécessite donc d'être prise en compte pour en avoir une meilleure compréhension.

Lors de la progression symbolique en loge de perfection, il est indispensable de faire souvent un retour en arrière, pour garder en mémoire les connaissances acquises dans les grades précédents. Ceux-ci complètent la hiérarchie des trois premiers grades permettant d'approfondir leur enseignement et fournissant des éléments supplémentaires pour rassembler ce qui est épars.

Structure de chaque degré

DÉCORATION DE LA LOGE	TENTURES COLONNES TABLEAUX LUMIERES SYMBOLES FIGURÉS	CORPUS SYMBOLIQUE DE CHAQUE DEGRÉ	SYMBOLIQUE VERBALE SYMBOLIQUE GESTUELLE SYMBOLIQUE SPATIO-TEMPORELLE SYMBOLIQUE NUMERIQUE SYMBOLIQUE DES COULEURS
OFFICIANTS	APPELLATION DES FONCTIONS TITRES NOMS	SYMBOLIQUE VERBALE	MOTS DE PASSE MOTS SACRES
DÉCORS OU HABILLEMENT RITUEL	TABLIERS CORDONS ÉCHARPES BIJOUX SAUTOIRS ARMES	SYMBOLIQUE GESTUELLE	SIGNES D'ORDRE ET AUTRES SIGNES ATTOUCHEMENTS MARCHE
OUVERTURE DES TRAVAUX	COUPS DE MAILLET SIGNES BATTERIE LUMIERES	SYMBOLIQUE TEMPORELLE	HEURES D'OUVERTURE ET DE FERMETURE DES TRAVAUX
RÉCEPTION D'UN CANDIDAT	GESTUELLE PAR SIGNES ET ATTOUCHEMENTS BATTERIES MOTS DE PASSE MOTS SACRÉS MARCHE ÂGE	SYMBOLIQUE NUMERIQUE	LUMIERES BATTERIES ÂGE MARCHE COLONNE
OBLIGATION	CONFIRMATION DU SERMENT INITIAL	SYMBOLIQUE DES LIEUX	CHAMBRES DE PREPARATION TEMPLE CAVERNE VOUTE
THEME DU GRADE	DISCOURS HISTORIQUE OU LÉGENDE	SYMBOLIQUE DES COULEURS	NOIR, VERT, BLANC, BLEU ROUGE
INSTRUCTION	PAR DEMANDES ET RÉPONSES		
FERMETURE DES TRAVAUX	COUPS DE MAILLET SIGNES BATTERIE LUMIERES		

VI – Le premier ordre du Rite Français ou Élu Secret

Actuellement beaucoup de variantes du Grade d'Élu sont pratiquées. Dans un souci de cohérence par un retour aux sources, cette étude se base sur la version du *Régulateur des Chevaliers maçons, 1er Ordre du grade d'Élu,* codifiée par Roettiers de Montaleau. Cette version du rituel d'Élu qualifiée par certains de « rituel des catacombes », fournit une base rituelle initiale, un socle philosophique en tant que complément immédiat de la maîtrise, chargée de sens et protégée de toute dévitalisation.

Ce premier Ordre fait passer directement de la maîtrise à un grade qui synthétise tous les grades d'Élus, dont les 9e au 11e du Rite Écossais Ancien et Accepté, mais aussi des éléments de grades d'Élu qui ne sont plus pratiqués aujourd'hui comme *l'Élu de l'Inconnu* ou *Élu de Pérignan.*

Cet Ordre est l'héritier des grades d'Élus, souvent appelés *grades de vengeance,* parce qu'ils concrétisent la volonté de Salomon de châtier les trois meurtriers du Maître assassiné. Dans cette version les assassins d'Hiram se font justice eux-mêmes, soit parce qu'ils sont pris de remords, soit par peur ou par un effet de la main de la Providence. Cette version évite toute mise en scène sanguinaire. Ainsi deux des assassins se jettent dans une fondrière fuyant leurs poursuivants, alors que le premier des assassins (le plus coupable puisque c'est lui qui a administré le coup mortel à l'Architecte) se poignarde en se voyant découvert dans son refuge. Sur un plan philosophique les interprétations données sont bien évidemment différentes.

La vengeance ainsi exercée relève-t'-elle d'un concept initiatique ? Peut-on considérer que la vengeance est une justice exercée équitablement et a une valeur maçonnique ? Il est nécessaire de rétablir la justice pour que la paix et la concorde règnent et que l'œuvre à édifier puisse se poursuivre. Ce *Premier Ordre de Sagesse* met donc l'accent sur la nécessité de faire régner la justice dans les meilleures conditions, en ne laissant pas le crime impuni.

Le symbolisme du grade tourne autour du meurtre, de l'assassinat, de la punition sous forme de vengeance, d'un poignard instrument du châtiment, de la légitimité de cette juste vengeance, de l'endormissement et de l'éveil de la conscience face au bien fondé des actes de chacun.

VII – Le deuxième ordre du Rite Français ou Grand Élu Écossais

On considère généralement que les éléments constituants de cet Ordre sont tirés d'un grade, qui ne semble pas avoir été beaucoup pratiqué au XVIIIe siècle *l'Écossais ou Parfait Maître Anglais.* Pierre Mollier observe qu'au deuxième Ordre : *Le Grand Élu Grand Écossais réunit les deux familles classiques du grade d'Écossais au Siècle des Lumières. L'Écossais « onctué » selon l'expression de l'époque, et « l'Écossais de la Voûte ». Le premier, que l'on rencontre aussi souvent sous le nom de « Parfait Maître Anglais », est un curieux décalque maçonnique des cérémonies de l'ordination d'Aaron telles que les rapporte la Bible.*

La première partie du deuxième Ordre consiste donc en purifications, fumigations, onctions, manducations... Quant à l'Écossais de la Voûte, qui forme la deuxième partie de la cérémonie, tout porte à croire que c'est la version française d'un Royal Arch archaïque d'origine britannique (anglais ? irlandais ? écossais ?)[18].

Tout comme les grades d'Élus, le grade d'Écossais complète la maîtrise après la disparition des assassins d'Hiram. Il en est le couronnement.

0
0 0

18. Mollier Pierre, introduction à *Les Grades de sagesse du rite français, histoire, naissance et renaissance*, Éditions À l'Orient, 2000, p. 12.

CHAPITRE I

MAÎTRE SECRET

(4e degré)

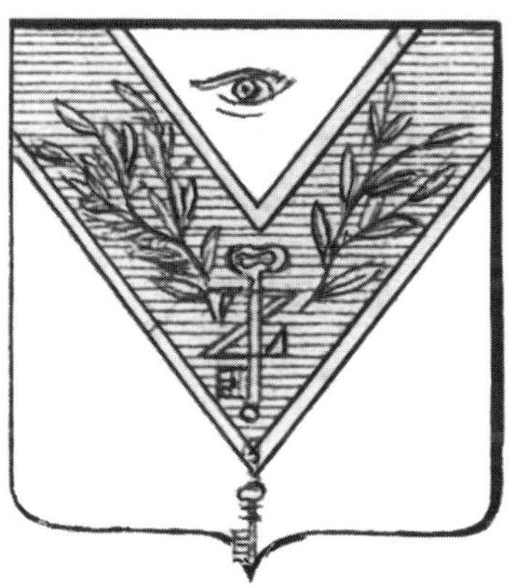

Le Maître Secret (4e degré)

Présentation du grade

Les degrés du 4e au 14e font partie historiquement d'un système en 25 grades connu sous la désignation de « Rite de perfection » et furent déjà pratiqués en France durant le XVIIIe siècle.

Les *Règlements et Constitutions de Bordeaux de 1762* fournissent la première classification officielle du Rite de perfection, donnant au Maître Secret la quatrième place parmi les vingt-cinq alors reconnus, ce qui en faisait le premier des grades additionnels à la maîtrise.

Dans les *Acta Latomorum* (1815) Thory affirme que ce grade a existé à l'époque de la *Patente Morin* (1761). On peut mentionner au passage que les recherches faites dans les différents fonds de bibliothèques et d'archives maçonniques nous ont fait découvrir de nombreux rituels de *Maître Parfait*, souvent présenté comme venant juste après la maîtrise, mais en revanche le nombre de rituels de *Maître Secret* est infime.

L'apparition de ce grade semble bien postérieure à la série de ceux qui le suivent. Il ne serait apparu qu'à la fin du XVIIIe siècle comme une sorte de grade introductif à la série des dix grades de perfection. Guérillot qualifie à juste titre ce grade de *degré de transition qui n'apporte aucun développement à la légende d'Hiram,* il observe *qu'il y a de bonnes raisons de penser qu'il a été conçu après les autres, comme une sorte d'introduction générale et qu'il ne s'est pas répandu partout*[1]. Au grade de *Maître Secret,* contrairement à ce qui se voit le plus souvent, il n'y a qu'un seul Surveillant qui porte le titre d'Inspecteur et représente Adoniram que l'on ne doit pas confondre avec Hiram, roi de Tyr, ni avec le maître assassiné, Hiram-Abi.

Il est dit dans les premières versions de ce rituel :

La loge de Maître Secret doit être tendue de noir parsemée de larmes. Le Vénérable de la loge représente Salomon. Il se nomme 3 Fois Puissant, il vient dans le temple pour remplacer Hiram Abif par sept Maîtres Experts.

Il n'y a dans cette loge qu'un seul Surveillant qu'on appelle Adonhiram, c'est lui qui avait l'inspection des ouvrages sur le Mont Liban avant la mort d'Hyram-abif et fut le premier Maître Secret... Adonhiram est à l'Occident, il

1. Guérillot Claude, *Les roses épanouies,* t.1, Éditions Trédaniel, 1995, pp. 247-258.

s'appelle Inspecteur, il ne se sert d'aucun outil de fer parce que l'ouvrage avait été suspendu par la mort d'Hiram-abif[2].

Les Maîtres Secrets portant le deuil de Maître Hiram sont gantés de noir selon le *Tuileur de Lausanne,* et de blanc selon le *Manuscrit Francken* et la plupart des anciens manuscrits. Ce grade qui peut être qualifié d'hiramique fait approcher le Maître Secret du Saint des Saints. Le récipiendaire est un serviteur du temple qui accède au rang de Lévite. Les Lévites descendant de la tribu de Lévi, héritiers de la tradition mosaïque avaient un ministère sacré différent de celui des prêtres. Il leur était défendu d'entrer dans le sanctuaire proprement dit et de s'approcher de l'Arche d'Alliance (Nombres 3,6), mais ils assistaient les prêtres dans la préparation des sacrifices (Nombres 18, 3).

Fig. 2 – Un récipiendaire reçu Maître Secret.

2. BN FM[4] 768, 4e grade, *Maître Secret.*

L'accès au grade de Maître Secret a pour objectif de rappeler au Maître que la lumière est loin d'être acquise, que le chemin de perfection a pour seule fin le passage à l'Orient éternel et que le chemin du perfectionnement individuel est long et rempli d'épreuves.

Ce grade de Maître Secret tend à faire ressortir le sens de l'œuvre du Maître et la quintessence de son enseignement, plus particulièrement par la connaissance et la mise en pratique du Devoir, lequel doit pouvoir *aller jusqu'au sacrifice*, sans espoir de récompense, au sens profane de ce mot.

On note une constance des réponses dans les tuilages lorsque l'on compare les données des quatre principaux Tuileurs (*Delaulnaye, Vuillaume, Bazot et Ragon*) contrairement au *Tuileur de Lausanne de 1875*, de beaucoup le plus complet et qui codifie tout.

Thème du grade

Dans le Manuscrit Saint Domingue 1764 (cote Baylot FM^{4}15), on trouve une des sources directes du manuscrit Francken, en voici le résumé :

Lors de la cérémonie de réception du Maître Secret, le récipiendaire est tuilé aux trois grades d'apprenti, compagnon et maître bleu avant d'être introduit en loge en frappant sept coups.

Adonhiram rendra compte au Très Puissant de la demande du récipiendaire et ajoutera qu'il répond de sa capacité, zèle et constance. Le Très Puissant ordonne de l'introduire puisqu'il répond de lui. L'expert introduira le candidat et lorsqu'il entrera en loge il fera successivement les signes d'apprenti, de compagnon et de maître. Adonhiram le fera prosterner ensuite le genou droit en terre, la tête baissée comme s'il était ébloui d'une éclatante lumière et pendant que le candidat est dans cette situation le Très Puissant lui parle ainsi : « Vous n'avez vu jusqu'à ce moment mon frère que le voile épais qui vous cachait le Saint des Saints du temple du vrai Dieu. Votre fidélité, zèle et constance vous ont mérité la faveur que je vous accorde et vous feront voir nos trésors en vous introduisant dans ce lieu saint et sacré. Venez à moi en maître maçon contracter de nouveaux engagements ». Le F.·. Adonhiram le fait relever lui ordonne de marcher en maître bleu et se mettre à genoux au pied de l'autel pour y contracter son obligation qui est la même que celle de maître bleu.

Après l'obligation le récipiendaire restant toujours à genoux, le Très Puissant descend une marche et lui met une couronne sur la tête mêlée de feuilles de laurier et d'olivier en lui disant, je vous reçois maître secret. Ce laurier représente la victoire que vous avez remportée sur vos passions, l'olivier est le symbole de la paix et de l'union qui doit régner parmi vos frères. Il ne tiendra qu'à vous de mériter la grâce que Dieu seul peut vous donner c'est celle d'espérer de parvenir un jour dans le lieu secret pour y contempler le pilier de la beauté.

Je vous décore de cette clef d'ivoire suspendue au cordon bleu, symbole de votre félicité et de votre discrétion. Ce tablier blanc et ces gants doublés de même marquent la candeur des maîtres secrets que vous avez mérité à juste titre. Le cercle qui environne la lettre J initiale du nom sacré de l'éternel est tracée sur la bavette de votre tablier. Je vous donne en cette qualité rang parmi les lévites pour devenir dans la suite le gardien fidèle du Saint des Saints et vous mets du nombre des sept pour remplacer la perte de notre cher Maître Hyram abiff et conduire les ouvrages que nous élevons à la divinité[3].

On observe que cette réception est relativement dépouillée. Le rappel des acquis précédents du grade de maître, la prestation de serment, le couronnement de laurier et d'olivier, la remise du décor orné d'une clef d'ivoire, la promotion au rang des lévites et l'honneur d'être considéré comme un des sept maîtres susceptibles de remplacer Hiram, les rituels d'origine se limitent à ces quelques éléments de transition, contrairement aux rituels modernes étoffés par de nombreux éléments moraux et philosophiques.

Guérillot constate que *les sentences, les développements sur le devoir sont des éléments introduits récemment dans le rituel, ils sont étrangers aux anciens manuscrits, dont le manuscrit Francken de 1783*[4].

Parmi les récentes innovations on relève ainsi l'introduction de la corde à nœud coulant (probablement empruntée au grade de Maître Parfait), de la main de justice (qui remplace le sceptre de Salomon) et des voyages qui sont le plus souvent au nombre de quatre. Le contenu de ce grade est assez moralisant, néanmoins l'essentiel de son message est de rechercher la Vérité, de rassembler ce qui est épars et de retrouver la Parole perdue.

3. *Le Manuscrit Saint-Domingue 1764, à la source du manuscrit Francken : le grade de Maître Secret*, transcrit par Jacques Léchelle et Pierre Mollier dans *Renaissance Traditionnelle*, n° 113, janvier 1998, pp. 31 à 44.

4. Guérillot Claude, *Le Rite de perfection, restitutions des rituels traduits en anglais et copiés en 1783 par Henry Andrew Francken*, Éditions Trédaniel, 1993, pp. 35 à 46.

Maître Secret

TUILEURS	DELAULNAYE (1813)	VUILLAUME (1820)	BAZOT (1836)	RAGON (1861)
ÂGE	Trois fois vingt sept ans accomplis (81 ans)	Trois fois vingt-sept ans accomplis (quatre-vingt-un ans)	Quatre vingt un ans accomplis (trois fois vingt sept ans	81 ans accomplis (trois fois 27 ans)
BATTERIE	Sept coups, dont six égaux et un séparé	Sept coups, dont un séparé	000000 0	Sept coups (6+1) 000000 0
MOTS DE PASSE	ZIZON que l'on traduit par Balustrade	ZIZA, Hébreu ou Resplendeur	ZIZA ou ZIZON, c'est un mot hébreu qui signifie balustrade	ZIZA (Resplendeur, splendeur) nom du fils de Jonathan
MOTS SACRÉS	IOD ADONAÏ IVAH	JOD ADONAÏ IVAH(par contraction pour Jehovah)	IOD ADONAÏ YVA	IOD ADONAÏ IVAH(contraction de Jehovah
MARCHE	Non mentionné	Il n'y a point d'autre marche que celle du Maître	Point	Point ou celle de Maître
HEURE D'OUVERTURE DES TRAVAUX	L'Éclat du jour a chassé les ténèbres, et la Grande lumière commence à paraître	Du point du jour à la nuit tombante	L'Éclat du jour a chassé les ténèbres, et la Grande lumière commence	L'Éclat du jour a chassé les ténèbres, et la Grande lumière commence à paraître
HEURE DE FERMETURE DES TRAVAUX	La Fin du jour	Non mentionné	La Fin du jour	À la fin du jour

1 – Du silence de l'apprenti au signe du Maître Secret

La dénomination du grade de *Maître Secret* confirme l'importance de la notion de secret en maçonnerie. « Secret » provient du latin « *secretus* » qui signifie séparé et qui est le participe du verbe « *secernere* » écarter. Le Maître Secret se distingue des Maîtres de Saint Jean des loges bleues, par la poursuite active de sa quête, par l'approfondissement des acquis grâce à de nouvelles clefs. On peut penser que l'initiation par le cheminement des grades de perfection a le même objectif que précédemment : *vaincre ses vices et ses passions* pour vivre avec un corps sain conformément aux lois de la nature.

Le grade de Maître Secret est placé sous le signe du silence ou du secret, matérialisé lors de la cérémonie de réception par l'apposition du sceau du secret sur les lèvres de chaque candidat. Ce signe s'effectue l'index et le médius de la main droite sur les lèvres, les autres doigts repliés. Chaque grade possède ses modes de reconnaissance dont le signe, qui est d'une importance fondamentale car il indique l'esprit du grade.

À travers le temps et l'espace, toutes les organisations initiatiques ont observé la loi du silence et la discipline du secret.

On trouve trace de ce signe très ancien dès l'Antiquité. Ainsi en Égypte et en Grèce déjà, ce signe du Maître Secret est porteur d'un enseignement traditionnel. Il établit le lien qui unit secret et sacré. En Égypte il est associé à Harpocrate, fils d'Horus, qui guérissait les corps et les âmes. Harpocrate est représenté la main gauche pendant le long du corps et celle de droite avec un ou deux doigts posés sur les lèvres. Ce signe fut ensuite repris par les grecs dans les représentations de la Pythie de Delphes. On le retrouve encore aux portails des cathédrales notamment dans quelques représentations du Christ en majesté dessinant le sceau du secret. Il enseigne comment conserver dans son cœur le secret initiatique. Ce signe correspond à une attitude qui reflète un état d'intériorité.

Du silence de l'apprenti à l'intégration du bon usage de la parole du Maître, la nouvelle gestation s'opère dans le silence. À la menace du signe pénal de l'apprenti, le Maître Secret substitue un pouvoir d'action autonome. Le silence n'est plus imposé impérativement de l'extérieur, ni vers l'extérieur. Il y a une démarche volontaire du Maître qui, en mettant ses deux doigts au coin de la bouche et non en couvrant celle-ci, prouve sa maîtrise du verbe par une retenue significative. Le silence du Maître Secret est différent de celui de l'apprenti. Il ne lui est pas imposé, il se l'impose à lui-même. Il l'assume, pleinement conscient de ce qu'on lui a appris et de ce qu'il lui reste à apprendre. À ce degré, sans doute plus qu'à un autre, le silence est une discipline intérieure pratique, qui suggère et favorise la méditation. Cette puissance du silence volontairement observé n'est pas un rejet de la parole, bien au contraire, elle confère à celui qui l'observe une qualité d'écoute, de disponibilité et de réceptivité accrue, dépouillée de toutes sortes de parasites extérieurs indésirables. En loge de perfection, lors de ses interventions, le Maître Secret ne parle pas pour parler, car alors, dans ce cas, sa parole ne serait plus qu'une coquille vide, s'éloignant du Verbe initialement créateur. Debout, le Maître Secret s'exprime sans mise à l'ordre extérieure, si ce n'est par le signe du secret au début et à la fin de ses interventions ; ce signe est comme l'alpha et l'oméga de sa prise de parole, comme pour ponctuer le *j'ai dit* habituellement employé dans les grades précédents. Sa mise à l'ordre étant intérieure il n'a plus besoin de la manifester constamment par un signe extérieur. Le silence du Maître Secret est d'une autre nature que celui de l'apprenti. Il est plus proche du « mutisme » que du véritable silence qui est paradoxalement, quand il a atteint sa plénitude, la vraie Parole retrouvée. Car tout ce qui est prononcé, formulé, revêtu d'une forme n'est qu'une approche, une approximation, un mot substitué. Ceci n'est pas sans évoquer le livre alchimique, appelé « Mutus Liber » qui montre par l'image l'œuvre alchimique, sans autre commentaire.

Au commencement du cheminement initiatique, le silence est tout d'abord apprentissage de l'écoute de l'autre. Son approfondissement s'avère comme étant un outil de discernement pour assumer et surmonter les contradictions, voire pour déjouer des pièges subtils, dont l'ego est coutumier. C'est un rappel de ce que l'itinéraire maçonnique est constitué de cycles où l'on est remis dans des situations apparemment semblables, sans être identiques, puisqu'on progresse enrichi des acquis antérieurs. Il y a progression par des phases cycliques successives de connaissance, telle la progression en spirale des astres qui ne repassent jamais au même endroit dans l'espace.

Aux trois premiers grades, les apprentis, les compagnons et les maîtres se retirent à la clôture des travaux sous le serment du silence. Le secret au 4e degré donne son nom au grade dont il est l'élément principal. Si l'apprenti est astreint au silence absolu, le maître, au 4e degré se tait, en observant le devoir de conserver le secret.

Outre le rappel du silence de l'apprenti, le secret est la confirmation d'un laborieux cheminement intérieur qui a progressivement gagné en acuité. Guénon considère *que le secret est, en lui-même totalement inexprimable puisque relevant d'un ordre transcendant, ineffable et inaccessible à l'esprit commun donc, en résumé, « incommunicable »*[5].

5. Guénon René, *Les Aperçus sur l'Initiation*, chap. XIII, "du secret initiatique", Éditions Traditionnelles, 1973.

Dans *Le Livre des morts des anciens Égyptiens* (XXI), le rituel d'ouverture de la bouche communique au défunt la puissance de la Parole, qui est en fait une clé :

Accorde à ma bouche les pouvoirs de la Parole afin que, à l'heure où règnent la Nuit et les Ténèbres, je puisse diriger mon Cœur[6].

La Flûte Enchantée de Mozart souligne l'importance de savoir se préserver par le silence, de ne pas gaspiller la parole comme le fait Papageno qui se perd dans le bruit. À l'inverse, le Prince Tamino fait preuve d'obéissance dans l'épreuve du silence selon un proverbe : *Celui qui parle ne sait pas, celui qui sait ne parle pas.*

Fig. 3 – Signe du silence par le dieu Harpocrate.

2 – Du bandeau de l'initiation au voile du Maître Secret

Le voile transparent que porte le Maître Secret lorsqu'il est introduit en loge n'est plus le bandeau opaque du profane, ce qui témoigne de son début de progression dans la Voie de la Sagesse, de la Connaissance et de la Lumière. Ce voile est posé sur le front et non sur les yeux. Le récipiendaire n'est plus privé de la lumière physique, mais encore partiellement de la lumière spirituelle. La petite équerre d'argent rappelle le sens du travail à poursuivre, selon la réponse fournie par les instructions : *la Maçonnerie est un travail d'équerre.*

6. Le *Livre des mort des anciens Égyptiens* traduit par Grégoire Kolpaktchy, Éditions Dervy, 2002.

Le Maître Secret ne peut poursuivre son chemin vers la Lumière qu'en maîtrisant ses trois mauvais compagnons par la Connaissance et prendre la juste mesure de toute chose grâce à l'équerre placée sur son front, à l'emplacement de l'œil de la Connaissance.

Relevé de son cercueil, le Maître a reparu plus radieux que jamais, après avoir traversé l'épreuve de la mort par anticipation, il l'a vaincue. Le voile porté par le Maître Secret marque une étape, il rappelle que le Maître Secret n'a pas encore réalisé toutes ses potentialités et qu'il doit s'efforcer de tendre vers un niveau de conscience supérieur. C'est un passage charnière de conscience où s'entrevoit l'étendue du champ des ombres en opposition avec celle de la Lumière.

Fig. 4 – Masque égyptien représentant le signe du silence.
Bibliothèque du G.O. de Belgique.

3 – Les devoirs et le Devoir

Il faut tout d'abord noter que cette notion de devoir était complètement étrangère aux plus anciens rituels. Si celle-ci peut proposer des développements et une réflexion intéressants, il faut néanmoins éviter de tomber dans les excès moralisateurs ou philosophiques qui rappellent étrangement les exercices de style basés sur la pensée de Kant des classes de philosophie du baccalauréat (notamment inspirés de son ouvrage *Les Fondements de la métaphysique des mœurs*).

Au grade de Maître Secret, pratiquement tout le rituel est aujourd'hui axé sur une notion du devoir qui mène au Devoir fondamental. La réalisation de ce dernier est présentée comme une phase essentielle et incontournable à toute progression initiatique.

Ce devoir est une obligation qui s'impose à la conscience et au libre arbitre de chacun. Il se présente comme impératif positif ou comme interdit négatif, selon l'état des connaissances et des expériences acquises.

On peut considérer qu'il existe deux sortes de devoirs :

1) **le devoir naturel** : ce type de devoir peut varier indéfiniment car il est tributaire des critères moraux qui diffèrent selon la religion, la société, le pays, l'ethnie, etc.. et c'est en fonction de ces différents paramètres que s'établit une hiérarchie des divers devoirs envers l'individu et la société. Ce devoir est d'ordre social sans caractère initiatique.

2) **le Devoir essentiel** : c'est le Devoir envers le G.·. A.·. D.·. L'U.·. qui est de rechercher la Parole Perdue, la Vérité, en rassemblant ce qui est épars. Au travers de ses exigences d'ordre principiel on peut définir un ensemble de devoirs envers autrui et soi-même. C'est la conscience du devoir que le chemin initiatique éveille en chacun.

Dans les trois premiers grades, la notion de devoir est omniprésente. Parmi les devoirs contractés, on peut mentionner le devoir de méditer les enseignements du rituel, les devoirs contenus dans l'obligation prêtée, dont le devoir d'assiduité, celui de se taire devant les profanes, de rechercher la justice en toutes situations, d'aimer ses FF.·. et SS.·., de se soumettre à la loi et à la discipline, etc.. On remarque qu'il s'agit des devoirs et non du Devoir. Le chemin de la Lumière est non seulement la recherche de tout initié, mais par vocation sa principale raison d'être, qui constitue son Devoir.

C'est par l'accomplissement de ce Devoir que chacun peut partir à la recherche du maître qu'il est virtuellement, afin de se rapprocher de la Vraie Lumière incarnée en la personne de Maître Hiram, qui représente l'Initié parfait, le modèle idéal pour tout maître maçon. La route du devoir est jalonnée de nombreux devoirs que la voie impose au maçon. Elle développe en lui une éthique de vie et de comportements qui est une préparation intérieure au grand Devoir, objectif final de l'initié. Il consiste essentiellement en la recherche de la Vérité et de la Justice en toutes choses, autant qu'à rassembler ce qui est épars en vue de retrouver la Parole perdue, symbole de l'Unité. Dès lors, ce Devoir est sacralisé. C'est l'œuvre d'une vie à remplir. La multiplicité des petits devoirs et le grand Devoir sont ainsi étroitement liés et complémentaires.

Placé sur le chemin du Devoir, le Maître Secret poursuit inlassablement sa quête exigeante. Il recherche la Connaissance du Devoir complet pour retrouver par la Parole perdue, la Vraie Lumière du Saint des Saints. On sait que le Saint des Saints ne comporte pas de fenêtres, il n'est donc éclairé par aucune lumière sensible. Ce sont les yeux du Maître Secret, sa qualité de clairvoyance qui peuvent percevoir la lumière manifestée par la présence de la Shekinah.

Le Maître Secret œuvre dans l'Ordre universel, suivant le chemin du Devoir qui le conduira à la Vraie Lumière. Cette Connaissance est intimement liée à l'illumination intérieure de l'œil du cœur. Le retour à l'Unité principielle se fait par l'accomplissement de la Volonté du Grand Architecte, il demande à chacun de chercher et de trouver la place ou mission spécifique qui s'inscrit dans son plan existentiel.

D – Qu'y avait-il dans cette brillante clarté ?

R – Le Grand et ineffable nom du Grand Architecte de l'Univers, Moïse seul en avait la vraie prononciation qu'il tenait de Dieu lorsqu'il lui apparut sur la montagne ; Moïse fit alors une loi qu'il rendit publique pour défendre de la prononcer, ce qui fit que la vraie prononciation fut perdue, mais j'espère avoir un jour la connaissance de cette parole ineffable[7].

4 – La notion de devoir chez le Maître Secret

Définir le concept de devoir est subjectif. Au XVIIIe siècle, les philosophes classiques vont proposer une classification des devoirs (devoirs envers soi-même, envers les autres, la patrie, Dieu, etc.. cela correspond aux trois questions posées au récipiendaire lors de sa méditation dans le cabinet de réflexion), notamment, Emmanuel Kant (dont les rituels actuels semblent s'être inspirés) qui définit le devoir comme un impératif catégorique. On peut considérer qu'il y a les devoirs fondamentaux comme ceux édictés par les dix commandements révélés à Moïse et la conception individuelle du devoir de chacun. Dès lors, le cheminement initiatique révélera au maçon des qualités et des vertus à même de l'assister pour remplir en toute conscience ses devoirs de citoyen, d'être humain et d'initié.

Disons :

— la prise de conscience de soi et des autres ;
— que ses devoirs sont d'apprendre à se défaire de tous préjugés et jugements de valeur ;
— se déterminer à suivre sa voie de réalisation sans porter atteinte à autrui ;
— qu'il doit œuvrer avec persévérance, détaché du fruit de l'action ;
— qu'il lui faut toujours réfléchir avant d'agir ;
— qu'il faut faire tout ce qui est possible pour remplir ses engagements avec le sens des responsabilités ;
— servir et aimer son prochain, pénétré d'un devoir de solidarité universelle ;
— transmettre la Tradition aux nouveaux maillons.

7. *Maître Secret*, 4e degré, rituel transcrits en 1805 par le F.·.Abraham, membre du Grand Consistoire de France, Bibliothèque André Doré, Grand Collège des Rites.

Cet accomplissement des devoirs demande de réelles qualités initiatiques telles que :

— le courage physique et mental ;
— le discernement pour évaluer objectivement une situation (en dehors de toute passion) ;
— la pratique de l'honnêteté en toutes circonstances avec lucidité ;
— la capacité de dévouement allant jusqu'au don de sa personne, si nécessaire.

Cette conception du devoir qui souligne une « dépendance » fondamentale, remonte à l'aube de l'humanité. Elle commence dès le jardin d'Éden où il est demandé à Adam et Ève un devoir d'obéissance, sous forme d'une interdiction d'accéder au fruit de la Connaissance de la dualité du bien et du mal. Le devoir et la détermination à respecter l'engagement qu'il implique sont étroitement liés.

C'est sans doute parce qu'il est difficile de connaître son devoir au quotidien que le Maître Secret doit être à l'écoute attentive de sa conscience, ce qui demande de savoir œuvrer dans les petites choses, de dépasser et transcender les petits devoirs, pour ne pas perdre de vue le service dû au Devoir essentiel, qui est la recherche de la Parole perdue, de la Vérité et de la Lumière. Celui-ci est impératif dans la mesure où il s'impose à la conscience comme un commandement, ce qui suppose l'existence d'une autorité supérieure, une transcendance.

Par ailleurs, si le Devoir du Maître Secret consiste essentiellement à retrouver la Parole perdue, comment peut-il connaître la nature de ce qu'il recherche autrement qu'en théorie ? Ceci éclaire le sens de la phrase du rituel : *il est plus facile de faire son devoir que de le connaître.*

5 – Comment lier les notions de liberté et de devoir

L'être humain est comme un grain de sable face aux grandes forces de la nature ; désarmé, vulnérable, mortel mais doué d'intelligence, il est très vite conscient que son premier devoir est de lutter pour sauvegarder et entretenir sa vie. Il est cependant un autre devoir pour toute âme qui se perçoit comme perdue dans la multiplicité, celui de faire un effort de perfectionnement sur soi pour retrouver la grande cohérence d'une unité invisible, mais pressentie. Pour ce faire il lui faut pouvoir choisir, car ce Devoir est proportionnel à la liberté acquise. Il est le support de la libération de l'être parce qu'il implique la lutte contre les passions qui agitent l'âme et leur transformation progressive en énergie positive.

Trois grandes composantes déterminent et motivent le comportement humain : l'inné, l'acquis et la conscience.

1. **L'inné** est inscrit dans le patrimoine génétique de l'espèce qui doit rester fidèle et conforme à sa nature, sous peine de ne « pas être ». Pour cette raison, tout acte nécessaire à la conservation de l'espèce humaine, devient simple devoir naturel pour l'homme.
2. **L'acquis** est constitué par la mémoire ancestrale. C'est un système de règles, de lois et d'éthique imposé par le groupe à l'individu pour permettre la vie en communauté ou en société. Cette notion, relative dans le temps et l'espace, génère des devoirs à partir du sentiment de la dualité du bien et du mal, du positif et du négatif.
3. **La conscience** inclut l'inné et l'acquis, elle est le produit des deux. Elle cherche et détermine le sens qu'elle va donner à la vie, sens dont dépendront tous les devoirs consentis.

Une question se pose : le devoir serait-il une entrave à la liberté individuelle ? Est-il une forme d'asservissement, de soumission à l'oppression d'une morale formelle et arbitraire qui, poussée à l'extrême, pourrait dériver sur le dogmatisme ou une sorte de passion du devoir pour le devoir qui s'apparenterait à un fanatisme intégriste ?

Les rapports entre devoir et liberté sont complexes. Le devoir n'est pas défini comme une contrainte mais comme une obligation morale qu'il est toujours possible d'ignorer. Le fait de pouvoir échapper à la contrainte, de désobéir et de transgresser les interdits relève de la bonne ou mauvaise gestion du libre arbitre de chacun et par là même de la liberté individuelle. En fait, si les contraintes sont une aliénation de la liberté, en revanche les devoirs permettent de jeter les fondations d'un édifice en donnant une règle à suivre. L'expression de la liberté bien comprise du franc-maçon est le Devoir lui-même. Si, pour beaucoup, la liberté réside dans la possibilité de rejeter le devoir, la liberté du Maître Secret, à l'inverse, se manifeste dans son accomplissement complet. À la notion plurielle des devoirs se substitue au grade de Maître Secret la notion unitive (ou singulière) du Devoir qui correspond à la liberté d'être, de repousser ses limites et de se dépasser soi-même constamment dans un perpétuel devenir où l'œuvre s'accomplit petit à petit.

Le Devoir est en quelque sorte la contrepartie de la Liberté, si l'on entend par liberté la prise de possession de soi-même. Le chemin du Devoir est une recherche intérieure qui aboutit, entre autre, à l'extinction de l'ego dans la volonté du Principe, à cette délivrance supra humaine, d'ordre divin pour certains.

Tous les êtres sont différents : chacun doit trouver sa propre voie vers son idéal le plus élevé. Toutes les voies initiatiques sont potentiellement bonnes si elles sont empruntées avec discernement, à la condition *sine qua non* de ne nuire à personne et de surcroît, de s'efforcer d'aimer son prochain.

6 – L'accomplissement du devoir... jusqu'au sacrifice

Ici, la voie initiatique demande à chaque Maître Secret un engagement qui est une voie de sacrifice. Le sens du devoir doit l'emporter sur toutes choses, à l'exemple d'Hiram qui perdit la vie pour respecter son engagement de ne pas trahir des secrets du métier en les transmettant à des compagnons qui n'étaient ni aptes, ni dignes de les recevoir.

Ce Devoir est d'une exigence intérieure particulièrement forte, difficile à définir, perçu parfois sous un aspect négatif, parce que contraignant. Il définit pourtant, *in fine*, ce qu'il ne faut pas faire et *a fortiori* ce qu'il faut faire.

Le rituel de ce grade exprime clairement l'idéal de la Franc-Maçonnerie comme l'accomplissement du devoir porté jusqu'au sacrifice. Devoir et sacrifice sont ici présentés comme impératifs et indissociables.

Ce sacrifice correspond à une sorte de mort volontaire de l'ego. L'accomplissement du Devoir demande de l'initié une parfaite sincérité, de ne pas tricher, ni contourner la règle imposée, mais de rester en accord avec lui-même dans une démarche cohérente.

Dans cette perspective, le Devoir devient aussi « inéluctable que la fatalité » et il constitue l'élément moteur de la démarche initiatique, son accomplissement correspond au dépouillement des métaux. Ce renoncement à tout sursaut individuel de manifestation irraisonnée de l'ego est de l'ordre du Devoir. Il n'est pas une contrainte, mais la continuité logique d'un choix volontaire par lequel s'affirme toute volonté spirituelle pour la libération de l'être.

7 – Les sentences

Étymologiquement, une « sentence » selon la définition fournie en 1580 par Montaigne est : « une parole renfermant une pensée morale ». Du latin *sententia,* une sentence est définie par le *Grand Larousse Universel,* comme une courte phrase, d'une portée générale, précepte de morale, maxime, adage, aphorisme.

Les *sentences* résument l'essentiel de l'enseignement maçonnique en loge de perfection. Elles synthétisent ce qui est signifié ou exprimé en phrases courtes et lapidaires qui frappent comme l'éclair.

On peut classer les sentences en trois groupes :

1. Les formules, qui sanctionnent et expliquent le sens de chacun des quatre voyages symboliques ;

2. Les maximes, qui correspondent à des injonctions de mise en garde
3. Les quatre axiomes relatifs au devoir.

Toutes les sentences ont pour objectif d'éclairer et donner au nouveau Maître Secret la direction du chemin à suivre, sachant que sa priorité reste la recherche de la Vérité et de la Justice dans sa quête de la Parole perdue. La notion de Devoir est intimement liée à la notion de construction qui a une réalité ontologique dans le champ des applications, dans la mesure où le Devoir prend sa source dans le domaine métaphysique. Les sentences sont données comme viatiques pour le rappeler.

8 – Le cartouche (avec cercle, triangle, étoile ou clé)

Ce cartouche représente trois figures géométriques. Un triangle se trouve à l'intérieur d'un cercle d'or, symbole d'un principe spirituel invisible et transcendant. Le cercle symbolise l'univers dans lequel s'inscrit le triangle rouge vif et l'étoile bleue construit selon le nombre d'or. Dans les anciens manuscrits la lettre G est au centre du cartouche.

Le jaune, le rouge et le bleu sont les trois couleurs primaires dont le mélange détermine le prisme des couleurs. Dans ces trois couleurs fondamentales, on va de la lumière chaude du soleil et du sang à la lumière froide de l'étoile. Ces formes s'identifient à trois nombres, à eux trois, ces nombres sont et composent « l'unité » du cercle, elle-même étant le 1, sa dynamique le 3 et son équilibre le 5 (qui correspond à l'homme en tant que microcosme). Le total est 9 qui correspond au macrocosme dans lequel l'initié cherche sa voie et sa place.

D – Avez-vous remarqué quelque chose de particulier ?

R – J'ai aperçu un triangle dans un grand cercle au centre duquel une étoile flamboyante qui m'a ébloui avec un saint respect.

[...]

D – Que signifie le cercle qui environne le triangle ?

R – Il représente l'immensité du pouvoir de Dieu qui n'a ni commencement, ni fin.

D – Que signifie l'étoile flamboyante ?

R – C'est une météore qui doit toujours nous guider vers la Divine providence.

D – Que signifie la lettre G dans le centre de l'étoile flamboyante ?

R – Gloire, Grandeur et Gomez[8].

8. *Maître Secret, op. cit.*, p. 14-15.

L'étoile est masquée par le delta au grade d'apprenti, elle apparaît au grade de compagnon visible et flamboyante, au grade de Maître elle passe de l'orient à l'occident, au grade de Maître Secret, elle correspond au verbe incarné que chacun porte en soi.

Bien que les figures du cercle et du triangle ne soient représentées que par leur périmètre, on peut considérer leurs limites extérieures comme semblables à des barrières à franchir et à dépasser.

Ce cartouche propose de nombreuses pistes de réflexions. Ne correspond-il pas à l'itinéraire que doit suivre l'initié dans sa recherche : c'est-à-dire passer du quinaire au ternaire et du ternaire à l'Unité ?

Ce cartouche associe le cercle d'or, symbole du cosmos, le triangle rouge et l'étoile bleue.

Le triangle équilatéral, parfait symbole du ternaire appelle à la résolution de tous les dualismes, à l'équilibre entre les trois plans de l'homme : corps, âme et esprit. Sa couleur rouge est symbole du sang de la vie, du feu et de l'amour.

L'étoile à 5 branches représente l'être structuré, en harmonie avec le cosmos, les pieds sur terre et la tête dans la voûte céleste. Sa couleur bleue invite à connaître l'illumination de la transcendance, à la recherche du Principe, de la Vérité et à la méditation en profondeur.

Dans un rituel fin XVIIIe siècle, on trouve une clef à la place de l'étoile au centre du cercle et du triangle. Ainsi, il y est mentionné « dans l'endroit le plus apparent du tableau, il y a une clef » :

D – Donnez-moi la marque ?

R – La voilà... on montre la clef.

D – Que signifie cette clef ?

R – Le silence.

D – Où l'avez-vous aperçue ?

R – Au centre d'un triangle renfermé dans un cercle.

D – Que signifient ce triangle et ce grand cercle ?

R – L'extrême, dont on ne m'a pas encore jugé digne.

D – Que représente la clef ?

R – La véritable clef de la maçonnerie

[...]

D – De quel métal est-elle pour être si richement ornée ?

R – D'aucun, mais elle n'en est pas moins précieuse pour cela, parce c'est une langue liée à toutes sortes d'inscriptions et que la circonspection seule peut délier[9].

(On retrouve ici le rôle de la langue assimilée à la clef du cœur évoquée dans de nombreux manuscrits, notamment dans le *Sloane* (1700), *la*

9. Paris, Bibliothèque Roëttiers de Montaleau, *MS 20 FM* et *BN, FM^4 367.*

Confession d'un Maçon (1727) où il est demandé : *quelle est la clé de votre loge* ? Ce à quoi il est répondu : *Une langue bien pendue).*

Dans le manuscrit de la BN, FM[4] 367, on lit : *La seule différence qu'il y a du tableau de ce grade à celui des maîtres ordinaires, c'est que dans celui-ci doit être tracé dans l'endroit le plus apparent une clef qui est le vrai emblème de ce grade. cette clef doit être renfermée dans un triangle, entouré d'un grand cercle.*

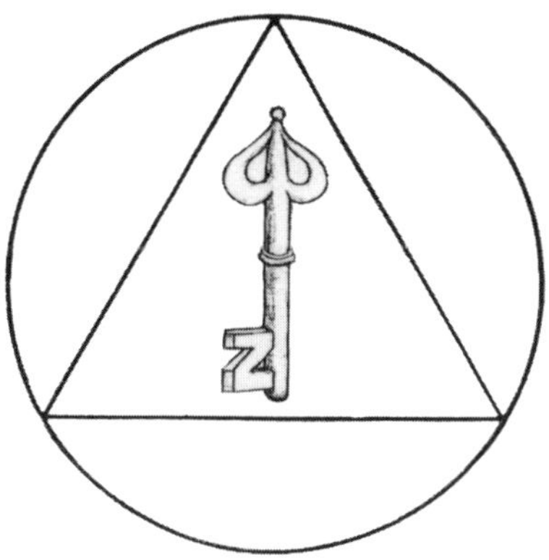

Fig. 5 – Cartouche avec la clef.

Fig. 6 – Cartouche avec l'étoile.

9 – La couronne de laurier et d'olivier

La couronne de laurier et d'olivier était utilisée dès l'Antiquité dans le monde méditerranéen par les diverses traditions religieuses ou initiatiques. Elle représente un emblème d'immortalité, de victoire et de paix. Lors des jeux olympiques, le front des vainqueurs était ceint d'une couronne d'un feuillage différent selon le dieu invoqué.

Cette couronne est étroitement liée dans son symbolisme à la mythologie, à Apollon pour le laurier et Athéna pour l'olivier.

L'olivier est l'un des deux arbres liés à la prophétie. Il marque la vie spirituelle et sa sève correspond à l'Esprit saint. Consacré à la déesse de la guerre Athéna en Grèce, ses attributs sont la raison, la mesure, la pondération et la sagesse.

L'olivier garde une verdure persistante toute l'année. En été la partie blanche de son feuillage se dresse et en hiver, il se tourne en sens inverse. Les grecs voyaient l'olivier séparer la lumière des ténèbres, comme le midi du nord. Symbole de la porte des dieux tournée vers le midi et la porte des hommes tournée vers le nord, lié à la symbolique des deux solstices.

Dans la Bible, l'olivier est très souvent associé à la vigne lesquels donnent respectivement l'huile et le vin.

L'olivier est un symbole solaire, porteur de paix, à l'image du rameau apporté à Noé par une colombe.

Le Coran, dans son célèbre verset de la sourate de la Lumière (S.24, V.35) définit l'olivier comme *un arbre béni qui n'est ni d'Orient, ni d'Occident.* Selon certains commentateurs : *cet arbre a été spécifié comme étant un olivier du fait que les perceptions de l'âme qu'il symbolise sont de nature individuelle et adhèrent au noyau des attaches matérielles, idée que peut figurer le fruit de l'olivier, car l'olive n'est pas constituée uniquement de chair (il y a encore le noyau dur auquel celle-ci adhère). Une autre raison de cette spécification est la pleine disposition de cette âme d'être attisée et illuminée par la lumière du feu de l'intellect actif arrivant à l'âme par l'intermédiaire de l'Esprit et du cœur, propriété à laquelle correspond l'abondance de l'huile d'olive et sa nature inflammable*[10].

L'olivier est assimilé dans ce contexte à l'axe du monde, symbole de l'homme universel. La permanence de sa verdure symbolise la vie et l'espérance.

On retrouve encore Béatrice apparaissant à Dante au paradis terrestre « couronnée d'olivier sur un voile blanc », symbole de la foi pure, ceci symbolisait la paix qui règne au sommet de l'esprit dans la pure contemplation, quand un influx direct d'en-haut a supplanté l'activité naturelle de ses facultés[11].

Le laurier est symbole de victoire et de gloire tant au plan matériel que spirituel. Consacré à Apollon, dieu de la Lumière, de la Vie et de l'harmonie, le laurier allie la sagesse à l'héroïsme. Les fruits du laurier sont rouges, symbole de la force vitale et de l'amour.

Apollon, dieu du soleil aimait Daphné qui ressentait de la répulsion pour cet amour. Elle fuit Apollon en implorant la protection de son père le fleuve et de sa mère la terre. La terre et l'eau joignant leurs forces cosmiques engloutirent Daphné et la restituèrent sous forme de laurier. Apollon saisit le feuillage et s'en couronna la tête. Le laurier devint ainsi le symbole du rayonnement lumineux du soleil qui correspond aussi au verbe principiel. Apollon était le dieu des oracles et de la gloire poétique qui s'exprime par inspiration.

La couronne marque le caractère transcendant d'un accomplissement ; elle consacre et honore une personnalité ou un être dont le comportement est digne d'honneur. Cette distinction est le symbole le plus répandu du pouvoir temporel et spirituel.

10. Al-Qachani Abdu-el-Razzaq, *Le commentaire ésotérique de la sourate de la lumière,* traduit de l'arabe et annoté par Michel Valsan dans *Études Traditionnelles,* n° 437-438, mai à août 1973, p. 104.

11. Lallemant Louis, *Dante Maître spirituel,* Initiation au sens symbolique de la Divine Comédie II Purgatoire, Chant XXX, Éditions Trédaniel, 1988, pp. 151-157.

Constituée d'une simple guirlande de feuillage, la couronne de laurier et d'olivier concilie conjointement le symbolisme du cercle, qui correspond à la perfection et celui de l'anneau qui correspond à l'éternité et l'alliance. Il s'agit ici d'une anticipation de récompense et de promesse d'immortalité par la primauté de la vie de l'Esprit de l'initié qui arrive symboliquement au sommet de la montagne. Cette couronne relie le couronné qui est en-dessous, à ce qui est au-dessus, ou encore l'humain au spirituel. La matière de la couronne précise le sens de cette forme de consécration, Paix, Sagesse et Victoire sont des messages contenus dans le tissage de la couronne du laurier et de l'olivier.

La couronne est ouverte, assimilable au compas. Elle est donnée par anticipation et montre ce à quoi l'initié peut espérer s'il persévère sur le chemin du Devoir. Promesse d'immortalité, elle conduit à l'espérance d'atteindre un jour la Sagesse, la Lumière et la Vérité. Le couronnement est une anticipation en prévision du perfectionnement individuel qui reste à réaliser. C'est une couronne de gloire récompensant le travail initiatique à venir. Elle peut être considérée comme des prémices symboliques. Le rayonnement du visage était symbolisé dans l'Antiquité par le couronnement de laurier. Le laurier avec l'olivier reste toujours vert et triomphe de la mort en se multipliant indéfiniment.

On peut noter une continuité des symboles végétaux aux quatre premiers grades. De la grenade rouge avec ses grains enfermés qui font corps avec la matière, avec l'acacia dont la verdure persistante témoigne de la pérennité de l'esprit, au laurier et à l'olivier, associés en couronne ouverte, symboles à la fois de victoire et de paix comme de richesse spirituelle. Le Maître Secret bénéficie du couronnement d'un état potentiel qui reste à acquérir par un travail initiatique actif.

Fig. 7 – Couronne de laurier et d'olivier.

10 – La corde à nœud coulant

La corde est un lien qui entrave ou unit selon les cas. Dans les voyages du Maître Secret ce lien entrave la liberté de mouvement. Elle ne le réduit pas en esclavage mais le met en situation précaire, s'il ne marche pas à l'unisson du groupe.

Cette corde le retient prisonnier et rend difficile sa progression sur le chemin qui lui reste à explorer. Elle permet de porter un autre regard sur le monde, à l'écoute de l'autre, comme en témoigne l'empreinte physique laissée sur le cou par la corde qui enchaîne les récipiendaires les uns aux autres, susceptible aussi de les étrangler, c'est-à-dire de leur faire subir la mort spirituelle. Se défaire de cette corde, c'est relativiser les aspects contrastés de la dualité, et par là, s'en libérer.

Le symbole du nœud est important, ce nœud vital renforce le lien en un point de concentration, il est le point de passage des forces vitales. Le nœud correspond au passage de la porte étroite. La corde à nœud peut bloquer le larynx, organe de la parole, en lui imposant le silence. Il faut vaincre l'asphyxie de l'étranglement pour pouvoir passer à un autre stade d'existence et d'expression. Le nœud coulant s'apparente à une « porte étroite » ou « goulet » comparable au chas d'une aiguille.

Dans l'Évangile de Matthieu (I-13 et 14), il est dit *: Entrez par la porte étroite ! car large est la porte, facile est le chemin qui mène à la perdition. Qu'elle est étroite la porte, et qu'elle est resserrée la route qui mène à la Vie.*

La couleur de la corde

Cette corde est constituée de deux fils torsadés en spirale ; plus cette torsion est resserrée plus le lien est renforcé. Son graphisme fait penser à celui du code génétique. Elle enserre le cou du récipiendaire qui effectue ses voyages dans une cécité partielle ponctuée de coups de maillets et de sentences de mise en garde.

Avec cette corde noire et blanche on retrouve l'ambivalence et la dualité du pavé mosaïque avec ses aspects positifs et négatifs selon le plan où l'on se place, mais cette fois-ci le noir et le blanc ne sont plus opposés, mais entrelacés, démontrant l'imbrication de la relativité du positif et du négatif. Comme chacun sait, ce qui sera vécu comme négatif peut s'avérer par la suite positif et vice versa.

Le nœud coulant peut se resserrer ou se desserrer suivant les tensions subies par la corde. En tant que lien, la corde peut être conçue comme ce qui rend captif ou bien comme ce qui unit. Le nœud renforce le lien dans la mesure où il représente ce qui fixe l'être dans un état déterminé. Il s'agit d'une corde à l'horizontale qui fait penser à la corde qui permet d'amarrer un navire à son port d'attache.

La corde à nœud coulant qui enserre le cou évoque le tableau des aveugles de Bruegel, aveugles physiques dont la cécité extérieure manifeste l'aveuglement intérieur dans lequel ils se trouvent. Luc Benoist définit la corde comme un symbole très ancien lié à l'ascension. Avec elle intervient une notion plus complexe, différente de l'axe, celle des nœuds qui correspondent aux différents degrés de l'échelle et qui s'appliquent à la fixation d'un état, favorable ou non. Défaire un nœud c'est procéder à une libération qui doit être accomplie dans l'ordre exactement inverse de celui qui a permis sa confection. C'est étymologiquement le seul dénouement véritable qui consiste à franchir la boucle du nœud sans en être enserré [12].

Fig. 8 – La corde à nœud coulant.

On peut penser à une cordée d'alpinistes (bien que celle-ci soit verticale) sur le chemin initiatique dont le lien qu'est la corde est à la fois individuel et collectif, reliant chaque membre entre eux. Il faut faire preuve d'obéissance dans le suivi de celui qui précède et de volonté pour garder et communiquer le rythme à celui qui suit. Cette marche impose un rythme qui transcende l'individu. Cette corde est une invitation à s'accorder au rythme de l'autre, mais plus particulièrement à celui de l'univers, autant qu'aux révolutions des astres et corps célestes qui le composent.

Arrivé à ce stade, la corde permet à l'initié de prendre conscience que son chemin de progression ne peut plus être strictement individuel. Il se dirige vers une libération tendant à réduire l'écart entre ce qu'il est et ce qu'il peut être ; cette corde qui relie les uns aux autres peut être assimilée à un lien unitif pour surmonter les embûches et s'accorder au rythme de l'autre, autant qu'à accompagner l'expir et l'inspir du monde.

12. Benoist Luc, *Signes, symboles et mythes*, coll. "Que sais-je ?", n° 1605, PUF, p. 35.

Le port de la corde, sorte de licou pour l'initié, a une origine qui semble remonter aux mystères de l'Antiquité. Le nœud coulant figure dans les cérémonies brahmaniques en tant que symbole sacré, ainsi que dans les mystères zoroastriens, il y a trois mille ans, chacun était supposé avoir autour de son cou un nœud coulant qui, à la mort, se détachait du juste mais tirait le méchant en enfer[13]. On peut y voir aussi, le symbole des conditions de l'existence corporelle imposée à tous, dont il est nécessaire de s'affranchir pour accéder à une possible libération.

Le véritable travail intérieur est détaché du fruit de l'action. Il n'implique pas de salaire autre que de percevoir sa progression. Il faut « suivre » sans espérer de récompense, car si l'on ne suit pas, on risque la strangulation, c'est-à-dire la mort spirituelle.

La corde à nœud qui enserre le cou, peut séparer le corps de la tête, siège de la perception spirituelle. On peut voir là un rappel du signe d'apprenti, la main sous la gorge, avec le signe du secret. Cette gestuelle rappelle les sanctions encourues pour le non respect de l'engagement contracté de garder le silence sur ce qui a été confié.

Il est aussi intéressant d'approfondir le sens du lien de la corde, en fonction des sentences et du Devoir.

11 – Le serment du Maître Secret

Dans les anciens manuscrits de Maître Secret le terme d'obligation est utilisé à la place de serment. Selon le dictionnaire de Quillet *une obligation est un engagement, lien d'où découle un devoir.* Toute obligation prononcée au cours de la progression des grades de la hiérarchie initiatique est une confirmation du serment initialement prêté lors de l'initiation. Ce serment initial est celui qui engage complètement les autres prestations de serment. C'est peut-être pourquoi le terme d'obligation est préféré à celui de serment.

La nouvelle obligation du Maître Secret, comme les précédentes, se compose de trois parties : une invocation, une promesse et un engagement qui cette fois-ci ne comporte pas de pénalités. Elle est un rappel et un approfondissement de l'adhésion initiale à l'Ordre initiatique.

Chaque mot prononcé revêt un caractère solennel. Cette obligation contractée devant une assemblée de maçons a une résonance intérieure profonde car elle est prise d'abord envers soi-même, en toute conscience, avec une totale sincérité. Tout serment initiatique a un caractère solennel et sacré. Le trahir équivaut à se trahir soi-même et par là même à détruire la part vivante de conscience qui est en chacun.

13. Jones B.E., *Freemason's Guide et Compendium*, p. 270.

Cet engagement appelle plusieurs interrogations :
Dans quelles conditions est prêté ce serment ?
Sur quoi est-il prêté ?
Quel est le sens des mots de la formule de cette obligation ?

1. Dans quelles conditions se prête-t-il ?

Le récipiendaire portant encore le voile noir transparent sur lequel est fixée l'équerre d'argent, ne peut percevoir qu'imparfaitement la Lumière. Pour prononcer le serment, le récipiendaire pose la main gauche tenant le flambeau sur le volume de la loi sacrée et les deux premiers doigts de la main droite sur le cœur.

2. Sur quoi est-il prêté ?

Le serment est prêté sur la première page du Livre des Rois de l'Ancien Testament qui relate et marque le rétablissement de la légitimité de la royauté d'Israël par l'intronisation de Salomon, fils de David, chargé de la construction du temple.

3. Quel est le sens des mots de la formule de l'obligation ?

Cet engagement est contracté solennellement envers :

— l'Humanité ;
— le Pays ;
— la Loge ;
— la Famille ;
— le Frère ;
— l'Ami.

En vérité, **L'Humanité** qui est le premier terme de cette longue énumération, englobe tous les autres.

Le Pays peut être entendu non pas dans un sens restrictif de nationalisme, mais à la terre entière comme univers, dont chacun est citoyen. Pays dont le centre est partout et les frontières nulle part.

La Loge correspond à la famille maçonnique qui a reçu la prestation de serment, mais qui est la représentante de toutes les autres loges que le maçon peut visiter et dont il peut devenir membre en se conformant à ses usages et à la règle en cours.

La Famille peut être entendue au delà du sens ordinaire restreint des proches et étendue à tous les frères humains qui constituent la famille humaine, mais plus particulièrement à la famille initiatique à laquelle tout maçon est relié par serment.

Le Frère et l'Ami terminent cette graduation descendante, rappelant au Maître Secret l'importance des devoirs contractés avec le microcosme.

Cette obligation exige une éthique basée sur les valeurs essentielles que sont les différentes composantes de l'Amour de l'Humanité, reconnaissant avant tout que l'autre est semblable à soi-même. Il s'agit d'une alliance consciente contractée avec le Principe et l'ensemble de l'humanité. N'est – il pas écrit : *que l'homme est créé à l'image du Principe* ?

Les points d'ancrage de ce serment sont l'alliance, l'allégeance et le secret sur lesquels se fonde la notion tridimensionnelle du Devoir envers l'atelier de perfection, l'Ordre représenté par le Suprême Conseil et le Principe représenté par le G∴ A∴ D∴ L'U∴

La solennité et la force de cet engagement indiquent la Voie du Devoir à suivre :

— essayer d'échapper aux limites étroites du temps et de l'espace humains naturels pour accéder par étapes aux dimensions surnaturelles d'éternité.

Comme il a été mentionné précédemment les références faites lors de cette prestation de serment rappellent les engagements contractés solennellement dans les trois grades précédents :

1. Alliance avec la Franc-Maçonnerie universelle ;
2. Règle du silence tant à l'extérieur qu'à l'intérieur de l'Ordre (ce qui constitue un élément nouveau qui consiste à observer la plus grande discrétion sur les grades obtenus) ;
3. Reconnaissance de la nécessité du Devoir.

Les principes contenus dans ce serment sont rappelés à la clôture des travaux lorsqu'à la question : *Que vous a-t-on appris* ? On répond : *À garder le secret, à être obéissant et à rester fidèle.*

Cette alliance sincèrement contractée souligne le lien des FF∴ et SS∴ réunis dans la recherche d'un idéal commun (la corde à nœud coulant qui relie les uns aux autres matérialise bien la solidarité existant entre chaque membre). La validité d'un serment initiatique est d'être prêté au nom du Principe directeur de l'Ordre et en présence des membres de cet Ordre qui sont les témoins de l'engagement solennel pris devant le G∴A∴ D∴L'U∴

Après avoir solennellement et successivement contracté une alliance avec les assistants, par serment de ne jamais révéler les secrets du grade, les Maîtres Secrets promettent et jurent allégeance au « Suprême Conseil des Souverains Grands Inspecteurs généraux du 33e degré et au Principe ». Ce sont les termes du rituel qui donnent l'orientation spirituelle du grade.

Dans la définition du mot allégeance on retrouve les notions d'obéissance et de fidélité, prêtées sous serment ici, à l'Autorité de la hiérarchie spirituelle de l'Ordre initiatique, symbolisé par l'aigle bicéphale qui représente ces deux pouvoirs.

Planche 3 – Plateau du Trois Fois Puissant.

Dans le manuscrit FM^4 367 les termes de l'obligation, prêtée à genoux, au 4e grade souligne la continuité du grade de Maître avec celui de Maître Secret, rappelant et confirmant les précédentes obligations *: je jure et promets par les mêmes obligations que j'ai prêtées dans les grades d'apprenti, compagnon et maître, et sous les mêmes peines de garder les mystères de ce grade, qui vont m'être confiés. Si j'avais jamais le malheur d'en abuser, je consens que mon nom soit brûlé aux quatre coins de toutes les loges, tant sur la surface de la terre que sur l'onde, et mis en oubli pour toujours, ainsi soit-il.*

Un texte d'une obligation plus détaillée se trouve dans plusieurs manuscrits, entre autres dans le FM^4 768 de la B.N., dont le contenu est plus proche de l'obligation actuelle :

Je[...] jure et promets sincèrement en présence du G.·.A.·.D.·.L'U.·. et de cette loge de Maîtres Secrets, de ne jamais révéler ou faire connaître à qui que ce soit d'un grade inférieur ce qui peut concerner celui-ci, je promets en outre de ne jamais révéler aucune des lois ou transaction faites dans cette L.·., lorsque j'en serai dehors, à moins que ce ne soit à un F.·. connu, de me conformer aux statuts et règlements qui me seront communiqués, je voue une entière obéissance aux Préceptes et aux commandements de la Grande Loge parfaite et Sublime, me soumettant à tous les ordres qu'elle voudra me donner ; j'obéirai pareillement au Grand Inspecteur et aux députés comme étant les seuls Chefs de la maçonnerie, je promets aussi de ne jamais aider, ni consentir à assister à la réception de personne excepté dans cette Royale L.·., de ne jamais m'entretenir de maçonnerie qu'avec ceux que je connaîtrai avoir été régulièrement reçus et sous les peines de mes premières obligations, priant le G.·. A.·. D.·. L'U de me maintenir dans le chemin de la droiture, de la justice et de la vérité.

12 – Le flambeau sur le volume de la Loi sacrée

La posture rituelle de prestation du serment à ce grade consiste à tenir dans sa main gauche un flambeau posé sur le Volume de la Loi sacrée, qui est ouvert à la première page du Livre des Rois sur laquelle est posée une clé.

Ces trois symboles associés forment un ensemble cohérent et dynamique, ils sont particulièrement forts et chargés de sens : flambeau, clé et Volume de la Loi sacrée. Ils sous-tendent et soutiennent l'engagement du Maître Secret.

En posant les deux premiers doigts de la main droite sur le cœur, le récipiendaire prête serment en engageant l'authenticité de sa personne en cet instant solennel. Il s'agit de l'index et du médius de la main droite qui ont servi au sceau du secret et qui maintiennent scellé le secret du cœur.

Ce serment se rapporte aussi à un Principe auquel le maçon se réfère : il s'agit du Grand Architecte de l'Univers en tant que Force Suprême qu'il glorifie.

Le récipiendaire porte en lui-même sa lumière, même s'il ne la distingue qu'imparfaitement, ce que symbolise le voile transparent qui lui recouvre les yeux. Le flambeau rappelle qu'il détient un fragment d'une étincelle de vraie Lumière dont il est le gardien.

Cette lumière éclaire une page spécifique de l'Ancien Testament, la première page du Livre des Rois qui intronise Salomon en tant qu'édificateur du Temple dédié à l'Éternel.

13 – La Bible à la première page du livre des Rois

La Bible, appelée Volume de la loi sacrée est le livre considéré comme révélé de la tradition judéo-chrétienne. Ce livre est fermé avant l'ouverture des travaux. Lors de l'ouverture, le Capitaine des gardes l'ouvre à la première page du Livre des Rois.

Les deux livres des Rois rapportent l'histoire des rois d'Israël et de Juda depuis la mort de David jusqu'à l'exil de Babylone. Le premier Livre des Rois sur lequel est prêté, le serment raconte la longue histoire du règne de Salomon en commençant par son accession au trône (I Rois, 1-2), la construction du temple, dont la description du temple et de son mobilier (I Rois 3-11). Le règne de Salomon marque à la fois l'apogée et le déclin de la puissance israélite (vers 972-932).

Ce livre ouvert devient source d'enseignement et de connaissance, invitant à la construction au sens large, alors que le livre fermé garde son secret.

14 – La clé d'ivoire

Dans l'Antiquité, on rencontre souvent le symbole de la clé, notamment chez les Égyptiens, où Osiris et Isis sont maintes fois représentés une clé dans la main.

Dans les *Old Charges* un rapport fréquent est établi entre la langue, la clé, la corde et le devoir. Ainsi, dans l'instruction d'apprenti de Samuel Prichard [14], on trouve déjà mentionné l'usage d'une clé d'ivoire qui peut être rapproché d'un des nombreux sens de la clé du Maître Secret :

D – Où gardez-vous ces secrets ?

R – Sous mon sein gauche.

14. Prichard Samuel, *La Maçonnerie disséquée,* traduit et annotée par Jean-Pierre Berger dans *Le symbolisme,* n° 382, octobre-décembre 1967, pp. 3-31.

D – Avez-vous une clé pour ces secrets ?
R – Oui.
D – Où la tenez-vous ?
R – Dans une boîte en os qui ne s'ouvre, ni ne se ferme, si ce n'est avec des clés d'ivoire.

D'autres précisions sont fournies dans *l'Examen d'un Maçon* [15] illustrant combien le rapport entre la langue, la clé, la corde et le devoir est très fréquent dans les anciens catéchismes :
D – Votre loge a-t-elle une clé ?
R – Oui.
D – Quelle est-elle ?
R – Une langue bien pendue.
D – Où est-elle gardée ?
R – Dans une boîte d'ivoire entre mes dents ou dans le repli de mon foie, là où sont gardés les secrets de mon cœur.
D – A-t-elle une chaîne (ou *cable-tow*) ?
R – Oui.
D – Quelle est sa longueur ?
R – De la distance qui va de ma langue à mon cœur.
D – Où se trouve la clé de la loge pendant les travaux ?
R – À droite de la porte, à une distance de deux pieds et demi, sous une touffe verte et une équerre.
Ici cette clé est mise très clairement en parallèle avec l'usage de la parole, du verbe de l'initié à la recherche de la Vérité. Le Maître Maçon se trouve selon l'instruction du grade de Maître au centre du cercle, ce qui correspond à un Saint des Saints intérieur.

Dans *La Maçonnerie disséquée* de Samuel Prichard (1730) [16] il est question d'une corde, liée à la clé des secrets, il est demandé à son sujet :
Q – Pend-elle ou gît-elle ?
R – Elle pend.
Q – Par quoi est-elle accrochée ?
R – Une corde de 9 pouces ou un empan.

Cette corde est un câble de halage qui traduit l'expression anglaise « cable-tow ». Le cable-tow servait de mesure de longueur ; selon Berger il est spécifique à la Franc-Maçonnerie. Ainsi le Maître-Maçon jure « de répondre et d'obéir à tout signe et appel que lui enverrait une loge de maîtres-maçons » si cela est en deçà de la longueur de son *cable-tow*. Dans

15. *L'examen d'un maçon,* dans *cahier de l'Herne,* la Franc-Maçonnerie, documents fondateurs, 1992.
16. Prichard Samuel, *op. cit.*

ce rituel, on trouve aussi à *une encablure du rivage.* Ces expressions marines rappellent l'engagement contracté par le maçon, ce qui oblige à observer la limite au-delà de laquelle il ne peut aller… sans répondre à l'appel.

La corde des secrets est souvent associée à la clé de la loge. Par exemple, dans le manuscrit irlandais du *Trinity College* (1711) :

Q – Où gardez-vous la clé de votre loge ?

R – Dans une boîte en os à 1/2 pied de la porte de la loge.

Q – Quelle distance y a-t-il entre le câble et l'ancre ?

R – Aussi loin que de la langue au cœur.

On retrouve une interprétation de la clé liée à la mesure de la parole dans un manuscrit de Maître Secret de la fin du XVIIIe siècle :

D – Que signifie cette clé ?

R – Le silence.

D – Où l'avez-vous aperçue ?

R – Au centre d'un triangle renfermé dans un cercle

D – Que représente la clef ?

R – La véritable clé de la maçonnerie.

D – De quel métal est-elle pour être si richement ornée ?

R – D'aucun, mais elle n'en est pas moins précieuse pour cela, parce que c'est une langue liée à toutes sortes d'inscriptions et que la circonspection seule peut délier [17].

On peut se demander quelle est la porte qu'ouvre le Maître Secret et dans quel sens il l'ouvre. Quelle porte ferme cette clé ? Détenir une clé, c'est avoir un droit légitime sur la porte qu'elle ouvre et le lieu auquel elle donne accès. Celui qui possède la clé a le pouvoir d'en accorder ou d'en refuser l'usage. La détention d'une clé donne la jouissance d'un monde protégé par une serrure. Elle en donne ou en refuse l'accès. C'est un univers clos, dont l'accès est gardé.

Une clé comporte trois parties essentielles :

— l'anneau qui permet aux doigts de la tenir et d'exercer la force ;

— la tige, ou corps de la clé ;

— le panneton spécifique à chaque clé, permet d'ouvrir ou de fermer la serrure. Il est ouvragé et forme la lettre Z, septième lettre de l'alphabet hébraïque.

Cette clé n'est pas en métal, elle est d'une matière organique l'ivoire ou l'os. Elle rappelle l'ossature humaine puisqu'elle est issue de la structure qui sous-tend l'être vivant. L'ivoire matière blanche et ferme est constituée par les dents ou défenses d'éléphant, animal réputé par sa puissance, emblème

17. Bibliothèque Roëttiers de Montalleau, *MS 20 FM, op. cit.*

de sagesse. Elle est un symbole d'assimilation (dent) de la Connaissance. Cette matière est considérée comme symbole de pureté en raison de sa blancheur, symbole aussi de puissance du fait de sa solidité et de sa densité. La clé d'ivoire, donnée au Maître Secret, est le moyen d'accès au sanctuaire de l'Esprit. Le secret de la Connaissance est en chacun, au fond de soi-même et la clé permet d'accéder au cœur du Saint des Saints de son temple intérieur. Dans la tradition chrétienne, le cœur est dit contenir le royaume de Dieu.

Parmi les différentes interprétations, la clé d'ivoire est la précieuse clé qui donne accès au Saint des Saints du Temple de Salomon qui abrite l'Arche d'alliance. En réalité, il n'y avait pas besoin de clé pour y accéder puisque seul un voile séparait le Saint des Saints du *Hekhal*.

Le Zohar nous fournit une explication intéressante quant aux possibilités offertes par cette clé : *Beréshith : Bara Shith, est certainement correct puisque la Loi parle de Six jours de Création et pas un de plus. Ce qui s'est passé avant est caché et non révélé. Néanmoins, de ce qui est dit, voici ce que l'on peut induire : Le saint Mystérieux a gravé un point, par un retrait caché. Dans ce point Il a enfermé le Tout de la création comme on enferme tous ses trésors dans un palais avec une clé qui est, en conséquence, d'aussi grande valeur que ce qui est entassé dans le palais, puisque c'est la clé qui ferme et ouvre.*

Dans ce palais sont cachés des trésors, l'un plus grand que les autres. Le palais est pourvu de cinquante portes. Elles sont ouvertes sur les quatre côtés, au nombre de quarante neuf. La dernière porte n'est sur aucun côté et on ignore si elle ouvre vers le haut ou vers le bas. C'est pourquoi on l'appelle la porte mystérieuse. Toutes ces portes ont une seule serrure et il n'y a qu'une seule petite ouverture pour introduire la clé, et elle n'est signalée que par la trace de la clé. C'est là le mystère qui est impliqué dans les mots Béreshith Bara Elohim. Béreshith c'est la clé qui recèle tout et qui ferme et ouvre. Elle contient, ouvre et ferme les six directions de l'espace[18].

La clef du Maître Secret est une clé bénarde qui permet d'ouvrir la porte d'un côté comme de l'autre. Cette clé a donc bien une fonction symbolique d'ordre spirituel. Moyen d'accès au Saint des Saints, elle atteste que chacun y est effectivement dès lors qu'il en prend conscience. Le Temple n'en est que le symbole car le Saint des Saints est dans chaque être. Sur un plan spirituel on peut penser que cette clé est celle de l'ouverture du cœur à la Vérité et à la Lumière. La porte est ouverte, encore faut-il en avoir conscience pour en franchir le seuil.

La clé d'ivoire pendue en sautoir entre la gorge et la poitrine est un rappel de la nécessité du silence puisqu'elle ouvre ou ferme le chemin d'accès à la Parole.

18. Casaril Guy, *Rabbi Siméon Bar Yochaï et la Cabbale*, coll. "Maîtres Spirituels", Le Seuil, 1961, pp. 84-85.

La clé donne à celui qui la détient le pouvoir de lier et de délier, (« clé » de St. Pierre), de dissoudre ou de coaguler (clavicules = petites clés des Alchimistes), d'ouvrir et de fermer les portes solsticiales (clés de Janus ou de St. Pierre). Cette clé symbole d'accès à l'Initiation est de toute évidence en relation avec son double rôle d'ouverture et de fermeture ou d'accès à la lumière.

Sur un plan ésotérique « détenir la clé », signifie être initié. La clé indique non seulement l'entrée dans un lieu, une demeure ou un sanctuaire, mais aussi l'accès à un état, à un degré initiatique ou encore à une demeure spirituelle.

Cette clé d'ivoire n'ouvre aucune porte matérielle, mais représente le moyen, l'outil, le sésame qui ouvre les portes menant à la Connaissance, à l'Unité par étapes successives.

On peut considérer qu'à partir du quatrième grade, le Maître Secret a le devoir d'utiliser à bon escient son pouvoir de la clé.

Vassal donne une explication spirituelle de cette clé, considérant que *la clé du sanctuaire représente la conscience des funestes effets des préjugés vulgaires et fanatiques. La clé du sanctuaire représente l'intelligence, qui, en éclairant la conscience, permet à l'homme d'arriver jusqu'à la vérité, qu'il concentre en lui-même dès qu'il en a la conviction la plus intime ; d'où il résulte que la conscience figurée par le sanctuaire est, comme le Saint des Saints, un asile sacré où personne n'a le droit de pénétrer, excepté celui qui la possède, parce qu'il en est le véritable maître, et dont lui seul doit avoir la clé des secrets qu'elle renferme*[19].

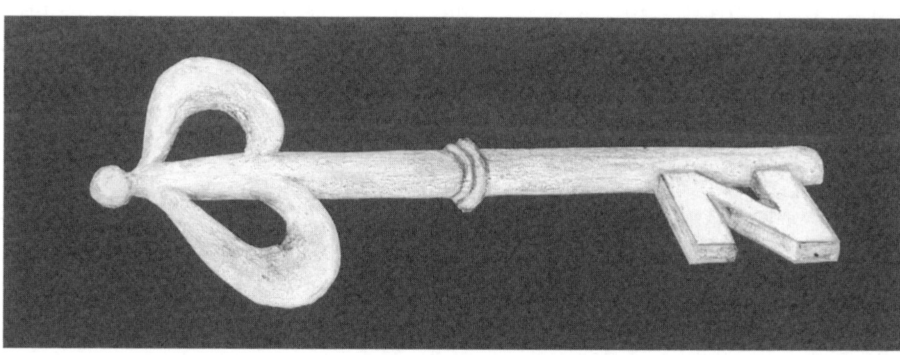

Fig. 9 – La clé d'ivoire.

19. Vassal Pierre-Gérard, *Cours complet de maçonnerie ou Histoire générale de l'initiation depuis son origine jusqu'à son institution en France*, Genève-Paris, Éditions Slatkine reprints 1980 de l'édition de 1852, p. 257.

15 – La main de justice – le sceau du secret

La main de justice se substitue manifestement au sceptre de Salomon, le Trois Fois Puissant Maître de la loge. Le sceptre est mentionné très clairement dans les premières versions des rituels du grade de Maître Secret.

Deux matériaux différents constituent cette main de justice, l'ébène et l'ivoire. À l'extrémité d'un manche d'ébène se trouve une main droite en ivoire, index et médius tendus et rapprochés l'un de l'autre, le pouce replié sur l'annulaire et l'auriculaire qui sont serrés sur la paume.

Le majeur symbolise le doigt du destin, alors que l'index est celui du commandement, mais aussi du jugement, de l'équilibre et du silence.

L'index apposé sur la bouche ne permet pas de se répandre en vaines paroles. Cette attitude favorise la pratique du silence, ce qui permet d'intérioriser la méditation, de passer de l'action à la contemplation, de la maîtrise de l'outil à la maîtrise du verbe. La contemplation est l'essence même de toute action, de même que le silence est l'essence de toute parole.

Passer de la contemplation à l'action c'est descendre du domaine des Principes immuables à celui de l'action qui est du domaine des contingences. Le sceau du secret est un symbole pour matérialiser impérativement le silence en scellant les lèvres de deux doigts.

Nous allons vous clore les lèvres avec le Sceau du secret.

Que représente le sceau ?

Est-il un rappel de la discrétion ?

Est-il un rappel du silence de l'initié ?

Le Maître Secret a les lèvres closes par le sceau du secret ou main de justice, main droite symbole de clémence, tenue de la main gauche symbole de rigueur. Ce sceau, contrairement aux sceaux habituels, n'est pas une empreinte laissée sur la matière, c'est l'apposition morale d'une marque, comme dans Daniel[20] :

Va Daniel, ces paroles sont closes et scellées jusqu'au temps de la Fin.

On peut considérer qu'il en est de même du Maître Secret.

Revenons maintenant à la matière même de cette main : Elle est en bois d'ébène, matière végétale dense, dure et imputrescible dont la symbolique est aussi bien sûr, liée à sa couleur noire, donc à l'obscurité des ténèbres. Néanmoins le noir peut représenter les ténèbres supérieures plus lumineuses que le Silence. À ce sujet, Denys l'Aréopagite dit : *c'est dans le silence en effet qu'on apprend les secrets de cette Ténèbre* (qui correspond à la manifestation du Principe qui est à la fois obscurité, ténèbres et clarté ou encore à la Possibilité universelle incluant l'Être et le Non Être) *dont c'est trop peu dire que d'affirmer qu'elle en est la plus éclatante lumière au sein de la plus noire obscurité et que tout en demeurant elle-même parfaitement intangible et*

20. Daniel : 12,9.

parfaitement invisible, elle emplit de splendeurs plus belles que la beauté les intelligences qui savent fermer les yeux[21]. Lorsque les yeux corporels se ferment, c'est alors que s'ouvre l'œil de la Connaissance ou œil spirituel qui est celui de la clairvoyance.

L'ivoire est une matière animale que l'on retrouve dans la composition des dents. À ce titre il est assimilable au squelette de l'homme. Cette matière dure, réputée incorruptible est symbole de pureté par sa blancheur. Ce noir/blanc rappelle encore la dualité du pavé mosaïque et celle de la corde à nœud coulant. Le sceau, contrairement à la clé, qui ouvre et ferme, a un caractère intangible autant qu'irréversible d'inviolabilité, sauf à être rompu ou brisé.

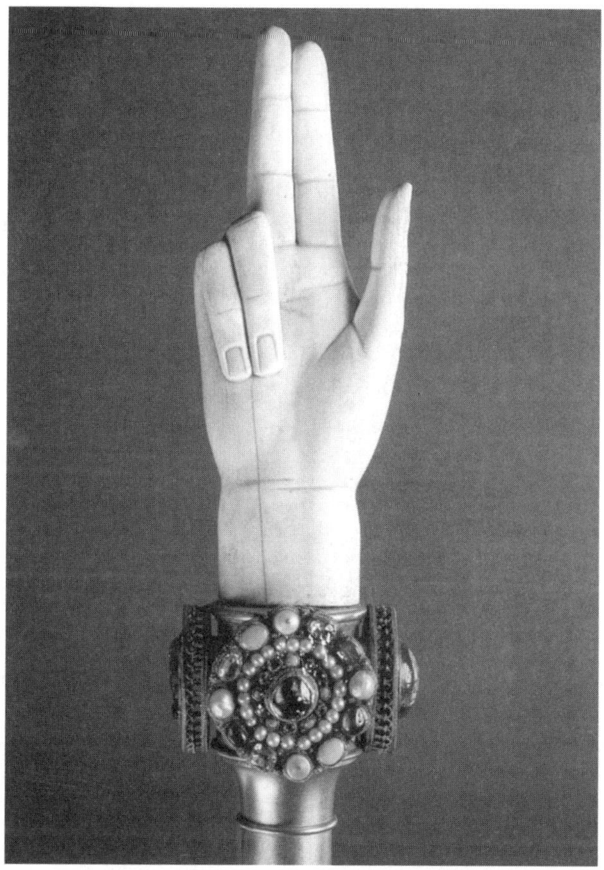

Fig. 10 – La main de justice.

21. Pseudo Denys l'Aréopagite, *Œuvres complètes*, chap. I, traduction, notes et commentaires de Maurice de Gandillac, Éditions Aubier Montaigne, 1943, p. 177.

16 – De l'équerre au compas

L'équerre est un outil de vérification des angles à 90°. C'est en formant cet angle que se pratique la marche de l'initié dans les trois premiers grades des loges bleues. Cette marche dite en équerre se fait suivant un axe rectiligne. Elle correspond à la quête de Vérité du maçon qui va de l'occident à l'orient, allant d'un point à un autre, des ténèbres vers la lumière. Après le tracé en ligne droite des trois pas de l'apprenti, contrairement à celui-ci la marche du compagnon symbolise la prise de possession de l'espace jusqu'aux « confins de l'indéfini », selon l'expression de René Guénon. La marche du maître qui aborde le volume par l'enjambement du corps, se fait suivant une ligne qui rappelle le tracé du Z et indique aussi que le Maître passe de la surface au volume.

Le Maître Secret qui commence à s'élever au-dessus de la surface de la terre poursuit sa marche par des lignes courbes qui ont déjà marqué ses premiers pas de Maître.

L'ouverture du compas est variable selon le grade auquel la loge travaille, ce qui est censé correspondre aux capacités d'appréhension de chacun[22]. Cet outil permet d'accéder à un autre plan de Connaissance. Passer de l'équerre au compas c'est réaliser la quadrature du cercle développée dans le grade suivant de *Maître Parfait*.

17 – Le voile et l'équerre d'argent

Au grade de Maître Secret une équerre d'argent est placée sur le front, elle marque l'accès à un plan supérieur par l'éveil du chakra frontal, l'opposition tranchée du blanc et du noir est tempérée par le gris argent de l'équerre.

Dans un sens symbolique général l'équerre d'argent correspond à la sagesse divine et à l'intuition dirigée vers la Connaissance de soi.

Le voile peut symboliser le voile de chair, celui de l'illusion qui couvre toute âme insuffisamment éveillée. Il faut soulever ou écarter ce voile pour arriver à la vraie connaissance. Le noir est une absence de couleur. Toute vie doit passer par l'obscurité de la mort pour renaître vers l'illumination progressive des couleurs que le blanc synthétise toutes.

Du fait de la disparition du Maître, les travaux sur le chantier sont suspendus, néanmoins le chantier est arrivé pratiquement à son achèvement, il n'y manque que la clé d'arc.

22. Mainguy Irène, *La symbolique maçonnique du troisième millénaire*, Éditions Dervy, 2001, pp. 283-285.

L'équerre, symbole de rectitude accompagne le Maître Secret tout au long de ses voyages. Cette lumière d'argent est le reflet de la lumière qui vient d'en haut, et par là, suggère les possibilités de l'intuition. Lorsqu'elle ne sert qu'au contrôle des angles droits et à la vérification des figures carrées, elle est le rappel du travail de rectitude du Maître Maçon.

Fig. 11 – Le voile et l'équerre d'argent.

18 – La batterie du grade

On peut se demander à quoi correspond la batterie et quel est son rapport avec la signification du grade ?

Quel est le symbolisme des nombres traduit par cette batterie, chacun successivement et dans leur association ?

Dans les loges bleues, l'ouverture et la fermeture des travaux sont ponctuées par la triade : *signe, batterie, acclamation.*

La batterie au grade de Maître Secret est un peu différente, car elle est silencieuse. Dans les grades de perfection, la batterie n'est jamais suivie d'une acclamation.

Elle est précédée à l'ouverture des travaux par le signe du secret et à la clôture elle précède ce même signe comme la page d'un livre que l'on referme après l'avoir ouvert et lu.

La batterie du 4e grade se fait par six coups réguliers (ou claques) + un coup séparé par un silence. Cette vibration sonore est composée du 6+1 que l'on associe immédiatement aux six jours de la création suivis d'un jour de repos. Ce septième jour est consacré au non-agir du *shabbat*, au repos de l'Esprit.

Le nombre 6 correspond à un double ternaire, le 1 qui suit fait pénétrer dans un temps de repos, après que l'œuvre ait été achevée. Elohim acheva l'œuvre qu'il avait entreprise et se reposa au 7e jour de l'œuvre qu'il avait faite. Elohim bénit le 7e jour et le consacra (Genèse 2,3).

Le 7, dans le récit biblique, est véritablement un nombre charnière représentatif à la fois d'une totalité, correspondant à la figure de la relation divine avec sa création, comme noyau spirituel de toute action et de toute existence. Ce qui est un des fondements du shabbat. Le 7 exprime la totalité de l'Esprit divin, par la fusion du masculin et du féminin comme résultant de la fusion du 4 et du 3, d'un ensemble complémentaire. L'importance de ce nombre se retrouve dans de nombreux exemples, dont les 7 vaches maigres et les 7 vaches grasses. Le 7 c'est la fin d'un cycle, témoignant aussi d'un achèvement : les 7 années de la construction du temple, les 7 jours de la création, etc. Le *Sepher Yetsirah* souligne que le 7 est l'emblème du centre conjoint aux 6 directions de l'espace (les 4 points cardinaux, le zénith et le nadir). Ces influences, les 6 directions, sont extérieures à l'homme et loin de son essence, mais il n'est jamais réellement libre par rapport à elles. Bermann précise que *l'homme devra s'efforcer de demeurer à la 7e place, au centre, pour les maîtriser* (ces influences) *et maintenir son identité véritable ; ce qui doit être l'un des objectifs de sa vie. Cette place est le lieu de conjonction des opposés et d'annihilation des forces contraires. S'y placer et s'y maintenir nécessite le retrait en soi-même, mais de façon positive et active et non en une expression de rejet. C'est là encore l'une des fonctions de ce 7e jour, jour consacré*[23].

Ainsi, parmi les interprétations possibles, on peut envisager que la batterie de ce grade est directement liée aux étapes successives de la création selon sa description biblique.

La kabbale juive cite un commentaire relatif au rapport des nombres 3 et 7 qui fait penser à la pierre cubique à pointe, addition du cube 4 surmonté du 3 de la pyramide : *De même que l'être intérieur fondamental de chaque être fini repose sur une trinité, son développement, se manifeste comme une sextuplicité ; la Divinité doit être aussi une trinité dont l'action se mani-*

23. Bermann Roland, *Voie des lettres, voie de sagesse les lettres ont leurs mots à dire*, Éditions Dervy, 2002, pp. 129-141.

feste dans la forme du nombre 7. De la façon la plus évidente cette loi naturelle du nombre typique se laisse montrer dans les rapports spatiaux extérieurs quantitatifs auxquels correspondent en même temps les rapports extérieurs qualitatifs. Il y a à discerner en chaque être, en effet, longueur, largeur et profondeur, comme les trois pures dimensions fondamentales, qui dans leur action réciproque fondent en six lignes constitutives l'existence spatiale (les six côtés du cube) de l'unité, et de la réunion desquelles sort le septième moment, dans lequel consiste, à proprement parler, la réalité de l'être. Chaque être réel est dans un certain sens un cube. Ceci se laisse affirmer de façon spirituelle aussi de l'être spirituel[24], Vuillaud poursuit son commentaire : *Dirigeant son regard vers ces six étendues comme vers un nombre toujours égal, il achève le monde ; il est le commencement et la fin, en lui s'achèvent les six phases infinies du temps et c'est de lui qu'elles reçoivent leur extension vers l'infini, c'est là le secret du nombre 7*[24].

19 – Le signe du secret

Le signe est décrit ainsi dans un Manuscrit de la fin du XVIIIe siècle : *On met les deux premiers doigts de la main droite sur la bouche, ce qui est imité par l'Inspecteur, tous les FF∴ en font de même avec la main gauche, ce qui est la réponse*[25].

La description de ce signe est particulièrement intéressante car elle montre qu'il correspond à une question et une réponse. La réponse étant semblable à la demande, elle est tracée à l'identique, mais de l'autre main comme son reflet inversé, vu dans un miroir.

Lors de la clôture des travaux ce signe du secret est étroitement lié à l'attitude du Maître. Ainsi il est dit : *Comme il n'y a plus rien à faire, que de pratiquer la vertu, de fuir le vice, restons en silence, pour que la volonté de Dieu soit faite, il est temps de nous reposer*[25].

La parole est d'argent et le silence est d'or.

Celui qui parle ne sait pas, celui qui sait ne parle pas ou encore selon le proverbe chinois : *celui qui connaît le secret ne le trahit pas, celui qui trahit le secret ne le connaît pas.*

Ce signe marque l'attitude souhaitée à ce grade, il est la caractéristique appropriée d'un état intérieur. On peut considérer que ce signe du secret anoblit et transcende le silence mis en pratique dès le grade d'apprenti. C'est par là et en cela que le Maître Secret commence à s'élever au-dessus de la surface de la terre.

24. Vuillaud Paul, *La kabbale juive, histoire et doctrine*, tome I, Éditions d'Aujourd'hui, 1976, pp. 215-216.
25. Paris, BN, FM⁴ 768, 4e grade *Maître Secret.*

Fig. 12 – Le signe du secret.
Musée de la Franc-Maçonnerie, coll. GODF, Paris.

20 – les mots sacrés au 4e

Au grade de Maître Secret, le mot sacré est triple. Ces trois mots sont devenus des noms, des noms particulièrement sacrés et symboliques, puisque ce sont des représentations du Principe qui régit toutes choses dans leur ensemble et dans leurs détails.

Ces mots, substitués à la parole perdue, sont modifiés par rapport au grade précédent, celui de Maître. Cela signifie-t-il que le Maître Secret se rapproche par là de cette parole disparue avec la mort d'Hiram ? Il ne semble pas inutile ici de se poser la question.

Michaël Segall observe que la série des trois mots sacrés du 4e degré *Iod, Adonaï, Ivah,* provient d'une déformation d'un triangle jadis utilisé par les kabbalistes et qui avait à l'origine la forme suivante :

י	Iod
י ה	Iod Hé
י ו ה	Iod Vav Hé
י ה ו ה	Iod Hé Vav Hé

Adopté au R.E.A.A, il fut sans doute modifié, d'abord par l'élimination de la quatrième ligne qui ne devait plus apparaître qu'au 5e degré (initialement 4e degré du R.E.A.A.et donc premier des hauts grades) [26].

IOD

Dans la kabbale, la création du monde est expliquée grâce à l'image des 32 voies que sont les 22 lettres et les 10 sephiroth.

Les 22 lettres hébraïques ont une valeur numérique chargée de puissance, dans le sens qu'elles expriment des images et des idées dont les combinaisons constituent l'ensemble des possibles. Chacune de ces lettres dérive du Iod initial et représente à la fois, un nombre, un symbole et une idée.

Le Iod est la 10 e lettre de l'alphabet hébreu. Cette lettre exprime le commencement et la fin de tout. Représentée par une virgule ou par un point, elle représente le germe et le principe des choses. Cette première lettre du Tétragramme veut aussi dire « main ». Elle a pour valeur le nombre 10 en équivalence à la tétractys, fondement de toutes choses selon Pythagore, mais qui revient toujours à l'Unité principielle. Cette lettre correspond à un retour à l'Unité, mais en changeant de niveau, après l'achèvement d'un cycle.

Dans le livre *Temunah*, cette lettre est référée à *Malkuth*, (dixième mesure) et correspond à la Sagesse, appelée elle aussi *jod*. Or, la raison de cette appellation c'est que la sagesse, elle non plus, ne peut être assimilée à rien, ni figurée par rien, et représente un point pur et simple, qui ne peut être ni figuré, ni connu [27].

Le Iod représente l'action et la force manifestée, le centre de la roue mise en mouvement par une main, la main ou le doigt créateur du Dieu, si bien illustré au plafond de la Chapelle Sixtine par Michel-Ange.

ADONAÏ

Le tétragramme ne pouvant être prononcé, on lui substitue le mot Adonaï qui signifie « Seigneur ». Ce mot n'est pas sans rappeler le *Ah, Seigneur, mon Dieu* ! du maître maçon, découvrant le corps du Maître assassiné.

26. Segall Michaël, *Mots sacrés et mots de passe,* dans *Ordo ab Chao*, n° 37, Supplément 14e.

27. Knorr de Rosenroth, *Le symbolisme des lettres hébraïques d'après les lieux communs kabbalistiques, extraits de la Kabbala Denudata*, traduit du latin et annotés par Yves Millet et ses collaborateurs, Paris, Éditions traditionnelles, 1958, p. 36.

Écoute Israël, le Tétragramme est notre Dieu, Tétragramme est un (Deutéronome 6,4).

Adonaï se compose d'ADON qui signifie Maître ou seigneur que l'on retrouve dans le nom d'Adonhiram. Le suffixe « aï »correspond au possessif *mon.* Adonaï signifie donc *Mon Maître, mon Seigneur.*

Sur le Mont Sinaï, Moïse, pieds nus et la face voilée, interroge humblement l'Éternel en ces termes : Adonaï, quel est ton nom ? (Exode 3, 15,16) Il lui est répondu *: Je suis celui qui suis.* Cette brève et lapidaire réponse d'une densité universelle, révèle l'identité de l'Entité Principielle vers laquelle converge, avec plus ou moins de lucidité, la quête de tout être en recherche d'Unité.

IVAH

Après Iod et Adonaï, le troisième terme Ivah précise davantage la conception suprême du Principe.

Ivah peut être Yaveh ou Jeovah par modification des voyelles, absentes dans l'écriture hébraïque. Cette forme normative correspond à l'identité même de Dieu. Le fait de percer le mystère de sa prononciation devrait permettre à tout mortel de franchir le seuil du divin, mais tout être humain est limité ; serait-il en capacité de nommer l'incréé, l'infini, l'illimité ?

Tu as tous les noms et tu n'en as aucun, disait à Dieu, Grégoire le Théologien.

Roland Bermann précise que *l'on considère les Noms Divins comme formant un ensemble complexe exprimant des niveaux différents d'intériorité dans l'approche de la transcendance lorsqu'ils ne sont pas des attributs. Si on se rapporte au schéma de l'Arbre séphirotique en considérant son axe, que le Zohar rapporte à celui de la balance, on constate que, dans la remontée des énergies, dans un chemin de densification décroissante, on rencontre les trois Noms de quatre lettres : Adonaï en Malkuth (nom substitué au tétragramme dans la lecture), IHVH prononcé ha-Shem (le Nom) en Tiphéreth, Eyeh (je suis) en Kéther... Cette remontée au travers de ces noms qui s'incluent les uns dans les autres conduit à la limite du voile séparant l'énonçable du non énonçable*[28].

21 – L'âge du Maître Secret

On constate depuis toujours que les nombres par le jeu interactif et incessant de leurs valeurs règlent et ordonnent l'univers, constituant une des clés du cosmos et de son organisation harmonieuse. L'âge délimite la

28. Bermann Roland, *op. cit.*

durée entre la naissance et la mort, il indique la mesure du temps passé. Chaque grade a un âge symbolique qui est un moyen de reconnaissance permettant d'identifier le grade auquel on travaille.

Dans les loges bleues, l'âge symbolique suit l'ordre de la numération impaire croissante des nombres premiers, 3,5,7. L'apprenti a 3 ans, le compagnon 5 et le Maître 7 ans et plus. Le « plus » laisse la porte ouverte à toutes les possibilités de progression, d'évolution, par passages de cycles, signifiant l'existence d'autres portes à ouvrir ; ce « plus » indique que la maîtrise a d'autres prolongements et que tout maître peut et doit avoir un jour plus de sept ans. À partir du Maître Secret, cet ordre progressif de la numération est bouleversé. Dès lors, le maçon passera de grade en grade par des âges qui oscillent entre celui du sage vieillard et du jeune homme. En général, sauf à de rares exceptions près les âges reçus sont des multiples de 3. Serait-ce dire, d'après ce qui précède, que l'initié a *ipso facto* trouvé la pierre philosophale, qu'il ne compte plus, au point d'avoir tous les âges et toutes les expériences qui s'y rapportent ?

Cette arithmétique qui peut paraître fantaisiste au premier abord parce qu'elle échappe apparemment à toute cohérence, invite à étudier la science des nombres ou arithmétique sacrée. Celle-ci approfondit chaque nombre en fonction de ses composants et relie nombres et lettres en se référant aux alphabets des langues sacrées, notamment l'hébreu et l'arabe où chaque lettre équivaut aussi à un nombre.

En fait, à partir du Maître Secret, on quitte la progression arithmétique linéaire des âges de 3-5-7 de la loge bleue pour aborder une autre dimension. Celle-ci repart du stade de l'apprenti puisque le Maître Secret a *3 X 27 ans accomplis*, ce qui correspond à 81 ans. C'est la première fois que l'âge est l'expression d'un produit, ce qui peut paraître significatif du degré d'abstraction auquel le Maître Secret est censé accéder. Selon Dante, cet âge de 81 ans correspond à la durée de vie de l'homme parfait. Cette quatrième dimension met bien en relief que le Maître Secret commence à s'élever au-dessus de la surface de la terre, ce qui lui donne la capacité de *rassembler ce qui est épars* en ayant la possibilité de porter un regard global qui favorise l'approche de l'Absolu et de l'Unité inhérente à la création.

Le 3 est un nombre premier.

Le 9 est le carré du 3, etc.

On peut remarquer que chacun de ces nombres est le triple de l'autre, c'est une progression géométrique de raison 3..

De même, on constate que 3 X 27 ans correspond à trois périodes de 27 ans, de stade et de valeur initiatique différents, mais dont la somme correspond à une globalité atteinte en trois étapes.

Trois fois 27 ans donne un total de 81 ans. Il est intéressant de relever que selon certains rituels ce nombre correspond à l'âge atteint par Hiram lorsqu'il fut assassiné.

Dans les *admirables secrets des nombres platoniciens*, Guillaume Postel considère que *la première créature de Dieu qui fut faite avant le monde sensible fut la Loi dont les parties sont les vingt-deux lettres divines qui, à l'exemple de la dimension géométrique, renferment le rapport de la circonférence du cercle aux sept parties de son diamètre. Afin qu'elles puissent en outre correspondre aux trois fois neuf vertus de l'univers, elles ont été augmentées par Moïse sur le mont Sinaï au nombre cinq des finales par l'adjonction des cinq lettres finales, afin de passer de vingt-deux à vingt-sept avant que la Loi divine soit disposée en Canon…*

Ainsi les vingt-sept lettres détiennent en elles-mêmes les sceaux des vertus divines du monde triple, de telle manière que les neuf premières se rapportent au monde intellectuel ou premier cube de l'unité, et que les neuf célestes illuminent les neuf autres inférieures dans le monde d'ici-bas[29].

Parmi les nombreuses interprétations du nombre 27, on trouve une explication intéressante dans le *Manuscrit 5932* de la Bibliothèque Municipale de Lyon :

D – Que signifie cet âge ?

R – L'équerre du nombre 3 multiplié par sa racine.

D – Expliquez-moi plus clairement ce nombre ?

R – 3 expriment les 3 paisibles génies qui établirent l'Art royal par la triple alliance dans laquelle ils composèrent un corps de 27 membres, c'est-à-dire les trois premiers et les sages dépositaires des sciences divines.

On peut aussi se demander ce que signifie le mot « accompli » évoqué plus haut. Ce mot signifie réalisé, sur lequel on ne peut plus revenir, parfait en tous points ; il y a là une notion d'achèvement, de perfection, de réalisation, de plénitude. Ce *3 X 27 ans accomplis* exprime un cycle en trois périodes où le Maître Secret œuvre avec la volonté de trouver une connaissance toujours plus approfondie, ce faisant il s'accomplit lui-même. On peut voir dans cette formulation une invitation constante à vivre dans la voie de la triade. Le président de la loge est d'ailleurs appelé *Trois fois Puissant Maître*, car il est censé, à l'instar de Salomon, avoir la maîtrise des trois règnes, minéral, végétal et animal.

29. Postel Guillaume, *Des admirables secrets des nombres platoniciens*, Édition, traduction, introduction et notes par Jean-Pierre Brach. Librairie philosophique, Éditions Vrin, 2001, pp. 111-113.

22 – Que cherchez-vous dans vos voyages ? la Vérité et la Parole Perdue

Placé sur le chemin du Devoir, le Maître Secret poursuit continuellement sa recherche de la Connaissance du Devoir complet pour retrouver la Parole perdue. Dans la Bible et le Coran, l'Éternel est Vérité, c'est-à-dire qu'il est la Réalité au sens fort et plein du terme, face à laquelle tout le reste est considéré comme néant et illusion. Selon Saint-Augustin, il est vérité absolue comme la plénitude éternelle de tout bien, qui se manifeste sans cesse par l'illumination de son Verbe. Celle-ci fait vivre les êtres qui accueillent sa lumière. Les êtres humains perçoivent cette vérité immuable comme leur étant supérieure, car celle-ci demeure identique à elle-même alors qu'eux-mêmes sont sujets aux passions et au devenir.

L'abbé Stéphane donne une définition de la Vérité sur le plan métaphysique qui mérite d'être retenue. Il dit : *la Vérité, c'est le Principe lui-même. Lui seul peut la communiquer. Prétendre l'atteindre au moyen des facultés humaines est une illusion pure et simple. Vérité philosophique ou vérité scientifique ne sont qu'un abus de langage, un produit du cerveau humain qui risque de s'y complaire et de s'y enfermer, et vis-à-vis desquelles l'ignorance de l'illettré est bien préférable, à moins que le philosophe ou le savant reconnaissant son impuissance ne s'incline devant la Vérité divine, ou ce qui en tient lieu : la révélation… La Vérité n'a d'autre critère qu'elle-même. Prouver la vérité par des arguments nécessairement d'ordre inférieur, rationnels ou sentimentaux, aboutit à l'échec ou risque de défigurer la vérité. L'âme virginale reconnaît tout simplement la vérité : elle est le miroir où Dieu se reconnaît, et Dieu est le Miroir où l'âme « se » reconnaît* (le « Se » désigne le Soi*). Car l'Essence divine est inconnaissable : « Si tu savoures cela, à savoir que l'être contemplant ne voit jamais l'Essence même, mais sa propre « forme » dans le miroir de l'Essence, tu savoures l'extrême limite que puisse atteindre la créature »*[30].

Si l'on reprend les considérations de Platon, on peut dire que : *la Vérité, c'est l'adéquation de la chose et de l'entendement.*

La Vérité et la Parole perdue sont indissolublement liées, car l'une comme l'autre permettent de s'approcher d'une conception globale du Principe et de retrouver cette Unité intrinsèque pressentie ou constatée en toutes choses.

Un Maître Secret pourra se retrouver dans la définition de la Vérité proposée dans l'Antiquité par Parménide. Celui-ci considère que l'Être est

30. Abbé Henri Stéphane, *Introduction à l'ésotérisme chrétien*, Traité XI.2, De la Vérité, Éditions Dervy, 1979, pp. 322-323.

l'Unique chemin qui conduit à la voie de la Vérité, partant de la constatation que : *Toutes les réalités sont mouvantes et fugitives seul l'Être est incréé, immobile et éternel, car l'Être qui n'a jamais eu de commencement, demeure identique à lui-même, il est absolu. L'Être est la seule réalité intelligible. Les choses qui sont soumises au devenir, disparaîtront toutes. Le passé comme le futur, les multiples existences en mouvement, ne relèvent que de la crédulité de ceux qui suivent l'opinion ou le sensible*[31].

23 – Les voyages du Maître Secret

Dès son entrée en loge de perfection, le Maître Secret reçoit la clé d'un monde où rien ne se mesure, ni ne se quantifie plus. Censé être libéré des sirènes du pouvoir, de l'envie, de l'orgueil, du fanatisme et de l'ambition, les voyages effectués donnent au Maître Secret les moyens de démystifier toutes formes d'idoles ou de tabous qu'une personne influençable et faible peut se forger par manque de discernement.

Narcisse Flubacher note *qu'on sait très bien que les voyages constituent un rite constant à tous les degrés, mais ce qu'il est intéressant de constater, c'est la valeur renouvelée qu'on peut leur attribuer, et cela représente un travail personnel que rien ne peut remplacer*[32].

Le voyage dans ce contexte est une sorte de pèlerinage intérieur, c'est une quête, une grande aventure qui doit permettre d'accéder à la libération optimale de soi-même.

Ces voyages ne contournent plus un carré long comme dans les trois premiers grades mais s'effectuent en traçant une voie courbe. Dès lors le Maître Secret marque dans sa déambulation son passage de l'équerre au compas, déjà esquissé lors de l'élévation à la maîtrise. La voie courbe parcourue évoque le chemin tracé par les méandres arrondis d'un labyrinthe.

Le message transmis lors de ces quatre voyages a un contenu plus moral qu'initiatique et pourrait s'adresser aussi bien à un apprenti ou à un compagnon maçon.

Le premier voyage enseigne à rechercher la Connaissance, libéré des entraves et des illusions qui font obstacle pour travailler et étendre ses réflexions à une approche de la fraternité universelle autant qu'à l'Universalité elle-même.

Le second voyage incite le candidat à la méfiance et à la prudence, mais aussi au discernement sur les choix à faire entre plusieurs opinions émises. Celles-ci ne sont étayées le plus souvent que sur de simples appréciations ou

31. Parménide, *De la Nature*, trad. du grec par Jean Beaufret, PUF, 1955.
32. Flubacher Narcisse, *Loge de perfection*, dans *les Cahiers du Pélican*, n° 27, pp. 17-20.

extrapolations sans fondement. Le Maître Secret est invité à développer sa capacité d'entendement et à demeurer avec prudence dans les possibilités du raisonnable, tout en cherchant à rapprocher ce qui peut relier les innombrables conceptions humaines dans leur Unité originelle, ce qui correspond à rassembler ce qui est épars.

Le troisième voyage est un appel à la raison, à relativiser toutes choses, pour renouveler son approche de l'univers. Ce voyage permet d'avoir sur l'univers un nouveau regard avec une conscience qui a su en quelque sorte, intérioriser pour partie, la réalité universelle.

Le quatrième voyage rappelle, tout au long de son déroulement, que rien ne peut être entrepris sans l'Amour de la Justice et de la Règle qui permettent l'évaluation du travail accompli.

Cherchons à comprendre la raison qui amène le Maître Secret à faire ses voyages par un chemin courbe et non plus rectiligne. Le cercle est indissociable du symbolisme du centre et de la circonférence. On peut considérer que ce chemin courbe est une représentation des états multiples de l'être, chemin de régénération qui relie et rapproche du centre du cercle, loin de toute errance. Ces voyages ne correspondent plus à un simple itinéraire mais ils suivent un tracé qui fait penser analogiquement à une ligne qui s'enroule sur elle-même, à une spirale en mouvement. C'est un rappel que le Maître Maçon et *a fortiori* le Maître Secret est passé de l'équerre au compas.

24 – Lumière et ombre, éternelles voies du monde

La lumière physique émise par le soleil rend les objets visibles. Elle est un symbole de la raison et de l'intelligence. La lumière est sortie des ténèbres par la manifestation du Verbe créateur selon les écritures bibliques. Elle n'est pas une émanation de l'obscurité, mais celle d'une « sur-lumière » cachée, non perceptible par les yeux. À l'heure du midi où le soleil arrive à son zénith, toute ombre disparaît. *Perdre son ombre* signifie dans plusieurs traditions, être devenu totalement transparent et translucide, ce qui correspond à la réalisation et à l'illumination de l'être.

L'ombre, plus subtile, est l'effet de l'interception de la lumière par un corps opaque. Dès lors, le Maître Secret doit s'efforcer de chercher et trouver ce qui fait obstacle à la réception de la lumière, autant qu'à sa propagation ou diffusion. Pour contempler la Vérité, ou tout au moins s'en approcher, l'âme doit s'élever au-dessus des phénomènes immédiats perçus par les sens.

L'ombre s'oppose à la Lumière en tant qu'effet dépendant, passif, comme un espace d'ignorance. Chacun doit combattre l'ombre en lui pour faire vivre et croître la parcelle de lumière dont il est porteur ; on peut assimiler l'ombre à l'indifférence, à l'obscurantisme.

Pourtant l'ombre ne peut être dissociée du cheminement humain, elle accompagne chacun dans sa marche et donne du relief à sa silhouette physique. Flubacher observe que c'est aussi en pleine lumière qu'il faut examiner le travail accompli, et c'est aussi dans cette pleine lumière qu'il faut évaluer ce qui reste à faire[33].

Cette dualité lumière et ombre, développée par Zoroastre, correspond à la double nature de l'homme ; elle résume le cheminement initiatique. Si l'apprenti la découvre avec le pavé mosaïque, le Maître Secret lui, porte sur lui les symboles de cette dualité inhérente à la nature humaine, d'abord avec la corde à nœud coulant, puis avec son tablier blanc bordé de noir.

Dans *l'Examen d'un maçon*[34], il est précisé que pour reconnaître un Maçon dans le noir on doit dire *qu'il n'y a pas d'obscurité sans absence de lumière.* Ce à quoi il faut répondre *qu'il n'y a pas de lumière sans absence d'obscurité.*

Fig. 13 – Lumière et ténèbres selon Robert Fludd, *Philosophia Sacra*, Francfort, 1626. La Lumière divine se répand sur tout pareillement, le cœur subtil d'en haut la reçoit et la réfléchit.

33. Flubacher Narcisse, *op. cit.*
34. *L'Examen d'un maçon,* dans *Cahier de l'Herne, op. cit.*

25 – Vous ne prendrez pas les mots pour les idées

L'idée est une représentation de quelque chose en esprit, si l'on se réfère à l'origine grecque du mot qui signifie image. Les mots portent les idées à la connaissance extérieure. Ils sont des signes, des clés vectrices de la pensée qu'ils expriment par la concrétisation et la cristallisation de la parole. Le langage a une fonction médiatrice entre le monde des idées et le monde concret. Le mot exprime une idée et se manifeste sous forme de sons et de signes.

Par la parole, la pensée se concrétise en acte, elle prend forme et se structure à partir de l'idée qui en est le moteur. Mais les mots ne sont pas forcément les bons interprètes de la pensée. La plupart des mots sont polysémiques, ils ont *a minima* un sens propre et un sens figuré. Ils portent et articulent la pensée et la fixent. Le choix des mots est tributaire d'un contexte, d'une situation donnée, de la culture, de l'éducation, de la sensibilité.

Si les mots peuvent créer, guérir, apaiser, consoler, ils peuvent aussi blesser, calomnier, nuire, tuer (la parole empoisonnée tue à l'opposé de la parole créatrice qui génère un nouveau cycle d'existence et revivifie). Là encore, on reste dans la dualité et dans l'ambivalence. Ainsi les mots peuvent être les meilleures comme les pires choses.

Ne pas prendre les mots pour les idées, c'est concevoir différemment les rapports humains avec le monde, c'est accéder à un autre niveau de l'intelligence des hommes et des choses.

La fonction de discernement est essentielle, car elle permet de percevoir et de découvrir l'idée vraie sous le mot juste, de réfléchir, de méditer, de sélectionner et de choisir.

À tout moment des pensées traversent le cerveau, générant des idées qui peuvent être verbalisées. L'idée est une conception ; elle transcende le mot car elle a plusieurs modes d'expression comme le geste, le regard, la musique, la peinture et le symbolisme qui est un langage universel. Par son caractère d'universalité l'idée dépasse le langage.

Les mots sont à la fois des signes et des clés de la pensée, mais souvent imparfaits. Il faut savoir aller au-delà pour bien peser ce que les mots veulent dire, quelles idées ils véhiculent, les questions qu'ils posent et les réponses à leur apporter.

On accède plus facilement au mot qu'à l'idée qui est un enclos très précis de la pensée. Il y a souvent un abus des mots au point que l'on constate que beaucoup parlent pour s'écouter parler, ce qui est diamétralement opposé à la démarche de l'initié. La logorrhée verbale est un verbiage creux qui envahit l'espace sans discernement, ni prudence et objectivité.

Cette sentence : *Vous ne prendrez point les mots pour les idées, vous vous efforcerez toujours de découvrir l'idée sous le symbole*, correspond à une mise en garde contre :

— une expression non maîtrisée des mots ;
— une exagération dans l'expression.

Découvrir l'idée sous le symbole, c'est faire appel au langage analogique dès le seuil franchi de l'initiation. Cela signifie utiliser comme base de réflexion, le langage des symboles générateur d'idées et maîtriser le sens de l'image, dans une perception globale de l'idée.

Le symbole étant universel, il reste ouvert, il ne fige ni ne ferme rien. Moyen d'éveil de la conscience, son moteur est l'association d'idées ou langage analogique qui permet souvent d'accéder plus rapidement à des plans de compréhension plus profonds.

26 – Le temps d'ouverture et de fermeture des travaux

L'éclat du jour a chassé les ténèbres et la Grande Lumière commence à paraître. Les heures de travail à ce grade commencent au moment fugitif où le soleil se lève, et se terminent à la fin du jour quand la lumière solaire prend des couleurs d'or et de feu : entre l'aurore et le crépuscule se produit un renversement des valeurs. C'est le commencement d'un cycle lumineux. Le Maître Secret a abandonné le midi/minuit pour œuvrer entre l'aurore et le crépuscule. Le marquage des heures de travail est relatif, en fonction de la durée de la journée entre les deux solstices d'été et d'hiver.

Erreurs, préjugés, dogmes, superstitions sont du domaine du mental empêtré dans la dualité et les contradictions. L'approche de la Vérité est un chemin de lumière qui permet d'amorcer l'élévation au-dessus de la surface de la terre et de pénétrer dans les hautes régions de la connaissance spirituelle qui peut être définie comme un *océan de Connaissance sans rivage* (selon la formule du soufi Ibn 'Arabî).

L'initiation est une démarche personnelle qui demande de voyager jusqu'au bout de soi-même pour y retrouver la lumière. Chacun est porteur d'une étincelle de cette énergie transcendante. Celle-ci est le plus souvent occultée par l'emprisonnement dans la matière et le faible usage, voire même l'oubli, de l'intuition, qui est une forme d'inspiration supérieure. Seul, l'être de lumière, le sage détaché du fruit de l'action, peut contempler le reflet de la grande lumière qui l'habite, bien après avoir été éveillé par la transmission de l'influence spirituelle dans la chaîne initiatique.

La lumière s'appréhende à plusieurs niveaux, elle n'est pas ce qui est vu, mais ce qui fait voir. Elle échappe au sensible et à l'intellect. Sa perception est fugace, semblable au court instant défini comme étant le temps de commencement des travaux. Cela demande de méditer, d'abandonner l'illusoire et l'accessoire pour se diriger vers la pleine lumière d'une conscience épurée de toutes les scories du paraître. L'exigence d'intériorité et de profondeur de l'œuvre à réaliser, demande de faire comme on procède avec un oignon que l'on défait de ses nombreuses pelures.

27 – Les larmes d'argent

Des larmes tapissent la crypte où les Maîtres Secrets pleurent le Maître disparu. Elles rappellent l'état de deuil des Maîtres Maçons, la perte du secret intégral de la maîtrise pour les Maîtres.

Ce sont les larmes d'argent qui matérialisent le chagrin des *enfants de la Veuve*. Le sacrifice du Maître, consenti pour sauver la conception d'une œuvre qui le dépasse, laisse l'ensemble des initiés orphelins.

Les pleurs sont des larmes d'argent dans lesquelles la lumière, comme une perle, se trouve enchâssée. Le chemin de l'initié peut se faire dans les larmes, mais ce sont des larmes d'argent qui sont autant de perles de spiritualisation, expression du nécessaire sacrifice de l'ego en sa transmutation lumineuse. La lumière est présente dans les larmes d'argent, mais par reflet lunaire, car toute lumière directe est aveuglante. Les larmes d'argent symbolisent la force et la volonté liées au sacrifice. On trouve dans l'eau des larmes, un reflet de lumière.

Les larmes sont salées. Le sel est l'élément médian entre le soufre et le mercure, principes de base de l'œuvre alchimique. Le sel marque la durée et la fidélité d'une alliance que rien ne peut corrompre, ni altérer. Dans la pratique orientale de l'hospitalité, les partages du sel et du pain sont étroitement liés. Le sel se dit en hébreu *melah*, alors que le pain se dit *lehem*. Ces deux mots sont composés des mêmes consonnes dans un ordre différent, le sel comme le pain sont des expressions de convivialité fortes liées à la vie.

28 – Obéissance et fidélité

L'obéissance explicitement demandée ici, est la confirmation du respect des engagements pris dans les trois grades précédents. L'obéissance est renouvelée envers l'Ordre, qui correspond à une entité hiérarchique collective reconnue, par sa fonction de transmission de l'influence spirituelle.

La fidélité est la mise en pratique des enseignements acquis et confère à l'initié des devoirs, dont le principal est de mettre en adéquation ses principes, sa parole et ses idées avec son vécu quotidien, en deux mots, le Maître Secret doit « acter son idéal ».

Toute obéissance aveugle et absolue d'un être humain est dangereuse, car elle signifie qu'il est inféodé à une autre volonté et à un pouvoir purement humain, le plus souvent de type sectaire. Or le maçon recherche la libération intérieure et non à être réduit à l'état d'esclave d'un obscur pouvoir tutélaire ; c'est pourquoi l'obéissance dont il est spécifiquement question à ce grade, ne peut et ne doit pas être observée de manière stupide et sans discernement, faute de quoi, le maçon risquerait d'accomplir des actes contraires à sa conscience.

En fait, il est demandé à l'initié de reconnaître et d'adhérer totalement aux principes de l'Ordre, lesquels deviennent le moteur de sa Conscience. Alors l'obéissance absolue au Devoir, librement accepté par sa conscience, reste le fait d'une autorité qui n'émane que de soi seul et que l'on assume volontairement. Ceci illustre l'aspect sacré du Serment contracté initialement et confirmé lors de chaque passage de grade, qui est obligation de soi envers Soi.

29 – La balustrade

Selon la définition du dictionnaire de Furetière [35] : une balustrade est un terme d'architecture qui désigne un rang de petits piliers façonnés qui sont à hauteur d'appui, installés à l'extrême bord des terrasses pour faire séparation ou protection. On enferme aussi l'espace des autels par une balustrade de marbre, de bois, etc.

Selon Furetière le mot balustre pourrait venir de l'italien *balaustrum*, qui signifie le calice de la fleur de grenade auquel le balustre ressemble. Quillet [36] définit la balustrade comme une suite de balustres supportant une tablette d'appui et le balustre comme un petit pilier renflé.

Naudon considère que le tableau du grade, tel que le décrit notamment Vassal, représente le sanctuaire du temple fermé par une balustrade [37]. Dans l'intérieur du sanctuaire, tout près de cette balustrade, se trouve un tombeau, destiné à renfermer la dépouille mortelle d'Hiram. Le tombeau d'Hiram correspond en fait à la science de l'Architecte. En réalité cette balustrade est fermée de chaque côté du temple, mais ouverte en son milieu où seul un voile sépare le Saint des Saints du Hekhal, ce qui dans l'Exode 26, 31-35 est appelé *Tenture qui sépare le Sanctuaire du Saint des Saints.* Ce voile, à la mort de Jésus, se déchira de haut en bas (Marc 15,38). Ce prodige marque symboliquement que l'œuvre rédemptrice du Messie avait pour mission de rouvrir à tous la maison de l'Éternel, de libérer Israël du ritualisme de l'ancienne Alliance, représentée par les objets enfermés dans le lieu saint.

35. Furetière, *Dictionnaire universel* 1690, Éditions SNL-Le Robert Reprint, Paris, 1978, t I, A-D.

36. Quillet, *Dictionnaire usuel*, Éditions Flammarion, 1970, p. 156.

37. Naudon Paul, *Histoire, Rituels et Tuileurs des Hauts grades maçonniques*, Éditions Dervy, 1978, p. 279.

Fig. 14 – La balustrade.

30 – Le mot de passe

Le mot de passe du Maître Secret est ZIZA, dont l'initiale figure sur le panneton de la clé d'ivoire du Maître Secret.

En 1813, la première publication du *Tuileur de Delaulnay* parle de la clé, du Z et de *Ziza.*

Michaël Segall remarque que le mot Ziza qui s'écrit en hébreu (zaïn, iod, zaïn, aleph) est l'un des mots les plus difficiles à expliquer. Il signifie *saillie, proéminence.* Selon Jastrow ce serait une *projection au dessus d'une porte, servant d'abri.* Le mot est traditionnellement traduit comme balustrade, séparant le « Saint » du « Saint des Saints », ou resplendissement. Sous la forme Zizah (zaïn, iod, zaïn, hé) il signifie *léger mouvement.* Young dit aussi brillance ou éclat, comme pour Ziza avec aleph [38].

38. Segall Michaël, *op. cit.*

On attribue plusieurs significations à ce mot de passe, qui paraissent parfois un peu contradictoires. Il est traduit par *resplendeur, splendeur* et aussi *balustrade.* En hébreu le mot Ziza signifie *lumière, clarté, brillance, éclat* ou *resplendissement.* Toutes ces significations sont tout à fait appropriées à la situation du Maître Secret admis à s'approcher du Saint des Saints et de la lumière qui en émane. Si on lit ce mot à l'envers, on trouve *AZIZ* qui signifie en hébreu « fort » et en arabe « sacré » ou très précieux. En effet, toute chose qui éclaire ou brille, est à la fois précieuse, sacrée et donc sainte [39].

Il est intéressant de se reporter à l'analyse détaillée de ce mot de passe faite par Guérillot [40]. Il relève notamment que *le mot ziza n'apparaît que tardivement à la fin du XVIIIe siècle et les rituels des années 1750, plus proches des origines, l'ignorent.* Il pense que *le passage à Zizon ou Gizon,* (au lieu de Ziza) *dans une transmission orale est beaucoup plus vraisemblable.*

Ainsi, le Z peut correspondre à l'éclair, lequel allie la puissance, l'éblouissement et une rapidité fulgurante. Cette idée-force s'impose à tout Maître Secret lui rappelant la réception de l'influence spirituelle transmise le jour de l'initiation. Le Z s'écrit par un mouvement zigzaguant, qui fait penser à un mouvement permanent de va-et-vient semblable à un départ suivi d'un retour en arrière. Ce tracé qui revient en arrière et puis repart de l'avant semble illustrer l'idée d'éternel recommencement. Semblables à cette ligne brisée, reproduite schématiquement par le tracé de la lettre Z les élans du maçon pour aller de l'avant sont souvent coupés par les épreuves initiatiques. Le Z est formé aussi de deux 7 accolés, tête en haut et tête en bas, rappelant selon la formule célèbre de la Table d'Émeraude que *ce qui est en haut est comme ce qui est en bas.*

Ziza est également le nom de l'un des descendants de Salomon mentionné dans la Bible.

31 – Salomon

Dans le manuscrit Francken il est précisé *qu'on n'utilise aucun maillet à ce grade, les travaux du temple étant suspendus pendant le deuil en l'honneur du respectable Maître Hiram* [41]. Dans les anciens manuscrits Salomon siège à l'orient, revêtu d'un manteau noir doublé d'hermine. Il tient un sceptre à la main, devant lui est un autel triangulaire sur lequel est placée une couronne de laurier et d'olivier [42].

39. Erman Sahir, *Commentaires des hauts grades du R.E.A.A,* Istambul, 1994, pp. 13-21.
40. Guérillot, *La Rose maçonnique, op. cit.,* pp. 252-253.
41. Guérillot Claude, *Le Rite de perfection, op. cit.,* p. 35.
42. *Maître Secret,* MS. 4e degré, 1805, Bibliothèque André Doré du Grand Collège des Rites.

Salomon est le Maître d'œuvre du Temple dont les plans furent donnés à son père David (épisode relaté dans les Chroniques). David inaugura son règne en s'emparant de Jérusalem et il devint ainsi le véritable fondateur du royaume d'Israël, rassemblant ce qui est épars, dans un effort de pacification. Jérusalem est sa capitale et le centre du culte dédié à l'Éternel. Malgré son désir et son règne de quarante ans (sept ans à Hébron et trente-trois ans à Jérusalem), David ne parvint pas à bâtir le temple et transmit cette mission à son fils et successeur Salomon.

Se référant aux nombreux versets du Coran concernant Salomon, Tabari précise dans *les Chroniques* que David donna à Salomon le royaume, et que Dieu lui accorda un pouvoir tel qu'il n'en a accordé à nul autre, ni avant lui, ni après lui : *Après David, Salomon s'assit sur le trône, et Dieu lui accorda, en dehors de la royauté, le don de prophétie, comme héritage de son père* (Sourate XXVIII, Verset 16), *et il donna la royauté, la sagesse et le don de prophétie*[43]. C'est la tradition soufie qui donne le plus de détails sur le pouvoir direct et immédiat de Salomon. Il y est défini comme connaissant le secret des transformations et des vertus essentielles des choses. Ibn 'Arabî dans son ouvrage appelé *Les Châtons de la sagesse* traite de la sagesse relative au Verbe de 25 prophètes dont 23 sont cités dans le Coran. Le titre du chapitre traitant de Salomon est intitulé : *De la Sagesse de la béatitude miséricordieuse dans le verbe de Salomon.* Il y définit la science de David comme étant une science reçue (c'est-à-dire une connaissance réfléchie, devenue humaine), tandis que la science de Salomon était la Connaissance divine à l'égard de toute chose, en ce sens que Salomon s'identifiait directement au jugement divin, car il était l'interprète de Dieu en parfaite véracité. Toujours selon Ibn 'Arabî la *domination cosmique,* détenue par Salomon était *un pouvoir de commandement direct. Le privilège de Salomon consistait dans l'ordre (ou commandement) agissant directement, sans qu'il soit dans un état de concentration de son âme et sans qu'il projette sa volonté spirituelle*[44].

Le Prophète et roi Salomon, est appelé *Chelomoh* en hébreu qui signifie « le Pacifique » (ou *Soulayman,* en arabe) homme de Paix, selon l'explication *1Ch.22,9.* Cette racine évoque aussi la plénitude, la prospérité. De ces racines hébraïque et arabe sont dérivées les traditionnelles salutations de paix « Chalom » et « Salam » qui signifient « Que la Paix (de Dieu) soit avec toi ».

Salomon succède à son père le roi David et règne de 973 à 933 av. J. C. Son règne dura donc quarante ans, nombre hautement symbolique, période durant laquelle il maintint unies les douze tribus d'Israël. Le Zohar considère Salomon comme étant plus grand que Moïse[45]. Prophète et Roi

43. Tabari Abou-Djafar, *Chronique,* t. I, traduit par Hermann Zotenberg, Éditions Maisonneuve et Larose, pp. 433-436.

44. Ibn'Arabî, *les Châtons de la sagesse,* traduction et notes de Titus Burckhardt, Éditions Albin Michel, 1955, p. 138.

45. Vuillaud Paul, *Le cantique des cantiques* d'après la tradition juive, Éditions d'Aujourd'hui, 1975.

d'Israël, Salomon est le Centre spirituel de la Tradition hébraïque qui détient pleinement l'influence spirituelle. C'est le pacifique, il est Roi de Paix, comme Melki-tsedeq, il préfigure le règne de l'Éternel sur terre. Il s'affranchit en apparence des règles de la Tradition hébraïque pour répandre son influence spirituelle sur d'autres nations, en épousant des femmes étrangères qui professaient un culte polythéiste. Ceci permet de répandre l'initiation à tous les descendants de son ancêtre Noé, *Sem, Cham et Japhet.* Dès lors, on peut considérer que Salomon en tant que Grand Maître de la Maçonnerie a ouvert la maçonnerie sur un plan universel à tous, quelle que soit la croyance professée.

Cette notion est clairement définie dans les Constitutions d'Anderson de 1723 : *le maçon pratique la religion du pays où il habite.*

Fig. 15 – Salomon fait assembler tout son peuple pour célébrer avec plus de solennité la dédicace de son Temple.

Gravure extraite de la Bible de Royaumont.

L'œuvre essentielle de Salomon est l'édification du Temple de Jérusalem consacré à l'Éternel. La référence au temple de Salomon est commune à toute la tradition abrahamique (juive, chrétienne, islamique). Ce temple marque par ailleurs la sédentarisation du peuple d'Israël et préfigure aussi la Jérusalem céleste qui doit descendre sur terre en fin de cycle. Salomon, roi d'Israël est celui qui met en œuvre, fait construire et consacre.

Ces fonctions correspondent à l'Art royal et sacerdotal dans sa plénitude. Pour ce faire, il est assisté d'Hiram, roi de Tyr qui possède les forêts du Liban et fournit les matériaux pour réaliser les plans divins reçus par David, et d'Hiram Abi celui qui réalise grâce à son art et à son habileté et qui agit en fonction des plans.

Salomon détenait un anneau magique. Ce symbole qui fait partie de son pouvoir légendaire lui permettait d'agir immédiatement pour modifier une situation dans l'espace et le temps. Selon une légende, cet anneau lui aurait été donné peu après son couronnement par quatre anges gardiens en correspondance chacun avec un élément. Il représente un sceau nommé étoile de David, appelée aussi bouclier, vu sa fonction protectrice. Il s'agit de la représentation d'un hexagramme ou étoile à six branches au centre de laquelle était gravé le Tétragramme. Ce sceau est formé de deux triangles équilatéraux, disposés en sens inverse l'un de l'autre. Il exprime l'union des contraires, celle de deux opposés d'un principe et de son reflet. Les alchimistes considèrent que ce sceau renferme tous les symboles hermétiques des quatre éléments, des quatre climats (le sec, le chaud, l'humide et le froid), les quatre points cardinaux, mais aussi le nombre 7 avec les six pointes de l'étoile et son point central.

En loge, personne ne peut parler après le Vénérable, représentant Salomon en ses attributs et fonctions. De même que Salomon est Maître du Secret, tout Vénérable en chaire veille attentivement à la préservation du secret entre chaque grade. Lumières et secrets ne devant être dévoilés que graduellement.

Fig. 16 – Le Sceau de Salomon.

Planche 4 – Gravure extraite du *Musaeum Hermeticum*, 1625.

En haut comme en bas, les quatre Éléments sont unis. À gauche △ le Feu, à droite l'Eau ▽. Au centre le Sceau de Salomon ou Étoile de David, qui est le hiéroglyphe de la pierre Philosophale où tous les Éléments réconciliés sont en parfait équilibre. En dessous, Apollon fait résonner la lyre de l'harmonie au milieu des Muses assises autour de lui. Ces six Muses, correspondent chacune à un métal et à une contrepartie céleste.

On parle aussi *des clavicules de Salomon.* Ce nom est synonyme de « petites clés ». Il s'agit d'un grimoire considéré comme étant le Testament de Salomon. Cet ouvrage kabbalistique est apparu au XVIe siècle, donc bien après la destruction du temple qui eut lieu en 587 av. J.-C., mais à l'époque où la Kabbale s'est répandue. Cet ouvrage donne une clé ésotérique de la Kabbale considérée comme portant un message identique à celui du Temple de Salomon.

On attribue à Salomon le *Livre des Proverbes de la Sagesse, l'Ecclésiaste* et surtout *le Cantique des Cantiques,* hymne à l'amour, ainsi que des écrits apocryphes, dont les *Psaumes de Salomon,* les *Odes de Salomon* et le *Testament de Salomon.*

32 – Le sceptre

Pour la première fois on voit apparaître le sceptre qui est un symbole de royauté, il est l'emblème du pouvoir temporel et spirituel. Normalement le sceptre devrait être utilisé à la place du maillet par le Trois Fois Puissant qui représente Salomon (voir Salomon).

Le sceptre dérive du bâton, ce que l'étymologie du mot, en grec, semble confirmer puisque *bâton* se dit *skeptron.* C'est un bâton de commandement qui est l'une des marques de l'autorité royale. Sans être universel, le sceptre est apparu vraisemblablement chez les nomades du Proche Orient.

Jean-Paul Roux considère que *le sceptre est complémentaire de la couronne avec laquelle il dessine une image cosmique. Le sceptre dériverait du bâton que le pasteur utilise pour marcher et pour mener ses troupeaux, pure verticale, qui symbolise d'abord l'homme en tant que tel, puis la supériorité de cet homme établi comme chef, enfin le pouvoir reçu d'en haut. Par ailleurs, il est apte à représenter l'axe central, le pivot de l'univers*[46]. Dans l'Égypte des pharaons, le sceptre prolonge le bras, c'est-à-dire le membre qui saisit, qui indique la direction. Dans la tradition grecque, le sceptre est symbole du droit de rendre la justice. On retrouve cette notion dans l'Exode : *C'est un sceptre de justice que ton sceptre royal* (Exode VII, 8-13). Ce qui explique que la main de justice, qui est l'emblème de la monarchie française, soit considérée comme un second sceptre. Par ailleurs, on comprend mieux l'apparition récente de la main de justice dans le rituel de *Maître Secret,* celle-ci remplaçant le sceptre qui n'est plus utilisé.

Le sceptre est le prolongement du bras, emblème de puissance et d'autorité c'est un bâton vertical qui peut être vu comme un bâton de

46. Roux Jean-Paul, *Le roi mythes et symboles,* Éditions Fayard, 1995, pp. 213-216.

commandement lequel rappelle la station debout de l'homme. Si l'on se réfère à la Genèse l'homme fut mandaté pour gérer et commander à la terre selon justice et équité.

33 – Le Tablier et le Cordon du Maître Secret

Le mot tablier signifie *planche de protection.* Ce vêtement adopté par tous les corps de métier du bâtiment et beaucoup d'autres est devenu le symbole du travail.

Le décret du Suprême Conseil de 1806 définit le décor du Maître Secret comme étant *un tablier de peau blanche attaché avec des cordons noirs ; bavette bleue sur laquelle est peint, ou brodé, un œil.* Le cordon est décrit *liseré en noir, en sautoir, auquel est attaché une clef d'ivoire au milieu de laquelle est la lettre Z*[47].

Le rituel pratiqué actuellement dépouille le candidat de son tablier de Maître dès son entrée en loge pour indiquer par là que le Maître entame un nouveau cycle, avec la conscience de ce que les précédents acquis nécessitent obligatoirement d'être davantage approfondis, pour accéder à la plénitude de la maîtrise. Ils demandent de s'engager activement dans la voie de la Perfection et du perfectionnement individuel.

Si le tablier a toujours la même forme, sa matière, ses couleurs et sa représentation symbolique diffèrent selon les grades.

Le tablier du Maître Secret a une forme rectangulaire, symbolisant la matière, avec un triangle inclus figurant l'esprit qui la pénètre. La ceinture forme un cercle fermé comme une corde attachée. Sa matière n'est plus de peau, mais de soie. Il s'agit toujours d'une matière animale, mais plus subtile et élaborée.

Ce tablier présente une forte dualité par le contraste du blanc et du noir répartis en égales proportions. Le fond est blanc comme la lumière, synthèse de l'ensemble des couleurs comme la pureté des intentions d'un maçon. Le noir de la bordure rappelle l'affliction et le deuil du Maître disparu, lié à la perte de la parole. L'opposition du noir et du blanc fait penser au perpétuel conflit dans la manifestation : *Lumière et ombre sont les deux éternelles voies du monde.*

En demi cercle ouvert est représentée une branche d'olivier, arbre d'Athéna, symbole lunaire et féminin, unie au laurier d'Apollon, symbole solaire et masculin.

47. *Recueil des actes du Suprême Conseil de France ou collection des décrets, arrêtés et décisions de 1806 à 1830, précédés des Grandes Constitutions de 1762 et de 1786, et du Concordat passé entre le Suprême Conseil et le Grand Orient,* Éditions Setier, 1832.

La lettre Z les surmonte. Septième lettre de l'alphabet hébraïque, elle est symbole de l'éclair et de la foudre. Il semble reposer sur le demi cercle formé par les deux rameaux de laurier et d'olivier, symboles complémentaires, ces deux rameaux verts symbolisent la Paix et la Victoire.

Fig. 17 – Cordon et tablier du Maître Secret.

34 – L'œil sur le tablier

Lors de la cérémonie d'élévation à la maîtrise, de même qu'au grade de Maître Secret, le Delta lumineux avec son œil central n'apparaît plus dans la loge. On peut s'interroger : cet élément fondamental a-t-il complètement disparu ? Sa présence est-elle toujours effective sous une autre forme et à une autre place ?

Dans la version du rituel de Maître Secret rapportée par le transcripteur du nom d'Abraham, Salomon dit au récipiendaire : *l'œil qui est placé sur la bavette de votre tablier doit rappeler à votre mémoire que vous devez veiller continuellement à la conduite de l'ouvrage*[48].

L'œil représenté sur le tablier se trouve au centre d'un triangle inversé. Il représente l'œil de la Conscience, le soleil et pour de nombreuses civilisations, il est la manifestation du Principe, moteur de toutes choses. Cet œil symbole de perception spirituelle correspond à l'œil de la Clairvoyance. Afin de dépasser la dualité entre l'œil droit (celui du futur) et l'œil gauche (celui du passé), le Maître Secret (destiné à devenir un adepte de l'Art Royal) acquiert un regard synthétique par l'œil frontal qui correspond à une perception simultanée. Si l'âme a un œil unique et immobile selon Platon, le cœur et l'esprit en sont également pourvus, d'où l'expression « œil du cœur » qui correspond à l'être qui contemple le

48. *Maître Secret*, MS. 4e degré, 1805, *op. cit.*

Principe et le Principe qui voit l'être. L'œil représente alors le médiateur de l'union du cœur avec l'Éternel.

L'œil est représenté en forme d'amande, sans sourcils, ni cils, bleu, or, blanc et noir. Œil intemporel et immatériel. L'œil est un symbole universellement répandu dans toutes les traditions.

L'œil d'Horus, astre solaire et regard justicier, règne sur le mystère de la vie et de la mort et préside à la renaissance.

En hébreu et en arabe le mot *ayin* signifie à la fois œil et source. Dans la tradition islamique l'œil du cœur correspond à la fontaine d'immortalité, à l'esprit s'identifiant à la lumière reçue.

En hébreu, la lettre *ayin* est rapportée au fondement, elle correspond à la sephira *Iesod.* Dans le Psaume 33, 18 cette sephira est appelée « l'œil de Yahweh » qui est « sur ceux qui le craignent », c'est-à-dire sur *Malkuth.*

Dans la tradition hindoue, l'œil frontal de Çiva ou 3e œil correspond à la vision intuitive de la Connaissance, organe de la vision intérieure ou œil du cœur.

L'œil frontal qui est sur le tablier désigne un centre subtil, celui du nombril qui relie à la terre mère. Il correspond à la descente de l'énergie primordiale dans la matière ou à la spiritualisation de celle-ci. Cet œil central sur l'ombilic correspond à la perception intelligible. Cet œil peut être considéré aussi comme représentant le regard intérieur de la conscience de soi.

Il se rapporte à un regard de clairvoyance intérieur et extérieur.

De nature solaire, l'œil sur le tablier indique l'éveil des potentialités. Il est Principe et manifestation. Il représente l'objectif idéal de toute quête initiatique.

Toute chose ayant un sens caché, le Maître Secret doit clore sa bouche pour élargir sa vision, la lumière recherchée étant en soi, son devoir est de la rayonner. Il faut atteindre un équilibre en trouvant dans son cœur la force de l'Amour dont la connaissance n'est pas dans l'œil de chair, mais dans l'œil spirituel ou œil d'une conscience supérieure.

Tableau récapitulatif du grade de Maître Secret

Selon le Tuileur de Lausanne 1875

Âge : *Trois fois vingt-sept ans accomplis.*
Batterie : 000000 0 (6 claque +1)
Mot de passe : *Zizon*
Mots sacrés : Trois *Iod – Adonaï – Ivah.*
Marche : *Trois pas à droite, à gauche, à droite, partant du pied du côté respectif, simulant l'enjambement et assemblant.*
Heure de commencement des travaux : *Quand les ténèbres ont fui devant l'aurore et que la grande Lumière vient éclairer la Loge du Maître Secret.*
Heure de la fin des travaux : *Le déclin du jour.*
Question d'ordre : *Je m'en glorifie.*
Tablier : *Blanc, bavette bleue avec œil au milieu. Sur le milieu du tablier, la lettre Z entourée de deux branches, laurier et olivier.*
Cordon : *Bleu, liseré de noir en sautoir.*
Bijou : *Une clef d'ivoire au milieu de laquelle est un Z.*
Gants : *noirs.*
Légende de l'initiation : *Érection par Salomon du tombeau d'Hiram.*

La plupart des anciens Tuileurs donnent Ziza au lieu de Zizon. La marche est fixée par le Tuileur de Lausanne, contrairement aux Tuileurs précédents (*Delaulnaye, Vuillaume, Bazot et Ragon*) qui considéraient qu'il n'y avait pas de marche ou qu'elle était identique à celle du grade de Maître.

INSTRUCTION PAR DEMANDES ET RÉPONSES

Cette Instruction provient du Manuscrit du 4e grade, Maître Secret, FM4 768 de la Bibliothèque Nationale, conforme aux anciennes versions du Rite de perfection qui en réalité diffère très peu des rituels du R.E.A.A. de 1804.

On peut noter que cette ancienne version du grade de Maître Secret rappelle la mission de Moïse, donne une signification inusitée de la lettre G avec Gomez et décrit les ornements du Saint des Saints. Ces éléments ont été retirés des instructions des rituels pratiqués actuellement.

D – Êtes-vous Maître Secret ?

R – Oui, je m'en glorifie.

D – Comment avez-vous été reçu M ∴ Secret ?

R – J'ai passé de l'équerre au compas.

D – Où avez-vous été reçu M ∴ Secret ?

R – Sous le laurier et l'olivier.

D – Dans quel lieu avez-vous été reçu ?

R – Dans le Saint des Saints.

D – Qui vous a reçu ?

R – Salomon avec Adonhiram, Inspecteur des travaux du Temple.

D – Avez-vous aperçu quelque chose en entrant dans le Saint des Saints ?

R – Des marques évidentes de la présence de Dieu.

D – Avez-vous remarqué quelque chose de particulier ?

R – J'ai aperçu un triangle dans un grand cercle au centre duquel était une étoile flamboyante qui m'a ébloui avec un saint respect.

D – Que signifie le caractère hébreu qui est dans le centre ?

R – Quelque chose au dessus des forces humaines que je ne puis prononcer.

D – Nous sommes en L∴, en conséquence ceci vous est permis.

R – J'ai vu une grande et bienfaisante clarté sans pouvoir la connaître.

D – Qu'y avait-il dans cette brillante clarté ?

R – Le Grand et ineffable nom du G∴ A∴ de l'U∴. Moïse seul en avait la vraie prononciation qu'il tenait de Dieu lorsqu'il lui apparut sur la montagne. Moïse fit alors une loi qu'il rendit publique pour défendre de la prononcer, ce qui fit que la vraie prononciation fut perdue ; mais j'espère avoir un jour la connaissance de cette parole ineffable.

D – Avez-vous encore aperçu quelque chose ?

R – J'ai vu neuf autres paroles en caractères hébraïques.

D – Où étaient-elles placées ?

R – Dans neuf rayons qui partaient du brillant et lumineux triangle.

D – Que signifient ces neuf noms ?

R – Ce sont les neuf noms que Dieu donna lui-même à Moïse sur le mont Sinaï, en lui faisant espérer que sa postérité aurait Son vrai nom.

D – Donnez-les moi avec leur signification ?

R – Eloah, Osem, Adonaï, Ychevah, Jua, Job, Aloïn, Achab et Jesaws,

ces neuf paroles sont composées de 45 lettres qui renferment 27 noms et qui sont pris du nom de la Divinité depuis l'alphabet des anges et de l'arche kabalistique[49].

D – Que signifie le cercle qui environne le triangle ?

R – Il représente l'immensité du pouvoir de Dieu qui n'a ni commencement ni fin.

D – Que signifie l'étoile flamboyante ?

R – C'est un météore qui doit toujours nous guider vers la divine providence.

D – Que signifie la lettre G dans le centre de l'étoile flamboyante ?

R – Gloire, Grandeur et Gomez.

D – Qu'entendez-vous par ces trois noms ?

R – Par le mot Gloire, j'entends Dieu ; par le mot de Grandeur, l'homme qui devient Grand par la Perfection et Gomez est une parole hébraïque qui signifie remerciement à l'Éternel pour son pouvoir suprême et sa beauté ; ce fut la première parole que notre premier père Adam prononça lorsqu'il rencontra Ève.

D – Que signifient les cinq pointes de l'étoile flamboyante ?

R – Les cinq ordres d'architecture dont on se servit à la construction du temple. Elles signifient aussi les cinq sens de nature, sans lesquels l'homme ne peut être parfait.

D – Qu'avez-vous encore vu dans le Saint des Saints ?

R – L'arche d'alliance, le chandelier d'or à sept branches avec les tables des pains de proposition.

D – Où était placé l'arche d'alliance ?

R – Dans le milieu du Saint des Saints sous l'étoile flamboyante.

D – À quoi font allusion l'arche d'alliance et l'étoile flamboyante ?

R – Comme l'arche d'alliance est l'emblème de l'alliance que Dieu fit avec son peuple et qu'elle fut mise sous l'ombre des ailes des chérubins, de même le cercle qui renferme le triangle dans l'étoile flamboyante est l'emblème des francs maçons.

D – De quelle forme est l'arche d'alliance ?

R – Un carré-long.

D – De quoi était-elle faite ?

R – De bois de cèdre, couverte d'or, surmontée d'une couronne d'or, soutenue par deux chérubins de même métal.

49. Dans le rituel de Perfection neuf Noms sont associés au Grand Nom Ineffable. Ceux-ci diffèrent encore dans la version du rituel du R.E.A.A de 1804. Il ne sont plus réduits qu'à trois en 1875 selon la version du Tuileur de Lausanne : *Iod- Adonaï- Ivah.* L'énumération de ces noms constitue la principale différence entre le rituel de Perfection et la version du Rituel du R.E.A.A de 1804. Selon le manuscrit Francken ces noms sont : Selon les premières versions du R.E.A.A, vers 1804, notamment dans le Manuscrit XXVII, ces noms sont *Eloah, Adonaï, Jehovah, Jahvé, Job Aloin, Achab, Osem, Jesoüs.* Dans le fonds Kloss de la Grande Loge des Pays-Bas à la Haye les neuf noms sont *El, Eloha, Elohim, Eliel, Eléhaï, Saddaï (pour Shaddaï), Jah, El-Ion, El-Sebaoth.* Dans le manuscrit Saint Domingue 1764 (Cote Baylot FM[4] 15, op. cit), il est dit : *que ces neuf noms ont chacun 8 attributs de la divinité et qui en tout composent 888 lettres qui forment 72 noms qui sont pris comme le nom de la divinité selon l'alphabet des anges et l'arbre cabalistique.*

D – Quel est le nom de la couverture de l'arche ?

R – Le lieu de propitiatoire qui servait à apaiser la colère de Dieu.

D – Que renferme l'arche ?

R – Le témoignage que Dieu donna à Moïse ou les Tables de la Loi.

D – Que contenaient ces deux tables et de quoi étaient-elles ?

R – Elles étaient de marbre blanc et renfermaient les dix commandements de Dieu. Les quatre premiers sont relatifs à nos devoirs envers la Divinité et sont renfermés dans la première Table et dans la seconde sont les six commandements concernant nos devoirs envers les hommes.

D – De quel usage est la table que vous avez vue dans le Saint des Saints ?

R – Pour y placer les douze pains de proposition qui, par Son ordre exprès doivent être toujours placés en sa présence.

D – De quoi étaient-ils faits ?

R – De la plus fine farine.

D – Où étaient-ils placés ?

R – Six à la droite, six à la gauche formant deux monceaux.

D – Que mettait-on entre eux ?

R – Le meilleur et le plus pur encens.

D – Pourquoi ?

R – En mémoire des obligations que nous devons à Dieu.

D – Quel était le nom hébreu du Saint des Saints ?

R – DABER

D – Que signifie-t-il ?

R – La Parole.

D – Pourquoi est-elle ainsi appelée ?

R – Parce que la Divinité y résidait.

D – Qui construisit l'arche ?

R – Quand Moïse reçut l'ordre de Dieu de construire l'arche, il fit choix de Bazalee fils d'Uré de la tribu de Juda et de Marie, sœur de Moïse ; il choisit aussi Aholiah, fils d'Ahisamat de la tribu de Dan [50], deux habiles ouvriers, pour faire cet ouvrage et dans cette occasion le peuple d'Israël témoigna tant d'ardeur, de zèle, et donna tant de richesses que Moïse, par l'avis de ceux qui avaient la direction de l'ouvrage, fut (obligé) de faire publier au son de la trompette et de faire connaître qu'il n'avait plus besoin de leur généreuse assistance ; l'ouvrage fut donc commencé suivant le plan que Dieu avait réservé à Moïse qui eut la direction particulière du nombre des vases qui devaient être employés dans le tabernacle, à l'usage des Sacrifices.

D – Pourquoi le chandelier a-t-il sept branches ?

R – Parce que le nombre de sept représente les sept planètes.

D – Qu'y a-t-il au bout de chaque branche ?

R – Une lampe et chacune d'elle est dirigée Est et Sud.

50. Guérillot précise dans son ouvrage sur *le Rite de perfection, op. cit.*, p. 42 qu'il s'agit de Besalel bèn Ouri bèn Hour, de la tribu de Juda et d'Ooliab bèn Ahissamakh, de la tribu de Dan (Exode 31, 1-11).

D – En combien de portions consiste le chandelier ?

R – En soixante et dix.

D – Que représente ce nombre ?

R – Les douze signes du zodiaque autour desquels les planètes font leur mouvement.

D – Que signifie cet œil qui regarde continuellement dans notre L∴ ?

R – Une seule lumière qui chasse l'obscurité parmi nous.

D – Par où montait-on dans les galeries du temple ?

R – Par un escalier, en forme de vis, dans le mur neuf du temple par lequel on montait par 3,5,7 marches. On l'appelait coquille parce qu'il avait la forme d'un limaçon.

D – Combien y- avait-il de portes de là au Saint des Saints ?

R – Il n'y en avait qu'une dans la partie de l'Est qui était appelée la Ara et qui était couverte d'une draperie pourpre, hyacinthe, or et azur.

D – Que représentent ces couleurs ?

R – Les quatre éléments.

D – Quel âge avez-vous ?

R – Trois fois 27 (ans) accomplis qui forment 81.

D – Quel est votre mot de Passe ?

R – Zizon qui signifie Balustrade.

0

0 0

CHAPITRE II

MAÎTRE PARFAIT

(5e degré)

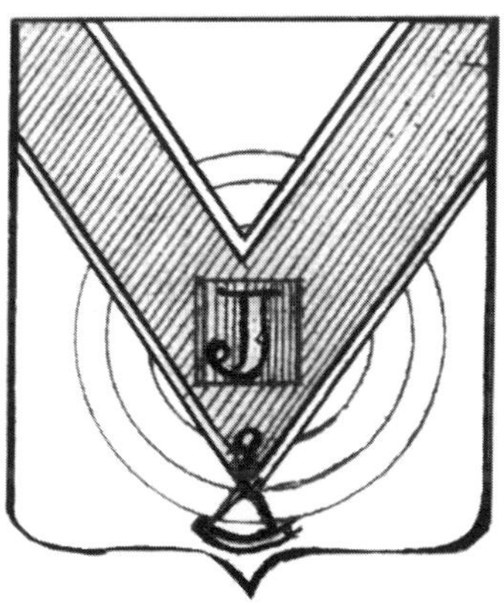

LE MAÎTRE PARFAIT (5e DEGRÉ)

Présentation du grade

Maître Secret ou *Maître Parfait* ?

Ces deux grades semblent indissociables. Il est probable qu'à l'origine, comme l'avance Vassal, les quatrième et cinquième grades durent n'en former qu'un, puisqu'ils ouvrent l'un et l'autre sur le cycle de la maçonnerie de perfection. D'ailleurs, Naudon [1] relève que la pratique du grade de *Maître Parfait* a précédé celle du *Maître Secret* au XVIIIe siècle. Le rituel du 4e degré, très concis à cette époque, n'était pas effectivement en usage. Ce mode de fonctionnement fut inversé au XIXe siècle, privilégiant la pratique du 4e grade au détriment du 5e qui ne fut plus transmis que par communication. En 1821, dans *les Archives de la Franc-Maçonnerie ou les secrets et travaux de tous les grades jusqu'à celui de Rose-croix,* il est déjà mentionné qu'à cette époque ce grade n'était presque plus suivi en France.

Guérillot relève que ce grade existe sous plusieurs formes, l'une pratiquement commune au Rite de Perfection, à l'Ancienne Maîtrise bordelaise et au Grand Élu de Londres, les autres connues dans l'Est de la France à Mirecourt et à Lyon. Il pense que la présence du *Maître Parfait* dans l'ancienne *Maîtrise bordelaise* et dans le *Rite de Perfection,* issu de la synthèse parisienne du Grand Conseil de Chaillon de Jonville, indique clairement que ce degré a dû être conçu avant la fin des années 1740. Il remarque aussi que le Cahier du Rite Écossais Ancien et Accepté de 1805 se présente comme une traduction faiblement modifiée du rituel de perfection [2].

Le Maître Parfait était la continuation immédiate du grade de Maître. Un manuscrit appelé *Ancien Maître, Dépôt complet de la franche maçonnerie*, daté de 1780 (de la B. M de Bordeaux, MS 2098) correspond sous cette autre appellation à une version archaïque de *Maître* Parfait (l'instruction particulièrement intéressante de ce rituel est retranscrite à la fin de ce chapitre). Son tableau de loge est révélateur de la continuité du grade de

1. Naudon Paul, *Histoire et Rituels des Hauts grades maçonniques du R.E.A.A,* Éditions Dervy, 1972, p. 278.
2. Guérillot Claude, *La Rose maçonnique*, Éditions Guy Trédaniel, 1995, pp. 258-266.

Maître avec celui de Maître Parfait (voir p. 139). Les fonds anciens proposent énormément de versions de rituels du grade de *Maître Parfait* et très rarement du *Maître Secret.* Les plus anciennes versions mentionnent quatre cercles et quatre carrés, les plus récentes n'en mentionnent plus que trois.

Dans un manuscrit des années 1760 on relève que le *quatrième* grade, qui suit donc immédiatement celui de Maître, est justement le *Maître Parfait.* On trouve trace de cela très clairement dans un manuscrit de Wien (Autriche) MS 76/16, N° 22, pp. 713-722, intitulé *Quatrième grade de la Maçonnerie, Maître Parfait.* L'instruction est très explicite sur la place de ce grade qui est présenté comme la suite immédiate de la maîtrise :

D – Êtes-vous Maître parfait ?

R – J'ai vu le cercle et sa quadrature.

D – Comment êtes-vous parvenu au grade de parfait ?

R – Par les trois degrés d'apprenti, compagnon et maître maçon par où j'ai passé.

Le grade de Maître Parfait a pour objet spécial l'inhumation d'Hiram, avec toute la pompe prescrite par Salomon, il achève les funérailles du Maître et son deuil. Les restes de l'Architecte disparu doivent féconder la terre pour animer un Maître Parfait, ce que l'on trouve en germe lors de la cérémonie d'élévation à la maîtrise, par la régénération, telle la germination de la branche d'acacia reconnue imputrescible. Ce grade clôt la série des trois grades, 3e, 4e et 5e appelés degrés de petite maîtrise dans le Rite de Perfection.

La perfection est le thème central invitant chaque Maître à se surpasser sans cesse pour s'approcher toujours plus près de son idéal.

On peut légitimement envisager que le Maître Parfait a influencé *l'Écossais vert* (ou Maître Écossais et Parfait de Saint André) du Régime Écossais Rectifié. Quatre éléments leur sont communs : leur place immédiate après le grade de Maître (initialement pour le Maître Parfait), la couleur verte, l'importance de la symbolique numérique autour du nombre quatre ; enfin la croix de Saint André (représentée sous forme de colonnes entrecroisées dans le Maître Parfait).

Parmi les nombreuses sources de ce grade, on reconnaît l'influence de *La maçonnerie disséquée* de Samuel Prichard (1730) où, contrairement aux rituels postérieurs, est évoqué l'ordre de Salomon d'enterrer Hiram, et de plus de l'enterrer dans le Saint des Saints. On sait que, au regard de la loi hébraïque, ceci est une profanation si difficile à imaginer, qu'elle ne peut être que symbolique.

La question de la quadrature du cercle semble bien montrer la filiation étroite avec le métier et le tracé. On peut considérer que ce grade qui propose de méditer sur ce thème pythagoricien de *la quadrature du cercle,* prépare au degré de Maître Architecte.

En ce qui concerne la couleur verte, une origine possible est relevée par Ward qui signale qu'une loge londonienne de hauts grades de Maîtres Maçons écossais d'avant 1740 pratiquait un grade dont le mot était Jehova et dont les rubans étaient de couleur verte [3].

Ce grade de Maître Parfait qui raconte et commémore l'enterrement de Maître Hiram, présente des éléments constants entre ses différentes versions. Parmi les principales citons :

1. La couleur verte de la loge et des décors ;
2. La symbolique numérique basée sur le nombre quatre ou ses multiples ;
3. Le tableau du grade qui comprend 4 ou 3 cercles concentriques à distances égales, au centre desquels se trouve une pierre carrée ou cubique, avec au centre gravée la lettre J. Cette lettre J correspond au *iod*, première lettre du tétragramme. Les deux colonnes B et J sont croisées formant la croix de St. André.

Thème du grade

Au grade de Maître Parfait, des honneurs funèbres sont rendus au Maître.

Salomon, ayant été informé de ce que le corps d'*Hiram Abif* avait été retrouvé et déposé dans la partie la plus basse du temple voulut conserver ses précieux restes, il demanda alors à son ami *Adonhiram* de lui faire des funérailles en grande pompe. Il défendit d'effacer les marques de sang qui avaient été répandues dans le Temple jusqu'à ce qu'on ait tiré vengeance des assassins. *Adonhiram* fut nommé grand architecte en chef des ouvrages et fournit le plan d'un monument de marbre blanc et noir devant être élevé à la mémoire du Maître disparu. Ce mausolée fut érigé en neuf jours. Le cœur d'*Hiram Abif* fut déposé dans une urne qui fut placée au sommet d'un obélisque triangulaire ; l'urne était transpercée par une épée. Quand justice lui fut rendue, le corps d'*Hiram Abif* fut déposé dans le mausolée, recouvert par une pierre triangulaire sur laquelle était gravé J.M.B. avec une branche d'acacia disposée au-dessus de ces lettres écrites en hébreu (*Iod, Mem, Beth*).

Le mot de perfection désigne l'état de ce qui est complètement achevé. Un maçon peut-il légitimement s'approprier consciemment cette appellation ? La perfection a valeur d'exemple. Elle fut incarnée en la personne du Maître disparu.

3. Ward Eric, *Early Master's Lodges and their relations to degrees* in Ars Quatuor Coronatorum, vol. 75, 1962, pp. 124 -181.

Le Maître Parfait trouve la solution du problème posé par la quadrature du cercle philosophique en retrouvant le mot du Maître qui est le Tétragramme sacré *Iod, Hé, Vau, Hé.* On apprend que l'accomplissement du Devoir est la réalisation du principe élevé qui est en chacun. Le Maître Parfait prend conscience de ce que la clé de la Connaissance réside dans la participation directe et immédiate avec le Principe.

Les Maîtres Parfaits sont reconnus des maîtres particulièrement habiles qui se voient confier la construction du tombeau d'Hiram sous la direction d'Adonhiram. Le Maître Parfait étant initialement la suite immédiate du grade de Maître, un manuscrit fin XVIIIe définit ainsi le parcours précédent (apprenti, compagnon, maître) :

D – Qu'avez-vous appris dans ces différents grades ?

R – À purifier mon cœur, à régler mes mœurs et à me conduire suivant les préceptes de la Sagesse, de la Justice et de l'Équité[4].

Il y est récapitulé l'enseignement des grades précédents et demandé de travailler et de vivre au nom du Maître et à sa gloire, pour enseigner que l'approche de la sagesse n'est possible que par la recherche de l'état de perfection, Sagesse et Perfection étant indissociables.

À ce grade, on retrouve les colonnes B et J, cette première dualité au milieu de laquelle fut placé l'apprenti, dualité qui représente aussi, pour le Maître Parfait, les quatre directions de l'espace où, en son centre, s'inscrit la pierre cubique, idéal de perfection à atteindre. Selon l'explication fournie à ce grade, *l'espérance en Dieu* et concernant les colonnes, *elles apprennent que sans la force, c'est-à-dire la persévérance dans le Bien, nous ne pouvons parvenir à la parfaite Connaissance de l'Être Suprême*[5].

Les trois cercles récapitulent tout l'enseignement précédent tout en montrant l'équilibre qui doit coexister dans les trois dimensions de l'être, corps, âme et esprit. Le maître est invité par là à trouver un juste équilibre et une belle harmonie, entre le quaternaire de la substance et le ternaire de l'essence.

0
0 0

4. Paris, Bibliothèque Roëttiers de Montaleau, *MS 20 FM, Maître Parfait.*

5. Wien (Autriche), MS 76/16 – n° 22, *Quatrième grade de la maçonnerie, Maître Parfait,* pp. 713-722.

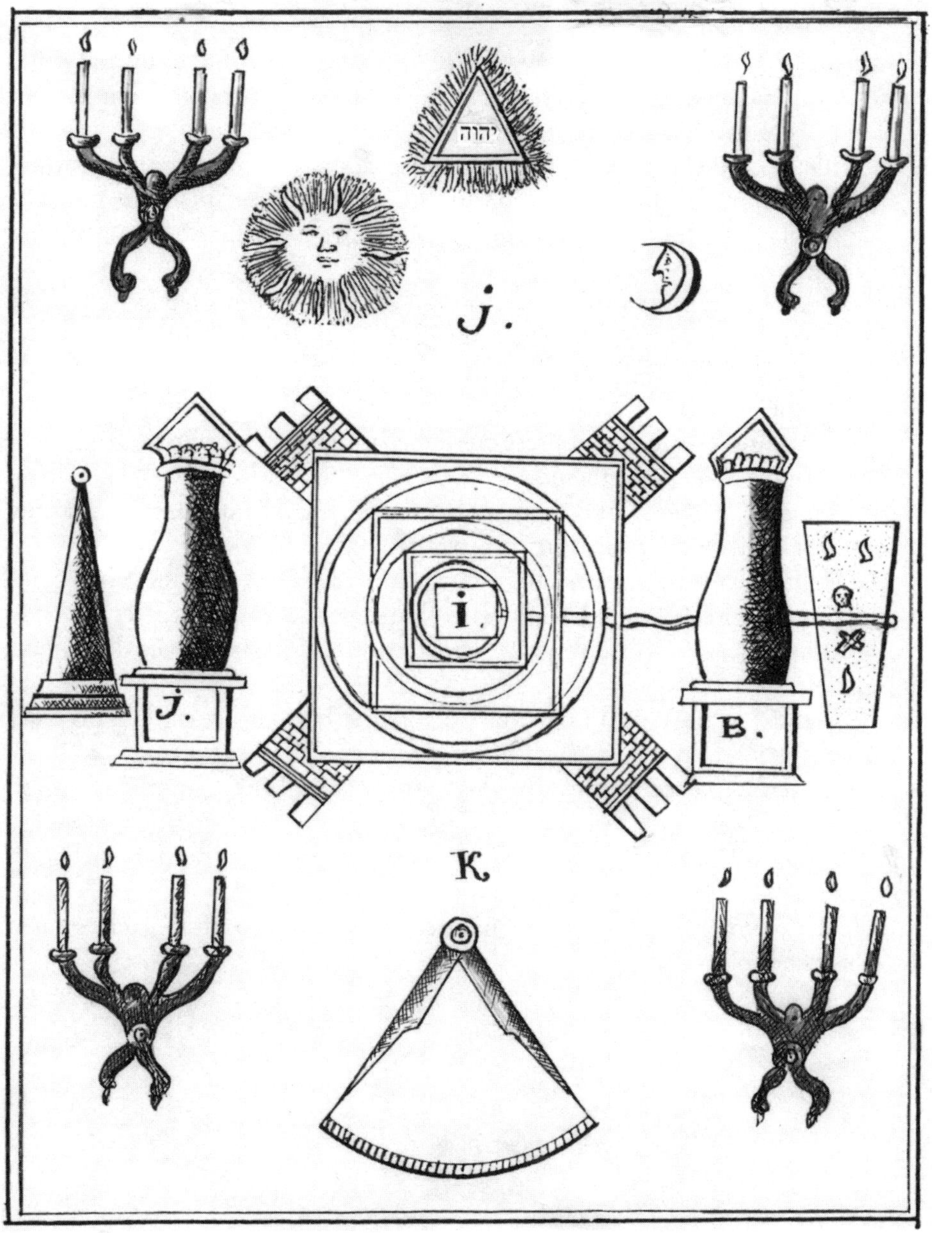

Planche 5 – Tableau du Maître Parfait.

Bibliothèque des Archives Historiques : *Manuscrit de Maître Parfait, 4ᵉ grade maçonnique* autrement dit Maître Vert en certaines loges.
(contenant 9 feuillets dont 1 tableau)

Description des figures contenues dans le Tableau de la loge

(page précédente)

Les trois cercles, et les trois carrés qui sont au milieu du tableau, marquent l'endroit où fut mis le corps du Respectable Maître Hiram dans le Saint des Saints.

Les deux colonnes J et B qui sont celles des apprentis et compagnons.

La pyramide du maître symbolique ou ordinaire est placée à gauche.

Le soleil et la lune qui désignent qu'une vraie Loge ne saurait être sans trois Lumières.

Le Delta ou triangle Lumineux au haut du tableau dans lequel se trouve écrit en lettres hébraïques le Saint nom du Grand Architecte.

Le tombeau d'Hiram placé au midi, entouré d'une corde qui s'étend jusqu'à la pierre carrée du milieu.

Cette même corde qui représente celle dont on se servit pour tirer le corps d'Hiram hors de la fosse.

La branche d'acacia plantée sur le Tombeau d'Hiram par les maîtres maçons est connue de tous bons maçons.

La figure des quatre tours aux quatre coins des carrés et des cercles.

La pierre carrée placée dans le centre d'un cercle et d'un carré.

Un grand J, qui doit être gravé sur le milieu de la pierre et désigne le grand nom de Dieu.

Le grand J majuscule au dessous du soleil et de la lune, est la parole du *Maître Parfait.*

La lettre K, placée au-dessous des carrés et cercles est le mot de passe (initial de Kabul).

La figure du bijou de *Maître Parfait,* qui est un Compas dont les deux pointes reposent sur les deux bouts d'un quart de cercle.

L'emplacement des quatre chandeliers qui doivent porter quatre bougies chacun.

0
0 0

Maître Parfait

TUILEURS	DELAULNAYE (1813)	VUILLAUME (1820)	BAZOT (1836)	RAGON (1861)
ÂGE	Un an pour ouvrir, et sept ans pour fermer (huit ans).	Un an à l'ouverture des travaux, et sept à la clôture.	H... A...	Huit ans : Un an à l'ouverture des travaux, et sept à la clôture
BATTERIE	Quatre coups égaux	Quatre coups égaux	0000	Quatre coups égaux 0000
MOT DE PASSE	ACACIA	ACCACIA	ACACIA	ACACIA
MOT SACRÉ	IEHOVAH	JEHOVAH	JEHOVAH	JEHOVAH
MARCHE	Non mentionnée	Former un carré par quatre pas assemblés	Point	Point
HEURE D'OUVERTURE DES TRAVAUX	Une heure	Une heure	À une heure	À une heure
HEURE DE FERMETURE DES TRAVAUX	Sept heures	Sept heures	À sept heures	À sept heures

1 – Maître Parfait

D – Êtes-vous maître Parfait ?
R – J'ai vu le cercle et sa quadrature [6].

Dans *le MS 20 FM* (op. cit) Il est ajouté « **j'ai vu le cercle et sa quadrature dans le Saint des Saints** ».

Lorsque le Maître Parfait fait cette réponse, il affirme par là, la connaissance du maçon, homme de métier, dans l'Art du Trait.

En se référant aux écritures bibliques il est dit que l'homme fut créé à l'image de Dieu (Genèse I, 26-27). Ceci lui confère *ipso facto* un rang exceptionnel au sommet de toute la création. Cet état de perfection initial permet à l'être d'espérer reconquérir, malgré sa chute dans la manifestation, une unité et une réalité données à l'origine. Matthieu, le seul Évangéliste a utili-

6. Alençon, Bibliothèque Municipale, MS 379 de *Maître Parfait.*

ser le qualificatif de parfait dit « Soyez parfait comme votre Père céleste est parfait » (Matthieu 5, 17 et 48).

Clément d'Alexandrie [7] se demande dans quelle mesure la perfection peut être atteinte ? *D'abord tous les êtres n'y parviennent pas, non par défaut de nature, mais par défaut de détermination... Quant à être parfait en tout, je ne sais s'il y a un homme étant encore un homme qui y soit arrivé, à l'exception de celui qui, pour nous, a revêtu l'homme.* Clément considère que l'homme est parfait au point de départ en ce sens que Dieu ne lui a rien refusé de ce qui était requis par sa nature, la *plasis* est parfaite. *L'imperfection provient entièrement du choix des individus. Adam n'a pas été parfait selon sa constitution, mais dans son aptitude et capacité à recevoir la vertu.*

On peut envisager que la perfection humaine en ce monde est partielle, relative, inaccomplie et approximative par rapport à la perfection du Verbe initial. Devenir réellement Maître Parfait peut être considéré comme une sympathique utopie. Si on veut comprendre à quoi se rapporte cette qualification dans la hiérarchie des 33 grades de l'Écossisme, mieux vaut aborder cette terminologie sous forme d'allégorie pour en comprendre l'esprit. Néanmoins il faut être conscient de ce que le *Maître Secret* et le *Maître Parfait* sont deux grades très complémentaires imbriqués en continuité l'un dans l'autre.

Ainsi dans *Scottish rite masonry* il est demandé :

D – Qu'avez-vous appris des degrés que vous avez reçus ?

R – La règle de mes actions, et à purifier mon cœur afin de mériter le degré de perfection [8].

Le Maître Parfait est censé accéder dans le Saint des Saints où se trouve le nom de l'Éternel, autant dire qu'il accède ainsi virtuellement à l'état de perfection, puisque ce privilège n'est dévoilé qu'aux parfaits. Le Maître Parfait atteint ainsi la perfection des secrets de la maîtrise.

D – Que demandez-vous ?

R – À pénétrer dans le sanctuaire du temple pour y recevoir la récompense due à la perfection [9].

Cette récompense est ici mise en étroite relation avec la connaissance du nom ineffable, même si elle demeure que théorique puisque ce nom ne peut être prononcé, mais seulement épelé. Sa communication demeure partielle et donc imparfaite.

7. Clément d'Alexandrie : *Stromates,* V 1,7, Éditions du Cerf, 1981.

8. Blanchard of Wheaton College, *Scottish Rite masonry illustrated,* the complete ritual of the Ancient and Accepted Scottish Rite, Chicago, Illinois, 1987, vol.1, pp. 74-87.

9. *Archives de La Franc-Maçonnerie ou les secrets et travaux de tous les grades jusqu'à celui de Rose-croix y compris les grades écossais par un chevalier de tous les ordres maçonniques,* Paris, Dentu, 1821, p. 134.

Dans le *Manuscrit de Wien*, on rappelle aussi que le maçon est ami du faible comme du puissant, en faisant appel à l'image du roi et du berger :

D – Où se tiennent les VV.·. FF.·. parfaits ?

R – Au midi et au septentrion du temple.

D – Pourquoi en ces parties indifféremment.

R – Pour marquer l'égalité et la conformité qui doit régner entre les FF.·. parfaits et que chez les maçons les Rois et les Bergers tiennent le même rang [10].

On trouve déjà cette notion dans les manuscrits d'apprenti, notamment dans la *Maçonnerie Adonhiramite* (1787).

Dans un autre manuscrit les notions de pureté des mœurs, de droiture du cœur, et de vertu sont indissociables de la perfection :

D – Qu'avez-vous fait en entrant ?

R – Je suis parvenu à l'autel, en marchant à pas d'apprenti, de compagnon et de maître pour traverser ensuite les deux colonnes.

D – Pourquoi cela ?

R – Pour me rappeler que ce n'est qu'en passant par ces grades que j'ai pu parvenir à la perfection.

D – N'y aurait-il point d'autres mystères cachés sous cette signification ?

R – Cela nous apprend encore qu'on ne peut parvenir au Saint des Saints que par la pureté des mœurs, la droiture du cœur, et le secret dans les premiers grades.

D – Pourquoi êtes-vous entré par le côté du sanctuaire ?

R – Pour m'apprendre à quitter la route ordinaire pour arriver à la perfection.

D – Pourquoi étiez-vous donc placé au milieu de la loge ?

R – C'était pour m'apprendre que le milieu est le siège de la vertu [11].

On notera avec intérêt la nature du travail maçonnique, définie en fonction de chaque grade, par un rituel de 1760 :

En qualité d'apprenti j'ai travaillé au temple sur la pierre brute qui est le symbole de l'ignorance, en qualité de compagnon j'ai travaillé sur la pierre cubique à pointe qui est le symbole de l'Émulation, en qualité de Maître j'ai travaillé sur la planche à tracer qui est le symbole de la perfection [12].

La planche à tracer est clairement définie ici comme étant le symbole de la perfection. On peut relever que les deux symboles qui la représentent correspondent respectivement au cube et à la pyramide, vus du dessus en les associant c'est-à-dire à la pierre cubique à pointe.

10. Wien, MS 76/16, *op. cit.*

11. Bibliothèque des Archives Historiques : *Maître Parfait 4e grade maçonnique, autrement dit, Maître vert,* en certaines loges.

12. La Haye, *MS. de Maître Parfait* 193 D32, 1760.

Fig. 18 – Symboles de la planche à tracer.

2 – La quadrature du cercle

Le fait d'être reconnu Maître Parfait est lié à la connaissance de la quadrature du cercle :

D – Êtes-vous Maître Parfait ?

R – Les Maîtres Parfaits me reconnaissent pour tel et j'ai vu le cercle et la quadrature dans le Saint des Saints.

D – Où sont-ils placés ?

R – Sur le lieu où fut mis le corps du Très Respectable Hiram.

D – Que représentent les colonnes J et B qui l'accompagnent ?

R – Le grade d'apprenti et de compagnon qu'il faut avoir passés pour parvenir aux grades de Maître et de Maître Parfait.

D – Qu'avez-vous appris dans ces différents grades que vous avez parcourus ?

R – À régler mes mœurs et à purifier mon cœur pour être en état de recevoir la perfection.

D – Que signifie la pierre carrée du milieu du Saint des Saints ?

R – Elle nous apprend que notre édifice doit avoir pour fondement la pierre vive dont nous sommes tous taillés ou construits.

.....

D – Comment avez-vous été reçu Maître Parfait ?

R – En haut dans le Saint des Saints [13].

La quadrature du cercle au sens que lui donnaient les Anciens, consiste à trouver un carré équivalent à un cercle. Ce problème de mathématique est insoluble, ce qui fut démontré au XXe siècle. Ce symbole aide souvent à montrer que l'idéal complet de perfection est inaccessible en ce monde.

La quadrature du cercle devrait permettre, par construction géométrique avec seulement l'équerre et le compas, de rendre identique les surfaces du cercle et du carré. Autrement dit la quadrature du cercle correspond à la

13. Wien (Autriche), MS.75/2, *Maître Parfait.*

recherche d'un carré dont la surface serait exactement égale à celle d'un cercle donné. Cette recherche ne saurait se faire sans le nombre *Pi* (π) . On sait que ce nombre qui commence par 3,14 est un nombre dit « irrationnel », la succession de ses décimales est infinie. Ce nombre 3,14, soit ésotériquement 314, correspond à un nom divin « Shaddaï » qui signifie le Tout Puissant, en référence à son action créatrice.

Bien que, ou peut-être parce que, mathématiquement impossible, la quadrature du cercle est, entre autres pour les alchimistes et les philosophes un exercice de méditation pour symboliser le passage du terrestre au céleste. La sphère qui représente le développement des possibilités, par l'expansion du point central, se transforme en cube, selon Guénon, lorsque le développement est achevé. Autrement dit, on peut concevoir que la forme circulaire représente le point de départ d'une tradition et le carré son point d'aboutissement. Dès lors on peut légitimement envisager que ce grade le Maître Parfait corresponde davantage à l'achèvement du cycle de perfection plutôt qu'à son début. En tout cas l'enseignement transmis par ce grade montre bien qu'il est un complément fondamental et indispensable du grade de Maître.

Dans le livre des Proverbes (VIII, 27), la Sagesse dit : *j'étais présente lorsque Dieu disposa les Cieux et qu'il traça un cercle à la surface de l'abîme. Il a tracé un cercle à la surface des eaux au point de division de la lumière et des ténèbres.*

Ce cercle correspond au sceau divin. Sa marque est symbole de l'Unité, de l'infinité, de l'éternité et de la perfection divine. Le cercle dont tous les points sont à égale distance du centre, n'a ni commencement, ni fin, c'est la forme parfaite, le symbole de l'Absolu et de l'Infini. En traçant ce cercle sur le chaos originel, l'Éternel non seulement le marquait de son sceau, mais traçait aussi sa loi, la loi du cercle.

Denis L'Aréopagite dans *La Hiérarchie céleste* décrit *l'Amour divin dont tout provient comme un anneau ou un cercle éternel et sans brisure, sans point de départ et sans point d'arrivée*[14].

Dans la figure de la Jérusalem céleste, le cercle est remplacé par un carré. René Guénon observe que cela indique la réalisation de ce que les hermétistes désignaient symboliquement comme la quadrature du cercle. La sphère, qui représente le développement des possibilités par l'expansion du point primordial central, se transforme en un cube, lorsque ce développement est achevé et que l'équilibre final est atteint pour le cycle considéré[15]. C'est cette idée d'achèvement et de perfection que l'on retrouve dans le chef

14. L'Aéropagite Denys, *La Hiérarchie céleste*, Éditions du Cerf, 1970, n° 58 bis.

15. Guénon René, *Le Roi du Monde*, chap. XI : localisation des centres, Éditions Gallimard, 1973, pp. 93-94.

d'œuvre qui doit être réalisé par tout compagnon maçon. Cette pierre cubique correspond à la réalisation de la plénitude des possibilités de l'initié.

Marc Bilis définit et différencie la quadrature du cercle des mathématiciens de celle recherchée par les francs-maçons :

— *pour le mathématicien profane, effectuer la quadrature du cercle, c'est trouver le carré dont la surface est égale à la surface déterminée par un cercle donné ; cela revient à composer 2 surfaces, c'est-à-dire 2 quantités qui ne sont pas qualifiées l'une par rapport à l'autre ;*

— *pour l'homme traditionnel et pour le Franc-Maçon, il s'agit au contraire, de construire le carré dont le périmètre est égal à celui du cercle donné, c'est-à-dire de passer d'une forme tout à fait spécifique :* le cercle, *à une autre, équivalente en dimension, mais de nature toute différente :* le carré.

Or notre ancien rituel spécifie bien, dans sa 1re proposition – « Je connais le cercle » –, ce qui est la connaissance d'ordre supérieur céleste ; puis dans la 2e proposition – « Je connais sa quadrature », ce qui énonce la possibilité de la réalisation ou de la construction d'un ordre terrestre symbolisé par le carré[16].

Après une démonstration géométrique, Bilis démontre que l'Art du trait permet de passer du cercle, symbole du Ciel, au carré, symbole de la terre, par le pentagramme, symbole de l'homme initié, médiateur entre Ciel et Terre que l'on retrouve dans toutes les traditions.

On peut considérer que si le carré représente la création ou le monde manifesté, le cercle qui n'a ni commencement ni fin représente le Principe créateur. C'est pourquoi beaucoup pensent que chercher à réaliser la quadrature du cercle, c'est chercher les rapports entre la création et son Créateur. Le cercle est une marque du Grand Architecte imprimée sur l'ensemble de la création, symbole du mouvement universel de la vie.

La terre tourne sur elle-même autour du soleil entraînant dans ces deux mouvements tout ce qu'elle contient. C'est ainsi que tous les êtres humains, qu'ils en soient conscients ou non, sont soumis à ce double mouvement circulaire, à cette loi inexorable du cercle. Au sujet de ces mouvements circulaires, des perspectives à interprétations symboliques non dénuées d'intérêt se présentent quand, grâce à l'astrophysique, on sait que ces deux mouvements, entre autres, s'effectuent en spirale. En effet, cette spirale dynamique sans fin autour d'un soleil lui-même en mouvement, exprime une espérance forte, contrairement à la désespérance de la ronde fermée des prisonniers de Gustave Doré, reprise par un tableau de Van Gogh. En réalité nous ne repassons jamais exactement au même endroit dans l'univers. Chaque instant est un nouvel ailleurs ou autrement.

Comment unir le carré au cercle ou plutôt comment réaliser ce qui est métaphysiquement parlant irréalisable ?

16. Bilis Marc, *La Quadrature du Cercle,* dans *Ordo ab chao,* n° 18 et 19.

La question de la quadrature du cercle représente bien l'intérêt de l'esprit humain et ses tentatives de rejoindre le divin, démarche du relatif temporel vers l'absolu intemporel illimité.

Vouloir résoudre le problème complexe de la quadrature du cercle, c'est pour le maître en voie de perfection, tenter de retrouver l'Unité principielle, qui paraît si inaccessible.

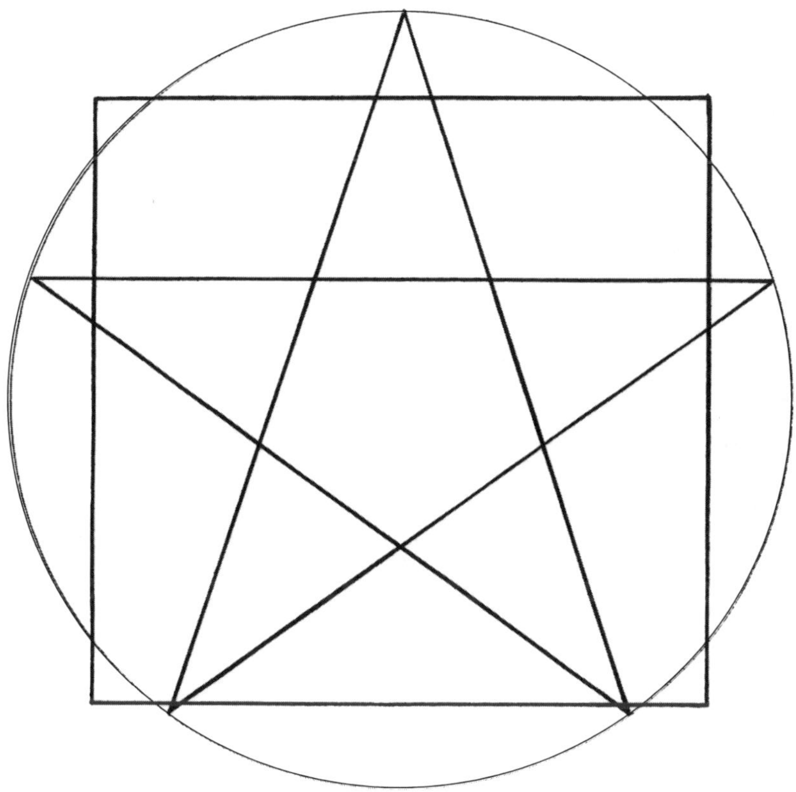

Fig. 19 – La quadrature du cercle.

Planche 6 – Représentation de la quadrature du cercle.

Selon Michael Maier.

Du mâle et de la femme, fais-toi un cercle unique
D'où surgit le carré aux côtés bien égaux
Construis-en un triangle, à son tour transformé
En sphère toute ronde. la *Pierre* alors est née.
Si ton esprit est lent à saisir ce mystère,
Comprends l'œuvre du géomètre et tu sauras [17].

La quadrature du Cercle ramène les deux genres à une totalité, ce qui peut être interprété comme la fusion de la dualité dans l'unité ou la réintégration de l'Être.

17. Maier Michael, *Atalante Fugitive*, Épigramme XXI, traduction française d'Étienne Perrot, Éditions Dervy, 1997.

3 – Les trois cercles

D – Que représentent les 3 cercles ?

R – Ils sont l'emblème de la divinité qui n'a ni commencement, ni fin [18].

Lors du tuilage du Maître Parfait, deux réponses sont possibles :

soit : **Je connais le cercle et sa quadrature,**

soit : **J'ai vu les trois cercles enfermant le cube sur les deux colonnes.**

Il est tout à fait envisageable de penser que dans l'esprit des maçons du XVIIIe siècle, ces trois cercles désignaient la Trinité.

René Guénon remarque que *parmi toutes les lignes d'égale longueur, la circonférence est celle qui enveloppe la surface maxima ; de même, parmi les corps d'égale surface, la sphère est celui qui contient le volume maximum ; c'est là, au point de vue purement mathématique, la raison pour laquelle ces figures étaient regardées comme les plus parfaites*[19]. Par ailleurs, il observe que *dans la Kabbale hébraïque, la forme cubique correspond, parmi les Sephiroth, à Iesod, qui est le fondement. Bien que Iesod ne soit cependant pas la dernière Sephirah, on peut répondre à cela qu'il n'y a plus après elle que Malkuth, qui est proprement la « synthétisation » finale dans laquelle toutes choses sont ramenées à un état qui correspond, à un autre niveau, à l'unité principielle de Kether... Dans le symbolisme architectural, le cube est proprement la forme de la « première pierre » d'un édifice, c'est-à-dire de la « pierre fondamentale », posée au niveau le plus bas, sur laquelle reposera toute la structure de cet édifice et qui en assurera ainsi la stabilité*[20].

Dans le *MS 20 FM*, il est précisé qu'au centre des trois cercles se trouve une pierre :

D – Que signifie la pierre qui est au milieu ?

R – Que notre édifice doit être fondé sur la pierre vive dont nous sommes taillés.

Quelle est donc la nature de cette pierre vive ?

Il s'agit bien ici pour le Maître d'acquérir la perfection de l'Art du Trait, d'en retrouver les principes qui correspondent à l'œuvre de toute une vie pour retrouver l'art du Grand Géomètre de l'Univers. La réponse donnée habituellement est : «je connais le cercle », c'est reconnaître avoir une

18. La Haye, *MS 193 D32*, *op. cit.*

19. Guénon René, *Le Symbolisme de la croix*, chap. VI, l'Union des complémentaires, Éditions Vega, 1970, p. 44.

20. Guénon René, *Le Règne de la Quantité, signe des temps*, Éditions Gallimard, p. 137, note 1.

connaissance des sphères célestes, connaître sa quadrature et se dire apte à réaliser la construction d'un ordre terrestre symbolisé par le carré.

Le *Scottisch rite masonry* notamment met très clairement en relation la notion de perfection avec le cube :

D- Que signifie la pierre cubique placée au milieu des cercles ?

R – Elle nous enseigne que notre édifice devrait avoir pour fondation une pierre parfaite, c'est-à-dire que notre conduite devrait reposer sur une base permanente et impérissable afin de résister au temps et à l'épreuve des saisons.

D – Quelle est la signification de ces cercles ?

R – Ils sont l'emblème de la Divinité qui n'a ni commencement, ni fin.

D – Quel est le sens de la lettre « J » qui est au centre de la pierre cubique ?

R – C'est l'initiale du nom ineffable du G∴ A∴D∴ L'U∴ et du mot sacré des Maîtres Parfaits[21].

Dans d'autres versions antérieures, il est question de quatre cercles au lieu de trois, dont la signification fait allusion à un autre sens symbolique :

D – Qu'avez-vous vu dans la loge du Maître Parfait ?

R – Une grande pierre carrée sur laquelle étaient tracés quatre cercles et quatre carrés dans le centre desquels j'ai aperçu un grand J.

D – Sur quoi était placée cette grande pierre ?

R – Sur les colonnes J et B posées en sautoir.

D – Que représente le cercle ?

R – L'immensité de l'Être Suprême qui n'a ni commencement, ni fin.

D – Que représente cet ensemble ?

R – La création de l'univers accomplie par la seule volonté de l'Éternel et l'action qu'il a donnée au principe de la vie.

D – Qu'entendez-vous par là ?

R – J'entends le chaud, le froid, le sec, l'humide dont l'union a produit les quatre éléments.

D – Que signifie les quatre carrés ?

R – Les quatre parties du monde sur lesquelles le G∴A∴ de l'U∴ étend son pouvoir[22].

Dans le même esprit on découvre dans une autre instruction :

D – Qu'avez-vous remarqué au milieu de la loge ?

R – Une grande pierre carrée, sur laquelle étaient quatre cercles et quatre carrés.

21. Blanchard of Wheaton College, *op. cit.*, pp. 74-87.
22. *Archives de La Franc-Maçonnerie, op. cit.*, p. 138.

D – Que représentent les quatre cercles ?

R – L'existence, l'immensité, la puissance et l'unité du G∴A∴D∴ L'U∴

D – Que représentent les quatre carrés ?

R – Les quatre parties du monde sur lesquelles le G∴ A∴ D∴ L'U∴ étend sa puissance[23].

Fig. 20 – Les quatre cercles et les quatre carrés.

4 – La Pyramide

D – Que signifie la pyramide ?

R – Que les Égyptiens furent les premiers inventeurs de la géométrie.

D – Que signifie la lettre J qui est en haut de la pyramide ?

R – Que Dieu seul est au-dessus de tous.

D – Que signifie l'équerre et le compas au-dessus de la pyramide ?

R – Que le maçon nous élève au-dessus du profane vulgaire[24].

23. *MS 29 FM, op. cit.*

24. Bibliothèque Municipale de Lyon *MS 5834, Écossais de perfection.* (ce manuscrit est un composé de *Maître Parfait et d'Écossais des 3j*).

Un précision complémentaire est fournie par le *MS 20 FM* :
D – Que signifie la pyramide qui est en bas de la loge ?
R – Elle nous représente l'Égypte où les sciences prirent naissance[25].

Le mausolée du maître est surmonté d'un pyramidion selon la proportion du triangle d'or, ce qui n'est pas sans rappeler la forme de la pierre cubique à pointe du grade de maître.

Si la forme circulaire correspond au centre du monde en début de cycle, le carré et le cube correspondent au dit centre à la fin du cycle en question. Cette transformation d'une forme peu spécifiée telle que la sphère ou le cercle, en une autre qui l'est au maximum, comme le cube ou le carré, correspond au point de vue symbolique, à une cristallisation des possibilités accomplies au cours d'un cycle complet. Dès lors, on peut considérer que la pyramide, qui est une représentation de la montagne sacrée, est un élément médian de jonction entre la sphère et le cube. Le sommet de la pyramide ou point central originel renferme à l'état virtuel ou potentiel, le développement intégral de l'espace qui se déploie dans la manifestation. La pyramide, dont la base ou le socle est carré a un caractère de stabilité. À l'inverse le sommet de la pyramide correspond à une volonté d'élévation vers le ciel. La pierre cubique à pointe a 9 faces (5+4) réunissant la perfection du cube et l'élévation équilibrée de la pyramide à base quadrangulaire. Dès lors la pierre cubique, symbole de la perfection se doit d'être achevée par un pyramidion dont la pyramide est l'emblème. L'union du quaternaire avec le ternaire réalise un parfait septenaire par la pyramide, dont le point culminant est son sommet qui correspond au point primordial ou quintessence. La pierre cubique à pointe se présente à notre observation comme l'image de l'équilibre et de la stabilité parfaite d'un tétraèdre que le Maître doit réaliser dans sa manifestation terrestre pendant que sa conscience individuelle s'étend et s'élève aux régions spirituelles passant du carré au cercle ou du cube à la sphère. Toute élévation est le résultat d'une descente correspondante (vécue souvent comme une humiliation par le néophyte). N'est-il pas dit que « celui qui est le plus petit parmi vous, c'est celui-là qui est grand » ? (Luc 9,48)

Le néophyte doit descendre aux enfers pour trouver l'impulsion nécessaire pour monter jusqu'au plus haut des cieux, ce qui correspond au passage de la perpendiculaire au niveau. Lorsque le compagnon pose le niveau sur sa pierre cubique il voit en plan vertical le tracé du pyramidion qu'il lui reste à réaliser en volume. (voir planche 25, p. 483)

La pyramide est considérée ici comme axe d'élévation pour accéder à la Vérité, à l'Absolu.

25. Paris, Bibliothèque Roëttiers de Montaleau, *MS 20 FM, Maître parfait.*

Dans un manuscrit la pyramide est ainsi définie : *Vous y avez vu une fosse, un cadavre, une corde pour le retirer et le mettre dans le sépulcre fait en forme de pyramide, au haut de laquelle est un triangle où est renfermé le nom de l'Éternel... la pyramide vous représente un vrai maçon qui s'élève par degrés jusqu'au plus haut des cieux, pour y adorer le nom sacré de l'Éternel*[26].

L'initié qui entre par ses propres efforts dans le sanctuaire de l'Être peut comparer ce sanctuaire au cœur d'Hiram. Son cœur se transforme au moyen de la lumière reçue de l'influence spirituelle, le cœur peut être assimilé de l'intérieur à la pierre philosophale.

« Je leur donnerai un seul cœur et je mettrai en eux un esprit nouveau : j'extirperai de leur corps le cœur de pierre et je leur donnerai un cœur de chair » (Ézéchiel, 11,19). D'après Bernard Jones, la curieuse forme de la pierre cubique à pointe suggère celle d'un élément terminal et René Guilly considère que *si l'on se souvient que le Sud-Est est précisément la place du chandelier qui indique le soleil de midi, cette remarque prend toute sa valeur. La pierre cubique à pointe serait alors la pierre suprême de l'édifice, celle qui se trouve au pinacle, vers le Zénith.*

Si l'on se place, au lieu de cela dans une perspective temporelle, que l'on songe à l'expression compagnonnique de « compagnon fini » et que l'on garde présent à l'esprit que la pierre cubique à pointe figure précisément le compagnon lui-même, ce symbole ne convient pas moins bien. Sommet et achèvement, telles paraissent donc être les significations fondamentales de la pierre cubique à pointe placée au Sud-Est[27].

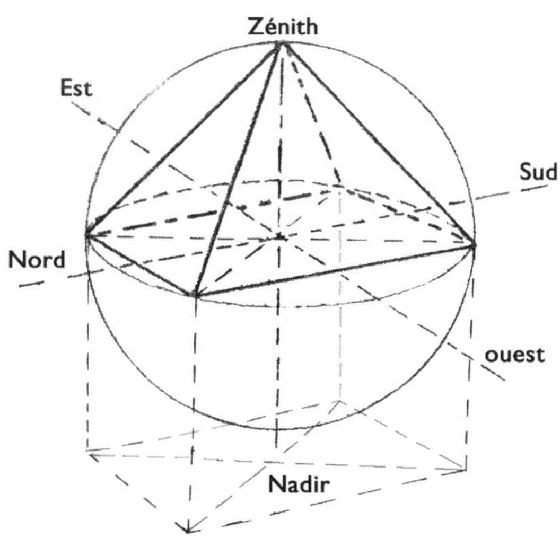

Fig. 21 – Le tracé de la Pyramide.

26. Bibliothèque. Nationale, *MS. FM⁴, 45.*

27. Guilly René, *Les Trois colonnes Sagesse Force Beauté et les Trois grands Chandeliers,* les Cahiers du rite Moderne français Rétabli, Loge du Devoir et de la Raison, 1963, p. 84.

La sphère a six directions allant du nord au sud, de l'ouest à l'est, du zénith au nadir. Elle est l'archétype de toute manifestation et également un symbole des trois mondes dans laquelle s'inscrit le sommet de la pyramide. L'hémisphère supérieur correspond au Ciel, l'hémisphère inférieur à l'Enfer, le plan intermédiaire qui les réunit à la Terre, en correspondance avec les degrés de l'Existence Universelle en rapport avec l'état humain.

5 – L'urne

L'urne placée au sommet de l'obélisque (ou mausolée funéraire) contient le cœur embaumé du Maître. C'est à la fois un rappel de la mort et une figuration de l'immortalité de l'âme. Lorsque le Maître Secret parvient au grade de Maître Parfait, il lui est révélé la construction du mausolée ordonné par Salomon. L'obélisque a une fonction de reliquaire. Ce monument fut élevé dans la partie ouest du temple, côté nord, marquant l'endroit où les trois meurtriers avaient enfoui le cadavre.

Ses dimensions sont de 7 pieds de long, 5 de large et 3 de profondeur. Ces dimensions linéaires témoignent de la notion de profondeur, de la descente dans l'obscurité de la matière d'où doit jaillir l'Esprit éveillé. Elle rappelle aussi les dimensions du tombeau d'Hiram données au grade de Maître. L'urne avec le cœur d'Hiram déposée sur la pierre cubique de l'autel reproduit à nouveau la figure de la pierre cubique à pointe à l'image de laquelle avait aussi été construit le mausolée, mais avec la différence essentielle que le cœur idéal de la vie supérieure était auparavant occulté dans la partie inférieure de la pierre, s'étant ensuite dressée dans une position de suprématie. Dès lors la translation du cœur d'Hiram se continue par une élévation verticale qui s'effectue à partir du centre de la pierre cubique jusqu'à son sommet, c'est le même cœur ou centre de la pierre qui se lève dans la pointe idéale des aspirations du Maître Parfait. (voir illustration p. 483)

On retrouve la dualité blanc / noir du mausolée et de l'urne qui rappellent la présence constante des deux polarités extrêmes qui doivent être vécues dans la conciliation de ce binaire fondamental.

L'obélisque par sa verticalité est symbole de l'esprit qui s'élève de la terre comme une flèche vers le ciel, lien ou jonction entre deux mondes.

L'urne qui renferme le cœur du Maître est percée d'une épée qui indique au Maître, la direction de sa quête. Il devra partir à la recherche des meurtriers pour que justice soit rendue.

Dans l'urne fermée, le cœur embaumé, centre de l'être, renferme son secret. L'épée qui la perce comme une flèche est symbole de l'esprit éclairé, toujours prêt à l'action.

On peut rapprocher un certain nombre d'éléments symboliques convergents entre le *Maître Parfait* et le troisième grade du Régime Écossais Rectifié montrant bien que ce 5e grade de l'Écossisme a reçu des influences certaines. C'est ainsi que dans une instruction vers 1783, on lit :

D – À quoi fait allusion ce mausolée avec ces inscriptions ?

R – À l'immortalité de l'âme, aux principes élémentaires et à la dissolution de la matière [28].

Dans les Conférences des *Élus Cohens* de Lyon on trouve un commentaire fort intéressant de l'une des significations de cette dissolution :

Ainsi, à la dissolution de la création, les éléments séparés dans les corps qui les composaient, seront eux-mêmes dissous et résolus dans les essences qui les constituaient ; leur réintégration les ramène au principe d'où ils étaient sortis [29].

Dans l'instruction du grade de maître du Rite Écossais Rectifié on trouve encore ce commentaire sur un mausolée ayant au sommet une urne, comme au grade de Maître Parfait :

Le Mausolée placé à l'occident vous présente un spectacle plus consolant, en vous apprenant à distinguer ce qui doit périr d'avec ce qui est indestructible.

6 – Le Saint des Saints

Dans une version du milieu du XVIIIe le tombeau d'Hiram est mentionné dans la loge des Maîtres Parfaits, sans que le terme de Saint des Saints soit précisé.

D – Que vîtes-vous dans la loge de Parfait vers le midi ?

R – Le tombeau de notre Très Respectable père Hiram dont nous ne devons jamais perdre la mémoire.

D – Que représente la corde qui est autour du cercueil ?

R – Elle nous représente qu'étant unis par les liens de la fraternité nous devons nous aider les uns les autres jusqu'au dernier moment de notre vie [30].

Dans un rituel postérieur, on peut lire :

D – Où Hiram fut-il enterré ?

R – Dans le Sanctum Sanctorum [31].

28. Dachez Roger, *Le Mausolée du troisième grade du Régime Écossais Rectifié*, dans *Renaissance Traditionnelle*, n° 90, avril 1992.

29. Faivre Antoine, *Conférence des Élus Cohens de Lyon 1776-1778), aux sources du Rite Écossais Rectifié*, Éditions Baucens, 1973.

30. Alençon, *op. cit.*

31. Il s'agit du Saint des Saints, mentionné dans *la Maçonnerie disséquée* de Samuel Prichard, dans *le Symbolisme*, n° 382, octobre-décembre 1967.

On est surpris à juste titre de cette réponse si on se réfère à la conception du Judaïsme. Le Saint des Saints correspond à la partie la plus intérieure du temple de Jérusalem ; c'était le lieu où se manifestait la *Shekinah* (ou présence divine). Le Saint des Saints est la partie de l'édifice du temple de Jérusalem la plus sacrée de toutes, puisque c'est là seulement que peut se manifester le nom de l'Éternel. La présence d'un cadavre rendrait impur le Saint des Saints, ce qui est inconcevable, si on prend cette réponse littéralement. Jean-Pierre Berger mentionne que dans « The Perjur'd free Mason Detected », (sorte de réponse à la brochure publiée à Londres en 1730), il est dit que c'est l'Art d'Hiram qui fut enterré dans le Temple, voulant ainsi signifier qu'il ne fut plus possible, par la suite, d'accomplir pareilles merveilles.

La perfection, la quadrature du cercle et le Saint des Saints sont intimement reliés dans tous les rituels de Maître Parfait, ce que montrent les demandes et réponses suivantes :

D – En quel lieu avez-vous été reçu ?

R – Dans le cercle de la quadrature et le Saint des Saints.

D – Que signifie le cercle ?

R – L'immensité du Grand Architecte, qui n'a ni commencement, ni fin.

D – Que signifie la quadrature ?

R – L'espace du carré long du tombeau d'Hiram.

D – Le Saint des Saints ?

R – L'espace dans le triangle où est gravé le nom du Grand Architecte [32].

Dans une autre instruction la réception du Maître Parfait est clairement associée à son entrée dans le Saint des Saints :

D – Comment avez-vous été reçu Maître Parfait ?

R – En entrant dans le Saint des Saints.

D – Par quelle porte y êtes-vous entré ?

R – Par la porte du midi.

D – Pourquoi par cette porte ?

R – Pour m'appendre qu'on ne peut arriver à la perfection qu'en abandonnant la route ordinaire [33].

7 – Le cœur

Alors que le récipiendaire est introduit en loge la pointe d'une épée dirigée sur son cœur, le cœur du Maître a été placé dans une urne ornée d'une branche d'acacia ; l'urne est percée d'une épée.

32. *Archives de La Franc-Maçonnerie, op. cit.*
33. *MS 29 FM, op. cit.*

D – Comment avez-vous été reçu Maître Parfait ?

R – La pointe d'une épée était dirigée vers mon cœur et une corde était passée autour de mon cou.

D – Pourquoi la pointe d'une épée sur votre cœur ?

R – Pour me rappeler que j'ai juré qu'il me soit arraché de la poitrine si je manque à mon obligation ou si je révèle les secrets de la Maçonnerie[34].

Dans le manuscrit *Graham* un rapprochement intéressant est fait entre la loge, le centre et le cœur démontrant que la perfection est liée à la fidélité du cœur dans l'engagement pris :

D – Qu'est-ce qu'une loge parfaite ?

R – Le centre d'un cœur fidèle[35].

Par ailleurs, le cœur est mentionné plusieurs fois dans le rituel de ce grade. On y trouve précisé que la droiture du cœur est nécessaire pour accéder au Saint des Saints, qu'il faut purifier son cœur pour accéder à la perfection et que le fondement de l'édifice doit être profondément gravé dans le cœur de chacun.

On peut noter avec René Guénon que la langue est représentée comme la « clef du cœur » dans les anciens catéchismes ; le rapport du cœur et de la langue symbolise celui de la « Pensée » et de la « Parole », c'est-à-dire, suivant la signification kabbalistique de ces termes envisagés principiellement, celui des deux aspects, intérieur et extérieur du Verbe[36].

Le cœur est un symbole du centre puisque : *partout, le cœur est envisagé comme le centre de l'être, centre à la fois divin et humain dans les applications multiples auxquelles il donne lieu*[37]. On peut considérer que le cœur ici, correspond au Principe de toutes choses. Dans la tradition biblique, le cœur correspond à l'homme intérieur, au siège de l'intelligence et de la sagesse.

Par analogie, le soleil est un centre tout comme le cœur. Ainsi, comme le précise Frithjof Schuon : *Les rapports entre l'œil, le cœur et le soleil sont multiples et profonds, ce qui permet souvent de les considérer comme synonymes. L'œil est le soleil du corps, comme le cœur est le soleil de l'âme, et le soleil est à la fois l'œil et le cœur du ciel*[38].

Si l'œil est l'organe de la vue, symboliquement il est celui de la clairvoyance, de la vision spirituelle qui correspond à l'œil du cœur, centre subtil de l'être. Le cœur sacré du maître est le centre de l'intelligence, de l'intuition, de la Connaissance, de la foi sur la voie de la sagesse et de la lumière.

34. Blanchard of Wheaton *op. cit.*

35. *Le manuscrit Graham,* dans *le Symbolisme,* n° 392-393, janvier à Juin 1978, p. 99.

36. Guénon René, *Études sur la Franc-Maçonnerie et le compagnonnage*, tome II, Éditions Traditionnelles, 1973, p. 47.

37. Guénon René, *Les Symboles fondamentaux de la science sacrée*, Éditions Gallimard, 1962, p. 47.

38. Schuon Frithjof, *L'Œil du cœur*, Éditions Dervy, p. 14, note 4.

Le cœur d'Hiram est déposé dans un obélisque triangulaire avec une pierre sur laquelle étaient gravées trois lettres : *J.M.B.* J correspond à l'initiale de l'ancien mot de Maître c'est-à-dire au Tétragramme, et M.B. correspondent aux initiales du nouveau mot qui est le mot substitué, montrant bien l'étroite relation entre le cœur et la parole du maître, ce qui constitue un secret d'ordre subtil, puisqu'il est incommunicable, étant imprononçable.

Dans le Manuscrit de la *Bibliothèque des Archives Historiques : Maître Parfait 4e grade maçonnique, autrement dit, Maître vert, en certaines loges.*

D – Que signifie la pierre carrée du milieu ?

R – Elle nous apprend que notre édifice doit avoir pour fondement la pierre vive profondément gravée dans nos cœurs.

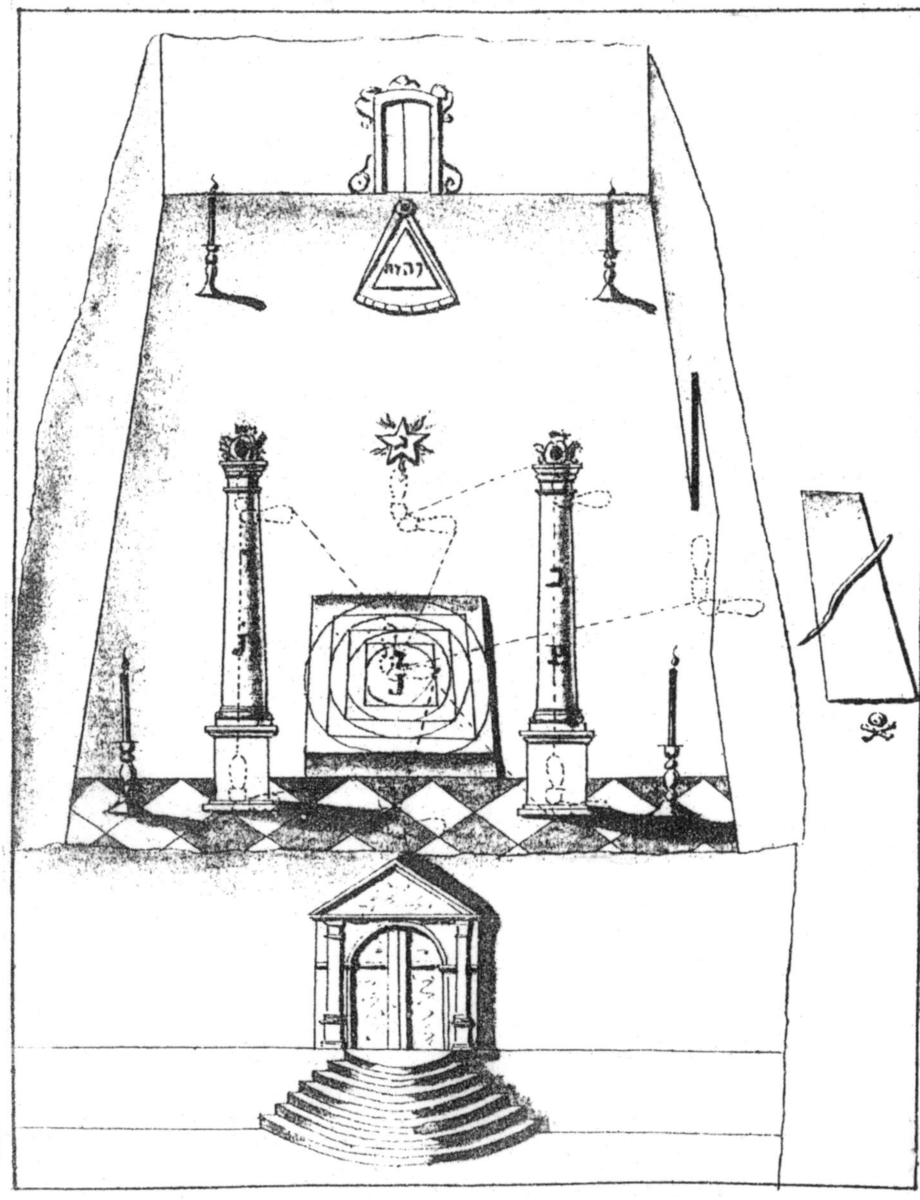

Planche 7 – Tableau d'Ancien Maître, extrait du dépôt complet des connaissances de la Franche-maçonnerie, 1780.

B. M de Bordeaux, MS 2098.

Tableau d'Ancien Maître

Bibliothèque Municipale de Bordeaux, MS 2098, circa 1780
(page précédente)

Description de la Loge :

Les anciens maîtres s'assemblaient dans la salle du milieu que représente la loge tendue absolument de vert. Tous les frères portent un cordon vert au bord d'argent où pend un compas ouvert sur un quart de cercle. Le Vénérable se nomme Très Sage et le Surveillant qui est unique se nomme Frère Intime, et tous les frères Très Respectables. Les officiers et autres occupent leur place ordinaire. (On peut remarquer que le nom de Très Sage est en rapport avec Salomon, ce que l'on retrouve au 1er ordre de Sagesse du R.F.)

Le tableau étendu dans la loge représente comme celui d'apprenti, mais on n'y marque que ce qui est absolument nécessaire.

Il est composé des deux colonnes J et B, des trois parties, celle du midi ouverte et les autres fermées, des sept degrés, du pavé mosaïque et de l'étoile flamboyante. Il y a de plus pour ce grade une pierre carrée sur laquelle sont tracés les cercles inscrits dans quatre carrés avec un ? ou J au milieu et en dehors de l'enceinte du temple du côté du midi est la tombe d'Hiram- abif sur le mont Hébron avec une corde dessus. On y ajoute communément à l'Orient un triangle avec ces caractères יהוה. Le tout enfermé dans un compas ouvert sur un quart de cercle. La loge est éclairée par des flambeaux aux quatre angles.

Il faut remarquer que souvent à ce grade on place les colonnes J et B en croix de St. André ou sautoir, dessous la pierre carrée sur laquelle sont tracés les cercles et les carrés. Il en est de même des triangles au lieu des carrés, car il faut remarquer que tout se fait par quatre dans ce grade.

8 – Le nombre 4

Le nombre 4 que l'on trouve dans la plupart des symboles du grade, montre bien que le Maître Parfait est de plein pied dans la connaissance et la maîtrise de la matière, qu'il doit maîtriser pour se parfaire. Quatre est le premier des nombres carrés et le premier des nombres parfaits. Il est défini par les Pythagoriciens, comme étant la base de la tétractys. On dit qu'un nombre est parfait lorsqu'il est égal à la somme et au produit de ses facteurs.

Le nombre 4 marque la stabilité et la durabilité dans l'œuvre à accomplir. C'est le nombre de la terre. Ce nombre pair symbolise la solidité, l'organisation et l'universalité représentées par les quatre éléments de la tradition occidentale, les quatre directions de l'espace, les quatre points cardinaux qui correspondent à une croix à quatre branches. Pour les

Pythagoriciens le 4 organise la structure fondamentale du cosmos. La forme géométrique qui lui est associée est le carré.

Vassal rappelle que *Pythagore annonce que le nombre quatre est plus mystérieux que le nombre trois : 1) parce qu'il divise le cercle en quatre parties, et que cette division est prise dans la nature, 2) parce qu'il renferme le nombre trois attribué au triangle équilatéral ; 3) parce qu'il est le second nombre pair et le carré du nombre deux, qui représente l'homme, la variété ; 4) parce qu'il renferme les quatre éléments ; 5) parce qu'il détermine la division du cercle en quatre parties ; 6) parce qu'il détermine encore le carré parfait ; 7) parce qu'il divise le monde en quatre parties ; 8) parce qu'il représente les quatre vertus cardinales qui constituent le cercle moral de l'humanité*[39].

Ici, on retrouve ce nombre 4 dans :
— La marche au carré ;
— La batterie de 4 coups ;
— Les 4 voyages ;
— Les 4 fois 4 lumières ;
— Les 4 cercles et 4 carrés (initialement) ;
— L'âge, qui est souvent donné comme étant de 4 ans ou de 4 X 4 ans ;
— Quatre signes.

Le carré, ancré sur ses quatre côtés égaux exprime l'idée de solidification, de stagnation, d'arrêt. Cependant, il exprime aussi l'idée de stabilisation dans la perfection humaine, alors que le cercle correspond à la perfection divine.

Le cube que l'on retrouve au centre symbolise aussi l'arrêt du développement cyclique, car il fixe et détermine un espace à trois dimensions. La pierre cubique symbolise bien cette stabilité et cet équilibre, au terme du mouvement descendant, qui arrive à l'immobilité pure et simple du règne minéral. Ceci est au point le plus bas, le reflet inversé de ce qui est au point le plus haut, l'immutabilité principielle.

D – Que représente le carré et les 4 lumières dans chaque coin de la loge ?

R – Les 4 parties du monde habitées par les Maçons ainsi réunis dans une même loge[40].

« La Maçonnerie disséquée » énumère les quatre principaux principes maçonniques liés à l'Art du Trait, ainsi que les quatre signes fondamentaux :

39. Vassal Pierre-Gérard, *Cours complet de maçonnerie ou histoire générale de l'initiation depuis son origine jusqu'à son institution en France*, Paris-Genève, Éditions Slatkine Reprints 1980 de l'édition de 1852, pp. 362-363.

40. BM. Lyon, *op. cit.*

D – Combien de principes y a-t-il en maçonnerie ?
R – Quatre.
D – Que sont-ils ?
R – Le point, la ligne, la surface et le volume.
D – Expliquez-les ?
R – Le point est le centre (autour duquel le maître ne peut errer), la ligne est la longueur sans largeur, la surface est la longueur et la largeur, et le volume les comprend tous à la fois
D – Combien y a-t-il de signes fondamentaux ?
R – Quatre.
D – Quels sont-ils ?
R – Le guttural sur la gorge, le pectoral sur la poitrine, le manuel à la main, le pédestre aux pieds[41].

Contrairement aux grades précédents et à ceux de perfection à venir, en dehors du degré de Prévôt et Juge, toute la construction symbolique du grade est basée sur le quaternaire. Dans la correspondance des figures géométriques avec les nombres, la croix représente le quaternaire avec les quatre directions de l'espace. Ainsi, elle symbolise l'aspect dynamique du quaternaire alors que le carré représente son aspect statique. C'est cette forme si arrêtée du carré représentée sur le tableau de loge qui correspond à la forme architecturale du Saint des Saints.

Dans les *Archives de la Franc-Maçonnerie*, ces quatre signes sont expliqués de manière détaillée :
D – Combien avez-vous de signes ?
R – **Quatre** (*en les faisant on les explique*).
Le premier est d'étendre la main droite horizontalement, ce qui symbolise la sûreté de nos engagements ; le second est de poser la main droite sur la mamelle gauche, en signe pectoral, pour nous faire ressouvenir que nous devons toujours garder nos secrets dans le cœur ; le troisième est de lever la main droite tendue pour marquer que nous devons secourir nos frères ; et les yeux que nous levons en même temps au ciel, annoncent que l'on doit admirer et respecter les effets de la Providence ; et le quatrième qui est de montrer la terre avec l'index nous rappelle que tout mortel en sort et doit y rentrer[42].

Un autre manuscrit nous propose une explication qui complète cette réponse :
Le premier (signe) **signifie la sûreté de nos engagements ; le second que nous devons garder le secret dans le cœur ; le troisième que nous**

41. Prichard Samuel, *op. cit.*
42. *Archives de La Franc-Maçonnerie, op. cit.*

devons franchir tous les obstacles qui s'opposent à la perfection et le quatrième, que nous devons tendre des mains secourables à tous nos frères et regarder avec admiration les effets de la Providence, et que tout mortel doit être saisi à la vue des ouvrages du Maître Suprême[43].

Dans un autre instruction, on trouve une explication complémentaire de la précédente :

D – Combien avez-vous de figures dans ce grade ?

R – Un par quatre.

D – Que vous apprend le premier ?

R – Qu'étant un bon maçon on doit conserver dans le cœur les secrets qui nous ont été confiés.

D – Que nous apprend le second ?

R – Que nous devons sans cesse avoir les yeux tournés vers le ciel et en solliciter les grâces dont nous avons besoin.

D – Que nous apprend le troisième ?

R – Que nous devons tendre à nos frères une main secourable et leur donner en toutes occasions des preuves de l'amitié intime qui nous unit.

D – Que nous apprend le quatrième ?

R – Il doit nous rappeler que cette même terre dont nous sommes tirés nous attend pour nous recevoir dans son sein[44].

Dans le *MS 20 FM* on trouve encore une autre explication :

D – Pourquoi ce carré ?

R – Ce sont les symboles de la nature qui sont composés des quatre éléments.

D – Que représentent-ils ensemble ?

R – La création de l'univers qui s'est accomplie par la seule volonté du Grand Architecte, et l'action qu'il a donnée aux quatre qualités primitives.

D – Qu'entendez-vous par qualités ?

R – J'entends le chaud, le sec, le froid et l'humide, du mélange desquels ont été formés les quatre éléments.

D – Pourquoi sont-ils placés dans ces lieux ?

R – Pour nous apprendre que Dieu est en tout et partout et qu'on ne peut édifier solidement sans son secours[45].

Dans d'autres manuscrits on trouve mentionnés quatre cercles au lieu de trois, ce qui est le cas dans le *Manuscrit de la Bibliothèque municipale de Lyon 5934*, qui est appelé *écossais de perfection.* Ces versions semblent antérieures, leur sens symbolique prend une autre signification :

D – Que signifient 4 cercles et 4 carrés sur les colonnes ?

43 Wien (Autriche), MS. 75/3, *Parfait Maçon.*
44. *MS 29 FM, op. cit.*
45. *MS.20 FM. op. cit.*

R – Que les 4 parties du monde seraient solidement appuyées, si elles avaient pour principe la maçonnerie.

D – Que signifie la lettre J (ou G, ou ?)au milieu des cercles et des carrés ?

R – Que le cercle et le carré étant les figures géométriques les plus régulières un maçon doit tendre au centre de toute perfection.

Dans un autre *Manuscrit de la Bibliothèque municipale de Lyon 5921-5,* une explication est donnée au sujet des quatre lumières aux quatre coins de la loge :

D – Que représente le carré et les quatre lumières dans chaque coin de la loge ?

R – Les 4 parties du monde habitées par les Maçons ainsi réunis dans une même Loge.

Dans le *Manuscrit de Wien* (op. cit) des explications plus détaillées expliquent la présence de ces quatre cercles :

D – Que vîtes-vous d'abord dans la loge ?

R – Une grande pierre carrée sur laquelle étaient gravés et dessinés quatre cercles et quatre carrés avec un grand J au milieu.

D – Que présentent les 4 cercles ?

R – L'immensité de l'Être Suprême qui n'a ni commencement, ni fin.

D – Pourquoi un grand J au milieu des cercles et des carrés.

R – Pour nous faire voir que Dieu est le centre de tout l'Univers.

D – Où était placée cette pierre carrée ?

R – Au milieu des deux colonnes en sautoir.

D – Quelles sont ces deux colonnes ?

R – Ce sont les mêmes qui étaient placées à la porte du temple de Salomon appelées J. B.

D – Que signifie J. B ?

R – Ce sont deux mots hébreux qui veulent dire ma force est en Dieu et en persévérance dans le bien.

D – Que signifient ces deux colonnes ?

R – Elles nous apprennent par leurs noms que sans la force, c'est-à-dire l'espérance en Dieu et la persévérance dans le bien, nous ne pouvons parvenir à la parfaite connaissance de l'Être Suprême.

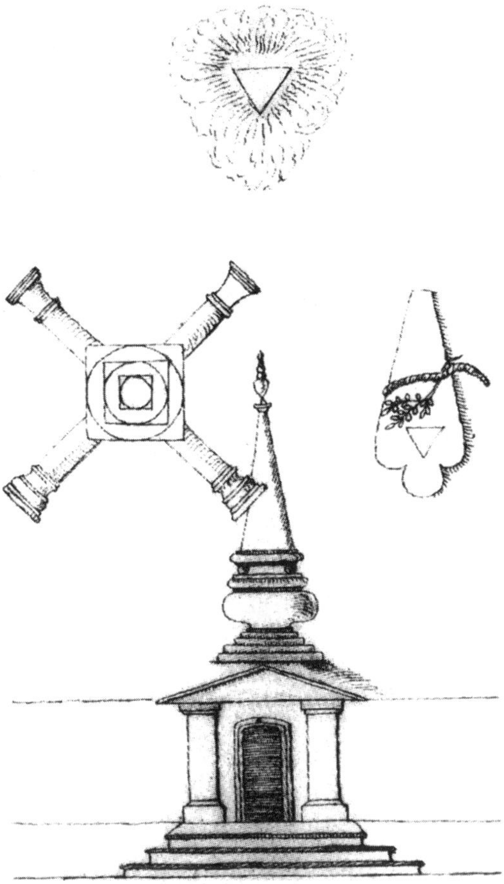

Fig. 22 – Dessin à l'encre d'un tableau de Maître Parfait provenant de la Collection Leber Ms. 3394.
Bibliothèque Municipale de Rouen.

9 – L'Épée

Dans ce grade l'épée a plusieurs utilisations au moment de l'entrée du candidat, ainsi qu'on le note dans le *catéchisme des Documents Bonseigneur – I*

D – Comment avez-vous été introduit dans la loge de Parfait ?

R – L'épée à la main, dont je fus bientôt dépouillé, la corde au col, la pointe de l'épée sur le cœur et par une route mystérieuse.

D – Pourquoi dépouillé de votre épée ?

R – Pour me faire souvenir que nous ne devons pas nous fier à nos

propres forces et que, souvent, nous succombons au moment où nous nous y attendons le moins.

[...]

D – Pourquoi la pointe de l'épée sur le cœur ?

R – Pour marquer notre fermeté, même dans les plus grands périls.

Dans le Manuscrit de Wien 76/16, on trouve une variante : **Pour marquer notre fermeté même dans tous les temps et tourments.**

Et dans un autre manuscrit la réponse varie quelque peu :

D – Pourquoi la pointe de l'épée sur le cœur ?

R – Pour me rappeler mon obligation.

D – Pourquoi étiez-vous lié ?

R – Pour m'apprendre à ne point m'enorgueillir des progrès que je pourrais avoir fait et me rappeler que l'humilité est la forme de la perfection[46].

Le manuscrit intitulé *l'Initiation il y a deux cents ans* fournit une réponse encore beaucoup plus explicite :

D – Pourquoi vous a- t'on présenté une épée, une pique ou quelque autre instrument guerrier en particulier devant votre sein gauche nu ?

R – **Parce que le sein gauche est plus près du cœur, en sorte que cela puisse être davantage une piqûre à ma conscience, tandis que cela piquait ma chair en ce moment**[47].

Enfin, on peut noter avec intérêt que l'explication donnée par le *MS 20 FM* rappelle le serment du grade de compagnon :

D – Pourquoi la pointe de l'épée sur le cœur ?

R – Pour me faire ressouvenir que j'ai consenti que mon cœur fût arraché de mon corps, si je révélais le secret des maçons.

Dans une étude sur l'épée, Coomaraswamy précise qu'elle est « dérivée » d'une « racine » ou d'un archétype qui est l'éclair et ce, sur un plan universel. Le rapprochement de l'épée utilisée en Extrême Orient avec l'épée européenne s'impose de lui-même. Dans l'usage de la chevalerie chrétienne, épée et croix sont virtuellement identifiées ; ou du moins l'épée peut être employée comme un substitut de la croix de bois pour chasser les mauvais esprits ; elle joue alors, comme la croix, le rôle d'une arme sacrée… L'épée d'un samouraï est considérée à la fois comme l'être même du samou-

46. *The Bonseigneur Rituals, a collecton of 18th Century Écossais rituals*, vol. I, Tulane University, New Orleans, U.S.A. Latomia, 1996.

47. Harvey Martin, *L'Initiation il y a deux cents ans*, dans *le Symbolisme*, n° 388, janvier-mars 1969.

raï, comme sa propre âme ou son alter ego, et comme l'incarnation d'un principe tutélaire et ainsi comme protectrice, au sens spirituel comme au sens physique du mot. De la même façon, l'épée du templier est un « pouvoir » et une extension de l'être propre, et non « un simple instrument » [48].

On l'a bien compris, de manière générale, l'épée est partout présente tout au long de cette progression maçonnique, permettant de profondes et multiples interprétations symboliques, notamment à ce grade. La première prise de contact physique avec l'épée se fait lors de la consécration au grade d'apprenti. Cependant, on notera que peu avant que le bandeau soit enlevé, de nombreuses épées sont tendues vers la poitrine du récipiendaire ; néanmoins la signification de cette menace par l'épée est ambivalente ; si le néophyte devient un jour traître à son serment il lui est ainsi signifié, avec force, le châtiment qui lui est réservé, mais au contraire, si un franc-maçon se trouve un jour en danger, ces épées tendues signifient alors qu'en cas de besoin, chacune d'elles est prête à voler à son secours.

C'est une des explications, un peu superficielle, le plus souvent donnée par les rituels, mais on ne saurait s'en contenter. Par cette épée on peut considérer que l'initiation est avant tout chose active et que l'épée est un moyen de tuer les dernières séquelles de vie profane du néophyte. Elle transmet la vie initiatique en étant vecteur de la chaîne de transmission lors de la consécration faite par le V∴M∴. On peut voir dans ce symbole axial une représentation de la recherche de la Vérité. Symbole universel guerrier qui trace les quatre directions de l'espace, l'épée sert à combattre extérieurement et intérieurement, en soi-même, l'injustice et la malfaisance, afin de maintenir la justice et la paix, en tout temps et en tout lieu. Ainsi, on peut envisager l'épée sous l'aspect de la guerre intérieure que l'initié livre contre ses vices et ses passions (exercice de vertu bien connu de l'ésotérisme islamique, qui appelle cette guerre intérieure « grand djihad » par opposition à l'autre, le « petit djihad », cette petite guerre extérieure qui consiste à s'entre-tuer). Dans les textes évangéliques, Jésus est identifié à la Vérité, comme « étant » la « Vérité vivante ». Faire triompher la Vérité demande nécessairement de combattre, ce qui fait dire à Jésus : *je ne suis pas venu apporter la paix, mais l'épée* (Matthieu 10,34).

L'utilisation de l'épée rappelle que la démarche maçonnique n'est pas seulement méditative mais qu'elle doit aussi être active. La méditation sous-tend l'action et l'action concrétise la méditation. Son utilisation doit être au service du Beau, du Bien et du Vrai à chaque instant, ce qui signifie lutter inlassablement contre toutes formes de tyrannie, d'asservissement et d'esclavage, des plus grossières aux plus subtiles.

48. Coomaraswamy Ananda, *Le Symbolisme de l'épée,* dans *Études Traditionnelles,* 1938, pp. 11-17.

Ce symbole axial est par là même, symbole d'équilibre et de mesure. Associée à la balance, l'épée devient emblème de justice, elle discerne le bien du mal, le positif du négatif, elle évalue et tranche, rendant son verdict de vérité.

Dans le *MS 29 FM*, déjà cité, il est précisé que le candidat est dessaisi de son épée pour être admis en loge, c'est-à-dire de ses métaux. (Ce qui sous-entend que le recrutement de cette époque du XVIIIe siècle n'était composé que de gentilshommes).

D – Pourquoi s'est-on saisi de votre épée ?

R – Pour me faire connaître que l'on ne doit jamais compter sur ses propres forces et que souvent on succombe au moment qu'on s'y attend le moins.

Une autre épée est alors utilisée lors de l'admission du récipiendaire comme on l'a vu dans d'autres instructions :

D – Que fit-on ensuite ?

R – On me mit la pointe d'une épée sur le cœur, une corde au col et en cet état on me fit voyager quatre fois de l'occident à l'Orient par la route du midi.

D – Pourquoi aviez-vous la pointe d'une épée sur le cœur ?

R – Pour m'apprendre qu'on ne peut devenir parfait qu'en détruisant le germe entier.

10 – Le signe d'admiration

Les funérailles achevées, le Roi Salomon remarque la beauté du mausolée de marbre blanc et noir (continuel rappel de la dualité) et celle de l'obélisque triangulaire surmonté d'une urne noire, réalisés en neuf jours. Il s'écrie alors : *c'est parfait* ! levant les mains et les yeux vers le ciel en *signe d'admiration*. Les ouvriers firent de même et laissèrent retomber leurs mains en les croisant et en disant par quatre fois *Amen*. Dans les versions antérieurs de ce rituel, notamment les manuscrits *Francken* (1783) et *Abraham* (1805) il est mentionné que Salomon leva les yeux vers le ciel et, extasié, s'écria « *consommatum est* » [49].

Ce signe d'admiration du grade rappelle que : *toute la beauté d'une réalisation est inspirée d'en haut et qu'à ce titre, chacun manifeste sa reconnaissance en se tournant vers la source dont elle provient, vers l'Éternel Seul à qui il appartient de tout connaître et de tout entreprendre* (*MS 29 FM*).

49. La transcription de cette expression latine est erronée, en latin c'est : « *consummatum est* ».

Ce signe rappelle aussi que toute chose qui tire sa source ou inspiration du ciel, se répercute sur terre. Ce qui est en haut est comme ce qui est en bas, si l'on se réfère à *la Table d'Émeraude* d'Hermès Trismégiste. Ainsi après avoir levé les mains et les yeux vers le ciel, le Maître Parfait fait retomber ses mains en les croisant en forme de croix de St. André, sur son tablier ; il manifeste son admiration en prenant à témoin les quatre directions de l'espace.

Planche 8 – Tableau symbolique de Maître Parfait,
de la Parfaite Union de Mons en Belgique.

11 – La couleur verte

D – Pourquoi le vert ?

R – Pour me rappeler qu'en étant mort au vice je dois espérer renaître à la vertu et atteindre ainsi le dernier degré, afin d'accomplir quelque progrès dans la Sublime Science, Connaissance que j'espère posséder un jour.

D – Qui peut vous la communiquer ?

R – Dieu seul, car sa connaissance se situe au-delà de la compréhension humaine [50].

Le Maître Secret travaille dans la pénombre, les larmes d'argent rappellent la perte douloureuse du Maître, le Maître Parfait a surmonté et dépassé positivement cette douleur. Toute la loge est tendue de vert rappelant la décomposition, la mort, mais ce vert est aussi la couleur de l'espérance et de la germination de l'acacia.

Cette évolution est en relation avec le vert de la loge. Cette couleur marque l'achèvement d'un premier cycle de réalisation individuelle qui conduit à la rencontre de la matière sous sa forme substantielle la plus marquée, le cube, et à l'opposé, le symbole de l'esprit, le cercle.

Dans les *Documents Bonseigneur – I* :

D – Que signifie la couleur verte que vous portez en loge ?

R – L'espérance de parvenir à un plus haut degré de perfection [51]).

Dans un autre document une réponse très proche est donnée :

D – Pourquoi est-elle (la loge) tendue en vert ?

R – Cette couleur désigne l'Espérance d'arriver à la vérité et de parvenir à la Connaissance des mystères sublimes à laquelle nous aspirons [52].

Une autre instruction donne encore une version concordante :

D – De quoi vous a-t-on décoré après vous avoir confié les secrets ?

R – D'un cordon vert.

D – Pourquoi ?

R – Pour me démontrer l'espérance que je devais avoir à devenir parfait, en pratiquant toutes les vertus que l'on m'enseignait [53].

Un complément d'explication nous est donné par le *MS 20 FM* :

D – Pourquoi le vert est-il votre couleur ?

R – Pour marquer qu'étant mort au vice, j'espère revivre et par là monter aux derniers grades, et parvenir aux sciences sublimes [54].

Portal considère qu'ils existe trois degrés dans la génération symbolique des couleurs : 1° l'existence en soi, 2° la manifestation de la vie, 3° l'acte qui en résulte. L'acte trouve son symbole dans la couleur verte, la sphère de la création est verte. Il distingue trois degrés de régénération correspondant

50. *Scottisch rite, op. cit.* et BN FM4 769.
51. *The Bonseigneur Rituals, op. cit.* et Wien (Autriche) MS *76/16 op. cit.*
52. *MS 29 FM, op. cit.*
53. *Archives de La Franc-Maçonnerie, op. cit.*, pp. 198-199.
54. *MS 20 FM, op. cit.*

aux trois sphères célestes qui se retrouvent dans l'initiation antique avec leurs couleurs symboliques, le rouge, le bleu et le vert [55].

De même, quatre couleurs sont attribuées aux quatre éléments : le rouge représente le feu ; l'azur, l'air ; le vert, l'eau et le noir, la terre. Ainsi, dans l'Antiquité, le myste était-il régénéré dans ses actes et dans sa vie extérieure en franchissant la porte de la mort spirituelle, marquée par les ténèbres et la couleur noire. Les symboles de ce premier degré étaient les couleurs noire et verte ; le noir rappelait les eaux primitives ou le chaos, comme le vert figurait la création. On retrouve encore ces deux couleurs attribuées à la terre. Comme matière ténébreuse le noir est attribué à la terre et comme principe de végétation elle est verte. Le vert est aussi symbole de la régénération de l'âme, de la nouvelle naissance spirituelle. Tout ceci permet de mieux comprendre le passage du temple noir du Maître Secret, à celui du temple vert du Maître Parfait.

Dans la langue sacrée, le vert était symbole de l'espérance en l'immortalité ; dans la langue populaire, le vert est couleur de l'espérance dans ce monde. Il est aussi symbole de la victoire spirituelle, ce que préfigure le couronnement de laurier et d'olivier à la fin de la réception au grade de Maître Secret avec l'amorce du grade de Maître Parfait.

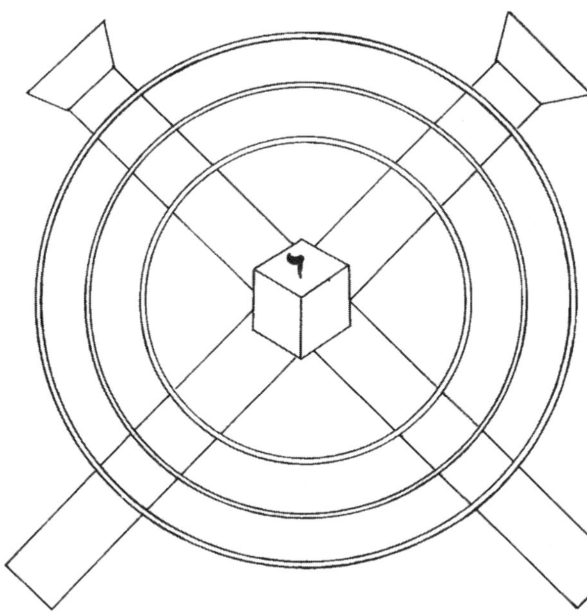

Fig. 23 – Les deux colonnes avec le cube et les trois cercles.

55. Portal Frédéric, *Des couleurs symboliques dans l'Antiquité, le Moyen Âge et les temps modernes*, Paris, Éditions de la Maisnie, 1975.

12 – Le tablier et le cordon de Maître Parfait

Comme tous les tabliers maçonniques, celui de *Maître Parfait* résume le message du grade auquel le maçon est instruit.

Ce tablier en soie blanche est doublé et bordé de vert, en son centre est représenté par un petit carré noir, une pierre carrée portant la lettre J en or, entourée de trois cercles concentriques aussi d'or [56].

La couleur verte marque la transition du passage du noir au vert ou encore du deuil à la germination. On notera que le décor actuel s'écarte de la description donnée par le décret de 1806 du Suprême Conseil où le tablier est décrit comme étant blanc avec une bavette verte ; dans le milieu sont décrits sept cercles à distance égale ; au centre est une pierre carrée, avec la lettre J [57].

Fig. 24 – Tablier.

Le décret du Suprême Conseil de 1806 décrit le cordon comme étant vert, en sautoir, au bas duquel est suspendu un compas ouvert à un angle de soixante degrés posé sur un segment de cercle gradué [57].

Les Maîtres Parfaits doivent porter un cordon vert moiré allant de droite à gauche au bout duquel doit pendre pour bijou un compas dont les pointes reposent sur un arc de cercle d'or ou de vermeil [56].

Dans le manuscrit de la *Bibliothèque des Archives Historiques : Maître Parfait 4e grade maçonnique, autrement dit, Maître vert, en certaines loges :*

D – Que signifie votre bijou ?

R – Qu'un maçon parfait doit toujours agir avec le compas, l'équerre et la mesure.

56. La Haye *193 D 32, op. cit.*
57. *Recueil des actes du Suprême Conseil de France ou Collection des décrets, arrêtés et décisions de cet illustre corps, de 1806 à 1830*, Éditions Setier, 1832.

Tableau récapitulatif du grade de Maître Parfait

Selon le Tuileur de Lausanne de 1875

Âge : *Un an pour ouvrir les travaux. Sept ans pour fermer les travaux.*
Batterie : 0000 (4 claques)
Mot de passe : *ACACIA.*
Marche : *Former un carré par quatre pas assemblés.*
Mot sacré : *JEHOVAH.*
Heure de commencement des travaux : *La première heure du jour.*
Heure de la fin des travaux : *La cinquième heure du jour.*
Question d'ordre : *J'ai vu les trois cercles enfermant le cube sur les deux colonnes.*
Tablier : *Blanc, bavette verte. Au milieu, trois cercles concentriques entourent une pierre cubique avec J au milieu.*
Cordon : *Vert moiré, en sautoir.*
Bijou : *Un compas ouvert, à soixante degrés, posé sur un segment de cercle gradué.*
Gants : *blancs.*
Légende du grade : *Transplantation du lieu secret du tombeau d'Hiram, et décision de venger sa mort.*

Il apparaît bien que toutes les versions qui mentionnent quatre cercles (au lieu de trois) à la question d'ordre, sont du début du milieu du XVIIIe. Toutes les versions postérieures comme celle du *Tuileur de Lausanne,* n'en donnent plus que trois.

On note aussi que la marche du Maître Parfait, décrite ainsi « former un carré par quatre pas assemblés », n'est donnée que par le *Tuileur de Vuillaume* dès 1820, les autres Tuileurs considérant qu'il n'y a pas de marche. Son descriptif est repris exactement ici.

On peut remarquer aussi que la durée des travaux était donnée par les quatre principaux Tuileurs comme étant de six heures (1 heure à l'ouverture et 7 heures à la fermeture, soit en tout, six heures), alors que le Tuileur de Lausanne donne 1 heure à l'ouverture et 5 à la fermeture soit au total 4 heures, peut-être pour respecter la symbolique du quaternaire, propre à ce grade.

INSTRUCTION PAR DEMANDES ET RÉPONSES

Manuscrit d'Ancien Maître : *Dépôt complet des connaissances de la Franche maçonnerie, Bibliothèque Municipale de Bordeaux, MS 2098.*

D – Êtes-vous ancien maître ?

R – J'ai vu le cercle et sa quadrature.

D – Où ?

R – Sur la première pierre du temple.

D – Que signifient les 4 cercles ?

R – Ce sont les emblèmes de la divinité qui n'a ni commencement, ni fin.

D – Pourquoi quatre carrés ?

R – Pour que les 4 parties de l'Univers où Dieu étend également sa puissance.

D – Que représentent-ils ensemble ?

R – La création de l'univers qui s'est accomplie par sa volonté et qu'il a composé de quatre parties.

D – Pourquoi sont-ils placés dans ce lieu là ?

R – Pour nous rappeler qu'on ne peut rien faire sans le secours de l'éternel et que l'on a commencé de l'invoquer avant de travailler au Temple.

D – Que signifie le J qui est au milieu ?

R – L'ancienne Parole de maître.

D – Quelle est-elle ?

R – Jehovah.

D – Que signifie-t'-elle ?

R – Je suis celui qui est. C'est le nom de l'être suprême, nom qui exprime son immensité. Il le choisit lui-même en parlant à Moïse.

D – Que représentent les deux colonnes ?

R – Qu'il faut avoir passé par l'apprenti et le compagnon pour parvenir à la maîtrise.

D – Qu'avez-vous appris dans ces Écoles ?

R – À régler mes mœurs, purifier mon cœur et garder le secret pour me mettre en état de recevoir la perfection.

D – Que signifie le compas sur le quart de cercle ?

R – Qu'un ancien ne doit agir qu'avec mesure et être attentif à tout.

D – Que représente le tombeau d'Hiram à la porte du midi ?

R – Sa première sépulture sur le mont Hébron.

D – Pourquoi est-elle en ce lieu ?

R – Pour nous rappeler que les vertus n'exemptent point des malheurs attachés à la nature humaine et pour nous engager à imiter celles de ce grand homme et surtout sa discrétion.

D – Que signifie la corde qui est à côté ?

R – Celle dont on se servit pour le tirer de la fosse.

D – Ne signifie-t-elle rien de plus ?

R – Que nous devons rompre les liens du vice.

D – Comment avez-vous été introduit en loge ?

R – Ceint d'une corde.

D – Pourquoi ceint d'une corde ?

R – Par soumission aux règles de l'ordre et en mémoire de celle dont on se servit pour retirer Hiram de sa première sépulture.

D – Comment êtes-vous parvenu au degré d'ancien maître ?

R – Par trois pas d'apprenti, trois de compagnon et trois de maître signifiant ces trois grades.

D – Pourquoi cela ?

R – Pour montrer ma suffisance dans ces premiers grades et que je méritais ma récompense.

D – Cela ne renferme-t'-elle pas une allégorie ?

R – Oui. Elle nous enseigne qu'on ne peut y parvenir que par la pureté de ses mœurs, la droiture du cœur et la discrétion dont ces grades sont l'école.

D – Combien y- a- t'-il de lumières dans votre loge ?

R – Quatre, placées aux quatre points cardinaux.

D – Pourquoi ?

R – Pour nous indiquer les quatre parties du monde.

D – Par où êtes-vous entré en loge ?

R – Par la porte du midi.

D – Pourquoi ?

R – Parce que les maîtres qui exhumèrent Hiram, rentrèrent par cette porte, lorsqu'ils vinrent rendre compte à Salomon.

D – Cela ne signifie-t-il rien de plus ?

R – Pour m'apprendre à quitter les routes ordinaires.

D – Où vous plaça-t'-on ensuite ?

R – Au milieu de quatre cercles et de quatre carrés.

D – Pourquoi au milieu ?

R – Pour nous rappeler que tout extrême est vice et que la vertu prend toujours le juste milieu.

D – Étant là, que vîtes-vous ?

R – Le vrai signe, le véritable attouchement et la véritable parole de ce grade.

D – Quel est le signe ?

R – On le fait.

D – Que signifie-t-il ?

R – 1° La main sur le cœur signifie que nous devons garder dans le cœur les secrets de l'ordre. 2° La main tendue vers le ciel et les regards élevés indiquent l'hommage que nous devons au créateur et notre admi-

ration relativement à son ouvrage. 3° La main tendue horizontalement, la paume en dessus, que nous devons tendre une main charitable à nos frères indigents. 4° Enfin, la main le long de la cuisse, en baissant la tête, que tout mortel doit s'humilier en considérant sa faiblesse.

D – Quel est l'attouchement ?

R – On le donne.

D – Que signifie-t-il ?

R – L'amitié et la bonne foi qui doit régner entre les frères.

D – Quelle est la Parole ?

R – Jehovah, le nom de Dieu, parole incommunicable.

D – Quel est le mot de passe ?

R – Mont Liban ou simplement Liban.

D – Que signifie-t-il ?

R – C'est le nom des montagnes où la levée sous Adonhiram coupait les cèdres pour la construction du Temple.

D – Comment s'appelle celui qui préside à la loge d'ancien maître ?

R – Le Très Sage.

D – Pourquoi ?

R – Parce qu'il représente Salomon.

D – Et le Surveillant ?

R – Intime.

D – Pourquoi ?

R – Parce qu'il représente celui des maçons que Salomon honora de sa confiance après la mort d'Hiram. Il est seul.

D – Pourquoi n'y a-t-il qu'un surveillant ?

R – Parce que tout se passe entre le Roi et ceux qu'il admit dans sa confiance.

D – Quelle est la couleur de la loge ?

R – Le vert.

D – Pourquoi ?

R – Pour me rappeler qu'ayant renoncé aux vices, j'espère acquérir la vertu et par elle, mériter d'arriver aux derniers grades de l'ordre.

D – Comment croyez-vous les obtenir ?

R – Par le secours de l'éternel.

D – Quel est l'âge d'un ancien maître ?

R – Huit ans.

D – Pourquoi huit ans ?

R – Parce que j'ai travaillé 3 ans en apprenti et 5 en compagnon avant d'arriver à la maîtrise.

D – Comment se gouverne la loge d'ancien maître ?

R – Par quatre.

D – Pourquoi ?

R – À cause des 4 parties du monde et que c'est le 4e grade de l'art royal.

D – Quelle est la batterie de ce grade ?

R – Deux coups de suite et deux autres séparés ; ensemble quatre coups.

D – Quelle est la marque extérieure d'un ancien maître ?

R – Un large cordon vert en écharpe soutenant un compas ouvert sur un quart de cercle et un tablier bordé de vert.

D – Quelle heure est-il ?

R – Midi plein pour ouvrir la loge et minuit plein pour la fermer.

0
0 0

Deuxième Instruction, extraite du Quatrième grade de la maçonnerie, Maître Parfait, Wien (Autriche) 76/16 N°22., conforme en tous points à la version du manuscrit d'Alençon MS. 379.

D – Êtes-vous Maître Parfait ?

R – J'ai vu le cercle et sa quadrature.

D – Comment êtes-vous parvenu au grade de parfait ?

R – Par les trois degrés d'apprenti, compagnon et Maître Maçon par où j'ai passé.

D – Qui vous a reconnu pour être apprenti, compagnon et maître maçon ?

R – Un Second Surveillant qui m'a examiné avant de m'introduire.

D – Comment avez-vous été introduit dans la loge de Maître parfait ?

R – L'épée nue à la main et dont je fus bientôt dépouillé, la corde au col, la pointe de l'épée sur le cœur par une route mystérieuse.

D – Pourquoi dépouillé de votre épée ?

R – Pour nous faire ressouvenir que nous ne devons point nous fier sur nos forces et que souvent nous succombons au moment même où nous nous y attendons le moins.

D – Que présente la corde au col ?

R – Elle nous apprend que notre délicatesse ne doit point rougir des épreuves qu'on nous fait faire et que notre constance doit se faire voir en toutes choses.

D – Pourquoi la pointe de l'épée sur le cœur ?

R – Pour marquer notre fermeté même dans tous les temps et tourments.

D – Quelle est cette route mystérieuse ?

R – C'est que lorsque je fus introduit dans la loge de parfait le second Surveillant m'a fait faire quatre fois le tour de la loge par le midi et m'a remis par l'occident entre les mains du premier Surveillant.

D – Que cherchiez-vous dans la route ?

R – Le chemin de la perfection.

D – Qu'a fait de vous le premier Surveillant ?

R – Après les formalités nécessaires il m'a enseigné le sentier véritable pour devenir parfait.

D – Par où êtes-vous entré dans la loge de parfait ?

R – Par la porte du midi.

D – Pourquoi par cette porte ?

R – Pour nous apprendre que nous devons nous écarter de la route ordinaire pour éviter les regards des profanes.

D – N'y a-t-il que la porte du midi ?

R – Non seulement la porte du midi, mais encore celles de l'occident et du septentrion pour nous faire ressouvenir des trois portes du temple de Salomon.

D – Que vîtes-vous d'abord dans la loge ?

R – Une grande pierre carrée sur laquelle étaient gravés et dessinés quatre cercles et quatre carrés avec un grand J au milieu.

D – Que présentent les 4 cercles ?

R – L'immensité de l'être suprême qui n'a ni commencement ni fin.

D – Pourquoi un grand J. au milieu des cercles et des carrés ?

R – Pour nous faire voir que Dieu est le centre de tout l'univers.

D – Où était placée cette pierre carrée ?

R – Au milieu de deux colonnes en sautoir.

D – Quelles sont ces deux colonnes ?

R – Ce sont les mêmes qui étaient placées à la porte du temple de Salomon, appelées J.B.

D – Que signifie J.B. ?

R – Ce sont deux mots hébreux qui veulent dire ma force est en Dieu et dans la persévérance dans le bien.

D – Que signifient ces deux colonnes ?

R – Elles nous apprennent par leurs noms que sans la force, c'est-à-dire l'espérance en Dieu et la persévérance dans le bien, nous ne pouvons parvenir à la parfaite connaissance de l'être suprême.

D – Que vîtes-vous au bas de la loge de parfait ?

R – La pierre angulaire sur laquelle tout maçon doit bâtir son édifice.

D – Qu'entendez-vous par édifice ?

R – C'est que nous devons compasser nos actions par la justice, sur les deux préceptes sacrés : Vous aimerez votre créateur par dessus toutes choses et votre prochain comme vous-même.

D – Qu'avez-vous vu en tête de cette loge de parfait ?

R – Le soleil, la lune et un triangle respectable en chiffre.

D – Quelle est leur application ?

R – C'est pour nous faire ressouvenir, que comme le soleil préside au jour, la lune à la nuit, de même l'être suprême préside à toutes nos actions.

D – Que vîtes-vous dans la loge de parfait vers le midi ?

R – Le tombeau de notre très respectable père Hiram dont nous ne devons jamais perdre la mémoire.

D – Que présente la corde qui est autour du cercueil ?

R – Elle nous représente qu'étant unis par les liens de la fraternité nous devons nous aider les uns les autres jusqu'au dernier moment de notre vie.

D – Quels sont les liens de la fraternité ?

R – Les signes, les attouchements et la parole

D – Combien avez-vous vu de signes dans la loge de parfait ?

R – Quatre significatifs.

D – Donnez-les moi ?

R – On les donne.

D – Que nous apprend le premier ?

R – Que tout bon maçon doit garder dans le cœur le secret qui lui a été confié.

D – Que nous apprend le second ?

R – Que nous devons regarder avec admiration les effets de la divine providence.

D – Que nous apprend le troisième ?

R – Que nous devons tendre une main charitable à tous nos frères.

D – Que nous apprend le quatrième ?

R – Que tout mortel doit fléchir le genou à la vue du maître suprême et que comme nous sortons de terre nous retournerons en terre.

D – Combien avez-vous d'attouchements dans le parfait ?

R – Un par quatre.

0
0 0

CHAPITRE III

SECRÉTAIRE INTIME

ou *Maître Anglais* ou *Maître Parfait par curiosité*

(6e degré)

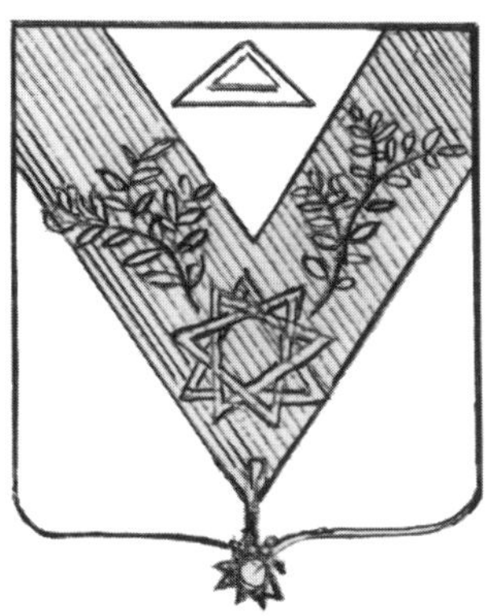

Secrétaire Intime (6e degré)

Présentation du grade

Le titre de *Secrétaire Intime* ou *Maître par Curiosité* est apparu vers 1750 avec la Loge Mère Écossaise de Bordeaux.

Ce grade a reçu plusieurs noms selon les divers manuscrits et en 1783 il était déjà connu sous les dénominations de *Maître Parfait par Curiosité* et *Maître Anglais Parfait.*

Il existe différents rituels de *Maître Anglais,* dont un grand nombre correspondent en fait au grade d'*Intendant des Bâtiments* (entre autre dans l'Ancienne Maîtrise bordelaise). Guérillot pense que compte tenu de la légende du grade, *il est probable que la forme la plus ancienne est celle de Maître Parfait par Curiosité, dont l'intitulé maladroit a fait place, par la suite à celui de Secrétaire Intime*[1]. Il est vrai que le meilleur moyen d'identifier les rituels anciens de cette famille est le qualificatif « par curiosité » apposé à la fin du titre.

Ce grade ainsi que les deux suivants 7e et 8e, étaient jadis appelés grades de « grande maîtrise » parce qu'ils sont vecteurs d'un enseignement de justice et d'équité. Tous les manuscrits consultés présentent un contenu très homogène et sont pratiquement identiques : (*MS Wien 76/10 pp. 657-668 ; MS Paris 20 FM, Bibliothèque Roëttiers de Montaleau ; MS 3081 Bibliothèque Municipale d'Avignon ; Bonseigneur, ca 1805,* etc.) Leur principale variante réside dans le nom même du Secrétaire Intime qui se nomme soit *Zabulon* ou *Zabud,* soit *Johaben* ou *Johaber.*

On peut raisonnablement penser que ce grade puise son origine dans le Premier Livre des Rois, chap. 9, versets 10 à 13. où on lit :

« Au bout de vingt ans, Salomon avait bâti ces deux demeures : le Temple de l'Éternel et le palais royal. Et comme Hiram, roi de Tyr, avait fourni à Salomon du bois de cyprès et de l'or, autant qu'il en avait voulu, Salomon donna à Hiram vingt villes de la Galilée. Hiram vint de Tyr pour voir les villes que Salomon lui avait données ; mais elles ne lui plurent pas, et il dit : « Quelles villes m'as-tu données là, mon frère ! Et il l'appela le pays

1. Guérillot Claude, *La Rose Maçonnique,* t. I, Éditions Trédaniel, 1995, pp. 266-272.

de Kaboul, nom qu'elles ont conservé jusqu'à ce jour. Hiram avait envoyé au roi cent vingt talents d'or. »

Cette légende met en scène le Roi Salomon et Hiram, Roi de Tyr, leur conversation est surprise par un serviteur zélé dont le nom varie selon les versions. Soit il s'appelle Johaber, *soit* Zabud, *fils de Nathan, favori du Roi Salomon, attentif à la sécurité de son maître. Le* Tuilleur *de Vuillaume considère qu'il s'agit de* Johaben *que l'on devrait prononcer* Jahoben, *mais que l'usage a consacré* Johaben. *Il observe qu'il y a des loges où l'on dit* Johaber *ou* Jocabert *et considère cela comme fautif*[2].

Entre le récit biblique et la légende maçonnique le nombre des villes données par Salomon à Hiram de Tyr passe de vingt à trente sans raison apparente.

Ce grade met l'accent sur l'importance du Mot du Maçon (*Mason's Word),* la condition absolue pour le transmettre étant d'être trois. Or, ceux qui connaissent le mot ne sont plus que deux. C'est pourquoi on peut penser qu'il est fait en sorte qu'accidentellement, le mot soit surpris par quelqu'un de zélé digne de le recevoir, incarné ici dans la personne de Johaben ou Zabud. Les travaux étant interrompus ils ne pourront reprendre que lorsque le triangle fondateur pourra être reconstitué. Celui que la Providence désigne pour prendre la place vacante du Maître disparu commet une indiscrétion par dévouement, en transgressant l'ordre reçu. Pour recevoir la maîtrise il faut par la mort vaincre la mort, ce qui fait comprendre le motif de la condamnation, puis de la grâce du Secrétaire Intime.

Thème du grade

Le rituel de réception raconte deux méprises, sources d'erreur, de colère et de conflit, mettant par là en garde contre toutes les attitudes qui ne s'arrêtent qu'aux apparences, si contraires à l'établissement de la vérité. La première méprise est celle du Roi Hiram de Tyr vis-à-vis de la dette de Salomon, la seconde est celle des deux rois concernant l'attitude dévouée et zélée du serviteur de Salomon.

Johaben, qui fait partie de la cour de Salomon, a vu Hiram de Tyr entrer et, ne connaissant pas son identité, craint pour la sécurité de son maître Salomon. Il se dirige vers la porte restée ouverte et entend des bruits de voix qui parviennent de la salle. Hiram de Tyr découvre Johaben et exige qu'il soit tué sur le champ pour les avoir espionnés. Johaben est alors immédiatement arrêté.

2. Vuillaume, *Manuel maçonnique ou Tuileur de tous les rites de maçonnerie pratiqués en France*, Paris, 1820.

Les deux rois reprennent leur discussion et Salomon explique qu'il a l'intention de reconstruire les villes. Leur amitié étant restaurée, ils concluent un nouveau pacte, auquel est ajoutée la clause selon laquelle Hiram aura la liberté, si quelques-unes des villes ne lui convenaient pas, d'en choisir d'autres. On ramène Johaben et l'on accepte sa défense, selon laquelle il craignait que la vie de Salomon n'eût été en danger. Sur la proposition d'Hiram de Tyr il est alors nommé Secrétaire Intime des deux rois et reçoit des instructions pour établir le nouveau traité d'alliance. Dès lors, un nouveau ternaire se met en place où le Secrétaire Intime remplace Hiram Abi.

Ce grade insiste sur la différence entre les deux formes de curiosité, positive et négative, et fait comprendre combien la curiosité au service d'une cause juste peut être un facteur stimulant de l'intelligence, il souligne son utilité sur le chemin de la vérité. Outre le thème de la curiosité qui est approfondi, on trouve aussi dans ce grade le thème central des apparences et de leur rejet. Celles-ci forment le monde des illusions, des erreurs, des égarements. Enfin le thème de l'alliance et du caractère sacré de la promesse y est également prépondérant.

Par ailleurs, à partir du 6e degré on voit apparaître plusieurs formes de transgression, reconnues comme facteur nécessaire pour s'élever dans la Voie de la Sagesse et de la Connaissance. Ainsi la transgression du règlement par Johaben lui fait encourir de sérieux risques qui peuvent aller jusqu'à lui coûter la vie. Néanmoins, cette transgression motivée par une intention droite, dévouée et altruiste pour protéger son Maître se révèle comme une qualification initiatique. Elle permet un dépassement dans une situation à caractère figé. (On retrouvera par la suite d'autres aspects de la transgression, aux 9e et 13e grades de perfection développés plus loin).

Description du tableau du grade de Secrétaire Intime

Les éléments représentés sont :
— La fenêtre du temple apparaissant dans les nuages avec en son centre la lettre Yod ;
— Le monument commémoratif en marbre noir et blanc ;
— Le palais de Salomon avec sa porte et son chemin d'accès ;
— Les lettres hébraïques *Beth, Nun, Shin* ;
— La pierre tombale sur laquelle sont gravées les lettres (de droite à gauche) : *Heth – Vav – Rech – Mem*
et au-dessous : *Alef – beth – Yod.*
Sous cette inscription, un triangle équilatéral renferme la lettre Yod.

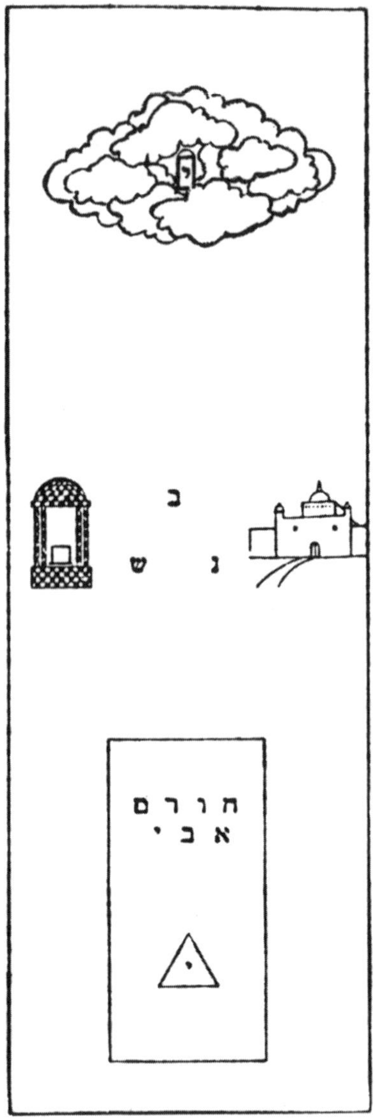

Planche 9 – Tableau de Secrétaire Intime.

Extrait de The Intermediate degrees 1° - 17° in the Jurisdiction of the Supreme Council 33° of the ancient and accepted rite for England and Wales and its districts and Chapters overseas, by. G.E.W.Bridge, London, 1990.

Secrétaire Intime

TUILEURS	DELAULNAYE (1813)	VUILLAUME (1820)	BAZOT (1836)	RAGON (1861)
ÂGE	Non mentionné	Non mentionné	Point	Point
BATTERIE	Vingt-sept coups par trois fois neuf, d'autres la réduisent à neuf coups	Vingt-sept coups, par trois fois neuf : 00000000-0 par trois fois réduite souvent au neuf premiers coups	00000000 0 ou trois fois la même batterie par 3 fois 3	27 coups par 3 fois 9 (8+1+8+1+8+1) ou 9 coups par 8+1
MOTS DE PASSE	Johaber, ou Jocabert, nom du Frère Curieux Zerbal, nom du Capitaine des gardes d'Hiram	JOHABEN C'est le nom donné au récipiendaire, Second mot *Zerbal*	JOHABEN Ou JOHABER (c'est le nom du F∴curieux), *Zerbal* ou *Zerbas* (c'est le nom du Capitaine des gardes d'Hiram)	JOHABEN C'est le nom donné au récipiendaire, Second mot *Zerbal.*
MOTS SACRÉS	IVAH, par syncope pour IEHOVAH	JVAH, par syncope, pour JEHOVAH	JVAH ou JOVA ou JEHOVAH	JVAH, par syncope pour JEHOVAH
MARCHE	Non mentionné	Non mentionné	Point	Point
HEURE D'OUVERTURE DES TRAVAUX	Non mentionné	Non mentionné	Non mentionné	Non mentionné
HEURE DE FERMETURE DES TRAVAUX	Non mentionné	Non mentionné	Nom mentionné	Non mentionné

1 – Mon zèle a été pris pour de la curiosité

Furetière définit la curiosité comme : *désir, passion de voir, d'apprendre les choses nouvelles, secrètes, rares et curieuses. Il y a une bonne et une mauvaise curiosité et le zèle est défini comme ardeur, passion qu'on a pour quelque chose*[3].

Le secrétaire est celui qui par définition est détenteur d'un secret. De quel secret s'agit-il ?

D – Comment avez-vous été reçu ?

R – Par curiosité.

D – À quels risques vous exposa cette curiosité ?

R – À celui de perdre la vie[4].

[...]

D – Qu'avez-vous promis ?

R – La discrétion.

D – Où tenez-vous vos secrets ?

R – Dans le cœur[5].

Ici la curiosité est au service de la recherche de la vérité. On peut considérer que la curiosité a plusieurs aspects.

C'est la volonté et le désir de découvrir les secrets des autres, mais dans quel but ? Est-ce pour progresser dans la voie de la Sagesse et de la Connaissance ou pour détenir un pouvoir qui permette d'avoir barre sur autrui ? La curiosité du Secrétaire Intime est motivée par une cause désintéressée et altruiste, dont l'objectif est de protéger son maître de la colère d'Hiram de Tyr. Johaben, homme de confiance au service de Salomon justifie sa fonction par son zèle et son courage. La discussion véhémente qui oppose les deux souverains de Jérusalem et de Tyr porte sur le respect de la parole donnée.

Plusieurs interprétations du thème de ce grade peuvent être données. Elles tournent autour du secret, de la parole donnée, de la Parole perdue et de la mort.

Trois possibilités sont envisageables concernant la transmission du *Mot du Maçon* qui est en réalité le Mot du Maître :

1. Ce mot peut avoir été surpris et doit être changé. Dans le doute concernant les circonstances de l'assassinat d'Hiram, faute de témoins, il est jugé plus prudent de remplacer le Mot du maître par un mot de substitu-

3. Furetière Antoine, *Le dictionnaire universel*, 1688, réédité par SNL – Le Robert, 1978, vol. 1 de A-D et vol. de P-3

4. Wien MS76/10, pp. 657-668, *Architecture des Maîtres Anglais* (par curiosité).

5. Bibliothèque Municipale d'Avignon MS 3079, *Maître anglais 4e grade supérieur de la maçonnerie*.

tion, ce qui signifie qu'il n'est pas perdu, mais que sa communication est volontairement suspendue.

2) le Mot est perdu, mais doit être retrouvé. L'Architecte a emporté son secret dans la mort, ce qui suspend les travaux. Le Mot correspond alors à la conception globale de l'œuvre. Sa disparition inattendue sème trouble et désordre. Cette perte correspond à la fin d'un âge d'or, suivi d'un nouveau cycle où la conception de l'Unité est amoindrie, le mot de substitution ne donnant plus qu'un aspect partiel de la conception globale.

3) Ceux qui connaissent le mot ne sont plus que deux au lieu de trois (Trois dirigent la loge), ce qui a pour conséquence d'interrompre sa communication. Johaben, ou Zabud selon les versions, entend le mot échangé entre Salomon et Hiram de Tyr en surprenant leur conversation. Pour être digne de devenir Maître, ce serviteur zélé doit surmonter l'épreuve de la mort. Ce qui explique la mise en scène de sa condamnation, suivie de sa grâce. Le ternaire fondamental de direction est ainsi reconstitué. Ce récit donne à penser que le maître est désigné par une élection providentielle (on retrouvera cette notion dans les grades d'Élus par le tirage au sort).

2 – Alliance, Promesse, Perfection

D – Que signifient les trois lettres A P P ?

R – L'A signifie alliance, le premier P promesse et le second P perfection[6].

On peut considérer que ces trois notions sont étroitement liées.

La notion d'alliance est assez complexe car l'Éternel propose de nombreuses alliances dans la Bible, celles-ci varient en fonction des circonstances et de l'époque. Albert Soued relève sept formes d'alliances de Dieu : 1) l'alliance de feu, 2) l'alliance de chair par la circoncision, 3) l'alliance de l'arc-en-ciel, 4) l'alliance du Décalogue, 5) l'alliance du sel, 6) l'alliance sacerdotale, 7) l'alliance de la bénédiction et de la malédiction[7].

Le caractère inconditionnel d'une promesse divine consacrant une alliance se réfère à l'absolue fidélité de Dieu, et non pas à l'éventuelle infidélité de l'homme ; en d'autres termes, la promesse est absolue en tant qu'elle émane de Dieu. Toute alliance qui établit l'origine d'une tradition implique donc nécessairement, quelle qu'inconditionnelle que puisse être sa formulation, une réserve concernant l'homme qui, au moment de l'alliance et par la vertu sanctifiante de celle-ci, est devenu symboliquement absolu. En d'autres termes, ce n'est qu'en tant que le

6. Wien, MS 76/10, *op. cit.*
7. Soued Albert, *Les symboles dans la Bible*, Éditions Grancher, 1993, pp. 219-228.

relatif est un miroir de l'Absolu que, de ce fait, il représente, une sorte d'aspect symbolique de l'Absolu [8]. Ceci notamment illustre bien le sens du verset : *O fils d'Israël, souvenez-vous de ma miséricorde avec laquelle Je vous ai comblé et tenez votre engagement envers Moi ; alors Je tiendrai mon engagement envers vous* [9].

Dans un rituel ces trois lettres donnent des interprétations liées spécifiquement à la Bible :

D – Quel est le nom des trois lettres qui sont à chaque angle du triangle, A.P.P. en idiome français ou B.N.S. en anglais ? [10]

R – Alliance, promesse, perfection.

D – Qu'entendez-vous par le mot d'alliance ?

R – J'entends celle que Dieu fit avec Noé.

D – Que veut dire le mot de promesse ?

R – Celle que Dieu fit à Abraham.

D – Qu'entendez-vous par le mot de perfection ?

R – J'entends celle qu'a reçue l'humanité par la venue du messie [11].

Beaucoup d'autres rituels donnent une interprétation spécifiquement maçonnique comme celle-ci :

D – Que nous apprend l'arche d'alliance ?

R – L'alliance que se firent réciproquement Salomon et Hiram Roy de Tyr [12].

Ici, il s'agit d'une alliance sous forme d'union, par un traité qui se fait entre deux souverains et leurs états dans la conciliation de leurs intérêts et l'adoption d'une défense commune. Cette promesse revêt cependant un caractère sacré établissant une relation de perfection entre les deux rois et leur secrétaire.

Établir une alliance, c'est jeter un pont avec son interlocuteur pour établir une entente et mettre en application des choix décidés d'un commun accord.

L'alliance scelle une rencontre par une promesse basée sur un lien de confiance. On peut penser que sur un plan initiatique, l'alliance correspond à l'accord parfait nécessaire pour établir une unité entre le corps, l'âme et l'esprit.

L'initiation est la voie de retour qui permet à tout être de rétablir l'alliance principielle ou pacte primordial avec le Principe, mettant le Maître Maçon en face de ses responsabilités qui sont, entre autres choses, d'être

8. Schuon Frithjof, *De l'Alliance* in Études Traditionnelles, juin 1940, n° 246.

9. Coran S. II, V38.

10. Le manuscrit mentionne les initiales B.N.S par erreur comme étant de l'anglais, en fait il s'agit des initiales des trois mots hébreux Berith, Neder Schelemoth.

11. Avignon, B.M., *MS 3083*, p. 101.

12. Bayreuth, *MS.7760/34*, p. 18.

juste et équitable pour que règnent autour de lui en toutes choses, le Bien le Beau et le Vrai.

Le désir de perfection doit s'imposer de lui-même à tout Maître Maçon. Cela fait partie de son engagement initial.

L'attouchement du grade résume en quelques mots ces trois notions d'*Alliance*, de *Promesse* et de *Perfection* qui sont étroitement liées :

D – Donnez-moi le premier attouchement ?

R – Il se fait en se prenant trois fois alternativement la main en disant :
Berith qui signifie alliance
Neder qui veut dire promesse
Selemoth qui veut dire perfection.

D – Que veut dire cette sorte d'attouchement ?

R – Il signifie l'union par laquelle les Élus parfaits sont liés entre eux, le 1er rappelle l'alliance qu'ils se sont jurée, la 2e la promesse qu'ils se sont faite, la 3e la perfection qui est l'objet commun de leurs travaux [13].

René Guénon considère que le terme de Perfection doit toujours être entendu dans son sens absolu lorsqu'il désigne les possibilités de l'être. Il fait une différence entre perfection active et perfection passive. La perfection active peut être comparée au Ciel et à la « faculté agissante », tandis que la perfection passive correspond à la Terre et à la « faculté plastique », c'est-à-dire à la réception des influences célestes [14].

Dans le rabbinisme *le juste et parfait* (saddîq gamûr) est celui qui a observé la Torah de l'alef au tav, ce dont Abraham est le modèle.

Si l'on considère que la perfection est l'idéal à atteindre, il faut néanmoins rester réaliste et considérer qu'elle demeure relative pour tout être humain, dont le Maître Maçon.

Toute perfection en ce monde reste partielle, relative, approximative, inaccomplie par rapport à la perfection du Verbe, mais aussi par rapport à la perfection dans la Jérusalem céleste. Elle rend présent, surtout par la connaissance et de manière sapientielle, quelque chose des réalités eschatologiques que le « face à face » dévoilera dans le royaume [15].

Le litige qui opposait les deux rois concerne un échange par lequel Salomon faisait une cession de marchandises et d'une province à Hiram Tyr. Ce dernier découvre celle-ci dans un état si misérable, qu'il a alors le sentiment d'être la victime d'un marché de dupe.

Dépassant le sens premier de la transaction matérielle, un manuscrit en donne une explication à valeur initiatique qui mérite d'être retenue :

13. Manuscrit BN FM4 320, *Maître Anglais par curiosité.*
14. Guénon René, *La Grande Triade*, chap. III, Éditions Gallimard, 1957, p. 33.
15. *Dictionnaire de spiritualité*, t. V, Éditions Beauchesne, 1964, p. 1099.

D – D'où êtes-vous ?

R – De Capule.

D – Dans quel état est votre province ?

R – Dans un état de ruines.

D – Quelle explication renfermez-vous dans cette demande ?

R – Que dans le monde tout est misère et qu'un bon et véritable maçon ne doit uniquement envisager que le bien éternel et mépriser absolument le temporel[16].

3 – Le rouleau de parchemin

Le rouleau symbolise par la matérialisation de l'écriture, la parole qui, fixée sur un support écrit, prend définitivement ou pour une période donnée le caractère d'un engagement irréversible.

L'écrit rend tangible, de manière visuelle, toute manifestation du verbe qui a un caractère solennel, selon le dicton *l'écrit reste, les paroles s'envolent.*

Le rouleau est la marque d'une alliance, d'un pacte entre les deux rois et la consignation de leur entente et de la concorde restaurée entre eux.

On peut voir dans le rouleau l'alternance secret/divulgation. Le rouleau a un caractère secret lorsqu'il est enroulé et révélé, quand il est déroulé.

4 – Les trois triangles entrelacés

Ces trois triangles entrelacés correspondent aux trois vertus théologales : Foi, Espérance, Charité, mais aussi à la restauration du triangle directeur du chantier désormais constitué par Salomon, Hiram de Tyr et Johaben investi de la confiance de ses maîtres. Il remplace Hiram Abi. Tous trois sont détenteurs, de la parole du Maître, mais celle-ci ne peut être transmise que s'ils sont réunis. Cette interprétation des trois triangles atteste du caractère indissoluble de leur alliance dans leur fonction constructive.

On peut voir encore dans ces trois triangles le symbole de la dénomination de *3 X Puissant* qui désigne la fonction du Président d'une loge de perfection, agissant en lieu et place du prophète et roi Salomon. Ces trois triangles illustrent la direction tripartite de la loge. Par ailleurs le trois à la puissance trois se trouve dans la batterie de 27 coups et dans le nombre de lumières.

Le nombre 3 au carré donne 9 qui symbolise l'accomplissement d'un signe évolutif. Ce développement du ternaire, avec le lien de transmission

16. Avignon B.M., *MS.3082, Écossais des 3JJJ* (Ce rituel est un mélange intéressant de Secrétaire Intime et d'Intendant des Bâtiments).

qui les unit, forme une unité tripartite. Ces trois triangles entrelacés figurent la restauration du triangle rompu après l'assassinat d'Hiram Abi.

Johaben, on l'a vu, a une fonction de substitution du Maître disparu permettant ainsi de rétablir l'ordre perturbé et d'assurer la continuité du processus de construction du temple jusqu'à son achèvement. Cette reconstitution est donc symbolisée par les trois triangles entrelacés ainsi par que l'attouchement du grade qui est ternaire :

Berith : alliance
Neder : promesse
Schelemoth : perfection ou intégrité.

Ces trois triangles entrelacés sont représentés sur le bijou du grade ; ils sont l'emblème du Secrétaire Intime. C'est le trois à la puissance deux. Ce triple ternaire géométrique rappelle la Tri-unité de l'Être, nombre fondamental cher à Pythagore.

Ternaire fondamental qui rappelle à l'initié que son travail initiatique a trois dimensions : matériel, intellectuel et spirituel, dans la concrétisation du Beau, du Bien et du Vrai en toutes choses.

Dans l'instruction, une autre interprétation est donnée, qui anticipe le grade capitulaire et associe les deux rois à une vertu théologale, plus Johaben qui remplace Hiram Abi :

D – Que signifie le triangle de votre cordon ?
R – Les trois vertus théologales, foi espérance et charité.
D – Que signifie-t-il encore ?
R – Hiram, Salomon et Hiram abif[17].

On peut enfin voir aussi dans la représentation de ces trois triangles entrelacés l'alliance de l'initié avec lui-même ou son unification intérieure dans ses trois plans fondamentaux physique, animique et spirituel.

La représentation de ces trois triangles entrelacés est envisageable selon deux tracés différents :

Fig. 25 – Trois triangles entrelacés par le centre.

Fig. 26 – Trois triangles qui s'inscrivent dans un cercle.

17. Avignon BM, *MS.3079, op. cit.*

Dans la figure 26 (initialement représentée sur les tabliers du 2e Ordre de sagesse du Rite Français) (voir p. 492) On peut considérer que les trois côtés ou qualités primordiales de l'être : Essence – Connaissance – Perfection se réfléchissent dans le triangle supérieur comme Conscience – Intelligence – Volonté, pendant que ses trois points ou sommets (Omnipotence – Omniscience – Omniprésence) produisent les trois qualités de la matière : Activité – Inertie – Rythme.

Les trois triangles inscrits dans le cercle figurent un triple ternaire dans la quête du centre, toujours éloignée des pas du maître quand ceux-ci se dirigent de manière centrifuge vers l'extérieur, cependant qu'ils s'approchent du centre par un mouvement centripète dirigé vers l'intérieur. Ces deux mouvements peuvent être figurés par les deux spirales involutives et évolutives représentées respectivement par les nombres 6 et 9 (69 est aussi le symbole du signe du cancer dans le zodiaque).

On peut voir aussi dans les neuf sommets de cette figure des trois triangles entrelacés les 9 Maîtres (3X3) partis à la recherche du maître disparu.

5 – Le tablier et le cordon du Secrétaire Intime

Le tablier est blanc, doublé et bordé de rouge. Sur la bavette un triangle est peint ou brodé avec des lettres provenant de l'alphabet phénicien.

Lors de la fixation des décors, en 1806, par décret du Suprême Conseil, le tablier est donné comme devant être *blanc, bordé de rouge, doublé de même, au milieu de la bavette est peint un triangle,* ce qui semble bien indiquer que les lettres de l'alphabet phénicien sont un ajout postérieur à cette date [18].

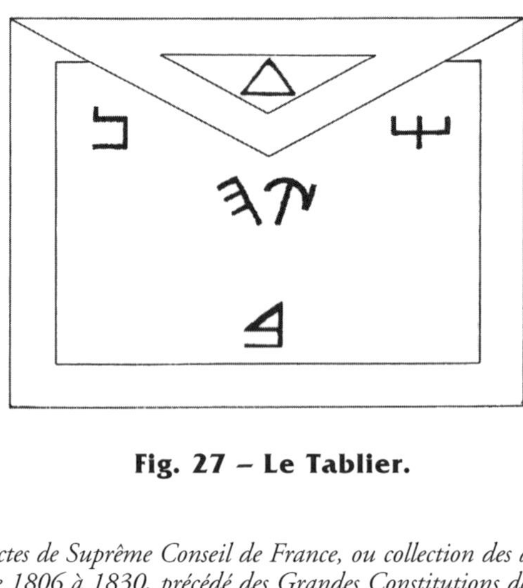

Fig. 27 – Le Tablier.

18. *Recueil des actes de Suprême Conseil de France, ou collection des décrets, arrêtés et décisions de cet illustre corps, de 1806 à 1830, précédé des Grandes Constitutions de 1762 et de 1786, et du Concordat passé entre le Suprême Conseil et le Grand Orient de France,* Éditions Setier, 1832.

Toujours selon la description du Suprême Conseil en 1806, *le cordon est rouge, en sautoir, au bas duquel pend le bijou composé de trois triangles entrelacés*[18].

La couleur du sautoir est donc ou rouge, elle rappelle le sacrifice sanglant d'Hiram.

Le bijou qui représente les trois triangles entrelacés, est le rappel du ternaire reconstitué sous forme d'une union indissoluble, c'est-à-dire du ternaire constructeur fondamental. Les trois triangles amènent on l'a vu au nombre 9 qui correspond à l'accomplissement d'un cycle. Le 9 est le développement complet du ternaire dont il est le carré. Il permet le passage d'un ternaire à l'autre constituant un lien qui unit l'expansion à l'unité.

6 – Tableau du Secrétaire Intime

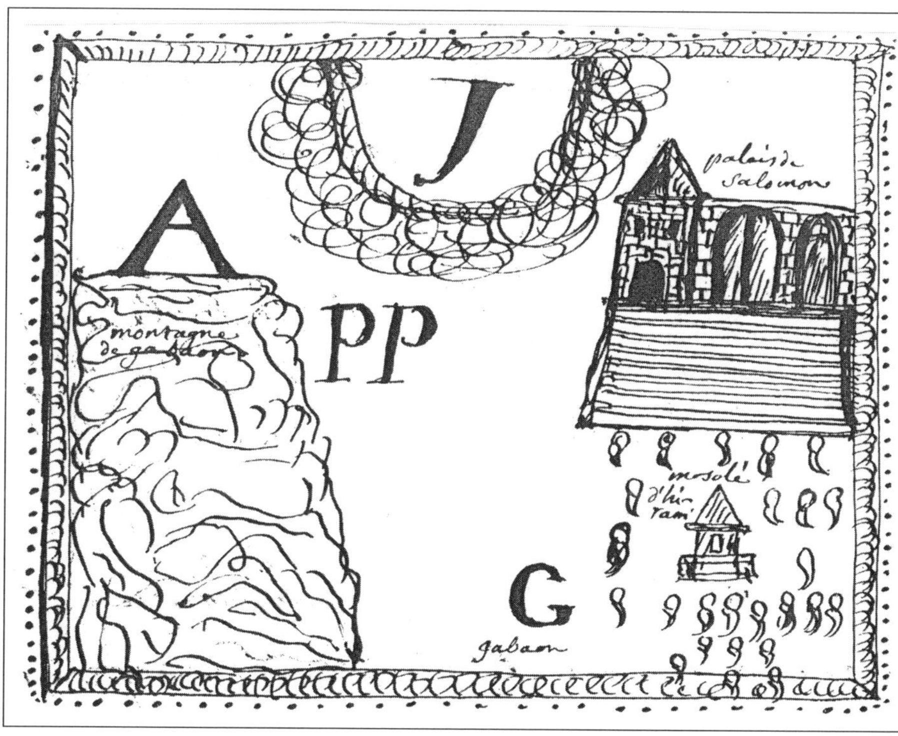

Fig. 28 – Tableau du Secrétaire Intime.

Le Centre qui est dans le nuage représente la voûte du grand temple, au milieu de laquelle est un J qui veut dire Jehova, qui est le nom du Grand Architecte de l'Univers.

L'édifice du fond nous représente le palais de Salomon et la porte est celle du grand portail, par où on entrait. Les larmes et le mausolée nous représentent l'endroit où reposait notre respectable maître et où Salomon était quelque fois à répandre des larmes sur la perte de ce sublime ouvrier. C'est dans cette chambre où le Roi de Tyr le trouva quand il vint le voir.

La lettre A signifie alliance, les deux P veulent dire promesse et perfection. On place la lettre A sur la petite montagne de Gabaon, parce que c'est sur elle que Salomon et Hiram contractèrent leur alliance. Le mot Gabaon représente la première chambre qui était au haut du palais de Salomon[19].

Tableau récapitulatif du grade de Secrétaire Intime

Selon le Tuileur de Lausanne 1875

Âge : *Dix ans, le double de cinq.*
Batterie : 000000000 *(9 claques).*
Mot de passe : *IHAOBEN.*
Mot sacré : *IVAH.*
Marche : *Ordinaire.*
Heure de commencement des travaux : *La troisième heure du jour.*
Heure de la fin des travaux : *La sixième heure du jour.*
Question d'ordre : *Mon zèle a été pris pour de la curiosité.*
Tablier : *Blanc, doublé et bordé de rouge. La bavette porte un triangle.*
Cordon : *Cramoisi, en sautoir.*
Bijou : *Trois triangles entrelacés.*
Gants : *Blancs.*
Légende de l'initiation : *Zèle d'un secrétaire de Salomon.*

On constate que dans les principaux Tuileurs de 1813 à 1861 (de Delaulnaye à Ragon), les âge, marche, heures d'ouverture et de fermeture des travaux ne sont pas déterminés. Ce n'est qu'à partir de 1875 que le Tuileur de Lausanne les précise.

19. Avignon, *B.M., MS 3079, op. cit.*

INSTRUCTION PAR DEMANDES ET RÉPONSES

(Instruction extraite du Manuscrit 3083 de la Bibliothèque municipale d'Avignon. Cette instruction est plus complète que le manuscrit Francken et donne quelques précisions supplémentaires sur la réception. Les mots demandés sont donnés à l'envers, ils ont été remis ici dans l'ordre).

D – Êtes-vous Maître Anglais ou Secrétaire Parfait par curiosité ?

R – Oui, je le suis Très Respectable Maître[20]**.**

D – Comment avez-vous été reçu ?

R – Par curiosité.

D – À quoi vous êtes-vous exposé pour le devenir ?

R – À perdre la vie.

D – Par qui avez-vous été reçu ?

R – Par Salomon et Hiram Roi de Tyr.

D – Où avez-vous été reçu ?

R – Dans la chambre de deuil.

D – Comment était-elle décorée ?

R – De noir avec des larmes blanches.

D – Combien y avait-il de lumières ?

R – Il y en avait vingt-sept.

D – Que veut dire le nombre de vingt-sept ?

R – Il signifie les vingt-sept jours que le Roi Salomon passa le deuil dans cette chambre après la mort d'Hiram son architecte.

D – Pourquoi le Roi de Tyr était-il dans cette chambre avec Salomon ?

R – C'est qu'ayant reçu une province du royaume de Salomon en récompense des services qu'il lui avait rendus en lui fournissant des matériaux pour la construction du temple que Salomon voulait élever au Très Haut, ayant été visiter cette province et ayant trouvé qu'elle était ruinée et qu'elle lui coûterait plus d'entretien qu'elle ne lui rapporterait de revenu, il vint s'en plaindre à Salomon qu'il trouva dans la chambre de deuil.

D – Que faisiez-vous à la porte de cette chambre ?

R – J'étais aux écoutes de l'entretien de ces deux princes craignant quelque chose du ressentiment du roi de Tyr mécontent de cette province.

D – Comment fûtes-vous découvert ?

R – Par le Roi de Tyr qui aperçut ma main.

D – Que fit le Roi de Tyr ?

R – Après s'être écrié il vint rapidement me prendre par la main et le coude et me mena rudement au milieu de la chambre.

D – Que fit-il ensuite ?

20. Dans la plupart des autres instructions il est précisé (en levant les yeux).

R – Il sortit son épée pour me percer, mais il fut arrêté par Salomon qui obtint ma grâce, après avoir ordonné aux gardes de répondre de moi 21.

D – Que fit-on ensuite ?

R – Salomon après avoir ordonné ma rentrée m'annonça le pardon du Roy de Tyr et la faveur de vouloir m'admettre à leurs mystères.

D – Qu'y a- t- il de mystérieux dans votre tableau ?

R – Un donjon qui renferme dans l'embrasure de la fenêtre la lettre J et un triangle mystérieux.

D – Que signifie la lettre J ?

R – Jehova qui est le sacré nom du Grand Architecte de l'Univers[22] **et qui signifie grâces à Dieu l'ouvrage est fini ; c'est-à-dire la construction du temple malgré la mort d'Hiram Abif.**

D – Que signifie le triangle ?

R – La divinité dont il est l'emblème.

D – Quel est le nom des trois lettres qui sont à chaque angle du triangle, A.P.P. en idiome français ou B.N.S. en anglais ? (voir note 10)

R – Alliance, promesse, perfection.

D – Qu'entendez-vous par le mot d'alliance ?

R – J'entends celle que Dieu fit avec Noé.

D – Que veut dire le mot de promesse ?

R – Celle que Dieu fit à Abraham.

D – Qu'entendez-vous par le mot de perfection ?

R – J'entends celle qu'a reçue l'humanité par la venue du messie.

D – Que veut dire le monticule avec la branche d'acacia qui est au-dessus, figurés dans votre tableau ?

R – C'est pour nous faire ressouvenir que nous devons avoir toujours présente la mort d'Hiram.

D – Quel est votre nom ?

R – Zerbal[23]**.**

D – Quel âge avez-vous comme Parfait par curiosité ?

R – Vingt-sept ans.

D – Pourquoi cet âge ?

R – Parce qu'il est relatif au nombre des Lumières.

21. Parmi les réponses les plus courantes on trouve :

D – Qu'a-t-on fait de vous après vous avoir surpris ?

R – On m'a mis entre les mains des gardes et j'ai reçu ma sentence de mort.

22. Le Manuscrit Francken de 1783 précise que le Nom J.E.O.V.A est donné par épellation.

23. Dans le même Ms Francken, c'est Joabert qui est à la place de Zerbal. Selon Guérillot, Joabert serait l'une des corruptions usuelles de Yehohaver, voir Guérillot, *Le Rite de Perfection*, Éditions Trédaniel, p. 64.

Dans les instructions habituelles on retrouve quelques précisions supplémentaires qui ne figurent pas dans la précédente instruction, notamment dans le manuscrit de La Haye 240 B9 :

D – Êtes-vous maître Anglais ?
R – Oui, je le suis (on lève les yeux au ciel).
D – Comment avez-vous été reçu ?
R – Par curiosité.
D – Quel risque courûtes-vous ?
R – De perdre la vie.
D – Que fit-on de vous lorsque vous fûtes hors de danger ?
R – On me remit entre les mains des gardes.
D – Étaient-ils maîtres anglais ?
R – Je n'en savais rien.
D – Quel est le mot ?
R – Moabon.
D – Que signifie-t-il ?
R – Persévérance ou stabilité.
D – Qu'étiez-vous avant d'être reçu ?
R – Favori de Salomon.
D – De quelle province êtes-vous ?
R – De Cabul.
D – Quel est votre nom ?
R – Cabuliste [24].
D – Combien avez-vous de gouvernements dans cette province ?
R – Vingt [25].
D – Où avez-vous été reçu ?
R – Dans le palais de Salomon.
D – Que signifie la lettre J qui est sous le vitrage ?
R – Jehovah qui signifie rendons grâce à Dieu l'ouvrage est fini.
D – Que signifie la fenêtre portée par un nuage ?
R – Elle représente la voûte du Temple ?

24. La plupart des manuscrits donnent Cabul et cabuliste, néanmoins d'autres manuscrits présentent une déformation phonétique. dont Caputy et caputiste (dans le FM[4] 867 de la B.N.de Paris) et Capule et capuliste (dans le M.S de La Haye 240 E 62). Cette ville est mentionnée sous la forme de Caboul dans le Ier Livre des Rois, IX,13 et s'écrit en hébreu Kabûl. Elle est située en Galilée dans la région de Saint Jean d'Acre et a conservé son nom d'origine encore de nos jours.

Dans le MS 7760/34 de Bayreuth, p. 19, il est précisé:

D – Qu'est-ce que le pays de Capul ou de Cabul ?

R – C'est un pays sablonneux que Salomon avait donné à Hiram Roi de Tyr en échange des matériaux qu'il avait fourni pour bâtir le temple.

25. Dans d'autres versions , entre autres dans les Manuscrits de Wien 76/10 et de la Bibliothèque Municipale d'Avignon 3079 F1, il est mentionné trente provinces au lieu de vingt.

D – Que signifie la lettre A ?

R – Alliance.

D – Que signifient les deux P ?

R – Promesse et Perfection.

D – De combien de lumières la loge est-elle éclairée ?

R – De vingt-sept.

D – Pourquoi d'un si grand nombre ?

R – Pour représenter les chandeliers que Salomon avait fait faire pour éclairer le temple.

D – Quel est l'édifice que l'on voit ?

R – Le palais de Salomon.

D – Pourquoi le troisième étage est-il ouvert ?

R – Pour montrer la chambre où Salomon alors pleurait Hiram.

D – Qu'y a- t'il dans cette chambre ?

R – Le mausolée du vénérable Hiram et des larmes blanches sur une tenture noire.

0
0 0

CHAPITRE IV

PRÉVÔT ET JUGE,

ou *Parfait Maître Irlandais*,

ou *Puissant Irlandais*

(7e degré)

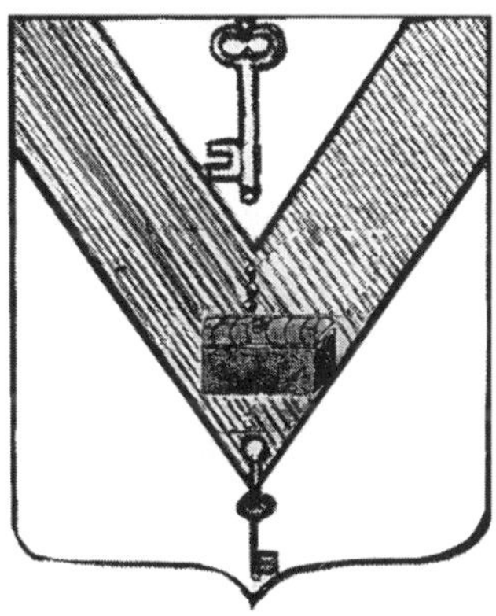

PRÉVÔT ET JUGE (7e DEGRÉ)

Présentation du grade

Ce grade a reçu plusieurs noms dans divers manuscrits. Il serait l'un des plus anciens de la maçonnerie française et aurait été connu à Paris dès 1745 sous le nom de *Prévôt et Juge*, si l'on se réfère à la savante étude sur le sujet parue dans la revue Renaissance Traditionnelle [1]. Pratiqué à Metz en 1761, l'ancienneté de ce grade est attestée puisqu'il figure dans l'Ancienne maîtrise bordelaise en 1750, de même que dans *le Rite de Perfection* et le *Grand Élu de Londres.* On trouve donc ce septième grade sous trois dénominations différentes :

Parfait Maître Irlandais
Puissant Irlandais
Prévôt et Juge

Cette dernière désignation du grade de *Prévôt et Juge* en fait le seul grade de perfection à avoir une dénomination double, contrairement aux autres grades de perfection qui n'en ont qu'une simple.

Furetière définit le Prévôt comme un juge subalterne des villes et des villages [2]. Cette définition pourrait laisser penser que la double appellation du grade est un pléonasme. Au Moyen Âge, le Prévôt avait la charge de la gestion des biens et des revenus pour le compte d'un maître, d'un seigneur laïc ou ecclésiastique. *Le Dictionnaire du Moyen Âge* considère que le Prévôt avait des fonctions judiciaires et qu'il était devenu le représentant du roi dans une fraction de son domaine [3].

Cependant dans ce grade les deux fonctions semblent différenciées et cette hypothèse mérite d'être davantage retenue. On peut considérer que le Prévôt détient la clé du coffre avec les plans du Temple et de l'urne contenant le cœur d'Hiram, alors que le Juge remplit sa fonction en utilisant la balance pour rendre ses jugements. Le candidat à ce grade est bien investi

1. Désaguliers René et Dachez Roger, *La pensée chinoise et la Franc-Maçonnerie au XVIIIe siècle : à propos du grade* de *Maître Irlandais, Prévôt et Juge,* dans *Renaissance Traditionnelle,* n° 96, octobre 1993.
2. Furetière, *Dictionnaire Universel,* 1690, Éditions Robert reprint, 1978 ; P-Z, t. III, p. 128.
3. *Dictionnaire du Moyen Âge,* PUF, pp. 1140-1141.

d'une double fonction : il doit rendre la justice et il est le gardien des plans à remettre aux Maîtres Maçons et du cœur embaumé du Maitre.

Ce grade enseigne que gouverner, avoir des responsabilités de commandement, demande de connaître et de prévoir avec justice, équité et impartialité.

Ce rituel évoque un tribunal qui fournit au Roi Salomon le moyen de restaurer l'ordre nécessaire parmi les ouvriers pour reprendre la construction du Temple interrompue par la disparition du Maître.

Le fait de bien agir va de pair avec la volonté d'une action loyale et sincère.

Thème du grade

À ce grade, le Président de la loge représente Tito, *nom du Doyen des Maîtres Irlandais,* prince des Harodim, ou chefs et conducteurs des travaux au nombre de 3600, que Salomon établit sur les ouvriers du Temple (I Rois V, 16).

Le candidat fait plusieurs fois le tour de la loge, quatre ou sept fois selon les différentes variantes des rituels. Au cours de chacun de ces voyages il lui est exposé le moyen de bien exercer la justice. Il est interrogé sur sa manière de la concevoir, sur les devoirs à remplir et sur ses aptitudes dans cette fonction.

Ce grade est aussi une cérémonie d'hommage funéraire en mémoire du Maître disparu.

Le thème de la légende est centré sur la construction du Temple relatée dans le Livre des Rois. (voir : *1 Rois V, 15 :32, Alliance avec Hiram ; I Rois VI, 1 :38, la construction du Temple ; et 1 Rois VII, 13 :14, concours d'Hiram de Tyr ; I Rois IX 10 :14, les villes données à Hiram ;* et dans *Chroniques II : 1à17, préparatifs des travaux ; II Chroniques III et IV la construction du Temple*).

Ainsi, après la mort d'Hiram, Salomon nomme sept Prévôts et Juges. Les Prévôts sont chargés d'examiner les plans élaborés par les Architectes, vérifiant leur conformité avec les projets conçus par les Grands Maîtres. Les réunions se tenaient dans la chambre du milieu du temple. Les plans des bâtiments et les comptes rendus étaient conservés dans un coffret d'ébène dont les *Prévôts et Juges* détenaient la clé.

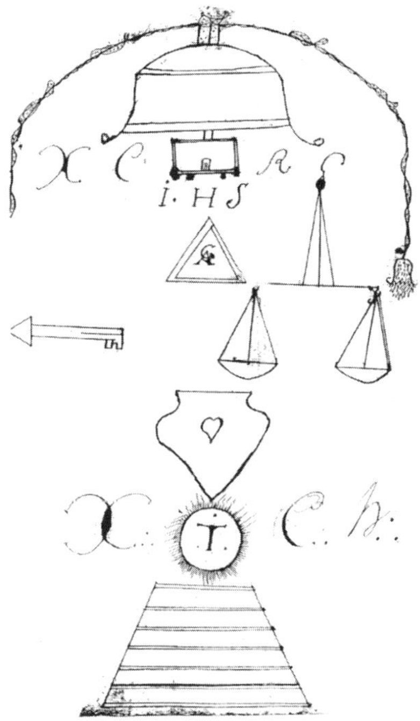

Fig. 29 – Symboles du grade de Prévôt et Juge.
Tracé sommaire extrait du Ms. de la Haye 192 B3. (p. 186)

DESCRIPTION DES FIGURES CONTENUES DANS LE TABLEAU DE LOGE (P. 186)

(provenant du Manuscrit 3083 de la Bibliothèque Municipale d'Avignon)

Le tableau doit être un carré long à l'ordinaire… à l'Orient, au midi, à l'occident et au nord doivent être figurés quatre portes du Temple… à celle de L'Orient il doit y avoir trois marches à la dernière des quelles doit pendre la houppe dont les glands et bouts de cordon pendent vers les portes figurées du midi et du nord… par dessous la porte de l'Orient et un peu plus bas doit être représenté un autel couvert de crépine et frange… plus bas encore et sur la même ligne doit être placé un coffre d'ébène… du côté du nord et du midi entre l'autel et le coffre doivent être tracées les lettres C à gauche, et K à droite… au dessous du coffre doivent être tracées les lettres J.H.S. sur la lettre H doit être une branche d'acacia dont le bout repose sur la dite lettre… sur la même ligne plus bas est figurée une urne avec des flammes ou rayons qui en sortent… plus bas est un triangle reposant sur sept marches ovales… au milieu du dit triangle doivent être les lettres G et A entrelacées… entre l'urne et le dit triangle seront figurées à droite une balance et à gauche une clé.. par dessous la clé sera tracée la lettre X et par dessous la balance la lettre C.

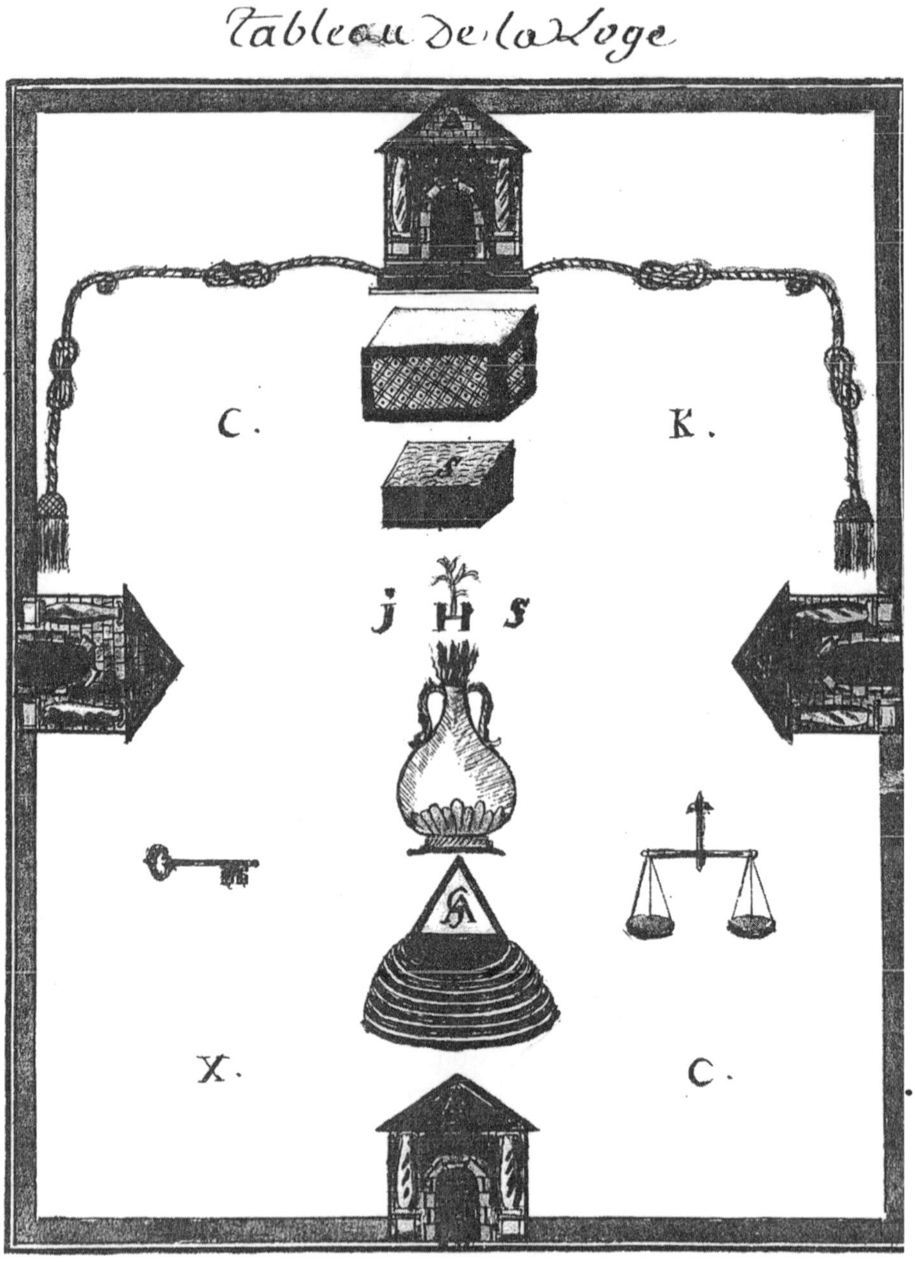

Planche 10 – Tableau de loge.

Provenant du manuscrit 3083 de la BM d'Avignon.

(descriptif p. 185)

Prévôt et Juge

TUILEURS	DELAULNAYE (1813)	VUILLAUME (1820)	BAZOT (1836)	RAGON (1861)
ÂGE	Non mentionné	Non mentionné	Point	Point
BATTERIE	Cinq coups (quatre et un) 0000-0	Cinq coups, par quatre et un 0000-0	0000 0	Cinq coups (4+1), 0000 0 !
GRANDE PAROLE	Geometros, Xincheu, Yzirie, Ivah, Hiram, Stolkin On traduit Xincheu par Siège de l'âme; ce mot est insignifiant Ivah est pour Iehovah Au lieu d'Yzirie, il faut écrire Izrachiah D'autres forment ainsi la Grande parole Izrachaih, Iehovah, Hiram, Stolkin, Géomètre, Architecte.	Jzrach-iah, Jehovah, Hiram, Stolkin, Géomètres-Architectes. Selon quelques rituels, cette parole est: Geometros, Xincheu, Yzirïe, Jvah, Hiram et Stolkin ; cela est fautif. On dit aussi *chivi* que l'on traduit ainsi : *fléchissez le genou*, et *ki* ou *kai* que l'on traduit par : *levez-vous*.	Izrachiah, Jehova, Hiram, Stolkin: (ce sont des géomètres ou architectes)	Izrach-iah. Jéhovah, Hiram, Stolkin(géomètres-Architectes). Selon quelques rituels, cette parole est : Geometros, Xinchen, Ysirïe, Ivah, Hiram et Stolkin ; cela est fautif. On dit aussi *chivi* que l'on traduit ainsi : *fléchissez le genou*, et *ki* ou *kai* que l'on traduit par : *levez-vous*.
MOTS DE PASSE	Tito Suivant d'autres, le mot sacré est Tito, le mot de passe Xincheu. On dit aussi Civi, que l'on traduit par fléchissez le genou, et ky ou Caky, auquel on fait signifier levez-vous	Tito	Tito	Tito
MOT SACRÉ	IAKINAI	IAKINAI Ce mot Iakinai n'est autre chose que le pluriel de Iakin, comme *Adonaï* est le pluriel d'*Adon*	Jakinai ou Jaquinai	Jakinaï (en hébreu Jakinaï, pluriel du mot Jachin)
MARCHE	Non mentionné	Non mentionné	Point	Point
HEURES D'OUVERTURE ET DE FERMETURE DES TRAVAUX	Pour ouvrir comme pour fermer ; huit heures, Deux et Sept, ce qui signifie que le Prévôt et Juge doit, à toute heure, être prêt à rendre justice	Huit, deux et sept	Le point du jour	Neuf : deux et sept

1 – La balance

Dans la mythologie grecque, Thémis, déesse de la justice a pour attribut la balance qui lui permet de juger avec équité. De même Zeus soupèse avec une balance la destinée des hommes avant de la leur attribuer.

Dans le manuscrit *FM⁴ 76 de la BN* l'utilisation de la balance est définie ainsi :

D – Qu'y avait-il encore dans la loge ?

R – Une balance.

D – Que signifie-t-elle ?

R – L'exactitude avec laquelle nous devons remplir nos fonctions, et la justice avec laquelle nous devons décider sur les différents qui surviennent entre les ouvriers.

Dans le *MS 20 FM*, on trouve une réponse à peu près similaire :

L'exactitude avec laquelle nous devons remplir nos devoirs puisque nous devons terminer tous les différents qui surviennent entre les ouvriers du temple.

Des significations complémentaires sont données par d'autres manuscrits, entre autre celui de Lyon 5921-5 :

D – Que signifie la balance ?

R – L'exactitude et l'équité avec laquelle nous devons remplir nos fonctions puisque nous sommes chargés de terminer à l'amiable tous les différents qui surviennent entre les ouvriers du Temple sur lesquels nous avons inspection.

Le Manuscrit d'*Avignon 3083* donne comme réponse :

R – J'ai rendu la plus exacte justice à tous les ouvriers du temple, en conformité de la balance qui m'a été donnée pour emblème.

Selon Vassal *la balance a représenté et représentera dans tous les temps et dans tous les lieux l'impartiale justice. Dans ce grade elle représente la législation israélite de Salomon. C'est en relevant Joaber, frappé d'admiration devant les sublimes révélations reçues, que Salomon lui donna une balance comme l'insigne de sa nouvelle dignité*[4].

Un Maître doit s'efforcer de rendre la justice en toute objectivité et équité recherchant la vérité en toutes situations. En clair, le Prévôt et Juge doit avoir l'art de concilier les oppositions nécessaires et fécondes en tendant à l'invariable milieu (défini dans la tradition extrême orientale) [5].

4. Vassal Pierre-Gérard, *Cours complet de maçonnerie ou Histoire générale de l'initiation depuis son origine jusqu'à son institution en France*, Genève – Paris, Slatkine Reprints 1980 de l'édition de 1852, pp. 302-303.

5. Guénon René, *La Grande Triade*, Éditions Gallimard, 1957, chap. XVI, pp. 135-143.

La balance est un symbole d'équilibre et d'exactitude. Attribut du Prévôt et Juge, on retrouve en elle le symbole du niveau qui est l'emblème du Second Surveillant en loge bleue. La balance exprime la loi de l'équilibre universel dont les fondements de sa stabilité présentent l'image fixe des deux plateaux immobilisés au même niveau. Les deux plateaux de la balance ont de nombreuses correspondances symboliques : comme force des pôles opposés et complémentaires. Le fléau et l'axe de la balance forment un T ; ce symbole rappelle la colonne du milieu de l'arbre des séphiroths. Ses deux bras représentent la rigueur ou force et la miséricorde ou clémence. Ce symbole du T se retrouve dans le signe du Prévôt et Juge (la ligne verticale est formée par les deux doigts, dont l'un est sur le bout du nez et l'autre sous le menton, la ligne horizontale est représentée par deux doigts placés de chaque côté du nez, la main figurant un compas).

La balance n'est d'ailleurs pas le symbole spécifique de ce seul grade puisqu'on la retrouve au grade suivant. Chaque fois, elle permet d'insister sur la nécessité d'être juste et d'agir selon la justice. Elle introduit pour la première fois très explicitement la notion de justice, ainsi que celle de l'exactitude nécessaire, autant que celle de la mesure pour remplir cette fonction. La fonction du juge est de donner à chacun son dû en s'efforçant de faire prévaloir le Droit, conformément à la volonté supérieure du Grand Architecte, en toute équité.

« Le juste » est celui qui agit selon la justice, c'est-à-dire en rendant à chacun ce qui lui est dû et en faisant prévaloir le droit en toute objectivité. Pour ce faire il se conforme à la volonté du Principe, respectant ainsi ses commandements et observant toute prescription explicite. Dans l'Absolu, Seul est juste l'Éternel, même si l'homme est dit avoir été créé à l'image de Dieu, néanmoins sa part de subjectivité entrave sa faculté objective et l'empêche d'atteindre à ce degré de perfection. *Nul vivant n'est juste devant Toi.* (Job 4,17 ou Psaume 10,143). Dès lors, est tenu pour juste, l'être qui avoue sincèrement sa totale dépendance vis-à-vis du Principe, cherchant à connaître ce que l'Éternel attend de lui, s'efforçant de penser et d'agir conformément à ce qu'il sait et à ce qu'il en a compris.

La balance, préfigurée par le niveau dans les loges bleues est le symbole par excellence de la justice humaine, préfigurant la justice immanente par le symbole d'une femme aux yeux bandés qui en toute objectivité ne se laisse influencer par rien.

La balance, outre son utilisation d'emblème de la justice préfigure aussi le jugement dernier, symbole eschatologique.

La balance donnée par Salomon à l'Intendant des Bâtiments est symbole de stabilité, manifestée par la loi de l'équilibre à mettre en œuvre dans la manifestation. La balance sert à peser et équilibrer les forces intérieures suivant la juste mesure de cette loi.

Puisqu'il ressent et formule ces notions ou concepts de justice et d'équité, l'être sincère, conscient de sa quasi totale dépendance vis-à-vis d'un Principe absolu, universel, créateur de tout et de lui-même, lui en attribue naturellement l'origine. Cet être de bonne volonté, Maître Maçon, s'efforcera de mettre en pratique au mieux ces valeurs, sachant toutefois que, de par ses limites, il ne saurait y parvenir totalement. Néanmoins, la volonté qui anime le *Prévôt et juge* doit être conforme à cet idéal.

Fig. 30 – La Balance.

2 – La Clé d'or

La clef d'or est présentée comme ayant une double fonction : d'un côté elle donne accès à l'urne où est le cœur d'Hiram (sur un plan idéal de perfection), d'un autre côté elle permet d'ouvrir le coffre qui renferme les plans du temple (sur un plan pratique) :

D – Que signifie la clé ?

R – Qu'il n'y a que nous qui sachions où repose le cœur de notre Respectable Maître Hiram.

D – Où repose-t-il ?

R – Dans une urne d'or enflammée sur la seconde marche du Temple en montant.

D – Ne sert-elle à rien de plus ?

R – À ouvrir le coffre qui renferme les dessins [6].

6. Paris, Bibliothèque Roettiers de Montaleau, *MS 20 FM, Prévôt et Juge ou Maître Irlandais.*

Dans la plupart des rituels on trouve comme premier usage de la clé d'or qu'elle donne le moyen d'accès au coffre renfermant les plans de la construction du temple qu'il reste à achever :

D – Que vous a-t-il donné ?

R – Une clé pour marquer mon grade, un attouchement et une parole pour me faire reconnaître.

D – À quoi sert cette clé ?

R – À ouvrir le petit coffre de bois d'ébène où étaient renfermés les dessins qui doivent servir à la construction du Temple[7].

Cette clef d'or est le bijou distinctif du grade. La clef et la balance remises à ces juges sont les insignes de leur mission. La clé détenue par le Prévôt et Juge indique la confiance qui lui est accordée en même temps que l'étendue de son pouvoir de commandement sur le chantier. Elle est une marque de confiance et de fidélité.

Clé de sagesse et de lumière, cette clé est fabriquée d'un métal pur, symbole de perfection. Elle interpelle le récipiendaire sur la transformation intérieure nécessaire pour passer de la clé d'ivoire du Maître Secret à la clé d'or du Prévôt et Juge. Il est utile de se demander à quoi correspond la transmutation de cette clé d'ivoire en clé d'or, ou bien s'agit-il d'une autre clé ? De toute façon on reste dans le domaine des matières les plus nobles, que ce soit l'ivoire, matière animale ou l'or, matière minéral. On peut envisager que cette clé d'or soit également une clé bénarde puisqu'elle permet d'ouvrir deux réceptacles précieux, mais complètement différents, aussi bien l'urne d'or que la cassette d'ébène. Il faut voir avant tout dans cette clé un symbole important de la perfection.

Cette clé d'or donne accès à l'urne d'or et à la cassette d'ébène, c'est pourquoi on peut voir dans cette clé un instrument d'ouverture du cœur, mais aussi un symbole de la connaissance initiatique et d'un dépôt précieux et inestimable confié au Prévôt et Juge. La clé d'or donne à l'initié accès au Saint des Saints, lieu où il prend connaissance des plans spirituels du Temple de l'univers, qui doit être le reflet, de son temple intérieur. Le Prévôt et Juge se conforme dès lors à la loi de la balance, qui doit gouverner l'univers. Cette loi de justice et de perfection est le sens profond de ce grade.

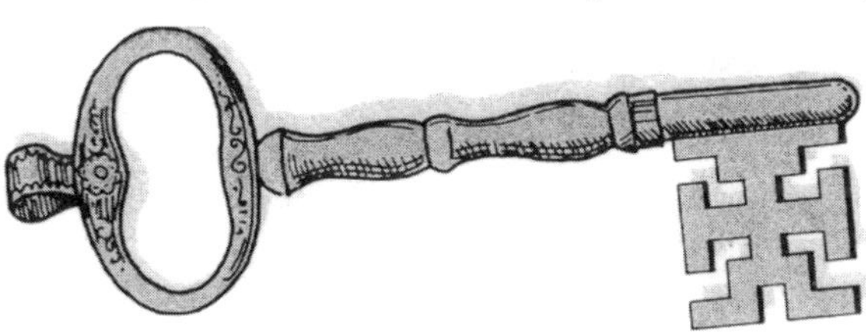

Fig. 31 – La Clé d'or.

7. La Haye, *MS 193 D.32 et 240 D.3, Maître Irlandais, Prévôt et Juge.*

3 – La cassette d'ébène

D – Qu'avez-vous aperçu dans la loge ?

R – La houppe dentelée au milieu de laquelle était suspendu un petit coffret de bois d'ébène, où étaient enfermés tous les plans qui devaient entrer dans la construction du temple, un triangle dans lequel il y avait un grand G et un grand A entrelacés.

D – Que signifient ces deux lettres ?

R – Que Dieu lui-même avait été le Géomètre et l'Architecte de son Temple par les dessins qu'il avait inspirés à Salomon[8]. (Dans d'autres versions on trouve aussi David associé à Salomon pour cette réponse, ce qui est normal, puisque c'est lui qui avait reçu les plans divins pour la construction).

La cassette est de bois d'ébène, matière végétale, caractérisée par sa dureté, sa densité et sa couleur noire. Tout arbre rappelle l'axe du monde.

Cette cassette contient le secret de la construction par les plans qu'elle détient. De plus on peut considérer que cette cassette d'ébène rappelle que le corps physique de l'architecte est revenu à la putréfaction après que la chair a quitté les os, d'où la couleur noire. La cassette d'ébène rappelle la terre, une cassette est le plus souvent destinée à enfermer des choses précieuses qui méritent d'être préservées, voire un trésor.

Rappelons-nous l'urne, contenant le cœur de l'Architecte dans le Saint des Saints, une analogie peut être établie entre le cœur d'Hiram et les plans du temple dans le coffre. L'un et l'autre sont un trésor caché, à sauvegarder.

D – Où reposent le corps et le cœur de notre Très Respectable Frère Hiram ?

R – Son corps sous le second degré du temple en entrant et son cœur dans une urne d'or enflammée qui est dans le sanctuaire[9].

Fig. 32 – La Cassette d'ébène.

8. La Haye Ms. 7240 E 63.
9. La Haye, MS 193 D 32, *op. cit.*

4 – D'où venez-vous ?... je viens et vais partout

À la suite de cette question et de cette réponse le Prévôt et Juge est interrogé sur le temps imparti à son activité. On voit ici que l'espace et le temps sont indissociables.

D – Quelle heure est-il ?

R – Le point du jour, huit heures, deux heures et sept heures.

D – Pourquoi ?

R – Parce que les Maîtres Irlandais Parfaits se trouvent partout et à toute heure [10].

Un autre manuscrit fournit une réponse complémentaire :

D – Dites-moi quelle est l'occupation ordinaire d'un Maître Parfait Irlandais ?

R – C'est de distribuer les dessins aux maîtres et de faire la visite des travaux du temple à toutes les heures du jour [11].

La justice doit être rendue à tout moment, aussi, le *Prévôt et Juge* vient et va partout pour remplir au mieux cette fonction sur le chantier.

Il ne s'agit pas uniquement du chantier du temple, mais aussi du chantier de la vie. Sur le plan de l'initiation, le Prévôt et Juge est missionné pour surveiller à tout moment et quel que soit le lieu, la construction de l'œuvre, qui doit rester conforme à la loi universelle. Cette loi de l'équilibre universel est exprimée par la balance, attribut d'une justice souveraine et équitable. Grâce à sa volonté stable, le Maître Maçon qui accède à ce niveau maintient un équilibre entre le cœur et la raison, entre le subjectif et l'objectif ou encore entre la miséricorde et la rigueur. Il gère à bon escient l'harmonie et l'équilibre des forces vitales qui commandent son action. Avec cohérence et coordination, il reconnaît sa conscience pour seul juge.

Nous retrouvons pour la deuxième fois le personnage de Johaben, dont le nom signifie, *fils de Dieu.* Il est à nouveau le récipiendaire qui reçoit de Salomon la balance et la clé d'or qui sont les attributs d'une maîtrise complète dans l'équilibre, la stabilité et la connaissance.

5 – Les mots du Prévôt et Juge

Contrairement aux grades précédents où l'origine des mots est hébraïque (même s'ils sont souvent bien corrompus), dans ce grade il s'agit d'une sorte de casse-tête chinois et ce n'est pas peu dire. En effet, si l'on se réfère à l'étude de René Désaguliers et Roger Dachez [12], ce grade est inspiré directement des coutumes funéraires de la Chine ancienne et les mots du

10. La Haye, *MS 240 D.3, op. cit.*
11. Avignon B.M., *MS.3083, Maître Irlandais, Prévôt et Juge,* p. 103.
12. Désaguliers René et Dachez Roger, *op. cit.*

grade sont une transcription légèrement corrompue des mots rituellement prononcés en Chine, lors de l'hommage rituel rendu à un mort.

Dans les questions/réponses de la plupart des instructions, on trouve :

D – Qu'avez-vous rencontré à la porte de la loge ?

R – Un Surveillant qui m'ayant conduit à la porte de l'Occident m'a fait prononcer le mot Civi et m'a fait mettre le genou droit en terre.

D – Que vous a répondu le Très Illustre Parfait ?

R – Ki.

D – Que signifient ces deux mots ?

R – Le 1er veut dire fléchissons le genou et le 2e levez-vous [13].

Ci signifie en chinois genou et *vi* se rapporte à l'*action de fléchir*, donc *Civi* signifie *fléchissez le genou. Ki* veut dire *se lever.* Ces deux mots sont loin d'être anodins car ils sont prononcés dans une cérémonie rituelle d'hommage funéraire destinée à la mémoire du Maître disparu.

Le mot de passe, également d'origine chinoise, est transcrit, sous différentes variantes phonétiques des mots rituellement dits en Chine lors d'une cérémonie funèbre ; ainsi on trouve les formes *Xentem, Xinchem, Xinschu, Xincheu, Xinxee* etc. auxquelles on attribue la signification de « Siège de l'âme ».

Dans l'ouvrage *Des cérémonies de la Chine* du père Louis Leconte (daté de 1700), on y trouve une description minutieuse des honneurs que les Chinois rendaient à leurs morts. Au milieu d'un dispositif à usage rituel, sur une petite console, était déposée une tablette en papier, sorte de poche ou de grande enveloppe rouge sur laquelle figurait le nom du défunt. Selon la tradition chinoise cette tablette est le « Siège de l'âme ». C'est devant elle que sont faites toutes les prosternations d'usage (Civi et Ki) et que sont rendus avant l'ensevelissement tous les honneurs dus au mort [14].

13. La Haye 240 B.10, *Manuscrit de Parfait Illustre Irlandais.*

14. L'étude du *Maître Irlandais, Prévôt et Juge, un grade à redécouvrir* par Pierre Petitjean et Eugenio Esposito, dans *L'Écossais,* n° 3 apporte de précieux compléments à l'article paru dans *Renaissance Traditionnel,* le n° 96, mentionné plus haut. Se reporter aussi au n° 4 de *L'Écossais* qui fournit la signification détaillée des mots chinois, reproduite à la page suivante.

Transcription d'époque	Traduction d'époque	Transcription *pinyin*	Caractères
CI	Genou	xī	膝
VI	Action de fléchir	guì	跪
KY (KI)	Se lever	qǐ	起
XING	Ame	xìng	性
CHEU	S'arrêter, stationner	zhǐ	止

Cette série de mots un peu mis bout à bout pourrait ainsi se traduire : *Assis sur les talons [à la manière des Japonais], la nature [de chaque homme] est en repos.*

Un grand bravo pour la révélation des "chinoiseries jésuistiques" adaptées des rites funéraires (et des "techniques" Taoïstes d'interrogation des ancêtres) du 7ième grade. Tu voudras bien féliciter les auteurs (où les redécouvreurs) de cette curiosité inconnue des meilleurs auteurs (VUILLAUME ou GLOTON pour ne citer que ces deux-là).

J'aurai cependant une observation et une correction à faire. L'observation d'abord. Page 40, les auteurs donnent la transcription "PINYIN" des 5 caractères chinois concernés sans préciser que la prononciation "PINYIN" s'écarte très notablement des transcriptions/translittérations occidentales auxquelles nous sommes habitués. Pour que nous puissions nous approcher de la prononciation RÉELLE, il y aurait lieu de compléter comme suit le tableau de la page 40

TRANSCRIPTION D'ÉPOQUE	TRADUCTION	TRANSCRIPTION PINYIN	PRONONCIATION FRANÇAISE APPROCHÉE
CI prononcé à l'italienne TChi.	GENOU	XĪ	CHI la meilleure approximation est le CH "Chuinté" portugais
VI prononcé à l'italienne, à la latine OUI	PLIER le GENOU S'AGENOUILLER	GUÌ	KOUI, GOUI les chinois ne distinguent pa les sourdes (K, P) des sonores (G, B). on entend un son intermédiaire (plutôt faible.)
KY prononcé KI : à l'impossible, nul n'est tenu !	SE LEVER DU LIT	QǏ	le Q pinyin n'est pas un Q : c'est une vélaire emphatique aspirée !! le son s'obtient en forçant l'air entre le dos de la langue et le palais, cela ressemble au KCHHH des chats en colère.
XING prononcé XING ou CHING par les hispanisants.	ÂME ! (non !)	XÌNG	CH + le ING anglais en plus nasalisé... le G final, comme en anglais, est plus amorcé que prononcé.
SHEU ? en tout cas très éloigné du chinois réel	ARRÊTER	ZHǏ	DJI, TCHI, son intermédiaire entre la sonore DJ et la sourde TCH.

la correction pour finir : il y a confusion (possible et pas certaine) entre deux caractères, deux mots quasi homophones dont les sens sont parents mais pas identiques ; les auteurs donnent

性 XÌNG caractère
personalité
sexe (appartenance)
nature (d'un être)
qualités (morales)
jamais âme ou esprit

je propose

心 XĪN
âme
esprit
cœur
sentiment

la prononciation, vu la faiblesse du G final, serait très voisine s'il n'y avait la différence de TON (descendant dans le premier, plat dans le second) primordiale et manifeste à l'oreille chinoise. On notera que XÌNG est la combinaison de 2 caractères 忄 qui est la forme de 心 (cœur, âme) employé comme CLEF PHONÉTIQUE et 生 CHENG qui signifie VIVRE, NAîTRE, ENGENDRER. [15]

R. [illegible]

15. Dans *L'Écossais,* n° 4, Courrier des lecteurs dans *Revue du Grand Collège des Rites,* décembre 2002, pp. 50-51.

6 – Le tablier et le cordon de Prévôt et Juge

Selon la description donnée par le manuscrit *La Haye 193 D32, le Maître Irlandais* porte un tablier blanc, doublé et bordé de rouge avec au milieu une petite poche de taffetas rouge passementée de rosettes rouges et blanches. Sur la bavette de ce tablier doit figurer une clef d'or. Par le décret du Suprême Conseil, en 1806, le tablier est décrit comme étant blanc, bordé de rouge, une poche au milieu, une clé sur la bavette [16]. La couleur de la clef n'est pas précisée. Il semble que l'adjonction des rosettes de couleur soit postérieure.

Dans plusieurs manuscrits l'utilisation du tablier est décrite avec précision :

D – À quoi sert la poche qui est au milieu (du tablier) ?

R – Elle sert au Doyen des Maîtres Irlandais pour mettre ses dessins quand il va les communiquer aux Maîtres pour en prendre la proportion sur leurs planches à tracer [17].

La poche du tablier semble donc être un doublet du coffre d'ébène du tableau que permet d'ouvrir la clé.

D – Que signifient les rosettes rouges et blanches ?

R – Le rouge représente le sang d'Hiram et les blanches la fidélité et la candeur à l'égard de cette mort [18].

[…]

D – Que représentent les rosettes ?

R – les rouges représentent le sang d'Hiram, les blanches la félicité des maîtres [18].

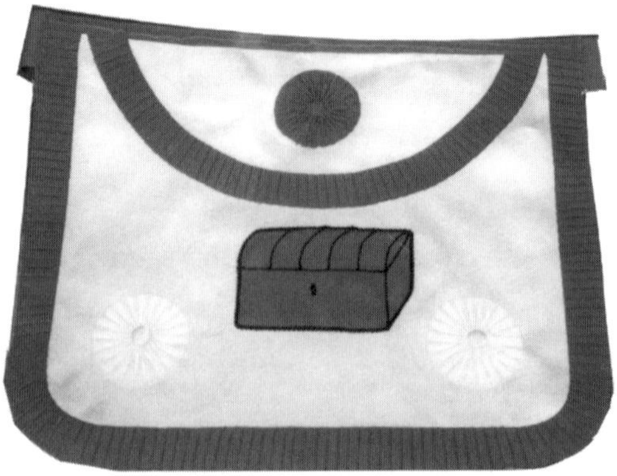

Fig. 33 – Le Tablier.

16. *Recueil des actes du suprême Conseil de France ou collection des décrets, arrêtés et décisions de cet illustre corps, de 1806 à 1830*, Paris, Imprimerie Sétier, 1832.
17. La Haye *Ms 193, D32, op. cit.*
18. Paris, Bibliothèque Roëttiers de Montaleau, *MS 20 FM.*

Dans une autre version de rituel, il est mentionné des rosettes de trois couleurs avec des interprétations différentes :
D – Que signifient ces rosettes rouge, bleue et noire ?
R – Le rouge représente de sang d'Hiram répandu, le bleu la fidélité des Maîtres Parfaits et le noir le deuil des vrais maîtres après la mort de notre Très Respectable père [19].
[...]
D – Que signifie la rosette couleur de feu au bas de votre cordon et celles qui sont sur la bavette de votre tablier ?
R – Les rouges nous rappellent le meurtre d'Hiram, victime de sa discrétion, qui ne doit jamais sortir de notre mémoire et les blanches marquent la fidélité à nos engagements et la pureté de nos mœurs [20].

Le cordon est décrit en 1806 par le Suprême Conseil, *comme étant rouge, en sautoir, au bas duquel pend une clé d'or* [16].

DESCRIPTION DES FIGURES CONTENUES DANS LE TABLEAU DE LOGE

(à la page 198)

1. Une houppe dentelée au milieu de laquelle pend un petit coffre, sous un dais, où sont renfermés les plans du temple de Salomon.

Les lettres C. K. signifient les mots Civi et Ki.

Les lettres TT correspondent à Tito.

Les trois lettres IHS. La première correspond au grand nom de *Iehova*, la seconde, le nom d'*Hiram* et la troisième, celui du maître *Stolkin*, qui le découvrit ; la couronne qui est au milieu est une branche d'acacia.

L'entrelacs des lettres GA correspond aux initiales du Grand Architecte.

La clef d'or, à gauche.

La balance à droite pour juger avec équité.

Les 7 degrés circulaires.

Au-dessus de la deuxième marche se trouve l'urne où est enfermée le cœur d'Hiram.

X et C sont les lettres initiales du mot de passe.

19. BN, FM⁴ 358 *Grade du Parfait Maître Irlandais et* Avignon, *Maître Irlandais, Prévôt et Juge,* B.M. MS. 3083.
20. M.S.Lyon 5921-5, p. 12.

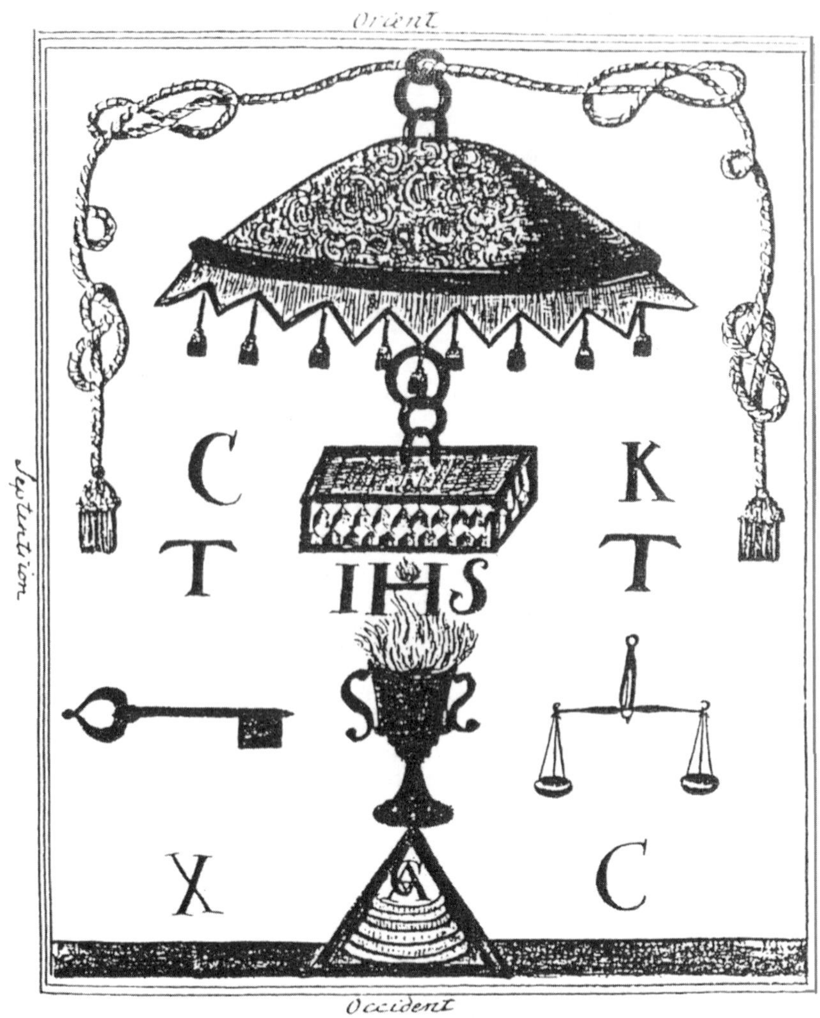

Fig. 34 – Description du Puissant Irlandais Prévôt et Juge, de la Collection du Chevalier de la Barre.

Tableau récapitulatif du grade de Prévôt et Juge

Selon le Tuileur de Lausanne 1875

Âge : *Quatorze ans, le double de sept.*
Batterie : 0000 0 (*4 et 1 claques*)
Mot de passe : *TITO.*
Mot sacré : *JAKINAI.*
Marche : *Ordinaire.*
Heure de commencement des travaux : *La dernière heure de la nuit. Le jour vient.*
Heure de la fin des travaux : *La dernière heure de la nuit. Le jour vient.*
Question d'ordre : *Je rends justice à tous les ouvriers sans préjugé, ni partialité.*
Tablier : *Blanc, bordé rouge. Au milieu poche avec rosette rouge et blanche. Sur la bavette une clef brodée.*
Cordon : *Cramoisi, en sautoir.*
Bijou : *Une clef d'or.*
Gants : *Blancs.*
Légende de l'initiation : *Organisation judiciaire des ouvriers du Temple de Salomon.*

Dans les précédents Tuileurs l'âge du *Prévôt et Juge* n'est pas mentionné. Il n'apparaît donc qu'assez tardivement dans celui de Lausanne. On observe que les heures d'ouverture et de fermeture des travaux sont variables selon les Tuileurs.

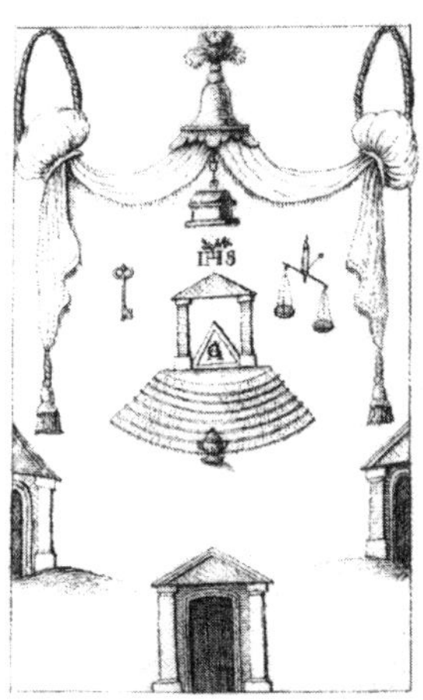

Maître Irlandais.

Fig. 35 – Dessin à l'encre du tableau de Maître Irlandais.

Coll. Leber, Ms.3394, Bibliothèque Municipale de Rouen.

INSTRUCTION PAR DEMANDES ET RÉPONSES

Instruction du Cahier de Maître Irlandais, Prévôt et Juge, 7e grade, Manuscrit 3083 de la Bibliothèque Municipale d'Avignon. Cette instruction fournit plus de détails sur la réception que celle du Manuscrit Francken.

D – Êtes-vous Maître Parfait Irlandais ?

R – Interrogez-moi et mes réponses vous le feront connaître.

D – Comment avez-vous été annoncé en Loge ?

R – Par quatre coups [21].

D – Que signifient ces quatre coups ?

R – Les quatre faces du temple dans les quatre points cardinaux.

D – Qu'avez-vous rencontré à la porte de la Loge ?

R – Un F∴ Second Surveillant qui m'y attendait pour m'instruire.

D – Que vous a-t-il appris ?

R – Il m'a donné à connaître l'excellence du grade dont j'allais être revêtu et m'a fait l'explication en même temps des devoirs qu'il exigeait.

D – Qui vous a introduit ?

R – Le Premier Surveillant.

D – Où vous a-t-il placé ?

R – À l'occident de la Loge.

D – Qu'a-t-il fait de vous ?

R – Il m'a fait mettre de suite le genou droit à terre et lorsque j'ai été dans cette posture il m'a dit de prononcer le mot civi ou cini.

D – Que signifie ce mot ?

R – Fléchissez le genou.

D – Que vous a répondu le Très Illustre Parfait ?

R – Ki ou Kaki.

D – Que signifie ce mot ?

R – Levez-vous.

D – Qu'a-t-on fait de vous ensuite ?

R – Le Très Illustre Parfait a ordonné au F∴ 1er Surveillant de me faire faire les voyages.

D – Comment avez-vous voyagé ?

R – Le F∴ Premier Surveillant m'a mis une épée nue sous le menton et dans cette situation il m'a fait voyager quatre fois autour de la loge, qui

21. Le manuscrit Francken précise quatre + un coup :

Q – Comment fûtes-vous admis dans la loge de Prévôts et Juges ?

R – En frappant quatre fois, et un cinquième après une courte pause.

Q – Que signifient ces quatre coups, suivis d'un cinquième séparé ?

R – Les quatre premiers coups rappellent les emblèmes qui ornent les quatre façades du temple et le cinquième symbolise l'unité de Dieu, auquel le Temple est dédié et à qui sont dus tous nos hommages.

Voir Guérillot, *Le Rite de perfection*, p. 74.

est l'emblème du temple de Salomon.

D – Pour quelle raison vous a-t-on mis une épée nue sous le menton ?

R – C'était pour me rappeler ma première obligation et montrer par là que j'aimerais mieux avoir la gorge coupée avant de révéler les secrets qui m'ont été confiés.

D – Que signifient ces quatre voyages ou tours de Loge qu'on vous a fait faire ?

R – Ils signifient les quatre âges de l'homme sur la terre, savoir la naissance, son âge viril, sa vieillesse et sa mort.

D – Qu'a-t-on fait de vous ensuite ?

R – Le Très Illustre Parfait a ordonné qu'on me fît parvenir à lui par la marche ordinaire.

D – Comment y êtes-vous arrivé ?

R – Par quatre pas de maître qui m'ont porté sur les quatre parties du temple.

D – Expliquez-moi cela ?

R – J'ai fait un grand pas en partant du pied gauche formant le 4 de chiffre de la jambe droite lequel m'a porté à l'occident du tracé de la Loge… Le second pas m'a porté au midi… le troisième au septentrion… et le quatrième à l'Orient au côté gauche du trône du Très Illustre Parfait [22]**.**

D – Que désigne cette marche ?

R – Elle nous montre l'entière inspection que nous avons sur tous les ouvriers et les ouvrages du temple et de la Loge.

D – Qu'a fait de vous le Très Illustre Parfait ?

R – Sur le témoignage qu'il a reçu de mon zèle pour l'Art royal, il m'a constitué Prévôt et Juge de tous les ouvriers du temple, et m'a mis en possession du cœur d'Hiram.

D – Que vous a-t-il donné ?

R – Une clé d'or pour attribut.

D – À quoi sert cette clé ?

R – À ouvrir le coffre d'ébène pour en tirer les dessins.

D – Comment les maîtres irlandais portent-ils cette clé ?

R – Suspendue à un ruban couleur de feu.

D – Que signifie t-elle ?

R – Que nous connaissons le lieu où repose le cœur d'Hiram.

D – Où repose-t-il ?

R – On le conserve précieusement dans une urne d'or qui est fermée et placée sous le second degré de la chambre du milieu en montant.

22. Cette description de la marche formant le 4 de chiffre est particulièrement intéressante. On pourra se reporter sur ce sujet à l'étude de René Guénon traitant du *Chrisme et le cœur dans les anciennes marques corporatives* parue dans *Études sur la Franc-Maçonnerie et le compagnonnage*, t. II, Éditions Traditionnelles, 1976, pp. 50-67.

D – N'avez-vous reçu rien de plus ?

R – Outre l'attribut le Très Illustre Parfait m'a communiqué des signes, un attouchement, une parole avec le mot de passe des Maîtres Irlandais.

D – Quel est votre signe ?

R – On le fait.

D – Donnez l'attouchement au F∴ tel… votre voisin ?

R – On le donne.

D – Est-il juste mon F∴?

R – Très Illustre il est fort juste.

D – Quelle est votre parole ?

R – Je ne le puis Très Illustre, je ne sais qu'épeler, donnez-moi la 1re lettre (on épelle).

D – Que signifie cette parole ?

R – C'est le nom d'un Maître Irlandais.

D – Donnez-moi le mot de passe ?

R – On le donne.

D – Que signifie ce mot ?

R – Le siège de l'âme.

D – Par combien de lumières était éclairée votre Loge ?

R – Par seize, de quatre en quatre, aux quatre points cardinaux de la Loge[23].

D – Qu'avez-vous aperçu dans la Loge ?

R – La houppe dentelée placée en forme de dais, sous laquelle était suspendu un coffre d'ébène et un triangle contenant un G et un A entrelacés.

D – Que signifient ces deux lettres ?

R – Que Dieu comme créateur de l'Univers a été le Géomètre et l'Architecte de son temple par les dessins qu'il a inspirés à Salomon.

D – Que renferme le coffre ?

R – Tous les plans et dessins de la Loge.

D – Qu'avez-vous vu de plus ?

R – J'ai vu une clé, une balance, et différentes lettres dont la signification m'est connue.

D – Que désigne la balance ?

R – Elle nous fait voir l'exactitude avec laquelle les maîtres irlandais doivent remplir leurs fonctions comme étant commis pour terminer les différents qui surviennent entre les ouvriers.

D – Donnez-moi l'explication des lettres C.K. ?

R – Ces deux lettres sont les initiales des deux mots civi et ki ou cini et kaki et dont la première comme il a été dit signifie fléchissez le genou et la seconde levez-vous.

23. On peut relever que l'ordonnancement des lumières de la loge est la même qu'au Maître Parfait.

D – Que signifient les deux autres lettres X.C. l'une placée sous la clé et l'autre sous la balance ?

R – Ce sont les lettres initiales des deux mots Xin chen qui servent de mot de passe aux Maîtres Irlandais et qui signifient comme il a été dit plus haut, le siège de l'âme.

D – Que représente les trois lettres J.H.S. placées au dessous du coffre d'ébène ?

R – Ces lettres sont les initiales des trois mots Jehova, Hiram et Stokin [24].

D – Donnez-moi la signification de ces trois mots ?

R – Le premier est le nom du Grand Architecte de l'Univers que nous ne devons épeler qu'avec respect.

Le second est celui de notre Respectable Maître Hiram qui était l'architecte du temple.

Le troisième est le nom du maître qui découvrit le corps d'Hiram après qu'il eut été assassiné.

D – Que signifie la branche d'acacia dont le bout repose sur la lettre H ?

R – C'est précisément le bout qui repose qui nous fait entre ces lettres distinguer le nom d'Hiram et nous rappelle que ce fut la branche d'acacia qui fit découvrir aux maîtres le corps d'Hiram.

D – Pourquoi les seize lumières dont votre loge est éclairée sont-elles placées aux quatre coins ? [23]

R – Parce que les quatre points cardinaux de la Loge représentent les quatre parties du monde.

D – Où avez-vous été placé ?

R – Dans la chambre du milieu.

D – Pourquoi ?

R – Pour y travailler.

D – À quoi avez-vous travaillé ?

R – Au tombeau d'Hiram.

D – Où fut-il inhumé ?

R – Dans le sanctuaire du temple.

D – Comment travaillez-vous ?

R – En dessinant des plans et les distribuant aux ouvriers du temple.

D – Comment encore ?

R – Avec zèle, ferveur et constance.

24. Dans le Ms Francken on lit :

Q – Que signifient les lettres I H S avec la branche d'acacia sur le H ?

R – Le I veut dire Ina (probablement pour Iva), le H, Hiram et le S, Stolkin, nom de celui qui retrouva le lieu où gisait le corps d'Hiram abif sous la branche d'acacia, qui fut ensuite la marque permettant de retrouver ce lieu. *Voir* Guérillot, *op. cit*, p. 76.

On peut envisager que cette explication extérieure en cache une plus intérieure qui serait « Jesus Hominis Salvator » qui peut être traduite par *Jésus Sauveur de l'homme.*

D – Avez-vous été payé ?

R – J'ai rendu la plus exacte justice à tous les ouvriers du temple, en conformité de la balance qui m'a été donnée pour emblème.

D – Pourquoi portez-vous le cordon couleur de feu ?

R – C'est en premier lieu en représentation de la mort de notre Respectable Maître Hiram, en second lieu pour nous faire ressouvenir que nous devons toujours être prêts et disposés à répandre jusqu'à la dernière goutte de notre sang pour la défense de nos FF∴ pourvu qu'elle dérive d'une cause légitime.

D – Quelle est la forme de votre tablier ?

R – Il doit être de peau blanche à l'ordinaire doublé de rouge, orné sur le milieu d'un petit sac de même couleur accompagné de trois rosettes posées en triangle, dont une doit être rouge... la seconde bleue et la troisième noire et au milieu de ces trois rosettes doit être placée la représentation d'un coffre d'ébène dont j'ai dit ci-dessus l'usage.

D – Pourquoi ces rosettes de différentes couleurs ?

R – Parce qu'elles ont chacune leur signification.

D – Donnez-la moi ?

R – La rouge nous représente le sang d'Hiram répandu. La bleue désigne la fidélité des maîtres parfaits. La noire nous dénote le deuil des vrais maçons après la mort de notre R∴ M∴.

D – À quoi sert la poche que vous portez au tablier ?

R – À contenir les dessins lorsqu'on va les distribuer aux maîtres pour en prendre les proportions sur leur planche à tracer.

D – Quel âge avez-vous comme maître irlandais ?

R – Soixante-quatre ans ou bien le nombre cubique de quatre fois quatre.

D – Quel est votre nom ?

R – Tito.

D – Dites-moi quelle est l'occupation ordinaire d'un Maître Parfait Irlandais ?

R – C'est de distribuer les dessins aux maîtres et de faire la visite des travaux du temple à toutes les heures du jour.

0

0 0

CHAPITRE V

INTENDANT DES BÂTIMENTS

ou *Maître en Israël* ou *Maître Écossais des 3 J*

(8e degré)

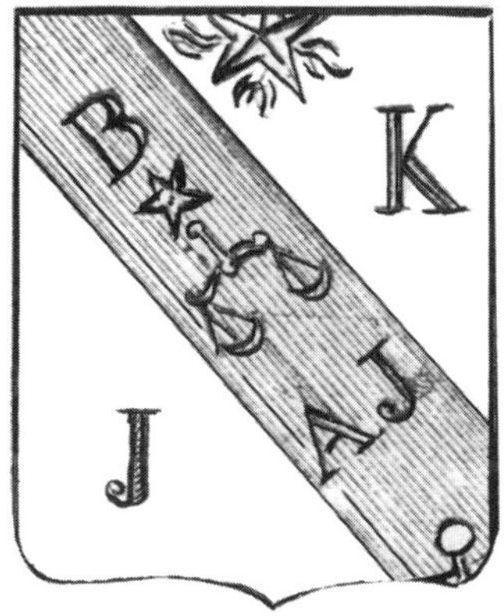

Intendant des Bâtiments (8e degré)

Présentation du grade

Ce grade a reçu plusieurs noms. On trouve donc ce huitième grade sous trois dénominations différentes :

— *Intendant des Bâtiments ;*
— *Maître en Israël ;*
— *Maître Écossais des trois J.*

Guérillot observe que ce grade est manifestement le résultat d'une synthèse, comme l'indique les autres noms qui lui servent de sous-titre, dans le cahier du Rite de perfection, *Maître en Israël* ou *Écossais des 3 J*[1]. Selon Guérillot le grade d'*Intendant des Bâtiments* aurait été pratiqué vers 1750, par la Parfaite Loge d'Écosse et par les *Parfaits Élus de Bordeaux.* Le *Maître en Israël* pourrait dater de la même époque, mais sans autre précision. Quant au *Maître Écossais des Trois J,* il figure sur la liste des degrés pratiqués à Lyon, vers 1761 [2].

Les versions de *Maître Écossais des 3* J ont en commun plusieurs éléments rituels avec le 2e Ordre du Rite Français. On trouve dans l'un et l'autre la couleur rouge, l'accès au sanctuaire, l'arche d'alliance couverte des ailes des chérubins, la table des pains de proposition, le chandelier à sept branches, l'autel des parfums (se reporter notamment au *M.S. 5935, Grand Écossais des 3J* de la Bibliothèque Municipale de Lyon).

Vassal, qui classe ce grade dans le septième degré lui donne la double dénomination d'*Intendant des Bâtiments* et *Maître en Israël* considérant qu'elle semble indiquer l'époque de son institution et son but important. Ainsi, il considère que le 3e grade nous apprend combien les architectes étaient rares lors de la construction du temple ; voulant par conséquent conserver un art si utile et y faire participer spécialement les hommes de sa

1. Guérillot Claude, *La Rose maçonnique*, Éditions Trédaniel, 1995.
2. Guérillot Claude, *Le Rite de Perfection,* Éditions Trédaniel, 1993, pp. 79-90.

nation, Salomon institua un collège qui ne fut composé que d'architectes israélites ; de là la double dénomination que porte le grade, parce qu'eux seuls avaient les connaissances nécessaires pour élever et conserver les grands édifices ; les *Intendants des Bâtiments* (dans la continuation directe du *Prévôt et Juge*) devaient être par conséquent, les hommes les plus instruits en architecture et Salomon donna à ce grade la seconde dénomination de *Maître en Israël*, parce qu'il n'y avait que des Israélites [3].

Thème du grade

L'Intendant des Bâtiments a pour tache habituelle, conformément à sa dénomination, l'organisation des travaux et le maintien de l'ordre nécessaire à l'accomplissement de ceux-ci.

Le président de la loge représente Salomon, le Premier Surveillant Tito, Prince des Harodim et le Second Surveillant Adonhiram, fils d'Abda.

Ce grade est en corrélation avec le précédent, on y retrouve également le symbole de la balance. *L'Intendant des Bâtiments* pratique les cinq points de fidélité et monte les sept marches d'exactitude du Temple (ce qui est attesté par le Tuileur de Vuillaume).

En dehors de ces deux symboles qui permettent de méditer sur le 5 et le 7, on constate que ce grade n'apporte pas grand chose de nouveau si ce n'est une récapitulation des précédents degrés (notamment un complément du compagnonnage). L'accent est toujours mis sur l'acquisition et la pratique de la Vertu. La réception est des plus simples, le récipiendaire s'agenouille sur un carreau de pierre tient en main un rameau d'acacia et prête son obligation. (Cette cérémonie est tout aussi dépouillée que celle du Maître Secret pratiquée initialement).

3. Vassal Pierre-Gérard, *Cours complet de maçonnerie ou Histoire générale de l'Initiation depuis son origine jusqu'à son institution en France* ; Genève-Paris, 1980, Éditions Slatkine Reprints de 1852, pp. 284-288.

Intendant des Bâtiments

TUILEURS	DELAULNAYE (1813)	VUILLAUME (1820)	BAZOT (1836)	RAGON (1861)
ÂGE	Trois fois neuf ans (27 ans)	Trois fois neuf ans	Vingt sept A… par 3 fois 9	Trois fois neuf ans
BATTERIE	Cinq coups égaux	Cinq coups égaux 00000	Non mentionné	Cinq coups égaux 00000
MOTS DE PASSE	Ce sont ceux de l'attouchement	Ce sont ceux de l'attouchement	Jikinaï	Jakinaï
MOTS SACRÉS	Ce sont ceux de l'attouchement	Ce sont ceux qui ont été donné avec l'attouchement	Juda	Juda
MARCHE	Cinq pas égaux	Cinq pas égaux. L'intendant monte les sept marches d'exactitude et connaît les cinq points de fidélité	Non mentionné	Cinq pas égaux. L'intendant connaît *les cinq points de fidélité*, et monte les 7 marches d'exactitude
HEURE D'OUVERTURE DES TRAVAUX	Le Point du jour	Du point du jour jusqu'à	Au point du jour	Au point du jour
HEURE DE FERMETURE DES TRAVAUX	Sept heures du soir *Ce nombre ne cadre point avec le reste du rituel*	Sept heures du soir	À sept heures du soir	À 7 heures du soir

1 – Les 5 points de fidélité

Étymologiquement le mot fidélité vient du latin *fidelitas* qui exprime la qualité de celui qui est *fidelis*, c'est-à-dire qui remplit ses engagements, tient ses promesses, et par là se montre digne de confiance, sûr, droit, loyal et constant. Le Maître qui revêt cette qualification est donc celui qui tient sa promesse et accomplit ce qu'il a promis. Dès lors on comprend pourquoi l'idée de fidélité est souvent associée à celle de promesse.

Selon l'Ancien Testament, les attributs de fidélité de l'Éternel sont constamment respectés dans ses alliances. Dans le Deutéronome, il est qualifié de « Dieu fidèle » (Deut. 32,4) ou encore « le Dieu fidèle qui garde son alliance et son amour pour mille générations à ceux qui l'aiment et gardent ses commandements » (Deut. 7,9).

Dépositaire d'une tradition à transmettre, *l'Intendant des Bâtiments* se doit d'abord d'être fidèle à l'engagement contracté envers lui-même, ses frères, la maçonnerie et la tradition qu'elle véhicule. Il s'agit de la fidélité à l'engagement pris initialement que chaque degré intensifie, renforce et confirme lors des obligations successives.

La fidélité est personnifiée dans la mythologie, vêtue de blanc, une clef à la main, tenant parfois un cœur ou un sceau, un chien à ses côtés. La Fidélité est une importante qualité chevaleresque au point que plusieurs Ordres de Chevalerie prirent le nom « d'Ordre de la Fidélité ». Dès le grade de Maître Secret, la fidélité est rappelée en loge de perfection, la réception d'un nouveau Maître est la reconnaissance de sa Fidélité à l'Ordre.

C'est par 5 grands coups que sont énoncés les 5 points de fidélité ce qui marque bien leur importance. On peut se demander quel lien il y a entre les cinq points de fidélité et les cinq points du compagnonnage, devenus par la suite les cinq points de la Maîtrise ?

D – Qu'avez-vous entendu ?

R – Cinq coups.

D – Que vous ont-ils annoncé ?

R – Les cinq points de la félicité [4].

Dans plusieurs manuscrits, entre autres *Kloss* XXV-6 et *Bonseigneur* Vol.1, p. 78, on relève que les cinq points dits de fidélité « sont appelés cinq points de félicité », vraisemblablement parce que le Maître a pu être relevé grâce à la mise en œuvre de ces cinq points.

Dans la plupart des manuscrits l'étoile à cinq branches (du compagnon) est associée à ces cinq points :

D – Que représente cette étoile ?

4. Wien 76/9, *Architecture des Maîtres en Israël,* pp. 649-655.

R – Le météore qui conduisit les Rois Mages vers le lieu où reposait le Sauveur.

D – Pourquoi avait-elle cinq rayons ?

R – Pour marquer les cinq Ordres d'Architecture qui furent employés à la construction du temple de Salomon, les cinq points de la félicité, les cinq sens de nature sans lesquels l'homme ne saurait être parfait ; les cinq lumières de la maçonnerie et les cinq zones du monde habitées par les Maçons.

D – Quels sont cinq les points de félicité ?

R – Marcher, (d'autres variantes indiquent **Agir) intercéder, prier, aimer et secourir les Frères** (il est ajouté parfois : **pour n'avoir avec eux, qu'un même esprit et un même cœur)** [4].

La fidélité consiste à se soumettre aux statuts de la confrérie par l'attachement aux anciennes coutumes de l'Ordre, selon les définitions du Rite des Anciens. À l'appui de cela on trouve une réponse intéressante donnée par le Manuscrit Graham :

D – Qu'est-ce qu'une loge parfaite ?

R – Le centre d'un cœur fidèle [5].

L'accent est mis dès le grade d'apprenti sur le fait de *garder le secret, d'être obéissant et de rester fidèle,* ce qui est rappelé de manière impérative au *Maître Secret.* Ainsi, en se référant à Hiram même, on constate qu'il est resté fidèle jusqu'à la mort dans la direction des travaux du temple. Ce devoir de fidélité rappelle l'engagement initialement pris dès le grade d'apprenti, et rappelé lorsque le récipiendaire au grade de Maître Secret a les lèvres closes par le sceau du secret et de la fidélité. La fidélité est une clé essentielle dans le cheminement initiatique, elle permet de rester en accord avec l'engagement ou les engagements pris.

La Fidélité revêt plusieurs aspects :

— la Fidélité envers soi-même qui consiste à suivre ce que l'on croit juste et conforme à sa propre vérité. Cela veut dire prendre pour guide la seule voix de sa conscience.
Cela sous-entend fidélité à la parole donnée.

— La Fidélité envers son Frère ou tout autre être considéré comme digne d'estime en raison de ses vertus. La Fidélité étant une des bases de la fraternité, l'une découlant de l'autre, puisqu'il ne saurait y avoir de fraternité sans fidélité.

— La Fidélité à la Tradition. Cela demande au Maître de passer de *l'équerre au compas,* du *carré au cercle* ou du *cube à la sphère,* sans

5. *Le manuscrit Graham* traduit et annoté par Jean-Pierre Berger, dans *Le Symbolisme,* n° 392-393, janvier-juin 1970, p. 99.

perdre de vue l'Unité qui sous-tend la tradition initiale, ce qui demande inlassablement de rassembler ce qui est épars pour savoir discerner cette unité dans la multiplicité des voies et des formes.

— Fidélité vis-à-vis de l'ensemble de ses FF∴ c'est-à-dire envers sa loge et par extension envers l'Ordre tout entier, facteur de l'œuvre d'édification du temple.

Fig. 36 – Personnification de la Fidélité.

2 – les 7 marches d'Exactitude

Afin de pénétrer dans les parties intérieures du temple, l'Intendant des Bâtiments doit monter 7 marches d'exactitude. Ces 7 marches correspondent à la maîtrise et à l'assimilation active des acquis précédents, notamment les 7 Arts libéraux, composés du trivium des arts de la parole et du quadrivium de la science des nombres. De même cette pratique rituelle est un rappel de ce que le Maître Maçon a gravi un escalier tournant par 3, 5 et 7 marches. Chaque palier correspondant à une étape de réflexion et à un éveil toujours plus accru de la conscience. Le fait de gravir 7 marches indique le sens d'une ascension verticale qui rappelle et synthétise les acquis précédents.

On peut établir une analogie, sans trop forcer le trait, entre le chandelier à sept branches et la montée de ces sept marches qui correspond à une progression vers la Lumière :

D – Que signifient le chandelier à sept branches ?

R – La présence de l'Esprit Saint dans le cœur des vrais observateurs de la loi [6].

Ces sept marches sont visibles dans les tableaux d'apprenti et de compagnon du XVIIIe siècle, Elles se présentent avec des paliers ou repos successifs qui conduisent à la porte du Temple.

Le fait de gravir 7 marches peut aussi être associé au cycle hebdomadaire de labeur qui demande à chacun d'œuvrer avec vigilance et persévérance pour rester en accord avec les engagements précédemment contractés. Ainsi, dans *le Manuscrit 3081* de la Bibliothèque Municipale d'Avignon on lit :

D – Que signifient les sept marches du temple que vous avez montées ?

R – Les six premières signifient les six jours que Dieu employa à la création du monde qui sont les jours de travail et la 7e qui introduit de plein pied dans le temple, signifie le jour du Seigneur ou du repos.

Vassal remarque fort justement que *c'est le premier degré scientifique de l'échelle écossaise, car, pour y parvenir, il fallait avoir monté les sept marches de l'exactitude, c'est-à-dire qu'il fallait connaître le sens positif des sept symboles qui composent les sept marches, qui sont le compas, l'équerre, le niveau, le ciseau le maillet et la pince (qui correspond au levier). Leur juste application, tantôt séparément, tantôt collectivement, est indispensable, pour que les connaissances, les arts, les sciences et la législation soient exacts, précis et par conséquent utiles à la société*[7]. (À noter que Vassal cite 7 marches d'exactitude, mais n'en énumère que 6).

Dans d'autres manuscrits les marches 3,5,7 sont additionnées :

D – Qu'est-ce que signifient les trois premières marches ?

R – La Foi, l'Espérance, la Charité.

D – Que signifient les cinq ?

R – Les cinq sens de la nature qu'il faut assujettir à la loi.

D – Que signifient les sept dernières marches ?

R – Les sept dons du saint Esprit qui nous fortifient contre tous les obstacles de la vie et perfectionnent toutes nos œuvres [6].

6. Avignon BM, MS.3082, *Écossais des JJJ*, pp. 294-299.
7. Vassal Pierre-Gérard, *op. cit.*

3 – L'Étoile mystérieuse

Toute étoile rappelle l'importance du nombre 5, on est renvoyé à l'approfondissement des acquis du compagnonnage. 5 est le nombre du microcosme, souvent représenté par un homme aux bras et jambes écartées, dont la tête et les quatre membres s'inscrivent dans un pentagramme. C'est un rappel pour prendre comme guide l'étoile flamboyante à laquelle chacun est censé s'identifier pour devenir médiateur entre Terre et Ciel.

D – Que vous ont produit ces voyages ?

R – Beaucoup de surprise.

D – Pourquoi ?

R – Par rapport à l'étoile flamboyante et ce qu'elle renferme.

D – Que renfermait-elle ?

R – Le saint nom de Dieu.

D – Quel est-il ?

R – Jehova[8].

Les cinq étoiles qui brillent sur l'autel peuvent être interprétées comme les cinq lumières de la Franc-Maçonnerie nécessaires pour diriger et éclairer une loge. Celles ci correspondent à la transmission régulière de la Tradition maçonnique que représentent l'éclairage et la direction de toute loge.

On note que dans ce grade l'étoile flamboyante se substitue complètement au delta, tout comme au grade de compagnon :

D – Où trouvez-vous les trois mots ou piliers de votre loge ?

R – Dans l'étoile flamboyante.

D – Quelle en est la lettre initiale ? Que signifie-t-elle ?

R – Gomez ou beauté divine.

D – Pourquoi la désignez-vous par l'étoile flamboyante ?

R – Parce que ce fut sous cette figure que le messie força les 3 Rois mages à venir reconnaître sa divinité[9].

On trouve les cinq ordres d'architecture (Dorique – Ionique – Corinthien – Composite – Toscan) qui sont connus et utilisés pour accéder à une certaine perfection de l'œuvre. Salomon désigne cinq Intendants des Bâtiments pour leur zèle et leur aptitude car ils peuvent mener à bien la construction jusqu'à son terme. Ils partagent la connaissance des 5 points de fidélité qui les unit.

Avec les 5 points de fidélité et les 7 marches d'exactitude, on peut se remémorer que le 5 comme le 7 était pour les pythagoriciens un nombre sacré. Le 5 résultant de la somme de 3+2 soit de l'union du Ciel avec la

8. La Haye 240 E 65, XXVIII – 11, *Intendant des Bâtiments ou Maître en Israël.*
9. Avignon BM, *MS 3081-13, Écossais des 3JJJ.*

Terre, symbole d'harmonie, alors que le sept correspond au cycle de l'œuvre accomplie.

Dans d'autres rituels plus récents, on trouve :

D – Êtes-vous dans les ténèbres ?

R – L'étoile du matin m'éclaire et le Mystère me guide.

Ou dans le Manuscrit Francken il est répondu :

L'Étoile du Matin m'illumine et l'Étoile Mystérieuse me guide [10].

À quoi correspond cette étoile du matin ? On peut penser au soleil qui se lève, mais il est plus probable que ce soit Vénus, animatrice et organisatrice de la vie. Cet aspect régénérateur de la vie constituant le mystère de l'étoile.

4 – La balance

Ici, la balance est un symbole d'exactitude lié aux sept marches dans lesquelles on peut voir les sept principaux échelons de la Connaissance, notamment dans l'approfondissement des sept Arts libéraux sur lesquels le compagnon est censé déjà avoir médité. Elle va permettre à l'Intendant des Bâtiments de remplir les devoirs de sa fonction qui sont de maintenir et de veiller à la justice autant qu'à l'équité entre tous.

Dans le *MS Bonseigneur* il est précisé :

D – Que signifie la balance que l'on vous a donnée dans le grade précédent ?

R – La balance, étant un attribut de justice, m'a été donnée pour l'exercer indistinctement sur tous les Maçons et pour rectifier ma conduite, si je désire mériter le nom de la lettre qui m'a été donnée en recevant le grade d'Intendant des Bâtiments.

La balance correspond davantage à la fonction du grade précédent de Prévôt et Juge.

Dans l'Intendant des Bâtiments la présence de la balance correspond à une fonction de continuation d'équilibre et de justice.

5 – Le tableau de loge

Les figures représentées sont :

Un triangle équilatéral irradié avec en son centre trois *iod* en ligne ;

Un sabre nu, pointe en haut ; le symbole du grade, les deux plateaux d'une balance.

10. Guérillot Claude, *Le Rite de perfection*, *op. cit.*, p. 86.

Un cercueil, tête vers la droite avec une branche d'acacia sur le couvercle. Des candélabres de 7, 3 et 5 branches avec des bougies allumées. (Le cercueil est représenté sous le seuil de l'entrée du sanctuaire pour avertir qu'après avoir subi la mort nous pouvons être introduit dans le séjour de la divinité. Le récipiendaire est mis en état de mort dans ce même lieu pour nous faire entendre que les maçons doivent être morts au monde et à ses maximes [11].

La représentation recto et verso du bijou suspendu au sautoir, les motifs gravés étant des références à Dieu.

Les significations de ces figures diverses sont expliquées au cours de la cérémonie et plus particulièrement par l'instruction.

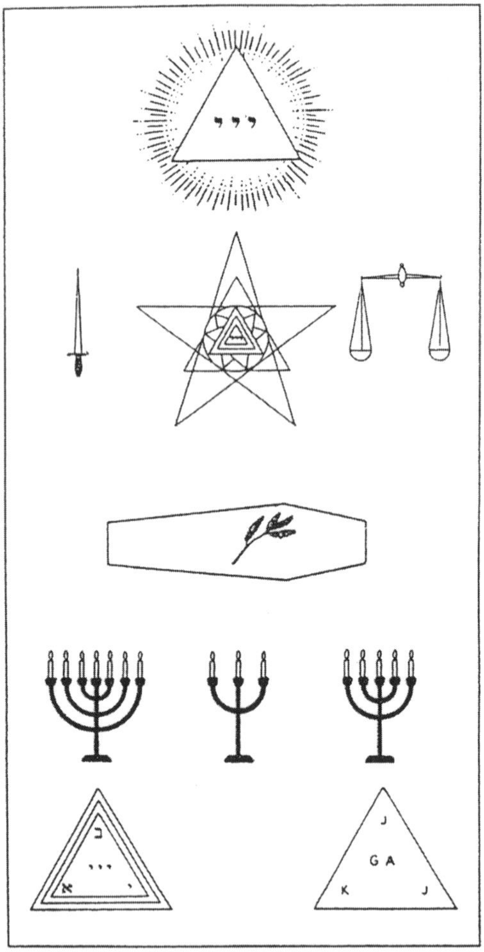

Planche 11 – Tableau de la loge.

11. *The Intermediate degrees 1° - 17° in the Jurisdiction of the Supreme Council 33° of the ancient and accepted rite for England and Wales and its districts and Chapters overseas,* by.G.E.W.Bridge, London, 1990.

6 – La vraie lumière pour diriger mon cœur

Après avoir reconnu sincèrement son ignorance entre ce qu'il sait et ce qu'il lui reste à découvrir, l'Intendant des Bâtiments est reçu pour dissiper les ténèbres dans lesquelles il est plongé. Éclairer son cœur et éclairer son entendement signifient qu'il s'approche de la Vraie Lumière.

D – Qu'avez-vous vu dans cette chambre ?

R – Une grande lumière que l'œil avait peine à fixer.

D – D'où procédait-elle ?

R – De l'étoile flamboyante [12].

Johaben, le récipiendaire, se présente, pieds nus, dans le Saint des Saints dans une attitude de simplicité, d'humilité et de réceptivité. Une analogie intéressante peut être faite entre Johaben (qui correspond au Maître Maçon, *Intendant des bâtiments*) et Moïse, si l'on se réfère à de nombreux rituels :

D – Comment y êtes-vous entré (dans l'intérieur du Temple) ?

R – Déchaussé.

D – Pourquoi déchaussé ?

R – Parce que Moïse l'était lorsqu'il entra dans la terre sainte [13].

Johaben tient une branche d'acacia. Il doit marquer un temps d'arrêt pour contempler la colonne Beauté, progression nécessaire à l'harmonie intérieure qui doit permette d'accéder à la pureté et à la Beauté de l'œuvre, conséquemment à la beauté et à la pureté de l'être.

La vraie Lumière n'éclaire pas seulement l'Intendant, elle dirige aussi son cœur, dans ses intentions et ses actes.

7 – Les trois signes

1er signe : *Le premier signe est celui de surprise qui se fait en portant la main droite sur le front, les doigts et les ongles en dedans* (repliés), *en prononçant le mot* Benchorim.

Le candidat se protège les yeux de ses mains car il n'est pas en état d'être confronté directement à une lumière absolue.

Les mains à droite et à gauche rappellent les deux colonnes et la loi du binaire. Ce signe évoque le double courant de vie, il est accompagné d'une exclamation qui signifie « noble fils ». L'Intendant des Bâtiment de par sa

12. Avignon, B.M. *MS 3082/15, op. cit.*
13. La Haye *240 E 65, op. cit.*

mission peut être considéré comme faisant partie de la postérité spirituelle du Maître disparu.

2e signe : *Le deuxième est celui d'admiration. On le fait en levant un peu les yeux au ciel, croisant les mains en haut et les laissant tomber sur la veste en prononçant le mot* Achard (*ou* Akard). Ce geste exprime une union avec les forces supérieures, qui établissent une circulation de haut en bas.

3e signe : *Le troisième signe est celui de la douleur. Il se fait en passant la main droite sur le flanc droit, un peu crochue,* (en forme de crochet*) en faisant un petit mouvement, comme si on voulait l'ôter en prononçant les mots* Jakin *(ou* Jakinaï*) et* Juda [14].

Ce troisième signe rappelle la disparition du Maître. Le mot Jakin est un rappel du 2e grade du R.E.A.A.

Le nom de Juda, qui est nouveau, est à rapprocher du lion et du signe du soleil. Si on se rapporte au livre de la Genèse (Gen. XXIX, V.35) Léa vient d'avoir un enfant et veut louer l'Éternel. Le texte dit : c'est pourquoi elle l'appelle Juda qui signifie « Louange à Dieu ». L'Intendant des Bâtiments établit la louange à rendre au G∴A∴D∴L'U∴

8 – Le tablier et le cordon de l'Intendant des Bâtiments

En 1806, le Suprême Conseil décrète que le tablier doit être *blanc, doublé de rouge, bordé de vert ; au milieu est une étoile à neuf pointes placée au-dessus d'une balance ; sur la bavette est un triangle avec les lettres B.A.I* [15].

Dans les versions récentes du rituel, le tablier est donc blanc bordé de vert et doublé de rouge, alors que dans les manuscrits de la fin du XVIIIe, il était doublé et bordé de rouge :

D – Pourquoi portez-vous un tablier doublé et bordé de rouge ?

R – Pour prouver que c'est sur une charité ardente que nous sommes essentiellement fondés [16].

Le vert rappelle l'acacia symbole de renaissance. Le rouge doublant le tablier correspond au feu caché qui anime l'initié dans sa quête d'amour et de connaissance. Pour l'alchimiste, le rouge est la couleur de la pierre philosophale. Ces couleurs rappellent le principe spirituel, générateur de vie.

14. La Haye, *240 E 65, op. cit.*

15. *Recueil des actes du Suprême Conseil de France ou Collection des décrets, arrêtés et décisions de cet illustre corps, de 1806* à 1830, Paris Imp. Sétier, 1832. Les lettres B. A. I. signifient Benchorim, Achard, Jakinaï ou Iakinaï que Guérillot (op. cit) traduit par : « Précieux fils d'une noble famille, Dieu est mon soutien » et K I correspond à Ky (continuation du Prévôt et Juge) et Ivah.

16. Avignon, *Écossais des JJJ, op. cit.*

Guérillot observe que le tablier, doublé de rouge et bordé de vert dans le corps du rituel, pourrait être doublé de vert selon la note terminale de Francken. On peut y voir l'indice d'une interférence avec l'Écossais vert, pratiqué à Lyon vers 1755 [17].

Fig. 37 – Le tablier.

Le cordon :

En 1806, le Suprême Conseil décrète que le cordon doit *être rouge, de droite à gauche, au bas duquel est une rosette verte, soutenant le bijou qui est un triangle, sur un côté sont gravés les lettres B.A.J., de l'autre K.I.* [15].

D – D'où vient que les Écossais parlent d'un cordon rouge ?

R – Pour marquer qu'ils doivent verser jusqu'à la dernière goutte de leur sang à l'exemple de leur maître plutôt que de trahir leur devoir et de contrevenir en aucune façon à la moindre de leurs promesses [16].

17. Guérillot Claude, *Le Rite de perfection, op. cit.*, p. 89.

Tableau récapitulatif du grade d'Intendant des Bâtiments

Selon le Tuileur de Lausanne 1875

Âge : *Trois fois neuf ans.*
Batterie : 00000 (5 claques)
Mot de passe : *JUDA.*
Mot sacré : *JAKINAI.*
Marche : *Cinq pas égaux.*
Heure de commencement des travaux : *Le point du jour.*
Heure de la fin des travaux : *La douzième heure du jour.*
Question d'ordre : *Avec quatre autres de ses disciples.*
Tablier : *Blanc, doublé et bordé de rouge. Au milieu, étoile à neuf pointes sur balance. Sur bavette triangle avec B et A.*
Cordon : *Rouge moiré, en écharpe de droite à gauche.*
Bijou : *Un triangle sur une des faces duquel sont gravés les mots BENCHO-RIM, HAKAR, JAKINAI et sur le revers JUDA.*
Gants : *Blancs.*
Légende de l'initiation : *Nomination de cinq élèves d'Hiram pour le remplacer.*

On constate qu'il y a permutation du mot de passe en mot sacré et inversement en comparant le Tuileur de Lausanne par rapport aux Tuileurs antérieurs. De même on relève que l'heure de fermeture a changé et est passée de 7 heures à la douzième heure du jour dans le Tuileur de Lausanne.

INSTRUCTION PAR DEMANDES ET RÉPONSES

(Intendant des Bâtiments ou Maître en Israël, 8e grade, Transcription du Manuscrit XXVII, ca 1804, Bibliothèque Kloss de la Grande Loge des Pays-Bas à la Haye, éd. Latomia, 1993). Cette instruction ressemble beaucoup dans le fond à celle du Manuscrit Franken tout en étant différente par sa formulation.

D – Êtes-vous Intendant des Bâtiments ?

R – J'ai monté les sept marches de l'exactitude ; j'ai pénétré dans la plus grande partie du Temple ; j'ai vu une grande lumière au milieu de laquelle j'ai aperçu trois lettres en caractères hébraïques, sans savoir ce qu'elles signifiaient.

D – Comment avez-vous été reçu ?

R – En reconnaissant mon ignorance.

D – Pourquoi avez-vous été reçu ?

R – Pour dissiper les ténèbres et me procurer la véritable lumière pour diriger mon cœur et éclairer mon entendement.

D – Où avez-vous été introduit ?

R – Dans un lieu merveilleux, plein de charmes où résident la vérité et la souveraine sagesse.

D – Quel est votre devoir ?

R – D'encourager mes FF∴ par mon exemple à pratiquer la vertu et tenir nos ouvrages sous le secret.

D – Pourquoi a-t-on exigé de vous des preuves d'App∴, de Comp∴ et de Maî∴ avant de vous recevoir ?

R – Pour démontrer que ce n'est que par gradation que je suis capable d'arriver à la perfection.

D – Que vous désignent les trois premiers grades ?

R – L'App∴ montre la vertu morale, le Comp∴ et le Maît∴ la vertu héroïque.

D – Pourquoi dans le grade avancez-vous et reculez-vous ?

R – Pour démontrer, par gradation, qu'un de nous mettait en opposition l'humilité et l'orgueil qui nous sont naturels ; que nous devons avancer dans le chemin de la vertu ; en faire le but de toutes nos actions et ne faire enfin que ce qui est décent.

D – Pourriez-vous m'expliquer les secrets des mystères de notre Loge ?

R – Je vais le faire aussi bien qu'il me sera possible.

D – Que signifient les mystérieuses lettres qui sont dans l'angle de votre bijou ?

R – Jakinaï et Jah signifient Dieu Puissant et le 3e est le nom de Dieu.

D – Que signifie le cercle dans ce triangle ?

R – Il marque l'immensité de Dieu qui n'a ni commencement ni fin.

D – Que signifient les quatre lettres dans le cercle J.A.J.N ?

R – Ô toi, Éternel Possesseur de tous les divins attributs.

D – Quels sont les principaux attributs de la Divinité ?

R – Beauté, sagesse, infinie miséricorde, science, éternité, protection, justice, tendresse et création. Toutes les lettres résultant de ces noms, dans la langue anglaise [18]**, forment un total de 81 lettres qui constituent le carré que l'on voit dans le triple triangle formant les attributs des 9 vertus.**

D – Pourquoi placez-vous Salomon dans le Temple ?

R – Pour montrer qu'il fut le premier qui consacra un Temple à la Divinité.

D – Pourquoi y placez-vous la mer d'airain ?

R – Pour avertir que le Temple du Seigneur est saint et qu'on ne peut y entrer qu'après avoir été purifié.

D – Que signifie le côté gauche du Temple ?

R – L'ordre Maçonnique sous les lois de l'emblème et des Cérémonies.

D – Que signifie le côté droit du Temple ?

R – La vraie Maçonnerie sous les lois de la grandeur et de la vérité.

D – Que signifie le chandelier à sept branches ?

R – La présence de l'esprit saint dans le cœur de tous les vrais observateurs des lois de Dieu.

D – Pourquoi dans votre réception aviez-vous les pieds nus ?

R – Parce que j'allais apprendre des choses saintes et que Moïse était ainsi quand il entra dans la terre sainte.

D – Qu'avez-vous entendu avant d'entrer ?

R – Cinq grands coups.

D – Que dénotent-ils ?

R – Les cinq points de la fidélité.

D – Qui apparaît ?

R – Un Surveillant.

D – Qu'a-t-il fait de vous ?

R – Il m'a conduit 5 fois autour de la Loge.

D – Pourquoi cela ?

R – Pour m'en faire admirer la beauté.

D – Quelle impression ont faite sur vous les voyages ?

R – Une grande surprise, d'admiration et de douleur.

D – Pourquoi ?

R – Par ce que j'ai vu renfermé dans l'étoile flamboyante.

D – Qu'y avait-il dans cette étoile ?

R – Le saint nom du Gr∴A∴de l'U∴.

18. Cette fois encore l'instruction parle de termes anglais, alors que les mots, bien que déformés sont en hébreu.

D – Pourquoi cette étoile n'a-t-elle que 5 rayons ?

R – Parce que les 5 rayons font allusion aux 5 ordres d'architecture dont on fit usage pour la construction du Temple ; aux 5 points de la fidélité ; aux 5 sens de nature sans lesquels un homme ne peut être parfait ; aux 5 lumières de la Maçonnerie et aux 5 zones de la terre habitées par les Maçons.

D – Quels sont les 5 points parfaits de la fidélité ?

R – D'agir, d'intercéder, prier, aimer et secourir les FF∴.

D – Pourquoi avez-vous été saisi d'admiration et de douleur ?

R – En voyant la beauté du Temple et ses ornements.

D – Avez-vous vu toutes les beautés du Temple ?

R – Je n'en ai vu qu'une partie.

D – Par quelle raison ne les avez-vous pas toutes vues ?

R – Une épaisse muraille qui en couvrait une partie m'en a empêché ; mais par mon zèle à arriver à la perfection de l'art royal, j'espère qu'un jour mes yeux n'éprouveront aucun obstacle.

D – Pourquoi avez-vous ressenti de la douleur ?

R – Parce que les ornements du temple ont rappelé à ma mémoire notre R∴M∴ Hiram-Abif cruellement sacrifié.

D – Avez-vous été altéré par la douleur ?

R – Non, mais je l'eusse, sans doute, été, si quelqu'un que j'ai reconnu après pour F∴ ne m'avait soutenu.

D – Comment l'avez-vous reconnu pour F∴?

R – Par le G∴ Nom qu'il a invoqué, après avoir prononcé Jakinaï qui est le mot sacré que j'ai vu dans le centre de l'étoile flamboyante.

D – Avez-vous promis de garder le secret sur tout ce que vous avez vu ?

R – Oui T∴ Ill∴Maît∴.

D – Que vous êtes-vous imposé si vous y manquiez ?

R – D'avoir mon corps coupé en deux et mes entrailles arrachées.

D – Comment avez-vous marché ?

R – Par 5 pas graves que j'ai faits en avançant vers le trône pour y prononcer mon obligation.

D – Pourquoi avez-vous paru mort et avez-vous été couvert d'un voile rouge ?

R – Pour apprendre que tous les FF∴ doivent être morts au monde et à tous les vices.

D – Que signifie la balance que l'on vous a donnée dans le grade précédent ?

R – La balance étant un attribut de la justice, m'a été donnée pour l'exercer indistinctement sur tous les maçons et pour rectifier ma conduite, si je désire mériter le nom de la lettre qui m'a été donnée en recevant le grade d'Intendant des Bâtiments.

D – Avez-vous vu votre Maître aujourd'hui ?

R – Je l'ai vu.

D – Où était-il placé ?

R – Sous un dais bleu céleste parsemé d'étoiles brillantes.

D – Comment était-il vêtu ?

R – D'or et d'azur.

D – Pourquoi ?

R – Parce que Dieu apparut ainsi à Moïse sur le Mont Sinaï, quand il lui donna les tables de la loi.

D – Êtes-vous encore dans l'obscurité ?

R – Le jour m'a apparu, l'étoile mystérieuse est mon guide.

D – Où avez-vous été conduit ?

R – Je ne puis le dire.

D – Quel âge avez-vous ?

R – Vingt-et-un ans [19].

D – Comment marquez-vous 5,7,15 et où avez-vous atteint ce nombre ?

R – De la manière dont on place les lumières.

D – Que signifient-elles ?

R – Je vous ai déjà expliqué les deux premières ; les dernières représentent les 15 Maîtres qui trouvèrent le corps d'Hiram - Abif sous une branche d'acacia.

D – Pourquoi y a-t-il du vert dans votre tablier ?

R – Parce que je dois espérer d'arriver à de plus sublimes connaissances par mon zèle et ma constance dans la Maçonnerie.

D – Que signifie votre bijou ?

R – La triple alliance de la Divinité.

D – Quelle heure est-il ?

R – Sept heures du soir.

0
0 0

19. Il s'agit probablement de l'âge de vingt-sept ans, mentionné dans la plupart des manuscrits, dont Francken.

CHAPITRE VI

ÉLU DES NEUF

ou *Élu Vengeur*

(9e degré)

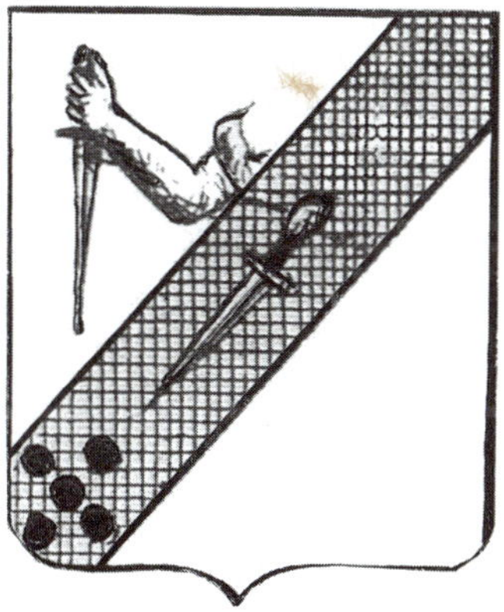

Élu des Neuf (9e degré)

Présentation du grade

En préambule, il nous faut indiquer que l'on trouve ce terme d'« Élu » dans trois grades, qui sont :

— **L'Élu des neuf, intitulé aussi l'Élu vengeur ;**
— **Le Maître Élu des Quinze désigné sous le titre d'Illustre Élu ;**
— **Le Sublime Chevalier Élu qui est le véritable Élu.**

Ces trois grades s'inscrivent dans la suite logique du grade de Maître. Ils pourraient être pratiqués directement dans sa continuité, comme c'est le cas pour le 1er Ordre au Rite Français.

Ces trois grades d'Élus résument le parcours initiatique des trois premiers grades d'apprenti, compagnon et maître, vécus dans un nouveau cycle. Le 1er, ou Élu des Neuf, évoque la question de la transgression de la loi et met en lumière les dangers et les méfaits des pulsions vengeresses. Le 2e, ou Élu des Quinze, fait passer de la vengeance à la justice collective, afin que toutes les passions soient épuisées. Le 3e enfin est une forme de consécration de l'initié qui est reconnu *Emerek* ou Homme vrai en toutes circonstances, c'est-à-dire un authentique Maître Maçon.

Les manuscrits d'Élus (le mot Élu signifie choisi) relèvent des grades dits couramment « grades de vengeance », ce qui fait souvent oublier que ces grades sont en fait des grades d'Élus.

C'est comme si, en évoquant le grade de Maître, on parlait d'un grade de mort, oubliant qu'en accédant à la maîtrise, par la mort, on l'a vaincue, en renaissant.

Cette mauvaise interprétation est due au besoin que chacun éprouve de classer, étiqueter, cataloguer, cerner les choses afin de mieux les dominer, ce qui constitue un démarche sécurisante, mais ô combien restrictive et génératrice de ghettos.

Il est important d'éviter de confondre un ou des symboles, avec l'étape initiatique elle-même, de même qu'il est dangereux de confondre l'étape avec l'initiation. On n'est initié qu'une fois en maçonnerie lorsqu'on est reçu apprenti franc-maçon. Tous les grades reçus ensuite correspondent à des étapes initiatiques successives, ce sont des clés complémentaires qui permettent d'avancer peu à peu dans la voie de la Lumière et de la Connaissance.

On peut considérer ces grades comme étant des grades de purification et d'épuration. Les outils utilisés sont le poignard et l'épée, instruments de vengeance et de justice employés pour trancher la tête des mauvais compagnons, assassins du Maître. Cet acte en apparence barbare enseigne qu'il faut supprimer en soi tout ce qui fait obstacle aux élans verticaux vers la lumière, en éradiquant, entre autres choses, l'intolérance, l'ignorance, le fanatisme, l'intégrisme, la jalousie et l'ambition qui sont autant de têtes de l'hydre maléfique.

Cette série des trois grades d'Élus qui marquent l'achèvement du cycle de l'assassinat d'Hiram et de la mort de ses meurtriers, conduit à réfléchir au problème de la justice et de la vengeance.

Le symbole des crânes suspendus au bout des piques au 10e grade rappelle l'invitation à mourir à soi-même dès le cabinet de réflexion, et ce symbole est encore présent sur le tapis de la loge lors de l'élévation à la maîtrise.

L'étude des rituels montre qu'il y a eu à l'origine, deux grades qui ont fusionné :

1. Le *Maître Élu*, dit des Neuf, dont le mot est N K : neuf Maîtres recherchent le corps d'Hiram.

2. *L'Élu de l'Inconnu* ou *Élu de Pérignan*, auquel est attachée la lettre P : un inconnu conduit les neuf Maîtres Élus vers la caverne où se cachait Abiram. [1]

On constate dans les versions communiquées actuellement, que l'*Élu des neuf* résulte de la fusion de ces deux grades de l'ancien système, qui réserve un traitement particulier au troisième compagnon, Abiram, celui qui a donné le coup frontal mortel au Maître.

Ce thème de vengeance et de justice autour du meurtre d'Hiram a vu fleurir un grand nombre de versions et de nombreuses variantes. Entre autres exemples, on peut citer dans le système en 25 grades pratiqués à Metz (entre 1760 et 1780), trois grades d'Élus : *Maître Élu – Maître Élu de l'Inconnu ou Élu de Perignan – Maître Élu des Quinze.*

Dans un rituel de 1766 on trouve la présence d'un Élu dans trois grades de vengeance :

1. *Parfait Maçon Élu* qui correspond à *l'Élu des Neuf* actuel.

2. *L'Élu de P* ou *Second Élu* qui est un complément de l'Élu des Neuf.

1. Voir *Ordo ab Chao*, n° 44, deuxième semestre 2001, supplément 12e, l'excellente étude sur le sujet de Jean- Paul Muisier et Daniel Bacry.

Il apporte juste l'identité de l'inconnu qui savait où se cachait le principal meurtrier d'Hiram. Cet inconnu s'appelle Pérignan ou Perignon.

Le nom de *Perignan* a disparu petit à petit des rituels. Il est probable que ce nom provient du latin *perigrinus* qui signifie étranger.

3. *L'Élu des Quinze*, appelé aussi *Grand Maître Élu* ou *Élu Parfait*. Dans ce grade le récipiendaire ramène les deux autres assassins, prisonniers, à Jérusalem. Ils sont alors châtiés par Salomon qui incarne la justice immanente.

Le Maître Élu des Quinze provient de ce troisième grade. Il correspond aujourd'hui au deuxième grade d'Élu, celui qui retrouve les deux autres meurtriers qui sont ensuite condamnés et suppliciés aux yeux de tous.

Les noms des meurtriers varient dans les différents rituels entre 1766 et 1809. On peut retenir que ces différents noms correspondent soit à des sobriquets dépréciatifs, soit à des qualificatifs injurieux.

Il est à noter aussi que dans les plus anciennes versions c'est Stolkin qui aurait tiré vengeance d'Abiram dans la caverne et non le Joabert ou Johaben des versions les plus récentes.

En résumé, ce serait en 1743, à Lyon, que serait apparu le premier grade d'Élu ou *Petit Élu* dans la continuation du grade de Maître. C'est donc un des plus anciens hauts grades pratiqués ou plutôt un complément de la maîtrise. Il paraît clair que l'on peut se passer de l'ancien grade d*'Élu de Perignan* qui n'apportait qu'un élément de détail à la compréhension de l'enchaînement de ces deux grades d'Élu. L'abandon de ce grade a eu pour conséquence de laisser de côté *le chien de l'Inconnu*, qui n'a pas été réintégré dans ce degré, ni dans le suivant, alors qu'il est resté dans le 1er Ordre de Sagesse du Rite Français.

Thème du grade

L'Inconnu qui alla déclarer à Salomon la retraite d'*Abiram* le meurtrier, s'appelait *Perignan*. C'était un ouvrier qui travaillait dans les champs et les bois. Un jour qu'il était auprès d'une caverne, dont l'entrée était masquée par un buisson, celle-ci préservant la retraite du scélérat recherché, voici que Pérignan aperçut un homme tout effrayé qui se cachait. Sa curiosité le porta à suivre cet homme nommé *Abiram*, qui, croyant être poursuivi et découvert, se jeta saisi de peur aux pieds de l'Inconnu. Il lui avoua son crime, lui demanda le secret sur le lieu de sa retraite et le pria de lui donner quelque chose pour apaiser sa faim. Il accompagnait ses prières d'un ton et d'un air si suppliants que l'Inconnu, touché, lui donna même de quoi vivre pendant quelques jours. Mais Pérignan se rendit à Jérusalem le septième jour de la retraite d'*Abiram* pour y chercher des vivres pour lui-même et l'assassin ; c'est alors qu'il entendit publier l'Édit de Salomon qui ordonnait à tous ceux qui avaient connaissance de ce qui pouvait avoir un rapport avec l'assassin d'Hiram, d'en donner aussitôt avis aux autorités sous peine de punition exemplaire.

L'Inconnu se croyant en conscience et avec juste raison obligé d'obéir à son prince plutôt que de garder le secret d'un scélérat, fit aussitôt demander audience à Salomon pour lui déclarer ce qu'il savait et dénonça le lieu de la retraite d'Abiram.

Comme il est dit au commencement de cette histoire, Salomon y envoya les neuf maîtres zélés, mais ses ordres ne furent pas exécutés comme il l'avait prescrit en raison du trop grand zèle de l'un d'entre eux, nommé *Nistohin,* (dans cette version il ne s'agit pas de *Johaben*) qui tua *Abiram.* Il lui coupa la tête et la porta à Salomon qui lui fit grâce de sa désobéissance en raison de son zèle.

Salomon fit embaumer la tête d'Abiram et la fit planter sur une pique à la porte septentrionale du temple avec un poignard qui la traversait, pour faire connaître à tous l'instrument qui avait puni le crime. Elle y resta tout le temps de la construction du temple pour effrayer les ouvriers apprentis et compagnons et pour leur ôter l'envie de commettre quelque crime ; ensuite, elle fut transportée sur la porte de la ville du côté du Nord, jusqu'à ce qu'elle fut détruite par le temps[2].

Le Président de l'atelier s'appelle *Très Équitable*, il représente *Salomon* et tient un sceptre, *l'Envoyé du Roi de Tyr* s'appelle *Très Puissant* et *le Surveillant* s'appelle *Frère Ancien* ou *Stolkin* qu'il représente. Tous les Élus sont armés d'un poignard[3].

Description des figures contenues dans le Tableau de loge

Ce tableau représente la caverne dans laquelle s'est réfugié un des trois meurtriers d'Hiram. Dans un paysage montagneux et escarpé, on parvient à cette caverne dissimulée par un buisson après avoir descendu neuf marches. Une lampe l'éclaire permettant d'apercevoir un bras, vengeur et déterminé, armé d'un poignard. À l'extérieur coule une fontaine d'eau vive. Après l'orage de la passion, apparaît un arc-en-ciel en signe d'apaisement et une étoile à cinq branches. (voir illustration p. 231, planche 12).

2. Cette version très complète de la légende est extraite du manuscrit de Wien (Autriche) *MS 76/35 folios 954-961*, intitulé ***Architecture des Maîtres Élus***, 2d grade. On peut s'étonner que la tête d'Abiram soit donnée dans cette version comme étant exposée à la porte septentrionale, alors qu'il n'y avait pas de porte au nord, mais à l'Orient. Dans d'autres manuscrits il est bien mentionné la porte orientale à la place de septentrionale.

3. Bibliothèque Municipale de Bordeaux, *Cinquième grade de l'art Royal du premier Temple, Élu symbolique ou petit Élu*, MS 2098, circa 1780.

Planche 12 – Tableau de Loge du Maître Élu des Neuf.

Maître Élu des Neuf

TUILEURS	DELAULNAYE (1813)	VUILLAUME (1820)	BAZOT (1836)	RAGON (1861)
ÂGE	Non mentionné	Huit et un ans accomplis	Huit et un An accomplis	Huit et un ans accomplis
BATTERIE	Neuf coups (huit et un) 00000000-0	Neuf coups par huit et un 00000000-0	000000000 0	Neuf coups (8+1) 00000000 0 !
MOTS DE PASSE	Bagulkal, nom du chef du Tabernacle, ami et favori de Salomon. Quelques uns ajoutent à ce mot Jocabert, Choumer, Nééman ; ces deux derniers sont insignifiants.	Begogal-chol, ou Begoal-chol. Dans un grand nombre de cahiers on lit : Bagulkal ; le mot est mal transmis	BEGOGAL-CHOL, ou BEGOAL-CHOL ou BAGULKAL	BEGOGAL-CHOL, ou BEGOAL-CHOL (Dans la série adonhiramite, le mot de passe est Sterkin, qui devrait être remplacé par Schoulkain *franche de possession*)
MOTS SACRÉS	Ce sont ceux du second signe. Faire semblant de plonger un poignard dans le cœur du F∴, en disant *Necar*, ou plutôt *Nekam* (Vengeance). Il répond en portant la main droite au cœur, et disant *necar*, ou plutôt *Nikar*	Nekam ; réponse : Nechah !	Ceux cités à l'attouchement	NEKAM ! réponse : NEKAH !
MARCHE	Non mentionné	Non mentionné	Point	Point, ou 3 pas d'App∴, 3 de Comp∴, 3 de M∴
HEURE D'OUVERTURE DES TRAVAUX	Non mentionné	Non mentionné	Non mentionné	Au point du jour
HEURE DE FERMETURE DES TRAVAUX	Non mentionné	Non mentionné	Non mentionné	À l'entrée de la nuit

1 – Le premier devoir de l'Élu des Neuf

Penchons-nous d'abord sur le mobile de l'action qui comporte trois éléments essentiels qui constituent ce récit :

Le désir de vengeance.

Le poignard, instrument de la vengeance.

L'intercession d'un groupe solidaire (8+1) qui permet d'obtenir le pardon de Salomon.

Les conséquences de ce psychodrame sont définies dans le *MS 203 du FM*[4] de la BN au nombre de quatre :

D – Comment a été consommée (s'est déroulée) votre élection ?

R – Par vengeance, désobéissance, clémence et 8+1.

D – Expliquez cela ?

R – Par vengeance en détruisant le traître, par désobéissance outrepassant les ordres qui auraient été donnés par le Roi, par clémence parce que l'intercession de mes FF∴ obtint mon pardon et enfin par 8+1 parce que nous fûmes neuf seulement choisis pour cette entreprise.

Dans un autre manuscrit on peut y lire des précisions sur la manière dont se fit cette élection, dans le *MS 29 FM* (*Bibliothèque Roëttiers de Montaleau*) :

D – Comment fit-on cette élection ?

R – Salomon voyant que tous les maîtres demandaient à suivre l'inconnu et qu'ils étaient tous animés de la même ardeur, ordonna, pour ne pas causer de jalousie que le sort en décidât, ce qui fut exécuté.

Après le comment on trouve une précision sur le lieu de cette élection :

D – Où avez-vous été reçu Maître Élu ?

R – Dans la salle de Salomon.

D – Quel motif vous a porté à solliciter ce titre ?

R – Le désir de venger la mort d'Hiram[4].

Partir à la recherche des meurtriers, c'est laisser derrière soi la peur de la mort. Ces Élus remplis de zèle sont empressés à accomplir leur devoir. On peut les définir comme des initiés libres, aptes à sortir du temple, alors que beaucoup resteront esclaves de son service matériel, inaptes à dépasser les hochets de ses prérogatives extérieures.

Le chemin du devoir pour le Maître Maçon Élu consiste à partir à la recherche des mauvais compagnons qui ont tué le Maître. Ces mauvais compagnons s'appellent le plus souvent :

« ignorance – fanatisme – ambition – vanité – orgueil »

4. Bérage, Catéchisme du *Parfait Maître Élu*, extrait des *Plus secrets Mystères des hauts grades de la maçonnerie dévoilée*, 1778.

Il est du devoir de chacun de supprimer ses mauvais compagnons qui sommeillent en lui, de les transmuer en bons compagnons, en changeant :

— *l'ignorance* en Connaissance ;
— *le fanatisme* en Tolérance (ce qui ne veut pas dire laxisme) ;
— *l'ambition* en Détachement ;
— *la vanité* en Simplicité ;
— *l'orgueil* en Humilité.

À ce degré de *Maître Élu des Neuf* on apprend que l'un des meurtriers du Maître s'est réfugié au fond d'une caverne armé d'un poignard.

Le premier devoir des Élus est de retrouver ce meurtrier, de le vaincre en le neutralisant, afin de le livrer à la justice de Salomon.

Dans ce grade le *Maître Élu* est appelé à l'action. En aucun cas cependant, il ne peut s'ériger à titre individuel en justicier, même si la cause est légitime. Ce degré sensibilise particulièrement sur la nécessité du jugement qui ne doit pas s'égarer dans une vendetta.

Fig. 38 – Johaben dans la Caverne.

2 – La caverne

D – Où était situé le lieu de la vengeance ?
R – Au pied d'un buisson ardent, dans un antre obscur.
D – Que trouvâtes-vous dans cette caverne ?
R – Le traître Abiram, une fontaine, une lumière et un poignard[5].

Dans le *MS 21 FM* la caverne est définie comme le témoin du crime :
D – Pourquoi vous êtes-vous fait recevoir Petit Élu ?
R – Pour me venger d'un traître de la maçonnerie.
D – Qui en a été le témoin ?
R – Une caverne.
D – Qu'avez-vous aperçu dans cette caverne ?
R – Un traître endormi sur ses mains, un poignard à ses pieds, une source qui coulait et une lampe qui éclairait ce lieu[6].

René Guénon observe que la caverne ou la grotte représente la cavité du cœur, considérée comme centre de l'être qui est aussi l'intérieur de l'œuf du monde renfermant les possibilités du cycle à venir[7].

Le symbolisme de la caverne a un caractère mythique si l'on se réfère au récit de la caverne de Platon (livre 7 de *la République* de Platon). On y trouve des prisonniers enchaînés prenant pour la réalité les ombres projetées sur la paroi par des objets fabriqués et éclairés derrière eux. En se réfugiant dans la caverne, Abiram est chargé du poids d'un forfait lourd d'ignorance et d'ignominie.

Enchaîné par ses passions, l'homme déchu n'a qu'une vue partielle du monde, qui reste limitée au domaine du pouvoir et de l'avoir (mobiles de son crime). On communique avec le monde extérieur par les organes des sens, mais ceux-ci ne donnent qu'un vision partielle et partiale des choses. On peut se demander s'il faut tuer le désir ? On ne peut répondre que par la négative, car c'est un élan vital essentiel, mais qu'il s'agit de maîtriser et convertir en énergie créatrice. Dès lors, il s'agit de supprimer le désir caricatural, porté à son paroxysme : que ce soit la cupidité, l'avidité d'avoir et de pouvoir qui est la motivation centrale des assassins du Maître et non pas un désir légitime de Connaissance qui s'élabore progressivement au moyen d'une œuvre persévérante et contrôlée.

Ainsi, la caverne correspond normalement au cabinet de réflexion ; sur un plan positif elle devient le refuge et la cachette de l'assassin qui cherche

5. *Archives de la Franc-Maçonnerie ou les Secrets et travaux de tous les grades, jusqu'à celui de Rose-croix, y compris les grades écossais par un chevalier de tous les ordres maçonniques*, Paris, Éditions Dentu, 1821, p. 160.
6. Paris, Bibliothèque Roëttiers de Montaleau, *MS 21 FM, Maître Élu des Neuf.*
7. Guénon René : *Le Roi du monde*, Éditions Gallimard, 1973, pp. 59-65.

dans l'ombre à fuir la justice sur un plan négatif. Il se réfugie dans l'obscurité des ténèbres inférieures.

Le mythe de la caverne reflète l'image dramatique de la condition humaine, image de dépendance, elle est aussi le lieu privilégié des initiations qui correspond à l'approfondissement des origines et qui conduit soit à se renouveler, soit à y être vaincu.

L'âme, après sa chute, a été prise, elle est enchaînée... Elle est, dit-on, dans un tombeau et dans une caverne, mais en se libérant des pensées, elle se délivre de ses liens. (Plotin : *Ennéades* IV, 8, 4). Il faut nécessairement passer par les ténèbres pour accéder à la Lumière.

La caverne représente le siège de la conscience humaine, archétype de la matrice universelle, symbole de l'origine, lieu privilégié de renaissance et d'initiation. Dans ce grade on est bien dans la continuation d'un processus initiatique qui se poursuit. La caverne figure l'athanor nécessaire à la seconde naissance. Pour le moment, il s'agit d'une régénération psychique illuminative, une régénération qui permettra à l'Élu de clore le cycle de perfection, en réglant le problème très humain de la vengeance et de la justice.

En fait, Abiram revenu dans l'athanor du cabinet de réflexion est dans l'impossibilité de « rectifier », de faire un retour sur lui-même. Les forces des ténèbres qu'il incarne sont irréductibles et son retour à la caverne, à la terre-mère, au cabinet de réflexion, est une fuite vers un refuge désormais inutile, car il est, de par la noirceur de son forfait, totalement inapte à devenir un véritable initié. Il est dans l'incapacité de retourner à l'essence des choses, à la source de vie, comme au centre du monde symbolisé par la caverne.

Tout comme pour Caïn la faute d'Abiram et celle de ses deux complices est une faute trop lourde à porter. Leur forfait les transforme en exilés de la surface de la terre, en errants et instables, traqués, enchaînés au cycle de la violence, devant se terrer dans un lieu aussi obscur que celui de leur action funeste. Ils ont mis à mort un symbole, celui de la construction.

La caverne, lieu de refuge d'Abiram, est cachée par un buisson, auprès d'une source et éclairée par une lampe. On retrouve ici le symbole de la lumière principielle qui a éclairé le récipiendaire dès les préalables de son initiation, lors de sa méditation dans le cabinet de réflexion. Cette même lumière accompagne le Maître Secret lors de sa prestation de serment. La conscience de l'être ne peut être éclairée que par le secours et la lumière de l'Esprit.

Tout être qui a entrevu la lumière doit la faire croître en lui et la servir en la reconnaissant comme son Maître intérieur. En cas contraire, il étouffe le germe reçu de l'influence spirituelle. En fait, ce n'est pas si simple, le parcours de la Voie se fait entre veille et sommeil jusqu'à l'éveil permanent de la conscience ; lorsqu'on se coupe de cette dimension transcendante, on devient alors son propre meurtrier.

Dans ce contexte particulier, on peut aussi se demander si cette mise en scène ne signifie pas qu'il faut tuer symboliquement le Père ou le Maître ? L'un comme l'autre étant logiquement amenés à devoir être dépassés par le disciple, mais le tuer symboliquement ne veut pas dire l'exécuter physiquement. Il s'agit pour l'initié d'acquérir plus de lumière dans la Voie de la sagesse et de la connaissance que son instructeur initial, non par la violence, (qui est la manifestation d'une force brutale) mais par une œuvre persévérante et éclairée. Parmi les nombreuses interprétations possibles, riches de sens symboliques, on peut penser que Johaben en se saisissant du poignard et en tuant Abiram peut ainsi descendre au fond de lui-même, après avoir trouvé la lumière et bu l'eau vive, ayant supprimé dès lors tous les obstacles qui l'empêchaient d'être Hiram. C'est en supprimant sa zone d'ombre qu'il peut devenir réellement un *Maître Élu.*

La caverne correspond à l'œuvre au noir, le sang versé fait passer à l'œuvre au rouge. De l'œuvre au noir à l'œuvre au rouge, Johaben subit cette transformation sur un plan alchimique, lorsqu'il rapporte la tête d'Abiram. Confronté au courroux de Salomon, il risque sa vie une seconde fois (la première étant lors de son action en tant que Secrétaire Intime).

3 – Le sort en a décidé

D – Êtes-vous Élu ?
R – Le sort en a décidé [8].

À chacun de ces grades, que ce soit Maître Élu des Neuf, Illustre Élu des Quinze ou Sublime Chevalier Élu, intervient le recours du tirage au sort par Salomon. Ce tirage au sort désigne à chaque fois des maîtres reconnus comme particulièrement zélés dans l'accomplissement de leur devoir. Il s'agit d'une élection ou d'un choix fait en faveur de quelqu'un pour lui confier des fonctions importantes. Dans la Bible, le verbe *choisir* concerne la vie spirituelle de l'homme ou du peuple et s'emploie avec Dieu comme sujet.

Dans l'Ancien Testament, il est dit que Dieu choisit Israël pour en faire son peuple. Il choisit Abraham et sa postérité (Genèse 12, 1-3), Au moment de la sortie d'Égypte, il élit Moïse prophète d'Israël (Exode 3, 7-10). Aucune raison n'est donnée de ce choix, Dieu seul est Maître. Une seule raison pourrait être apportée, l'amour (Deutéronome 4,37). Cette élection place cependant sur Israël une charge à laquelle il ne peut se dérober sans être infidèle et sans rompre l'Alliance. La notion vraie d'élection et la justice de Dieu exigent que le peuple qui en bénéficie ne soit pas aveuglé par son élection au point d'en oublier sa mission (Amos 4,9 ; 7,8).

8. B.M. Bordeaux, MS *op. cit.*

L'Ancien Testament parle aussi d'une élection qui concerne des individus particuliers. Certains hommes sont choisis par Dieu lui-même, Abraham (Néhémie 9,7), Moïse (Psaume 105,26), David (Psaume 78, 70), les prêtres (Deutéronome 18,5), les prophètes (Jérémie I, 5), les rois même dans certains cas. Ces hommes ont été choisis par Dieu en vue d'un service spécial. Nous arrivons par là à la notion d'un décret divin pour la direction du monde et, de fait, dans les chapitres 40 à 55 à la deuxième partie du livre d'Isaïe, cette idée est nettement exprimée que Dieu dirige les événements selon sa volonté souveraine [9].

À chaque fois, le tirage au sort se substitue à la main de la Providence pour désigner ceux qui, dans le secret d'un cœur pur, font preuve des vertus nécessaires pour devenir des initiés véritables, les rendant aptes à affronter de nouvelles épreuves.

4 – Le buisson

D – À quoi reconnûtes-vous la caverne ?

R – À un buisson. [8]

Un buisson est formé d'un fourré d'arbrisseaux, de nature bien souvent épineuse.

Quel est le rôle de ce buisson et quel est son rapport avec la grotte qui cache le premier des meurtriers du Maître disparu ? Le buisson qui obstrue l'entrée fait un écran, comme l'arbre qui cache la forêt. Il dissimule l'entrée de la caverne, empêchant la lumière d'y pénétrer.

Les catéchismes qui s'y réfèrent font allusion au Buisson ardent, cette analogie ne paraît pas évidente, car Moïse est appelé par une Lumière dans un lieu où il va recevoir une révélation, celle du Décalogue, alors que précisément ici la clarté de la lampe est masquée par le buisson qui protège la cachette du meurtrier.

L'Éternel apparut à Moïse au centre d'un buisson qui était en feu sans se consumer. C'est alors qu'il révéla à Moïse son nom et sa mission (Exode 3, 2).

D – Où était situé le lieu de la vengeance ?

R – Au pied d'un buisson ardent, dans un antre obscur [10].

5 – La vengeance

Il est essentiel de se pencher sur les définitions de vengeance et de justice, la première ayant un aspect obscur, la seconde un aspect lumineux, comme l'illustre cette instruction :

9. Vincent Albert, *Lexique biblique*, Casterman, Éditions de Maredsous, 1964, pp. 157-158.
10. *Archives de La Franc-Maçonnerie ou les secrets…, op. cit.*

D – Par où êtes-vous parvenu au lieu de vengeance ?
R – Par des chemins obscurs et inconnus [10].

Ce mot vient du latin *vindicare* qui signifie faire fonction de vindex. Le *vindex,* chez les Romains, était le défenseur, le protecteur, devenu par la suite le « vengeur » qui se propose de rétablir le droit d'une victime. Cela correspond à la fonction de justicier dans l'Antiquité. Au fil des siècles, l'évolution de sens du mot laisse penser qu'il s'agit d'une notion de justice expéditive et barbare.

Au XVIIe siècle, Furetière définit la vengeance *comme offense qu'on faite à son ennemi en haine de celle qu'on en a reçue. Dieu a défendu la vengeance, il s'est réservé la vengeance et a promis de faire la réparation des injures.*

Venger consiste à offenser l'ennemi qui nous a offensé, en tirer vengeance, s'en faire raison, se venger signifie aussi se rembourser, se dédommager [11]. Aujourd'hui le terme de vengeance est appréhendé par la plupart selon ce sens, contrairement à celui donné dans l'Antiquité.

Ce premier grade d'Élu est désigné de la sorte parce que Johaben est reconnu digne de participer à la mise en œuvre de la justice contre les assassins du Maître. Mais en fait dans son élan impétueux Johaben commet un acte personnel dicté par une pulsion vengeresse ; cette pulsion aveugle supprime complètement en lui toute capacité de discernement. Quel que soit le forfait commis, un criminel doit être jugé et non pas exécuté sommairement.

Johaben va prendre conscience du caractère bestial de son acte pour s'en libérer et faire une métanoia. La vengeance aveugle est une pulsion illustrée par le bandeau apposé sur les yeux du juste.

À la lumière d'une lampe suspendue, Johaben voit le meurtrier endormi sur le dos avec son arme à terre. Il s'en saisit pour frapper Abiram à la tête et au cœur. Ce dernier a un soubresaut pour se défendre et prononce comme ultime parole *Nekam* « vengeance ».

Veut-il se venger de son justicier par cette parole ou bien est-ce la volonté de se faire justice lui-même, retournant son geste meurtrier contre lui en guise de justice ?

On notera avec intérêt qu'Abiram est à l'anagramme d'Hiram Abi, le Maître assassiné et correspond, comme dans un miroir, au reflet inversé du Maître disparu. Johaben ne s'est pas servi de son arme personnelle mais de celle de l'assassin avec laquelle il le tue, effectuant ainsi un retournement de l'arme contre son détenteur initial.

Personne ne peut jamais complètement remplacer un disparu ; ici en l'occurrence, la perte du Maître correspond à la disparition de la maîtrise

11. Furetière Antoine, *Dictionnaire,* t. III, P-Z, La Haye, 1690, Reprint Éditions le Robert, 1978.

de l'œuvre et à un savoir faire qui ont été anéantis avant qu'il y ait eu transmission à un successeur digne de l'être.

À la violence doit-on systématiquement répondre par la violence ? Ne doit-on pas plutôt s'en remettre à l'Éternel qui châtiera le coupable dans ce monde ou dans l'autre ?

L'ordre ayant été troublé, la responsabilité du châtiment ne peut être assumée par un seul individu, ce en quoi Johaben outrepasse la mission confiée.

Il ne faut pas perdre de vue que ces degrés se situent dans la logique de la tradition hébraïque qui applique la loi cruelle du talion. Alors que dans la continuité de la tradition abrahamique une autre alternance est possible. Le charité chrétienne suggèrera de pardonner, prêchant la miséricorde jusqu'à « tendre l'autre joue » quelle que soit l'atrocité du crime. Le Musulman, pris dans la balance de l'alternative, aura le choix d'appliquer le talion ou de pardonner selon sa capacité de clairvoyance et/ou sa volonté de miséricorde.

On peut définir la vengeance comme une justice individuelle expéditive, sous l'impulsion de la passion et de l'aveuglement, alors que le sens de cette vengeance correspond à une démarche qui relève d'un consensus de réparation, selon la loi action/réaction. Renoncer à la vengeance personnelle pour s'en remettre à la justice collective est le propre de la véritable maîtrise qui convertit l'ombre en lumière et contribue à étendre l'équité au plan social.

On relève que ces grades d'Élus, dits de vengeance, traitant spécialement des assassins d'Hiram, ont été très tôt pratiqués au Rite Écossais Ancien et Accepté et au Rite Français, contrairement au Rite Anglais de Style Émulation où la question est réglée dès le rituel du grade de Maître. Ainsi on lit dans l'instruction :

[...] Les Frères songeaient à rentrer à Jérusalem lorsque passant par hasard près de l'entrée d'une caverne ils entendirent des cris de lamentation et de repentir. En entrant dans la grotte pour rechercher l'origine de ces exclamations, ils découvrirent trois individus qui répondaient au signalement des fugitifs. Accusés du meurtre et voyant toute fuite impossible, ces hommes firent l'aveu complet de leur forfait. Ils furent chargés de liens et conduits à Jérusalem où le Roi Salomon les condamnant à mort, châtiment que l'énormité de leur crime leur avait amplement mérité.

Sans mise en scène, ces éléments sont précisés lors de l'élévation à la maîtrise.

6 – Une main armée d'un poignard

D – Que signifie le bras nu armé d'un poignard ?

R – Que la vengeance suit toujours le coupable [12].

Les meurtriers comme les Élus sont armés d'un poignard. Il s'agit d'un poignard d'or avec une lame d'argent. C'est un poignard fait de deux métaux, arme défensive et offensive, qui témoigne que rien en ce monde ne peut être intégralement parfait et pur.

Le poignard est défini par Guénon comme une arme qui s'apparente à l'éclair. Elle frappe souvent de haut en bas comme la foudre qui illumine, elle transperce. Sa pointe peut s'apparenter à celle de l'épée. Par cette arme, le châtiment est fulgurant et rapide comme l'éclair.

D – Quel était l'usage de tout cela ?

R – La lumière m'a éclairé, la fontaine m'a désaltéré, le poignard était réservé pour venger la mort d'Hiram, par le coup que reçut Abiram, qui le fit tomber mort sur place [13].

La main serrant un poignard correspond au signe de *Maître Élu des Neuf*:

Le signe se fait par celui qui le demande, en tirant son poignard de la main droite, et le levant comme pour frapper au front. Celui qui répond ferme la main droite, et le poing ainsi fermé, il le lève et puis le renverse.

L'attouchement, pour celui qui le demande, est, après avoir fermé la main droite, d'en lever le pouce, et de le présenter à celui à qui on le demande. Il doit répondre en saisissant, de la même main, le pouce à pleine main. Ensuite, le demandeur répète la même chose, et le répondant le fait encore une fois [14].

D – Quel est le signe ?

R – De lever la main droite le poing fermé comme pour frapper en portant la gauche au front.

D – Que signifie-t-il ?

R – La 1re partie rappelle l'action de Jocabert en tuant Hobben et la 2e nommée la réponse signifie le mouvement de celui-ci en se sentant frappé [15].

Le poignard, arme de justicier est une arme de purification et de destruction, moyen de dissolution de la matière, mais aussi de changement d'état.

12. BN, FM4, *Manuscrit 203.*
13. *Archives de la Franc-Maçonnerie ..., op. cit.,* p. 161.
14. *Idem, op. cit.,* p. 158.
15. B.M. Bordeaux, *MS op. cit.*

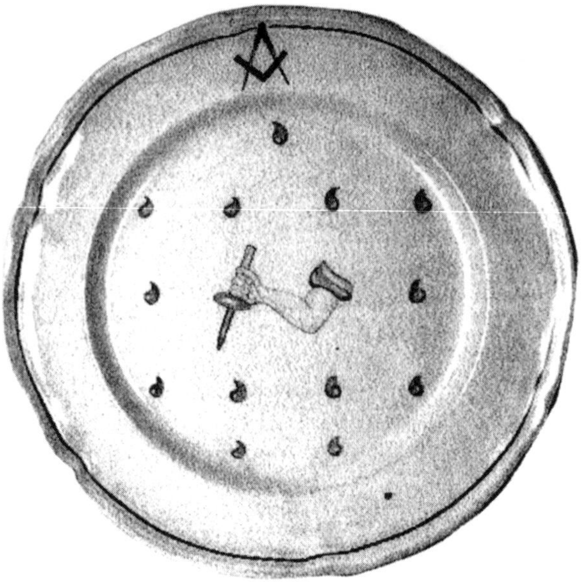

Fig. 39 – Main armée d'un poignard.
Musée de la Franc-Maçonnerie, Collection GODF, Paris.

7 – Qui t'a accordé le droit de juger et de chatier ?

Après avoir parcouru un chemin difficile et escarpé, Johaben est le premier à accéder à la caverne, à l'intérieur de laquelle se trouve Abiram endormi. Assoiffé de vengeance, il assouvit sa vindicte personnelle en exécutant le meurtrier d'Hiram avec le poignard qui est à terre, près de lui. Il décapite Abiram et rapporte sa tête à Salomon qui lui pose cette question fondamentale :

Qui t'accordé le droit de juger et de châtier ?

On peut définir la vengeance comme une volonté de châtier les criminels par un acte équivalent en retour. En tuant le criminel, il y a la volonté de supprimer l'agent du crime, mais pas forcément de supprimer la cause de l'acte criminel. La vengeance est une forme de justice qui selon la loi du talion est nécessaire au justicier pour trouver une compensation et un apaisement. Dès lors la question se pose, un individu isolé peut-il s'arroger le droit de juger et de faire justice en fonction de ses sentiments et non du droit ? Selon le principe action/réaction on peut avancer que se venger est l'action réflexe de répondre à une agression par un mécanisme de défense.

Que signifie juger ou exercer la justice. On peut considérer la justice comme établissant un rapport d'équilibre entre les hommes. Si on se réfère à la définition très pertinente de Berthelon : *la justice est une vertu qui a pour objet de faire régner entre les membres d'une société une harmonie de rapports, fondée sur le respect de ses membres eux-mêmes et de ce qui constitue à divers degrés leurs biens propres, moraux et physiques, spirituels ou matériels ; elle a aussi pour but de régler nos devoirs stricts à l'égard des autres êtres et comme telle, elle se distingue nettement de la Charité.*

Dans le domaine des états conflictuels, l'idée de justice n'apparaît qu'au moment où s'affirme la dualité et en même temps la complémentarité de la force et de la faiblesse, car c'est le faible qui nécessite l'apparition du sentiment de Justice, mais c'est le fort qui devient le garant de son application et c'est bien là une des significations données à l'épée des Chevaliers médiévaux, dont un tranchant représentait la protection du faible et l'autre tranchant le châtiment de l'iniquité. Une telle attitude engendre l'oppression quand une minorité dominante de « forts » impose à une masse sa conception de la vie en société par un code et une justice qui en découle[17].

Une vengeance réparatrice peut s'accomplir sous forme de châtiment collectif légal. Un être isolé, semblable à Johaben, sous l'influence de la passion, ne peut en aucun cas s'arroger à lui tout seul le droit de justicier, sans être éclairé par une sagesse qui le dépasserait et le guiderait à l'instar de Salomon. Le bâtisseur du temple de Jérusalem est défini comme archétype de la sagesse, selon l'expression biblique : « la main de Dieu était sur lui [17]».

Les trois mauvais compagnons personnifient particulièrement l'ignorance sous toutes ses formes, car en tuant Hiram, ils ont momentanément suspendu les travaux du Temple. En coupant la tête du meurtrier, le justicier de Salomon applique la pénalité contenue dans le serment du grade d'apprenti.

Toute personne doit être consciente que sa liberté personnelle s'arrête dès lors qu'elle porte atteinte à celle d'autrui.
Le devoir de l'Élu est conforme à ces vers de Pythagore où il est dit :

Pratique ensuite la justice en actes et en paroles.
Ne t'accoutume point à te comporter dans la moindre des choses sans réfléchir.
Mais souviens-toi que tous les hommes sont destinés à mourir
Et parviens à savoir tant acquérir que perdre les biens de la fortune[18].

Aristote considère : *Notre âme étant composée de trois parties, nous avons besoin de la prudence (ou réflexion) pour diriger notre raison, du courage pour réfréner l'impétuosité de nos élans et de nos sentiments, et de la tempérance pour modérer nos désirs et nos besoins corporels. L'art d'harmoniser tous ces contraires constitue la justice*[18].

16. Berthelon Jean-Pierre, *Miscellanées Traditionnelles et maçonniques*, Éditions Techni-Plis, 1979, pp. 113-115.
17. *Esdras*, Chapitre 7, Verset 6.
18. Pythagore, *Les Vers d'or suivi de Hiéroclès, commentaires sur les vers d'or des pythagoriciens, traduction nouvelle avec prolégomènes I* et notes par Mario Meunier, Éditions de la Maisnie, pp. 120-122.

Cette définition trace le viatique de justice de l'Élu qui est à l'opposé du comportement de Johaben découvrant le meurtrier d'Hiram dans la caverne. Bien des enseignements sont des contre-exemples.

8 – Johaben

Johaber (yod, he, vav, beth, resh,) serait une corruption de l'expression qui signifie *Ami de Dieu*, alors que Johaben est une vocalisation occidentale (yod he vav he beth nun) qui se traduit par *fils de Dieu*. Que ce soit l'ami ou le fils, l'un et l'autre sont marqués par une proximité avec le divin.

Johaben devance ses compagnons et pénètre dans l'obscurité de la grotte souterraine, sorte de labyrinthe, représentatif de la complexité de l'être et des épreuves dont il doit triompher. Johaben représente alors le prototype du jeune maître, sans expérience, qui se prend pour un initié complet, avec une confiance excessive en lui-même, il agit mû par un zèle intempestif. D'une autre manière que les mauvais compagnons, Johaben par précipitation et enthousiasme, manque de réflexion et de maîtrise de soi, cherche à progresser trop vite s'identifiant à la main du justicier par qui il est mandaté. Il brûle les étapes en dépassant l'objectif qui lui est assigné et retombe dans les exagérations et le manque de mesure d'un néophyte.

Johaben, emporté par son zèle et sa passion à tirer vengeance, au lieu de faire justice, se transforme en meurtrier à son tour, même s'il est mû par une bonne intention. Il succombe à sa passion et à sa soif de vengeance en poignardant l'assassin d'Hiram. Ne pouvant résister à la pulsion brutale et aveugle de la vengeance, Johaben n'est plus maître de lui, se détournant du principe de justice, il ne se comporte plus en Maître et ne mérite plus en apparence son élection.

Johaben doit-il échapper à l'expérience de la désobéissance ? S'il est nécessaire qu'il descende en lui-même, Johaben ne peut s'empêcher de transgresser l'ordre donné par Salomon car sa volonté est encore tributaire de la passion.

Lorsque Johaben s'exclame : « Tout est accompli », c'est l'achèvement d'un cycle de destruction et d'obscurité certes, mais bientôt suivi d'un nouveau cycle de reconstruction.

Grâce à l'intercession de ses compagnons et à la miséricorde de Salomon, Johaben sera gracié, bien que meurtrier à son tour, car sa faute était due à une intention pure, liée à la mémoire du Maître disparu.

Sur un autre plan, le geste de Johaben peut être interprété autrement. Il représenterait le prototype de l'initié imparfait, en recherche, auquel chacun peut s'identifier. En tuant Abiram il tue définitivement le mauvais compagnon qui sommeille en lui, pour laisser Hiram Abi se redresser. Acte nécessaire pour poursuivre l'accomplissement de son cycle de perfection et supprimer en lui toutes les forces obscures.

9 – La fontaine

Johaben assouvit sa soif de clarification et de lumière à l'eau vive d'une fontaine, ce qui lui permet de se laver et de se sentir partiellement purifié de son crime.

L'eau permet de se ressourcer, de retourner à l'état originel d'innocence et de simplicité, préfigurant aussi le pardon et la clémence de Salomon. L'eau vive répandue par la source est semblable à la pluie régénératrice comme la semence du ciel. Traditionnellement la source symbolise l'origine de la vie. Ce retour aux sources est nécessaire à Johaben pour entamer un nouveau cycle d'existence après un acte violent, quel que soit le sentiment de justice qui l'anime.

En se référant à la tradition orphique on peut se demander si cette source s'apparente à celle du *Lethé* qui endort du sommeil de l'oubli où à celle de la *Mémoire* qui assure un éveil immortel.

Cette source d'eau peut faire penser aussi à la fontaine de jouvence des « Fidèles d'Amour », située au pied d'un arbre, dont les eaux étaient assimilées au breuvage d'immortalité. Selon *le Livre des proverbes* la source de vie correspond à la sagesse et à la crainte de l'Éternel. Chacun peut, par ailleurs étendre sa réflexion à tous les aspects régénérateurs et purificateurs bien connus de l'eau (voir la source, p. 436).

10 – Le nombre 9

D – Combien y avait-il de maîtres élus pour cette vengeance ?

R – Neuf[19].

Ce nombre correspond à la totalité des trois mondes qui sont appelés les enfers, la terre et le ciel. Chacun de ces nombres peut être représenté par un triangle. Dernier des nombres de la série à un chiffre, le neuf annonce à la fois une fin et un recommencement, qui correspond à une mort suivie d'une nouvelle naissance, ce qui n'est pas sans rappeler le délai nécessaire de neuf mois pour amener à terme tout être humain. C'est la fin d'un cycle qui débouche sur un nouveau seuil à franchir.

D – Comment frappe t-on en Élu ?

R – Par neuf coups dont un séparé pour signifier les neuf Élus dont l'un s'écarte[20].

Neuf maîtres partent à la recherche du corps d'Hiram. On retrouve le même nombre en délégation pour châtier l'assassin du Maître.

19. *Archives de la F. M ou les Secrets, op. cit.*
20. B.M., Bordeaux, *MS, op. cit.*

Paradoxalement, le Maître Élu des Neuf désigne spécialement Johaben qui par un zèle intempestif a un geste vengeur. Néanmoins on peut considérer que des neuf maîtres, il est celui qui est distingué, au point de porter le nom d'Élu. (voir aussi le nombre 9, p. 443)

11 – Ordo ab chao

Sur un plan historique, il semble que cette devise soit apparue administrativement pour la première fois dans la patente de De Grasse Tilly, délivrée le 1er février 1802. On peut penser que son adoption correspondait à un ordre retrouvé qui mettait fin à l'anarchie des nombreux grades de l'écossisme du XVIIIe siècle. Cette devise permettant aussi de mettre en place une transmission initiatique cohérente, favorisant l'émergence d'un ordre de ce chaos

Ordo ab chao ou « l'Ordre à partir du chaos ». Cette devise résume à elle seule tout le processus initiatique et rappelle l'apparition de l'Univers décrite dans le texte de la Genèse, suivie par une succession de cycles d'ordre et de désordre selon un même schéma. L'ordre et le chaos représentent les deux alternatives de la manifestation conséquences du passage du sacré au profane. Elles relèvent d'un concept de dualité et de réciprocité. Ils se manifestent dans le bien et le mal, le négatif et le positif, les ténèbres et la Lumière.

Dans la Genèse, sous l'impulsion du Verbe, le chaos matériel initial, apparent, s'organise. Ce qui signifie que des interrelations se créent dans la manifestation entre ses éléments et qu'elles fonctionnent selon la loi d'action/réaction, ou loi d'équilibre ou d'inter-action. *Ordo ab chao* amène à se référer à la notion de G∴A∴D∴L∴U∴ en tant que Principe ordonnateur de l'Univers.

L'obscuration, la ténèbre générée par l'assassinat du Maître suspend l'ordre du chantier. Pour rétablir cet ordre il faut remplacer le disparu (ce qui est fait au grade de Secrétaire Intime en la personne de Johaben) afin que le ternaire fondateur puisse continuer à fonctionner, transmettre et retrouver les assassins pour que justice soit faite. C'est à ces conditions que, de nouveau, régnera sur le chantier « Ordo ab chao », permettant son achèvement.

Cette devise est mise en pratique dès le grade d'apprenti par le signe d'Ordre.

L'application du sens de la devise se retrouve au grade de Maître, d'abord par la mise à mort du candidat (chaos) qui, lorsqu'il est relevé plus radieux que jamais (ordo), amorce un nouveau cycle de réalisation, de passage de l'équerre au compas.

René Guénon met en parallèle les deux devises initiatiques *Ordo ab chao* et *Post Tenebras Lux* comme ayant des significations si proches qu'elles sont presque identiques. L'une et l'autre se référant à l'illumination initiatique qui correspond à la vibration originelle du Fiat Lux, laquelle détermine le début du processus cosmogonique par lequel le « chaos » sera ordonné pour devenir « cosmos ».

Sur un autre plan, cette devise renvoie au symbolisme des ténèbres supérieurs. Les ténèbres correspondent au monde profane d'où vient le récipiendaire. Lorsqu'il est fait maçon, il devient initié en recevant la Lumière. Le processus initiatique épouse complètement le processus cosmogonique, dès lors la naissance de l'apprenti est analogiquement comparable à la naissance du cosmos. *Le cosmos en tant qu'« ordre » ou ensemble ordonné des possibilités, n'est pas seulement tiré du « chaos » en tant qu'état « non-ordonné, mais il est encore produit proprement à partir de celui-ci »* [21].

L'application dynamique de cette devise demande à l'initié d'entamer en lui le processus de réalisation spirituelle qui fera croître en lui le Fiat Lux ou germe de lumière reçu lors de son initiation.

L'Ordre que l'initié a promis d'installer en lui est un engagement actif de lutte et la décision d'ordonner certaines de ses pulsions et forces contradictoires. Ce qui précède vient illustrer une définition non exhaustive du statut de l'Ordre que l'on peut retenir parmi d'autres : *les êtres passent et disparaissent, la Vérité demeure, l'Ordre traverse le temps et les générations.*

En mettant en pratique cette devise, l'initié qui devient Chevalier Élu est reconnu comme combattant individuel au service des valeurs fondamentales et des plus hautes vertus, ce qui constitue aussi, son Devoir nécessaire pour retrouver et incarner la Parole perdue.

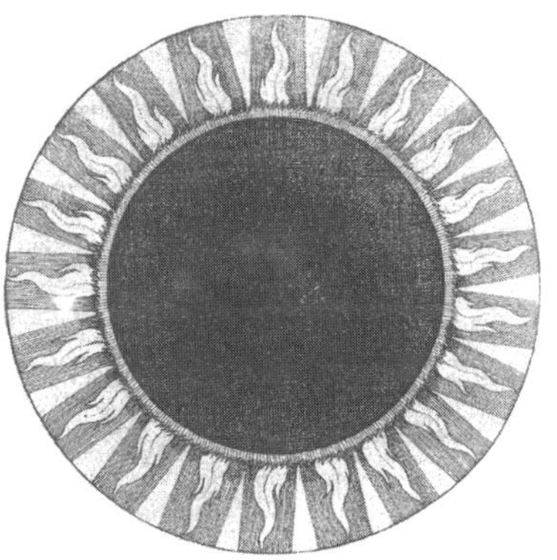

Fig. 40 – La Genèse d'après Robert Fludd, *Utriusque Cosmi*, t. 1, Oppenheim, 1617.

« La lumière de l'Esprit non encore manifestée se reflète dans la sphère du feu céleste comme dans un miroir ; c'est par cette réflexion même que, pour la première fois, elle se manifeste »

21. Guénon René, *Aperçus sur l'initiation,* chap. XLVI, sur deux devises initiatiques, Éditions Traditionnelles, 1972, pp. 289-293,

12 – La notion de justice dans les grades de perfection

La justice est une des quatre vertus cardinales aux côtés de la prudence, de la force et de la tempérance. Elle est inhérente à l'ordre et à l'administration d'une société, comme au règlement de la condition humaine. Ceci introduit la notion du Juste qui est défini comme étant celui qui agit selon la justice, avec le consensus accepté de toutes les parties c'est-à-dire en rendant à chacun ce qui lui est dû. Dans l'Absolu, seul l'Éternel est juste. Sa justice récompense les hommes justes châtie les impies. La Justice est une mise en application exacte de la rigueur et de la miséricorde en fonction des situations, des individus et des circonstances.

Avant d'aborder la question de la justice examinons le sens de la perfection qui est l'objectif posé dès l'accession au grade de Maître Secret.

Selon le judaïsme, le « juste parfait » (*saddiq gamûr*) est celui qui a observé la Torah d'alef à tav, ce dont Abraham est le modèle. Dans la Bible, l'Éternel ne se définit jamais lui-même comme parfait. Seul *Matthieu* est celui des quatre évangélistes qui utilisera l'adjectif « parfait » : Pour vous, soyez parfaits comme votre Père céleste est parfait » (Matthieu 5,48).

Clément d'Alexandrie se demande vraiment dans quelle mesure la perfection est accessible. D'abord tous n'y parviennent pas, non par défaut de nature, mais par défaut de détermination. Cette perfection de l'homme reste, de toute façon relative. *Ainsi Adam n'a pas été parfait selon sa constitution mais apte à recevoir la vertu… L'homme est parfait au point de départ en ce sens que Dieu ne lui a rien refusé de ce qui était requis par sa nature, la* plasis *est parfaite. L'imperfection provient entièrement du choix des individus. « Dieu est irréprochable »*[22].

Selon Guénon *dans le domaine social, ce qu'on appelle la justice ne peut consister, suivant une formule extrême orientale, qu'à compenser des injustices par d'autres injustices ; la somme de toutes ces injustices, qui s'harmonisent en s'équilibrant, est, dans son ensemble, la plus grande justice au point de vue humain individuel*[23].

C'est toujours en relation avec la justice divine, comme action salvatrice, que la Thorah parle d'une justice humaine ; même quand celle-ci est entendue au sens humain et social, c'est toujours en référence à cet ordre fondamental désigné par le nom hébreu de *sedâqâh* qui se traduit aussi en termes de Salut, d'Alliance, de royaume de l'Éternel. La pratique de la justice humaine conduit à faire ressortir la vertu de justice, rattachée à l'accomplissement de la volonté de l'Éternel ; Ainsi, dans ce contexte biblique

22. Clément d'Alexandrie, *les Stromates V*, t. XVII traduit par Voulet, 1981, Éditions du Cerf, n° 278 des *Sources Chrétiennes*.

23. Guénon René, *Mélanges*, Éditions Gallimard, 1976, p. 188, note 24.

et salomonien, parmi les dix commandements il y est prescrit : « Tu ne tueras point ».

Le meurtre perpétré sur Hiram n'a pas de circonstances atténuantes qui auraient incité à la clémence le jugement rendu par Salomon. En effet, le mobile de l'action des mauvais compagnons est de s'emparer des attributs de la maîtrise sans en avoir l'aptitude, et va jusqu'à commettre ce crime irréparable.

Selon rené Guénon : la *justice est une expression humaine de l'équilibre ou de l'harmonie, c'est-à-dire d'un des aspects du maintien de la stabilité cosmique.* Guénon ajoute *qu'à plus forte raison, une idée de « vertu » ne peut s'appliquer que dans la mesure où elle indique que les actions d'un être sont conformes à sa propre nature, et, par là même, à l'ordre total qui a son reflet ou son image dans la nature de chacun*[24].

13 – Le Tablier et le Cordon de Maître Élu des Neuf

En 1806, le Suprême Conseil du Rite Écossais Ancien et Accepté décrète que le neuvième degré, qui est donné par communication, ne porte ni cordon, ni bijou[25]. Il manifeste ainsi son hostilité à toute cette mise en scène macabre. Cette restriction n'existe que pour ce grade de perfection, alors que pour tous les autres, les décors sont codifiés.

Le tablier est blanc, tacheté de rouge, doublé et bordé de noir. Sur la bavette est représenté un bras ensanglanté tenant un poignard.

Fig. 41 – Le Tablier et le Cordon.

24. Guénon René, *Études sur l'Hindouisme*, Éditions Traditionnelles, 1976, p. 72.

25. *Recueil des actes du Suprême Conseil de France ou Collection des décrets, Arrêtés et décisions de cet illustre corps, de 1806 à 1830*, Imprimerie de Sétier, 1832.

Le Cordon noir est porté en écharpe de gauche à droite

D – Pourquoi le Maître Élu porte-t-il un cordon noir ?

R – Pour faire voir par cette marque extérieure de deuil la douleur qu'il conserve de la perte de notre respectable Maître.

D – Pourquoi suspend-t-on un poignard au cordon noir ?

R – Pour nous rappeler que le crime n'est jamais impuni et qu'il a servi à venger la mort d'Hiram [26].

D – Quelle récompense, les Élus eurent-ils de Salomon ?

R – Il les nomma ses biens aimés, les décora d'un cordon noir au bout duquel pend un poignard et d'une étoile de nacre de perle suspendue à un ruban ponceau [27].

0
0 0

26. Bibliothèque Roëttiers de Montaleau, MS 21 FM, *Maître Élu des Neuf.*
27. B.M. de Bordeaux, *op. cit.*

Tableau récapitulatif du grade de Maître Élu des Neuf

Selon le Tuileur de Lausanne 1875

Âge : *Vingt-et-un ans accomplis, le triple de sept.*
Batterie : 00000000 0 (8+1 claques).
Mots de passe : *BEGOHAL-KOL.*
Mots sacrés : *BIKKORETH : NEKAH.*
Marche : *Trois pas en 1er, trois du 2e et trois du 3e.*
Heure de commencement des travaux : *L'heure du départ des Neuf Élus pour commencer leur entreprise.*
Heure de la fin des travaux : *L'heure du retour des neuf Élus avec l'assassin Abiram, heure depuis laquelle les 9 lumières brûlent dans notre Chapitre.*
Question d'ordre : *Le sort en a décidé et la caverne m'est connue.*
Tablier : *Blanc, doublé et bordé noir, tacheté rouge Sur la bavette est un bras ensanglanté armé d'un poignard.*
Cordon : *Noir, écharpe gauche à droite. Quatre rosettes rouges devant le bas du cordon, quatre derrières, 9 attachant bijou.*
Bijou : *Un poignard d'or, à lame d'argent.*
Gants : *noirs.*
Légende de l'initiation : *Vengeance de la mort d'Hiram. Mort sans jugement du premier assassin.*

On note dans les principaux tuileurs de 1813 à 1836 (de Delaulnaye à Bazot) que les heures d'ouverture et de fermeture des travaux ne sont pas mentionnées. Elles ne commencent à l'être qu'avec Ragon en 1861. C'est cette formulation qui est retenue dans les rituels actuels, un peu différente de celle du Tuileur de Lausanne.

INSTRUCTION PAR DEMANDES ET RÉPONSES

(Maître Élu des Neuf, Bibliothèque Nationale FM⁴203). On notera que cette instruction est particulièrement détaillé montrant bien que ce degré est la suite de celui d'*Intendant des Bâtiments.*

D – Êtes-vous Maître Élu ?

R – Le sort seul en a décidé et la caverne m'est connue.

D – Qu'avez-vous vu dans cette caverne ?

R – Une lampe, une fontaine, un poignard et le traître Abiram.

D – De quel usage vous ont été toutes ces choses ?

R – La lampe a chassé l'obscurité, le poignard a vengé la mort du Respectable Maître Hiram Abif et la fontaine pour éteindre ma soif.

D – Où avez-vous été reçu ?

R – Dans la salle d'audience de Salomon.

D – Combien d'Intendants de Bâtiments furent élus ce jour ?

R – Neuf dont je fus du nombre.

D – De quel nombre furent choisis ces noms ?

R – D'environ 90 presque tous Intendant des Bâtiments ou Maîtres.

D – Quel motif vous engagea de parvenir au grade de Maître Élu ?

R – Le désir de venger la mort d'Hiram en détruisant son meurtrier Abiram.

D – Où avez-vous trouvé son assassin ?

R – Au fond d'une caverne située au pied d'une montagne près d'un buisson au bord de la mer dans le voisinage de Joppé.

D – Qui vous a montré le chemin ?

R – Un inconnu.

D – Par quelle route avez-vous passé ?

R – Dans l'obscurité par des chemins inaccessibles.

D – Que fîtes-vous à votre arrivée dans la caverne ?

R – Je ramassai un poignard que je trouvai et j'en frappai avec violence le scélérat à la tête et au cœur après quoi il expira.

D – Que dit-il avant d'expirer ?

R – Je ne puis le répéter.

D – Donnez-moi une lettre de la 1re syllabe, je vous donnerai la seconde ?

R – N∴......K∴.

D – Que signifient ces deux lettres ?

R – Nekam qui en hébreu signifient Vengeance.

D – Comment a été consommée votre élection ?

R – Par vengeance, désobéissance, clémence et par 8 et 1.

D – Expliquez-moi cela ?

R – Par vengeance en détruisant le traître, par désobéissance outre-

passant les ordres qui m'avaient été donnés par le Roi, par clémence parce que l'intercession de mes FF∴ obtint mon pardon et enfin par 8 et 1 parce que nous fûmes neuf seulement choisis pour cette entreprise.

D – Que fîtes-vous après avoir tué ce traître ?

R – Je coupai sa tête, j'apaisai ma soif et fatigué je m'endormis jusqu'à l'arrivée de mes FF∴ qui entrèrent en criant vengeance.

D – Comment vous reçut Salomon quand vous lui présentâtes la tête du traître ?

R – Par indignation, parce qu'il se proposait lui-même de faire punir le traître, il me condamna à la mort, et je ne dus la vie qu'à la considération qu'il eut pour mon zèle.

D – Que représente la Chambre obscure où vous avez été mis avant (votre) réception ?

R – Elle représente la caverne où je découvris le traître.

D – Pourquoi vous a-t-on bandé les yeux en vous y conduisant ?

R – Pour rappeler à mon souvenir le traître endormi et combien peu l'on doit se croire en sûreté et hors de danger après avoir commis le crime.

D – Comment travaillent les Élus ?

R – L'obscurité les oblige de mettre leurs mains devant leurs têtes pour s'empêcher de se heurter contre quelque chose et comme les routes étaient mauvaises ils furent obligés de croiser les jambes ce qui fait qu'étant assis dans le Chapitre il sont toujours dans cette posture.

D – Que représente le chien que l'on voit sur le tableau et sur la route près de la caverne ? [28]

R – L'Inconnu qui conduisit l'Élu.

D – Que signifie le bras nu armé d'un poignard ?

R – Que la vengeance suit toujours le coupable.

D – Que désigne le ruban noir et le poignard ?

R – La douleur qu'ont les bons Maçons de la mort d'Hiram Abif et pour garder le souvenir de la punition.

D – Par quels emblèmes figurez-vous les neuf Élus ?

R – Par neuf rosettes rouges au milieu des marques de l'ordre qui sont noires, par neuf Lumières dans le Chapitre, par neuf coups dans la batterie et par neuf baisers, tous ces emblèmes désigne les neuf Élus et le nombre emblème du sang répandu dans le temple dont 9 gouttes restèrent jusqu'à l'accomplissement de la vengeance.

D – Comment portez-vous votre ruban noir ?

R – De l'épaule gauche à la hanche droite avec un poignard suspendu au bras.

28. Cette instruction montre bien que le chien existait aussi dans les anciens rituels d'*Élus des Neuf*, il a disparu lorsque le grade d'*Élu de l'Inconnu* n'a plus été pratiqué. Seul le premier Ordre du Rite Français l'a conservé.

D – De quelle couleur est votre tablier ?

R – De peau blanche bordée et doublée de noir taché de rouge et sur la bavette est un bras ensanglanté qui tient un poignard plein de sang.

D – De quoi est tèndu le Chapitre d'Élu ?

R – De rouge et de blanc, sur le rouge des larmes blanches et sur le blanc des larmes rouges, ces deux couleurs représentent l'une le sang qui a été répandu et l'autre l'ardeur et la pureté de cœur.

D – Pourquoi n'avez-vous qu'un Surveillant ?

R – Parce que le Chapitre se tenant toujours dans le palais de Salomon il n'y avait que son favori qui veillait à ce qui se passait.

D – Qu'y avait-il encore à faire ?

R – Tout était achevé et Hiram abif vengé.

D – Donnez-moi le mot de passe ?

R – Il le donne.

D – N'y en a-t-il pas d'autre ?

R – Il y en a encore deux par lesquels on peut se reconnaître, ces mots sont Johaber et Stolkin.

D – À quelle heure partirent-ils pour la caverne ?

R – Dès que l'obscurité commença à paraître.

D – Quand s'en retournèrent-ils ?

R – Au point du jour.

D – Quel âge avez-vous ?

R – 27 ans[29].

0
0 0

29. On notera que les âges varient selon les rituels, entre autre le MS Francken donne Huit et un ans conformément aux anciens Tuileurs, sauf celui de Lausanne.

CHAPITRE VII

ILLUSTRE ÉLU DES QUINZE

(10e degré)

Fig. 42 – Les trois têtes exposées sur les remparts à Jérusalem.

Illustre Élu des Quinze (10e degré)

Présentation du grade

Parmi les anciens grades d'Élu, l'Élu des Quinze était autrefois le troisième grade pratiqué. Il était aussi appelé Grand Maître Élu ou Élu Parfait. Ici, on apprend que le véritable nom de l'assassin *Abiram* est en réalité *Hoben.* Ce degré donne la suite du récit de l'arrestation des deux autres meurtriers d'Hiram que l'on croyait morts misérablement dans le pays lointain de Cabule. En fait, une délégation de quinze Maîtres Élus dépêchée par Salomon les retrouvent à Geth, toujours en vie. Ils ont changé de nom et se font appeler *Oterfut* et *Sterkin* au lieu de *Romvel* et *Gravelor.* Le récipiendaire les ramène captifs à Jérusalem où Salomon les fait exécuter selon le châtiment en vigueur à l'époque.

Le rituel de 1766 donne le nom des deux maîtres qui les premiers ont découvert leur retraite. Il s'agit de *Zeomet* et *Eleham* (Ces deux noms sont pris comme mot sacré et mot de passe du grade).

Hoben, le premier assassin a donc pris le nom d'*Abiram,* cependant, les deux noms *Abiram* et *Hoben* subsistent dans les variantes des rituels de 1766 et de 1809 [1]. On se reportera avec profit au tableau dressé par Claude Guérillot où figurent les différents noms des trois meurtriers, relevés dans les différents rituels. (voir *La Rose maçonnique,* tome I, *op. cit.*, p. 297).

Thème du grade

Second grade d'Élu, l'Élu des Quinze, parachève l'action de justice entreprise. Les deux autres meurtriers sont arrêtés, jugés et condamnés selon la décision de Salomon. Les têtes des trois meurtriers sont exposées à titre d'exemplarité aux portes de Jérusalem.

À la porte du midi se trouve la tête de Sterkin
À l'occident la tête d'Oterfut
À l'Orient celle d'Abiram.

1. Khebian Jean, *Les grades de vengeance au XVIIIe siècle et sous l'Empire,* Bulletin des Ateliers Supérieurs du Grand Collège des Rites, n° 73, 1970, pp. 27-37.

Ces emplacements correspondent respectivement aux places qu'occupaient les meurtriers au moment de l'assassinat d'Hiram. L'ordre est rétabli, les travaux suspendus dans le Temple vont pouvoir reprendre.

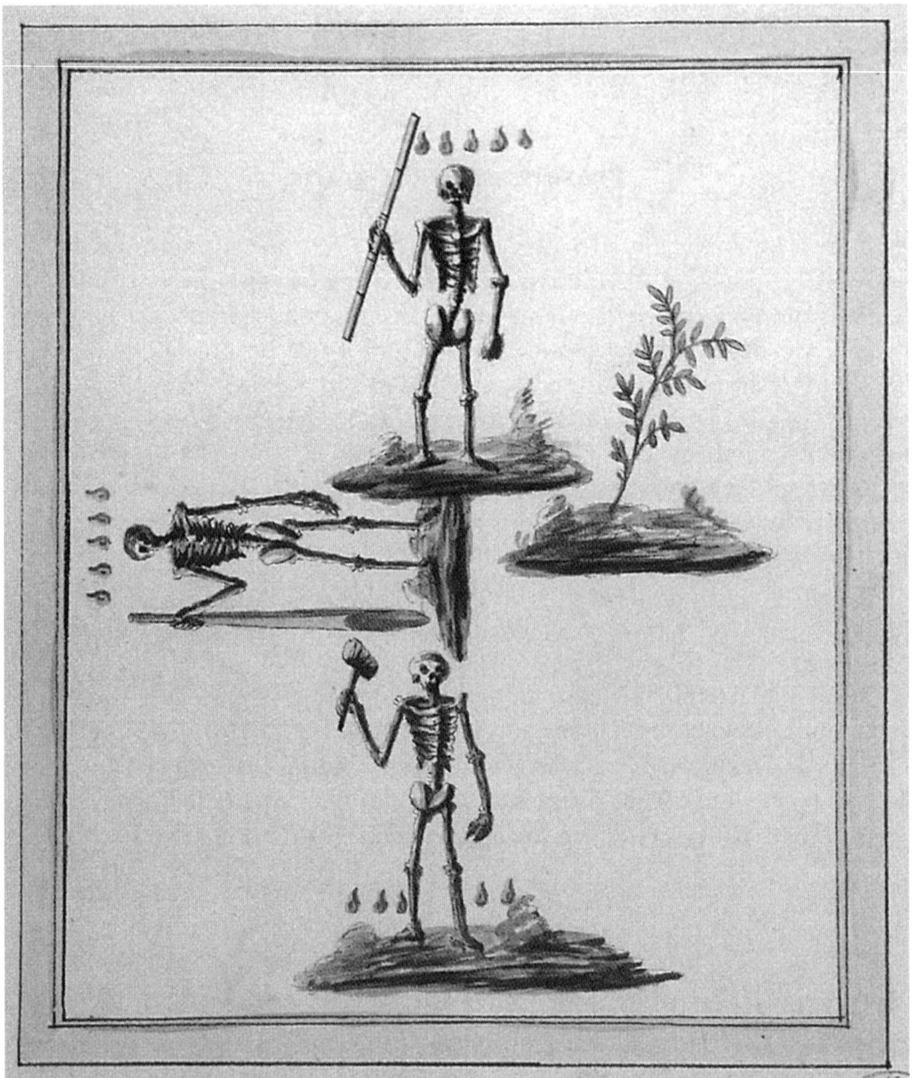

Fig. 43 – Aquarelle représentant les trois meurtriers avec l'outil de leur crime.

Musée de la Franc-Maçonnerie, Collection G.O.D.F.

Élu des Quinze

TUILEURS	DELAULNAYE (1813)	VUILLAUME (1820)	BAZOT (1836)	RAGON (1861)
ÂGE	Non mentionné	Non mentionné	Point	Point
BATTERIE	Cinq coups égaux 00000	Cinq coups égaux 00000	00000	5 coups égaux 00000
MOTS DE PASSE	Heleham qu'il faut écrire Eliham	Eligam ou Eliam	Eligam ou Eliam, ou Eleham	Eligam ou Eliam
MOTS SACRÉS	Zerbal ; on répond : Ben-Iah. D'autres répondent Benhakar. Nom de la caverne où se cacha le meurtrier d'Hiram. D'autres, enfin, disent Bendaka.	Zerbal ; en réponse : Ben-Iah. L'usage le plus général nous a fait adopter le premier mot, Ben-iah ou Benaïas, qui est le même nom.	Zerbal. On répond Ben-iah ou Benaias, ou Bendecar, ou Bendaka.	Zerbael, fils de Jaïada, dit par erreur le Sanctuaire ; réponse Ben-Iah
MARCHE	Quinze pas triangulaires	Quinze pas triangulaires	Quinze pas triangulaires	Quinze pas triangulaires
HEURE D'OUVERTURE DES TRAVAUX	Cinq heures du matin	De cinq heures du matin	Cinq heures du matin	De 5 heures du matin
HEURE DE FERMETURE DES TRAVAUX	Six heures du soir	à Six heures du soir	à six heures du soir	à 6 heures du soir

1 – L'Élu des Quinze

Certains se sont demandés pourquoi le nombre de neuf élus était passé à quinze ? Quelle était la raison de ce changement de nombre ? On note avec intérêt que ce nombre de quinze est déjà mentionné dans la première version connue du rituel de maître, puisque toute une explication y est donnée dans *la Maçonnerie disséquée* de Samuel Prichard. Il serait ainsi logique d'en déduire que ce grade puise son origine dans cette première version du grade de Maître.

En effet, il y est mentionné :

D – Quand fut-il retrouvé ?

R – Quinze jours après.

D – Qui le retrouva ?

R – Quinze frères fidèles qui, par ordre du roi Salomon, sortirent par la porte ouest du Temple et se séparèrent en deux groupes, vers la droite et vers la gauche, en restant à portée de voix les uns des autres. Et ils tombèrent d'accord pour décider que s'ils ne trouvaient pas le mot sur lui ou près de lui, le premier mot serait le mot de maître. Un de ces frères étant plus fatigué que les autres s'assit pour se reposer et prit en main une brindille qui s'arracha aisément. Constatant alors que la terre avait été retournée, il appela ses frères qui, poursuivant leur recherche, découvrirent le corps d'Hiram décemment enterré dans une belle tombe de six pieds de l'est à l'ouest et six en perpendiculaire, dont la couverture était faite de mousse verte et de gazon, ce qui les étonna. Là-dessus ils dirent « Muscus Domus Dei Gratia ». Ce qui d'après la maçonnerie signifie : « Rendons grâce à Dieu, notre Maître a une maison au toit couvert de mousse ». Alors ils le recouvrirent soigneusement et comme ornement supplémentaire, placèrent un pied de cassia à la tête de la tombe. Ils partirent ensuite pour informer le roi Salomon.

D – Que dit le roi Salomon de tout cela ?

R – Il ordonna qu'on l'exhume et qu'on l'enterre décemment, et que ces quinze compagnons du métier assistent à ses funérailles munis de gants blancs et de tabliers (Cet usage continua chez les Maçons jusqu'à nos jours) [2].

Dans un autre manuscrit le nombre de 15 est lié aux sept marches montées par le Maître Maçon 3 + 5 + 7, soit 15 qui récapitulent le chemin déjà accompli :

D – Comment avez-vous été fait écossais ?

R – Par trois, cinq et sept.

D – Que signifie ce nombre ?

2. Prichard Samuel, *La Maçonnerie disséquée*, 1730, traduit et commenté par Gilles Pasquier dans *Cahier de l'Herne.*

R – Le nombre des quinze experts qui relevèrent le corps du Respectable Maître Hiram [3].

2 – Vengeance et justice

Au 10e degré, les deux autres meurtriers sont aussi retrouvés dans une caverne. Mais cette fois-ci, ils ne sont pas exécutés sommairement dans la pénombre, contrairement au premier meurtrier, mais ramenés en plein jour, enfermés dans une tour avant d'être exécutés en public.

Empalés, puis décapités les deux meurtriers sont suppliciés dans des conditions particulièrement atroces. Couper la parole en coupant la tête d'une personne c'est supprimer sa capacité de transmettre. Ici, contrairement au degré précédent il ne s'agit plus de vengeance, mais de justice, d'un rééquilibrage qui veut instaurer à nouveau l'Ordre perdu, illustrant la nécessité de mettre en pratique la devise *ordo ab chao.*

Du grade de Maître au grade de Sublime Chevalier Élu on est dans un contexte biblique salomonien dans l'esprit de l'Ancien Testament. Le châtiment des meurtriers d'Hiram n'est pas réellement surprenant, car il correspond à la mise en application des termes des serments et des pénalités prêtées dans les trois premiers grades des loges bleues. Les peines encourues en cas de trahison étaient d'avoir la gorge coupée, le cœur arraché, le corps coupé en deux parties, les entrailles arrachées et brûlées.

La vengeance est définie, selon la Bible comme frein antique et efficace, visant à assurer le respect de la vie. La Loi du Lévitique dit : *Ne te venge ni ne te garde rancune aux enfants de ton peuple mais aime ton prochain comme toi-même : Je suis l'Éternel (Tétragramme)* (19,18) Cette loi avait pour but de tempérer la vengeance, en la sanctionnant. Selon les Esséniens, entre autre, c'est à Dieu seul qu'il appartient de tirer vengeance. Ce point de vue est partagé par le Nouveau Testament qui remet la vengeance divine jusqu'au jugement eschatologique.

L'application de la justice biblique est une vertu qui consiste à rendre à chacun ce qui lui est dû, mais elle est surtout la qualité qui fait qu'un pouvoir, un titre, un acte, un événement, un objet sont conformes à ce que le droit, la coutume ou l'essence des êtres exigent.

La vengeance du sang est une forme de justice privée qui était une application de la loi du talion, considérée comme le seul moyen efficace de protéger le droit à la vie en inspirant la crainte de la vendetta [4].

Le sang des victimes expiatoires efface, par une substitution compensatrice qu'exige la notion de justice, les traces de sang du Maître disparu.

3. Bibliothèque Municipale d'Avignon, *MS 3084,* folio 29 v°.
4. *Dictionnaire encyclopédique de la Bible,* Éditions Brepols, 2002, pp. 720 et 1311.

Cette forme de justice est à replacer dans le contexte sociologique de l'époque, elle est conforme à l'application de la loi du talion, (dent pour dent, œil pour œil, etc.) avec la volonté de dissuader d'autres criminels potentiels par l'exemplarité de la sanction. Elle est aussi un aspect manifesté du principe action/réaction. (voir pp. 439 à 441, la vengeance était accomplie, 1er ordre d'Élu)

D – Pourquoi a-t-il fallu que les alliances fussent signées par le sang ?

R – Parce que dans la loi de Moïse les péchés des hommes ne se purifiaient que par l'effusion du sang[5].

C'est lorsque les trois têtes des mauvais compagnons sont tranchées que l'Élu peut considérer qu'il a éliminé de lui toutes ses tendances négatives, qu'il peut poursuivre sa quête de vérité en rassemblant ce qui est épars. Rappelons qu'avant leur exécution les assassins sont chargés de chaînes. Cette image est, ô combien ! évocatrice des entraves, des liens et du poids qui entravent l'être humain. Prisonnier de lui-même, l'enchaîné à la terre, à ses vices et ses passions a perdu sa liberté intérieure et physique, entravé par un fardeau écrasant.

Au 9e grade il est mis en scène et enseigné à l'initié ce qu'il ne doit pas faire, car il ne s'agit pas d'opérer une élimination impulsive de ses aspects négatifs, mais d'agir comme au 10e grade par un combat objectif et rationnel contre cette partie de soi-même qui procède de l'ego. Au 9e grade, le rituel dit *qu'Abiram a péri en tombant sous les coups, mais qu'il renaît toujours.* Ce qui signifie que le maître doit rester constamment vigilant contre les mauvais compagnons qui sommeillent en lui, toujours prêts à se manifester et pouvant ressortir par des formes plus subtiles. Ce même rituel dit aussi *qu'Hiram a été tué mille et mille fois, que chaque jour ce crime monstrueux s'accomplit devant nos yeux, mais les Élus veillent.*

Ces deux phrases du rituel sont la clef pour la compréhension des trois grades d'Élus.

L'exécution des meurtriers correspond à l'ouverture du cœur dans toutes les dimensions de l'être, horizontales et verticales. Les meurtriers dont les trois têtes sont suspendues sur des piques sont des êtres qui ont perdu l'essentiel vital. Ils sont des corps sans tête et des têtes sans corps, semblables à des colonnes brisées. Le monde actuel offre de nombreuses occasions de rencontrer des êtres quasiment coupés en deux (schizophrènes, de schizo qui signifie coupé) qui ne vivent plus que par leur mental ou d'autres qui hypertrophient leur corps et ne vivent que pour lui. À cette limite extrême de dislocation, c'est un chemin en sens inverse auquel est invité l'initié, à savoir réintégrer l'état primordial dans un corps et un esprit de lumière.

5. Bibliothèque du Grand Orient des Pays-bas, *MS Kloss XXXIV – I,* 061.0.

D – Que fit-on de leurs têtes ?

R – Elles furent posées sur des pieux placés en dehors du temple près du lieu, où le crime avait été commis.

D – Comment furent-elles distribuées ?

R – Celle de Sterkin, accompagnée d'une règle fut placée au midi, celle d'Oterfut avec un maillet fut mise à l'occident et celle d'Hoben fut mise à l'orient avec un levier[6] (voir pp. 429 à 432).

3 – La tour

Ce symbole de la tour peut être considéré sur deux plans différents, négatif si l'on évoque la Tour de Babel œuvre humaine néfaste qui symbolise un monde clos et orgueilleux dans la volonté de rivaliser avec plus grand que soi. Il y a aussi la geôle décrite dans les contes de fées qui retient injustement prisonnier un héros ou une héroïne. Sur un plan positif ce lieu clos, circulaire où l'on tourne en rond est approprié à la méditation.

Les assassins pris à leur propre piège sont enfermés dans une tour, avant leur exécution.

Cette tour est symbole d'un axe du monde compris comme un lien unissant la terre au ciel, elle symbolise aussi l'achèvement d'un cycle. Ce lieu élevé peut être considéré comme propice au recueillement et à la méditation permettant l'observation des astres.

L'érection de la tour comme le fait remarquer fort justement Edmond Delcamp est la répétition du geste du premier couple tendant la main vers l'arbre de la Connaissance de la dualité. Il y a là la même réponse d'exclusion. L'homme ayant voulu se séparer du Principe en lui ravissant la Connaissance sacrée pour se passer de lui, va lui aussi s'éloigner de l'homme[7].

Les artisans de la Tour de Babel, tout comme les mauvais compagnons, sont châtiés pour avoir voulu s'emparer, contre la volonté du Ciel, d'une connaissance à laquelle ils ne pouvaient pas accéder, sans règle ou processus d'initiation. C'est dans ce sens que l'on peut comprendre l'enfermement dans ce lieu hautement symbolique qu'est la tour, des deux premiers meurtriers d'Hiram. Passés compagnons, ils ont eu la possibilité de devenir des hommes du métier, habiles dans l'art du tracé et de la construction. Mais l'impatience et la volonté d'obtenir rapidement les marques extérieures de la maîtrise les ont amenés, aveuglés par cette avidité d'avoir et de pouvoir, à transgresser la règle, au point de supprimer physiquement le Maître, principal agent de transmission. Ces compagnons étaient initialement promis, par leur admission sur le chantier à l'élévation, ils font cependant une chute

6. Wien (Autriche), *Architecte des Maîtres Élus*, 3e grade, pp. 962-970.
7. Delcamp Edmond, *La Montée vers l'orient*, Éditions Dervy, 1975, pp. 115-121.

sévère, tels ceux qui avaient voulu rivaliser avec l'inaccessible, se retrouvant alors dans la plus profonde confusion. C'est le désir de vouloir conquérir une Connaissance par la force et la ruse qui amène chaos et confusion.

L'emprisonnement des deux meurtriers dans cette tour-forteresse est à considérer comme une sorte de retour au cabinet de réflexion, peu avant leur exécution qui est la mise en pratique de la loi du talion, appliquée dans le contexte de l'époque.

Fig. 44 - La tour.

4 – Le tablier et le cordon d'Illustre Élu des Quinze

Selon le *MS 76/35 folio 963* de Wien, *Architecture des Maîtres Élus* :

Le tablier doit être de peau blanche bordé et doublé de noir, au milieu est la tour Hesar, brodée en argent, il doit y avoir aussi trois têtes de mort brodées en argent ; une sur la bavette avec la lettre H au-dessous, qui signifie Hoben, les deux autres têtes sont à chaque coin du tablier ; sous la tête à gauche est la lettre S qui signifie Sterkin et sous celle à droite est un O qui signifie Oterfut.

D'autres descriptions disent qu'au milieu est représentée la ville de Jérusalem et les trois têtes des coupables, fichées sur des piquets, aux portes est, ouest et sud de la cité.

Fig. 45 – Le Tablier

Le cordon

En 1806, le Suprême Conseil du Rite Écossais Ancien et Accepté décrète que le dixième degré, tout comme le neuvième, qui sont donnés par communication (car considéré comme trop sanguinaires), ne portent ni cordon, ni bijou [8].

Les Maîtres Élus doivent avoir un cordon noir avec trois rosettes de ruban ponceau au bout du cordon *et aussi à chaque rosette une tête de mort*; il doit y avoir aussi quinze larmes brodées en argent sur le cordon.

8. *Recueil des actes du Suprême Conseil de France ou Collection des décrets, arrêtés et décisions de cet illustre corps, de 1806 à 1830*, Paris, Imprimerie de Sétier, 1832.

Tableau récapitulatif du grade d'Illustre Élu des Quinze

Selon le Tuileur de Lausanne 1875

Âge : *Vingt-cinq ans accomplis, cinq fois cinq.*
Batterie : *00000 (cinq claques).*
Mot de passe : *ELIHAM.*
Mots sacrés : *ZERBAL - BENIAH.*
Marche : *Quinze pas triangulaires*
Heure de commencement des travaux : *La sixième heure de la nuit.*
Heure de la fin des travaux : *L'heure du retour à Jérusalem des quinze Élus.*
Question d'ordre : *Je le dois à mon zèle et mon travail.*
Tablier : *Blanc, doublé et bordé de noir. Au milieu, trois têtes sur trois piques aux portes E.O. et S. de Jérusalem.*
Cordon : *Noir, en écharpe de gauche à droite. Trois têtes brodées en bas.*
Bijou : *Un poignard d'or, à lame d'argent.*
Gants : *noirs.*
Légende de l'initiation : *Vengeance de la mort d'Hiram. Appréhension, jugement et exécution des deux autres assassins.*

On note que dans les principaux tuileurs de 1813 à 1861 (de Delaulnaye à Ragon) l'âge de *l'Élu des Quinze* n'est pas mentionné et que les heures d'ouverture et de fermeture (cinq heures du matin à l'ouverture et six heures du soir à la fermeture) divergent de celles données par le Tuileur de Lausanne.

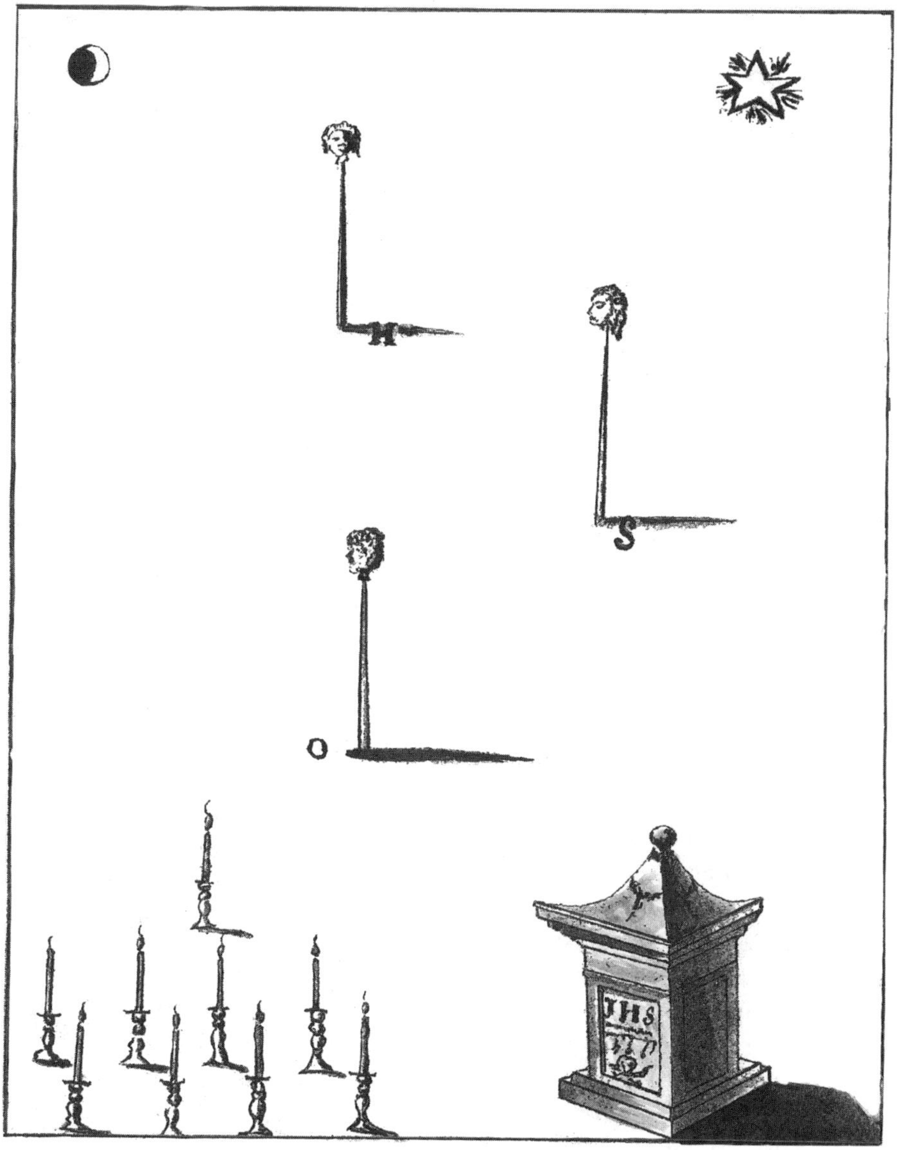

Fig. 46 – Les trois têtes sur des piques.

Ms 2098 d'Élu symbolique, B.M. de Bordeaux.

Le tableau représente trois piques sur lesquelles sont des têtes, la première au midi avec une lettre S, une autre à l'occident avec un O et la troisième à l'orient avec un H qui correspondent aux initiales des trois noms des assassins. On place aussi à l'occident un tombeau avec ses lettres J, H, S et à l'orient le croissant et l'étoile du matin de l'autre côté neuf lumières rappelle les Neuf Élus.

INSTRUCTION PAR DEMANDES ET RÉPONSES

(Catéchisme d'Élu des Quinze extrait des Archives de La Franc-maçonnerie ou les secrets et travaux de tous les grades jusqu'à celui de Rose-croix y compris les grades écossais, par un chevalier de tous les ordres maçonniques. Paris, Dentu, 1882, pp.183 à 187, version identique à celle des plus Secrets Mystères des Hauts grades de la maçonnerie dévoilés, attribuée à Bérage, p. 52 à 55).

D – Êtes-vous Grand Maître Élu ?

R – Oui, mon zèle et mon travail m'ont procuré ce grade avec l'estime de mes supérieurs.

D – Où avez-vous été reçu ?

R – Dans le cabinet de Salomon.

D – Quand vous a-t-il reçu ?

R – Lorsqu'il m'envoya, avec mes frères, chercher les deux derniers assassins d'Hiram.

D – Vous avez donc été vous-même à la recherche ?

R – Oui, Très Respectable.

D – Ressentîtes-vous une grande joie lorsque les assassins furent punis ?

R – Les trois têtes qui sont à mon cordon en sont la preuve.

D – Que signifient ces trois têtes ?

R – Celles des trois assassins d'Hiram.

D – Vous dites que vous avez été à la recherche de deux ?

R – Cela est vrai ; mais le troisième avait déjà été puni.

D – Comment s'appelaient les deux que vous conduisîtes à Jérusalem ?

R – Sterkin et Oterfut.

D – Comment furent-ils découverts ?

R – Par la perquisition qu'en fit Ben-Gabel.

D – Comment fit Salomon pour les avoir ?

R – Il écrivit une lettre à Maaca pour l'engager à en faire la recherche.

D – Qui rendit cette lettre ?

R – Zéomet.

D – Le roi Maaca ne fit-il aucune difficulté ?

R – Non, au contraire, il nous donna des guides et des escortes.

D – Où les trouvâtes-vous ?

R – Dans une carrière de Ben-Dicat.

D – Qui était Ben-Dicat ?

R – Un des intendants de Salomon et son gendre.

D – Quels sont les maîtres qui les prirent les premiers ?

R – Zéomet et Eléham, après quinze jours de recherches.

D – Comment les avez-vous conduits à Jérusalem ?

R – Ils étaient enchaînés par les deux mains.

D – Comment étaient faites leurs chaînes ?

R – En forme de règle et de maillet, où était gravé le genre de supplice qu'ils devaient souffrir.

D – Quel jour arrivâtes-vous à Jérusalem ?

R – Le 15 du mois qui répond au mois de juillet.

D – Combien restâtes-vous dans ce voyage ?

R – Un mois.

D – Combien de maîtres Salomon élut-il pour cette recherche ?

R – Quinze, dont j'étais du nombre.

D – Qu'ordonna Salomon ?

R – Après les avoir accablés de reproches, il donna ordre à Hézar, Grand Maître de sa maison, de les faire conduire dans la tour qui porte son nom, et de les faire mourir le lendemain à dix heures du matin.

D – De quel genre de mort furent-ils punis ?

R – Ils furent attachés nus à des poteaux par les pieds, les bras et le cou. On leur ouvrit le corps depuis la poitrine jusqu'aux parties honteuses.

D – Restèrent-ils longtemps en cet état ?

R – Huit heures, exposés au soleil, harcelés par les mouches et autres insectes. Leurs lamentables cris émurent leurs bourreaux, qui leur coupèrent la tête, et leurs corps furent jetés hors de la ville pour être la pâture des corbeaux.

D – Que fit-on de leurs têtes ?

R – Elles furent exposées à deux portes de la ville, ainsi que celle du premier assassin, suivant l'Élu des Neuf.

D – Comment se nommait l'autre ?

R – Abiram. Ce nom était un emblème, et ne signifiait qu'un meurtrier.

D – Quel était son vrai nom ?

R – Hoben [9].

D – Comment nommez-vous les trois portes où les trois têtes furent mises ?

R – Celles du midi, de l'occident et de l'orient.

D – Quelle fut la tête exposée au midi ?

R – Celle de Sterkin.

D – À la porte d'occident ?

R – Celle d'Oterfut.

D – À la porte d'Orient ?

R – Celle d'Hoben.

D – Pourquoi exposa-t-on ces trois têtes à trois portes ?

R – Pour faire connaître leur posture lorsqu'ils assassinèrent Hiram.

9. Dans le MS. FM⁴362 de la Bibliothèque nationale, à la même question, il est répondu : *Abiram dont le vrai nom est Hoben.*

D – Quel est le mot sacré du Grand Maître Élu ?

R – Zéomet.

D – Quel est le mot de passe ?

R – Eléham.

D – Quel est le signe ?

R – (*On le fait*).

D – Quelle heure est-il ?

R – Six heures du soir.

D – Pourquoi six heures du soir ?

R – Parce que c'est à cette heure que les meurtriers eurent la tête tranchée.

CHAPITRE VIII

SUBLIME CHEVALIER ÉLU

(11e degré)

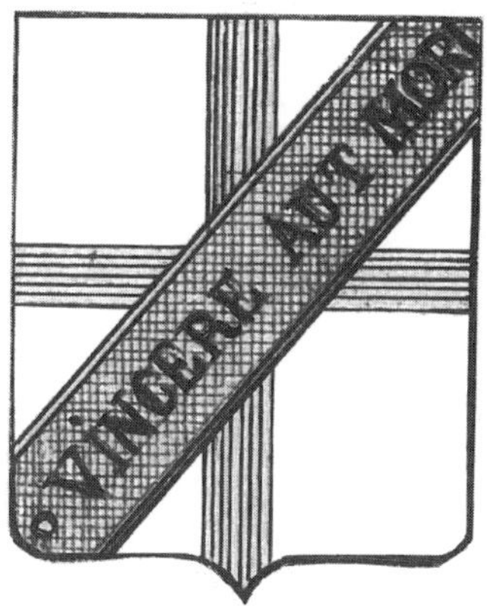

SUBLIME CHEVALIER ÉLU (11e DEGRÉ)

Présentation du grade

Avec ce qualificatif de Sublime Chevalier Élu, on comprend tout de suite clairement qu'il s'agit du grade le plus élevé du système d'Élu. Par ailleurs, on voit apparaître pour la première fois le terme de Chevalier.

« Chevalier » provient du bas latin *caballarius.* Au début, il s'appliquait spécifiquement au combattant à cheval, ensuite ce terme a désigné tout guerrier valeureux qui était admis dans un Ordre de Chevalerie au Moyen Âge. Á partir du XIe siècle apparaît l'expression « ordonner chevalier ». Le titre suggère des images de combat et la notion de bravoure.

La fonction chevaleresque implique la lutte contre le mal, la maîtrise de soi, une éthique morale par la mise en pratique de sentiments nobles et élevés, dont la générosité et la grandeur d'âme, au service du malheureux et de l'opprimé.

On retrouve cet état d'esprit dans la devise du grade *Vaincre ou mourir.*

Bien que la Chevalerie ait disparu en tant qu'institution sociale, la Franc-Maçonnerie propose de la prolonger par l'enseignement des vertus qui la caractérisent, notamment dans ce grade qui récompense les Élus de leur vertu.

Thème du grade

Ce dernier grade d'Élu est celui où douze des justiciers sont récompensés après un tirage au sort. Chacun se montre digne de son élection par sa progression spirituelle. Dès lors, la phrase rituelle *Mes FF.·. me reconnaissent comme tel* prend tout son sens en amplifiant celle donné au grade d'apprenti.

Les trois assassins du Maître sont châtiés, justice est faite. Salomon pour récompenser le zèle et la constance des 15 Grands Élus a recours au tirage au sort pour en distinguer douze qui commanderont aux douze tribus d'Israël et formeront un Grand Chapitre. Salomon leur fait voir les objets précieux renfermés dans le tabernacle dont les Tables de la Loi gravées du doigt de l'Éternel, reçues par Moïse au mont Sinaï auprès du Buisson ardent. Il leur accorde plusieurs faveurs, entre autres il les arme de l'épée de justice et leur donne le titre d'*Excellent Emerek*, traduit par « *Homme vrai en toutes circonstances* ».

Ce grade enseigne que le plus important devoir de la maçonnerie est de se consacrer à la pratique de la Vertu. Le Maître Maçon ne doit pas seulement s'opposer à toute forme d'oppression, de tyrannie et d'intolérance, mais il doit aussi s'engager à œuvrer positivement en se mettant au service des autres. Le cœur enflammé est un symbole de dévouement ardent à l'édifice de la Franc-maçonnerie et du zèle à déployer pour la pratique de la Charité, qui peut être considérée comme la plus importante de toutes les vertus avec la justice.

Sublime Chevalier Élu

TUILEURS	DELAULNAYE (1813)	VUILLAUME (1820)	BAZOT (1836)	RAGON (1861)
ÂGE	Non mentionné	Non mentionné.	Point	Point
BATTERIE	Douze coups égaux	Douze coups égaux	000000000000	12 coups égaux 000000000000
MOTS DE PASSE	STOLKIN Quelques uns y ajoutent Emerek, que l'on suppose être le nom caractéristique d'un Élu, et que l'on traduit par *Homme vrai.* Au lieu de ce mot insignifiant, il faut dire AMARIAH.	STOLKIN, que l'on interprète par : eau courante. Il y a des chapitres où l'on ajoute le mot *Emerek* ou *Emereh*, que l'on traduit ainsi : *Homme vrai* ou véridique. Ce mot est fautif ; il faut dire Amar-iah	STOLKIN, on dit quelquefois EMEREK ou EMEREH, et mieux AMAR-IAH	STOLKIN, que l'on interprète par eau courante. AMAR-ÏAH (parole de Dieu)
MOTS SACRÉS	ADONAÏ	ADONAÏ	ADONAÏ	ADONAÏ
MARCHE	Non mentionné	Non mentionné	Non mentionné	Point
HEURE D'OUVERTURE DES TRAVAUX	Douze heures	De douze heures	À la douzième heure	De 12 heures
HEURE DE FERMETURE DES TRAVAUX	Le point du jour	Au point du jour	Au point du jour	Au point du jour

1 – Aspects symbolique et initiatique des degrés de vengeance

À la violence, doit-on systématiquement répondre par la violence ? Ne doit-on pas plutôt avoir foi en une justice immanente ?

L'ignorance, l'intolérance, le fanatisme, l'orgueil et l'ambition doivent être combattus sans relâche. Il s'agit là, et tel est un des sens du devoir des Élus, de réaliser la mise à mort inéluctable de son ego, afin d'éradiquer toute velléité de se comporter en mauvais compagnon. C'est en payant ce prix obligatoire que l'initié peut espérer être choisi pour devenir un des Élus, apte à reconstruire son temple intérieur.

La conscience des imperfections, la volonté de les combattre sans complaisance, permettront de « rectifier », pour retrouver la pierre cachée. Ce diamant de l'éternelle lumière enfoui au plus profond du cœur de chacun. La veille est bien le propre du Maître Maçon, dont l'expérience l'amène à demeurer vigilant pour trouver en toutes choses la Voie du juste milieu.

Le sacrifice de soi est accompli, celui qui accède à ce grade d'Élu est censé à ce stade, avoir vaincu l'illusion de son ego, n'étant plus désormais que l'agent d'une Volonté supérieure.

Ainsi, le maître sera sans cesse mis à mort par les aspects sombres d'une dualité non maîtrisée, sauf s'il fait partie du nombre des Élus qui veillent jour et nuit au maintien de l'ordre cosmique, à la réalisation du plan du Grand Architecte, dans la sérénité du juste milieu de la maîtrise.

Ces trois grades appelés trop souvent à tort grades de vengeance, sont avant tout, des *grades d'élection* comme l'indique leur nom. Ce sont des degrés d'actions guerrières qui engagent le Maître à une action positive et constructive.

Le 9e grade enseigne que l'on ne doit pas se laisser guider pas ses pulsions vengeresses. La vengeance est aussi négative que le meurtre. Il faut impérativement tuer en soi le mauvais compagnon (celui de la caverne) en retournant symboliquement l'arme contre soi.

Le 10e grade rétablit l'ordre troublé, en mettant en œuvre la justice rendue par la collectivité. La justice triomphe de la vengeance sanglante, même si le sort des deux autres meurtriers n'est guère plus enviable que celui du premier, néanmoins c'est la volonté de justice conforme à la loi principielle qui préside au rétablissement de l'ordre troublé. Le crime ne pouvant rester impuni.

Au 11e grade les murs sont encore tendus de noir comme dans les deux grades précédents, mais décorés de cœurs enflammés. On peut y voir une marque du zèle qui anime les Sublimes Chevaliers Élus.

Le 11e grade est caractérisé par l'apogée de l'élection, récompense du zèle et de la foi des Maîtres Élus. L'Élu des 12, Maître pacifié, tend à la perfection. Il se doit d'*être Vrai en toutes circonstances*, ce qui signifie que, quelles que soient les pressions faites à son libre arbitre, il n'obéira qu'à la seule loi de sa conscience en toutes choses, cherchant à avoir un comportement équitable envers chacun et à veiller à ce que tout aspect de la dualité soit transformé en complémentarité.

Le cordon noir se porte de gauche à droite car il n'est plus censé porter une épée mais uniquement un poignard. La gauche par ailleurs, exprime un aspect de rigueur.

2 – Emerek : homme vrai en toutes circonstances

Le 11e degré appelé *Sublime Chevalier Élu*, voit pour la première fois l'initié désigné par le terme de *Chevalier* et qualifié de *Sublime*. Ce terme signifiant selon le Dictionnaire de Quillet : *élevé, le plus élevé, très grand, très éminent*. Ce grade est le degré de consécration et d'achèvement des deux précédents. Il est destiné à récompenser le zèle et le dévouement de douze Élus. Ce nombre douze suggère bien des significations. Il nous fait penser aux 12 constellations du zodiaque, aux 12 Chevaliers de la Table ronde etc. Ces Élus sont nommés gouverneurs des 12 tribus d'Israël (dont on trouvera le détail dans l'instruction donnée à la fin de ce chapitre). Ils reçoivent plein pouvoir du Roi Salomon pour assurer la pérennité de la Parole divine et sa mise en œuvre selon la législation.

Ce 11e degré met plus concrètement l'accent sur la notion de vertu, en faisant du récipiendaire le modèle de l'homme vrai en toutes circonstances. On trouve la définition de ces vertus dans le *MS 21 FM* (Bibliothèque Roëttiers de Montaleau) :

D – Quelles étaient les principales vertus du Chevalier Élu ?

R – L'Union, la Prudence, la Charité, la Modestie, la Discrétion et la Valeur dans les combats.

Vaincre ou Mourir est la devise de ce grade. Devise qui montre que le devoir de l'initié passe nécessairement par l'action, avant de pouvoir accéder à la méditation et à la contemplation qui permettront de percevoir l'Unité inhérente en toutes choses. Le combat que mène l'initié doit le conduire à la conquête de « l'initiation véritable ».

L'observation tend à démontrer que tout être pensant, précisément parce que pensant, aspirera un jour, d'une manière ou d'une autre, à sortir du cadre limitatif de la vie et de la mort. Vivre c'est chercher à accéder à l'Immortalité pour demeurer dans l'Éternel présent. Pour cela, il faut nécessairement franchir le passage obligé de la mort en la pourriture apparente, du tombeau. Par la mort, vaincre la mort. Qu'importe que la chair quitte les os, que tout se désunisse. Ceci est transitoire et relatif, à l'image du voile des apparences qui doit disparaître pour laisser exprimer et subsister la pérennité de l'Esprit.

Les traces de sang pourront être effacées dans le Temple. L'esprit étant libéré du désir de vengeance par l'accomplissement de la justice, les Élus qui ont atteint une perfection relative peuvent avoir accès aux Tables de la Loi et aux objets précieux enfermés dans le Tabernacle, armés de l'épée de justice par Salomon.

3 – Le bijou des trois grades d'Élu

Aux trois grades d'Élu, le bijou est identique. Il s'agit d'un poignard d'or, à lame d'argent, image de l'union alchimique du soleil et de la lune. Dans ce contexte précis, que symbolise cette arme blanche ?

Le poignard, c'est l'arme blanche employée dans le combat fait au corps à corps. Arme de pénétration qualifiée à la fois d'offensive et de défensive, elle peut transpercer le cœur, le centre de l'être. Cette arme peut être utilisée aussi bien par un homme que par une femme.

La quête initiatique demande au maçon de connaître les ennemis qui entravent sa progression. Ses pires ennemis sont d'abord intérieurs. C'est pourquoi le poignard, symboliquement, doit d'abord être retourné contre soi-même pour extraire toute velléité d'oppression.

Le poignard est une arme qui le plus souvent correspond à une justice expéditive sous forme de vengeance, ce qui est le cas de Johaben face au premier des trois meurtriers (voir pp. 437 à 439).

Au Moyen Âge, le poignard était désigné par le terme de « main gauche », considéré comme sœur de l'épée, au point que le Chevalier tirait l'épée tenue de la main droite et parait les coups de l'adversaire avec le poignard tenu de la main gauche. Tout chevalier recevait une épée et un poignard lors de son adoubement. L'épée était portée à gauche pour être dégainée de la main droite et le poignard porté à droite pour être tiré de la main gauche.

Ce poignard, brandi avec énergie et détermination, matérialise la volonté de vaincre ou mourir pour extirper ce qui est nuisible en soi. Il peut être comparé au Verbe dont les mots frappent la conscience par la force de leur impact.

C'est aussi un geste de défense face à la peur et à la violence manifestée par le mot « Nekam » qui signifie vengeance. Le poignard qui tue et transperce l'obscurité en anéantissant l'adversaire est un geste libérateur qui correspond à la mise à mort définitive du vieil homme enténébré, dont Johaben ramène la dépouille comme un trophée de guerre.

La voie initiatique permet de monter vers la Lumière à condition d'avoir su descendre auparavant au plus profond de ses propres ténèbres. L'importance de la descente est proportionnelle à la capacité de la remontée.

Fig. 47 – Le poignard d'Élu.

4 – Vaincre ou mourir

Sur le cordon de ce grade est brodée la devise *Vincere aut mori* ou trois cœurs enflammés.

Au 10e grade, quinze Illustres Élus bénéficient d'une confiance et d'une élection particulières. Ils sont chargés de rechercher les deux autres meurtriers d'Hiram. Ils deviennent les agents de la justice en les livrant au Roi Salomon détenteur du pouvoir, pour que la justice soit rendue.

Partir à la recherche des meurtriers c'est laisser derrière soi toute peur dont celle de mourir.

Seul l'être vrai, désigné comme Élu, a la capacité d'affronter jusqu'au bout les épreuves de l'Initiation, quelle que soit leur nature. Son comportement vrai lui permet de vaincre son ego, en mourant aux apparences illusoires de la vie. Vaincre tout ce qui peut entraver sa quête de vérité et de connaissance, dans l'espérance de retrouver la Parole perdue après avoir rassemblé ce qui est épars.

Vincere aut mori. Cette devise qui caractérise le 11e grade que l'on retrouve au 1er ordre de Sagesse du R.F., p. 438) correspond à la volonté de l'initié, à sa détermination de vaincre ses vices et ses passions. Combat jusqu'à la mort pour rester digne et être apte à remplacer le Maître disparu et pouvoir par la suite accéder à la qualification de Grand Maître Architecte.

On peut penser qu'une lecture plus approfondie de ces grades ne s'arrête pas aux aspects outranciers décrits, mais qu'au lieu d'exécuter son prochain, il s'agit au contraire de retourner sur soi une volonté de justice et de désir de purification. L'un et l'autre passent par de nécessaires et successives remises en question très éprouvantes, mais indispensables pour progresser dans la voie de la Sagesse, de la Connaissance et de la Lumière.

Ces trois grades sont bien évidemment allégoriques, car les ennemis extérieurs ne trouvent un écho que si l'on n'a pas encore vaincu ses vices et ses passions qui correspondent aux ennemis intérieurs. (Cette réalité est parfois remarquablement suggérée lors de l'initiation quand on demande au néophyte de se retourner, son pire ennemi n'étant pas toujours devant lui, mais derrière ; c'est alors qu'il découvre soit sa propre image dans un miroir, soit son parrain, sa marraine ou son père, sa mère spirituelle).

On peut considérer que le Sublime Chevalier Élu, qui est désigné pour la première fois par le terme de Chevalier, est invité à se comporter à l'image des Chevaliers médiévaux, sorte de champion des causes nobles et justes au point d'engager sa vie en combat singulier jusqu'à la mort ; dans cet esprit, on peut comprendre le sens de cette devise *vaincre ou mourir.*

Ce grade est non seulement une étape, mais un passage qui prépare à la poursuite déterminée de la construction du temple jusqu'à son achèvement.

5 – Le tablier et le cordon du Sublime Chevalier Élu

Le tablier est blanc, doublé et bordé de noir, assorti d'une poche au milieu, sur laquelle est disposée soit une croix rouge, soit un cœur enflammé. D'autres y représentent un poignard, entouré de neuf larmes. Le cordon est noir avec trois cœurs rouges et l'inscription « *Vaincre ou mourir* ».

Fig. 48 – Le tablier.

Fig. 49 – Le cordon.

En 1806, le Suprême Conseil du Rite Écossais Ancien et Accepté décrète que le onzième degré, tout comme les neuvième et dixième, sont donnés par communication, et de ce fait ne comportent ni cordon, ni bijou [1].

Tableau récapitulatif du grade de Sublime Chevalier Élu

Selon le Tuileur de Lausanne 1875

Âge : *Vingt-sept ans, trois fois trois, fois trois.*
Batterie : *000000000000 (12 claques).*
Mot de passe : *STOLKIN.*
Mot sacré : *ADONAÏ.*
Marche : *Ordinaire.*
Heure de commencement des travaux : *La sixième heure du jour.*
Heure de la fin des travaux : *La douzième heure du jour.*
Question d'ordre : *Mon nom Emerek vous le prouve.*
Tablier : *Blanc, doublé et bordé noir. Au milieu poche sur laquelle est une croix rouge.*
Cordon : *Noir, en écharpe de gauche à droite. On y brode trois cœurs enflammés ou la devise VINCERE AUT MORI.*
Bijou : *Un poignard d'or, à lame d'argent.*
Gants *: noirs.*
Légende de l'initiation : *Récompense des vengeurs d'Hiram.*

De même que pour le grade précédent, Élu des Quinze, les principaux Tuileurs de 1813 à 1861 ne précisent pas l'âge du Sublime Chevalier Élu. On y relève aussi une divergence entre l'heure d'ouverture et de fermeture des travaux (douze heures au point du jour) et à celles données par le Tuileur de Lausanne.

1. *Recueil des actes du Suprême Conseil de France ou Collection des décrets, arrêtés et décisions de cet illustre corps, de 1806 à 1830*, Imprimerie de Sétier, 1832.

INSTRUCTION PAR DEMANDES ET RÉPONSES

(Manuscrit XXVII, Bibliothèque Kloss, Grande Loge des Pays-Bas, la Haye, Rituel du R.E.A.A. vers 1804, Éditions Latomia, 1993).

D – Êtes-vous Sublime Chevalier Élu ?

R – Mon nom vous en convaincra.

D – Quel est-il ?

R – Emereh [2] est mon nom et ma perfection.

D – Combien êtes-vous dans votre Chapitre ?

R – Il ne peut y en avoir que douze qui commandent les 12 tribus d'Israël.

D – Quel est votre mot sacré ?

R – Adonaï qui signifie Dieu.

D – Quel est votre mot de passe ?

R – Emereh qui signifie : homme vrai en toute occasion.

D – Quel est votre signe ?

R – (Il le fait).

D – Que signifie le signe ?

R – La promesse que j'ai faite de porter toujours une croix pour me souvenir de mes fautes depuis qu'elles ont été effacées.

D – Quel est l'attouchement

R – (Il le donne).

D – Que signifie cet attouchement ?

R – L'amour de Dieu, fidélité à mon Souverain, charité envers mes FF∴ et mon prochain.

D – Qu'avez-vous vu en entrant dans le Chapitre ?

R – Vingt-quatre lumières.

D – Que signifient-elles ?

R – Les douze Maîtres Élus et les douze tribus d'Israël.

D – Quels étaient les noms des 12 Maîtres Élus ?

R – Johabert, Stolkin, Tercy, Morphi, Alquebar, Dorson, Kerem, Bertemer et Tito, ce sont les neuf Maîtres Élus qui furent à la recherche d'Abiram-Akirop ; Benayal, Zerbal et Tabor firent le nombre douze.

D – Quel emploi Salomon leur donna-t-il ?

R – Celui d'avoir l'inspection sur les maîtres ; en cette qualité ils avaient le titre d'Inspecteur qui les autorisait à se faire compte tous les jours des travaux relatifs à la construction du Temple.

2. Emerek est le terme donné par le Tuileur de Lausanne ainsi que celui en usage dans la plupart des rituels.

D – De quelle manière étaient employés les 12 Inspecteurs pour surveiller une si grande quantité d'ouvriers ?

R – Johabert inspectait la tribu de Juda
Stolkin celle de Benjamin
Tercy celle de Siméon
Morphy celle d'Ephraïm
Alquebar celle de Manassè
Dorson celle de Zabulon
Kerem celle de Dan
Bertemer celle d'Aser
Tito celle de Nephtali
Zerbal celle de Ruben
Benayal celle d'Issachar
Tabor celle de Gad.

Ces douze Maîtres rendaient compte à Salomon de tous les ouvrages faits ; ils recevaient le salaire de tous les ouvriers et le distribuaient à chaque tribu.

D – Pourquoi ce chapitre ne s'ouvre-t-il qu'à minuit ?

R – Parce que plusieurs des Sublimes Chevaliers Élus étaient employés les uns à combattre les infidèles, les autres à remplir les devoirs de l'hospitalité et ils se réunissaient à minuit pour se rendre compte réciproquement de ce qu'ils avaient fait.

D – Pourquoi le Chapitre se ferme-t-il au point du jour ?

R – Pour exécuter, pendant le jour ce qui a été ordonné par le Chapitre.

0
0 0

CHAPITRE IX

GRAND MAÎTRE ARCHITECTE

(12e degré)

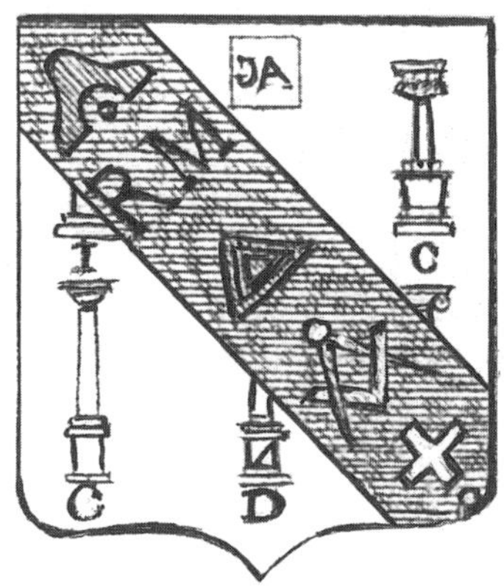

Grand Maître Architecte (12e degré)

Présentation du grade

Sous le nom de Grand Maître Architecte il faut distinguer la version du manuscrit Francken et des manuscrits de la fin du XVIIIe, différant énormément de la version du rituel actuellement pratiqué sans que l'on puisse établir clairement un lien de transition entre eux.

Cette version ancienne, analysée par Claude Guérillot donne à penser qu'elle fut rédigée par de fervents lecteurs de l'Encyclopédie (de Diderot et Dalembert) ou par Vitruve lui-même ou encore Philibert de l'Orme. (On en trouvera une instruction type à la fin de ce chapitre).

Ces degrés d'Architecte, souvent qualifiés d'Écossais, seraient apparus dès la fin des années 1740. On relève que le système lyonnais des années 1760 en compte deux, *le Petit et le Grand Architecte*[1].

L'ancienne instruction du grade comportait de nombreuses questions sur l'emploi de dix-neuf sciences qu'un Maître Architecte était censé maîtriser. L'énumération de ces sciences pouvait paraître ennuyeuse. Il était difficile d'y discerner les éléments initiatiques contenus dans ce degré, en dehors d'une invitation à accéder à une connaissance encyclopédique.

Le rituel du XVIIIe siècle n'a pas beaucoup de liens avec le rituel actuellement pratiqué dans toutes les obédiences françaises. La version pratiquée au XXIe siècle du G.·.M.·.A.·. présente des aspects insolites, ainsi les officiers de la loge ont des noms grecs, dont certains sont manifestement forgés, comme celui d'*aporète*. Le mot *boulomie* lui-même n'existe pas davantage en grec (Si on parle de corruption des mots hébreux dans les grades précédents, on peut en dire autant de ces termes grecs). Il semble bien que le contenu d'un nouveau grade de construction ait été forgé sous la même appellation de *Grand Maître Architecte*. En tous les cas, fort heureusement le rituel actuel fait sortir de l'Encyclopédie. Il s'agit ici d'une École d'architecture, mise sur pied par Salomon qui fait du Maître Maçon un géomètre chevronné, maître de l'épure, concepteur de plan à l'image de l'Architecte disparu. Ce spécialiste du tracé utilise l'étui mathématiques

1. Guérillot Claude, *Le Rite de perfection*, Éditions Guy Trédaniel, 1993, pp. 145 à 148 ; *la Rose maçonnique*, t. I, 1995, pp. 322-28.

(qui rappelle la boîte à outils montrée au *Rite Anglais de Style émulation*) et conçoit des plans. Il est suggéré que le Temple de Salomon, temple de pierre, est à l'image du temple intérieur que chacun doit réaliser dans son cœur.

Thème du grade

Le thème du grade est la construction du temple symbolique. Après que justice a été rendue, les travaux interrompus peuvent reprendre. Douze architectes, Intendants des bâtiments, délégués des douze tribus d'Israël, sont mis en concurrence pour produire le meilleur plan d'architecte. Ils travaillent à l'heure où parle en eux le Génie, c'est-à-dire lorsqu'ils sont inspirés par le Ciel ou le Grand Géomètre de l'univers. Ils poursuivent l'œuvre de construction en fonction de la place qui leur est impartie dans la construction universelle.

Salomon forme une école d'architecture avec la volonté d'y instruire ceux qui conduisent les travaux du temple. Il souhaite qu'elle soit un moyen de progresser dans l'Art du Trait, permettant aux vrais maçons de parvenir par leur zèle et leur discrétion, à la plénitude de la perfection. D'Hiram, l'Architecte disparu, au Grand Maître Architecte que tout Maître Maçon est censé devenir, s'accomplit un cycle. Le Grand Maître Architecte se substitue en quelque sorte à Hiram pour achever l'œuvre en cours de réalisation, déterminé à rechercher l'harmonie dans l'univers conformément aux plans qu'il est devenu apte à concevoir et à tracer. L'Art du trait ou géométrie sera l'axe du champ d'action du Grand Maître Architecte, le conduisant à œuvrer de la circonférence du cercle à son centre sur la planche à tracer.

Le nombre de candidats requis pour l'accession au 12e grade ne peut être inférieur à trois. (Nombre en rapport avec le ternaire de base de construction). Il est d'usage lorsque le nombre des récipiendaires est inférieur à trois, qu'un ou deux Grands Maîtres Architectes soient désignés par le *Sublime Grand Maître* qui procède à leur égard comme envers de véritables candidats.

Les deux rangées de colonnes sont appelées styles : *style du nord* et *style du midi.* À ce grade, pour la première fois personne remplit l'office de Couvreur.

DÉFINITION DES DÉSIGNATIONS DES OFFICIERS

APORÈTE (ou Secrétaire) : Le mot *aporète* ne figure dans aucun dictionnaire français, mais on trouve aporétique, du grec *aporètikos* qui a deux significations :

Le Silence et le Secret, 4e degré, "Le Maître Secret".

Lithographie originale de Jean Beauchard.

SALOMON, d'après une gravure de la "Chronique de Nuremberg", 1493.

Gravée sur bois.

Le Mausolée, Maître Parfait.

Lithographie originale de Jean Beauchard.

Tablier d'Élu des Neuf, et du 1er ordre du Rite Français.
Musée de la Franc-Maçonnerie, coll. Grand Orient de France, Paris.

Degrés d'Élus, 9e, 10e, 11e, Recherche des assassins d'Hiram.

Lithographie originale de Jean Beauchard.

Vue de Jérusalem. *D'après un manuscrit du XVe siècle.*

Pierre d'agate,
(photo et coll. Amis).

Les 9 voûtes, la crypte, chevalier de Royale Arch.

Lithographie originale de Jean Beauchard.

Tablier sur cuir de Chevalier Écossais, 2e Ordre du Rite Français.
Modèle fin de XVIIIe de la maison Guérin.
Musée de la Franc-Maçonnerie, coll. Grand Orient de France, Paris.

Tableau de la répartition des offices

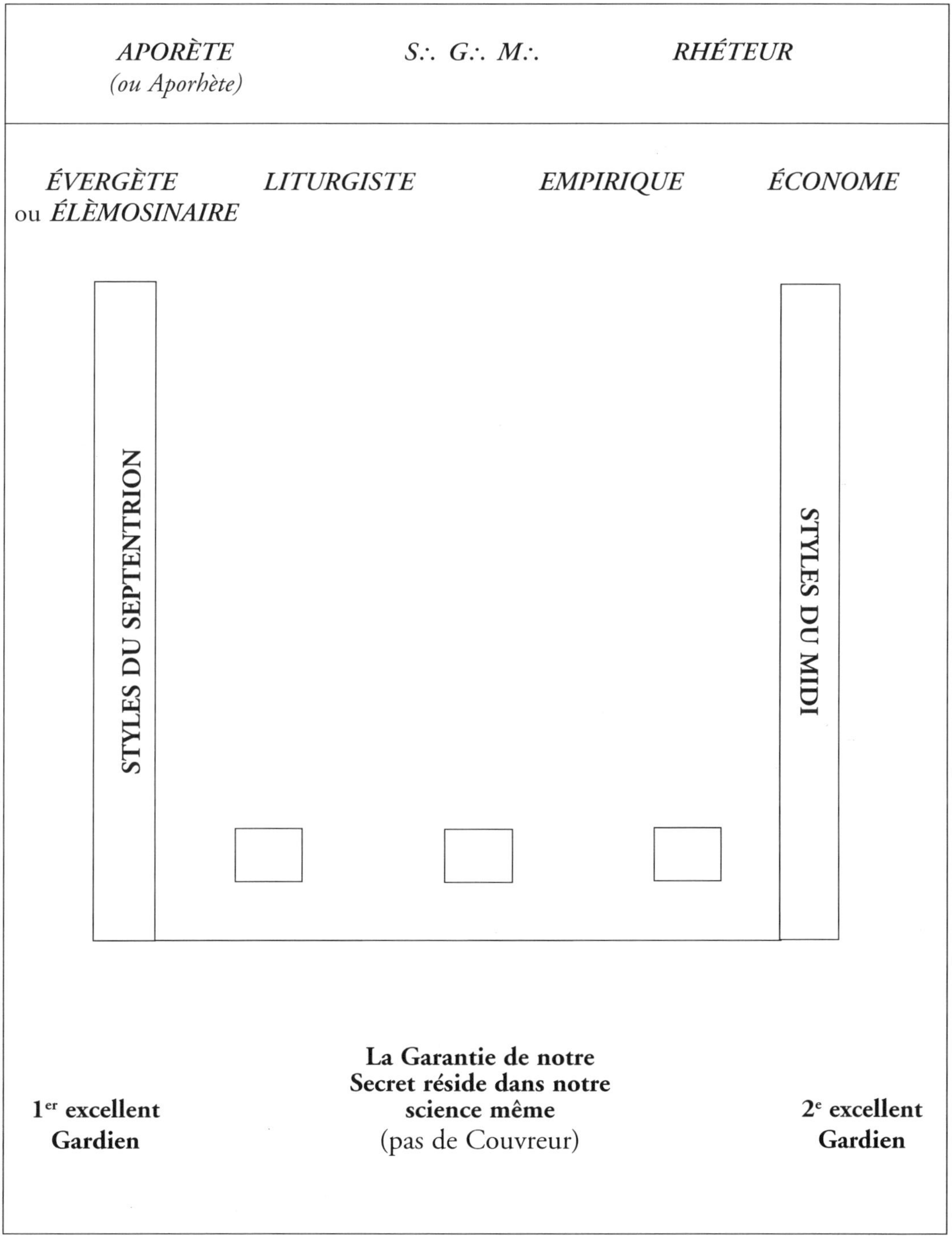

A. qui se heurte à une contradiction, sceptique, exemple les disciples de Pyrrhon, les philosophes aporétiques ; et aussi *aporie* du grec *a* privatif et *poros* signifiant passage, figure de rhétorique par laquelle l'orateur feint de douter pour prévenir les objections, appelé dubitation [2].

B. On trouve en grec le mot *aporritos* qui signifie 1) défendu, secret, 2) qu'on ne peut dire, abominable. On peut émettre l'hypothèse que l'inventeur du mot *aporète* a fait une confusion entre les mots grecs *aporètikos* et *aporrètos*. Ce qui nous amène au mot rhéteur qui se dit *rhètôr* en grec, signifiant orateur.

Si on écrit le mot *aporète* avec un h, ce qui donne *aporhète*, on peut alors lui donner un autre sens plus conforme à la fonction de secrétaire. La préposition *apo* signifie loin de, tout ce qui indique l'éloignement. L'*aporhète* est celui qui est loin du rhéteur, ou plutôt à l'opposé, en face. Le rhéteur parle, alors que l'*aporhète* transcrit, garde le secret, en bon secrétaire.

Enfin *apporrhétos* signifie : a) défendre, secret ; b) qu'on ne peut saisir. “Les aporreta” signifiant “Les Mystères” (Les mystères d'Eleusis). Ce dernier sens se rapporte aussi à cette fonction d'aporète ou secrétaire.

RHÉTEUR (ou Orateur) : Du latin *rhetor*, du grec *rhétôr*. À l'origine, le mot grec *rhétôr* signifiait simplement orateur, il ne prit qu'assez tardivement le sens de *rhéteur* ou *maître d'éloquence*. Jusqu'au milieu du Ve siècle avant notre ère, la Grèce n'eut que des orateurs et des orateurs formés uniquement par la pratique. Chez les Anciens, c'était celui qui enseignait l'art de l'éloquence [3]. Quintilien fut le premier des rhéteurs romains. Parmi les plus grands théoriciens de la rhétorique on distingue Platon, Aristote, Cicéron. Ils s'entendent tous pour distinguer trois parties dans la rhétorique :

1. *l'invention* ou la recherche des arguments et des preuves à développer ;
2. *la disposition* ou recherche de l'ordre dans lequel ces arguments ou ces preuves doivent être rangés ;
3. *l'élocution*, qui traite de la manière d'exposer de la façon la plus claire et la plus frappante, ces arguments ou preuves, considérés isolément.

2. Quillet, *Dictionnaire usuel par le texte et par l'image*, Paris, 1963.
3. *Larousse Universel* en deux volumes, 1922.

Fig. 50 – La RHÉTORIQUE, statue de la cathédrale de Laon.

ÉLÉMOSINAIRE (Hospitalier). Du latin *eleemosyna,* signifie qui a rapport à l'aumône. Historiquement ce nom était parfois donné à l'officier du palais chargé de la distribution des aumônes.

ou ÉVERGÈTE. Du grec *euergétês,* bienfaisant ; de *eu,* bien et *ergon,* œuvre. Ce titre de bienfaiteur était souvent décerné par décret, dans les cités grecques, aux personnes qui avaient rendu service à l'État ou qu'on voulait honorer. Ce titre fut donné par les Grecs à des rois égyptiens ou syriens, signifiant Bienfaisant.

LITURGISTE (Maître des Cérémonies). Du grec *leitourgia,* service public ; de *leitos,* public, et *ergon,* oeuvre : c'est celui qui étudie la liturgie. La liturgie est la nature et l'ordre chronologique des cérémonies et prières dont est composé le service divin, lequel est une forme du culte fixé par l'autorité ecclésiastique. Ce nom était donné dans l'ancienne Grèce, surtout à Athènes, à certains services publics qui pesaient sur les citoyens fortunés.

EMPIRIQUE (Expert). Du latin *empiricus* ; du grec *empeirikos,* savant par expérience, de *en,* dans, et *peira* expérience : celui qui utilise l'expérience, qui ne se fonde pas sur une théorie raisonnée. L'empirisme est un système établi exclusivement sur la seule expérience ou expérimentation, sans théorie, ni raisonnement. L'empirisme se pratique en philosophie, médecine et physique selon cette méthode.

ÉCONOME, (Trésorier). Du grec *oikia,* maison, et *nomas,* règle. Personne qui sait régler sagement ses dépenses. Personne chargée de la gestion matérielle d'un établissement, d'une communauté. Á Byzance, on appelait économe, un dignitaire chargé de la gestion des finances ecclésiastiques.

GRANDS GARDIENS. Personne qui garde, qui surveille, qui protège quelqu'un ou quelque chose. Contrairement à la précédente dénomination de Surveillant dans ces deux fonctions directrices de la loge à l'Occident, ces deux Grands Gardiens ont une fonction protectrice en raison de leur emplacement stratégique à l'occident ; puisqu'il est considéré qu'il n'est pas nécessaire d'avoir un Couvreur à ce grade car la garantie du secret de chacun réside dans sa propre science.

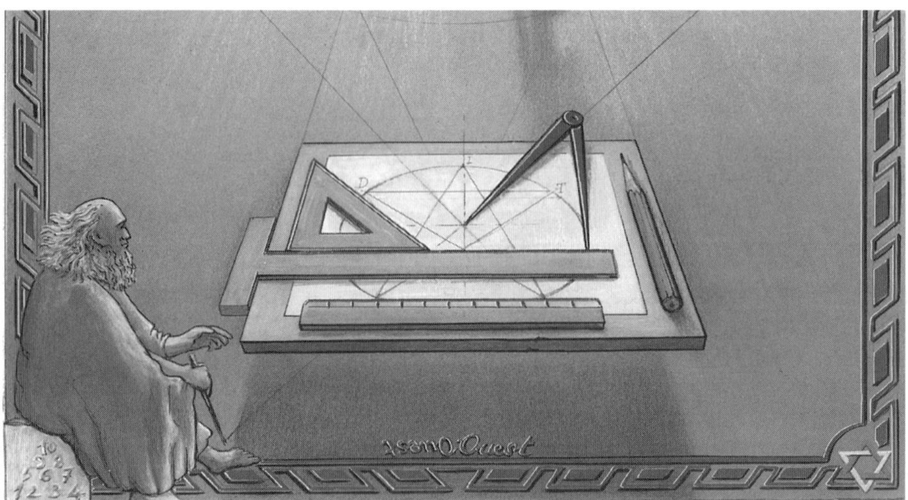

Fig. 51 – Le Grand Maître Architecte.

Extrait de la Voie Initiatique de Jean Beauchard.

Planche 13 – Le Grand Empirique.

Le gros Thomas, Charlatan du Pont-neuf, d'après une gravure du cabinet des Estampes.

Grand Maître Architecte

TUILEURS	DELAULNAYE (1813)	VUILLAUME (1820)	BAZOT (1836)	RAGON (1861)
ÂGE	Non mentionné	Non mentionné	Point	Point
BATTERIE	Trois coups (un et deux) 0 – 00 Suivant d'autres, sept ainsi : 000 – 000 – 0	Trois coups par un et deux 0 – 00 et sept autres : 000 – 000 – 0.	0 00	3 coups (1+2) 0 00
MOTS DE PASSE	Rabacim, que l'on traduit par *Architecte.* Ce mot est insignifiant, inintelligible ; celui qui, en hébreu, signifie *Architectes* (au pluriel) est Banaïn. Il a donc fallu deviner que les fondateurs du grade ont voulu dire en deux mots, RAB BANAÏN, *Grand Maître Architecte.*	RAB-BANAÏN. Dans quelques rituels on lit Rabacim ; c'est évidemment une faute de copiste, car ce mot n'a aucune signification.	RAB-BANAIN, on dit quelque fois RABACIN ou RABACIM	RAB-BANAÏN Maître des Architectes. On lit dans quelques rituels *Rabacin* ou *Rabacim* ; ce mot, qui n'a aucune signification, ne peut être qu'une faute de copiste.
MOTS SACRÉS	ADONAÏ	ADONAÏ	ADONAÏ	ADONAÏ
MARCHE	Trois pas en équerre, le premier lent, les deux autres précipités	Trois pas en équerre, le premier lent, les deux autres précipités	Faire trois pas en équerre, le premier fait avec lenteur, et les deux autres avec vivacité	Faire trois pas en équerre, le premier fait avec lenteur, et les deux autres avec vivacité
HEURE D'OUVERTURE DES TRAVAUX	Non mentionné	Non mentionné	Non mentionné	Non mentionné
HEURE DE FERMETURE DES TRAVAUX	Non mentionné	Non mentionné	Non mentionné	Non mentionné

1 – Être reçu « Grand Maître Architecte », à quoi cela correspond-t-il ?

D – D'où avez-vous été reçu G.·. M.·. A.·. ?

R – Dans un lieu tendu de blanc, parsemé de flammes.

D – Que signifient le blanc et les flammes ?

R – Le blanc signifie la pureté du cœur et les flammes le zèle dont tous les Grands Maîtres Architectes doivent être animés [4].

Du 1er au 8e grade, les symboles géométriques et numériques sont représentés au fur et à mesure de la progression des grades par une organisation de plus en plus élaborée, intériorisée et subtile.

Le G.·. M.·. A.·. n'est plus un exécutant, mais un concepteur qui va réellement commencer à construire le Temple en traçant lui-même les plans. En les exécutant lui-même il donne une âme à ce temple. Il est devenu, par sa volonté, dans ce lieu « où l'on veut », l'Architecte de son existence. Pour cela il doit se conformer à l'enseignement des Anciens auquel il associera sa propre intuition, car la connaissance d'hier ne trouve son fondement que si elle est éclairée par l'œuvre à accomplir.

La justice étant passée et les assassins du Maître exécutés, s'agit-il d'achever la construction du Temple de pierres commencée par Hiram ou bien d'entreprendre la construction d'un Temple intérieur ? Le Grand Maître Architecte est le géomètre de sa propre construction édifiant chaque étape de son évolution. Il organise et structure son être spirituel.

D – Où avez-vous été reçu G.·. M.·. A.·. ?

R – Dans le haut lieu et la chambre du milieu.

D – Pourquoi la nommez-vous ainsi ?

R – Parce que c'était l'endroit où Salomon a travaillé au plan du temple avec le surintendant de l'ouvrage [5].

On peut envisager que le Grand Maître Architecte réalise ce qui était en germe dès le grade de Maître lors de l'élévation à la maîtrise. En effet, lorsque le Très Respectable Maître ôte le tablier en peau blanche couvrant le visage du récipiendaire, il reconnaît l'architecte par cette phrase : « *Ah ciel le Maître ! C'est lui, c'est l'Architecte* ». Cette reconnaissance se concrétise réellement à ce grade où le visage de l'Architecte se révèle par l'étendue de ses connaissances et compétences.

On relève avec intérêt, dans la section IV de l'ouvrage de Beyerlé, les qualités demandées à un Maître pour être reçu *Maître Parfait*, ou *Architecte* ou *Écossais* :

4. Tulane University, New Orleans, USA, *Rituel Bonseigneur*, Latomia, 1996.
5. Paris, Bibliothèque Roëttiers de Montaleau. *M.S. de Grand Architecte*, 21 FM, pp. 174-175.

1. Outre les qualités requises dans les trois sections précédentes, un aspirant doit savoir lire et écrire les caractères maçonniques, que j'appelle de convention et leurs dérivés, ce qui nécessite la connaissance de la division de l'Ordre et du caractère qui indique chaque sous-division.

2. Il doit avoir passé cet âge de la fougue des passions, si ces passions ont été contenues dans de justes bornes par la sage direction de ceux qui sont chargés de veiller sur la conduite des frères ; alors on aura hâté la promotion du candidat ; mais dans aucun cas, il ne peut être admis avant vingt et un ans, c'est bien un âge de maturité, ce ne l'est cependant pas toujours ; c'est pourquoi on exige impérativement l'examen le plus scrupuleux de la conduite, des mœurs et du caractère d'un Récipiendaire.

3. Comme il est de principe que pour savoir commander, il faut savoir obéir, et que les maîtres-parfaits sont destinés à l'étude des lois qu'ils doivent un jour faire observer ; on refusera à l'admission celui qui aura montré dans les grades inférieurs une résistance» aux *lois de l'Ordre, par un manquement d'obéissance à ceux qui sont chargés de les faire observer, qui ne sont, comme je l'ai déjà dit, que la loi parlante.*

Dans la section V du même ouvrage sont définies les qualités d'un *Maître-Parfait* qui aspire à devenir *Chevalier Architecte*, ou *Chevalier Maçon*, ou *Chevalier Écossais* :

1. Les qualités morales que l'on désire trouver dans les candidats des quatre premiers grades doivent se trouver éminemment dans celui qui aspire au cinquième. La même faute, qu'on ne regarde que comme légère, commise par l'Apprenti ou les Compagnons est toujours grave lorsque le Chevalier Architecte se la permet, parce que plus on obtient d'élévation, plus on doit avoir de perfection ; on doit donc regarder la perfection comme le chemin qui conduit à l'élévation.

2. Le plus grand bien des hommes pris individuellement, ou en Société, étant le but fondamental de la F∴M∴, on doit employer tous les soins à le procurer. Ceux qui sont parvenus au dernier grade de la F∴M∴ doivent à plus forte raison se livrer et de corps et d'esprit à ce noble travail. C'est pourquoi on doit rejeter l'égoïste qui ne pense qu'à lui, n'est occupé que de lui.

3. Ceux qui sont à la merci de ces passions que Sophocle appelle la foule des tyrans forcenés, ne sont pas assez maîtres d'eux-mêmes pour travailler avec fruit au grand œuvre de la F∴M∴, ils ne peuvent donc être admis au dernier Grade.

4. Ceux qui, comme le dit Adimante dans Platon, se font une enveloppe comme une enceinte de l'ombre et des dehors de la vertu, qui traînent après eux le renard rusé et trompeur du sage Archiloque, ne doivent pas être admis parmi nous ; et si par malheur ils l'ont été, qu'on ait soulevé l'enveloppe et découvert le méchant, le malhonnête homme ; renvoyez, expulsez ou plutôt ; car le bubon du vice est plus contagieux que celui de la peste… [6].

6. Beyerlé, *Essai sur la Franc-Maçonnerie*, t. second, livre troisième, 1784, pp.114-117.

Ce texte du XVIIIe siècle est significatif des vertus demandées au Maître qui gravit les échelons de la perfection. On peut regretter que l'on soit beaucoup moins regardant sur ce point trois siècles plus tard.

À ce grade, le Maître Maçon prend conscience que son chemin est à la fois collectif et solitaire. En effet la réception doit normalement se faire avec trois candidats (en rappel du ternaire ordonateur), d'où le collectif nécessaire, mais solitaire parce que toute réalisation initiatique est individuelle.

Dans les anciennes instructions, on trouve détaillé le savoir encyclopédique du G∴M∴A∴ en ces termes :

D – Quelles sont les sciences qu'un parfait archit ∴ doit posséder ?

R – Il y en a plusieurs qui ont connexion les unes avec autres et qu'on ne peut se dispenser de posséder si on veut exercer l'architecture dans toutes ses parties ; aussi un Gr∴ Mait∴ Archit∴ doit-il connaître les sciences suivantes :

1° l'Arithmétique, 2° la Géométrie, 3° la Trigonométrie, 4° l'Optique, 5° la Catoptrique, 6° la Dioptrique, 7° le Dessin, 8° la Perspective, 9° la Mécanique, 10° la Tactique, 11° l'Hydraulique, 12° la Géographie, 13° la Chronologie, 14° la coupe des pierres, 15° celle des bois, 16° celle des mesures, 17° la Physique, 18° la Musique, 19° l'Architecture[7].

Jean Hani observe que *l'Art architectural n'est que l'application des lois physiques et mathématiques qui préexistent à l'homme dans la nature et qui règlent nécessairement, et la disposition des matériaux dans l'édifice, et la forme générale. L'Architecte humain ne fait que retrouver, se souvenir, au sens platonicien, de ces lois, pour s'y soumettre*[8].

Dans le même esprit il faut considérer que celui qui prétend au titre d'Architecte, dans toute la force du terme, doit réunir, à beaucoup de talents naturels, des connaissances très étendues dans la plupart des arts et des sciences.

On peut établir un lien entre la désignation de Grand Maître Architecte et celle de Grand Architecte de l'Univers, en se référant au fait qu'il est dit que chaque homme, en tant qu'être, a été créé à l'image du Principe. C'est dans la même logique que le champ d'investigation du G∴M∴A∴ est infini, tout comme celui du Grand Géomètre de l'Univers. Ces observations confirment l'identification consciente du Maître Maçon avec l'essence de toutes choses qu'il est censé avoir approfondie arrivé à ce degré d'accomplissement de la maîtrise.

7. Tulane University, *op. cit.*

8. Hani Jean, *Les métiers de Dieu, préliminaire à une spiritualité du travail,* Éditions des Trois Mondes, 1975, chap. VI, pp. 79-92.

Planche 14 – LA GÉOMÉTRIE.

Coburg, Gravure circa 1500.

2 – La garantie de notre secret réside dans notre science même

Toute science ou connaissance est hermétique à qui n'en possède par le jargon ou la technique. Il s'agit dans un premier temps de réaliser un travail invisible de l'extérieur puisqu'il est question du temple de l'harmonie, à établir en soi-même.

Si un étranger pénètre dans le temple au cours des travaux, son ignorance voile son entendement, au point qu'il ne peut rien en saisir. C'est pourquoi afin de mieux illustrer cet état de fait, lors de l'ouverture des travaux, pour la première fois, il n'est pas vérifié si le temple est *à couvert* extérieurement et pour cette raison, il n'y a pas d'office de Couvreur.

On peut tout exprimer, par la parole ou l'écriture, mais si le récepteur n'a pas la capacité de percevoir ce qui est exprimé, rien n'est révélé ni à sa conscience, ni à son entendement. C'est un des sens allégorique que l'on peut donner à cette phrase.

Plus généralement, on peut constater que le silence du Maître sur l'enseignement reçu fait que le profane est incapable de comprendre la portée de l'initiation s'il ne l'a pas reçue lui-même, contrairement au Maître Maçon qui chemine dans une direction déterminée, conscient qu'il porte en lui l'espérance de retrouver un jour la Lumière, sa lumière intérieure qui pourra le guider et le réconcilier avec lui-même et l'univers. Le véritable secret réside dans cette recherche de la Vérité, de la Connaissance et de la Lumière dont la progression détermine le véritable degré de réalisation intérieure. Si un Maître Maçon pénétrait involontairement dans l'Archiloge, cependant qu'il n'a pas encore accès légitimement à ce complément de la maîtrise, dans la mesure où son travail intérieur serait d'une qualité suffisante pour en percevoir la signification, quel mal y aurait-il ? Cela signifierait que ce Maître est prêt à progresser et que la Providence a conduit ses pas là où il doit aller.

Le Grand Maître Architecte n'a plus 3 ans puisqu'il a atteint l'âge de la plénitude (45 ans), ce qui signifie qu'il est conscient que les clefs de l'initiation qu'il a reçues sont incommunicables à qui n'est pas arrivé au même niveau d'entendement. Ce secret est incommunicable, inviolable, car il exprime pleinement la vérité intérieure de l'être.

En réalité un profane qui lit un rituel et s'intéresse aux symboles sans avoir reçu l'initiation correspondante, aussi clairvoyant soit-il, ne pourra pas en appréhender la quintessence. On peut prendre l'exemple d'Amélie Gedalge[9] qui s'était passionnée pour les symboles et le symbolisme durant trente ans avant de recevoir l'initiation maçonnique. Lors de ses impressions d'initiation, elle déclare : *Tout d'abord j'ai ressenti un certain étonne-*

9. Gedalge Amélie, *Des contes de fées à l'opéra : une voie Royale*, Éditions Dervy, 2003.

ment, une curieuse impression provenant de l'obligation de vivre les symboles qui jusqu'alors n'avaient habité que ma pensée. Ce témoignage atteste clairement que le secret initiatique réside dans le vécu authentique de chacun.

Ce sens du secret incommunicable se retrouve aussi à plusieurs reprises dans les Évangiles, par exemple dans Mathieu, on peut lire [10] :

Les disciples s'approchèrent de Jésus et lui dire : *pourquoi leur parles-tu en paraboles ? Il leur répondit : parce qu'il vous a été donné de connaître les mystères du royaume des cieux, et que cela ne leur a pas été donné... C'est pourquoi je leur parle en paraboles, parce qu'en voyant, ils ne voient point, et qu'en entendant ils n'entendent, ni comprennent.*

L'utilisation des paraboles rejoint celle du langage symbolique qui, tous deux, fonctionnent selon les lois de l'analogie. L'enseignement initiatique ne fait usage que de rites et de symboles qui suggèrent plutôt qu'ils n'expriment.

3 – Je veux et je construis

Au grade de *Grand Maître Architecte,* la volonté du Maître est affirmée par le « je ». Pour la première fois le récipiendaire répond en parlant à la première personne lorsqu'il répond « je veux et je construis » ce qui signifie je suis responsable de mon architecture puisque l'on me nomme G.·. M.·. A.·. Construire est l'objectif du Grand Maître Architecte, au point qu'il pourrait dire *je veux, donc je construis,* tant la construction est la vocation caractéristique de l'œuvre maçonnique authentique. Certains peuvent y voir une correspondance avec l'invocation de l'Ecriture : *Que Ta volonté soit faite !*

Cependant vouloir construire est insuffisant, car si on ne s'en donne pas les moyens, on reste impuissant à passer du désir à sa réalisation. Dans ce domaine comme dans bien d'autres, « vouloir » sans passer à l'action concrète ou à sa mise en œuvre, cantonne le Maître à être velléitaire. La volonté est le moteur essentiel qui permet de persévérer et de continuer dans la Voie de la perfection. L'acte volontaire doit toutefois se conformer à la raison dans le cadre de ce grade maçonnique où, *a fortiori* si elle est puissante et forte elle permet d'agir en toute liberté, avec de surcroît la possibilité de justifier ses choix et d'expliquer sa conduite.

Il faut cependant rectifier toute volonté impulsive au profit d'une volonté mûrement pensée. Il ne s'agit donc pas d'agir par excès de zèle comme *Johaben* qui, au 9e grade, va tuer dans un geste de colère l'un des meurtriers d'Hiram. Sans réflexion, sous l'impulsion première, en voulant trop bien faire il y a de grands risques de chute.

10. *Évangile de Matthieu* 13, 10 à 13.

Que construire ?

En maçonnerie tout d'abord, il est nécessaire de se construire soi-même et comme tout est lié dans l'univers, par cette construction intérieure on participe activement à la construction du Temple. Celle-ci est le symbole de l'univers à l'image du Maître Maçon. Ce Temple de l'intelligence et de l'Esprit est le temple idéal de l'Humanité.

Cette construction exige, pour être fiable, l'acquisition d'un certain nombre de vertus. Les travaux préparatoires nécessaires pour bâtir son temple intérieur font de chacun l'acteur de sa destinée. Ces travaux lui apprennent à gérer au mieux son libre arbitre en faisant la volonté du Grand Architecte. Ce grade correspond à la maîtrise de la volonté, orientée exclusivement à la réalisation du Beau, du Bien et du Vrai.

La construction du temple spirituel permet au G∴M∴A∴ de s'associer à la Sagesse de l'Ordre universel.

Le vouloir est une force de détermination pour une action pensée et réfléchie. Il favorise et conforte le sens de la responsabilité, de la liberté et perfectionne la maîtrise des réflexes et des pulsions. Le vouloir, c'est la faculté de se déterminer à agir, à avoir l'esprit d'entreprise et de décision.

Après la destruction nécessaire de tout ce qui était inutile et nuisible, on passe à une phase de reconstruction. Cela implique d'avoir au préalable compris et accepté la nécessité de mourir par la destruction physique, en sachant aussi identifier les ennemis de la construction, maîtriser la vengeance et pratiquer la justice pour retrouver la sérénité et l'harmonie. *Que faites-vous ? je veux et je construis.*

4 – La boulomie

La *boulomie* désigne *le lieu où l'on veut*, que l'on appelle aussi *l'archiloge*. Ce terme d'*archiloge* attire notre attention sur une notion d'excellence, car le terme *archi* est un préfixe tiré du grec *archè*, principe, exprimant l'idée d'une supériorité, d'une prééminence. *Ce lieu où l'on veut* peut correspondre au monde cosmique des archétypes.

La boulomie est un néologisme. Il tire son origine d'une racine grecque, d'un verbe signifiant « vouloir » ou d'un substantif signifiant « volonté, détermination, conseil », devenu par la suite assemblée où l'on tient conseil. Cette assemblée est constituée de philosophes ; n'oublions pas que les mathématiques sont définies comme étant la base de la philosophie.

Ce lieu où l'on veut est le temple intérieur de chacun, dont le centre est le cœur, où se situe le véritable temple, qui doit devenir rayonnant.

Le G∴M∴A∴ travaille dans *l'archiloge* ou *boulomie*. La volonté est le pouvoir coordinateur des forces physiques, morales et spirituelles. La réflexion sur le vouloir mène en droite ligne au Devoir librement recherché, avec joie, discernement, clairvoyance et détermination.

Ce temple a existé de tout temps avant que l'homme n'ait entrepris des constructions de pierres… Seul ce temple est destiné à subsister éternellement même si tous les temples de pierres doivent un jour tomber en ruines.

La Boulomie, lieu où l'on veut, est un espace potentiellement illimité d'activités pour le *Grand Maître Architecte*, lieu sans bornes, ni frontières. On comprend mieux ici pourquoi, selon certains rituels, il n'y a pas de voyages à effectuer, contrairement aux grades précédents. Le *Grand Maître Architecte* maîtrise la sphère de son action créatrice.

Toute construction saine a nécessairement de solides fondations, c'est pourquoi construire efficacement demande de faire table rase des vieilles ruines insalubres du passé, ce qui signifie en clair, vaincre tous préjugés, toutes conceptions fausses ou contraires à la mise en lumière de la Vérité.

5 – Ce temple est le symbole de l'harmonie que nous devons établir en nous-mêmes

On peut considérer que le temple du Grand Maître Architecte s'inscrit dans le monde manifesté et dans le monde idéal. Il s'appuie dans le monde manifesté car il prend l'exemple du Temple de Salomon comme prototype d'une réalisation parfaite. Ce temple relève d'un monde idéal, car il est l'image de tout être dans la manifestation aspirant à accéder à une dimension de plénitude. Le temple que tout G∴M∴A∴ doit construire est son Temple intérieur basé sur ses connaissances. Toute construction, même si elle peut être qualifiée d'allégorique nécessite un plan, car elle ne peut pas être le fruit d'une improvisation. Ce plan est concrétisé par une représentation graphique axée sur une idée directrice. Établir un plan par la réalisation d'un tracé précis demande de mettre en œuvre la faculté du vouloir, d'où le nom bien approprié de cette loge de G∴M∴A∴ en tant que *Lieu où l'on veut.*

Ce temple, symbole de l'Harmonie que le G∴M∴A∴ doit édifier en lui correspond à la mise en application de ses connaissances, de ses idées et des règles de la construction pour se rapprocher autant qu'il est possible de l'idéal de perfection. Ce temple d'harmonie devrait être un sanctuaire de Paix, de Fraternité et d'Amour.

Le temple bâti par Salomon est l'image du cœur qui abrite la chambre secrète où séjourne l'Éternel. Guénon remarque qu'à ce titre il sert de modèle symbolique à l'ésotérisme opératif occidental qui y a puisé l'ensemble de ses références nominales et formelles. Le Temple de Salomon est le lieu où réside la *Shekinah* (ou présence divine) invisible aux yeux du commun, puisqu'elle se manifeste à l'intérieur du Saint des Saints où nul ne peut pénétrer. Protégé d'une triple enceinte, le temple représente le centre, l'axe du monde, lieu où le contact est maintenu entre la Terre et le Ciel, entre les hommes et le Très-Haut. Ce temple est constitué d'un double carré que l'on nomme *Hékal* allant de l'Orient à l'Occident pour sa longueur et du Nord au Midi pour sa largeur, il incorpore toutes les données de la science sacrée. Le caractère exemplaire de cet édifice, par sa perfection et son harmonie, donne les enseignements qui vont servir à la construction de toutes les autres réalisations architecturales consacrées à la gloire de l'Éternel [11].

6 – La symbolique du temple au grade de Grand Maître Architecte

Du grade de Maître à la fin des grades de perfection, la Franc-Maçonnerie puise son enseignement sur les éléments, symboles et figures empruntés à l'Ancien Testament, pour leur donner ensuite une signification symbolique spécifique à la voie initiatique suivie.

Il a fallu 7 ans pour construire le temple de Jérusalem (de 969 à 962 av. J.-C.). Ce temple comprenait trois parties :

— le *Ulam* ou vestibule ;
— le *Hekhal* ou sanctuaire ;
— le *Débir* ou Saint des Saints destiné à recevoir l'arche d'alliance.

Dans la tradition chrétienne, c'est l'Homme -Temple accompli que représente le Christ qui est projeté dans le cercle directeur du tracé de l'église totale qu'est son corps, atteignant de ses deux bras étendus la circonférence, l'emplissant de sa plénitude.

Fig. 52 – L'Homme cosmique d'après Albert Legrand.

On peut considérer que cette représentation est significative du G.·.M.·.A.·.

11. Guénon René, *Les Symboles fondamentaux de la science sacrée*, chapitres XI et LXX, Éditions Gallimard, 1962.

7 – L'Étui de mathématiques

Lors de l'élévation à la maîtrise, le *Compagnon fini* utilise un compas pour tracer sa première épure, qui représente un cercle, sur la planche à tracer. Le geste exprimé sur la planche à tracer témoigne de la maîtrise du geste et de l'art de la mémoire exposant l'idée conceptuelle de la maîtrise du trait.

Le Maître Maçon ayant progressé plus avant dans ses acquis de la maîtrise, notamment dans la maîtrise du trait ne se sert plus en tant que G.˙.M.˙. A.˙. que d'un simple compas mais des trois compas de l'étui à mathématiques et de tous les instruments qui y sont contenus.

Le contenu de l'étui de mathématique est variable selon les rituels :

D – Êtes-vous G.˙.M.˙.A.˙. ?

R – Je connais parfaitement tout ce que renferme un étui de mathématique.

D – Quels sont les instruments qu'il renferme ?

R – Une équerre, un simple compas à quatre pointes, une règle, un à-plomb, un compas de proportion, un demi-cercle [12]**.**

À la question qu'enseignent ces instruments, il est répondu : *la rectitude, la sincérité, le travail et l'émulation.*

Dans le Manuscrit Francken, *l'étui mathématiques est décrit comme contenant : une équerre, un compas simple, un compas à quatre pointes (qui est un compas d'épaisseur), une règle, un tire-ligne, un compas de proportions, une règle graduée, une règle pliante, une punaise à dessin et un demi-cercle* [13].

Dans un autre Manuscrit l'étui de mathématiques est décrit comme renfermant : *un compas de proportion, une équerre, un compas ordinaire et un autre compas dont une des branches se démonte, une règle, un tire-ligne, un rapporteur avec sa corne, une branche à l'encre, une branche à crayon, une roulette à ponctuer et un plomb* [14].

Dans le rituel de 2001 pratiqué par le Grand Collège des Rites, il est demandé que le récipiendaire soit conduit devant la planche à tracer par cinq fois pour y accomplir cinq travaux qui forment un tout :

Le premier travail d'architecture demandé consiste à tracer une perpendiculaire, le deuxième à tracer la ligne horizontale du niveau, le troisième à tracer les deux côtés du triangle, le quatrième à achever le tracé du carré, le cinquième par le compas qui permet d'achever le travail d'architecture, en traçant le cercle circonscrit. Ce travail complet d'architecture accompli, il est considéré alors que le G.˙.M.˙.A.˙. embrasse l'Univers entier par son esprit de géométrie.

12. Tulane University, *op. cit.*
13. Guérillot Claude, *op. cit.*, p. 132.
14. *Manuscrit de la Haye* XXX-15 du Fonds Kloss, Latomia, 1987, p. 7.

L'étui de mathématiques contient les éléments d'une grammaire universelle. Le langage est acte créateur, centre du travail du G.·.M.·.A.·. Ce sont les formes primitives, les archétypes de la pensée et de son expression qui découlent de l'utilisation des outils contenus dans l'étui.

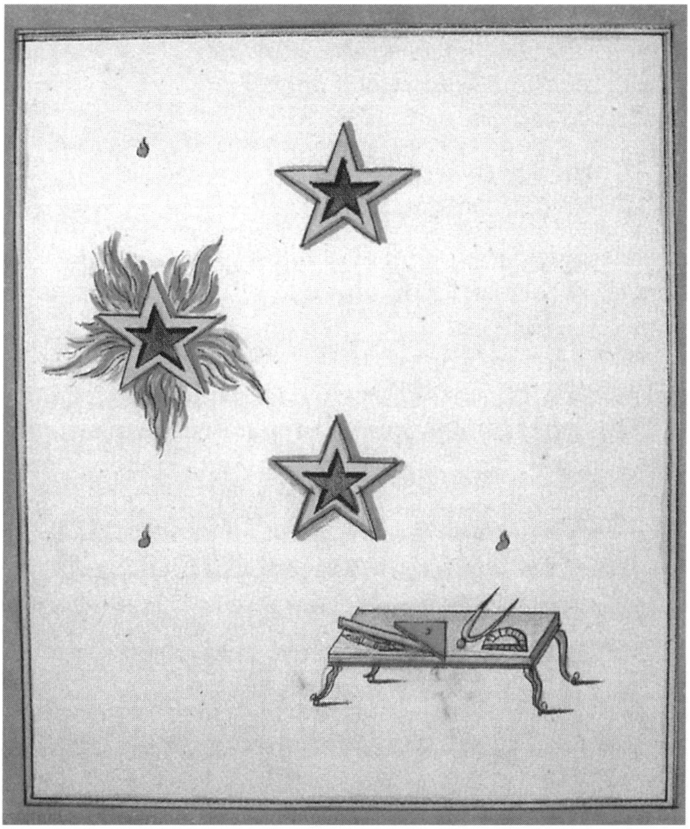

Fig. 53 – La table du Grand Maître Architecte.

Aquarelles du Musée de la Franc-Maçonnerie, collection GODF, Paris.

8 – J'ai étudié la mathématique et je sais me servir du compas

Dans ce lieu de dessinateurs philosophes, au sens platonicien du mot, les mathématiques sont données comme base de la philosophie ; rappelant que toute chose fut créée selon *nombre, poids et mesure.*

Le mot mathématiques vient du grec *mathématikos*, lequel a le sens général de science qui s'enseigne. Sa signification technique remonte à l'école pythagoricienne où l'on distinguait quatre mathèmes ainsi définis : *Il y a quatre degrés de la sagesse l'arithmétique, la musique, la géométrie, la sphérique, rangées 1,2,3,4.* Ces considération basées sur la science des nombres faisait dire à Platon que le ciel a été le grand maître du calcul des hommes.

Selon la définition de la Grande Encyclopédie : *les mathématiques ont pour but l'étude des relations exactes et nécessaires, concernant la grandeur, la forme, les positions relatives des divers objets matériels ou immatériels qui tombent sous nos sens. La science des nombres étudie exclusivement les propositions qui découlent de la double notion « d'égalité » et « d'addition », c'est de toutes les sciences mathématiques la plus pure.*

D – Quel est le premier de tous les Arts ?

R – L'Architecture dont la Géométrie est la clef, ainsi que la règle sur toutes les sciences [15].

La Mathématique correspond à la Philosophie ou à la lumière projetée sur les choses de la vie, sur le destin de l'homme on peut parler aussi de philosophie des Sciences mathématiques qui ont pour but la recherche de la Vérité. Elle établit un lien étroit avec l'entendement et la géométrie. Platon appelait Dieu *l'Éternel Géomètre* et regardait la Géométrie comme nécessaire à l'étude de la philosophie. Il apparaît clairement qu'une étroite relation existe entre la mathématique, l'Art du Trait et l'utilisation du compas demandant de tout Grand Maître Architecte d'être Géomètre.

Selon l'Encyclopédie *un géomètre, quand il ne voudrait que se borner à entendre ce qui a été trouvé par d'autres, doit avoir plusieurs qualités assez rares ; la justesse de l'esprit pour saisir les raisonnements et démêler les paralogismes, la facilité de la conception pour entendre avec promptitude, l'étendue pour embrasser à la fois les différentes parties d'une démonstration compliquée, la mémoire pour retenir les propositions principales, leurs démonstrations mêmes, ou du moins l'esprit de ces démonstrations, pour pouvoir en cas de besoin se rappeler les unes et les autres et en faire usage. Mais le géomètre qui ne se contentera pas de savoir ce qui a été fait avant lui et qui veut ajouter aux découvertes de ses prédécesseurs, doit joindre à ces différentes parties de l'esprit d'autres qualités encore moins communes, la profondeur, l'invention, la force et la sagacité. Il faut plus que de l'esprit, il faut du génie, le génie n'étant autre chose que le talent d'inventer. L'étude de la géométrie ne peut sans doute rendre l'esprit juste à celui qui ne l'a pas ; mais aussi un esprit sans justesse n'est pas fait pour cette étude ; il n'y réussira point ; c'est pourquoi si on a eu raison de dire que la géométrie ne redresse que les esprits droits, on aurait bien fait d'ajouter que les esprits droits sont les seuls propres à la géométrie. De plus, si les géomètres se trompent lorsqu'ils appliquent leur logique à d'autres sciences que la géométrie, leur erreur est plutôt dans les principes qu'ils adoptent que dans les conséquences qu'il en tirent. L'esprit géomètre est sans doute un esprit de calcul et de combinaison, mais de combinaison scrupuleuse et lente, qui*

15. Tulane University, *op. cit.*

examine l'une après l'autre toutes les parties de l'objet, qui les compare successivement entre elles, prenant garde de n'en omettre aucune, et de les rapprocher par toutes leurs faces ; en un mot ne faisant à la fois qu'un pas et ayant soin de le bien assurer avant que de passer au suivant[16].

Si l'on veut être un Compagnon fini ou un Maître complet, il est indispensable d'être géomètre, mais la connaissance de l'Art du Trait n'est pas suffisante si l'on se réfère à la phrase inscrite en entier au temple de Delphes : *Que nul n'entre ici s'il n'est géomètre, mais que nul n'entre ici s'il n'est que géomètre !*

Le compas correspond à l'art du raisonnement et de la conception.

La logique sert à tracer le cercle, à prendre des mesures, à reconnaître les proportions. Elle symbolise les opérations logiques de l'esprit coordonnant ses connaissances et élaborant ses systèmes. C'est la manière dont les idées et les choses s'enchaînent. La logique est définie par l'Encyclopédie comme étant *l'art de penser juste, ou de faire un usage convenable de nos facultés rationnelles, en définissant, en divisant et en raisonnant. Ce mot est dérivé de logos terme grec, qui rendu en latin est la même chose que sermo et en français que discours ; parce que la pensée n'est autre chose qu'une espèce de discours intérieur et mental, dans lequel l'esprit converse avec lui-même. Comme pour penser juste il est nécessaire de bien discerner, de bien juger, de bien discourir et de lier méthodiquement ses idées ; il suit delà que l'appréhension ou perception, le jugement, le discours et la méthode deviennent les quatre articles fondamentaux de cet art. C'est de nos réflexions sur ces quatre opérations de l'esprit que se forme la logique. Bacon tire la division de la logique en quatre parties, des quatre fins qu'on s'y propose ; car un homme raisonne, ou pour trouver ce qu'il cherche, ou pour raisonner de ce qu'il a trouvé, ou pour retenir ce qu'il a jugé, ou pour enseigner aux autres ce qu'il a retenu : de là naissent autant de branches de l'art de raisonner ; savoir, l'art de recherche ou de l'invention, l'art de l'examen ou du jugement, l'art de retenir ou de la mémoire, l'art de l'élocution ou de s'énoncer*[17].

Le cercle comprend le centre : l'esprit humain, foyer des connaissances qui projette la lumière sur les choses et réfléchit l'image ou l'idée.

La circonférence correspond au champ des connaissances humaines, au champ indéfini, car la circonférence c'est l'univers entier.

Pythagore entendait par mathématiques la science sacrée des nombres. Cette mathématique sacrée était la science des principes.

Le compas permet le tracé du cercle à partir du point. Le compas est l'outil du Grand Géomètre de l'Univers, outil à partir duquel il trace l'univers, dans un tracé parfait qui lui donne ses limites. Le compas est un outil

16. *Encyclopédie ou Dictionnaire raisonné des sciences, des arts et des métiers.* Nouvelle édition, Genève, 1778, tome seizième, pp. 38-54.

17. *Encyclopédie, op. cit.*, tome vingtième, p. 252.

mobile, il permet de combiner le cercle qui donne une représentation de l'infini avec le point qui est le germe de toute manifestation, correspondant au point initial.

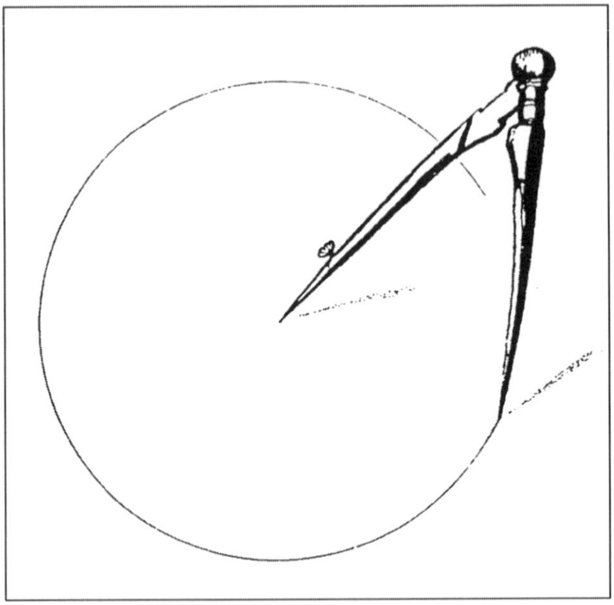

Fig. 54 – Le Compas.

9 – Les travaux préparatoires

Les travaux préparatoires libèrent le G.·.M.·.A.·. de tout conditionnement et lui permettent de s'ouvrir à toutes les conceptions des différentes traditions, pour l'aider à discerner l'un sous le multiple.

Le G.·.M.·.A.·. a été apprenti, il a balayé la chambre des dessins, délayé l'encre de chine et collé les papiers sur les planches. Il a conscience que ces travaux de base, souvent considérés comme des activités sans intérêt, sont nécessaires, non seulement pour le bon fonctionnement du chantier (c'est-à-dire de l'atelier) mais encore et surtout pour la compréhension intérieure de tous les aspects d'une glorification consciente de l'œuvre à accomplir.

Le G.·.M.·.A.·. utilise ses outils en tant que concepteur, par la connaissance qu'il en a acquis au cours des grades précédents. Il en a eu une approche sous les deux aspects constructifs et destructifs ou encore positifs et négatifs. Apprenti et compagnon il a appris patiemment leur maniement, accédant à la maîtrise, il a pris conscience du danger de leur mauvaise utilisation qui peut amener à la perte de la vie et de la parole qui y est attachée. Maintenant, instruit des arcanes de la dualité, le G.·.M.·.A.·. réalise que son devoir est de vouloir et de construire un Temple, en Harmonie avec les lois de la nature et par Amour de la Conception suprême.

A. Je mettais en ordre la chambre des dessins

Cela correspond au fait de mettre de l'ordre dans ses habitudes, car il faut faire table rase de tout ce qui est inutile, et balayer en soi-même pour devenir concepteur. On accède à l'école d'architecture après avoir procédé au grand principe de nettoyage qui permet de rebâtir sur une base saine, l'âme claire et pure. Mettre en ordre, c'est aussi ordonnancer, organiser méthodiquement un processus, car rien ne peut être laissé au hasard. Les dessins du Maître Architecte, réalisés avec son étui mathématiques, sont les formes qui suivent la loi des nombres et des mesures et reflètent l'écriture de la pensée conceptuelle.

Mettre en ordre la chambre des dessins correspond à la fondation et à la naissance d'un être constructeur nouveau.

B. Délayer l'encre de chine

Délayer, c'est diluer, dissoudre, ce qui correspond au *solve* des hermétistes permettant d'accéder à une forme de liberté, or ce faisant le Grand Maître Architecte devient son seul maître, responsable de ce lieu où l'on veut, lieu de conception du vouloir. C'est l'évolution progressive vers la maîtrise du Trait.

L'encre de chine est utilisée pour le dessin au pinceau. Si l'on délaye cette encre, la fluidité nouvelle ainsi obtenue permet une plus grande concision du trait. En la rendant plus limpide, on affine sa pensée pour arriver à la précision. C'est aussi sans doute en augmenter par là le volume et la qualité. C'est la rendre plus fluide et démultiplier le plus possible, ses propriétés d'expression.

L'encre délayée obtenue par une constante volonté et un effort rigoureux permet un tracé précis, concis atteignant par là une simplicité extrême, un dépouillement qui va favoriser au mieux la conception du Temple spirituel.

C. Coller les papiers sur la planche à dessin

En possédant les connaissances élémentaires en Géométrie, le Grand Maître Architecte sait dessiner, tracer des plans, créer des formes à partir desquelles il peut conceptualiser. L'acte de coller est celui de fixer, mais aussi d'ajuster, d'agglutiner, de lier. C'est adhérer au support pour faire corps avec lui. Cela correspond à l'élimination de toutes divagations, pour laisser place à une argumentation solide, étayée d'éléments cohérents et fiables parce qu'éprouvés par le temps et l'expérimentation.

Coller le papier sur la planche c'est la phase ultime de préparation qui met le sujet et le support en attente de recevoir.

10 – Le premier croquis d'architecture

Ce premier croquis est réalisé sur la planche à tracer qui est présentée au récipiendaire lorsqu'il est reçu au grade de G∴M∴A∴. Ce premier croquis d'architecture, cette première épure peut s'envisager comme étant la représentation d'une méditation solitaire issue de la concentration de la pensée. Le premier croquis est un cercle, image de l'univers, de la perfection.

Dans le cercle tracé, le centre permet la communication avec les états supérieurs ; c'est de là que l'on peut commencer à vouloir bâtir.

Lors de l'élévation à la maîtrise, le premier travail demandé au nouveau Maître consiste à tracer un cercle dont la circonférence est partout et nulle part. Cette première épure est bien souvent malhabile. Au 12e degré, il s'agit d'autre chose, de faire un premier croquis d'architecture sur la planche à tracer. La planche à tracer est une surface de bois complètement plane sur laquelle le Maître Architecte dessine les plans de ses ouvrages ou partie d'ouvrages en grandeur réelle.

Ce tracé correspond à l'art du « Trait ». Cette maîtrise du trait demande expérience et savoir-faire du métier, mais au-delà de ces compétences il s'agit bien d'un usage initiatique dans la Tradition des bâtisseurs.

Le G∴M∴A∴ trace un cercle à l'aide d'un compas et une ligne au moyen d'une règle. Partant de ce plan à deux dimensions, le G∴M∴A∴ devra par la suite le dépasser, pour accéder à l'espace à trois dimensions : traits, surface, volume, ce qui a été déjà abordé avec la marche du Maître Maçon. Cette démarche amène à projeter la ligne verticale, hors du plan pour qu'elle devienne en chacun, un axe reliant la terre au ciel.

11 – Les compas du Grand Maître Architecte

D – Pourquoi avez-vous dit que vous saviez vous servir du compas ?

R – Parce que le compas instrument fondamental du travail mathématique, figure l'art du raisonnement des Philosophes : la logique [18].

À ce sujet, Guénon observe que *la logique, comme d'ailleurs les mathématiques, est exclusivement une science de raisonnement ; l'exposition métaphysique peut revêtir un caractère analogue dans sa forme, mais dans sa forme*

18. Ce questionnement est extrait des rituels actuels des obédiences qui pratiquent ce grade.

seulement, et, si elle doit alors être conforme aux lois de la logique, c'est que ces lois mêmes ont un fondement métaphysique essentiel, à défaut duquel elles seraient sans valeur; mais en même temps, il faut que cette exposition, pour avoir une portée métaphysique vraie, soit toujours formulée, de telle façon que, elle laisse ouvertes des possibilités de conception illimitée comme le domaine de la métaphysique[19].

Á ce grade, les outils précédemment employés au travail d'exécution sont remplacés par les instrument propices au travail sur la planche à tracer. Le compas devient l'axe essentiel du travail qui permet de tracer le centre et la circonférence du cercle.

Le G.:.M.:.A.:. utilise les trois compas de l'étui de mathématiques.

Si le compas le plus couramment utilisé est un compas de tracé, les dimensions et les formes de cet outil varient selon son utilisation. Instrument de mesure, le compas permet de reporter des grandeurs et de les comparer, c'est l'instrument de mathématiques par excellence, dont on se sert pour décrire des cercles et mesurer des lignes. Le compas simple ou ordinaire est composé de deux branches ou jambes en métal, pointues en bas et jointes en haut par un rivet sur lequel elles se meuvent comme sur un centre.

Ce compas de tracé à branches simples est familier par bien des représentations du Moyen Âge.

L'homme du métier, soucieux d'un travail correct, doit très fréquemment contrôler les dimensions et les rapports des objets qu'il fait. Si le compas est conçu pour tracer des cercles, il est souvent utilisé aussi pour prendre des mesures et les reporter. On connaît l'Astronome, qui à l'aide de son compas mesure un segment de ciel et le reporte sur un plan, ou encore le Créateur que William Blake a représenté, qui nous est familier, « drapé dans sa grande barbe blanche, les yeux tournés vers la terre en train de tracer avec un grand compas le cercle infini ».

Le compas à quatre pointes

Selon Furetière, *le compas à quatre pointes est celui qui a des pointes d'acier, un porte crayon et un coupe-cercle, qu'on change et qu'on attache avec une vis à une des branches. Ce compas sphérique ou d'épaisseur est utilisé pour prendre des diamètres, l'épaisseur ou les calibres des corps ronds ou cylindriques. Ces sortes de compas consistent en quatre branches assemblées en un centre, dont deux sont circulaires et deux autres plates, un peu recourbées par ces bouts*[20].

19. Guénon René, *Introduction générale à l'étude des doctrines hindoues*, Éditions Vèga, 1930, pp. 130-131.

20. Furetière Antoine, *Dictionnaire Universel*, 1690, SNL, Le Robert reprint, 1978, tome I, lettre A-D.

Le compas de proportion

Le compas de proportion est l'un des outils qui compose généralement l'étui de mathématiques : cet instrument de précision, que les Anglais appellent *sector*, est utilisé couramment pour trouver des proportions entre des quantités de même nature, comme lignes à lignes, surfaces à surfaces, c'est pourquoi il est appelé compas de proportion. Il a l'avantage de convenir à tous les rayons et à toutes les échelles.

Le compas de proportion est formé de deux règles ou jambes égales, graduées régulièrement, rivées l'une à l'autre, en sorte néanmoins qu'elles peuvent tourner librement sur leur charnière. Le compas de proportion est fondé sur la quatrième proposition du sixième livre d'Euclide, qui démontre que les triangles semblables ont leurs côtés homologues proportionnels. Les lignes que l'on trouve par le moyen du compas de proportion sont de deux sortes ; elles sont latérales ou parallèles. Il permet de tracer d'une part la ligne des parties égales, celle des plans, celle des polygones ; la ligne des cordes, celle des solides et celle des métaux d'autre part[21].

Il est probable qu'il s'agit d'un compas à ressort, en acier trempé. Sa vis bloque l'écartement choisi pour un report fidèle et précis. Il permet notamment de définir deux dimensions solidaires l'une de l'autre. Bien souvent il ont une forme en X, mais l'articulation n'est pas au milieu des branches, c'est-à-dire que les bras du compas n'ont pas la même longueur à l'amont et à l'aval de l'axe.

L'esprit de l'initié, centre du cercle, doit pouvoir appréhender avec clarté l'ensemble des connaissances. Cependant ses connaissances restent imparfaites, il doit constamment en élargir le champ, à la manière de ces cercles provoqués par la chute d'une pierre dans l'eau, jusqu'à atteindre ses limites sans jamais pour autant perdre de vue son centre.

12 – La philosophie est la lumière projetée par l'esprit humain sur les choses de la nature

Le terme philosophie vient du grec *Phileuios* : sentiment d'un amour, d'un désir, d'un appel, d'un effort orienté vers le bien – et de *sophia* la sagesse, l'habileté.

La philosophie se présente sous le signe d'une intention et d'un effort de l'homme vers la Sagesse. La philosophie était à l'origine une sorte de connaissance universelle qui englobait toutes les sciences. Lorsqu'elle prend naissance en Grèce vers le VIe siècle avant l'ère chrétienne, elle se présente comme un savoir encyclopédique.

21. *Encyclopédie, op. cit*, t. XIII, pp. 725-739.

Au Moyen Âge, la philosophie est représentée comme la source d'où émanent les sept fleuves des Arts Libéraux, ce qui correspond au *Trivium des Arts de la parole* et le *Quadrivium de la Science des Nombres.*

La philosophie est l'ensemble des conceptions portant sur les principes des êtres et des choses. La Philosophie et les Mathématiques sont de même nature, elles conduisent aux mêmes démonstrations. Selon Aristote elle est la science des premiers principes et des causes premières. C'est de sa théorie générale de l'harmonie du cosmos que naîtra la philosophie mathématique. La philosophie façonne l'esprit, elle est l'amour de la Sagesse.

Le Philosophe, c'est l'Ami de la sagesse. Le sage c'est celui qui a la connaissance juste des choses, c'est-à-dire celui dont les pensées sont inspirées des choses divines et humaines à la fois. Salomon était considéré comme étant le Sage par excellence, sa sagesse est devenue proverbiale.

Selon le rituel en usage, *l'Esprit humain coordonne les connaissances*, il est assimilé au centre du cercle, foyer de la Connaissance, alors que la circonférence représente le champ de toutes les connaissances humaines.

Dès lors, on peut considérer au moins sous deux aspects la définition de l'Esprit humain :

1. l'Esprit humain des connaissances appréhendé par le compas qui mesure segment après segment, ce qui correspond à une conception analytique et fractionnée ;
2. L'Esprit humain, reflet de La Connaissance par le compas qui trace le cercle depuis son centre, ce qui correspond à une conception synthétique et universelle, ces deux conceptions étant bien évidemment complémentaires et concomitantes. En conséquence, les choses de la nature se révèleront à l'initié simultanément par le biais de la multiplicité et l'évidence de l'Unité qui les domine et les relie. Cette association des choses de la nature devient miroir et foyer de la transformation de chacun.

La connaissance des choses de la nature correspond à celle de la structure intérieure des parties intégrantes de l'Univers que l'on retrouve en soi dans le rapport macrocosme/microcosme.

Le G.·.M.·.A.·. se définit comme se situant à la fois, au centre et à la circonférence. Il y a cohésion entre l'intérieur et l'extérieur. La dualité est abordée sous son aspect positif. Agent de lumière le G.·.M.·.A.·. doit la rayonner ou plutôt la projeter.

13 – L'esprit humain, foyer de connaissance, qui projette la lumière sur les choses et réfléchit l'image ou l'idée

L'esprit humain est le siège de l'intelligence, qui lui permet, dans la limite de ses capacités, de comprendre le monde et ses manifestations. À partir de cette prise de conscience, il projette une lumière, un éclairage ou connaissance, sur le monde manifesté ou image de la nature et sur le monde spirituel. Cette lumière intérieure émise par l'esprit, peut être voilée, voire absorbée par de nombreux obstacles avant d'émerger à la conscience de l'Unité.

La lumière ne peut jamais être absente tout à fait de l'esprit. Sa projection symbolise la démarche spécifique de tout être en quête de Vérité.

Les interrogations de toutes recherches doivent se cristalliser sur un point, un centre, centre du foyer de connaissances : l'esprit humain.

Dans le *Manuscrit du Général Hahn*, de 1762 on relève un schéma géométrique formé par cinq cercles, tous sécants, qui ont chacun le même rayon. Les centres des cercles 17, 32, 23 et 26 sont sur le cercle central. Chacun des numéros correspond à un vice qui entrave la construction du G.·.M.·.A.·.

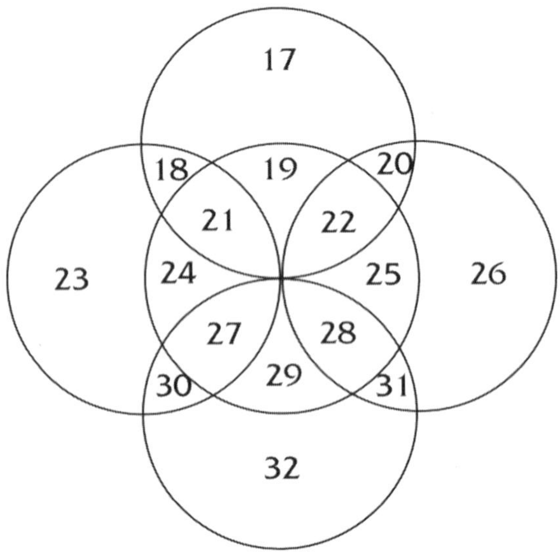

Fig. 55 – Schéma des cinq cercles des vices à combattre.

Il faut éviter : 17. la perfidie ; 18. ivrognerie ; 19. médisance ; 20. orgueil ; 21. avarice ; 22. colère ; 23. étourderie ; 24. indiscrétion ; 25. gourmandise ; 26. animosité ; 27. mauvaise foi ; 28. supercherie ; 29. calomnie ; 30. injures ; 31. impiété ; 32. entêtement.

14 – L'heure du travail du Grand Maître Architecte

La première mention d'une heure précise se trouve dans le Tuileur de Lausanne (en 1875), dans lequel on trouve *l'étoile du matin* et *l'étoile du soir*. Aujourd'hui on découvre *un Génie qui parle et qui se tait* (cette notion du *Génie* semble être un apport assez récent au rituel).

Il n'y a plus d'heure du jour déterminée mais un appel à l'apparition d'un soutien extérieur sous forme de Génie. Ainsi, il est dit à l'ouverture des travaux (dans les rituels actuels) :

D – Quelle heure est-il ?

R – Le soleil apparaît et le Génie parle.

Et lors de la fermeture : **Le soleil a disparu, l'étoile du soir est levée, le Génie se tait.**

Le soleil apparaît *le Génie parle* avec l'avènement de l'aube, ensuite le soleil disparaît, et *le Génie se tait.* On rentre dans l'attente d'un jour nouveau pour œuvrer, selon le déroulement diurne et nocturne de la nature.

L'apparition de ce Génie inspire semble-t-il le temps de travail : tant qu'il y a clarté, il s'exprime, mais se tait dès que l'obscurité revient. La clarté de l'esprit est liée à la clarté du jour, moment privilégié où l'inspiration se manifeste.

On peut s'interroger sur l'opportunité et l'étrangeté du terme de Génie. Le Génie, en tant qu'entité intermédiaire apparaît souvent dans l'univers des contes et des légendes. On peut se demander la raison de sa présence dans le rituel de Grand Maître Architecte.

Si on se réfère à la mythologie on constate qu'il existe deux sortes de génies. Il y a comme toujours la dualité des bons et des mauvais. Les bons gardent les sanctuaires et les tombeaux, alors que les mauvais vont torturer les vivants.

Si l'on se réfère au dictionnaire de *Quillet* le génie *correspond à un talent particulier pour une chose et à une aptitude extraordinaire à la création.* Le génie considéré sous cet angle demande d'être à l'écoute de sa conscience, de son intuition, en résumé de sa lumière intérieure. Il relie alors consciemment à une forme de transcendance qui dépasse l'homme ordinaire. Le Génie consiste à rassembler ce qui est épars et à retrouver l'Unité reliant l'homme et l'univers.

L'Encyclopédie du XVIIIe définit l'Architecte comme devant être doué d'un bon génie, c'est-à-dire, avoir une grande facilité d'inventer et d'ordonner. C'est ce génie qui, dirigé par un jugement solide, le tireras d'embarras dans les cas où divers besoins se trouvent en opposition.

Les Vérités qui sont offertes à la méditation des maçons pour progresser dans la Voie de la Sagesse et de la Connaissance sont sous forme de symboles et de gestes à caractère rituel, ils éclairent progressivement l'entendement, c'est pourquoi on peut penser que l'initié arrivé à ce stade de reconstruction personnelle, doit écouter *le Génie* s'exprimer quand s'ouvrent les travaux. Ainsi, la présence du *Génie* relie le franc-maçon à une forme d'inspiration d'en haut qui pourrait être une inspiration du G∴A∴D∴L'U∴ou Grand Géomètre De L'Univers.

On peut voir dans cette apparition du Génie une influence pythagoricienne à ce degré, si on se réfère aux Vers d'or, ce qui n'aurait rien d'étonnant étant donné qu'on peut considérer que le degré de Grand Maître Architecte est un complément du grade de compagnon. Les vers III et LXII parlent du génie en ces termes :

Vénère aussi les génies terrestres en accomplissant tout ce qui est conforme aux lois.

O Zeus, notre père, tu délivrerais tous les hommes des maux nombreux qui les accablent,
Si tu montrais à tous de quel génie ils se servent !
Mais toi, prends courage, puisque tu sais que la race des hommes est divine,
Et que la nature sacrée leur révèle ouvertement toutes choses ;
Si elle te les découvre, tu viendras à bout de tout ce que j'ai prescrit,
Ayant guéri ton âme, tu la délivreras de ces maux.[22]

Selon les commentaires de Hiéroclès l'auteur de ces vers appelle génies les âmes humaines qui se sont ornées de vérité et de vertu, parce qu'elles sont pleines alors d'expérience et de science. Ces génies terrestres sont ici les âmes des mortels vertueux. Purifiées par la vérité, ces âmes ont été par la mort affranchies de leur corps matériel. Tous les hommes, quoiqu'étant tous par nature des êtres terrestres raisonnables, ne sont pas tous des génies ni des sages ; c'est donc avec raison que ce poème se sert de deux mots pour désigner sous le nom de *Génies terrestres* les hommes sages. Connaître le génie dont les hommes se servent ne consiste pas seulement à connaître le génie que chaque homme reçoit à sa naissance pour l'accompagner dans la vie, mais à connaître encore la nature de son âme. Connaître son âme, en effet, c'est connaître le principe qui l'a créée. *L'âme connaît tout,* dit Proclus, *par réflexion sur elle-même, et elle plonge dans le monde divin en tant qu'elle s'élève par l'intelligence à la connaissance de son essence propre.* Les Pythagoriciens donnaient le nom de génies aux âmes des morts, et même, selon Plutarque, à l'âme humaine habitant encore dans un corps mortel. Connaître son génie, c'était donc connaître la nature de l'être divin qui habitait en nous ; et, comme le sort de l'homme était défini par la nature de son âme, la connaissance de la nature de l'âme pouvait influer sur sa destinée.

Ces vers supposent donc que si tous les hommes connaissaient ce qu'ils sont et savaient tous *de quel Génie ils se servent,* ils seraient tous délivrés de leurs maux. C'est que la plupart, *s'attirent eux-mêmes et librement leurs maux, ne voient, ni n'entendent les biens qui sont près d'eux. Peu nombreux sont, en effet, ceux qui ont appris à se libérer de leurs maux, en arrivant à connaître de quel Génie ils se servent. Et ce petit nombre comprend ceux qui se*

22. Pythagore, *Les Vers d'or,* suivi de Hiéroclès, *Commentaire sur les vers d'or des pythagoriciens,* traduction nouvelle avec prolégomènes et notes par Mario Meunier, Éditions de la Maisnie.

sont purifiés par la philosophie de tous les troubles passionnels que l'irraison provoque, et qui se sont libérés, comme d'une prison, de ces liens d'ici-bas[22].

Dans les rituels du XVIIIe siècle, les heures d'ouverture et de fermeture des travaux étaient complètement différentes. Elles se référaient à l'origine de la construction du monde et du Temple de Salomon, ce qui aussi peut permettre des développements intéressants :

Lors de l'ouverture des travaux :

D – Frère 1er Surveillant, quelle heure est-il ?

R – L'heure du Parfait maçon, c'est-à-dire, le premier instant, la première heure, le 1er jour que le G∴A∴ D∴ L'U∴ employa à la création du monde.

Le Très Puissant Maître dit : **mes FF∴ voici le premier instant, la première heure, le premier jour que le G∴A∴ employa à construire le Temple, il est temps de nous mettre à l'ouvrage** (il frappe alors 7 coups par 0000 – 000) [23].

Lors de la fermeture des travaux :

D – Quelle heure est-il F∴ 1er Surveillant ?

R – Très Vénérable, le dernier instant, la dernière heure, le dernier jour que le G∴A∴D∴L'U∴ s'employa à la création du monde. Voici le dernier instant, la dernière heure, le dernier jour que Salomon employa à construire le Temple. Ensuite le Très Vénérable dit **voici le dernier (jour) que j'ai tenu Loge. Il est temps de fermer et de vous reposer** [24].

15 – L'arche des secrets

L'arche, lorsqu'elle conserve un secret est appelée *arche secrète*, mais lorsqu'elle est consacrée elle devient une *arche sacrée*. Si elle est utilisée comme symbole initiatique, elle s'appelle *arche royale*.

L'arche est un coffre qui renferme quelque chose de précieux qui doit être préservé, à l'abri de tout. L'Arche d'Alliance (*Arone ha-berith*) était destinée à renfermer les Tables des Dix Commandements gravés sur la pierre et reçues par Moïse au Mont Sinaï. Cette arche fut placée par la suite dans le Tabernacle, puis dans le Saint des Saints du premier Temple.

Dans les anciens rituel c'est seulement au grade de Grand Architecte que le remplaçant d'Hiram était nommé pour poursuivre les travaux destinés aux ornements du Temple. Ainsi on lit :

Mes FF∴ la 2e élévation étant venue à sa perfection, il faut nous occuper à en élever une troisième, qui terminera la hauteur que le temple doit avoir. Selon les dessins qui en furent donnés par le Grand Architecte de l'Univers la

23. *Réception du G∴A∴*, Collection of the Count de la Barre, vol.1, Latomia 1997.
24. Paris, *MS 21 FM, op. cit.*

direction de ce troisième étage était sans doute réservé au Surintendant qui doit remplacer Hiram et que nous avons différer de nommer jusqu'à présent. L'ouvrage ne pouvant plus longtemps être suspendu, il faut qu'il soit terminé dans ce jour heureux qui nous rassemble. Il convient que l'architecte qui se présente nous fasse connaître la perfection où il a fait parvenir ses dessins, car il n'appartient qu'aux grands Architectes de bâtir des tabernacles. Cet ouvrage exige une délicatesse de dessin que l'ouvrier inférieur ne doit connaître que pour l'admirer. Donnons donc dans notre temple un successeur à Hiram, que la mort a soustrait à ses travaux. Moabon peut lui succéder, qu'il vive avec honneur, gloire et prospérité parmi nos grands architectes, que la vue et la possession de nos tabernacles lui soient livrées, qu'il mette le comble à notre félicité par l'accomplissement des ordres suprêmes en mettant la dernière main à l'ouvrage et à la perfection de nos travaux[25].

D – À quoi vous occupez-vous dans le grade de Grand Architecte ?

R – À bâtir le dernier édifice, ou le 3e corps qui fait le comble du bâtiment, à dresser des tabernacles, à les garnir d'ornements précieux et consacrés.

D – Quels sont les ornements ?

R – L'arche d'alliance soutenue par deux chérubins qui la couvrent de leurs ailes, la table d'airain, celle des holocaustes, celle des pains et le chandelier à 7 branches.

D – Que renferme l'arche d'alliance ?

R – Le Stekenna[26]**, qui fixe lui-même entre les chérubins qui le couvrent de leurs ailes dans le Saint des Saints, le jour de la dédicace où il rendait ses oracles.**

D – Quelle fut la principale Loi donnée dans le Stekenna ?

R – Celle qui fut donnée sur le Mont Sinaï, gardée depuis dans l'arche qui est la 1re loi écrite.

D – De quel bois était construit l'arche ?

R – De Sethim bois incorruptible parsemé de lames d'or.

D – Quelles proportions avaient-elles ?

R – Elle avait deux coudées et demi de longueur, une demi de largeur et autant de hauteur.

D – Quelle figure avait-elle ?

R – Celle d'un coffre carré avec quatre anneaux d'or et quatre bâtons de bois de sethim pour la porter et était couverte de lames d'or[26]**.**

D – Que renfermait-elle ?

R – Le Stekenna, les tables de la loi, la verge d'Aaron, l'urne plaine de manne.

25. Ce mot Stekenna a subi une déformation dans sa transcription. Il désigne la Shekinah.

26. *Réception du G.∴A.∴*, Collection of the Count de la Barre, *op. cit.*

D – Dans quel endroit fut-elle faite et par qui ?

R – Elle fut faite à Oreb par Bescel et Oliob, elle sortit d'Oreb et passa à Moab et à Sichem, puis à Silo et de Silo au temple de Dagon, de là dans la maison d'Abmadab, de là à celle d'Obedon, ensuite à Cariathiarim, de là à Jérusalem, puis à la Ste. Sion dans le temple [27].

Il semble que l'*arche d'alliance* n'apparaisse plus qu'à l'état de vestige sous la désignation d'*arche des secrets* dans les rituels contemporains (ce qui permet parfois même d'y inscrire le nom des récipiendaires à l'intérieur). Enlevée de son contexte ornemental, la présence de cette arche ne paraît plus nécessaire à la compréhension des rituels pratiqués sous leur forme actuelle.

16 – Le signe du Grand Maître Architecte

Chaque signe quelque soit le grade est en rapport étroit avec le rituel et les symboles utilisés. Le signe du grade pratiqué dans les rituels actuels représente le Maître Maçon, regardant le Grand Maître Architecte qui siége à l'orient en même temps qu'il trace un plan avec le pouce droit sur la paume de sa main gauche, symbole vivant de la réalisation d'une conception que l'on porte en soi qui est aussi un rappel de la faculté créatrice à la base de l'élaboration de toute œuvre.

La main gauche à plat représente la planche à tracer, face tournée vers le haut comme si elle cherchait l'inspiration du ciel. Elle représente une ligne horizontale rappelant la ligne de niveau. La main droite est fermée avec l'extrémité des doigts repliés, seul le pouce apparent sert d'instrument de tracé, formant une équerre tournée vers le bas. Elle esquisse un plan qui peut avoir la forme d'un cercle, d'un carré ou d'un triangle, peu importe, ce qui est important, c'est de signifier par ce geste que la maîtrise du trait est acquise. Le pouce indique la force conceptrice en action.

Selon un rituel du XIX e il est dit que *le signe se fait en glissant la main droite dans l'intérieur de la main gauche et glisser plus promptement les doigts serrés et les pouces étendus en faisant comme si on tenait un plan de la main droite dans la gauche et regardant le G.·.M.·. A.·. comme pour lui demander le sujet d'un plan, ou plutôt on fait semblant de tracer avec la main droite dans la main gauche un plan comme si on voulait dessiner et ce en regardant toujours le G.·.M.·.A.·. (27).*

Dans les rituels du XVIIIe, il y avait un signe de demande et de réponse :

Le signe de demande consistait à porter les deux mains sur l'estomac et d'y former un triangle avec le pouce et l'index de chaque main, il se nomme signe d'appel. Le signe de réponse est de porter les deux mains dans la même forme au

27. Réception du G.·. A.·., *op. cit.*

dessus de la tête. Il était précisé *qu'on ne devait s'en servir qu'en loge ou dans des grands besoins et qu'il se nomme signe de secours.*

17 – L'âge de la plénitude : 45 ans

Le G.·.M.·.A.·. est situé au milieu de sa vie, entre la naissance et la mort. L'âge de la plénitude est donc entre les deux, correspondant à la moitié de la vie. La première moitié de l'existence a servi à engranger des connaissances, à se parfaire, la deuxième moitié permet de passer à la phase active de transmission. Adam (Aleph, Daleth, Mem) a pour valeur 45, nombre de l'homme, on peut y voir une invitation à retrouver l'état de l'*Adam*, ou homme universel.

La plénitude c'est, au minimum, être en pleine possession de ses moyens, avoir acquis les qualités et les connaissances dans la voie active du perfectionnement. Dans son sens le plus matériel, le mot plénitude c'est l'état de ce qui est plein, c'est être complètement soi-même, se posséder, se maîtriser. Dans les autres sens de plénitude, on trouve encore les notions de totalité et d'intégralité qui correspondent bien au degré de Maître Architecte. C'est par là s'inscrire consciemment dans la globalité de l'univers et de son devenir.

Dans le nombre qui caractérise la plénitude on trouve :

5 fois le carré de 3 soit 3 X 3 = 9 X 5.

Cette combinaison de nombres semble être la clef de ce grade. On retrouve le nombre de l'apprenti porté à la puissance 2, c'est-à-dire 9 qui est le nombre de la maîtrise multiplié par 5, le nombre du compagnon. Il y a là un rappel des trois premiers degrés qui sont l'essentiel de la Maçonnerie, les degrés de perfection n'en étant qu'un approfondissement, le Maître se trouve ici en possession de l'intégralité de ses potentialités.

Le Grand Maître Architecte travaille dans la *boulomie*, lieu situé entre la *mérogénie*, côté de la naissance et la *méthanie (*qui devrait être davantage *mérothanatie)* côté de la mort, si on se réfère à sa racine grecque de *méros* partie et *thanatos* mort. Ce qui signifie qu'il est entre la naissance et la mort ou le point de jonction entre l'Orient et l'Occident. On retrouve là la notion du juste milieu qui marque la plénitude de la maîtrise de tout Maître Maçon, indiqué ici par l'âge de 45 ans, qui correspond à la maturité et au point zénith où l'on est dans la force de l'âge avant d'amorcer une décroissance progressive jusqu'au point nadir de l'Orient Éternel.

18 – Le tablier du Grand Maître Architecte

Selon le décret du Suprême Conseil du Rite Écossais Ancien et Accepté en 1806, le *tablier est bordé de bleu, au milieu une poche noire, le cordon est bleu de droite à gauche, au bas duquel est suspendu un carré parfait, en forme de médaille ; sur un des côtés sont gravées quatre demi-cercles, en face de sept étoiles ; au centre est un triangle dans lequel sont gravés les lettres G.A. ; de l'autre côté, les cinq ordres d'architecture, représentés par cinq colonnes ; au sommet, un niveau ; au-dessus un carré, un compas et une croix. Dans le milieu du carré et du compas, sont les lettres R.M. ; sous la base des cinq colonnes sont les lettres C.D.T. I.C.*[28].

Les lettres R.M. correspondent à *Rab banaïn*, mot de passe du grade qui dans le MS Francken est *Rabucim. Les lettres C.D.T.I C., placées respectivement sous chaque colonne énumère les cinq Ordres d'architecture dans l'ordre suivant ; Corinthien, Dorique, Toscan, Ionique, Composite.*

Le tablier est d'un blanc lumineux, bordé d'un bleu céleste. La soie, choisie comme matériau suggère la transformation, l'évolution, qui mènera le ver à devenir papillon. Les outils représentés sur le tablier ne sont plus des outils de chantier (construction du temple spirituel). La poche bordée par un liseré d'or est le réceptacle des plans, mais aussi des conceptions. On glisse les plans à l'intérieur de la poche.

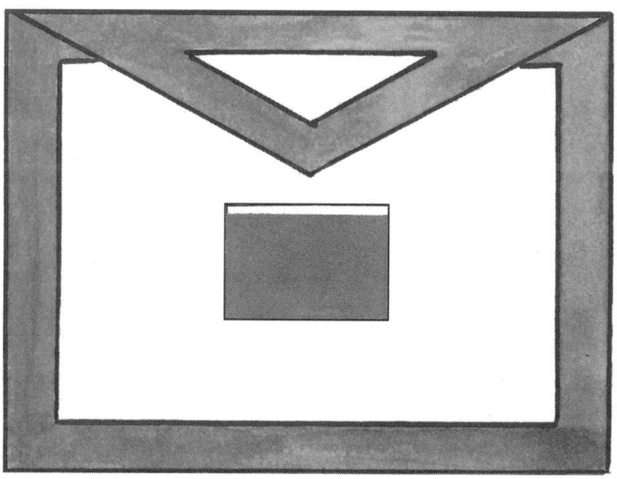

Fig. 56 – Le tablier.

28. *Recueil des actes du Suprême Conseil de France ou Collection des décrets, arrêtés et décisions de cet illustre corps, de 1806 à 1830*, Paris, Imprimerie de Sétier, 1832.

Tableau récapitulatif du grade de Grand Maître Architecte

Selon le Tuileur de Lausanne 1875

Âge : *Quarante cinq ans, cinq fois le carré de trois.*
Batterie : 0 et 00 et 00 et 0 et 00 *(1 et 2 et 2 et 1 et 2 et 2 claques).*
Mots de passe : *HAMON.*
Mots sacrés : *ADONAÏ.*
Marche : *Trois pas en équerre, le premier lent, le deuxième et troisième précipité.*
Heure de commencement des travaux : *L'étoile du matin est apparente.*
Heure de la fin des travaux : *Le soleil s'est couché et l'étoile du soir s'est levée.*
Question d'ordre : *Je connais tout ce qui est renfermé dans un étui de mathématiques.*
Tablier : *Blanc, doublé et bordé de bleu. Au milieu une poche.*
Cordon : *Bleu de droite à gauche.*
Bijou : *Un carré parfait, sur l'envers quatre demi cercles devant sept étoiles, sur le revers cinq colonnes avec équerre et compas dessous.*
Gants : *Blancs.*
Légende de l'initiation : *Désignation du successeur d'Hiram.*

On notera que dans les précédents Tuileurs (Delaulnaye, Vuillaume, Bazot et Ragon), l'âge et les heures d'ouverture et de fermeture des travaux ne sont pas mentionnées. Le mot de passe (*Hamon*) remplace (*Rab Banaïn*) donné dans les quatre premiers Tuileurs. De même la batterie donnée par le Tuileur de Lausanne diffère des précédentes qui étaient soit de 3 coups, soit de dix coups par trois et sept (On trouve aussi dans des manuscrits du XVIIIe, sept coups par quatre et trois).

INSTRUCTION PAR DEMANDES ET RÉPONSES

(*Apprenti, Compagnon, Maître Architecte, Kloss Ms. XXX-15, Ms du Général Hahn, 1762)*

D – Quel a été le premier de tous les arts ?

R – L'architecture.

D – Quel a été le premier architecte ?

R – Dieu qui créa l'univers.

D – Quel a été le 1er architecte parmi les hommes ?

R – Cain qui bâtit une ville dans l'orient qu'il nomma Henock du nom de son fils.

D – Donnez un ordre des plus fameux architectes de l'Antiquité ?

R – Tubal Kain fut le premier qui trouva l'art de fondre les métaux, Noé fit l'arche où il se retira pendant le déluge, Nembroth autrement dit Belus éleva la tour de Babel, Ninu fils de Celelus fit bâtir la ville de Ninive.

D – N'y a- t-il pas d'autres architectes contemporains ?

R – Il y en a eu plusieurs, Sémiramis fit bâtir la ville de Babylone, Trophonius et Agamedes firent élever les murailles de Thèbes, mais comme ces architectes étaient profanes je n'en parlerai point.

D – Quelle est la suite des architectes sacrés ?

R – Besehel fils d'Urie, et de Marie sœur de Moïse et petit fils d'Hur de la tribu de Judas et Ooliab, autrement Eliabe fils d'Achirameck, ou Isamach de la tribu d'el-Liab. Il est vrai qu'on ne dit presque rien de leurs ouvrages ; mais l'écriture marque si expressément les grandes connaissances qu'ils avaient reçues de Dieu qu'ils doivent être regardés comme de grands architectes.

D – Quels sont les ouvrages dont nous avons eu connaissance ?

R – Le tabernacle que Moïse fit faire dans le désert, tous les ornements de bronze, d'or, et d'argent et de pierres précieuses dont le tabernacle était enrichi.

D – Poursuivez la liste des architectes ?

R – On n'en connaît point qui aient suivi de plus près ceux dont je viens de parler qu'Hiram. Il était de Tyr, fils d'un israélite d'origine nommé Ur et d'une veuve de la tribu de Nephtali, ce fut lui qui bâtit le temple que Salomon voulait consacrer au Très Haut.

D – Ne fit-il point d'autres ouvrages ?

R – Il fit un nombre infini d'ouvrages d'orfèvrerie qui devait servir d'ornements au temple, il bâtit aussi un palais pour Salomon, un autre pour la fille de Pharaon, la première femme de Salomon, et plusieurs autres édifices tant en dehors qu'en dedans de Jérusalem.

D – Le temple subsista-t-il longtemps ?

R – Non, il fut détruit par Nabuchodonosor, roi de Babylone. Mais l'an du monde 3443. Cyrus délivra le peuple juif et permit à Zorobabel,

prince issu du sang de David, et Josué fils de Josedé grand sacrificateur de rebâtir le temple et la ville de Jérusalem.

D – Par qui le temple fut-il rebâti ?

R – Par les lévites seuls qui y mirent la main et Josué comme grand sacrificateur en eut la direction.

D – Josué n'avait-il pas d'autres inspecteurs sous lui ?

R – Il en avait ! Les ouvriers étaient conduits par plusieurs sacrificateurs entre lesquels étaient les frères et fils de Josué : Tedmil et ses fils ; le fils de Juda et d'Henodab que Zorobabel et le grand sacrificateur établirent pour avoir un soin particulier sur les choses les plus importantes.

D – En quel temps fut rebâti le temple ?

R – L'an du monde 3481 [29] **il était plus petit que celui de Salomon, moins riche et moins magnifique.**

D – Le temple subsista-t-il longtemps ?

R – Herodote le Grand le fit démolir et en rebâtit un autre avec somptuosité et une diligence incroyable.

D – Quels sont les principaux travaux de ce temple ?

R – Le corps du temple, qui était un endroit où il n'était permis qu'aux sacrificateurs d'entrer. Il avait 100 coudées de largeur et six vingt de hauteur il fut bâti par les sacrificateurs en dix huit mois, il y avait des galeries qui environnaient le temple et qui en étaient détachés un mur de pierres et quatre colonnes d'ordre corinthien de 9 pieds de diamètre chacune soutenaient trois différents corridor, ceux des côtés avaient 30 pieds de largeur sur 50 de hauteur. Et celui du milieu 45 pieds de largeur et 100 de hauteur.

D – Combien Hérode employa-t-il d'ouvriers pour la construction de ce temple ?

R – Dix mille ouvriers sous la direction de mille sacrificateurs.

D – Quelle est la Science nécessaire pour faire un grand architecte ?

R – Les mathématiques.

D – Qu'entendez-vous par mathématiques ?

R – J'entends une science qui s'attache à connaître les quantités et les proportions de la matière. Elle est la première de toutes les sciences qui ne consistent qu'en démonstrations.

D – Quelles sont les parties principales des mathématiques ?

R – C'est la géométrie, l'arithmétique, l'architecture, la mécanique et la musique.

D – Quelles sont les sciences émanées de ces cinq principales ?

R – La trigonométrie, l'optique, la catoptrique [30]**, la cosmographie,**

29. La Bible dit l'an du monde 3550-3485 (note du manuscrit).

30. Au XVIIIe siècle *la catoptrique* était définie comme étant synonyme d'entendement, de raison, philosophie ou science, science de la nature, mathématiques, optique. la catoptrique traite non seulement de la réflexion des rayons de lumière et des lois qui suit cette réflexion ; elle traite aussi des phénomènes qui en résultent par rapport à la vision.

l'héliographie, l'astrologie, l'horlogerie, la topographie, l'étiologie, l'hydrographie, l'étatérique et plusieurs autres sciences.

D – Qu'est-ce que la géométrie ?

R – C'est une science qui enseigne à mesurer la quantité dans son étendue, longueur, largeur, hauteur et profondeur.

D – Qu'est-ce que l'arithmétique ?

R – C'est la science des calculs.

D – Qu'est-ce que l'architecture ?

R – C'est une science qui apprend à disposer les bâtiments avec ordre et symétrie.

D – Combien y a-t-il de sortes d'architecture ?

R – Il y en a de deux sortes la civile et la militaire.

D – En quoi consiste la civile ?

R – Dans les ordres extérieurs et intérieurs, commodités.

D – Qu'elles sont les internes ?

R – Le toscan, le dorique, l'ionique, le corinthien et le composite.

D – N'y a-t-il pas eu d'autres genres d'architectures ?

R – Il y en a eu : savoir, l'instille, le perosostille, le sistille, le diastille, parcostille et plusieurs autres.

D – Quelles sont les parties nécessaires à l'architecture de ville ?

R – La solidité, la commodité, la Beauté, l'ordonnance, la disposition, la proportion, la bienséance et l'économie.

D – Qu'entendez-vous par genre d'Édifice ?

R – Le genre dépend de la proportion qui est entre la grandeur des colonnes et l'espace qui est intervalles.

D – Quelle est la différence des ordres Dorique, Ionique et Corinthien ?

R – Le Dorique et le Toscan sont les plus manifestes et les moins ornés, le corinthien et le composite sont les plus déliés et les plus ornés, l'Ionique tient le milieu en ses proportions comme en ses ornements, étant moins manifeste et plus orné que le composite.

D – En quoi consiste l'architecture militaire ?

R – Dans l'art de mettre une place en état de résister avec un petit nombre de troupes à un plus grand.

D – Qu'est-ce que la mécanique ?

R – C'est une Science qui enseigne la vertu des forces mouvantes, l'art de faire toutes les sortes de machines, et d'enlever toutes sortes de poids par le moyen des leviers, coins, poulies etc.

D – Qu'est-ce que la musique ?

R – C'est une science qui par l'accord des différents sons inspire à l'âme les sentiments qu'en donne le sujet.

D – N'y -a -t-il pas un sens spirituel sous toutes ces sciences ?

R – Ou Grand Architecte.

D – Qu'entendez-vous par mathématiques ?

R – J'entends un cœur zélé pour les maçons et la maçonnerie.

D – Qu'entendez-vous par Géométrie ?

R – J'entends qu'un maçon ne doit parler et agir qu'avec poids et mesure et prendre garde à ne point se laisser surprendre par des profanes.

D – Qu'entendez-vous par arithmétique ?

R – J'entends qu'un maçon doit multiplier ses bienfaits et ses lumières à tous ses frères.

D – Qu'entendez-vous par architecture civile ?

R – J'entends que la maison d'un maçon doit servir de retraite à un vénérable F.·. Étranger.

D – Qu'entendez-vous par les différents ordres et genre d'architecture ?

R – Qu'il ne faut point faire attention à la patrie ; à la qualité ; et aux grades que possèdent le Frère qui demande d'être assisté.

D – Qu'entendez-vous par architecture militaire ?

R – J'entends qu'un maçon doit servir de rempart pour soutenir un maçon attaqué.

D – Qu'entendez-vous par mécanique ?

R – J'entends qu'un maçon doit donner ses soins et ses lumières à l'accroissement de la maçonnerie.

D – Qu'entendez-vous par musique ?

R – De même que différents sons alliés méthodiquement forment un concert charmant, de même une loge de maçon sera unie autant que les frères qui la composent auront un même penchant, un même Esprit et une même volonté, ce qui ne se conserve que par une mutuelle condescendance les uns pour les autres.

D – Salomon savait-il les mathématiques ?

R – Oui. Il les savait mais il ne s'en n'est point servis pour la construction du temple parce que Dieu lui avait donné les différentes proportions pour les faire exécuter.

D – Pourquoi Hérode fit-il apprendre les mathématiques aux sacrificateurs puisque la Géométrie et l'architecture civile suffisaient pour la construction de son temple.

R – Il les leur fit apprendre, parce que voulant faire du temple une forteresse. Les sacrificateurs devaient par conséquent savoir l'architecture militaire, la mécanique leur était aussi nécessaire pour la construction de différentes machines soit pour enlever, ou porter la terre et les pierres ou autres choses ; ils devaient savoir l'arithmétique, soit pour payer les ouvriers, soit pour tenir compte des deniers qui leur étaient confiés à titre d'offrandes.

D – Quel est l'attribut du Me Architecte ?

R – Un étui de mathématique.

D – Que renferme-t-il ?

R – Un compas de proportion, une équerre, un compas ordinaire et un autre compas dont une des branches se démonte, une branche à l'encre, une branche à crayon, une roulette à ponctuer et un plomb.

D – Que contient le compas de proportion ?

R – La ligne des parties égales, la ligne des plans, la ligne des polygones, la ligne des cordes, la ligne des solides, la ligne des métaux, la ligne du poids des boulets et la ligne du calibre des pièces.

D – Expliquez l'usage du compas de proportions.

R – La ligne des parties égales pour pouvoir diviser une ligne selon une raison donnée, la ligne des plans, sert à diminuer ou augmenter un plan à volonté. La ligne des polygones sert à inscrire dans un cercle un polygone régulier de tels nombres de côtés qu'on voudra. La ligne des cordes pour la mesure des angles, la ligne des solides pour augmenter ou diminuer un solide selon une raison donnée, la ligne des métaux pour connaître la proportion que les six métaux ont entre eux.

D – À quoi sert le compas ordinaire ?

R – À prendre les différentes mesures et dimensions.

D – Quel est l'usage de l'autre compas ?

R – Il sert à décrire les quarts de cercles et demi cercles, soit avec la plume, le crayon ou la roulette à pointe.

D – À quoi servent l'équerre et le plomb ?

R – À donner la forme à ce qui est diforme, à mettre quelques choses à l'uni ou de niveau et à tirer une ligne perpendiculaire.

D – À quoi servent la règle et le tire-ligne ?

R – À tirer une ligne droite.

D – Quel est l'usage du rapporteur ?

R - À diviser et à prendre des hauteurs.

(suit le tuilage)

D – Où avez-vous été reçu ?

R – Dans un lieu tendu de blanc parsemé de flammes.

D – Que signifie cette tenture ?

R – Le blanc signifie la pureté du cœur d'un maçon et les flammes le zèle que doit posséder le Grand Architecte.

D – Qu'est-ce qui éclaire votre loge ?

R – Une étoile.

D – Que représente cette étoile ?

R – La vertu qui doit guider les maçons dans leurs actions, comme l'étoile du Nord guide les marins pendant leur navigation.

0
0 0

CHAPITRE X

CHEVALIER DE ROYALE ARCHE

(13e degré)

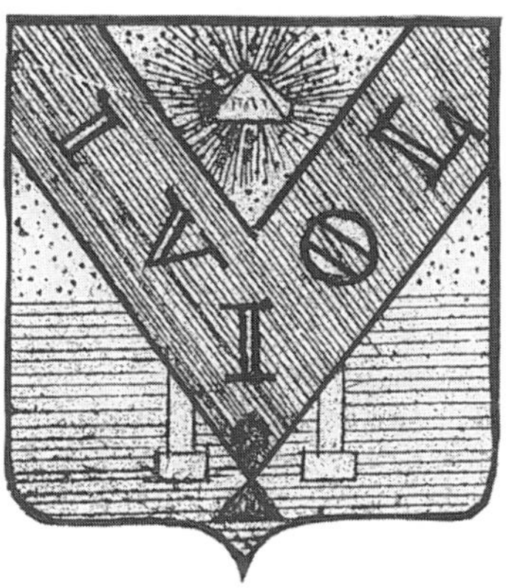

Chevalier de Royale Arche (13e degré)

Présentation du grade

Ce grade de Royale Arche apparut aux environs de 1740-1743 en Angleterre et il arriva bien plus tard en France, au début des années 1760, soit trente ans après l'apparition de la légende d'Hiram. Sa présence est attestée à Metz en juin 1761.

Bernard E. Jones démontre que les textes à l'origine des légendes du Royale Arche Français comme du Royal Arch anglais proviennent d'œuvres fort anciennes notamment de Photius (deux fois patriarches de Constantinople) dans le *Myriobiblion* qui rassemble plus de deux cent soixante dix textes résumant des pages importantes de la prose grecque. Ce récit de Photius fut repris ensuite par Nicéphore Callistos, dans son *Histoire ecclésiastique*, inspirant par la suite Tschoudy pour la rédaction de son rituel de *Royale Arche*[1].

Pourquoi ce titre de Royale Arche ? L'arche lorsqu'elle conserve un secret est appelée arche secrète, après consécration elle devient arche sacrée. Si elle est utilisée comme symbole initiatique, elle devient arche royale.

Bernard E. Jones fournit une description du cérémonial primitif du grade[2] : une *chambre souterraine soutenue par neuf arches, dans laquelle on descend par neuf marches, ouvertes et fermées par neuf coups. Une lumière montre le chemin vers la chambre. Dans l'explication du tableau de la loge il est dit que le soleil est la vraie lumière qui servit à conduire les neuf frères qui découvrirent de grands secrets. Sur le tableau sont dépeints neuf arches, la voûte d'une chambre souterraine, les neuf marches qui servent à y descendre, une pierre avec un anneau (qui) ferme la chambre, une torche qui fut éteinte par l'éclat du soleil, une plaque triangulaire en or portant le nom sacré.* C'est sur cette trame de base que de nombreux éléments sont venus se greffer par la

1. Jones Bernard E., *Freemasons'book of the Royal Arch*, Harrap, London, 1972, p. 128. Éléments repris par Guérillot Claude, dans *La légende d'Hiram selon le Rite de Perfection et le Rite Écossais Ancien et Accepté*, Éditions Guy Trédaniel, 2003, pp. 115-116.

2. Jones Bernard E., *op. cit.*

suite : Énoch, la légende des trois mages, le parcours des dix sephiroths de la Kabbale, la onzième porte. En fait le thème initial de ce grade est une quête de quelques Élus qui aboutit à la découverte de la Parole perdue qui correspond au « Nom ineffable ».

Ainsi que le précise René Guénon le grade de *Royal Arch* du *Rite Anglais* malgré la similitude de titre a assez peu de rapport avec le grade appelé *Royal Arch of Henoch* dont une des versions est devenue le 13e grade du Rite Écossais Ancien et Accepté, et dans lequel la « parole retrouvée » est représentée par le Tétragramme lui-même, inscrit sur une plaque d'or déposée dans la « neuvième voûte ». Il remarque que l'attribution de ce dépôt à Énoch constitue, en ce qui concerne le Tétragramme hébraïque, un anachronisme évident, mais elle peut être prise comme l'indice d'une intention de remonter jusqu'à la tradition primordiale ou tout au moins « antédiluvienne »[3].

André Doré observe *qu'on ignore quand et comment ce grade parvint en France. Il est donné 13e degré d'un rite de Perfection en 25 degrés, soi-disant établi à la fin des années 1750 par le Conseil des Empereurs d'Orient et d'Occident qui s'était arrogé la direction des hauts grades dont la première Grande Loge ne voulait pas.* André Doré remarque qu'*en dépit de tout ce qui a été avancé et par tous les auteurs, on n'a jamais pu apporter la moindre preuve de l'existence de ce rite avant 1767, date à laquelle ce grade apparut pour la première fois à Albany, État de New-York. Selon toute probabilité il fut fabriqué à Kingston (Jamaïque) entre 1765 et 1767, par Etienne Morin et Francken*[4].

3. Guénon René, *Etudes sur la franc-maçonnerie et le compagnonnage*, tome II, Éditions Traditionnelles, 1973, p. 318.

4. Doré André, *Un grade méconnu le Chevalier de Royale Arche,* dans *Bulletin du Grand Collège*, n° 99/1983.

Planche 15 - Tableau de Chevalier de Royale Arche.

Gravure, Musée Prince Frédéric – G.O. des Pays-Bas.

Légende du grade

Il existe deux versions principales de cette légende. Son thème originel développe la découverte d'un écrit sacré sur une plaque laissée au fond d'un souterrain oublié, la découverte de la pierre cubique et la lumière du Saint des Saints. La deuxième version plus récente introduit la légende des Mages avec des notions de kabbale ainsi que l'idée nécessaire de devoir transgresser l'interdit pour connaître les limites à atteindre. Il est probable que cette version assez tardive a fait son apparition vers la fin du XIXe siècle sous l'influence des occultistes (Wirth pourrait être à l'orignine de cette inovation). Elle est antérieure à Jules Boucher qui la donne en appendice dans son manuel de *Symbolique maçonnique.* La plus ancienne trace de cette légende se trouve dans une brochure du Grand Collège des Rites qui donne une étude symbolique sur ce grade en 1935.

Son symbolisme comme le remarque Narcisse Flubacher est en rapport avec la Tradition primordiale, la loge n'est éclairée ni par le soleil, ni par la lune, elle est en dehors de la succession des jours et des nuits, c'est-à-dire dans un éternel présent [5].

Une première version relativement simple du grade de Royale Arche provient d'un *manuscrit de la Haye 240 B 46* en tout point semblable à la version de *la Bibliothèque Calvet à Avignon MS 3083 F* circa 1770. Elle mérite d'être retranscrite telle quelle, car elle est la matrice des nombreuses légendes actuelles (*les mots et phrases soulignés du manuscrit sont soulignés tels quels).*

Première version

Dès que le temple eut été achevé, Salomon renvoya les ouvriers, les Maîtres Sublimes Écossais s'assemblèrent pour aller chez Salomon et lui dirent nous venons vous supplier de nous donner le grade de Royale Arche, nous savons que vous aviez ce grade, entre vous, Hiram Roi de Tyr et Hiram l'Architecte. Salomon leur dit : allez et Dieu vous le donnera un jour, je ne puis vous le donner. Ils avaient juré entre eux trois de ne jamais le donner si un manquait, Hiram ayant été assassiné il n'avait pu le donner à d'autres. Salomon avait fait condamner une trappe dans le sanctuaire du temple qui donnait dans un souterrain où il y avait neuf arches soutenues par trois piliers de chaque côté, il en avait fait murer les fenêtres et c'était dans cet endroit où il tenait cette loge. Longtemps après Salomon envoya trois de ses intendants Sublimes Écossais au temple pour y chercher dans les décombres les choses les plus précieuses. L'un d'eux accrocha sa pioche

5. Flubacher Narcisse, *Commentaires sur le 14e grade,* dans *les Cahiers du Pélican,* n° 36, automne 1997.

à un gros anneau de fer, il vit que cet anneau tenait à une trappe, il appela ses deux compagnons et leur fit part de sa découverte, ils attachèrent des cordeaux après cet anneau et par le moyen de poulies, ils levèrent à grande peine cette trappe, le trou était profond aucun n'osait s'hasarder d'y descendre. Cependant Gibellum qui avait fait la découverte, dit qu'il y descendrait, ôta son habit, lia une corde autour de son corps, et dit à ses camarades de le descendre dedans, qu'ils ne se dessaisissent point du bout de la corde et que lorsqu'il la tirerait ce serait un signal pour le retirer et que chaque coup marquerait autant d'arches qu'il aurait passé. C'est pourquoi lorsqu'on reçoit quelqu'un de ce grade on lui fait ôter son habit, on lui lie une corde autour du corps et on lui bande les yeux pour marquer l'obscurité. On lui fait d'abord faire trois tours en lui faisant baisser la tête et lever les pieds. Ensuite six tours de même, et puis neuf le yeux toujours bandés, et à ces neuf tours on lui met à la main un flambeau allumé.

On descendit donc Gibellum dans ce trou, il était obligé de courber le dos et levait les pieds par rapport aux débris et ne voyait absolument rien, il faisait des plus obscurs ; Lorsqu'il parvint à la troisième arche, il trouva un grand espace, la peur lui prit, il recourut au trou, cela signifiait qu'il fallait le retirer et qu'il était parvenu à la 3e arche ; on le retira. Il proposa à ses deux camarades d'y retourner avec lui ce qui lui fut refusé, voyant cela il se fit redescendre, il parvint à la 6e arche une terreur panique le saisit il recourut au trou et tira la corde.../.../ on le retira et dit encore que si un des deux voulait aller avec lui, il y redescendrait, voyant qu'il était encore refusé, il se résolut d'y descendre encore une 3e fois un flambeau allumé à la main, on l'y descendit, et il parvint à la 9e arche où un pan de mur se détachait. Le soleil pénétra au travers et darda ses rayons sur une pierre triangulaire où étaient écrits les mots sacrés du RoyaleArche, il fut pénétré d'abord d'admiration et fit le geste avec les mains qui était le même que Salomon leur fit lorsqu'il leur dit allez et Dieu vous le donnera un jour.

Le geste est de faire avec les mains comme un prêtre qui dit *dominus vobis cum*[6] il laissa tomber le flambeau à ses pieds, (c'est pourquoi lorsque le récipiendaire a achevé ces neuf tours on lui jette le flambeau hors des mains en lui donnant la lumière) et on le met dans la posture d'un prêtre qui dit *dominus vobis-cum.* Ensuite on le fait prosterner le genou droit en terre, une main derrière le dos et l'autre devant les yeux parce que les rayons du soleil étant trop forts, Gibellum se prosterna le genou droit en terre et mit la main devant ses yeux pour se garantir du soleil. Ensuite il se leva et courut au trou où il tira la corde.../.../... cela marquait qu'il avait passé neuf arches et qu'il voulait être retiré. Celui qui le retira par le bras s'aperçut de sa gaîté et lui dit en l'embrassant Gibellum est un bien bon maçon, il fit part à ses deux camarades de sa découverte, ce qui les détermina à y

6. *Dominus vobiscum* signifie « Que le Seigneur soit avec vous ! »

descendre tous les trois par le moyen d'une échelle de corde. Lorsqu'ils furent rendus à la 9e arche, ils rendirent grâces à Dieu, ensuite levèrent la pierre triangulaire où était tracé en lettres d'or le mot sacré Jabulum, ils demandèrent à Gibellum quel mouvement il avait fait lorsque le mur s'était détaché, il répondit qu'il avait fait un mouvement d'admiration, les deux mains levées, ensuite il s'était prosterné le genou droit en terre, une main derrière le dos, l'autre devant les yeux pour se les garantir du soleil ; ils se dirent nous prendrons le même geste pour signe, et on y répondra en mettant le genou droit en terre et la main devant les yeux, et pour l'attouchement et mot hors de la loge, on fera comme si on se tirait d'un trou par le bras en disant pour mot, Gibellum est un bien bon maçon, et le mot de passe, je suis qui je suis, le mot sacré ne doit jamais sortir hors de la loge ».

Dans le *Scottisch Rite Masonry Illustrated the complete rituel of the Ancient and Accepted Scottisch Rite* on trouve une version de cette histoire particulièrement longue et complète relatée dans le discours du Grand Orateur[7]. Ce récit retrace l'itinéraire de Gibellum, mais auparavant il est précisé que l'origine de la maçonnerie remonte à Énoch (voir pp. 365 à 367), puis sont rappelés le déluge de Noé et les signes de l'alliance de Moïse avec l'Éternel qui a cette occasion lui communiqua la véritable prononciation de son Saint nom par lequel il devrait toujours être invoqué. Il est dit aussi que lors de la construction du temple de Salomon fit ériger sous terre une galerie de neuf voûtes (ou arches) qu'il appela voûte secrète. Dans cette voûte, il fit déposer un piédestal triangulaire de marbre blanc et noir portant le nom ineffable de la divinité gravé sur une tablette triangulaire, ainsi que l'avait fait Énoch. Salomon par inspiration nomma ce pilier celui de la Beauté. Pour parvenir cette voûte, il fallait traverser un long couloir étroit de neuf arches, l'une à la suite de l'autre. C'est par ce passage, qui conduisait du temple à ce souterrain que Salomon avait coutume de s'y rendre en compagnie d'Hiram Roi de Tyr et d'Hiram Abif, en secret, pour y aborder des sujets sacrés.

La mort d'Hiram Abif priva les deux rois de ce bonheur car n'étant plus que deux, alors qu'il était absolument nécessaire d'y être trois, ils ne pouvaient plus y entrer. Aussi ils ne savaient comment choisir un remplaçant à Hiram Abif. Salomon envoya chercher trois Maîtres nommés *Joabert, Stolkin* et *Guiblim* et leur ordonna de fouiller une fois de plus les anciennes ruines où déjà des découvertes intéressantes avaient été faites. Après les épisodes de la difficile descente de Guiblim, celui-ci examina avec ses compagnons la tablette en or qui avait été trouvée. Tous les trois distinguaient des caractères qu'ils ne déchiffraient pas. Cette tablette était scellée sur une pierre d'agate en forme de cube. Ils admirèrent avec respect la

7. *Scottisch Rite Masonry Illustrated the complete rituel of the Ancient and Accepted Scottisch Rite*, vol.1, Chicago, 1987, pp. 268-284.

tablette en pensant que les caractères indiquaient le Nom sacré de l'Éternel, connu seulement des deux rois et de l'architecte. Il leur apparut qu'après la mort d'Hiram Abif, les deux rois, n'étant plus en nombre suffisant pour en assurer la transmission, ne pourraient plus conférer ce grade à ceux qui aspiraient à y accéder. Néanmoins ils espéraient le recevoir en raison des circonstances de leur découverte du trésor précieux. Ils décidèrent de soulever la pierre cubique sur laquelle était fixée la tablette en or et de l'apporter à Salomon. Ils arrivèrent à la pointe du jour. Le Roi de Tyr était auprès de Salomon dans son appartement et en découvrant le précieux trésor ils furent frappés d'une telle stupéfaction qu'ils firent tous deux simultanément le signe d'admiration et tombèrent à genoux. Les deux rois examinèrent les caractères de la tablette en or et y découvrirent le nom ineffable de Dieu, mais ils ne pouvaient rien expliquer de cela aux trois Élus. Salomon leur dit que Dieu les avait comblés de la plus insigne faveur et choisis pour découvrir le trésor le plus rare et le plus précieux de la maçonnerie. En récompense, de leur zèle, ferveur et constance, Salomon les fit *Chevaliers de l'Arche Royale* car ils étaient les seuls à avoir découvert ce dépôt précieux et à cause de cette découverte, l'arche fut appelée Arche Royale. Il leur promit également de leur donner une interprétation des caractères sacrés et mystérieux qu'ils voyaient sur la tablette triangulaire en or. Salomon leur expliqua que la promesse faite par Dieu à Noë, Moïse et David, son père était accomplie. Ce qui signifiait qu'un jour le véritable nom de l'Éternel, par lequel il devrait être invoqué, serait découvert sur une tablette en or, mais qu'il devrait être interdit de l'écrire. Il serait seulement permis de l'épeler sans jamais être prononcé, on dit même qu'il faudrait être très prudent pour l'épeler.

Il fut décidé que les deux rois et les trois nouveaux chevaliers retourneraient à la voûte secrète pour y sceller la tablette dans le piédestal. Quand ils eurent terminé leur oeuvre, tous les cinq se prosternèrent pour adorer Dieu, lui rendre grâce et le louanger pour ses décrets en leur faveur.

Après l'achèvement de leur travail, les deux rois changèrent le nom de *la voûte secrète* en *voûte sacrée*, connue seulement des Maçons Grands Élus, Parfaits et Sublimes.

Le récit se poursuit relatant qu'il y avait 3568 maîtres qui avaient travaillé à la construction du temple et qu'ils devenaient jaloux en voyant la préférence accordée à vingt-cinq d'entre eux. Face à leurs doléances, Salomon leur répondit : « ces anciens Maîtres méritent le degré de perfection parce qu'ils sont allés dans les anciennes ruines, ils ont pénétré dans les entrailles de la terre et en ont rapporté un immense trésor pour embellir le temple de l'Éternel ».

Ces maîtres, fiers et orgueilleux décidèrent de se rendre eux aussi sur les anciennes ruines. Ils découvrirent l'anneau qui permettait de soulever la trappe et à l'aide d'une échelle de corde ils entrèrent dans les arches avec des flambeaux allumés. Dieu désireux de châtier ces maîtres jaloux et ambitieux, voulant donner une preuve éclatante de sa justice immanente fit que, lorsque le dernier entra, les arches s'effondrèrent sur eux l'une après l'autre, avec tout ce qu'elles contenaient. En sorte que l'ancien mot qui avait été corrompu fut définitivement perdu avec eux, sauf du petit nombre qui en avait reçu la connaissance au paravant.

Deuxième version (apparue au XXe siècle pratiquée dans la plupart des obédiences françaises)

Il est dit que bien longtemps après la destruction du Temple de Salomon, (donc bien après la fin du règne de Salomon, contrairement à cette première version) trois mages venant de Babylone, venus en pèlerinage, découvrent en explorant les ruines une trappe qui obturait un puits extrêmement profond. Après concertation l'un des trois, le plus avisé et le plus courageux, décida d'y descendre, ce qu'il fit aidé par ses compagnons. Arrivé au fond il trouva un objet brillant, il le ramassa et constata avec émotion, que c'était le bijou d'Hiram jeté dans le puits alors qu'il fuyait ses agresseurs, voulant le soustraire de toute profanation. Puis ce premier mage trouva une ouverture, s'y engagea et se heurta à une porte de bronze. Après exploration, il remonta à la lumière et fit part aux deux mages de ce qu'il avait vu. Lorsqu'il sortit du puits ses compagnons virent le bijou suspendu à son cou, laissant visible le mot Adonaï. Ils comprirent que quelque chose de très important s'était produit et dirent « Guibulum est bien un bon maçon ». Après délibération, ils descendirent tous les trois par 3,5,7 et 9 marches au fond du puits. Devant chaque porte de bronze, Guibulum ouvrit chaque porte en prononçant le nom de la sephirah et ainsi de *malkuth* à *kether*. Puis il ouvrit la dixième porte et là ils s'arrêtèrent éblouis devant la neuvième voûte, illuminée d'une lumière irréelle sans source visible, au milieu de laquelle se dressait un piédestal cubique de marbre blanc, orné sur trois faces des outils de la maçonnerie, de figures géométriques, d'un carré magique entouré de nombres, et sur la quatrième de l'acacia symbolique. Cette pierre surmontée d'une pyramide tronquée avait en son sommet une pierre d'agate triangulaire resplendissante sur laquelle se trouvait, gravé en lettres d'or, le mot Adonaï. Ensuite Guibulum prit la pierre d'agate à deux mains, la retourna vers ses compagnons et leur dit « regardez ». Ils épelèrent les lettres *Iod, He, Vau, He* ouvrirent la bouche pour prononcer le mot, mais il leur cria « silence » ! *C'est le Nom Ineffable que personne ne doit prononcer.* Guibulum reposa la pierre d'agate sur l'autel, prit sur sa poitrine le bijou d'Hiram et leur montra que les mêmes lettres y étaient gravées. Après s'être plongé dans une profonde méditation l'un des mages avisa une onzième porte de bronze qu'il voulut ouvrir. Celui d'entre eux qui avait reçu l'ultime initiation tenta en vain de les en dissuader en les prévenant que derrière cette porte se trouvait un terrible mystère de mort et que l'affronter les entraînerait à être confrontés aux plus graves dangers. Obstinés les deux mages reprochèrent à leur compagnon de vouloir leur cacher quelque chose et entreprirent de le découvrir. Toutes leurs tentatives furent vouées à l'échec jusqu'à ce que l'un d'eux s'écrie « nous ne pouvons rester ainsi à l'infini ! (einsoph !) ». À ce mot la porte s'ouvrit violemment et un vent de tempête les renversa et éteignit toutes les lumières, y compris celle surnaturelle qui émanait du piédestal sacré. Dès lors ils furent plongés dans une totale obscurité. Suite à d'incroyables efforts, les trois mages parvinrent à refermer la porte, mais la lumière ne revint plus. Après de nombreux obstacles et plusieurs heures de tâtonnements, ils parvinrent à franchir les neuf voûtes en sens inverse et se retrouvèrent au fond du puits d'où ils entrevirent le ciel étoilé. Ils remontèrent à la surface, refermèrent la trappe, puis silencieux, ils retournèrent vers Babylone, aux pas lents de leurs chameaux.

Royale Arche

TUILEURS	DELAULNAYE (1813)	VUILLAUME (1820)	BAZOT (1836)	RAGON (1861)
ÂGE	Non mentionné	Non mentionné.	Point	Point
BATTERIE	Cinq coups (deux et trois) 00 – 000	Cinq coups par deux et trois 00 – 000	00 000	Cinq coups (2+3) 00 000
MOTS DE PASSE	Non mentionné	Non mentionné	Point	Point
MOTS SACRÉS	IEHOVAH (sum qui sum)	JEHOVAH	JEHOVAH	JEHOVAH
MARCHE	Non mentionnée	Non mentionnée	Point	Point
HEURE D'OUVERTURE DES TRAVAUX	Non mentionnée	Du soir au matin	Non mentionnée	Du soir au matin
HEURE DE FERMETURE DES TRAVAUX	Non mentionnée	Du soir au matin	Non mentionnée	Du soir au matin

1 – Le symbolisme des mages

Selon le Dictionnaire encyclopédique de la Bible, le nom de mage fut donné aux étrangers venus adorer l'enfant Jésus. Leur provenance vague, d'Orient, fait songer soit à des astrologues babyloniens, appelés « chaldéens » par les Grecs et les Romains, soit à des prêtres perses, originaires de Médée pratiquant divination et astrologie.

Les mots mage et magie ont pour racine latine *magnus* qui évoque l'élévation et la grandeur. De la même racine, le mot chaldéen *magdhin* signifie sagesse. Les Grecs ont appelé *mageia* la science des évocations et des enchantements. Pour eux comme pour les Romains, c'est Zoroastre qui est l'inventeur de la magie et le patron des mages.

Du point de vue mythique, les mages descendent tous de Seth qui, grâce à son extrême pureté spirituelle, put regagner le paradis et en rapporter la Connaissance pour la transmettre à toutes les générations. Il s'ensuit que les Mages venus d'Orient évoqués par l'Évangile, mages de Zoroastre vraisemblablement, ont toutes raisons d'être des maîtres de la science divine [8].

Ici, dans cette légende ils sont considérés comme des initiés babyloniens, membres du Sacerdoce Universel, ce qui signifie qu'ils ont accédé à la prêtrise. Dans ce Sacerdoce Universel, il existe une hiérarchie, qui est manifeste ici, puisque l'un des trois mages est capable de déchiffrer toutes les inscriptions sur les portes et de les ouvrir. Les deux autres correspondent à des élèves ou des disciples qui mis dans ces circonstances exceptionnelles où la Providence les a placés, reçoivent un supplément de connaissance par un dévoilement dont leur guide, décide de les faire bénéficier. Ce qui signifie qu'il juge ses compagnons aptes à s'élever à son niveau.

Exilés à Babylone, originaires de Jérusalem, ces trois mages retournent en pèlerinage sur les ruines du temple de Salomon. Ce pèlerinage extérieur va se transformer en pèlerinage intérieur lorsqu'ils vont découvrir le puits et son secret.

Cette légende aide à avoir une approche de la Kabbale au cœur du Temple. La Kabbale est une recherche métaphysique de ce que recèle le texte de la Loi. Le cheminement souterrain des trois Mages qui passent successivement 10 portes, figure la progression des sephiroths de *malkuth* à *kether*. Ce chemin est une approche intérieure de l'ésotérisme judaïque, parcouru par l'initié en vue de trouver entre les colonnes de la rigueur et de la miséricorde, la Voie du milieu qui est censée l'amener à la libération intérieure.

8. Choptel Jean et Gobry Christiane, *Les Rois Mages, Histoire, légende et enseignements*, Éditions le Mercure Dauphinois, 2002.

C'est sous les ruines du Temple, sous la lettre de la loi, que l'initié livre un combat contre le doute et l'obscurité avant de découvrir la neuvième voûte.

La crainte du mage qui tente de descendre dans le puits par trois fois et n'arrive à vaincre sa peur qu'à la troisième tentative, montre qu'il est nécessaire à l'initié de vaincre celle-ci pour progresser dans la voie de la Connaissance. Tout Maçon, pour actualiser en lui la maîtrise doit traverser de périlleuses épreuves pour trouver la Voie du milieu.

Toute progression suppose une régression apparente. Ainsi les trois mages après avoir traversé le désert et confrontés à tout ce que cela peut représenter, passent d'un cheminement horizontal à une descente verticale dans le puits. On retrouve bien l'axe de l'œuvre qui demande de passer inlassablement de la perpendiculaire au niveau, quelle que soit l'étape initiatique franchie. Après quoi ils amorcent un long cheminement sous terre qui les fait progresser de porte en porte ou de *sephirah* en *sephirah*.

La marche lente des trois mages leur fait découvrir dans la neuvième voûte le sens de *VITRIOL* donné dès le cabinet de réflexion. En rectifiant, ils trouvent la pierre cachée sur laquelle sont gravés le nom ineffable et le mot substitué. Le mythe d'Hiram peut prendre alors fin au 14e grade. De *malkuth* à *yesod*, les mages descendent un escalier de vingt-quatre marches qui récapitulent les paliers initiatiques précédents 3 – 5 – 7 et 9.

2 – Les ruines du temple de Jérusalem

Dans la version où cette légende est bien postérieure au règne de Salomon, le temple est en ruines, le sanctuaire est détruit, la Shekina n'est plus manifestée, elle s'est retirée de son *Saint temple*. Néanmoins, on peut penser que quelques reflets de la Lumière Suprême subsistent et guident les pèlerins en quête de vérité et de vraie Lumière, chercheurs de vraie Vie.

Dans les ruines, les mages découvrent le fût de la colonne BOAZ. Ils roulent le reste de la colonne sur une pierre plate portant le mot JAKIN. Quels sens pouvons-nous donner à la présence de ces deux colonnes ?

Planche 16 – Trappe qui donne accès à la crypte.

Extrait de la Voie initiatique de Jean Beauchard.

On retrouve l'association de BOAZ et de JAKIN, mais BOAZ prédomine. L'union des deux principes B et J rappelle l'équilibre nécessaire entre les pôles opposés, positif et négatif.

Lorsqu'elles sont séparées ces deux polarités représentent une rupture d'équilibre, un antagonisme. Liées entre elles, elles font disparaître l'aspect antagoniste et concilient leur différenciation dans l'union. *En force* est *la stabilité.* C'est grâce à la préservation de cette stabilité que les mages vont pouvoir s'aventurer au fond du puits. Un troisième terme qui est le feu sacré, énergie génératrice de lumière, va former un ternaire actif avec les deux principes J et B. Les mages peuvent traverser les voûtes obscures, éclairés de leurs torches individuelles, qui sont une parcelle du feu sacré, qui éclaire la crypte obscure. Ces torches dissipent leurs zones d'ombre représentent le passage à un état de conscience éveillée. À l'issu de leur pèlerinage intérieur les trois mages regagnent les ruines du Temple sans plus voir le mot Boaz de la colonne brisée. Il se sont en quelque sorte approprié sa vertu, ayant découvert la Vérité cachée derrière le voile des apparences.

Ces ruines représentent les vestiges de la tradition perdue, les colonnes témoignent de la cohérence d'une construction. Les initiales des colonnes B et J sont aussi les initiales des villes de *Babylone* et de *Jérusalem.* Babylone est appelée « la grande prostituée » qui se vend pour posséder les richesses de ce monde. Jérusalem, cité de la Paix, cité pacifiée (en préfiguration de la Jérusalem céleste) correspond au contraire à l'itinéraire intérieur du cœur. Symboliquement ces deux villes représentent l'itinéraire des deux oppositions de l'ombre et de la Lumière, en observant cependant qu'au départ Babylone eut un passé glorieux et lumineux.

Les mages ont assimilé le message des ruines *Jakin* et *Boaz*, au point que, lorsqu'ils ressortent du puits, ils ne les voient plus, ils ne sont plus entravés dans leur progression par les aspects extérieurs de la dualité.

Le tableau des ruines correspond à l'état de délabrement de celui qui n'éveille pas sa conscience aux valeurs du Beau, du Bien, du Vrai et de la Lumière.

Planche 17 – Les ruines du Temple.

Un tableau de ruines est exposé en général exclusivement au 14ᵉ degré, bien qu'on pourrait le voir dès le degré de Royale Arche, puisque l'un est la continuation de l'autre.

3 – Le puits

Les trois mages en quête de vérité, explorent les ruines du sanctuaire détruit, y cherchant les vestiges du temple spirituel. C'est alors qu'ils découvrent l'orifice du puits qui donne accès à la Voie de la Parole perdue.

L'emplacement du puits dans lequel ils descendent se trouve à l'angle sud-est du Temple. Il correspond à la place de l'Orateur de la loge, Gardien de la loi. C'est d'ailleurs lui qui est chargé lors de l'admission à ce grade de relater le légende. Cette localisation correspond à la sephirah *Hochma* à la Sagesse d'en haut. Il s'agit donc bien de la descente dans le puits de la Connaissance qui mène à la Voie de la vraie Lumière. Le Maître Maçon n'est-il pas *enfant de la Lumière* et lors de l'allumage des chandeliers, en loge bleue, ne demande-on pas que la Sagesse illumine les travaux.

Une pierre carrée, ayant en son centre un anneau de fer, ferme la trappe qui donne accès aux neuf voûtes renfermant leur secret.

Cette pierre qui masque l'ouverture du puits indique le soin avec lequel les initiés doivent renfermer dans leur conscience les vérités qu'ils ont perçues et qui leur ont été dévoilées. Cet anneau est à l'image de la force nécessaire pour écarter tous les obstacles, surmonter toutes les épreuves, vaincre tous les pièges de la voie pour accéder à la Lumière et à la Vérité. Cette pierre carrée donnant accès au puits qui est rond, rappelle comme au 5ᵉ grade le lien étroit entre le carré et le cercle et la quadrature du cercle.

Le puits est divisé en dix zones, de pierres de couleurs différentes en préfiguration des portes qui sont accessibles. Elles peuvent représenter la progression de sephirah en sephirah qui fait passer du monde de l'Action à la Formation, puis à celui de la Création et de l'Émanation. Les dix cercles concentriques du puits peuvent évoquer aussi l'infini des possibilités de la manifestation.

Le puits est un symbole de Connaissance, vaste et profond par nature. Il révèle son secret dans l'obscurité et c'est par son approfondissement qu'il se dévoile progressivement.

Le temps y est aboli dans un retour au passé, et remonte au moment précis où Hiram fuyant ses meurtriers laisse tomber au fonds du puits le bijou sur lequel est gravée la conception suprême. Le mage le plus expérimenté y fait une première reconnaissance qui lui permet de trouver et de reconnaître le bijou d'Hiram.

Origène identifie le plus souvent l'eau, les sources et les puits à l'Écriture.

En hébreu le mot puits se dit *Beer*. Au sens figuré il signifie explication, élucidation, interprétation. Le puits est le symbole du sens ; or le sens est caché. La vérité est au fond du puits [9]. C'est dans les ruines du temple que

9. Eisenberg Josy et Abécassis Armand, *Jacob, Rachel, Léa et les autres. À Bible ouverte IV*, présences du Judaïsme, Éditions Albin Michel, 1981, p. 28.

les trois mages découvrent ce puits secret enfoui sous les ronces. Puits secret qui est une voie vitale de communication entre le haut et le bas, une voie qui mène du secret à la profondeur du silence. Méditer sur ce qui s'est passé au fonds du puits est nécessaire pour vaincre cette peur que chacun éprouve confronté à l'inconnu et à l'infini. Le puits ici correspond à l'être parti en voyage à la découverte de son intériorité.

Le puits suggère l'opposition vie/mort, assimilée au secret, à l'allégorie de la Vérité qui se trouverait enfouie dans ses profondeurs silencieuses et obscures. Il est nécessaire ici que le Maître Maçon descende au plus profond de lui-même, dans la neuvième arche du puits. Cette descente à un caractère dramatique car elle confronte chacun à l'obscurité et à la peur de l'inconnu. Il est nécessaire de surmonter toute forme de peur pour accéder à cette Connaissance fondamentale du principe qui est au plus profond de soi. Le puits sans fond peut être assimilé à l'intériorité de chacun.

Fig. 57 – Crypte sacrée.

Sans échelle, les trois compagnons unissent leur force en nouant leurs ceintures, pour descendre le long de l'axe qui les introduit au fond du puits, sorte de fil à plomb conducteur. Cette association témoigne de leur fidélité, de leur solidarité et de leur confiance, guidé par le mage le plus instruit qui est présenté comme un initié complet.

Lorsque les mages découvrent le puits à Jérusalem, on est au milieu du jour, lorsque les mages repartent vers Babylone on est au milieu du silence de la nuit (c'est un rappel du midi/minuit des loges bleues). La paroi du puits est décrite divisées en dix zones ou anneaux de couleurs différentes. Les zones représentent les dix *Séphiroth* à l'aide desquelles l'initié entreprend son voyage initiatique. Le bijou d'Hiram est retrouvé au fond du puits.

L'exploration du puits représente symboliquement la voie initiatique empruntée par les trois mages. Elle correspond à leur sentier d'évolution intérieure qui conduit leur intériorité à progresser d'un état d'obscuration à celui du Centre de l'illumination spirituelle. Dans l'intériorité de chacun existe une obscurité et une lumière, la couronne est destinée au vainqueur de son *Palais intérieur.*

4 – La chaîne à 77 anneaux

Lorsqu'Hiram vit qu'il allait perdre la vie, il détacha de son cou une chaîne composée de 77 anneaux et la jeta dans un puits pour éviter que ses assassins ne s'en emparent.

On peut voir dans le symbole de la chaîne la continuité de la tradition qui relie le Temple à la tradition primordiale par une succession continue de maillons liés les uns aux autres. Portée au tour du cou, elle témoigne d'une continuité spirituelle accordée à celui qui la reçoit. Du plus pur métal, cette chaîne reflète avec son bijou la lumière de la Connaissance, qui tisse un lien entre la terre et le ciel, reliant le bas vers le haut. L'or rappelle que le Maître Maçon est toujours en quête de la précieuse parole perdue.

La question se pose : pourquoi ce nombre de 77 anneaux ? En fait ce nombre correspondrait au nombre de mois nécessaires à la construction du Temple, soit 77 mois.

77 peut être décomposé en 70 + 7, mais aussi en multiple de 11 ou 7 X 11. Il correspond alors au cycle individuel confronté à la démesure de l'universel qu'à l'échelle humaine il est impossible d'appréhender, ce que l'on retrouve dans le passage de la 11e porte qui est l'accès sur l'Infini ou l'Inaccessible. Le nombre 77 peut se décomposer aussi en 70 +7 comme le septénaire multiplié par 10+7. Ce septénaire se décompose en quaternaire (ou cube) surmonté du ternaire (ou triangle de la pyramide). On retrouve dans le 7 le (4+3), le nombre de la pierre cubique à pointe qui renvoie à la quintessence de l'œuvre de tout compagnon fini.

En hébreu ce nombre correspond aussi au mot force ('az) composé de ayn 70 + zaïn 7 = 77. 77 peut être vu aussi comme le temps de la construction du temple idéal qui inclut la notion de perfection. Ce nombre 77 relie l'évolution individuelle (7) à l'évolution universelle (70). Dès lors, on peut considérer que 77 témoigne de la continuité de la tradition qui perdure depuis l'origine.

70 est le nombre de l'évolution cosmique et 7 le nombre de l'évolution individuelle. 7 est le nombre parfait de la maîtrise ou d'un cycle achevé. Ce nombre réunit l'évolution de la partie à l'évolution du tout. 3 correspond à la pénétration de l'esprit dans la matière 4.

Hiram Abi lègue à titre posthume son bijou au Mage le plus ancien et le plus avisé puisqu'il découvre le sésame des 10 portes et s'abstient de vouloir ouvrir la 11e porte.

5 – J'en connais les lettres, mais j'en ignore la prononciation...

Le Tétragramme sacré inscrit au centre d'un delta, ou triangle, est composé de quatre lettres. Quatre représente le nombre de l'Émanation et de la manifestation du verbe sous son aspect substantiel. La prononciation du Tétragramme devant être trisyllabique lui confère son caractère essentiel, de par la prononciation vocale qui donne esprit et vie au nom.

Le Tétragramme est imprononçable, car il signifie la nature ineffable ou inexprimable du principe, soulignant sa transcendance, son caractère Absolu non réductible aux formes limitées de la création. L'Éternel se manifeste à Moïse d'abord par l'appel de la vision lumineuse du buisson ardent, puis sous forme auditive par la manifestation du Verbe. Le décalogue interdit d'utiliser le Nom divin dans un but profane : Tu ne prononceras pas le Nom de YHVH, ton Elohim, en vain (Exode 20,7).

Afin d'éviter toute profanation, la tradition hébraïque interdit la prononciation du Tétragramme en dehors du Sanctuaire. Privilège réservé aux prêtres lors de la bénédiction sacerdotale et au grand prêtre le jour des Expiations.

Le Tétragramme est la révélation du nom de l'Éternel à Moïse au *Chapitre III de l'Exode*. La signification profonde d'un nom propre est l'essence même de celui qui le porte d'où l'incapacité de tout être humain, limité par sa condition finie de mortel, à nommer ou désigner dans son essence *Celui qui est infini*. Nommer c'est créer. Il est bien évident qu'un être limité dans le temps et dans l'espace n'a ni le pouvoir, ni la capacité de nommer la Conception Suprême qui correspond à l'Absolu. Ce serait s'élever au même rang ou l'égaler, ce qui est métaphysiquement impossible.

Le bijou triangulaire d'Hiram porte les quatre lettres du Tétragramme que le Maître Maçon va retrouver gravé sur la pierre d'agate dans la neuvième voûte. Ce bijou est en or, métal le plus noble, qui correspond à la phase la plus élevée et ultime de la transmutation alchimique. Sa forme triangulaire, équilatérale rappelle le delta en loge, c'est-à-dire le ternaire fondamental, prototype d'harmonie, d'équilibre et de lumière.

Ainsi que le remarque 'Umar le Nom divin de la tradition hébraïque, représenté par le Tétragramme YHVH, devait contenir, à lui seul, le résumé ou plus exactement la « source » de toute la démarche métaphysique. Dans son examen des relations qui peuvent apparaître dans la succession des lettres du tétragramme sacré, il observe que :

— Le YOD qui, valant 10, peut être considéré comme polarisation en 0 et 1 (Non-Être et Être pur)

— Le Hé qui, valant 5, nombre de l'Homme, introduit l'idée d'Adam, lui-même polarisé en Adam et Eve,

— Le Vav qui, valant 6, nombre du Monde, introduit, à cette place, que l'ADAM a ontologiquement précédé le Monde, ce qui implique une certaine relecture du sens caché de la Genèse.

— Le second Hé qui, valant 5, nombre de l'Homme, laisse entendre qu'il participe de – clôt et résume tout à la fois – cette manifestation.

En considérant ainsi les deux Hé, il doit nécessairement exister une différence entre eux, puisque – du fait de l'INFINITÉ DIVINE – rien ne saurait se succéder, ni même coexister à l'identique.

Il en conclut que *le premier Hé représente en quelque sorte l'Homme Universel, l'Adam androgyne, en tant qu'il peut être considéré comme polarisation du Un du Yod.*

Ainsi doit-il être distingué du second Hé, considéré alors sous son aspect d'Homme véritable, qui résume effectivement la manifestation dont il possède à la fois les aspects du monde de la « Forme » et les propriétés du monde de la « Loi ».

Dans ces conditions, le Vav, le Monde manifesté, et le second hé, l'Homme véritable ou primordial, peuvent être considérés à leur tour, comme une « polarisation » du premier hé, l'homme universel[10].

10. 'Umar, *Réflexions sur le Tétragramme*, dans *Vers la Tradition*, n° 68, juin à août 1997, pp. 38-45.

Fig. 58 – Bijou d'Hiram, face apparente.

Fig. 59 – Bijou d'Hiram, face cachée.

6 – Le cercle de 22 points

Chaque porte présente un cercle à 22 points encadrant un symbole en correspondance avec la connaissance de la sephirah énoncée. Rappelons que l'alphabet hébraïque comporte vingt deux lettres. Ces vingt-deux lettres sont manifestées dans la légende par les vingt-deux points, formant un cercle, autour des différents symboles qui marquent la progression des mages. Chaque lettre de l'alphabet hébraïque a à la fois une valeur numérique et est un mot. Le nombre 22 correspond à l'expa*nsion totale* ce qui explique que *l'Apocalypse,* comme *l'Avesta,* compte 22 chapitres et le tarot dénombre 22 arcanes majeurs.

Chez les Bambaras tous les symboles sont ordonnés à partir de ce nombre sacré. Il représente le temps écoulé depuis le début de la création jusqu'à l'achèvement du monde. Il s'agit d'un nombre au-delà duquel le temps s'abolit.

Ainsi la présence des 22 points exprimerait l'ensemble de la manifestation cosmique :

22 lettres de l'alphabet hébraïque qui se compose de :

— 3 lettres fondamentales, du monde des archétypes ;

— 7 lettres doubles, du monde intelligible ;

— 12 lettres simples, du monde sensible.

Allendy considère que *le nombre 22 associe l'antagonisme des forces cosmiques, 20, à l'antagonisme des tendances individuelles, 2, pour réaliser la loi naturelle. Ce sont ces deux aspirations de l'être, bonne ou mauvaise, sollicitée par le jeu des forces cosmiques, blanches et noires, dans le cours des révolutions naturelles. 22 complète le triple septénaire en le fixant sur un terme central et réalise la totalité des aspects évolutifs de l'être : c'est toute l'histoire de celui-ci. En rapport avec les 22 lettres hébraïques, l'Ancien Testament compte 22 livres et l'Apocalypse 22 chapitres*[11].

11. Allendy, *Le symbolisme des nombres,* Éditions Les Études Traditionnelles, 1948, pp. 370-372.

7 – Le centre de l'Idée

C'est au grade de Royale Arche que l'on accède au Centre de l'Idée. C'est dans la 9e voûte que l'on accède au Saint des Saints qui s'identifie au centre de l'Idée.

Ceci nous amène à nous demander :

1. Que désigne le Centre ?
2. Comment peut-on concevoir l'idée ?
3. Pourquoi ce centre est-il souterrain ?

1. Que désigne le centre ?

Le centre est symbolisé par un point qui désigne une entité indéfinissable, qui n'a aucune dimension mais qui est le principe de toutes dimensions. Si la circonférence est animée d'un mouvement de rotation, comme celui de la roue, le centre est le point autour duquel s'effectue la giration, alors que lui-même reste immobile. C'est pourquoi le centre est le symbole universel du Principe, source de toutes choses et de toutes existences.

Plotin enseigne que, dans la contemplation, le centre de l'homme coïncide avec le centre de l'universel qui est l'Un. Dans cet état l'initié parfait n'est pas seulement rempli de lumière intelligible, mais il est la lumière même, l'archétype parfait du Principe, semblable à un point simple et immobile.

Le point est le commencement compréhensible de l'existence, la pensée créatrice, le Centre de l'Idée. Principe de tous les êtres, *lumière illuminant tout ce qui vient au monde*, germe de toutes choses contenu dans la lettre Iod, première lettre du Tétragramme.

Dans Le *pèlerin chérubinique*, Angelius Silesius écrit : *Dieu est mon centre quand je m'enferme en Lui ; et une circonférence quand par amour je me fonds en lui*[12].

2. Comment peut-on concevoir l'idée ?

Il y a les idées, aussi multiples et variées que les individus, elles permettent aux actes de se concrétiser. Sans action l'idée est stérile et un acte sans idée sera comme un bateau sans gouvernail, car il n'aura pas de direction. Seule la conjonction de l'idée et de l'acte permet d'œuvrer en se mettant à l'écoute de la volonté du Grand Architecte.

L'idée permet à l'acte créateur de s'accomplir. C'est le cheminement nécessaire pour retrouver la parole perdue après avoir rassemblé ce qui est épars. C'est la recherche du réel, de l'essence éternelle, de la Vérité. Être au centre de l'idée c'est avoir retrouvé l'état de simplicité et de pureté originelles.

12. Silesius Angelus, *Le pèlerin chérubinique*, Éditions Aubier Montaigne, 1946.

La conception suprême est le Centre de l'idée qui s'identifie à la révélation du Tétragramme imprononçable Iod – Hé – Vau – Hé. Elle est affirmation de la permanence de l'Éternel présent qui s'identifie au centre de l'Idée.

3. Pourquoi le centre est-il souterrain ?

Le centre est souterrain car il représente l'intériorité et le secret. Le secret consiste à clore et couvrir son âme pour préserver la concentration des énergies spirituelles du contact impur des influences profanes extérieures. Son caractère caché ou secret dans la neuvième voûte signifie que la tradition dans son intégralité, ou plutôt la vérité qu'elle renferme, n'est plus accessible qu'à une infime minorité. Ceci illustre bien la parole de l'Évangile : *Beaucoup d'appelés, peu d'Élus.*

En remontant du puits, les trois mages voient la voûte étoilée en forme de cercle, au centre de l'idée qui symbolise le foyer de la Connaissance qui sera désormais le centre de leur cœur.

8 – La pierre d'agate

On passe du stade de la pierre brute à celui de la pierre précieuse. Est-ce la marque tangible de la progression initiatique du Maître Maçon ?

On peut se demander parmi les nombreuses pierres précieuses existantes, pourquoi s'arrêter sur le choix de la pierre d'agate.

Une des caractéristiques de la pierre d'agate est d'être d'une grande dureté, c'est une roche siliceuse, inaltérable, aux couleurs variées, avec des bandes parallèles et concentriques d'améthyste, de quartz et de calcédoine. Malgré ces propriétés, elle peut se tailler avec une très grande finesse. L'agate aurait été la septième des douze pierres précieuses ornant le pectoral du grand prêtre.

Si l'on veut comprendre les raisons de ce choix de la pierre d'agate pour représenter la pierre vivante, il convient d'approfondir ses propriétés spécifiques, auxquelles est attribué un pouvoir de protection, tel un talisman, contre les forces du mal. On peut prendre l'exemple des Egyptiens qui taillaient leur scarabée sacré dans une pierre d'agate.

La résistance de l'agate est telle qu'elle est comparée au diamant. De plus, elle peut avoir, tout comme le diamant, un poli parfait lorsqu'elle est taillée. Les pierres d'agate sont de toutes les couleurs, variant du noir au blanc, en passant par les couleurs intermédiaires comme le bleu, le vert, etc.

L'agate est une pierre de contraste. On peut en trouver des transparentes comme des opaques. Leurs couches peuvent avoir toutes sortes d'aspects, que ce soit en couches planes ou ondulées, parallèles, curvilignes et concentriques.

Ses multiples propriétés montrent que la pierre d'agate est un symbole parfait de la différenciation, contenant en puissance toutes les phases de transmutation et toutes les possibilités d'évolution, à l'image du Principe. En vertu de ces qualités, par analogie, on peut comprendre pourquoi on trouve le Tétragramme, la parole ineffable, gravée sur la pierre d'agate, ainsi qu'un mot substitué *Adonaï.*

9 – Les signes de Royale Arche

D – Êtes-vous Chevalier de Royale Arche ?

R – J'ai vu la grande Lumière [13].

Le signe d'ordre se fait en levant les deux mains vers le ciel, les paumes face à face, la tête penchée vers la gauche, le corps restant droit, fléchir le genou gauche. Ce signe est lié à l'admiration qu'inspire la découverte de la parole ineffable.

D – Donnez-moi le signe ?

R – On le donne.

D – Que signifie -t-il ?

R – Lorsque les Maîtres les plus anciens demandèrent à Salomon de connaître les mystères sacrés qui étaient le fond de notre Ordre, il leur dit qu'il ne le pouvait, mais que par leur zèle ils le découvriraient : c'est aussi ce qu'ils firent et lorsqu'ils le trouvèrent, ce fut le premier mouvement que fit un des maîtres en le voyant ; le lieu était obscur et n'était éclairé que par la vérité [13].

10 – L'âge du Chevalier de Royale Arche

Tout âge symbolique est l'indication d'une étape de réalisation évolutive, dont l'âge donne une indication numérique.

Cet âge de 63 ans accompli correspond à sept fois le carré de trois ;

Parmi les nombreuses combinaisons mathématiques possibles, 63 est équivalent à 9 fois 7 ans, soit 9 cycles de sept ans accomplis. Neuf multiplicateur d'un autre nombre donne un résultat réductible à 9 :

9 X 7 = 63 (6 +3 = 9).

3 X 3 correspondent aux trois plans physique, psychique et spirituel développés sur 7 cycles.

Le nombre 9 est un nombre de plénitude qui est un reflet inversé de l'omnipotence principielle au niveau du logos, dans la mesure où le neuf totalise l'ensemble des possibilités de la manifestation.

13. Paris, Bibliothèque Roëttiers de Montaleau, *MS 21 FM, Le Chevalier de la Royale Arche*, pp. 193-224.

63 ans correspond à l'âge de la sagesse et à l'automne de la vie où la part la plus essentielle de l'œuvre accomplie est derrière soi.

Fig. 60 - Les neuf voûtes.

11 – La neuvième voûte

D – Êtes-vous dépositaire du secret des maçons ?
R – J'ai parcouru le souterrain nommé la voûte sacrée.
D – Comment est-il composé ?
R – De 9 arceaux et à son extrémité est une voûte particulière.
D – Qui l'a construit ?
R – Salomon.
D – Pourquoi ?

R – Pour y déposer le mot sacré qui était à ce Prince, le Roi de Tyr et Hiram Abiff[14].

C'est en découvrant les ruines du temple de Salomon et en descendant au fonds d'un puits que les trois mages traversent huit voûtes obscures. En accédant à la neuvième voûte, ils accèdent au Saint des Saints. Après avoir visité l'intérieur de la terre, en passant de porte en porte, en remontant l'arbre des *sephiroth*, ils ont rectifié ce qu'ils devaient rectifier et ils ont ainsi trouvé la pierre cachée sur laquelle est gravé le nom ineffable. Après ce long cheminement de porte en porte, ils accèdent au Saint des Saints qui s'identifie au Centre de l'Idée. La forme circulaire de la neuvième voûte symbolise la perfection dont le cercle est le symbole.

Le monde souterrain, sous forme de grotte, de puits ou de caverne suscite l'idée de la crainte d'un danger, de la peur et d'un péril à traverser. Cette vision terrifiante du souterrain, ambivalente comme tout symbole, est aussi lieu de germination et matrice de la vie.

Le neuf est un nombre céleste, dernier de la série unitaire des nombres, il annonce à la fois une fin et un recommencement. Nombre de la plénitude, il donne la mesure de la gestation humaine. Neuf est un symbole de justesse et de perfection. Il est la projection du ternaire multiplié par lui-même.

La neuvième voûte représente l'union ou la synthèse de la terre et du ciel. Chaque voûte est la découverte d'une connaissance supplémentaire, elle ouvre une porte de l'entendement des mages. Chacune voûte est en rapport avec les sephiroth, faisant cheminer les mages alternativement de la colonne de la Rigueur à celle de la Miséricorde. Parvenus à la neuvième voûte, les mages découvrent la Lumière. Mais c'est en voulant dépasser la neuvième voûte et ouvrir la onzième porte qu'ils ont failli être ensevelis. En remontant du puits, ils reviennent au jour et contemplent directement la Réalité essentielle, dont ils ne percevaient auparavant que le reflet.

De sephirah en séphirah, les trois mages progressent vers la lumière, qu'ils découvrent dans toute sa splendeur dans la 9e voûte, au point qu'ils peuvent éteindre leurs flambeaux. Dans cette voûte, synthèse de la terre et du ciel, en son centre, là où justement le ciel et la terre s'unissent, véritable omphalos, se trouve un autel de marbre blanc, de forme cubique et sur cet autel une pierre d'agate. Dans le *symbolisme du temple chrétien*, Jean Hani démontre que le passage du carré au cube et du cube à la sphère est le fondement de l'édifice sacré. La figure intermédiaire étant celle de l'octogone des baptistères.

La voûte, en architecture, repose sur une clef de voûte dont il est dit au Psaume 118, se référant à Jésus : *la pierre que rejetèrent ceux qui bâtissaient est devenue la clef de voûte* (Voir annexe sur le Maître de la Marque) pp. 497 à 519.

14. Bordeaux BM, *MS 2098, Maçon du Secret.*

Dans les versions les plus anciennes du rituel, chaque arche porte un nom inscrit sur chacune d'elles qui correspond au nom des neuf premiers Architectes, mais aussi à une partie du Tétragramme ou à un nom divin.
Iod, Iaho, Iah Eheieh, Eliah, Iaheb, Adonaï, Elkhanan, Iobel.

D – Où avez-vous pénétré ?
R – Dans la voûte souterraine.
D – Où est-elle située ?
R – Dans un lieu souterrain, sous le sanctuaire de Jérusalem.
D – À quoi servait la voûte souterraine ?
R – Elle renfermait le Saint des Saints.
D – En quoi consiste ce Saint des Saints ?
R – En une parole innominale.
D – Où était cette parole ?
R – Elle était gravée sur un piédestal posé au milieu de la voûte souterraine.
D – Donnez-la moi ?
R – Je ne le puis.
[...]
D – À quel homme a-t-elle été communiquée pour la première fois ?
R – À Moïse, près du Buisson Ardent.
D – À qui Moïse la donna-t-il ?
R – Aux Élus parfaits.
D – Que devint-elle par la suite ?
R – Elle fut profanée par les païens et, dès lors, il est défendu de la prononcer, mais Salomon, pour la conserver, la fit graver sur un piédestal qui fut posé au milieu de la Voûte souterraine, sous le sanctuaire du temple[15].

15. Toulouse B.U., *Écossais ou Élu Parfait de la Loge*, Bordeaux, vers 1750, pp. 50-51.

Fig. 61 – Moïse recevant la révélation du Tétragramme.
Bible de Royaumont.

12 – La onzième porte

En voulant franchir la onzième porte, symbole de la limite extrême à ne pas franchir, les trois mages ont encouru « l'éclatement », à l'image du vase brisé dont la représentation imagée met en garde tout présomptueux qui voudrait franchir la limite de l'Inconnaissable.

Les Pythagoriciens considéraient que les dix premiers nombres placés en triangle composaient un ensemble nommé Tétractys, révélant l'ensemble de leur conception de l'homme. Le nombre dix ramène à l'unité, à la séphirah *Kether*, la Couronne qui marque la limite céleste, le seuil de retour à l'Unité.

Outrepasser la limite du dix, c'est tenter l'impossible en voulant dépasser les limites humaines. Dès lors la onzième porte marque la limite à ne pas franchir, c'est la frontière extrême de la connaissance humaine, face à la connaissance principielle, qui par essence est infinie, au point de faire éclater tout réceptacle (c'est l'image du vase brisé).

Le nombre onze ajoute une unité au cycle achevé du dix. Il marque la démesure et l'excès d'un nouveau cycle qui n'est plus accessible au commun des mortels. Ce nombre annonce le conflit et le désordre, exprimant la lutte intérieure et la rébellion. Mais cet excès peut aussi symboliser un renouvellement puisqu'il est l'amorce d'un nouveau cycle. Ce nombre est particulièrement ambivalent par son aspect à la fois perturbateur et rénovateur, en tant qu'amorce d'un nouveau cycle.

Ainsi que le développe René Guénon, dans la tradition hermétique et kabbalistique, 11 est la synthèse du « microcosme » et du « macrocosme » représentés respectivement par les nombres 5 et 6, qui correspondent à l'homme individuel et à l'« Homme Universel » [16].

Réalité de la perfection, insoutenable à l'entendement humain, c'est pourquoi les lumières s'éteignent, car tout changement d'état ne peut s'accomplir que dans l'obscurité. Ce retour à l'Unité principielle, donne l'impression, au premier abord d'un retour au chaos.

Le nombre 10 achève une série finie. La volonté irréfléchie de vouloir ouvrir la 11e porte ne peut aboutir qu'à un chaos, puisqu'elle outrepasse la série finie. Le 11 commence un nouveau cycle, dans une autre dimension. Saint Augustin voyait dans le nombre 11, la transgression de la loi.

Cette légende allégorique illustre une progression suivie d'une régression apparente. Après s'être éclairés de leur torche, parvenant au Centre de l'idée, les trois mages ayant franchi la dixième porte. découvrent une lumière surnaturelle.

Après avoir essayé vainement d'ouvrir la 11e porte, c'est alors que deux d'entre eux découragés, abandonnent, en déclarant qu'ils ne vont pas continuer à l'*Infini.* C'est au moment où ils renoncent au fruit de l'action, qu'ils parviennent involontairement à leur fin, et découvrent violemment le seuil de l'illimité. Ils sont alors soudainement plongés dans l'obscurité, menacés de périr. L'union faisant la force, ils parviennent à refermer la porte qu'ils ne devaient pas ouvrir, sachant désormais où se situe le niveau de leur limite.

Dans la légende de ce grade l'approche tumultueuse de l'*Ein-sof* passe par l'anéantisse-ment complet de l'être, car *Ein-sof* est la lumière infinie. Elle émane d'un rayon de lumière qui pénètre de la périphérie vers le centre. Ainsi sont nées les sephiroth. Le symbole du vase brisé qui orne la 11e porte est particulièrement significatif et prémonitoire. C'est le symbole de la limite à ne pas franchir sous peine de subir un *éclatement,* à l'image du vase représenté. C'est la limite de la connaissance humaine confrontée à la connaissance principielle.

Le vase est un contenant qui enserre l'insaisissable, le vide qui peut être vacuité absolue, mais qui peut être aussi un liquide. La connaissance elle-même a été comparée à un vase sphérique de pur cristal rempli de sagesse. Par la brisure se répand la connaissance avec toutes les conséquences que cela comporte de perte et de régression.

16. Guénon René, *La Grande Triade*, Éditions Gallimard, 1957, p. 81.

Dans la Kabbale, *briser le vase*, c'est par immaturité, mépris ou folie, tuer l'espoir de parvenir au trésor, puisque le vase contient ce trésor ultime.

La puissance du mot *Ein-soph* est telle qu'il a pour effet immédiat d'ouvrir la onzième porte avec une telle violence que les grands lampadaires sont immédiatement éteints, faisant disparaître les lumières spirituelles qui éclairaient ce lieu privilégié. Ceci à pour conséquence de contraindre, les mages, ces chercheurs d'Absolu à faire un retour obligé à la captivité, qui correspond à la poursuite du cycle de l'enchaînement des lois causes/effets. La seule issue de salut possible consiste donc à revenir au point de départ, ouvrant un nouveau cycle d'expériences, enrichi de nouvelles connaissances. Le cheminement initiatique se poursuit.

13 – La pierre cubique

À la base des principes fondateurs de l'architecture, le cube ou plus exactement, selon Guénon *la pierre cubique* est le socle inébranlable de tout édifice comme de tout pouvoir terrestre, c'est pourquoi elle est placée symboliquement à la base des trônes et des chaires épiscopales. La pierre cubique est essentiellement une pierre de fondation, elle est donc bien « terrestre » comme l'indique d'ailleurs sa forme et, de plus, l'idée de « stabilité » exprimée par cette même forme, convient bien à la fonction de Cybèle en tant que « terre-Mère », c'est-à-dire comme représentant le principe « substanciel » de la manifestation universelle. [17].

D – Êtes-vous Royal Arch ?

R – J'ai découvert le gros anneau.

D – Que signifie cet anneau ?

R – Il nous fit découvrir la trappe sur la 9e voûte du noir abyme qui était dans l'ancien temple de Salomon qui renferme la pierre cubique à pointe sur laquelle était gravé le mot sacré [18].

On note que la plupart des rituels pratiqués actuellement ne mentionnent qu'une simple pierre cubique à la place d'une pierre cubique à pointe qui synthétise toutes les connaissances du compagnon fini. On peut lire le développement explicatif de cette pierre au chapitre qui traite du *2e Ordre de Sagesse du Rite Français* (voir pp. 481 à 491).

17. Guénon René, *Symboles fondamentaux de la science sacrée*, Éditions Gallimard, 1970, p. 311.

18. Alençon BM, Legs Liesville, *MS.373 à 407*, pp. 233-242, *Royal Arche*, 13e degré, n° 10.

Fig. 62 – Pierre cubique.

14 – Les portes de bronze et leurs ornements

Chaque office correspond à une Séphira		
Le Trois Fois Puissant Grand Maître s'identifie à Salomon, à l'Orient	KETHER **La Couronne**	כתר
1er Grand Surveillant	HOD **Gloire-Honneur**	הוד
2e Grand Surveillant	NETZAH **Victoire**	נצח
Le Grand Orateur	HOKHMAH **Sagesse**	חכמה
Le Grand Secrétaire	BINAH **Intelligence**	בינה
Le Grand Trésorier	GEBOURAH **Rigueur**	גבורה
Le Grand Expert	YESOD **Fondement**	יסוד
Le Grand Maître des Cérémonies	TIPHERET **Beauté**	תפארת
Le Grand Hospitalier	HESED ou GEDOULA **Miséricorde, clémence**	חסד
Capitaine des Gardes	MALKHOUTH **Royaume**	מלכות

Le bronze, comme tout métal, résulte du mariage de l'eau et du feu, ce qui, transposé sur un plan alchimique est l'union du soleil et de la lune. Le bronze est symbole d'involution en rapport avec les âges d'or et d'argent. L'airain serait une appellation plus ancienne et littéraire du bronze, si on s'en réfère au serpent d'airain.

Hésiode dans *Les travaux et les jours*, développe la mythologie des hommes du bronze, marqués par la démesure et la violence.

Le parcours de 1 à 10 rappelle que l'être véritable doit avoir réalisé le retour à l'état primordial. L'un des chemin à suivre est celui de la remontée de l'arbre des sephiroth. Ce retour permet d'accéder à une forme de maîtrise complète et de plénitude de l'état humain pour s'affranchir des vicissitudes de la roue de la manifestation.

Les ornements des portes de bronze

1re PORTE	Une couronne royale entourée d'un cercle composé de 22 points		MALKUT	מלכות
2e PORTE	Une pierre d'angle	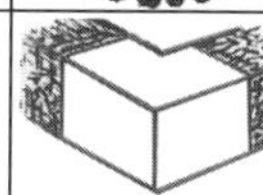	YESOD	יסוד
3e PORTE	Un soleil rayonnant		HOD	הוד
4e PORTE	Une tête de lion		NETSAH	נצח
5e PORTE	Une lune resplendissante		TIPHERET	תפארת
6e PORTE	Une règle		GEBURAH	גבורה
7e PORTE	Une courbe molle		HESED	חסד
8e PORTE	Un œil		BINAH	בינה
9e PORTE	Un rouleau de la loi		HOCHMAH	חכמה
10e PORTE	Une couronne royale		KETHER	כתר

11e PORTE	Un vase brisé		EIN SOPH	אין-סוף

Sur chacune des portes de bronze le nombre 22 est présent dans un cercle entourant le symbole de la connaissance de la porte à ouvrir. Ce nombre 22 rappelle les 22 sentiers unissant les 10 sephiroth, dont chacun correspond, d'après la tradition kabbalistique, à une lettre de l'alphabet hébreu.

La première porte représente une Couronne entourée de 22 points. C'est en prononçant le nom de la 10e séphirah *malkuth* qui correspond au royaume terrestre, que la première porte s'ouvre donnant accès chaque fois à une nouvelle voûte.

La deuxième porte de bronze, ornée d'une pierre d'angle s'ouvre en prononçant le nom de la 2e séphirah *Yesod,* qui signifie base ou fondement. René Guénon remarque que *la forme cubique correspond, parmi les Sephiroth, à Iesod, qui est en effet le « fondement » (et, si l'on objecte à cet égard que Iesod n'est cependant pas la dernière Sephirah, il faudrait répondre à cela qu'il n'y a plus après elle que malkuth, qui est proprement la « synthétisation » finale dans laquelle toutes choses sont ramenées à un état qui correspond, à un autre niveau, à l'unité principielle de Kether*[19].

La troisième porte, ornée d'un soleil rayonnant, toujours entouré de 22 points rappelle un des grands symboles représenté à l'Orient dès le grade d'apprenti. C'est aussi une allusion au temps pendant lequel se déroule le récit de ce grade (entre le moment où le soleil est à son zénith, midi et sa complète disparition à minuit). Elle s'ouvre par la 8e sephirah *Hod* qui signifie splendeur, gloire, honneur.

La quatrième porte, ornée d'une tête de lion s'ouvre avec la 7e sephirah *Netzah,* la victoire.

La cinquième porte, ornée d'une lune resplendissante, s'ouvre avec la 6e sephirah *Tipheret,* l'harmonie, la Beauté.

La sixième porte, ornée d'une règle, s'ouvre sur la cinquième sephira *Geburah* qui correspond au pouvoir et à la force.

La septième porte, ornée d'une courbe molle, s'ouvre avec la quatrième sephirah *Hesed,* la miséricorde. Elle symbolise l'intelligence réceptive.

La huitième porte, ornée d'un œil, s'ouvre avec la troisième sephirah *Binah,* l'intelligence.

La neuvième porte, ornée du rouleau de la loi, s'ouvre avec la deuxième sephirah, *Hochmah,* la sagesse.

Enfin la dixième porte, ornée comme la première d'une couronne royale entourée de 22 points, s'ouvre grâce à la première sephirah *Kether* qui signifie la couronne. La couronne de *Kether* exprime un idéal absolu marque le caractère transcendant d'un accomplissement.

Par sa forme circulaire, elle indique la perfection et la participation à la nature céleste dont le cercle est le symbole. De *Malkuth* à *Kether,* il est

19. Guénon René, *Le Règne de la Quantité et les signse des Temps,* NRF, 1945, p. 137.

rappelé entre les deux couronnes que ce qui est en haut est comme ce qui est en bas.

Ce passage de porte en porte est la découverte des routes menant à nouveau vers la lumière originelle que l'on ne sait plus voir.

La kabbale distingue quatre mondes dans lesquels s'inscrivent les dix sephiroth : le monde de l'émanation, le monde de la création, le monde de la formation et celui de l'action.

15 – Je suis ce que je suis

Tous les rituels de Royale Arche mentionnent cette phrase. Sa formulation varie selon les traductions. Ainsi que l'affirme André Doré [20] ces différences lui confèrent un sens profondément initiatique qu'on ne peut passer sous silence. Elle est donnée soit à l'ouverture, soit à la fermeture des travaux et rappelée dans l'instruction.

D – Qui êtes-vous ?
R – je suis celui qui suis
ou Je suis ce que je suis (ou qui je suis)
Mon nom est Guibulum et ma qualité Chevalier de Royale Arche.

Le fait de dire *je suis* c'est affirmer son existence en tant que possibilité de la manifestation. On retrouve la structure du cogito : je suis un être qui ne peut se poser qu'en s'opposant à lui-même. En ce sens, il est vrai de dire que « *je ne suis pas ce que je suis* » et que « *je suis pourtant ce que je ne suis pas* » : mon existence est faite d'une tension entre mon être empirique et mon être véritable, si l'on se réfère à la définition de Paul Naulin [21]. De son point de vue, le « je suis » désigne une existence qui n'est pas qualifiée par une essence, mais par la causalité qu'elle exerce et que nous ne pouvons atteindre qu'à travers ses actes bien qu'elle ne se confonde avec aucun d'eux.

Cette phrase rappelle la rencontre de Moïse avec le buisson ardent où l'Éternel révèle son identité, c'est-à-dire son nom véritable (Exode 3,14) *Eheieh asher Eheieh* traduit par *Je suis Celui qui suis* ou *Je suis celui qui Est (ou ce que Je suis).* Cette révélation du *« Nom »* à Moïse, dans le buisson ardent, sous le mode de l'affirmation de la nature du Principe comme « Être » ouvre pour Guénon une réflexion de caractère ontologique très importante. L'Être universel, représenté par le point principiel dans son unité indivisible la proposition dont il est à la fois le sujet et l'attribut prend cette forme « l'Être et l'Être ». C'est l'énoncé d'un principe d'identité que

20. Doré André, *Un grade méconnu, op. cit.*
21. Naulin Paul, *L'itinéraire de la conscience, étude de la philosophie*, Éditions Aubier, s.d.

« l'Être Se connaît Soi-même par Soi-même ». Il pense qu'il y a deux façons d'envisager la constitution de cette formule, une première qui consiste à décomposer en trois étapes successives l'ordre même des trois mots qui la compose : *Eheieh* « l'Être », *Eheieh asher* « l'Être est », *Eheieih asher eheieh* « l'Être est l'Etre ». Le second *Eheieh* est le reflet du premier, produisant une sorte d'effet miroir (l'Être se contemplant lui-même) [22].

Cette interprétation permet d'envisager que l'homme créé à l'image du Principe est son reflet ou tout au moins, par une gestion éclairée de son libre arbitre, doit s'efforcer de devenir son reflet, à l'image du premier Adam.

Une caractéristique des grammaires des langues sémitiques, dont l'hébreu, est d'avoir que deux temps :

L'accompli (qui correspond à ce qui est achevé),

L'inaccompli (qui s'emploie pour une action inachevée qui commence et se prolonge dans l'avenir ou une action indéterminée).

Ces deux temps exclusifs amènent le temps présent à être considéré soit comme un passé, soit comme un futur. Dès lors, cette donnée essentielle implique plusieurs traductions possibles de EheYéH qui peut être à la fois *je serai*, mais aussi *je suis.*

EHéYeH ASHER EHéYeH peut se traduire de six façons qui sont toutes valables tenant compte que ASHER signifie qui, que, lequel, celui qui, auquel, duquel, etc. comme le relève Claude Mouret dans son étude sur le Tétragramme [23], ce qui donne :

Je suis qui Je suis
Je suis celui que je suis
Je suis celui qui suis
Je suis celui qui sera
Je serai celui qui sera
Je suis ce que je serai

À ce stade deux possibilités se présentent : soit il s'agit d'un Maître Maçon qui reconnaît l'existence d'un Principe, alors il ne peut pas dire « je suis celui qui suis ». ce serait un blasphème vis-à-vis de la conception Suprême qu'il reconnaît, soit il s'agit d'un Maître Maçon étranger à toute notion de transcendance, s'il énonce cette formule pour son propre compte, il tombe alors dans le piège de l'hypertrophie de l'ego, à l'inverse d'un cheminement initiatique bien compris.

De ces différentes traductions adaptées à la situation d'un Maître Maçon à ce stade, on peut davantage retenir « je suis qui je suis ou ce que je suis » ou « je suis ce que je serai ».

22. Guénon René, *Le symbolisme de la croix*, chap. XVII, l'ontologie du buisson ardent, Éditions Véga, 1957.

23. Mouret Claude, *le Tétragramme,* dans *Renaissance Traditionnelle*, n° 50, avril 1982.

La formule de Silésius mérite d'être retenue : *On ne sait ce qu'on est*

Je ne sais ce que je suis, je ne suis pas ce que je sais : une chose sans être une chose ; un point et un cercle [24]. Chaque être est à la fois le point infiniment petit de son existence individuelle, mais il peut faire de ce point le centre du « cercle » qu'est le Tout, le monde des phénomènes.

Ces différentes interprétations possibles adaptées au grade de *Royale Arche*, alors que le Maître Maçon arrive au terme du cycle de perfection permettent de penser qu'il devient un Maître Parfait qui a la révélation de la connaissance de son Soi. Celle-ci fait partie de son secret intime qui est de l'ordre de l'incommunicable. Si cette découverte n'est pas encore faite et reste inachevée, le Chevalier de Royale Arche a cette capacité de connaître son essence.

Le nom ou le fait de se nommer fait exister un être. Ainsi le nom apparaît comme étant la dimension essentielle de la personne car elle lui donne une identité parmi tout ce qui est manifesté. Est-ce à dire qu'il faut que chaque Maître Maçon puisse arriver au terme de ce cycle de perfection pour qu'il découvre sa véritable identité ?

16 – Énoch

Des différents Énoch existants et cités par le Pentateuque, celui qui intéresse les maçons est le fils de Seth, lui-même troisième fils d'Adam et frère de Caïn (I Chroniques 1 :1). Énoch est l'ancêtre de Tubalcaïn et de Noé traçant le départ de la maçonnerie noachite. Son nom signifie « homme » ou « mortel ». Selon la Genèse (6,26) il aurait été le premier à invoquer le vrai Dieu sous la forme sacrée du Tétragramme.

La totalité de la vie d'Énoch aurait été de 365 ans (Genèse 5 :23-24). Ce nombre correspond à la durée complète d'une année solaire. (Genèse 5 : 23-24) Il marcha avec Dieu puis il disparut, car Dieu l'avait enlevé. Il ne connut pas la fin ordinaire des mortels. Il eut une fin privilégiée semblable à celle d'Elie, enlevé par l'Éternel (5 : 24) (2Rois 2 : 1-8) (Genèse 6 :9).

Énoch, arrière grand-père de Noé, personnage antédiluvien, antérieur à la Tradition hébraïque permet de faire remonter la maçonnerie quasiment à l'aube de l'humanité (Anderson dit bien que le premier maçon fut Adam) donc à une tradition primordiale.

Vassal s'inspirant probablement de la version anglaise très complète [25], développe l'histoire d'un Edris ou Énoch, auquel les musulmans attribuent de grandes inventions, qui vivait en l'an 3704 avant notre ère. Il était fils de *Jared*, patriarche hébreu.

24 Silesius Angelus, *op. cit*, p. 62.

25. Vassal Pierre-Gérard, *Cours complet de maçonnerie ou Histoire générale de l'initiation depuis jusqu'à son institution en* France, Paris-Genève, Slatkine Reprints 1980 de l'édition de 1852.

Cet Énoch fut, d'après l'historique du grade, transporté miraculeusement sur une haute montagne ; Dieu lui apparut, et bien avant Moïse, lui dévoila que son nom était Jéhova ; que, dans une époque qu'il ne lui détermina pas, le monde serait enseveli sous les eaux, et qu'il devait prendre des mesures pour que le nom de l'Éternel ne fut point perdu. Cet avertissement céleste inspira à Énoch l'idée de faire construire un temple souterrain surmonté de neuf arches, et d'enfouir dans ce lieu inconnu la parole innominable, qu'il grava sur un triangle d'or, et en même temps les connaissances scientifiques des premiers âges du monde.

Le terrain qu'il choisit fut une haute montagne située dans la terre de Canaan. Mathusalem, fils d'Énoch, qui probablement était architecte, construisit le temple et les neuf arches, sans en connaître l'usage. La neuvième arche fut fermée par une énorme pierre carrée, au centre de laquelle Énoch fit adapter un large anneau de fer, afin que ceux qui survivraient au déluge puissent y pénétrer en soulevant la pierre carrée qui dérobait l'entrée de ce temple. Énoch fit élever sur les parties latérales de cette pierre, deux énormes colonnes, l'une d'airain, et l'autre de marbre. Il plaça sur chaque colonne des hiéroglyphes, qui indiquaient que cette pierre cachait des objets précieux. Cet historique apprend qu'après le déluge la colonne de marbre disparut, et que la colonne d'airain resta debout. Ce dépôt précieux resta enfoui jusqu'au siècle de Salomon, détaillée par le récit de ce grade, il y est établi la filiation d'Énoch avec la maçonnerie [26].

Énoch, fils de Jared était le sixième fils de la descendance d'Adam. Il vivait dans la crainte et l'amour de Dieu. L'Éternel lui apparut en rêve et s'adressa à lui en l'inspirant en ces termes : « *Puisque tu désires connaître mon nom, suis-moi, Je t'en donnerai connaissance* ». À la suite de quoi une montagne sembla s'élever vers les cieux et Énoch y fut transporté. Dieu alors lui montra une tablette triangulaire dorée et brillamment illuminée, où figurait son saint nom gravé en caractères hébreux. Il donna des ordres stricts pour qu'il ne soit jamais prononcé.

Puis, Énoch sembla être transporté sous terre, perpendiculairement à travers neuf voûtes et sous la neuvième arche (voûte). Il vit la même tablette étincelante portant les mêmes caractères et entourée de la même lumière scintillante, qu'il avait vue auparavant.

Énoch rempli de l'esprit, inspiré par Dieu, bâtit un temple sous terre et le dédia à Dieu. Ce temple était composé de neuf arches, l'une au-dessus de l'autre, semblable à ce qu'il avait vu dans son rêve. Énoch fit faire une tablette triangulaire, en or, dont tous les côtés faisaient une coudée de long. Il l'enrichit des pierres les plus précieuses et incrusta la tablette sur une pierre d'agate de même forme. Il y grava ensuite les caractères ineffables et

26.President J. Blanchard of Weaton College, *Scottisch Rite Masonry Illustrated the complete ritual of the Ancient and Accepted* Scottisch Rite, profusely Illustrated, vol.1, pp. 268-284, Charles T. Powner Co, Chicago, 1987.

la plaça sur un piédestal triangulaire de marbre blanc et noir qu'il déposa dans l'arche la plus profonde.

Lorsque le temple d'Énoch fut terminé, il fit une porte de pierre et plaça à l'extérieur un anneau de fer qui permettait de soulever occasionnellement la porte. Il plaça cet anneau au-dessus de l'entrée de l'arche afin que ce qui y était enfermé soit préservé de la destruction universelle imminente (il s'agit du déluge où seul Noé et sa famille furent sauvés). Personne en dehors d'Énoch ne connaissait l'existence du trésor que contenaient les arches.

Percevant que la connaissance des arts était susceptible de disparaître dans la destruction générale annoncée, désireux de préserver les principes des sciences de ceux qu'il plairait à Dieu d'épargner, Énoch construisit deux piliers au sommet de la plus haute montagne. L'un en cuivre pour résister à l'eau, l'autre en marbre pour résister au feu. Il grava sur le pilier de marbre des hiéroglyphes indiquant qu'un précieux trésor se trouvait caché sous terre dans les voûtes consacrées à l'Éternel.

Énoch grava sur les piliers de cuivre les principes des Arts libéraux, particulièrement ceux de la maçonnerie.

Le fils d'Énoch se nommait Mathusalem, il fut père de Lamech, qui lui-même était père de Noé. Après le déluge, le pilier de marbre d'Énoch tomba dans la destruction générale mais selon la volonté divine, le pilier de cuivre résista à l'eau. Ainsi par ce moyen les Arts libéraux dans leur état ancien et la Maçonnerie purent continuer à être transmis.

17 – Guibulum

Ce nom a subi de nombreuses variantes, on trouve :

D – Où fut trouvé le corps de notre R.·. M.·. ?

R – Au midi près d'un hameau nommé Giblim sous un monceau de terre élevé de 9 pieds[27].

Guibulum est probablement une déformation de *Guiblim* (guimel, beth, lamed, iod, mem), ouvriers qui participent à la construction du Temple.

Gebal (qui signifie colline en phénicien) était également le nom de la ville phénicienne de Byblos, dont les habitants portaient le nom de Giblim. Guénon relève que ce nom évoque celui de *Ghibellim* ou Gibelins utilisé au Moyen Âge en Italie pour désigner les partisans de l'Empereur par opposition aux guelfes partisans du pouvoir du pape[28].

27. Bayreuth *MS 7760-J*, p. 21.

28. Guénon René, *Symboles fondamentaux de la Science sacrée*, ch. XLVIII, Gallimard, 1970.

On retrouve ce nom dans les Constitutions d'Anderson où Ghiblim est mentionné comme désignant les *ouvriers qui équarrissent les pierres.*

En fait dans les anciennes légendes le nom de Guibulum est celui porté par un des trois compagnons élus, le plus valeureux et courageux des trois, (les deux autres sont Johaben et Stolkin). Il découvre le gros anneau de fer qui mène à une crypte voûtée et accepte de s'y aventurer seul après s'être ceint d'une corde pour se relier à ses compagnons, il découvre la neuvième arche et son secret. Il y conduit ensuite ses deux compagnons pour leur faire partager sa découverte. Guibulum que l'on traduit souvent par « bon maçon », fait preuve en effet des vertus et qualités authentiques d'un maçon.

18 – Le chemin de Babylone

Les Mages sont venus de Babylone à Jérusalem, faisant une espèce de pèlerinage au temple détruit de Jérusalem.

Il y a toujours eu dualité et opposition entre Jérusalem et Babylone. Jérusalem, centre cosmique est considérée comme ville sainte (al-Quds, sacrée en arabe) de Paix, de Justice et d'Union, telle qu'elle est définie au psaume 22. D'après l'étymologie de son nom (ce qui peut paraître très théorique de nos jours) elle correspond à la porte du ciel.

Jérusalem est le centre spirituel de la Tradition abrahamique, sous ses trois formes monothéistes. Guénon relève que son nom primitif était à l'origine Jébus. Depuis que les Hébreux y ont installé leur Temple, elle est une image, que l'on peut dire rendue manifeste de la véritable *salem,* demeure de Melki-Tsedeq. Si la terre d'Israël est vue comme le « cœur du monde » par les Hébreux, la « Terre sainte », la ville de Jérusalem est apparue dès lors comme le Centre même de cette « Terre sainte », le lieu où séjourne l'Arche, au sein du temple de Salomon, la résidence du tabernacle sacré [29].

Babylone fut jadis la Cité du soleil, puis est devenue la cité du mal, porte de l'Enfer, rappelons nous la Tour de Babel. Elle témoigne de l'asservissement des créatures aux richesses du monde, rejetant l'Esprit. On relève d'ailleurs dans le *Manuscrit Graham* un certain nombre de références négatives concernant l'action des babyloniens : *nous différons de ces babyloniens qui eurent la présomption de bâtir jusqu'au ciel... ayant contrarié la Divinité, à tel point que le langage fut confondu à cause d'eux* [30].

D – Où travaillent les parfaits ?

R – Dans un lieu souterrain.

29. Guénon René, *Le Roi du Monde,* chap. VI, Éditions Gallimard, 1973.

30. Berger Jean-Pierre, *le Manuscrit Graham,* dans *le Symbolisme,* n° 392-393, janvier à juin 1970.

D – Quel est leur ouvrage ?

R – Rectifier les mœurs et sanctifier les profanes.

D – Où voyagent-ils ?

R – Quand ils entrent en loge, ils voyagent à la Voûte souterraine et, quand ils en sortent, ils voyagent de leur orient dans toutes les parties du monde pour y porter la lumière [31].

La fonction des mages est d'être des pèlerins de la Lumière, c'est pourquoi ils retournent vers la cité des ténèbres pour s'acquitter de leur fonction de transmission.

Les mages viennent d'être confrontés à l'épouvante, après avoir franchi le seuil inaccessible à leur entendement humain. Ils sont sortis de cette épreuve de peur et ont pu remonter le puits dans l'obscurité grâce à leur union et leur solidarité. Après avoir goûté la sérénité de la Lumière ineffable un court moment, le mystère dévoilé de la onzième porte, celui de l'Infini qui écrase, fit disparaître soudainement leur sentiment de quiétude précédent. Après avoir approché la vérité, enrichis, ils repartent vers Babylone, vers le monde des apparences pour accomplir leur devoir de transmission.

Remontant sur leur chameau, ils s'éloignent au pas lent de leur monture, rythmé, cadencé qui leur apporte un certain apaisement, leur permettant de mettre de l'ordre dans leurs réflexions. Ils reviennent de très loin car ils ont été confrontés à l'épreuve d'un Absolu qui ne pouvait que les anéantir. Deux des trois mages qui ont voulu outrepasser leurs possibilités ont été confrontés brutalement à leurs limites. Guibulum, le mage averti ou initié complet, essaye d'abord de dissuader ses compagnons de poursuivre au-delà. Mais face à l'adversité, entre l'absolu et le relatif, il est solidaire de ses compagnons. C'est grâce à cette chaîne d'union fraternelle qu'ils retrouvent la libération de l'enfermement du puits et leur liberté de mouvements.

Ils repartent, en silence, aux pas lents de leurs chameaux, car ils méditent. Il s'agit du silence de la sagesse contemplative, stade supérieur de l'évolution spirituelle et de la maîtrise de soi.

Les Mages repartent dans le désert, qui correspond à un besoin d'Absolu, à une quête d'intériorité, à un ressourcement intérieur, qui correspond en fait à un fréquent retour au cabinet de réflexion. Quant au Maître Maçon contemporain, comment peut-il vivre cette expérience intérieure ? Selon la définition de Marie-Madeleine Davy on peut considérer qu'aujourd'hui, *le désert symbolise la nouvelle Arche de Noé susceptible d'échapper au déluge déclenché par le « monde » ; en particulier par le monde contemporain qui tend à niveler l'homme, puis à le faire disparaître en le noyant dans l'omnitude. Un tel désert se situe dans l'histoire, tout en lui échap-*

31. Toulouse B.U., *op. cit.*

pant. Il s'inscrit dans le mouvement de l'histoire, qu'il transcende. Dans sa solitude, toujours abyssale, l'homme moderne est invité à pénétrer dans sa dimension de profondeur dont l'esprit est le pilote et chacun a le sien[32].

19 – L'escalier de vingt-quatre marches

À ce grade, les trois mages descendent à midi, un escalier de vingt-quatre marches se décomposant en 3, 5, 7 et 9 marches pour accéder au fonds du puits de la Connaissance, ce qui constitue aussi un rappel des nombres approfondis tour à tour aux grades d'apprenti, de compagnon et de maître.

Les mages ont traversé les huit premières voûtes dans l'obscurité éclairée par une torche. Huit représente un nombre de passage, il symbolise le monde intermédiaire. Rappelons-nous les huit pas du maître maçon et l'octogone orné de huit lumières allumées dans la 9e voûte.

L'usage initiatique de l'escalier en spirale ou escalier tournant permet d'accéder dans un premier temps à la chambre du milieu, les marches réparties en 3 + 5 + 7 correspondant aux paliers ou degrés successifs de l'initiation, c'est-à-dire à autant d'états différents de l'être (appelés dans le Soufisme *maqâm*, ou station), les neuf marches ajoutées ici aux quinze précédentes donnent l'accès à la neuvième voûte.

Le fait qu'il s'agisse d'un escalier et non d'une échelle permet de faire une ascension continue grâce aux paliers d'accès (3, 5, 7 et 9) qui permettent à l'initié d'y rester plus ou moins longtemps, en fonction du temps d'acquisition qui lui est nécessaire à leur compréhension.

La descente dans le puits s'effectue donc par le parcours des 24 marches par 3 – 5 – 7– 9 et quatre paliers. Ces quatre paliers correspondent aux quatre mondes définis par la Kabbale (les mondes de *l'action,* de *la formation,* de *la création et* de *l'émanation)* dans le parcours de la Connaissance de *Malkuth* à *Kether.* Ce qui prouve que la Connaissance est cachée et souterraine. Cette descente peut être considérée comme un retour (au cabinet de réflexion) ou au centre de la terre qui permettra d'amorcer une ascension allant des couronnes de *Malkut* à *Kether.* De *Malkuth* à *Kether,* chaque séphirah a servi de mot de passage aux mages pour ouvrir les dix portes de bronze ce qui leur donnent accès, dans la progression du matériel au spirituel, à la neuvième voûte.

Les mages remonteront en sens inverse, mais cette fois-ci dans l'obscurité, et non plus éclairés de leur torche les vingt-quatre marches (9 – 7 – 5 – 3). Après avoir été dans l'intemporel ils se retrouvent au cœur de la nuit, à minuit.

32. Davy Marie-Madeleine, *le thème du désert dans le monachisme chrétien,* dans *Cahier de l'Université Saint Jean de Jérusalem,* n° 8 sur le thème "Le Désert et la Queste", Paris, 1982.

20 – Ein Sof

Avant la création, le Principe n'est pas manifesté : Il est *Ein Sof*, ce qui correspond au Non-Être, à l'Infini, c'est-à-dire à l'Inaccessible. C'est le potentiel non manifesté qui se révèle en ANI (*Alef-Noun-Yod*) qui signifie Je. L'*Ein Sof* est le Principe pensé par le Principe. C'est à partir de son propre Non-Être qu'il va créer le monde. L'existence de l'*Ein Sof* ne peut être reconnue qu'indirectement parce qu'il est la Cause première de tout ce qui existe.

C'est lors de la vision contemplative d'Isaac L'Aveugle qu'apparaît pour la première fois la notion d'*Ein Sof* ou essence divine. Il considère que la divinité apparaît sous trois aspects :

— La parole (le verbe) ;
— La pensée ;
— L'*Ein Sof*.

Le *Ein-Sof* est identifié souvent à la volonté initiale et à la plus élevée des sefirot, le *Kèter Elyon*. Le terme d'*Ein Sof* signifie l'Indicible l'Ineffable, ce qui dépasse l'entendement, la conception humaine. C'est le domaine de la transcendance qui n'a pas de limite, qui ne peut pas être appréhendé.
Comment franchir la porte qui va relier le fini à l'Infini, à la réalité absolue, hors de toute limite ? Cette confrontation violente et inattendue des trois mages avec l'*Ein-sof* correspond aux irradiations de l'Essence de toute chose. Dans la kabbale, le centre s'identifie au point étincelant, première manifestation de l'Inconnu (*Ein soph*) qui se dédouble ensuite en lumière active et lumière passive.

21 – La transgression

Transgresser c'est contrevenir à un ordre établi, à une loi, c'est en outre souvent être un facteur de trouble et de désordre pour ceux qui s'y conforment, ceux qui respectent l'ordre et les lois.

On peut établir une graduation sur la nature et l'importance de la transgression. Les grades de perfection enseignent clairement que le Maître Maçon s'il veut progresser et dépasser ses limites doit nécessairement un jour transgresser un interdit. Ce qui précède est une invitation à le faire qui indique que confronté à une situation difficile, il ne pourra évoluer positivement qu'en contournant ou dépassant la règle de l'ordre établi. Il y a transgression lorsqu'il y a conflit entre ce qui est vécu conformément aux règles imposées d'un système, confrontées à celles d'un autre système de valeurs similaires, mais plus ouvert.

(Ainsi, on peut prendre pour exemple l'initiation aux *Libres Penseurs* du Pecq de Maria Deraismes, le 14 janvier 1882, dans l'obédience purement masculine de la *Grande Loge Symbolique Écossaise.* Cette infraction au règlement vaudra à la loge d'être exclue. Néanmoins, cette transgression à la règle a permis onze ans plus tard la fondation d'une Obédience mixte, le Droit Humain, qui a initié depuis des milliers d'hommes et de femmes de bonne volonté, permettant ainsi à la moitié de l'humanité (composée de femmes) de pouvoir accéder en occident à l'initiation.

Un autre exemple qui ne manque pas non plus de piquant : le décret du Convent de Lausanne de 1875 ne reconnaît qu'un seul Suprême Conseil par pays. Dès lors, on peut s'interroger sur le bien fondé d'une telle décision, devant la prolifération des Suprêmes Conseils existants qui, *stricto sensu* seraient illégaux, puisqu'ils ont transgressé la règle qui fait autorité en la matière…

Là encore, force est de constater que s'il n'existait qu'un seul Suprême Conseil par pays, ce serait limiter l'accès des compléments de la maîtrise que sont les « hauts grades » à beaucoup de maçons (hommes et femmes) et être encore ipso facto beaucoup plus élitiste.

Ces deux exemples maçonniques amènent une fois de plus à relativiser le caractère absolu de tout règlement.

Pour en revenir au 13e grade, si les mages n'avaient pas tenté de passer outre l'interdit d'ouvrir la 11e porte, ils auraient stagné et les limites de leur Connaissance se seraient arrêtées à la 9e voûte sans pouvoir entrevoir une autre dimension ouvrant sur l'Infini.

Certes, la lumière disparaît lors de l'ouverture de la 11e porte et les gigantesques lampadaires de la 9e voûte s'éteignent, mais les mages accèdent à une autre dimension, qui leur fait entrevoir ce qui dépasse l'entendement humain.

On peut considérer à juste titre que l'être humain est un perpétuel insatisfait qui veut toujours plus, cependant c'est par les revers que rencontre son destin qu'il peut mesurer ses limites. Comment approcher de l'infini alors que l'on est précisément enfermé dans des limites définies ? Le respect de ses propres limites est une condition pour accéder à la plénitude, mais comment savoir que l'on est arrivé au maximum de ses possibilités si l'on n'essaye pas d'aller plus loin ?

Ainsi depuis son accession à la maîtrise, le Maître Maçon est confronté au pouvoir ambivalent de la transgression. Les trois mauvais compagnons ont transgressé la défense d'Hiram leur interdisant d'aller plus loin, parce qu'ils n'étaient pas prêts intérieurement à accéder à l'étape de la maîtrise. Leur geste en est la meilleure preuve. Cette transgression funeste les a fait concrétiser leur intention négative, en un acte destructeur. Leurs mobiles étaient spécifiquement individualistes et égoïstes.

La deuxième transgression est celle de Johaben au grade de Secrétaire Intime où son empressement à protéger Salomon l'amène à commettre une indiscrétion. Il a largement outrepassé sa fonction en espionnant les conversations des deux rois. Mû par la volonté de protéger la vie de son souverain il dépasse son système de références habituelles et contrevient alors à l'usage, qui n'est momentanément pas adapté à la situation vécue. Sa bonne foi étant reconnue ainsi que la pureté de ses intentions, Johaben est rétabli dans la confiance initiale et promu Secrétaire Intime des deux rois. On peut penser qu'il remplace alors l'Architecte disparu, ses maîtres n'ayant plus de secret pour lui, il restaure et rétablit *ipso facto* le ternaire directeur.

Au 9e grade, Johaben agit sur ordre de Salomon, pour retrouver les meurtriers de l'Architecte, mais il outrepasse à nouveau l'ordre donné, puisque, par un mélange de pulsions complexes qui vont du zèle à la volonté de s'identifier au bras justicier, il va jusqu'à poignarder le meurtrier d'Hiram, devenant meurtrier à son tour. Grâce à l'intervention et à l'intercession de ses compagnons, Salomon va le gracier, mais on peut s'interroger sur l'utilité et l'intérêt de cette transgression, en dehors du fait qu'il a pu éliminer par ce geste vengeur le mauvais compagnon sommeillant en lui.

Enfin au 13e grade, on parle d'un groupe de trois mages, sachant que l'un est bien plus avancé que les autres dans la Voie de l'initiation car non seulement il connaît le secret d'accès aux 9 voûtes et celui de la parole ineffable, mais il a aussi la connaissance, même si ce n'est qu'en théorie, de ce qui se trouve au-delà, c'est pourquoi il ne veut pas jouer aux apprentis sorciers. Ses deux compagnons bénéficient de ses connaissances accessibles jusqu'aux limites possibles de la transmission. Ce qui signifie qu'il lui est impossible de transmettre intégralement le Nom ineffable autrement qu'en épelant le Tétragramme.

Au lieu de se contenter de ce qui leur est donné, les deux autres Mages ont le sentiment qu'on leur cache quelque chose. Que peuvent-ils espérer trouver de plus beau et de meilleur que ce qu'ils viennent de découvrir, là où le surnaturel côtoie le réel ?

Ils essayent pourtant d'ouvrir par tous les moyens cette onzième porte et, détail intéressant, ils y parviennent au moment précis où ils renoncent au fruit de leur action. Leur solidarité sans faille leur permettra à tous trois de se sauver de l'anéantissement, car rien ne s'est écroulé, et ils parviennent à ressortir du puits dans l'obscurité.

Il faut reconnaître que la transgression de l'interdit peut s'avérer parfois nécessaire, voire indispensable, pour s'affranchir de certaines limites et accéder à une étape de connaissance supérieure, mais à condition que le mobile et l'intention qui sont le moteur de la transgression soient purs et positifs, détachés de toute velléité d'avoir et de pouvoir. Dans le cas contraire, la transgression se retourne contre son auteur. Les différents exemples de transgression, du grade de Maître à celui de Royale Arche sont particulièrement significatifs sur la philosophie de la transgression.

En résumé, la transgression de l'initié peut être considérée comme recevable lorsqu'il y a à coup sûr nécessité d'agrandir ou d'accroître son champ d'investigations, et qu'il est mû par une volonté pure et désintéressée, mais en aucun cas il ne peut être question d'une transgression contre l'esprit, celle-ci amenant à contrevenir au chemin initiatique et à s'en détourner, tels les trois assassins de l'Architecte.

22 – Le tablier et le cordon

Le tablier

Aucun Tuileur ne détaille vraiment le tablier. En fait le 13e est transmis en même temps que le 14e .Le Grand Élu de la Voûte Sacrée est le complément immédiat du Chevalier de Royale Arche, ce qui explique le peu d'importance donné aux décors de ce grade, car ils ne sont jamais portés. Bazot considère qu'il n'existe pas de tablier, néanmoins parfois un model de tablier est reproduit avec le bijou d'Hiram en son centre.

Fig. 63 – Le tablier.

Le cordon

En 1806, Le Suprême Conseil du Rite Écossais Ancien et Accepté décrète que doit être porté un ruban pourpre, en sautoir, au bas duquel est suspendue une médaille ; sur une face est gravée la pierre d'une trappe, sur l'autre un triangle[33].

33. *Recueil des Actes du Suprême Conseil de France ou Collection des décrets, arrêtés et décisions de cet illustre corps de 1806 à 1830*, Imprimerie Sétier, 1832.

Le Tuileur de Vuillaume décrit le Grand Trésorier comme devant porter au cou un cordon blanc, auquel est suspendu une clef d'or ; sur le cordon, sont peintes ou brodées les lettres I.·.V.·.I.·.O.·.L .·. que l'on explique ainsi : *Inveni verbum in ore leonis (On trouve la parole dans la bouche du lion).*

Le Bijou

Selon le Tuileur de Delaulnaye, le bijou est un triangle d'or, ou bien une médaille, où, d'un côté, est gravée la trappe dans laquelle on descend Jabulum avec des cordes ; de l'autre côté, un triangle.

Tableau récapitulatif du grade de Royale Arche

Selon le Tuileur de Lausanne 1875

Âge : *Soixante-trois ans accomplis, sept fois le carré de trois.*
Batterie : 00 000 *(2 et 3 claques).*
Mot de passe : *Il n'y en a pas.*
Mot sacré : *JEHOVAH*
Marche : *Ordinaire.*
Heure de commencement des travaux : *Le soleil se lève.*
Heure de la fin des travaux : *Le soleil se couche.*
Question d'ordre : *Je suis ce que je suis, mon nom est Guibulum et ma qualité Chevalier de Royale Arche.*
Tablier : *Cramoisi, en velours. Au milieu un triangle rayonnant avec le nom ineffable.*
Cordon : *Pourpre, en sautoir.*
Bijou : *Un triangle d'or, avec une médaille ayant d'un côté la représentation d'une trappe et de l'autre un triangle.*
Gants : *blancs.*
Légende de l'initiation : *Découverte de l'écriture du nom de Dieu.*

Dans les précédents Tuileurs (*Delaulnaye, Vuillaume, Bazot et Ragon*) les âge, heures d'ouverture et de fermeture ne sont pas mentionnés. La marche définie comme ordinaire désigne la marche du maître. Il est à relever que le Tuileur de Lausanne, contrairement à son habitude ne fixe aucun mot de passe.

INSTRUCTION PAR DEMANDES ET RÉPONSES

(*Collection of the Count de la Barre circa 1770, Vol.1, Latomia, 1997*)

Cette instruction sommaire récapitule bien l'essentiel de la première légende, sous sa forme la plus archaïque :

D – Êtes-vous Maître Royal Arche ?

R – Oui, j'ai découvert le gros anneau.

D – Que signifie le gros anneau ?

R – C'est l'anneau qui nous a fait découvrir la trappe qui était sur la 9e voûte du noir abîme dans l'ancien temple de Salomon où était renfermée la pierre cubique à pointe sur laquelle était gravé le mot sacré.

D – Comment êtes-vous descendu dans ce noir abîme ?

R – Par trois reprises. La première en passant trois arches, la seconde en passant six autres et la troisième en passant neuf. Le flambeau à la main et ayant vu tomber des briques et du mortier j'aperçu la pierre cubique à pointe et le mot sacré écrit dessus, et me suis prosterné.

D – Qu'avez-vous fait ensuite ?

R – J'ai secoué la corde neuf fois pour donner à connaître que j'avais descendu neuf arches et pour me faire tirer dehors.

D – Pourquoi vos compagnons ont-ils refusé d'y descendre ?

R – La frayeur d'un abîme le noir les avait saisis, mais lorsqu'ils ont su que le mot sacré était dedans, leur zèle s'est ranimé, ils ont fait des échelles de cordes pour y descendre le flambeau à la main et de la nous tirâmes les signes mots et attouchements par les gestes que nous fîmes naturellement dans notre surprise.

D – Vos compagnons ne dirent-ils rien lorsque vous descendîtes la 2e et 3e fois ?

R – Ils dirent Gibulum est un zélé et bon maçon.

D – Que signifient les neuf chandeliers à trois branches qui sont dans votre loge ?

R – Les trois frères qui descendirent dans le souterrain.

D – Que signifient les neuf lumières qui sont dessus ?

R – Les neuf voûtes descendues par Guibulum.

D – Pourquoi trois lumières sur chaque chandelier ?

R – Parce que Gibulum descendit trois voûtes chaque fois.

0
0 0

Cette deuxième instruction est tout aussi courte que la première bien que d'un contenu différent : Ce texte émane de la *Bibliothèque Roëttiers de Montaleau, MS 21 FM. pp. 208 à 211.*

D – Êtes-vous Chevalier de la Royale Arche ?
R – J'ai vu la grande lumière.
D – Comment connaîtrai-je que vous l'êtes ?
R – Par mes signes, mots et attouchements.
D – Donnez-moi le signe ?
R – On le donne.
D – Que signifie-t-il ?
R – Lorsque les maîtres les plus anciens demandèrent à Salomon de connaître les mystères sacrés qui étaient le fond de notre ordre. Il leur dit qu'il ne le pouvait, mais que par leur zèle ils les découvriraient : c'est aussi ce qu'ils firent et lorsqu'ils le trouvèrent ce fut le premier mouvement que fit un des maîtres en les voyant ; le lieu était obscur et n'était éclairé que par la vérité.
D – Donnez l'attouchement au F∴ 1er Surveillant ?
R – Il le donne.
D – Que signifie-t-il ?
R – La manière dont on aida le maître à sortir du lieu où était cachée la vérité.
D – Donnez-moi le mot ?
R – On le donne.
D – Que veut-il dire ?
R – Plus grand que vous.
D – Donnez le mot de passe au F∴ Second Surveillant ?
R – On le donne.
D – Est-il juste, mon F∴ ?
R – Oui, Très Sage.
D – Que veut dire ce mot ?
R – La grandeur du sacrifice.

0
0 0

CHAPITRE XI

GRAND ÉLU DE LA VOÛTE SACRÉE

ou *Grand Élu Ancien Parfait* et *Sublime Maçon* ou *Grand Écossais de la Perfection* (14e degré)

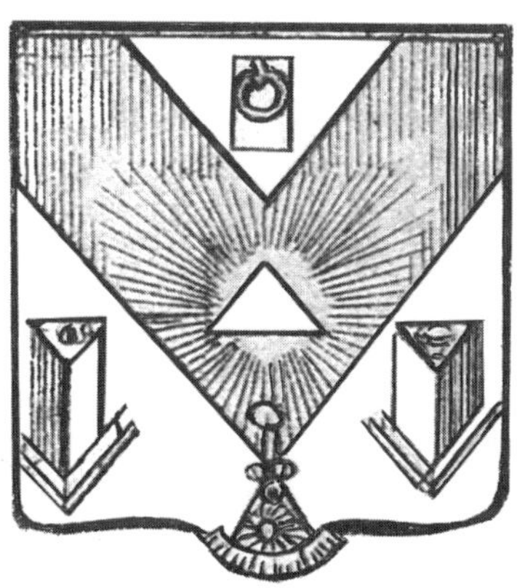

Grand Élu de la Voûte Sacrée (14e degré)

Présentation du grade

Selon Ragon, le grade de *Grand Écossais de la voûte sacrée de Jacques VI* aurait été rédigé par Jacques VI, roi de Grande-Bretagne et serait arrivé en France, en 1741 [1]. (Cette affirmation est dès plus curieuse et reste une énigme maçonnique compte-tenu que Jacques VI a vécu de 1566 à 1625). Dans le Rite de Perfection en 25 grades, ce degré est nommé *Grand Élu, Ancien Maître Parfait*, dit de la perfection. Ce grade correspond à une consécration du Maître Maçon, reçu au grade de *Grand Élu, Parfait et Sublime Maçon*. Il marque la fin d'un cycle, à ce titre on peut le considérer comme un grade terminal qui permet à tout Maître Maçon d'approfondir le grade de Maître, tous les outils en mains, dans une remarquable synthèse finale. L'état de perfection étant atteint, on peut y voir l'achèvement des *Petits Mystères*. Le début des grades capitulaires qui suivent étant le commencement des *Grands Mystères*.

Ce grade, dans sa version d'origine, est presque identique au 2e Ordre de Sagesse du Rite Français, (développé de la p. 451 à la p. 496 du présent ouvrage), tout comme nous avons pu établir clairement que les différents grades d'Élus du Rite Écossais se retrouvaient synthétisés dans le 1er Ordre.

De même que pour le grade précédent, Chevalier de Royale Arche, on peut établir deux versions qui sont l'une et l'autre la suite logique du 13e degré. La version initiale est issue de la transcription effectuée par Francken, en 1783, des hauts grades venus de France, qu'Étienne Morin avait organisé en un Rite de Perfection en 25 grades, à Saint Domingue et à la Jamaïque, entre les années 1760-1770 [2].

La version moderne date de la fin XIXe au début du XXe siècle, elle correspond à un cours de kabbale administré au récipiendaire qui est invité à en approfondir ses arcanes complexes.

1. Ragon, *Tuileur général ou manuel de l'initié*, Éditions Tessier, 1865.
2. Guérillot Claude, *Le Rite de perfection*, Éditions Trédaniel, 1993.

Légende du grade

Première version

(Elle marque par la fin d'un cycle l'achèvement de l'histoire du Temple de Salomon)

Dans cette suite du treizième degré, Salomon et Hiram roi de Tyr reçoivent *Guibellum, Johaben* et *Stolkin* Chevaliers de Royale Arche. Ils mettent le précieux trésor en sûreté sous le sanctuaire du Temple, dans la crypte creusée initialement par Énoch avant le déluge. Cette crypte fut appelée la Voûte sacrée parce qu'elle abritait le Nom Ineffable de la Conception Suprême.

C'est ce nom que l'Éternel avait révélé à Moïse, lorsqu'il s'était manifesté dans le Buisson ardent, à proximité duquel la Loge des Grands Élus, Parfaits et Sublimes Maçons, doit se tenir.

Le Temple étant achevé, Salomon reçut les plus vertueux des Chevaliers de Royale Arche et les investit du degré de Perfection. Il leur fit promettre solennellement de vivre en paix, union et concorde entre eux, de pratiquer les devoirs de Charité et de Bienveillance, à l'exemple de l'Architecte Maître Hiram, et de faire en sorte qu'à son image, la justice et l'équité soient toujours le fondement de leurs actes. Il leur fit également promettre de s'assister mutuellement dans le besoin, de punir sévèrement la trahison, l'injustice et la perfidie, à la suite de quoi il les récompensa en leur dévoilant l'Arche d'Alliance.

Salomon ordonna ensuite de nombreux sacrifices et admit les postulants à une sainte libation. Il les embrassa et leur remit à chacun un anneau d'or en signe de l'Alliance qu'ils avaient contractée avec la Vertu et les hommes vertueux (il en est de même à la fin de la réception du 2e Ordre de sagesse du rite Français, voir pp. 474 et 475).

Une garde vigilante fut installée à l'entrée de la Voûte Sacrée afin que seuls les grands Élus, Parfaits et Sublimes Maçons, puissent être admis lorsqu'ils venaient contempler les mystères du Nom ineffable. Un mot substitué fut utilisé à sa place. D'importantes précautions furent prises par le roi Salomon pour préserver le Nom ineffable de toute profanation.

Les Grands Élus, Parfaits et Sublimes Maçons, qui vécurent après lui, continuèrent à les observer car ils étaient animés du même zèle. La charge du secret se transmit ainsi de génération en génération. Mais Salomon, donné pour si sage et si vertueux, devint sourd à la voix de l'Éternel. Fier de se savoir le roi le plus puissant de la terre, fier d'avoir bâti un temple qui faisait l'admiration de l'univers, il oublia la bonté de Dieu et se laissa aller à la licence. Il offrit aux idoles l'encens qui aurait dû être brûlé dans le temple.

Ces crimes déchirèrent le cœur des Grands Élus, Parfaits et Sublimes Maçons, qui pourtant, continuèrent à guider leurs enfants sur le sentier de la vertu, selon les règles qui leur avaient été transmises et persévérèrent dans la sainte et respectable union qui perdurait entre eux.

Ils s'efforcèrent, par leur exemple et leurs conseils, de détourner les hommes de l'impiété et du sacrilège, sans pouvoir toujours y parvenir.

Devant ces crimes, l'Éternel inspira à Nabuchodonosor, roi de Babylone, d'assiéger Jérusalem et de la détruire. Ce roi plaça le royaume de Juda sous le commandement de son général, Nabusardan, qui rasa les murs et la cité et détruisit même les fondations du Temple. Il emmena les habitants en captivité à Babylone, emportant avec eux toutes les richesses du Temple. Cependant la Voûte Sacrée ne fût point pillée. Les Sublimes Maçons s'exposèrent courageusement à la furie des soldats qui gardaient l'enceinte du temple et, traversant les ruines, parvinrent à la Voûte Sacrée. Ils y cherchèrent avec ardeur jusqu'à ce qu'ils découvrent le triangle d'or scellé sur la pierre d'agate. Ils trouvèrent aussi le corps de Galaad, fils de Sophronie, le chef des lévites et l'un des plus influents des Grands Élus, Parfaits et Sublimes Maçons.

Galaad était le gardien de la Voûte Sacrée ; il prenait soin que des lampes restent toujours allumées. Il y adorait et contemplait le Nom Ineffable. Il jouissait du même respect qu'Hiram Abi, qui, quelques quatre cents ans plus tôt, avait perdu la vie pour ne pas dévoiler le secret des Maîtres. Galaad choisit d'être enseveli sous les ruines du temple plutôt que de révéler par sa fuite l'existence du précieux trésor qui serait tombé aux mains ennemis.

Les Grands Élus, Parfaits et Sublimes Maçons, en retrouvant le triangle d'or scellé sur la pierre d'agate, s'écrièrent : *Maha Imaha Rabach.* Ce mot devint le Grand Mot de passe, le plus important à connaître pour les fidèles gardiens du Trésor sacré.

Puis ils rendirent le Nom sacré illisible en le martelant pour lui éviter toute profanation. Ils placèrent la plaque d'or dans l'Arche d'Alliance, qui contenait aussi les tables de la Loi et brisèrent la pierre d'agate qu'ils ne pouvaient emporter.

Ils creusèrent alors un puits de vingt-sept pieds de profondeur et y enfouirent l'Arche et tout ce qu'elle contenait. Puis, ils enlevèrent à Galaad ses ornements de chef des lévites et recouvrirent son corps des tables de marbre qui avaient été déposées sous la Voûte sacrée, celles-là mêmes que Guibellum, Johaben et Stolkin avaient découvertes autrefois dans les ruines du temple d'Énoch.

Les Grands Élus, Parfaits et Sublimes Maçons, conservèrent dans leur cœur le précieux Trésor, le préservant ainsi de la corruption générale, Ils quittèrent Jérusalem et le royaume de Juda et se dispersèrent parmi les nations de la terre afin de leur enseigner la vérité de l'Art Royal.

Deuxième version

Cette version du rituel, la plus pratiquée actuellement, explique et relate la réception des Chevaliers de Royale Arche ayant accédé à la neuvième voûte. Alors qu'ils étaient en captivité à Babylone il leur fut permis de se rendre en Judée pour visiter les ruines du Temple de Jérusalem.

Il est exposé en détail, aux récipiendaires, que les séphiroth représentent un système cosmologique dans lequel la création est dominée par l'*Ein Soph,* l'Infini, et dont le monde est l'émanation. Principes et causes éternelles des choses créées, elles représentent les énergies et les sphères d'action de l'Infini. Chaque sephira permet d'ouvrir une porte de bronze lors de la réception au grade de Royale Arche en remontant l'Arbre de Vie de la Kabbale de *Malkut* à *Kether.* Il est donné ici que l'explication du précédent grade, sans qu'il se passe quelque chose de nouveau.

Il est dit que le Temple de Jérusalem fut détruit, dont Salomon personnifiait la Sagesse. Ce Temple fut détruit par l'ennemi du dehors, qui n'a pu effectuer son action dévastatrice que grâce à l'action de l'ennemi du dedans.

1 – Le bijou d'Hiram

D – Qu'avez vous vu dans le sanctuaire ?

R – Une seule et grande Lumière.

D – Que signifie le Triangle ?

R – La Trinité ; ou que les trois réunis ne font qu'un.

D – Que signifie le rond de votre triangle ?

R – Que la Toute Puissance de Dieu n'a ni commencement, ni fin[3].

Le Tétragramme est révélé à Moïse au chapitre III de l'Exode. L'Éternel le dévoile à Moïse comme n'étant pas une simple dénomination, mais son vrai nom. Il est la signification profonde du nom propre qui est l'essence même de celui qui le porte. Ce nom manifeste sa présence et témoigne de la puissance de son action.

Dès lors on comprend la raison pour laquelle ce nom est imprononçable et qu'il ne peut être qu'épelé. Nommer, c'est créer. Comment un être limité pourrait-il appeler (ou créer) par son nom celui qui est illimité, la Conception Suprême ?

D – Pourquoi ce triangle est-il le sujet de votre respect ?

R – C'est qu'il contient le nom sacré de la Divinité, révérée sur la terre et dans les cieux, connu et exalté sous le nom de Grand Architecte de l'Univers[4].

3. Wien MS 76/11 *Architecture des Grands Écossais* (de Valois). On trouve la même version de ce rituel *Un rituel inédit de Grand Écossais,* vers 1748, dans *Renaissance Traditionnelle,* n° 42, avril 1980.

4. Paris, Bibliothèque Roëttiers de Montaleau, *MS 22 FM, Le Grand Élu Parfait Maître et Sublime Écossais.*

Guénon observe que Jehova est formé en apparence de quatre lettres *iod, hé, vau, hé,* mais trois seulement sont différentes, *iod, hé, vau,* puisque le *hé* est présent par deux fois. À ce titre Jehovah, le Nom divin, est donc composé de trois lettres qui, par leur sextuple permutation suivent les six directions de l'espace (haut, bas, droite, gauche, avant et arrière) indiquant l'immanence de Dieu au sein du monde, c'est-à-dire la manifestation du Logos au centre de toutes choses [5] :

D – Comment est fait ce Delta ?

R – C'est une lame d'or resplendissante de Lumière sur laquelle était gravé le vrai nom du Grand Architecte de l'Univers.

D – Connaissez-vous la vraie prononciation de cette parole sacrée et mystérieuse ?

R – Non, Tout Puissant, le temps n'est pas encore venu. Cette parole mystérieuse, n'est connue que des seuls Grands Élus Parfaits Anciens Maîtres, mais j'ai le bonheur actuellement d'être introduit dans la voûte sacrée et rien ne me sera plus caché [4].

[...]

D – Qu'avez-vous vu dans le sanctuaire ?

R – Une seule et grande Lumière.

D – Que signifie le triangle ?

R – La Trinité, ou que les Trois réunis ne font qu'un.

D – Que signifie le rond de votre triangle ?

R – Que la Toute Puissance de Dieu n'a ni commencement, ni fin [6].

5. Guénon René, *Le symbolisme de la croix,* chap. IV, Éditions Vèga, 1957.

6. Un rituel inédit de Grand Écossais, Paris, vers 1748 dans *Renaissance Traditionnelle,* n° 42, avril 1980, Rituel semblable en tout point à celui de Wien 76/11, Architecture des Grands Écossais (de Valois).

Grand Élu de la Voûte Sacrée

TUILEURS	DELAULNAYE (1813)	VUILLAUME (1820)	BAZOT (1836)	RAGON (1861)
ÂGE	Sept fois sept ans (49)	Sept fois sept ans.	Quarante-neuf ans par sept fois sept	Sept fois sept ans
BATTERIE	Vingt-quatre coups, par trois, cinq, sept, neuf	Vingt-quatre coups, par trois, cinq, sept et neuf : 000 – 00000 – 0000000 – 000000000	Vingt-quatre coups comme au deuxième ordre français	24 coups, par 3,5,7 et 9 comme au 2e Ordre Français
PREMIER MOT COUVERT	JIBULUM ou JABULUM, que l'on traduit ici par ami, favori, chéri, zélé	JABULUM	JABULUM	JABULUM : ami chéri, favori, zélé frère
SECOND MOT COUVERT	Mahabin, que l'on traduit par : c'est lui, il est mort. Ce mot est altéré ; il faut dire Makobim D'autres disent, comme au *maître*, Moabon. D'autres encore, *Gabaon-Notade*, et rendent le dernier mot par *Ami-parfait, Élu*. Au lieu de *Notade*, il faut dire Notel	MACHOBIM, et que l'on interprète ainsi : C'est lui, il est mort ! Selon quelques rituels, on fait dire Mahabin, ou Mohabon, ou Moabon, ou enfin Makobin ; tous ces mots, ou sont fautifs, ou ne sont pas à leur place. Dans d'autres, nous avons trouvé *Gabaon notade* que l'on traduit par ces mots : *Gabaon*, ami parfait, ami élu ! Mais cela est d'un usage peu répandu.	MACHOBRIN ou MOHABON	MACHOBIM ; on l'interprète ainsi : *c'est lui, il est mort* !
TROISIÈME MOT COUVERT	ADONAÏ	ADONAÏ	ADONAÏ	ADONAÏ
PREMIER MOT DE PASSE	SCHIBBOLETH	SCHIBBOLETH	SCHIBOLETH	SCHIBBOLETH (prononcé en 3 syllabes)

SECOND MOT DE PASSE	Eleanam ; il faut écrire, comme on l'a vu ci-dessus Elchanan (*Gratia Dei*).	EL-HHANAN. On lit dans quelques rituels/ Eleanam ou Elehanam, ces deux mots sont également fautifs. Il ne faut pas confondre avec El-Chanan, nom d'un des plus braves officiers de David (Paral.I, chap.II, vers.26.	EL-HANAN ou EL-HEANAM	EL-HHANAN
GRAND MOT DE PASSE	Macmaha, Rababack, que l'on traduit par : Dieu soit loué, nous avons trouvé. Ces mots sont considérablement altérés ; il faut écrire MAKAH, MEHARAH, BEHA, c'est-à-dire : Il a cherché (le) meurtrier (dans la caverne). Cette Parole appartient spécialement au caractère de l'*Élu*, et prouve que ce caractère forme un des points fondamentaux du véritable Écossisme. Elle se retrouve dans le grade appelé *Élu-Parfait*	BEA MACHEH (prononcez makeh) BAMEARAH, que l'on interprète : Dieu soit loué ! nous avons trouvé. Ces mots sont forts corrompus dans la tradition ; il y a des rituels où l'on trouve, macmaha rababack, mots absolument insignifiants	BEA-MACHEH (On prononce Makeh. Interprétation : *Dieu soit loué ! Nous avons trouvé ! ou Il a cherché le meurtrier dans la caverne.*	BEA-MACHEH (pron. Makeh. BAMEARAH, que l'on interprète : Dieu soit loué, nous avons trouvé ! ces mots se sont corrompus dans la tradition.
MOTS SACRÉS	IEHOVAH	JEHOVAH	JEHOVAH	JEHOVAH
MARCHE	Huit pas précipités et un lent (neuf)	Huit pas précipités et un pas lent, ensemble neuf.	Huit pas précipités et un lent	Neuf pas : huit précipités et un lent (en se prenant le coude droit et en se portant la main droite sur la joue, la paume en dehors. C'est, dit le Rituel, ce que fit Hiram pour parer les coups de ses meurtriers.
HEURE D'OUVERTURE DES TRAVAUX	Non mentionné	De midi à minuit	Non mentionné	De midi à minuit
HEURE DE FERMETURE DES TRAVAUX	Non mentionné	De midi à minuit	Non mentionné	De midi à minuit

2 – L'amour de la Vertu

L'accent est mis sur l'acquisition des vertus et de la Vertu dès le grade d'apprenti. Lors de son admission il est d'ailleurs reconnu *libre et de bonnes mœurs*, condition *sine qua non* pour être reconnu pour initiable [7].

D – Quels sont les devoirs du maçon ?

R – De fuir le vice et de pratiquer la vertu [8].

Dans les rituels du début du début du XIXe siècle lors de sa réception au grade d'apprenti, le récipiendaire est interrogé sur l'importance de la vertu, il lui est demandé de différencier le vice de la vertu :

D – Qu'entendez-vous par le mot vertu ?

Le profane répond…

Le Vénérable réplique : **Oui, c'est une disposition habituelle de l'âme qui porte à faire le bien.**

D – Qu'entendez-vous par le mot vice ? le profane répond…

R – Le Vénérable réplique : C'est enfin l'opposé de la vertu, c'est une habitude malheureuse qui entraîne vers le mal, et c'est pour jeter un frein salutaire sur l'élan impétueux de la cupidité, c'est pour nous élever au-dessus des vils intérêts qui tourmentent la foule profane que nous nous rassemblons dans ce temple, là nous travaillons sans relâche pour accoutumer notre Esprit à ne se déployer qu'à des grandes affections, et à ne concevoir que des idées solides de gloire et de vertu, ce n'est qu'en réglant ainsi ses mœurs sur les Principes de la sainte morale, qu'on parvient à donner à son âme ce juste équilibre de force et de sensibilité de la vie, mais ce travail est pénible. C'est cependant celui auquel vous serez forcé de vous livrer si vous persistez dans le désir que vous avez manifesté de vous faire recevoir maçon, vous apportez peut-être ici des idées bien différentes, si ce n'est que d'après les idées grossières et mensongères d'un vulgaire ignorant que vous vous présentez ici ; si travailler constamment à votre perfection morale, vous paraît au dessus de vos forces, il est encore temps, vous pouvez vous retirer… [9]

On trouve dans un rituel moderne au grade d'apprenti une tentative de définition de la vertu :

La vertu est une énergie de l'âme, appliquée à la pratique habituelle du bien, du juste ou du devoir ; c'est une impulsion naturelle vers l'honnêteté, la force d'asservir ses passions, l'art de tenir en équilibre et de se régler dans les

7. Concernant *libre et de bonnes mœurs*, se reporter à Mainguy Irène, *La Symbolique maçonnique du troisième Millénaire*, 2001, pp. 102-106.

8. *Le Sceau rompu ou la loge ouverte aux profanes par un Franc-maçon,* 1745, Éditions Rouyat reprint, 1974.

9.Grande Loge Générale Écossaise de France, octobre 1804, *Rituel du 1er degré,* dans *Ordo ab Chao*, n° 39-40, *Origine et Évolution des Rituels.*

jouissances ; c'est l'habitude des bonnes actions et de vivre selon la raison perfectionnée qui force toujours à faire le bien ; c'est le triomphe de la volonté sur les désirs, le sacrifice de soi-même et de son bien-être en faveur d'autrui, la préférence de l'intérêt général à l'intérêt personnel ; l'empire de l'âme sur le corps, l'amour de l'ordre, de l'harmonie, du beau, c'est la philosophie et la maçonnerie en action.

La vertu apparaît ici comme un art de vivre qui naît de la force reconnue en soi. Elle est une direction constante de l'activité et suppose l'intention qui cherche à réaliser le bien en soi d'une façon de plus en plus efficace et réfléchie. Sa recherche correspond à une prise de conscience de la fragilité et de la faiblesse de la condition humaine, c'est une conquête de lucidité qui passe par le dépouillement volontaire des métaux pour accéder à la force de la libération intérieure qui est la vraie liberté.

Dans le *Guide des Maçons Écossais*, ainsi que dans de nombreuses instructions de l'époque, il est précisé : *qu'on élève des temples à la vertu et qu'on y creuse des cachots pour les vices, qu'on vient vaincre ses passions, soumettre ses volontés, et faire de nouveaux progrès dans la maçonnerie.*

Dans ce même rituel les bienfaits de la vertu sont invoqués lors d'une prière adressée en faveur du récipiendaire :

[...] « **Daigne, ô Grand Architecte ! Daigne, je t'en conjure, protéger les ouvriers de paix que je vois remis ici, échauffe leur zèle ; fortifie leur âme dans la lutte fatigante des passions, enflamme leurs cœurs de l'amour des vertus, et décide leurs succès, ainsi que celui de ce nouvel aspirant, qui désire participer à nos mystères augustes** »...

Toujours dans le même Guide des Maçons Écossais, lors de la réception au grade de compagnon, l'apprenti est de nouveau interrogé sur l'importance de la vertu :

D – Dans quel état avez-vous été présenté en loge ?

R – Ni nu, ni vêtu.

D – Pourquoi cela ?

R – Pour me prouver que le luxe est un vice qui n'en impose qu'au vulgaire, et que l'homme vertueux doit fouler aux pieds tout sentiment de vanité et d'orgueil.

D – Pourquoi vous a-ton couvert les yeux ?

R – Pour me faire comprendre combien les ténèbres de l'ignorance et la nuit profonde des passions qui nous aveuglent sont préjudiciables au bonheur de l'homme.

D – Pourquoi vous fit-on voyager ?

R – Pour me faire connaître que ce n'est jamais du premier pas que l'on parvient à la vertu [10].

10. *Guide des Maçons Écossais, apprenti*, pp. 209-213, *compagnon*, pp. 252-53, dans *Ordo ab Chao, op. cit.*

Dans une ode à la maçonnerie, extraite des Constitutions d'Anderson, dans un style un peu grandiloquent, on y chante :

Donc puisse nos vœux nous inciter à la vertu,
Á la vertu reconnue sous toutes ses Formes :
Venez, *Candeur, Innocence* et *Amour*,
Venez posséder nos Cœurs fidèles… [11]

L'Amour de la vertu c'est la liberté de disposer de soi en fonction des principes auxquels on adhère en son âme et conscience. C'est aussi le chemin étroit qui mène vers l'autre rive, celle de l'épanouissement du cœur dans la paix intérieure et la sérénité.

La vertu, est synonyme de force d'âme. Elle est nécessaire autant pour l'audace que pour la crainte, c'est-à-dire qu'un Maître Maçon est un homme libre qui évite les périls par la même vertu qui fait qu'il tente d'en triompher. Spinosa fait huit propositions où il expose les règles relatives aux désirs. *Le principe est qu'on peut faire par raison, activement, tout ce qu'on fait par passion. Bien qu'il puisse avoir pour le non affranchi quelque utilité pratique, nul désir tirant son origine d'une passion (nulle crainte par exemple) n'est indispensable à la vie. On peut vivre en prenant la raison pour guide, et l'on s'en trouvera bien ; outre que l'on se montrera ainsi vraiment vertueux, on pourra bien mieux user de prévoyance* [12].

Lorsqu'un Maître Maçon devient *Grand Élu de la Voûte sacrée*, sa progression initiatique correspond à un couronnement dont la pratique de la vertu est nécessairement devenu l'axe de son action au quotidien. De plus il est dit qu'il contacte une double alliance :

D – Qu'avez-vous contracté en recevant ce grade ?

R – Une double alliance avec la vertu et les vertueux.

D – Quelle en est la marque ?

R – Cet anneau d'or qui désigne la pureté.

[…]

D – Quelles sont les obligations du Parfait Maître Anglais ?

R – De ne jamais visiter une loge clandestine, de ne point refuser de reconnaître un F.·. indigent et vertueux qui donne des marques suffisantes, visiter les malades et les prisonniers, punir les traîtres, ne jamais rompre l'engagement contracté avec les vertueux et dont l'anneau est la marque [13].

[…]

D – Quels sont les salaires de vos succès ?

R – La vertu et la concorde.

11. Anderson, *Constitutions*, sur les textes de 1723 et 1738, traduites par Georges Lamoine, Éditions du Snès, Toulouse, 1995, p. 267.

12. Spinoza, *Éthique démontrée* suivant l'ordre géométrique et divisé en cinq parties, propositions LIX à LXVI, traduction nouvelle de Charles Appuhn, Librairie Garnier.

13. Bayreuth *MS.7760-J.*

D – Quelle récompense attendez-vous ?

R – La destruction du vice, l'amitié et la reconnaissance de mes FF∴ les Vrais Élus [14].

La vertu est une qualité de l'âme partagée en commun avec tous les Frères, réglée par l'équerre et le compas :

D – Où trouvez-vous des matériaux ?

R – Dans le trésor des vertus des Parfaits maçons en réglant et composant mes actions en mon cœur par l'Équerre et le Compas de la Divine Sagesse [15].

Cette quête de la Vertu est aussi l'objet de la recherche du Grand Élu Écossais au Rite Français, (voir pp. 479 à 480).

3 – Les mots de passe

Pour la première fois on trouve des mots de passe qualifiés cette fois-ci de grands. Cela voudrait-il que les précédents étaient des petits ?

Toujours est-il que si l'on se penche sur leur signification, on leur trouvera un air de déjà vus :

1er mot de passe : *SHABALAT.* On retrouve la racine de shiboleth, premier mot de passe au R.E.A.A. entre l'apprentissage et le compagnonnage, qui signifie *cours d'eau* ou *épi.*

2e mot de passe : *MOHABON* qui signifie issu du père.

Selon Guérillot Moabon serait une question :

Qui est le maître d'œuvre ? c'est l'ancien mot des maîtres qui serait demandé en tant que mot de passe à celui qui souhaite accéder au 14e.

3e mot de passe : *KELEH-NEKAM.* Ce n'est pas une phrase, mais une juxtaposition de deux mots

Keleh (kaf, lamed, aleph) signifie la prison

Nekham (noun, qof, mêm, hê) signifie vengeance. Ces deux mots rappellent le sort réservé aux trois assassins d'Hiram aux 9e et 10e degrés. Cette fusion rappelle la caverne du *Maitre Élu des Neuf* et la tour dans laquelle furent emprisonnés les assassins du *Maître Élu des Quinze.*

Ainsi, on peut constater que ces trois mots de passe ne sont pas arbitraires. Il peuvent être qualifiés de grands car ils récapitulent les trois précédentes phases essentielles de l'initiation qui correspondent aux passages des grades de *compagnon*, *maître* et *élu*, soit de la construction du temple au

14. *Quatorzième grade, Perfection ou le Grand Écossais de la Voûte sacrée de Jacques VI*, Bibliothèque André Doré du Grand Collège des Rites.

15. Paris, Bibliothèque Roëttiers de Montaleau, *MS 22 FM, Le Grand Élu, Parfait Maître et Sublime Écossais.*

meurtre du maître et, du meurtre de celui-ci au châtiment de ses assassins. Ces mots de passe qui sont des mots de passage désignent la traversée d'une rive à l'autre, une étape franchie, un passage important du cheminement initiatique dans les 2e, 3e et 9e et 10e grades.

Le Grand Mot de passe varie selon bon nombre de rituels.

4 – Les mots couverts

Dans ce grade qui achève et clôt le cycle de perfection on donne trois mots couverts. Ce terme de couvert que l'on trouve pour la première fois interpelle le postulant.

Concernant ces mots couverts on trouve plusieurs variantes. Si on s'arrête à ceux fixés par le Tuileur de Lausanne :

Le 1er mot couvert est Guibulum ;

Le 2e mot couvert est el-Hanan ;

Le 3e mot couvert est Adonaï.

Le 1er mot couvert est *GUIBULUM*, qui serait une déformation de Ghiblim (*guimel, beth, lamed, iod, mem*). Ce premier mot hébreu signifie *Ami choisi, Favori, Élu, Frère zélé*[16].

Guibul ou *Gabal* selon le dictionnaire de Saint Gall signifie limite, borne, enclos. *Guibulum* signifierait donc la limitation ou la manifestation de la divinité.

Le 2e mot couvert *EL-CHANAN* exprime la miséricorde de l'Éternel.

Le 3e mot couvert *ADONAÏ* est un des noms de Dieu de substitution ou de remplacement utilisé à la place de l'imprononçable Tétragramme, signifie littéralement *mes seigneurs* et correspond en fait aux épiphanies divines. Ce mot après avoir été le 2e mot sacré du 4e grade et le mot sacré des 11e et 12e degrés se trouve gravé sur la pierre d'agate posée sur l'autel de Royale Arche.

Ce mot de substitution est donné pour exprimer la Conception suprême qui demeure imprononçable puisque l'on ne peut nommer l'Increé.

On peut considérer que ces trois mots couverts qui récapitulent le chemin parcouru sont des mots couvrants qui cachent le nom ineffable. Ils expriment la notion de principe créateur au niveau de nos facultés individuelles de compréhension. Ils nous aident à trouver nos limites et par là même à trouver notre place dans l'Univers.

16. Quatorzième grade, *op. cit.*

5 – Les signes du quatorzième degré

Les signes de ce grade récapitulent avec les mots de passe et les mots couverts le chemin initiatique parcouru par le Maître Maçon. Il s'agit ici vraiment de l'achèvement d'un cycle, tout concourt à le prouver.

Le premier signe se fait en portant la main droite du côté gauche du ventre puis en la retirant horizontalement en la laissant tomber. Dans les anciens rituels ce geste qui coupe le ventre s'appelle *le signe du ventre.*

Ce signe est un rappel du serment contracté lors de l'élévation à la maîtrise.

Le deuxième signe consiste à porter la main droite sur la joue gauche, comme pour éviter la chaleur d'un grand feu, et de soutenir le coude avec la main gauche. Ce signe rappelle l'impression que fit à Moïse le Buisson ardent sur le Mont Sinaï, dont il ne put soutenir l'éclat [17].

Le troisième signe est celui d'admiration en étendant les deux mains vers le ciel inclinée en regardant le firmament, ensuite porter les deux doigts sur les lèvres. Ce dernier signe rappelle le signe du *Maître Secret*, premier signe du cycle de perfection qu'il clôt également, rappelant qu'on ne peut transmettre qu'à celui qui a la qualité pour recevoir.

Le Grand Élu a reçu la lumière de la Connaissance et de la Vérité dont il témoigne par le signe d'admiration. On en trouve une explication dans le Zohar où il est dit : « Levez les yeux en haut et considérez qui a créé cela » « Levez-les yeux en haut », vers quel endroit ? Vers l'endroit où les regards sont tournés. Et quel est cet endroit ? C'est l'ouverture des yeux » [18].

6 – La batterie

D – Où avez-vous été reçu ?
R – Dans une loge souterraine élevée par trois, cinq, sept et neuf.
D – Où est-elle située ?
R – Près du Buisson Ardent.
D – Par où êtes-vous passé ?
R – Par un long corridor.
D – Comment vous-a-t-il introduit ?
R – En frappant trois coups.
D – Que signifient ces trois coups ?
R – L'âge d'un Apprenti.

17. Quatorzième grade, *op. cit.*
18. Zohar, 1-1, *Sepher ha-Zohar* traduit par Jean de Pauly, Éditions Maisonneuve, 1975.

D – Que vous ont produit ces trois coups ?
R – Cinq coups qui signifient l'âge d'un Compagnon.
D – Qu'a-t-on répondu ?
R – Sept coups qui signifient l'âge d'un Maître symbolique.
D – Que lui a-t-on répliqué ?
R – Neuf coups, qui signifient l'âge d'un Maître Parfait [19].

Comme toutes les batteries pratiquées, celle du 14e grade marque l'ouverture et la fermeture des travaux. Alors que vingt-quatre lumières rouges éclairent le Temple, la batterie comporte vingt-quatre coups, qualifiés de *mystérieux* qui se décomposent en trois, cinq, sept neuf. Cette batterie rappelle les 24 marches qui permettent d'accéder à la voûte sacrée.

Cette formulation du rituel pose plusieurs questions :

Pourquoi la limite humaine s'arrête-t-elle au nombre neuf ?

Pourquoi ces nombres sont-ils considérés comme mystérieux ?

Quel est le sens de cette progression 3,5,7,9 au cours de cette batterie ?

Pourquoi la batterie à caractère sonore à l'ouverture des travaux devient-elle sonore et visuelle à la clôture ?

Le nombre Trois

L'unité primordiale en se dédoublant conduit à la dualité. Mais on ne peut pas s'arrêter là, car sous son aspect négatif elle est opposition, et sous son aspect positif elle est complémentarité. Un troisième terme conciliateur permet de retrouver l'unité et de sortir du binaire des oppositions. Trois est un nombre archétypal : 1 représente le Ciel, 2 représente la Terre, 3 représente l'être vivant né symboliquement de la jonction du Ciel et de la Terre, de l'Esprit et de la Matière.

Si l'apprenti a trois ans, tout être vit dans trois dimensions, d'où l'une des significations de l'appellation de *Trois Fois Puissant Maître* attribuée au Maître de la Loge des ateliers de perfection, car il est censé avoir la maîtrise des trois mondes : minéral, végétal et animal ou encore des trois mondes physique, psychique et spirituel.

Le nombre cinq

Cinq correspond à l'âge et au nombre du Compagnon. Ce nombre représente la plénitude de sa réalisation. Tout comme l'étoile à laquelle il s'identifie, l'initié est censé devenir intérieurement rayonnant de lumière. Le nombre 5 est à la fois symbole de la réalisation de l'être et de son expansion.

Le nombre 5 composé par 2+3 (comme dans la batterie du 13e) c'est la somme des premiers nombres pairs et impairs, statiques et dynamiques, symbole d'équilibre et d'harmonie.

19. Toulouse B. U, Écossais ou *Élu Parfait de la Loge*, Bordeaux, vers 1750.

Le nombre sept

Sept est l'âge du Maître Maçon, qui correspond au cycle complet d'achèvement de la création et à un cycle de connaissance achevé du maître.

Sept correspond à l'approfondissement des sept arts libéraux qui se décomposent en trivium et quadrivium. Le sept est formé du ternaire et du quaternaire. Le sept correspond à la forme géométrique du carré surmonté du triangle. En l'intégrant, cette forme géométrique parfaite symbolise la pierre philosophale.

Sept c'est encore la somme des trois vertus théologales *Foi, Espérance, Charité* enrichies des quatre vertus cardinales *Justice, Prudence, Tempérance et Force.*

Le nombre neuf

Neuf est le carré de 3. Il représente l'état parfait, limite humaine idéale. En dehors du grade de Maître Parfait, tous les âges dans les ateliers de perfection sont des multiples du nombre 9, chacun étant censé avoir la capacité de se perfectionner et de se réaliser dans ses trois dimensions.

Ainsi le Maître Secret a 3 X 27 ans accompli, ce qui équivaut à 81 ans ou 9 X 9 ans, ce qui correspond à l'âge d'Hiram mis à mort.

Le Maître Élu des Neuf a huit et un an accomplis, soit 9 ans.

Le Grand Maître Architecte a l'âge de la plénitude ou 9 X 5 = 45 ans.

Le Chevalier de Royale Arche a 9 X 7ans, soit 63 ans. Enfin l'âge du Grand Élu de la voûte Sacrée est de 27 ans accomplis soit 9 X 3 = 27.

Le nombre 9 rappelle les 9 mois de gestation nécessaires à toute naissance, ce même nombre se retrouve dans les neuf maîtres partis à la recherche d'Hiram.

La loge au grade de Maître Secret est éclairée par trois chandeliers à trois branches. Les trois mages découvrent dans la 9e voûte, qui correspond au Saint des Saint trois lampadaires à 3 branches devant lesquels ils s'inclinent neuf fois.

Ce nombre 9 symbolise bien l'accomplissement nécessaire au cycle de perfection et son déploiement, avant d'accéder à un autre cycle lumineux de connaissance.

Trois, cinq, sept et neuf

La somme de ces 4 nombres est égale à 24, autre limite humaine qui correspond aux 24 heures de la journée, au partage du midi/minuit. C'est aussi le rappel de la règle à 24 divisions qui se décompose soit en 3 X 8 heures, 4 X 6 heures selon la règle de vie adoptée.

Les nombres mystérieux

Il est évident que chaque nombre, par sa valeur symbolique exprime le plus grand mystère qui paraît inconcevable à la raison humaine, clef cryptée de la création de l'univers. Si l'on en croit l'antique formule de Pythagore, l'Éternel a tout réglé selon nombres, poids et mesures. Ceci s'illustrent par les batteries des grades. Chacune résumant et marquant la limite des connaissances approfondies.

Toute pensée se manifeste par comparaison et établissement de rapports. Ces rapports s'expriment dans la manifestation qualitative du nombre et non pas quantitative du chiffre, ce qui peut aussi justifier sa désignation de mystérieuse.

Dès lors on peut considérer que la batterie du 14e résume le chemin parcouru progressivement depuis l'initiation par paliers successifs de 3,5,7, 9.

Toutes les batteries pratiquées dans les grades précédents représentent un acte d'union partagé, imposant un temps fort mis en action par tous les membres de la loge, sorte de déclencheur de l'ouverture ou de la fermeture des travaux. À l'inverse celle du 14e est effectuée à l'ouverture uniquement par les trois officiers qui dirigent la loge :

Le Deuxième Grand Surveillant frappe trois coups.

Le Premier Grand Surveillant frappe cinq coups.

Le Trois Fois Puissant Grand Maître frappe sept coups.

Les neufs coups restants seront frappés par ce même officier en les décomposant en trois fois trois coups qui permettent à l'assistance de récapituler les trois signes d'ordre.

À la fermeture des travaux, la batterie, exclusivement sonore jusqu'ici, est également visuelle. Les 3,5,7 coups frappés sont suivis de l'extinction des lumières par les trois officiers dirigeant la loge, soit 15 lumières. C'est alors que le Trois Fois Puissant Grand Maître, par trois fois trois coups, fait exécuter les signes d'ordre, d'admiration et de silence. Les neuf lumières restantes seront éteintes par la suite.

Cette batterie, par le rappel des trois signes et l'extinction progressive des lumières lors de la batterie de fermeture marque l'avancée du Maître Maçon dans un cycle d'éveil de la conscience où il s'est trouvé confronté à des problèmes philosophiques fondamentaux. Ces Grands Élus qui trouvent dès lors cette lumière pour éclairer leur conscience contribuent à ce que tous leurs Frères humains soient éclairés par la lumière de la connaissance du Beau, du Bien et du Vrai.

Toute cette symbolique numérique rythmée marque la volonté du Grand Élu d'accéder à la perfection.

Une question se pose : est-elle vraiment de ce monde ?

En restant lucide, on peut seulement espérer que chacun s'efforce d'y tendre. Cette quête n'est réalisable qu'avec des cœurs purs remplis d'amour pour la Vertu, ayant effacés en eux toutes traces de vengeance, d'iniquité et d'injustice.

On peut considérer que cette batterie synthétise en quelques secondes, par des symboles sonores, la connaissance des nombres qui caractérisent la progression du Maître Maçon dans la Voie de la Sagesse et de la Connaissance, en rassemblant ce qui est épars.

La batterie, de manière globale enseigne plus particulièrement à ce grade, que les nombres, de manière plus synthétique que les mots, hors de tout dogmatisme, explicitent l'Univers. Tout dogme, toute doctrine sont limitatifs par définition et constituent une restriction de la Vérité vers laquelle chacun s'efforce de tendre. Ils peuvent générer intolérance et exclusion, alors que tout nombre, en apparence hermétique, est au-delà des mots, car il est éternel, stable, entrouvrant la porte sur l'infini par la prise de conscience des limitations individuelles.

7 – La Voûte Sacrée

D – Quelle fut la récompense dont Salomon vous honora ?

R – Après avoir déposé le premier trésor des maçons, après avoir pénétré dans le lieu le plus sacré de la terre, je fus décoré du grade de Grand Élu Parfait et Sublime Maçon.

D – Quel est le nom de ce lieu sacré dans lequel vous avez pénétré pour être admis à ce grade éminent ?

R – Celui de la Voûte sacrée.

D – Où le Grand Élu Parfait Maître travaille-t-il ?

R – Dans le Saint Temple de Jérusalem.

D – Quel est maintenant le travail d'un Grand Élu Parfait Maçon ?

R – De garder dans le cœur avec respect les mystères de la Maçonnerie, pratiquer la plus pure morale, assister et secourir ses FF∴[20].

Ce lieu est désigné comme étant le Centre de l'endroit le plus sacré du monde. Ce terme correspond au centre du monde où le Principe se manifeste. Une des marques visible est l'inscription du Tétragramme qui correspond à la Conception suprême

D – Où fûtes-vous reçu Grand Élu ?

R – Dans un lieu qui n'a besoin ni du soleil, ni de la lune, ni d'aucune lumière.

D – Où est fixé ce lieu miraculeux ?

R – Sous le Saint des Saints, dans un lieu appelé la voûte sacrée[20].

Il est définit par le Zohar : *De même que la fumée des sacrifices montait au ciel, alors que les pontifes officiaient et que les lévites chantaient des hymnes, de même l'élévation des esprits d'un palais à l'autre s'accomplit au moment où l'homme adresse ses prières à la Lumière suprême, à la Lumière des lumières ; c'est alors que tous les esprits, semblables aux petites lumières, sont absorbés par la grande lumière, en pénétrant tous dans le Saint des Saints où ils sont inondés des bénédictions qui coulent sur le Saint des Saints, telles que les eaux jaillis-*

20. Paris, Bibliothèque Roëttiers de Montaleau, MS *22 FM, op. cit.*

sent d'une source intarissable. C'est dans ce septième palais que réside le Mystère des mystères qui est au-dessus de tout entendement et de tout calcul. Là, réside la volonté éternelle, la volonté de l'Infini, la volonté qui régit tous les mondes en haut et en bas, la volonté qui n'est perceptible que par l'acte qui la suit, la volonté qui est destinée à régner en bas autant qu'en haut, afin que l'union de tout avec la volonté soit parfaite[21].

Dans le Sceau Rompu (1745), dès l'instruction de Compagnon, on trouve mentionné la Chambre du milieu et la Grande Lumière :

D – Quand vous fûtes dans la Chambre du milieu, que vîtes-vous ?

R – Une grande lumière, dans laquelle je crus apercevoir la lettre G.

D – Que signifie la lettre G,

R – Plus grands que vous, Vénérable.

D – Qui peut être plus grand que moi qui suis maçon libre, maçon maître d'une loge aussi bien composée ?

R – Elle signifie le nom de Dieu en hébreu[22].

8 – Les trois étoiles ont paru

D – Quelle heure est-il ?

R – Les Trois étoiles ont paru.

À quoi correspondent ces trois étoiles ? Ont-elles un rapport avec les trois mages du grade précédent ? En fait, on les trouve présentes dans les deux versions du rituel pratiqué actuellement, avec et sans la kabbale.

On peut constater que la constellation d'Orion forme un rectangle surmonté d'un triangle. En son centre se trouvent en diagonale trois étoiles alignées appelées le baudrier d'Orion, appelé aussi les trois rois, et on peut facilement les assimiler aux trois mages.

Selon la mythologie grecque, Orion est un chasseur né de la Terre et de Poséidon, dieu de la mer. Aveuglé par un roi dont il aimait la fille, il retrouva la vue en se faisant conduire face au soleil levant. Un rapprochement peut être fait avec les trois mages de la légende qui après avoir été confrontés au vent du désastre, retrouvent la lumière à la sortie du puits.

Les étoiles qui brillent au firmament portent les lueurs de l'espérance d'une aube meilleure, pour tout être en quête de Vérité.

C'est, semble-t-il, selon Jacques Bonnet, l'alliance de l'étoile du matin, ou du soir, avec le jour qui justifie son rapprochement avec l'Esprit Saint (ou Esprit de Vérité). Car les étoiles ont été faites, dit la Bible, pour éclairer la nuit. Elles sont une multitude, comme les anges qui éclairent les

21. Zohar, I.- 45, *op. cit.*

22. *Le Sceau rompu ou la la loge ouverte aux profanes par un franc-maçon*, Éditions Rouyat 1974, reprint de l'Édition de 1745.

esprits des hommes. Parmi elles, l'étoile du soir symbolise la connaissance naturelle de l'ange et celle du matin, celle qu'il y a dans le verbe divin[23]. L'étoile du matin apparaît comme noyée dans la clarté solaire, comme en celle du Principe, condensant en elle-même la lumière des autres étoiles, comme l'Esprit de vérité rassemble les lumières angéliques et prophétiques auxquelles l'apôtre Pierre fait allusion en disant : *l'Écriture prophétique à laquelle vous faites bien de prêter attention, comme une lampe qui brille dans un lieu obscur, jusqu'à ce que le jour vienne à poindre et que l'étoile du matin se lève dans vos cœurs*[23].

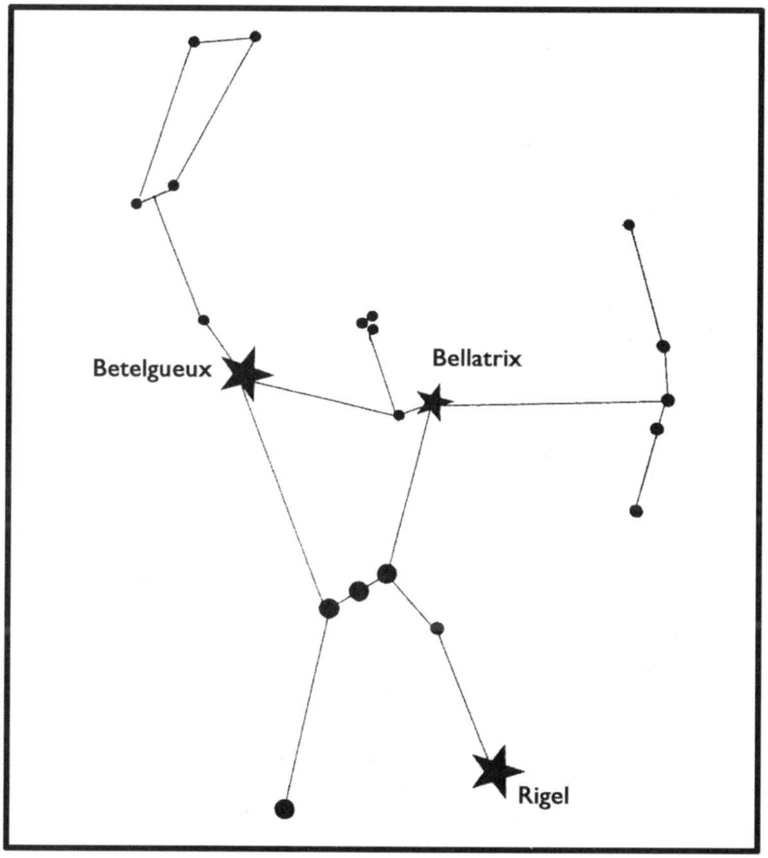

Fig. 64 – La constellation d'Orion.

23. Bonnet Jacques, *les symboles traditionnels de la Sagesse*, Éditions Horvath, 1979, pp. 63-64.

9 – Gabaon

Gabaon est traduit par *ami parfait, ami élu.* C'est chez les gabaonites qu'aurait été gardée l'Arche d'Alliance durant la construction du Temple.

D – Comment nommez-vous cette chambre ?

R – Gabaon.

D – Pourquoi ?

R – Parce que dans la Cité Sainte, il y avait un lieu élevé de ce nom, où David et Salomon avant la construction du temple offraient des sacrifices au Seigneur ; c'est pour en conserver la mémoire que Salomon donna ce nom au lieu le plus élevé de son temple [24].

C'est après le retour de Gabaon, que Salomon décide d'édifier un Temple à l'Éternel. C'est en ce lieu nommé Gabaon que le temps est suspendu sur l'ordre de Josué, lieu privilégié qui est le réceptacle, à deux reprises, de la jonction entre le plan humain et le plan divin. Gabaon est une ville proche de Jéricho, haut lieu du culte consacré à l'Éternel.

Une autre interprétation de ce nom est donnée dans un manuscrit de Bayreuth [25] :

D – Pourquoi nous appelons-nous Gabaon ?

R – Parce que c'est le nom du lieu où les Israélites déposèrent l'arche d'alliance dans les temps de troubles et de persécutions et en mémoire aussi de ce que Salomon le donna à la mère d'Hiram qui y pleura son fils le reste de sa vie.

10 – Les colonnes de la rigueur et de la miséricorde de L'arbre des Séphiroth

Le kabbaliste comme tout être humain cherche à résoudre les questions fondamentales de sa présence sur terre en se penchant sur le récit de la création *: Être d'où viens-tu ?, Être qui es-tu ?, Être où vas-tu ?* C'est par l'intermédiaire du *Sepher Yetsirah* ou *Livre de la formation* que la Kabbale étudie la genèse du monde, par les vingt-deux lettres de l'alphabet hébraïque, ainsi que l'idée de la hiérarchie des *Séphiroth.* Dans ce livre on dit que l'Éternel a gravé et créé le monde selon les Trente-deux mystérieux Sentiers de la sagesse qui sont constitués des vingt deux lettres de l'alphabet sacré et des dix *Sephiroth* qui représentent dix aspects de l'Unité principielle. Il est bien évident qu'il est impossible à un Maître Maçon qui ne connaît pas cette tradition de longue date de l'approfondir au point de devenir un véritable

24. BN *MS. FM⁴ 15.*
25. Bayreuth *MS 7760 –5.*

kabbaliste. Aussi, il s'agit ici de donner quelques éléments de ses grandes lignes pour en avoir une vision synthétique et donner l'envie de l'approfondir tout en restant conscient de ses limites personnelles.

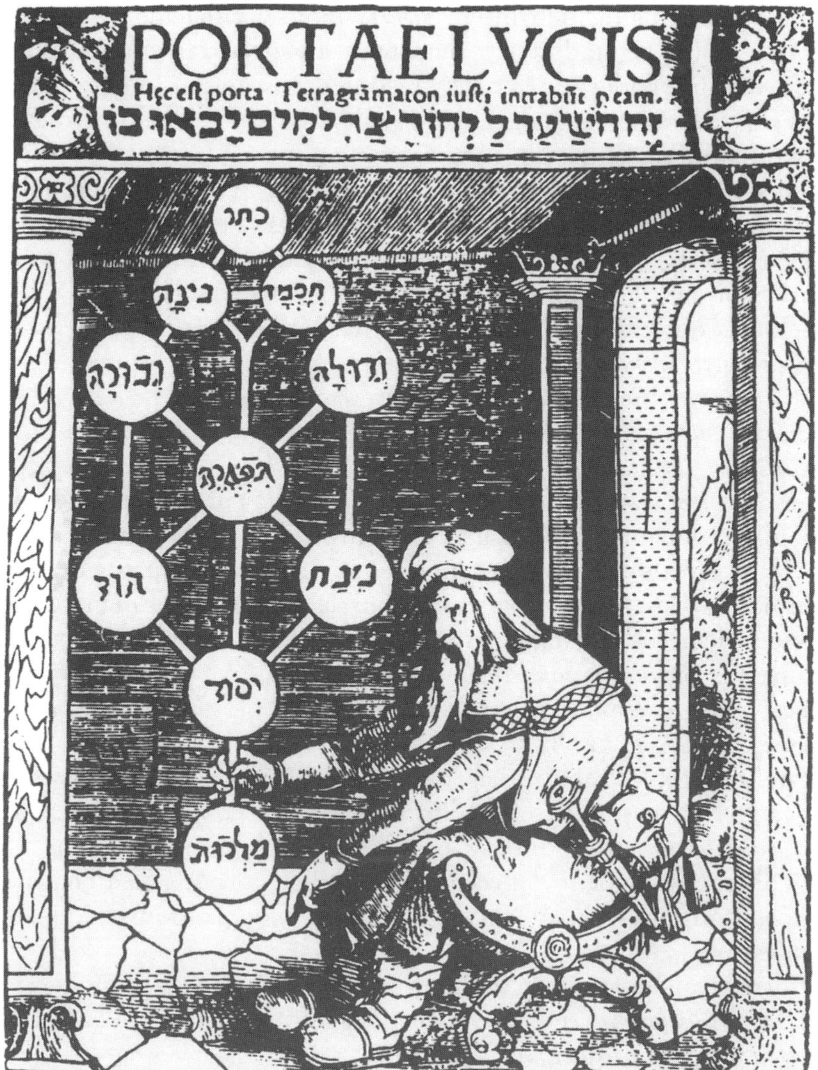

Planche 18 – L'arbre des Séphiroth.

Extrait de Portae Lucis de Paul Ricius, Augsbourg, 1516.

Le Principe, appelé Dieu, sort de l'inexprimable de son être volontairement pour se manifester à travers l'émanation progressive des dix puissances de son être. La kabbale est organisée par dix *sephirot*, dont la représentation classique est celle de l'arbre, dont le tronc est triple, il présente deux axes verticaux extérieurs de rigueur et de miséricorde, relié par un axe central. Chaque branche représente un attribut divin comparable à une épiphanie.

Le mot *séphirah*, dont le pluriel est *Sephiroth* (qui signifie numération), signifie *nombre*. La racine trilitère *SPHR* signifie initialement *compter*. On note que sepher se traduit par livre mais aussi lettre, écriture, alors que sapher veut dire parler, dire conter, raconter. Les notion fondamentales de *lire, écrire et compter* sont dans cette seule racine verbale étroitement liée, résumant ainsi l'essentiel de la manifestation.

Un système de canaux unit les *sephiroth* à l'Ein Sof selon des relations extrêmement complexes. L'essentiel à retenir de ce système est que l'on trouve toujours un troisième terme médiateur qui unit deux principes opposés, formant à chaque fois un ternaire fondamental.

Selon la définition de Claude Mouret : *les séphiroth sont les traces, ou reflets de Dieu, permettant, sinon de le saisir, du moins d'en percevoir les mystérieuse approches.* Selon son image, *c'est l'ombre qui permet de déceler la présence du soleil. Elles constituent le trait d'union entre l'Infini et le fini. Elles humanisent le Divin. Elles sont à l'En Sof ce que le corps est à l'âme*[26].

Les *Séphirot* sont des lumières, des splendeurs par lesquelles le principe se manifeste au moyen des canaux séphirotiques. Elles sont le moule de l'œuvre de création de tous les mondes et de leurs occupants des anges à l'homme. Par les *Séphirot* on entre dans la sphère de l'Émanation où le Principe devient substance spirituelle pour se rendre accessible à chacun. *Les Séphiroth sont incluses les unes dans les autres et chacune les contient toutes et se trouve contenue à l'intérieur de ses pareilles. Et l'En Sof en demeure toujours le mystérieux écrin.*

En disposant les Séphirot en colonnes verticales le côté droit correspond au principe actif, positif, masculin, appelé aussi colonne de miséricorde. Celle de gauche correspond au principe passif, négatif, féminin appelée aussi colonne de rigueur. La colonne du milieu correspond à l'harmonisation des contraires ou à la conciliation des oppositions nécessaires et fécondes.

La troisième porte est la sephirah *Netsah, celle de la victoire.*

Hessed, Guebourah et *Tipheret* forme un ternaire animique. *Hod, Netsah* et *Yessod* forment un ternaire matériel.

Binah c'est l'intelligence le plan divin se concrétise.

Hokhma, représente la sagesse ou la pensée principielle. Elle contient le plan de la construction du monde.

26. Mouret Claude, *Aperçu sur les Séphiroth*, dans *Renaissance Traditionnelle*, n° 60, octobre 1984.

INFINI = EIN SOF = L'ÉTERNEL

MONDE DE L'ESPRIT ET DE LA PENSÉE		KETHER Couronne 0		ÉMANATION
	HOKHMA 0 *SAGESSE*		0 BINAH *INTELLIGENCE*	
MONDE DE LA MORALE ET DU SENTIMENT	HESSED 0 *GRÂCE*		0 GUEBOURAH *RIGUEUR* DIN *JUSTICE*	CRÉATION
		0 TIPHERETH *BEAUTÉ*		
MONDE DE LA VIE ET DES SENTIMENTS	NETSAH 0 *VICTOIRE*		0 HOD *GLOIRE*	FORMATION
		0 YESOD *FONDEMENT*		
MONDE DE LA MATIÈRE		0 MALKUTH *ROYAUME*		ACTION

11 – La colonne du milieu de l'arbre des Séphiroth

Le Sepher Ietsirah dit que du Tohu (vide), l'Éternel tailla trois grandes colonnes à partir de l'éther insaisissable. René Guénon considère qu'il s'agit des colonnes de l'arbre séphirotique, soit la colonne du milieu, la colonne de droite et de gauche.

Kether est la première des dix sephiroths, elle représente la couronne suprême « la pierre angulaire » invisible qui dans le Temple de Jérusalem était placée sous l'arche d'alliance. *Kether* est définie comme la cause de toutes les causes et l'origine de toutes les origines [27].

À l'inverse cette légende fait remonter les Mages de la couronne du bas à celle du haut, de *Malkuth* à *Kether* en passant par *Iesod* et *Tiphereth.*

De *Malkouth* à *Kether*, le passage de porte en porte enseigne la route à suivre pour retrouver la vrai Lumière qui n'est pas accessible. *Kether*, la couronne exprime l'Absolu, le passage de la perfection relative à la perfection absolue, le centre de l'Idée qui est la source de la Connaissance.

La première porte permet d'explorer la première sephirah *Malkuth*, c'est la Royauté, elle correspond au monde de la matière, elle actualise toutes les possibilités et toutes les qualités. Elle correspond à l'extrême limite de la manifestation divine mais aussi elle est commencement de l'univers, là où peut se manifester la présence divine ou (*Shekinah*). Son rayon touche terre, c'est là que se retrouvent les forces qui se sont rencontrées en *Yesod.*

La deuxième porte fait découvrir la sephirah *Yesod*, du fondement. C'est l'union des forces antagonistes et complémentaires.

12 – On n'est pas initié, on s'initie soi-même

On peut penser légitimement que cette phrase donnée par les rituels actuels de Grand Élu est relativement récente, car on en trouve aucune trace dans les manuscrits du XVIII e et début XIX e.

Faut-il le rappeler qu'il n'y a pas d'initiation sans la présence physique d'un initiateur et d'un initié. L'initiation se caractérise essentiellement comme étant une transmission, celle-ci pouvant avoir deux sens différents :

Transmission d'une influence spirituelle

Transmission d'un enseignement traditionnel [28].

En franc-maçonnerie l'initiateur correspond au minimum à la présence

27. Guénon René, *le Symbolisme de la Croix*, chap. IX, Éditions Vèga, 1957.
28. Mainguy Irène, *les Initiations et l'initiation maçonnique*, Édimaf, 2000.

de sept Maîtres maçons dont la présence est nécessaire pour que la transmission de l'influence spirituelle soit valable et régulière. Dès lors le fait d'être reçu franc-maçon ne signifie pas pour le néophyte qu'il est aussitôt initié. L'initiation ne demeure que très virtuelle si elle n'est pas valorisée par le travail personnel.

On n'est pas initié, on s'initie soi-même. Cette formulation peut paraître choquante dans sa forme et prêter à confusion si on ne la replace pas dans son contexte initiatique. Elle devient claire si on réalise bien que l'initiation ne reste que très virtuelle si le maçon ne fait pas un effort personnel de compréhension, d'approfondissement et de perfectionnement. Ainsi Guénon définit l'initiation comme accès à la Connaissance signifiant deux choses distinctes : l'initiation formelle est l'admission à la pratique des rites initiatiques et l'initiation réelle est accès à la Connaissance de l'être par la Voie qui y conduit [29].

Découvrir la voûte sacrée, c'est vivre en initié les trois sentences de l'écriture : *Frappez, on vous ouvrira, demandez et vous recevrez, cherchez et vous trouverez.* C'est l'accomplissement de la recherche entreprise le jour de l'initiation et la réalisation du sens de la formule alchimique du cabinet de réflexion VITRIOL. Cette quête est le fruit d'un travail dynamique d'ouverture de soi à la dimension du sacré.

Le travail maçonnique est à la fois individuel et collectif. Individuel parce que la décision de s'engager dans la voie initiatique réclame de l'impétrant une volonté spirituelle bien trempée pour faire face à toutes les épreuves, mais elle est réalisable que s'il y a transmission de la loge, de ce collectif qui relie chaque maillon à la chaîne de l'initiation.

13 – Le tablier et le cordon

Le tablier

Le Suprême Conseil du Rite Écossais Ancien et Accepté, en 1806, décrète que le tablier blanc doit être doublé et bordé ponceau ; un double petit ruban bleu, le bord ponceau. Sur la bavette est brodé ou peint, le bijou ; au milieu du tablier est peinte une grande pierre plate carrée, au milieu de laquelle est un anneau de fer [30].

29. Guénon René, *les Aperçus sur l'initiation*, Éditions Traditionnelle, 1973.

30. *Recueil des actes du Suprême Conseil de France ou Collection des décrets, arrêtés et décisions de cet illustre corps, de 1806 à 1830*, Imprimerie de Sétier, 1832.

Fig. 65 – Tablier.

Le cordon

Le même décret de 1806, cité précédemment, décrète que le cordon rouge, en sautoir, au bas duquel est suspendu un compas couronné, a les pointes ouvertes portées sur les extrémités d'un cercle gradué de 90 degrés, avec un soleil au milieu [30].

Selon le même rituel déjà cité, la couleur rouge du cordon représente deux choses :

1. les rayons qui environnent le buisson ardent quand Moïse reçut Dieu même, sur le Mont Sinaï, le Mot sacré ;

2. Il désigne la prééminence d'un grand Élu Parfait et sublime Maçon sur tous les officiers qui ne sont point parvenus à ce grade [31].

Fig. 66 – Cordon.

31. Quatorzième grade, *op. cit.*

14 – Le bijou du Grand Élu

Ce bijou de G.·.Élu représente un compas ouvert à 45°, dont les pointes sont posées sur un quart de cercle, surmonté d'une couronne. Au milieu du compas figure un soleil rayonnant.

Ce bijou résume l'achèvement du maçon qui arrive au termes des grades de perfection.

Selon un ancien rituel : *La couronne désigne l'origine toute royale de la Maçonnerie, le compas et le quart de nonante désignent aussi les opérations les plus importantes auxquelles vaquent les parfaits maçons et le soleil désigne la supériorité de leur rang*[32].

Examinons maintenant les différentes parties du bijou :

Le compas

Le compas est le quart de cercle de 90 degrés représentant l'opération des différentes choses par lesquelles les Grands Élus passent.

Le compas permet de tracer la circonférence d'un cercle, de mesurer les angles et de les reporter. Les branches variables du compas permet au Maçon de prendre la mesure des situations. Ce compas couronné est ouvert sur 1/4 de cercle (90°) au milieu duquel pend une médaille dont une des face représente un soleil et l'autre une étoile flamboyante avec en son centre le delta et le Tétragramme sacré.

Le quart de cercle

Le quart de cercle correspond à 45°. Sur cet arc de cercle on y retrouve les nombres 3,5,7,9 qui rappellent le parcours depuis l'apprentissage jusqu'à l'aboutissement dans le Saint des Saints. Ce parcours s'est fait par des paliers successifs.

La couronne

La couronne désigne l'origine de la maçonnerie.

On peut y voir dans cette couronne la promesse du couronnement du Maître Secret se réaliser au terme de l'atelier de perfection, Mais aussi le passage de *Malkuth* à *Kether*. Le couronnement se fait en kether. Le compas couronné est la marque de l'achèvement du parcours initiatique de la loge de perfection du 4 au 14e.

Le soleil

Le soleil marque la supériorité du Grand Élu et sa place sur la poitrine rappelle continuellement l'ornement de notre dignité pour que vous ne vous

32. Bayreuth MS 7760-32.

écartiez jamais des devoirs qu'elle vous impose et des instruction que nous allons vous donner et qui fermeront votre accomplissement dans l'étude de la Maçonnerie.

Situé au centre du compas rayonnant, on peut y voir une représentation de l'initié entre ciel et terre devenu lumineux par la Connaissance acquise et l'Amour de la Vertu.

Fig. 67 – Le Bijou.

Tableau récapitulatif du Grand Élu de la Voute Sacrée

Selon le Tuileur de Lausanne 1875

Âge : *Vingt-sept ans accomplis.*
Batterie : 000 00000 0000000 000000000 (*3 et 5 et 7 et 9 claques)*
3 Mots de passe :
1er Mot de passe : *SHABALATH*
2e Mot de passe : *MOABON*
3e Mot de passe : *KELEH-NEKHAM*
Mots sacrés : *JEHOVAH*
Mots couverts :
1er Mot couvert : *GUIBULUM*
2e Mot couvert : *EL-CHANAN*
3e Mot couvert : *ADONAÏ*
Grand Mot de passe : *MAHA IMAGA RABACH*
Grande Parole : *SCHALAL SHALLOM ABI*
Marche : *Neuf pas, huit précipités, le neuvième lent.*
Heure de commencement des travaux : *Entre le point du jour et le lever du soleil.*
Heure de la fin des travaux : *Les trois étoiles ont paru.*
Question d'ordre : *J'ai travaillé à me perfectionner.*
Tablier : *Blanc, doublé rouge, bordé bleu, broderie fleurs suivant bordure. Au milieu le Bijou. Sur bavette dalle de pierre.*
Cordon : *Cramoisi, en velours, en sautoir. Á gauche, branche verte d'acacia. Á droite, étoile à cinq pointes et tétragramme.*
Bijou : *Compas couronné d'un quart de cercle. Dans l'intérieur médaille ayant un soleil d'un côté et une étoile à cinq pointes de l'autre.*
Gants *: Blancs.*
Légende de l'initiation : *Révélation de la prononciation du nom de Dieu.*

À l'origine le grade de Grand Élu de la Voûte Sacrée ne donnait que deux mots de passe (ainsi que l'indiquent les Tuileurs de Delaulnaye à Ragon). C'est à partir du Tuileur de Lausanne qu'on en voit apparaître un troisième. De même l'âge y est modifié, de sept fois sept ans, on passe à vingt-sept ans accomplis. Les heures d'ouverture et de fermeture ne sont fixées qu'à partir du Tuileur de Lausanne et on peut constater que le deuxième mot couvert est différent de celui des précédents Tuileurs, ainsi que le deuxième mot de passe, et le grand mot de passe. La grande parole fixée à Lausanne ne semble pas avoir été retenue dans les rituels modernes.

INSTRUCTION PAR DEMANDES ET RÉPONSES

(*Catéchisme extrait du Grand Écossais, histoire des Maîtres Parfaits Élus, ancien de la Voûte sacrée, 183.F.E., Kloss XXV-40*).

D – Donnez-moi le 1er signe ?

R – Il se fait en portant la main droite à la partie gauche du bas ventre et en la tirant horizontalement à la partie droite (ce signe est le ventre coupé).

D – Donnez-moi le premier attouchement ?

R – Il se fait en se prenant mutuellement la main et la renversant 3 fois, le 1er dit Berith qui veut dire alliance… le second répond Nedos qui veut dire promesse… tous deux disent ensemble Schmouth qui veut dire perfection… alliance. et promesse [33].

D – Que veut dire cet attouchement ?

R – L'union qui lie les Élus Parfaits, le 1er mot rappelle l'alliance qu'ils se sont jurée, le second la promesse qu'ils se sont faite et le 3e l'objet commun de leurs travaux.

D – Donnez-moi le mot ?

R – Epelons-le.

Gabaon.

D – Que veut-il dire ?

R – C'est le nom des Élus Parfaits. Il signifie Élu Parfait, ami, choisi, favori.

D – Ce n'est pas tout.

R – Je le sais Très Respectable.

D – Qu'y-a-t-il donc ?

R – Je vais parler.

D – Je vous écoute.

R – Schiboulet ou chaiboulet trois fois.

D – Quel est ce nom ?

R – C'est le 1er mot de passe.

D – Pourquoi le prononce-t-on trois fois ?

R – Pour faire voir qu'on ne peut prendre trop de précautions.

D – Donnez moi le 2d signe ?

R – Il se fait en portant devant les yeux le revers de la main droite avec la gauche. Ce signe est le signe du buisson ardent ou le signe d'Entrée.

D – Que veut dire ce signe ?

R – L'impression que fit sur Moïse l'éclat du buisson ardent et l'effort qu'il fit pour résister à la frayeur qui le saisit en entendant prononcer le

33. Il est bien évident que deux des trois mots hébreux cités sont mal transcrits, il s'agit de *Neder* à la place de Nedos et de *Schelemoth* à la place de Schmouth.

Nom auguste du Grand Architecte et par lui-même.

D – Allez-vous plus loin ?

R – On donne le second attouchement en se prenant mutuellement l'avant-bras par trois fois jusqu'au coude.

D – Montrez-le moi.

R – Aidez-moi.

D – Cela est juste.

R – Fort bien.

D – Que veut dire cet attouchement ?

R – Il marque la grande précaution qu'on doit prendre lorsqu'il s'agit de reconnaître quelqu'un pour Élu Parfait.

D – Donnez-moi le second mot dont on couvre le Grand Nom ?

R – Épelons-le ensemble.

Mahabon, quelques uns prononcent Moabon.

D – Que veut dire ce mot ?

R – Silence et respect.

D – Ce n'est pas tout.

R – Je le sais Très Respectable Frère.

D – Qu'y- a-t-il donc ?

R – Je vais vous parler.

D – Je vous écoute.

R – Eleanam trois fois

D – Quel est ce mot ?

R – C'est le second mot de passe qui signifie miséricorde de Dieu.

D – Donnez-moi le 3e signe ?

R – Il se fait en mettant les trois doigts de la main droite sur la bouche.

D – Que veut dire ce signe ?

R – C'est une invitation au silence et à la discrétion.

D – Pourriez-vous passer outre ?

R – Oui, Très Respectable Frère.

On donne le 3e attouchement qui se fait en trois temps. 1° on se prend la main droite ; 2° on cramponne l'épaule gauche ; 3° on passe le bras gauche sur le col pour s'embrasser et l'on dit à chaque temps :

D – Je commence.

R – J'avance.

D – Je vous attends.

R – je vous passe.

Tous deux ensemble : j'achève.

D – Que veut dire ce dernier attouchement ?

R – Trois choses : 1° la défiance que l'on a des faux frères ; 2° la disposition où l'on est de résister aux profanes curieux ; 3° la satisfaction que l'on goûte en trouvant un bon frère.

D – Donnez-moi le mot dont on couvre la parole ?

R – Épelons-le ensemble.

Adonaï.

D – Quel est ce mot ?

R – Celui que les hébreux choisirent pour invoquer l'Éternel lorsque Moïse leur défendit de prononcer son Saint Nom.

D – Que veut dire ce mot ?

R – Vous Seul Éternel.

D – N'y a-t-il pas encore un mot de passe ?

R – Oui Très Respectable Frère.

D – Quel est-il ?

R – C'est celui que prononcèrent les Élus parfaits d'une voix unanime lorsqu'après avoir fouillé longtemps dans les ruines du temple ils trouvèrent enfin ce qu'ils cherchaient.

D – Quelle fut leur exclamation ?

R – Mach… Mara.bach.

D – Que veut dire ce mot ?

R – Dieu soit loué, nous avons trouvé.

D – Faut-il nécessairement savoir ce mot ?

R – Sans doute c'est cette dernière reconnaissance qui met le sceau aux autres.

D – Quel est notre bijou ?

R – Un soleil couronné entouré d'un compas et d'un quart de cercle.

Clôture de la loge

On forme la chaîne et on se dit l'un à l'autre bas à l'oreille le mot sacré Jehova… après quoi le Grand Maître dit le Temple du Dieu vivant est détruit et démoli. Élevons-lui dans notre cœur un édifice, puisque nous sommes dans la plus dure captivité.

0
0 0

DEUXIÈME INSTRUCTION PAR DEMANDES ET RÉPONSES

(*Catéchisme extrait du Grade de Parfait Élu de la Voûte sacrée de Jacques VI ou Grand Écossais, traduit en français par le Respectable F.·. le Grand baron de Blairfaindi, sur les cahiers originaux de la Très Respectable Maîtresse Loge Écossaise d'Edimbourg. Manuscrit de Bayreuth, 7760-32).*

D – Êtes-vous Écossais ?
R – Je suis parfait Élu.
D – Où avez-vous été reçu ?
R – Dans une Loge souterraine éclairée par 3, 5, 7 et 9 lumières.
D – Où était-elle située ?
R – Près du Buisson ardent.
D – Qui vous y a conduit ?
R – Un Respectable.
D – Par où avez-vous passé ?
R – Par un long corridor.
D – Comment vous a-t-il introduit ?
R – En frappant trois coups.
D – Que signifient ces trois coups ?
R – L'âge d'un apprenti maçon.
D – Que lui ont produit ces trois coups ?
R – Cinq coups qui signifient l'âge d'un compagnon.
D – Qu'a-t-il répondu ?
R – Sept coups qui signifient l'âge d'un maître maçon symbolique.
D – Que lui a-t-on répliqué ?
R – Neuf coups qui veulent dire l'âge d'un Maçon Parfait.
D – Qu'est-il arrivé de là ?
R – On m'a ouvert.
D – Êtes-vous aussitôt entré en loge ?
R – Non, très Respectable.
D – Pourquoi ?
R – Un F.·. Élu parfait que j'ai rencontré dans le corridor m'a demandé le mot de passage.
D – Quel est ce mot de passage ?
R – Schiboleth.
D – Combien de fois vous l'a-t-on fait prononcer ?
R – 3 fois avec aspiration.
D – Que signifie ce mot ?
R – Épi ou courant d'Eau.
D – Avez-vous pénétré plus avant ?
R – Je suis entré dans la voûte sacrée.

D – Où était-elle située ?

R – Dans un lieu souterrain, sous le Saint des Saints du Temple de Jérusalem.

D – À quoi servait la voûte sacrée ?

R – Elle renfermait le secret des Élus parfaits.

D – En quoi consiste le secret des anciens Parfaits maçons ?

R – En une parole incommunicable et les évènements survenus à la destruction du temple par Nabuchodonosor.

D – Où était posée cette parole sacrée ?

R – Elle était gravée sur un piédestal au milieu d'une lame d'or qui y était attachée, et ce piédestal était posé au milieu de la voûte sacrée.

D – Donnez-moi la parole ?

R – Je ne le puis.

D – À quoi jugerai-je qu'elle vous est connue ?

R – Mohabin lui fut substitué et le grand mot Machmaharabahac qui signifie <u>Dieu soit</u> <u>loué</u>, <u>nous avons trouvé</u> et qui renferme le nombre de 3 fois cinq lettres.

D – À quel homme a-t-elle été communiquée pour la première fois ?

R – À Moïse près du Buisson ardent.

D – À qui Moïse ordonna-t-il de la communiquer ?

R – Aux seuls Parfaits maçons

D – Que devint cette parole ?

R – Elle fut profanée par les païens et dès lors il fut défendu de la prononcer, mais Salomon pour la conserver la fit graver sur une lame d'or, et poser sur un piédestal qui fut placé au milieu du souterrain appelé la voûte sacrée sous le Saint des Saints du temple.

D – Quels sont vos outils particuliers ?

R – La pelle, la pince et le marteau taillant.

D – À quoi servent ces outils ?

R – La pelle et la pince ont servi à détacher la lame d'or où était gravé le nom innomminable et le marteau taillant à détruire le piédestal où elle avait été attachée.

D – Où travaillaient les Parfaits maçons ?

R – Dans un lieu souterrain.

D – Quels sont leurs ouvrages ?

R – De rectifier les mœurs et de sanctifier les Profanes.

D – Où voyagent-ils ?

R – Quand ils entrent en loge, ils voyagent à la voûte sacrée, et quand ils en sortent ils voyagent de l'O∴ dans toutes les parties du monde pour y répandre la lumière.

D – Que signifient B… N… S…

R – L'alliance de Moïse avec Aaron, celle de Salomon avec Hiram Roi de Tyr, les promesses que s'étaient faites les parfaits maçons et la perfection qui devait en résulter dans toutes leurs actions.

D – Quel est votre nom ?
R – Gabahon.
D – Que signifie ce nom ?
R – Ami choisi, Élu, favori, ou zélé maçon.
D – Avez-vous été purifié ?
R – Oui Très Vénérable.
D – Dans quel lieu ?
R – Dans la mer d'airain.
D – Quel âge avez-vous ?
R – Sept ans et plus hors de la loge et en loge 3 fois 3 ans.

0
0 0

Arrivant au terme de ces 11 grades de perfection, compléments indispensables du compagnonnage et de la maîtrise, il paraît intéressant de transcrire une invocation qui représente un viatique pour le Maître en quête de perfection :

Souverain Architecte de ce vaste univers, toi qui de ton œil divin pénètre le cœur des mortels et en développe les replis les plus cachés, purifie les nôtres du feu sacré de ton amour, imprime sur nos âmes le caractère de la divine sagesse, guide et dirige nos pas dans les sentiers de la vertu, éloigne de ton sanctuaire adorable les impies et les pervers, fais qu'uniquement occupés du grand ouvrage de notre perfection le ciel soit le prix de nos travaux, que la paix et la Charité resserrent les nœuds de notre union et que cette loge soit une faible image du bonheur que goûteront les élus. Donne à notre esprit un discernement sûr, pour pouvoir retirer l'ivraie du bon grain et ne pas nous tromper dans le choix de ceux que nous allons marquer du sceau redoutable de la perfection, qu'enfin nous n'ayons d'autre but que ta gloire et notre avancement dans le bien qui est le vrai règne de la maçonnerie. Amen, amen, amen[34].

34. *Le Parfait Maitre Anglais surnommé l'Anneau d'or,* MS Bayreuth 7760-5, p. 3.

Planche 19 – La Quête de perfection.

Dirige nos pas ô Souverain Créateur de l'Univers, fais que nous puissions éviter les pièges que nous tendent nos ennemis, que le flambeau de l'Esprit humain nous éclaire et que nous ne tombions jamais dans les ténèbres, donnes nous les moyens de répandre sur les pauvres les précieux dons de la Providence, de ne pas rendre nos travaux vains, bénis-les, sanctifie-les et que nous puissions agir seulement par ton Esprit et pour ta gloire en pratiquant sans cesse les vertus que la maçonnerie nous enseigne (*Invocation extraite du quatorzième grade de Perfection ou le Grand Écossais de la Voûte sacrée de Jacques VI, MS circa 1820, Bibliothèque André Doré*).

CONCORDANCE entre les grades du Rite Écossais Ancien et Accepté et du Rite Français

	R.E.A.A.	R.F.
1re classe	1. Apprenti 2. Compagnon 3. Maître	1. Apprenti 2. Compagnon 3. Maître
2e classe	4. Maître Secret 5. Maître Parfait 6. Secrétaire intime 7. Prévôt et Juge 8. Intendant des Bâtiments	
3e classe	**9. Maître Élu des neuf** **10. Illustre Élu des Quinze** **11. Sublime Chevalier Élu**	**1er Ordre :** **d'Élu Secret**
4e classe	12. Grand Maître Architecte	
	13. Chevalier de Royal Arche **14. Grand Élu, Ancien Maître Parfait, dit de la perfection**	**2e Ordre :** **Grand Élu Écossais**

CHAPITRE XII

RITE FRANÇAIS

PREMIER ORDRE DE SAGESSE
ou
Élu Secret

Élu Secret

Présentation du Premier Ordre de Sagesse

Complément immédiat du grade de Maître, l'Élu Secret fait jouer les mécanismes d'une justice équitable après l'assassinat de l'Architecte. Ce grade d'Élu, interprété sommairement, peut inspirer spontanément répulsion et dégoût par la mise en scène macabre des poignards, des têtes tranchées et l'accent mis sur la vengeance.

Dans ce premier Ordre, les assassins sont retrouvés dans des circonstances identiques à celles décrites au *Rite Écossais Ancien et Accepté* (voir pp. 231 à 270). La mise en scène est la même, on retrouve une caverne, une lampe pour l'éclairer, un source d'eau. Ici cependant, un chien conduit les maîtres justiciers. Dans la version du Rite Français, nul n'exerce de vengeance, ni ne se tache les mains de sang. Dans la caverne, le premier des meurtriers se suicide avant qu'on ne lui tranche la tête, peu après que les deux autres assassins soient tombés dans une fondrière. Ils y sont découverts en train d'expirer. La légende du grade de Maître s'achève ici sur une fin morale. Les traîtres se donnent eux-mêmes la mort pour échapper au châtiment qui les attend.

Guy Verval pose fort justement les questions : ces rituels ont-ils un sens ? Peut-on leur trouver une dimension qui justifie leur insertion dans un système initiatique ? Ce à quoi il répond, entre autres hypothèses, que le grade d'Élu n'est, en fin de compte, que l'image en miroir de la maîtrise. La victime devient sacrificateur tandis que le meurtrier, entendons l'initiateur, périt sous les coups de celui-là même qu'il frappa autrefois. Hiram mourait à midi plein. Sa dépouille était emportée à minuit plein. Abiram est sacrifié au coucher du soleil dans l'obscurité d'une caverne et c'est au lever du jour que Johaben présente sa tête à Salomon. À ce sujet Verval remarque fort justement : *Ne voit-on pas l'étonnante symétrie de ces éléments, ce qui ne peut surprendre si l'on se rappelle que le discours mythique est, par définition, fait de matériaux discontinus, interchangeables, que l'on peut inverser même, sans altérer la structure du récit, ni détruire sa force opérante*[1].

1. *Rituels du Rite Français Moderne 1786, les Quatre « Ordres » Supérieurs Élu – Écossais – Chevalier d'Orient – Rose-croix.* Préface de Daniel Ligou, postface de Guy Verval, Éditions Champion – Slatkine, 1992, pp. I à XIV.

Thème du Premier Ordre

L'histoire du premier Ordre est tirée du Recueil d'instructions sur divers ordres du Chapitre de 5803.

La pompe funèbre étant finie, et les travaux repris, Salomon n'eut pas de soin plus pressant que de vouloir procéder à l'arrestation des meurtriers d'Hiram, pour leur faire subir une punition proportionnée à leur crime. L'absence des trois compagnons et leurs outils, instruments de leur forfait, ne laissèrent aucun doute sur les coupables. L'aîné des trois, comme le plus criminel, fut désigné spécialement par le nom infâme d'Abibalc, (meurtrier du père). Un inconnu vint se présenter à la porte du palais et s'étant fait introduire en secret auprès du roi, il lui révéla le lieu de la retraite des malfaiteurs. Salomon ne voulut confier à aucun étranger une commission si délicate ; mais, assemblant pendant la nuit le Conseil extraordinaire des maîtres, il leur déclara qu'il avait besoin de neuf d'entre eux pour une expédition importante, qui demandait du courage et une bonne condition physique ; qu'il connaissait leur empressement et leur zèle, qu'il ne voulait accorder de préférence à aucun d'eux, que le sort seul en déciderait, et que le premier que le tirage au sort aurait nommé, serait le chef de l'entreprise. Il fit donc jeter devant lui tous les noms dans un scrutin : le premier nom qui sortit, fut celui de *Johaben* ; il fut le chef de l'entreprise, les huit autres furent élus successivement. Salomon congédia les maîtres, et retint près de lui les neuf Élus. Il se retira avec eux dans le lieu le plus reculé des travaux ; là, il leur exposa la découverte qu'il venait de faire, à l'aide d'un inconnu. Ils concertèrent entre eux les mesures qu'il fallait prendre pour réussir : les Élus prêtèrent serment de venger la mort d'Hiram. Ils prirent pour mot de reconnaissance le nom du plus coupable, et sortirent de la ville avant le jour, afin de n'être vus de personne. Marchant par des détours et des pays perdus, sous la conduite de l'inconnu, ils arrivèrent à vingt-sept mille de Jérusalem, du côté de *Joppa*, près d'une caverne au bord de la mer, nommée la caverne de *Bénacar*, (fils de la stérilité ou lieu stérile), où *Abilbalc* (meurtrier du père) et ses complices avaient coutume de se retirer. En effet, vers la fin du jour, ils aperçurent deux hommes qui marchaient avec précipitation vers la caverne : on les reconnut bientôt pour être des coupables ; car ayant aperçu une troupe, ils prirent la fuite à travers les rochers. Se voyant poursuivis et presque atteints par les maçons, ils se précipitèrent à travers les rochers dans une fondrière, où les maîtres les trouvèrent expirants. *Johaben*, un peu écarté de ses camarades, aperçut le chien de l'inconnu, qui dirigeait sa route vers la caverne, ayant l'air de suivre quelqu'un à la piste : ce zélé Maçon y court seul, et y pénètre par une descente fort roide, taillée dans le roc, de neuf degrés ; il aperçoit, à la faveur d'une lampe, le traître qui, venant de rentrer, se préparait à se reposer. Ce malheureux, saisi à la vue d'un Maître qu'il reconnut, se sacrifia lui-même à l'instant, en se plongeant un poignard dans le cœur. *Johaben* se saisit du poignard du traître, et sortit victorieux de la caverne. Il aperçut, en sortant, une source d'eau qui jaillissait entre les rochers ; il y courut se rafraîchir, et remettre ses sens agités. Les Élus résolurent de laisser les corps en proie aux bêtes féroces ; ils s'emparèrent des trois têtes des scélérats : et repartant dans le soleil couché, ils se rendirent la même nuit à Jérusalem, où ils surprirent agréablement Salomon, en lui rendant compte de leur expédition. Il témoigna aux neuf Maçons la satisfaction qu'il en avait, et voulut qu'ils portassent le nom distinctif d'Élus, il leur ajouta six Maçons qui n'étaient point de l'expédition, ce qui fit le nombre de quinze Élus, au lieu de neuf qu'ils étaient dans le principe.

Fig. 68 – Poursuite des deux assassins.

Ils obtinrent, pour marque de décoration, une grande écharpe noire, passant de l'épaule gauche à la hanche droite, au bout de laquelle était un poignard, dont la poignée était d'or. Les mots de reconnaissance et leur signe furent analogues à l'action qu'il avaient entreprise. Par la suite, leur emploi fut l'inspection générale à quoi les rendaient propres l'ardeur et la sévérité qu'ils avaient montrées. Lorsqu'il était question de rendre un compte, ou de procéder au jugement de quelques Maçons, le roi les assemblait extraordinairement dans un lieu secret. L'inconnu, qui n'était qu'un gardeur de troupeaux, fut amplement récompensé : il entra dans le corps des Maçons ; et par la suite, étant suffisamment instruit il obtint une place d'Élu.

Les têtes des scélérats restèrent exposés pendant trois jours dans l'intérieur des ouvrages, avec l'instrument qui avait servi à leur attentat.

Au bout de ce temps, elles furent consumées par le feu, et les cendres jetées au vent ; leur outil fut brisé.

Le crime et la punition furent un secret que Salomon voulut qui restât concentré parmi les Maçons.

La vengeance étant accomplie, il ne s'occupa plus que de terminer son ouvrage.

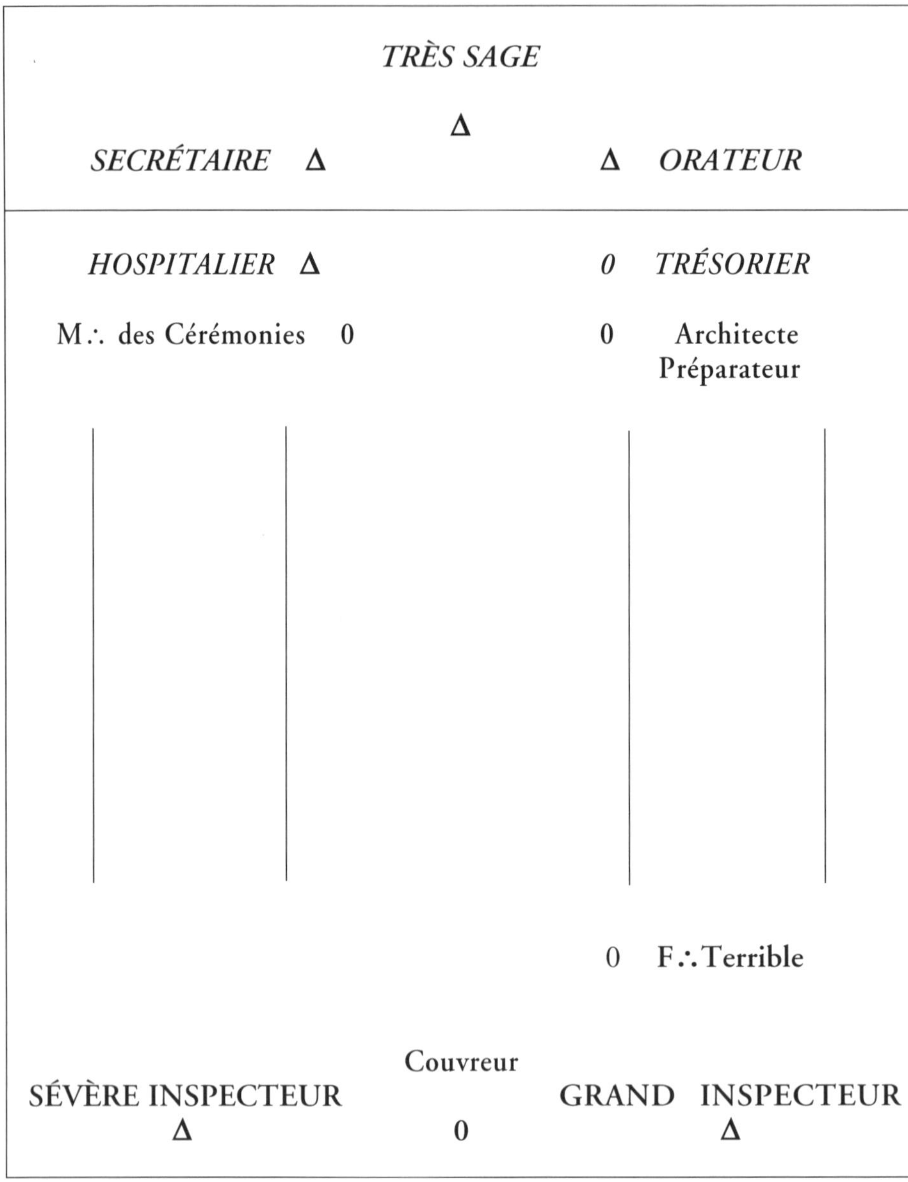

Planche 20 – Place des officiers dans la Chambre du Conseil.

Tableau comparatif des tuileurs

Élu Secret

TUILEURS	VUILLAUME (1820)	BAZOT (1836)	RAGON (1861)	TESSIER (1883)
ÂGE	Non mentionné	Non mentionné	Non mentionné	Neuf semaines sur sept ans
BATTERIE	Neuf coups, par huit et un 00000000 – 0	00000000 0	8+1 00000000 0	Elle se fait par neuf coups !!!!!
MOTS DE PASSE	ABIBALANG ou ABIBALA. Abibalang est le nom supposé de l'un des meurtriers d'Hiram. Dans quelques rituels, on lit Abilbac, c'est une faute ; ce mot est insignifiant ; il est facile de reconnaître que c'est une corruption du vrai mot.	A.I.A.C	ABIBALC Ce mot signifiant est une corruption de Abibalag ou Abibalah, nom supposé de l'un des meurtriers d'Hiram, et qui, en hébreu, signifie *meurtrier du père, qui détruit le père.*	ALABIBA
MOTS SACRÉS	Nekam ; réponse : Nechah (pron. *Nekah*)	N.K.R – N.K.M.	NEKAR, réponse Nekum	MAKEN-RACHEN
MARCHE	Trois pas d'apprenti, trois de compagnon, et trois de maître, en avant et en arrière ; ensemble, dix-huit pas.	Trois pas d'apprenti, trois de compagnon, et trois de maître	Trois pas d'apprenti, trois de compagnon, et trois de maître	Se fait par trois pas d'apprenti, trois pas de compagnon et trois pas de maître.
TEMPS DE TRAVAIL	Non mentionné	Non mentionné	Du lever au coucher du soleil	Non mentionné
MAXIME	Non mentionné	Non mentionné	Non mentionné	1. Le crime ne peut rester impuni 2. La conscience est un juge inflexible 3. Sans un pouvoir légitime, la vengeance est criminelle.

1 – Les trois chambres

Il faut trois chambres lors d'une cérémonie de réception :
— La première est la *Chambre de préparation ;*
— La deuxième est la *Chambre du Conseil ;*
— La troisième est la *Chambre obscure ou caverne.*

Selon *l'Architecte préparateur,* la première chambre, *appelée chambre de préparation sera meublée simplement.* (elle est l'équivalent de la chambre ou cabinet de réflexion du grade d'apprenti). *On aura soin d'y mettre des maximes encadrées et placées à la muraille. Une seule bougie jaune dans un chandelier de bois noir l'éclairera. On posera le chandelier sur une table de bois très commune, un petit banc servira de siège ; Le candidat y sera enfermé jusqu'au moment de la réception.*

Les Maximes sont :
• ***Le crime ne peut être impuni ;***
• ***La conscience est un juge inflexible ;***
• ***Sans un pouvoir légitime la vengeance est criminelle.***

La deuxième chambre *est appelée chambre du Conseil. Elle sera tendue de noir parsemée de larmes rouges et l'autel sera rouge, bordé de noir : au milieu, un poignard jetant neuf flammes noires en manière de rayons, autour, des larmes noires.* Elle correspond à la loge où se déroule l'essentiel de la cérémonie de réception. Le plateau du Très Sage est éclairé d'une flamme perpétuelle. Sur une table triangulaire placée devant le plateau du Très Sage sont disposés un poignard, un compas et le livre de la Sagesse ou le livre des Constitutions.

La troisième chambre *doit représenter un désert d'aspect sauvage. Aux alentours sont figurés de grands blocs rustiques et détachés de pierres non taillées pour marquer la carrière de Benacar. Sur le côté une décoration figurera l'entrée d'une caverne, à droite en avant de la caverne sera une source d'eau jaillissante sortant d'un rocher ; à gauche un chien, en quête ; dans l'intérieur vers le milieu de la caverne sera une lampe posée sur un rocher.*

Sur le côté dans l'intérieur sera un transparent qui ne paraîtra qu'au moment où il sera dit : dans le fond sera un mannequin représentant un homme qui se plonge le poignard dans le cœur : À l'entrée de la caverne seront figurés deux hommes prenant la fuite à travers les rochers et deux autres qui les poursuivent. Ces deux hommes prêts d'être atteints se précipitent dans une fondrière[2]. La caverne est un lieu de passage d'un état à un autre qui s'effectue dans l'obscurité, rappelant le symbolisme du grain de blé.

2. *Rituels du Rite Français Moderne,* 1786, *op. cit.* Élu, Slatkine 1991, pp. 62-64.

Les trois chambres sont une alternance de passages d'ombre à la lumière, parcourus par l'impétrant. Tout d'abord le maître retourne dans une *chambre de préparation* pour méditer sur la mort du Maître, à la suite de quoi, il est capturé en tant qu'ouvrier du temple, suspecté d'être un des assassins de l'Architecte. C'est en donnant son nom de *Johaben*, sa qualité de *Maçon de la classe des Maîtres* et son intention d'être *le Vengeur d'Hiram* qu'il est libéré de tous liens et de toutes suspicions après son admission dans la *Chambre du Conseil.* C'est après avoir prêté l'obligation sur le *Livre de la Sagesse* qu'il sort de la chambre éclairée du Conseil, pour aller capturer les assassins dans la caverne de *Benacar* ou *Chambre obscure*, éclairée d'une seule lampe. Il va volontairement affronter les forces obscures de l'oppression et de la tyrannie, et en sort victorieux, car le traître se fait justice lorsqu'il l'aperçoit. La vengeance est accomplie, justice est faite. Après quoi s'effectue le retour victorieux dans la *Chambre du Conseil.*

La Chambre du Conseil est spécifique aux Maîtres Élus qui sont d'abord 9 puis 15. Ils ne se réunissent que de manière extraordinaire dans ce lieu secret, qui se tient dans des vallées, à l'abri de toute indiscrétion, mais hors du temple. *La Chambre du Conseil a trois couleurs le noir qui signifie la noirceur de l'action, les flammes qui expriment l'ardeur à en tirer vengeance et le rouge qui dénote qu'elle ne peut être éteinte que par le sang des coupables.*

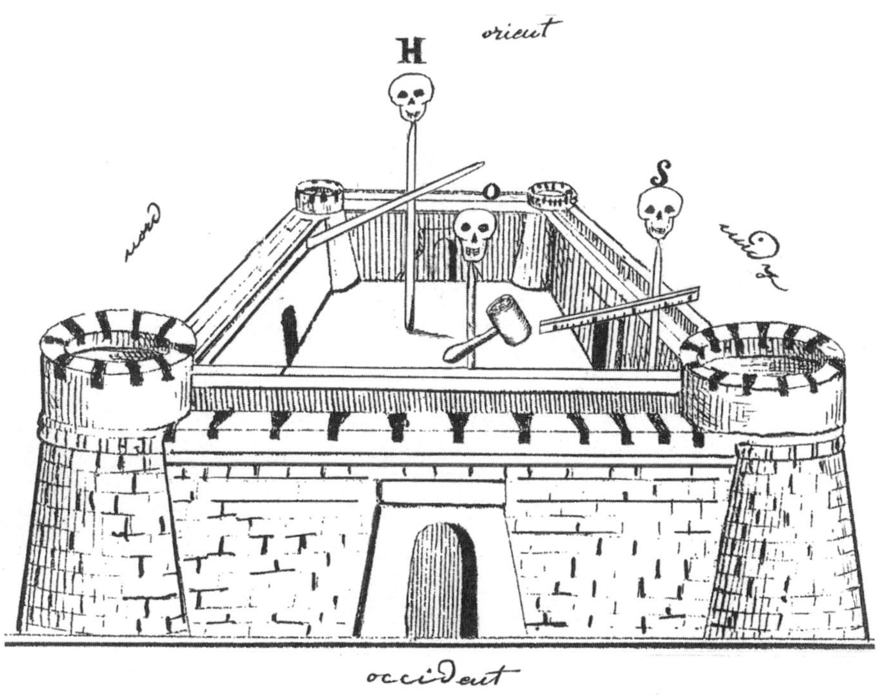

Fig. 69 – La tête des trois meurtriers avec l'arme de leur crime.

Planche 21 – Chapitre l'Aimable Sagesse, Marseille, 1825, 1er Ordre de Sagesse.

2 – Le crime ne peut être impuni

L'Élu Secret, à sa demande, est mandaté par Salomon pour venger le crime. On peut légitimement achopper sur le mot venger. On peut plutôt penser qu'il s'agit de tirer justice du crime commis. La justice étant collective et dépassionnée contrairement à la vengeance individuelle qui le plus souvent est le fait d'une personne ou d'un petit groupe mû par la passion et la rancune. Le condamné est alors jugé d'avance sans jugement.

Le premier des assassins ici se fait justice lui-même, ou par peur ou par un sursaut d'une conscience lucide. Deux des assassins poursuivis par les Élus, s'enfuient à travers les rochers escarpés et tombent dans une fondrière, frappés par une forme de justice immanente. Leurs corps sont laissés en proie aux bêtes féroces, seules leurs têtes sont ramenées à Jérusalem et suspendues au bout des piques à titre d'exemplarité.

Il y a la volonté de ne pas laisser le crime impuni, mais aucun des justiciers ne s'est couvert les mains de sang. La loi du talion a été respectée, la justice a été rendue grâce à l'intervention de la providence.

Dans toute société de droit, l'application de la justice a plusieurs objectifs :

— La mise en pratique du droit qui correspond au respect de la règle qui régit la société ;

— L'exercice de la justice n'est pas une vengeance, mais une sentence punitive rendue qui correspond à la contrepartie des dommages commis et qui reconnaît ainsi les torts causés à la victime.

La justice n'étant pas une vengeance aveugle, elle a pour mission de châtier, mais aussi de permettre au criminel d'opérer une métanoïa lorsqu'il purge sa peine ; il lui est par là donné une possibilité de prendre conscience des méfaits de sa conduite.

Toute forme d'oppression amène un acte compensatoire nécessaire pour rétablir un équilibre, c'est pourquoi aucun crime ne peut être impuni, car l'injustice prolonge un état de frustration et de déséquilibre.

La violence est bien souvent une projection de la vie sociale actuelle. Elle est banalisée au lieu d'être considérée comme un recours exceptionnel. Elle est l'expression de la non maîtrise des passions. Chacun est responsable de la violence et de ses manifestations. Vouloir pacifier et apaiser une situation conflictuelle correspond à une transformation intérieure. Le comportement social est le fruit des relations de chacun. Il est vain de s'appuyer uniquement sur les législations sociales, comme moyen de pression pour transformer extérieurement une collectivité. Celle-ci ne peut se transformer que lorsque chacun de ses membres renonce à toute volonté de pouvoir autoritaire et de possession, d'intégrisme dans la pensée et l'action. Seul le respect de l'autre par un comportement de bienveillance et de tolérance face aux diversités de chacun, permettra de juguler toute forme de violence si préjudiciable à l'entente et à la concorde entre tous.

3 – La conscience est un juge inflexible

Dans *l'Ecclésiaste* (10,20) la conscience correspond à la pensée la plus intime, et dans *la Sagesse* (17,11) elle a le sens de jugement réprobateur. La conscience est un concept développé par les stoïciens, elle désigne une sorte de guide intérieur, au moyen duquel chaque être approuve ou réprouve sa propre conduite qui le transforme à la fois en juge et avocat de ses actes. Pour Saint Augustin les dix préceptes du Décalogue se résument dans la règle d'or de la réciprocité inscrit, dans la conscience de chacun, conformément à ce que dit Matthieu (7,12) : « tout ce que vous voudrez que les hommes fassent pour vous, faites-le pour eux ».

Les trois principales vertus que l'initié doit développer sont :

1. Le champ d'éveil de la conscience qui est la lumière de l'intelligence distinguant le bien du mal ou le positif du négatif ;
2. La Charité par la mise en pratique des vertus les plus douces, entre autres la compassion et le sentiment d'humanité ;
3. Le courage et la détermination qui tissent la vertu ou force de l'âme pour accomplir le devoir.

Saisi de frayeur en voyant *Johaben*, *Abibalc* se fait justice lui-même. Ce geste peut être interprété de différentes manières, et c'est en quoi réside l'intérêt des mises en scène initiatiques de chaque grade.

Le premier assassin s'est réfugié dans une caverne, on peut le considérer comme étant le plus coupable puisque c'est son coup de maillet qui donna le coup mortel définitif à Hiram. Le fait qu'il se soit caché montre qu'il a peur d'être retrouvé, mais aussi qu'il peut avoir pris conscience de son forfait. Recruté comme maçon, homme du métier constructeur, il avait été initialement reconnu comme ayant une aptitude initiatique. Cette reconnaissance correspond au germe de sa conscience.

Cette conscience l'amène à se rappeler l'acte qu'il a commis, ne pouvant plus l'oublier, il s'est coupé de sa communauté et rétrospectivement il peut juger et réprouver ce qu'il a fait. Ce meurtre est mû par la transgression d'une règle qui s'intègre dans une hiérarchie d'obligations. La culpabilité génère de la souffrance et porte atteinte à l'intégrité de l'être, elle est liée à cet acte déterminé et définitif de tuer son prochain. Ainsi il ne lui est plus possible de dissocier, l'idée de ce qu'il est, du souvenir de ce qu'il a fait. Dès lors, s'il opère cette prise de conscience en condamnant sa forfaiture, il se condamne lui-même, réalisant qu'il est devenu un proscrit de la terre.

À ce stade, la conscience de l'acte irrémédiablement commis, puisque définitif par la mise à mort de l'Architecte, ne met pas seulement en cause ce qu'il a fait, mais ce qu'il est ; son seul espoir d'échapper à son passé est d'aller au devant de l'assouvissement de la justice. Il connaît la loi du talion et la peine que fait encourir la loi en vigueur. Rien ne peut plus le délivrer du sentiment d'oppression qui est en lui, en dehors d'un acte compensatoire nécessaire à une véritable régénération consistant à se faire justice soi-même.

Cet acte de se faire justice soi-même correspond à la prise de conscience de la faute commise et la volonté d'en assumer la conséquence définitive. Sur un plan initiatique une fois de plus, il est demandé par le biais de cette mise en scène tragique, de mettre à mort ses potentialités négatives qui correspondent aux désirs de pouvoir et d'avoir.

On peut aisément faire un parallèle entre les assassins d'Hiram traqués et Caïn après le meurtre de son frère Abel. Caïn s'adressant à l'Éternel lui dit : *Ma faute est trop lourde à porter. Oui, Tu m'as exilé aujourd'hui de la surface du sol et loin de ta face, il me faudra me cacher. Je serai errant et instable sur la terre et quiconque me trouvera, me tuera* (Genèse 4,14). Selon l'analyse de Meyer Sal, Caïn s'effondre dans une peur parfaitement consciente. Déjà, il sent qu'il a perturbé un réseau de forces. Il craint les représailles. Cette peur va faire de Caïn une bête inquiète et féroce. S'il est attaqué, sa réaction de défense sera décuplée sous l'effet de cette peur. Les « lobbies passionnels » n'ont qu'une aspiration : celle d'être agréés par la conscience. C'est à elle de les dominer, et de les récuser, - mais non pas de les refouler et de faire semblant de les ignorer, pour qu'alors, échappant à son attention vigilante, ils se mettent à saper insidieusement les fondations de la personnalité. Ainsi donc, la conscience est-elle la force transcendante de l'homme et le reflet direct du Principe dans l'homme [3].

4 – Sans un pouvoir légitime la vengeance est un châtiment

La volonté de tirer vengeance d'un dommage ou d'une offense relève du réflexe archaïque de l'instinct et non de la raison qui doit régler la conduite du Maître. Se venger individuellement ou collectivement, c'est vouloir effacer la souffrance vécue et la douleur ressentie. La souffrance de l'opprimé cherche l'oubli compensatoire en voulant par vengeance rendre la pareille à l'oppresseur. Exorciser la souffrance et la douleur nécessite de savoir les exprimer par le verbe pour s'en défaire, ce qui aide à se libérer des forces obscures des passions vengeresses qui aliènent. Dès lors, la victime fortifiée peut se réconcilier avec elle-même.

3. Meyer Sal, *Les tables de la loi, principes et rits du judaïsme originel*, la Colombe, 1962, pp. 56-94.

Le pouvoir légitime est incarné par la société, ou plutôt par les représentants de la loi, seuls habilités à rendre justice, loin de toutes passions. Dans ce cas précis, *Johaben* mandaté par le Très Sage Souverain Salomon, est missionné pour tirer vengeance et éliminer la cause du mal au nom de la collectivité.

Toute société structurée assure son bon fonctionnement au moyen d'une autorité chargée de faire respecter des lois qui régissent les rapports sociaux entre chacun. La garantie de son bon fonctionnement social est possible lorsque l'autorité légitime d'un groupe, d'un état ou d'un pays repose sur des lois basées sur le respect des droits de l'homme et la définition des droits et des devoirs de chacun. La liberté de chacun s'arrête lorsqu'elle nuit à la liberté des autres. En cas de litige ou d'agression, le pouvoir légitime du droit de la collectivité remplit sa fonction, par l'administration de la justice pour juger tout contrevenant, permettant ainsi de rétablir l'équilibre et l'ordre social rompu. Si la vengeance qui correspond à la justice de la collectivité, dans le contexte de ce rituel, est perturbée dans son déroulement par des facteurs passionnels, elle perpétue le ressentiment et ne satisfait pas au respect du droit et de la justice.

Aux trois maximes proposées à la méditation en Chambre de préparation, il est donné ensuite une réponse dans la Chambre du Conseil (chacun des meurtriers est représenté avec l'outil utilisé pour son crime) :

À ***Le crime ne peut être impuni,*** il est répondu que ***Le crime est puni,*** représenté par la tête d'Abibalc, avec le maillet.

À ***La conscience est un juge inflexible,*** il est répondu que ***La punition est certaine,*** représenté par la tête du deuxième meurtrier, avec la pince

À ***Sans un pouvoir légitime la vengeance est criminelle,*** il est répondu ***Le ciel nous juge,*** représenté par la tête du troisième meurtrier, avec la règle.

5 – La caverne

Le *Régulateur des Chevaliers Maçons* décrit le *Sévère Inspecteur* faisant entrer ainsi le récipiendaire dans la caverne : « *En entrant, il doit apercevoir un tableau figurant la fuite de deux des assassins, poursuivis et atteints par deux maîtres. À peine est-il entré, que le mannequin tombe par terre, un poignard dans le cœur, et en même temps paraît un transparent, sur lequel le récipiendaire lit ces mots : le crime est puni ; saisis le poignard du traître et sors.*

D – Que signifie la caverne ?

R – Qu'il n'est lieu si obscur et si caché, qui puisse mettre les pervers à l'abri du supplice ou du remords [4].

4. *Le Régulateur des Chevaliers maçons ou les quatre Ordres Supérieurs, suivant le Régime du Grand Orient*, Librairie Caillot, s.d.

La caverne est synonyme d'antre, de grotte, c'est un endroit creux dans les rochers, dans les montagnes et sous terre. Une caverne peut servir de refuge, de cachette, de prison, néanmoins si on s'en rapporte aux Écritures la justice de l'Éternel atteint les pécheurs jusque dans les plus profondes retraites souterraines (Jérémie 16,16). La caverne étant le vain refuge d'une mauvaise conscience.

Dans toutes les traditions, la caverne tient une place importance en tant que retour à la terre mère et aux lieux profonds où se dévoilent et se résorbent les possibilités de la manifestation. On peut y voir aussi un retour nécessaire à la chambre de réflexion par une autre mort à soi-même.

La caverne dans laquelle est trouvée l'un des meurtriers s'appelle Benacar. Ce mot est composé de deux mots hébreux qui veulent dire Ben fils et Acar (aïn, kaph, resh) stérile trouble. Ce qui signifie fils de la stérilité, fils du trouble. Réalisant la potentialité de son nom, l'assassin commet un acte irréparable, stérile car fondamentalement négatif, semant trouble et désarroi dans l'œuvre entreprise d'édification.

Johaben (iod, hé, vav, hé, beth, noun) signifie *fils de Dieu*, la potentialité entendue dans son nom l'amène à se proposer comme agent de la Providence en demandant au Très Sage d'être mandaté pour tirer vengeance des meurtriers de l'Architecte. Après avoir voyagé de par toute la terre de l'Occident à l'Orient et en sens inverse, à reculons, aguerri en conséquence par les épreuves, il a la volonté de remplir une fonction de justicier en se confrontant aux assassins.

On peut reconnaître dans ces chemins obscurs, ténébreux et escarpés, qui mènent à la caverne, les voies de l'ignorance, de la tyrannie, de l'oppression physique, intellectuelle et morale qui doivent être anéanties, décapitées en quelque sorte. Dès lors l'initié, le Maître Maçon, pourra accéder à sa libération et par là même à l'état d'Élu ou choisi par la Sagesse.

6 – Le chien

Si la présence du chien a été supprimée de tous les grades d'Élus du *Rite Écossais Ancien et Accepté*, on le trouve toujours représenté sur les tableaux du *Rite Français* auquel il est resté fidèle (sans mauvais jeu de mots).

Fig. 70 – Le chien.

D – Que signifie le chien ?

R – Que le moindre indice sert souvent à déceler le coupable[5].

Des commentateurs ont attribué aux cris et aux gémissements le rappel des aboiements du chien de Maître Jacques, ces aboiements qui ont permis

5. *Le Régulateur, op. cit.*

de découvrir le Maître quelques heures avant sa mort. Ce parallèle entre les deux légendes de Maître Jacques et d'Hiram est fréquent et indique une racine commune possible entre le Compagnonnage et la Franc-Maçonnerie. Pour certains l'origine du compagnonnage remonte à la construction du temple de Salomon. Selon la légende du compagnonnage, Maître Jacques fut un des premiers artisans de Salomon. Il était Maître des tailleurs de pierre, des maçons et menuisiers, oeuvrant en compagnie d'Hiram. Lorsque le temple fut achevé, il quitta la Judée accompagné de Maître Soubise. Après s'être querellés ils se séparèrent. Poursuivi par les disciples de Maître Soubise, Maître Jacques arrive à Marseille et se retire dans la grotte de la Sainte Baume. C'est dans cet endroit qu'il fut trouvé mort, assassiné de cinq coups de poignard. Ce meurtre peut être rapproché par analogie de celui d'Hiram.

Le chien est un symbole de fidélité ; il est bien connu pour l'attachement qu'il manifeste à son maître. On en trouve un des nombreux exemples lorsqu'on se réfère à l'iconographie compagnonnique, montrant le chien de Maître Jacques poussant des hurlements plaintifs sur sa tombe. Le chien serait le sobriquet que portaient les Compagnons du Devoir et l'origine en provient « de ce que ce fut un chien qui découvrit le lieu où gisait sous des gravats, le cadavre d'Hiram, architecte du temple de Salomon » [6].

Le chien sert de guide et d'agent de capture des assassins de l'Architecte. Symbole de vigilance, le chien est gardien des troupeaux des âmes des fidèles. La fidélité et le flair du chien font partie de ses attributs légendaires. Parmi de nombreux exemples, on peut citer celui d'Argus, chien d'Ulysse (cité au Chant XVII de l'Odyssée) qui reconnaît son Maître déguisé en mendiant après vingt ans d'absence.

On retrouve encore l'intervention d'un chien dans la légende d'Osiris, lorsque Isis se met à rechercher le cadavre de son époux assassiné, aidée d'Anubis dieu à tête de chien. Dans le panthéon égyptien, il préside à la sépulture et à l'embaumement des morts. De même on peut évoquer le chien Cerbère, cruel gardien du royaume souterrain et enténébré des enfers.

On peut aisément établir à la lumière de ces exemples, l'étroite parenté du chien avec l'au-delà, son rôle de médiateur entre les vivants et les morts.

Il est intéressant d'évoquer encore le légendaire chrétien du Moyen Âge où le chien est considéré comme gardien des traditions, missionnaire vigilant, prêchant contre les mécréants, aboyant après eux et les pourchassant de toutes parts. Ainsi la mère de Saint Dominique, (fondateur de l'Ordre des frères prêcheurs), avant sa naissance, vit en songe qu'elle portait dans

6. Franklin Alfred, *Dictionnaire historique des arts, métiers et professions, exercés dans Paris depuis le XII**e siècle*, Paris, 1906.

son sein un petit chien tenant dans sa gueule une torche allumée avec laquelle il embrasait tout l'univers [7].

Compagnon dévoué de l'homme, le chien est réputé pour son flair qui s'apparente au ressenti du discernement. Johaben est conduit par un chien dont le flair permet de retrouver les indices d'une présence cachée dans la grotte. Le chien peut représenter ici l'intuition, le flair et le discernement nécessaire pour retrouver l'assassin de l'Architecte, mais aussi le guide, l'agent de la Providence qui met la vengeance sur la voie de son accomplissement.

7 – La lampe

La lampe ou la lanterne représente le plus souvent l'esprit ou la vérité.

Selon Plutarque, la lampe allumée est l'image du corps qui enveloppe l'âme. La flamme lumineuse figure celle-ci, elle se trouve au-dedans [8].

La lampe donne l'image de la flamme spirituelle éclairant l'obscurité enténébrée de la caverne. Elle symbolise une infime parcelle de lumière en veilleuse.

D – Que signifie la lampe ?

R – Que nous recevons une lumière imprévue dans les démarches dictées par le Grand Architecte [9].

Dans les proverbes, la lampe est comparée à l'âme de l'homme *: l'âme de l'homme est une lampe divine qui promène ses lueurs dans les replis du cœur* (Pr.20,27), ou encore *la lumière des justes brillera, la lampe des méchants s'éteindra* (Pr.13,9). Ce n'est pas la condition humaine qui empêche un être de percevoir la Lumière, mais ce sont ses obscurités personnelles, les voiles qui couvrent son entendement et sa conscience.

Selon la Tradition rabbinique *le commandement est une lampe, et la Torah est une lumière, la lampe et la lumière sont liées et nécessaires l'une à l'autre... La lumière n'arrive à l'existence que si elle est captée par une lampe, sans quoi elle retourne à sa source et à son principe. De la même manière, la lampe n'éclaire que par la lumière qui lui est liée : c'est l'image des rapports entre la connaissance et l'action* [10].

La sourate coranique de la Lumière (sourate 24, V.35) donne une définition intéressante de la lampe dans le célèbre verset dit de la lumière (an-Nûr) : *Dieu est la lumière des cieux et de la terre ; sa lumière est à la*

7. Voragine Jacques, *La légende dorée*, vol. 2, Éditions Garnier Flammarion, 1976, p. 46.
8. Plutarque, *Questions romaines*, 72.
9. *Le Régulateur, op. cit.*
10. Davy Marie-Madeleine, Abécassis Armand, Mokri Mohammad, *Le thème de la Lumière dans le judaïsme, le christianisme et l'islam*, Berg International, 1976, pp. 42 et 381-388.

ressemblance d'une niche où se trouve une lampe. Celle-ci se trouve dans un verre ; ce verre est semblable à une étoile brillante. Elle (la lampe) est allumée à un arbre béni, un olivier, ni oriental, ni occidental dont l'huile éclairerait même sans que le feu y touche. C'est lumière sur lumière. Dieu guide vers sa lumière qui il veut. Dieu propose aux hommes des paraboles et Dieu connaît toutes choses.

« La niche où se trouve une lampe » est interprétée par Mokri comme une allusion au corps terni par sa nature matérielle et qui sera illuminé par la lumière de l'âme. Celle-ci est considérée comme « la lampe » grillagée par les sens et la lumière luit à travers les interstices, ce qui est le cas de la niche et de la lampe. « Le verre » symbolise le cœur illuminé par l'âme et qui, à son tour, illumine par son rayonnement ce qui n'est pas lui. La luminosité de la lanterne provient de sa flamme et elle est, à son tour une source de luminescence pour tout ce qui l'entoure. En ce qui concerne l'analogie du verre avec l'étoile brillante, c'est par l'étendue du champ de son rayonnement, par la force de son éclairement, par sa position élevée et par la multiplicité de ses rayons, à l'instar de ce qui se passe dans le cœur [10].

La lampe symbolise visuellement les réalités spirituelles, elle symbolise l'espérance, la présence de la Providence qui veille sur chaque être.

Dans la caverne, la lampe témoigne de la présence de la lumière, d'une présence de vie. Elle donne une espérance en éclairant l'obscurité de la caverne, rien n'étant complètement enténébré. Elle donne l'espoir d'un monde plus juste où dans la nuit de l'obscurantisme le plus profond, on peut discerner une lueur d'espoir en un monde meilleur. Sa flamme vibre comme l'esprit animant la matière.

8 – La source

D – Que signifie la source trouvée inopinément ?

R – Que la providence n'abandonne jamais dans les besoins pressants [11].

Johaben se saisissant du poignard du traître sort victorieux de la caverne. Il voit, en sortant une source d'eau vive, qui jaillit entre les rochers : il y court se rafraîchir et *remettre ses sens agités.* Ce retour aux sources peut être compris comme une ablution d'eau purificatrice, le rappel du bain natal, nécessaire à l'effacement des anciennes souillures de l'âme. Cette source est aussi un retour à l'origine, un oubli, un effacement de l'oppression et de la douleur qui en découle.

La source est la condition indispensable de survie pour tout nomade traversant un désert. Il existe un désert plus redoutable que le désert natu-

11. *Le Régulateur, op. cit.*

rel, c'est le désert intérieur, où l'être se trouve confronté aux forces antagonistes de la vie, qui revêtent souvent des formes de violence destructrices. On peut considérer que chaque initié est un nomade en chemin, mis dans la nécessité de trouver la source vitale. Il ne s'agit pas seulement de la source d'eau qui désaltère et revivifie, mais de la source même de la vie, nécessaire à toute régénérescence, qui permet entamer un nouveau cycle. On peut considérer ici que c'est le cas de Johaben.

La Kabbale compare la vie spirituelle à la source qui sort de la montagne et dont on arrête le courant par un barrage : « l'eau remonte vers la source, mais ne peut monter plus haut que la source qui est l'Éternel, source et courant intarissable de bénédiction » [12].

9 – Le poignard

Le poignard est ominiprésent dans ce grade d'Élu dont il est incontestablement le principal symbole. Arme d'estoc à double tranchant, le poignard est l'outil emblématique par excellence de la vengeance. C'est une arme de combat au corps à corps, avec un adversaire de proximité.

D – Que signifie le bras tenant un poignard ?

R – Que les nôtres doivent être toujours prêts à frapper sur ce qui offense et blesse la vertu [13].

Le poignard est utilisé comme maillet par le *Très Sage* ainsi que par *le Grand* et *le Sévère Inspecteur*, manche en bas, pointe en haut, comme faisant un appel aux forces d'en haut.

Examinons maintenant ses nombreuses et différentes évocations :

Sur le devant de l'autel, est peint, ou brodé, en noir, un poignard entouré de neuf flammes, disposées en rayons divergents.

Lorsque le récipiendaire est introduit dans le Temple, tous les Élus crient vengeance et tournent leurs poignards vers le récipiendaire. Au même moment, *le Grand Inspecteur* lui pose un poignard sur le cœur, prêt à le frapper.

Lorsqu'il prête son obligation le récipiendaire est mis dans une situation où il a un poignard sur le front et un autre appliqué sur le dos.

Lorsque le Sévère Inspecteur ramène le Récipiendaire dans la Chambre du Conseil, il l'introduit tenant de la main droite le poignard, le bras levé prêt à frapper, le gauche étendu le long du corps, il le place à l'Occident où il s'écrie : *le crime est puni.*

Tous les membres auront en main un poignard ; ils seront décorés d'un cordon noir, passé de l'épaule gauche à la hanche droite, ayant au bas du

12. Scholem Gaston, *Les origines de la kabbale*, Éditions Aubier Montaigne, 1966, p. 321.

13. *Le Régulateur*, *op. cit.*

cordon, un petit poignard à poignée d'or et lame d'argent.

Tous les signes se font poignard en main, dont le signe d'ordre.

Bien loin d'être une vendetta, le poignard des Élus correspond à une révolte légitime contre un acte barbare. C'est dans l'obscurité de la nuit que Johaben, l'Élu, a envisagé de mettre à exécution un projet de vengeance. Lorsqu'il a décidé de passer à l'action, l'étoile du matin l'éclairait.

L'Élu est sans cesse armé d'un poignard. Contre quel ennemi doit-il combattre ? Est-ce un combat contre un ennemi mythique ou contre certains aspects de l'existence ? S'agit-il de tuer le tyran à volonté de puissance qui sommeille en chacun ?

Toute quête initiatique débute par un travail sur soi, ce qui amène tout Maître Maçon à prendre conscience que les principaux ennemis à combattre sont en lui-même. Le poignard doit être utilisé d'abord retourné contre soi-même pour éliminer ses imperfections qui sont les principaux obstacles au cheminement initiatique.

Au Moyen Âge, le poignard ou dague, était considéré comme compagnon de l'épée, car il servait au chevalier à se défendre de la main gauche alors qu'il maniait l'épée de la main droite. Le chevalier médiéval défenseur de la veuve et de l'orphelin, était le champion des causes justes engageant sa vie jusqu'au sacrifice, selon la devise des Élus *Vaincre ou mourir* (voir p. 279 les explications de cette devise). Ce poignard utilisé comme instrument de vengeance, même s'il ne tue personne, peut être considéré comme archaïque.

En fait, dans la mesure où la vengeance est l'expression de la collectivité, elle permet de rejeter avec force et vivacité toute oppression ou tyrannie sous quelque forme que ce soit. La vengeance mandatée par l'esprit d'en haut consiste à lutter contre toutes formes d'intégrisme, lequel se traduit le plus souvent par la manifestation d'une pensée unique et exclusive.

Ce grade d'Élu est un grade de fidélité à la maîtrise et à Salomon qui incarne les principes de Justice et de Sagesse, désigné par ailleurs dans ce grade, sous le terme de Très Sage. Les Élus peuvent être considérés comme les vengeurs de la connaissance assassinée, ce qui correspond à des défenseurs de la lumière contre tout obscurantisme. Le coup de poignard est un geste bref et décisif, fulgurant comme l'éclair. Arrivé à ce stade de la Maîtrise, on peut penser que le maçon ne peut plus tergiverser pour avancer dans la voie de la Vertu. Il ne doit plus attendre pour se parfaire. Le poignard est brandi avec courage et détermination par l'Élu conscient que toute lumière vient d'en haut.

Le poignard permet de trancher dans le vif, de réagir contre l'immobilisme contraire à tout progrès de l'humanité. Le poignard est brandi contre l'ennemi du constructeur, de l'architecte rejetant l'absurde et l'inacceptable. Vivre c'est lutter contre toutes les forces, internes et externes, d'oppression, de chaos, de dissolution. Dès lors le poignard devient l'arme de révolte de l'Élu contre toutes les tyrannies aveugles, tous les systèmes d'asservissement qui privilégient l'avoir et le pouvoir contre l'être. Le geste de l'Élu vengeur correspond à un geste de résistance, à une volonté agissante de justice contre toute forme d'aliénation, que ce soit contre le fanatisme, l'ambition, l'orgueil, l'ignorance, mais aussi contre l'obscurantisme forcené du matérialisme qui rend esclave, dans un monde où dominent tromperie et violence qui asservissent le plus grand nombre parmi « les petits ». Sur un plan extérieur le poignard est une arme de combat utilisée ici contre ceux qui troublent l'Ordre, elle a pour but de le ramener en appliquant la justice.

Sur un plan intérieur le poignard symbolise la lutte que tout être doit mener contre les ennemis qu'il porte en lui, c'est-à-dire contre tous les éléments qui nuisent à l'Unité, à l'Ordre, à l'Harmonie.

La satisfaction de l'Élu réside dans son obligation d'agir et de se déterminer avec courage, sans espérer d'autre récompense que la satisfaction intérieure d'avoir mis en adéquation ses actes avec ses principes dans le subtil combat des antagonismes. En brandissant son poignard, l'Élu accomplit un geste sacré de vigilance qui affranchit de toutes peurs dans une attitude de force et de générosité.

Le droit légitime à la révolte contre tout obscurantisme est symbolisé par ce poignard à lame d'argent et à manche d'or. Ces deux métaux précieux symbolisent ici la richesse potentielle de ces polarités dissociées et complémentaires à mettre en œuvre.

Fig. 71 – Poignard d'Élu.

10 – La vengeance était accomplie

Crier vengeance en brandissant un poignard, est une attitude pour le moins surprenante pour un Maître Maçon. Si on se réfère à l'étymologie du mot vindicte on trouve là cependant une explication. Ainsi, *vindicta* est un mot latin qui signifie vengeance, utilisé dans l'expression « vindicte publique » qui correspond à la « poursuite d'un crime au nom de la société ». *Nekam,* vengeance peut être traduit par la forme nominale « vindicta » et la forme verbale « vindicare », action de revendiquer la justice, avec un idée d'affranchissement. À l'origine « vindicta » ou « vindicte » désignait la baguette servant officiellement à l'affranchissement d'un esclave. *Vindicte* ou revendication en justice nous fait accéder avec une idée d'affranchissement, éloignée de l'idée de vengeance par un châtiment.

Ce qui nous amène à dire que l'Élu qui brandit un poignard en criant vengeance :

Ne brandit pas l'arme d'un meurtrier et que l'action qu'il mène se situe sur un plan supérieur.

Il va au devant d'une action qui affranchit, étant le serviteur d'une juste cause.

Le meurtre ou action intentionnelle de tuer son prochain est condamné par le sixième des dix Commandements révélés à Moïse. La Tora punit le meurtrier de la peine capitale.

Ce degré est souvent influencé et dominé par l'interprétation de son sens littéral. C'est pourquoi il est important de le recevoir en rejetant le formalisme apparent et en se référant aussi aux lois et coutumes de l'époque du roi Salomon qui diffère complètement de la nôtre, sinon le candidat peut conserver en lui un sentiment de malaise sans comprendre la portée intérieure et initiatique de ce grade.

D – Quel était votre projet ?

R – Venger le crime.

D – Quelle vengeance était permise aux Maçons ?

R – La juste punition des assassins de leur respectable Maître, de l'express commandement du Roi [14].

D'instinct une personne lésée veut se venger, par souci de justice. Dans la tradition abrahamique, le Judaïsme et l'Islam, applique la loi du talion. Quant au christianisme, il prêche le pardon et la réconciliation. La loi du talion s'est substituée à la vengeance instinctive, c'est une forme de justice codifiée basée sur la réciprocité du châtiment en réponse au forfait commis. Conscient ou non de cela, chacun continue à être profondément conditionné par ces références socioculturelles qui déterminent le plus souvent son comportement.

La sanction d'un dommage individuel fait partie de la justice sociale à caractère collectif. Le juste châtiment consiste à établir un équilibre entre le bien individuel et le bien social. Le châtiment des assassins d'Hiram consiste à s'être exclus d'eux-mêmes de la Chaîne d'union fraternelle qui les reliait à l'ensemble du groupe.

14. *Le Régulateur, op. cit.*

Les circonstances les ayant transformés en meurtriers, ils ont agi par instinct et non selon la raison, le négatif est une forme de bouleversement de l'ordre établi, qui met en péril son équilibre. Le terme de vengeance correspond ici à l'application d'une justice légitime qui se met à l'écart de tous facteurs passionnels, pour tendre à une solution équitable.

Le mal provenant des mauvais compagnons tire son origine des imperfections humaines. Leur raison ne fut pas assez forte pour faire taire leurs passions. Leur contre- exemple illustre l'esprit destructeur en opposition avec l'esprit constructeur, ce qui génère des sentiments extrêmes tels que la haine et le désir de vengeance.

L'Architecte a pour seule arme sa force intérieure qui s'exprime par la force dissuasive de son verbe, pour tenter d'échapper au sort funeste qu'il pressent, face à des compagnons armés de lourds outils, transformés en armes meurtrières.

Planche 22 – Tracé de la loge.

11 – Le signe

Il existe quatre signes qui se font chaque fois en manipulant un poignard : ce sont les signes d'ordre, de demande, de réponse et de vengeance.

Le signe d'Ordre se fait debout, le poignard en main droite, pointe en l'air, un peu en avant de la hanche droite. Si l'on n'a pas de poignard, on tient le pouce droit levé, poing fermé.

Le signe de demande est effectué par le T∴S∴ ou un F∴ Tuileur si nécessaire. Il consiste, debout à saisir le poignard à la ceinture du côté de la hanche droite, et à le lever au-dessus de la tête, comme pour frapper de haut en bas.

Le signe de réponse se fait à l'ordre, le poignard tenu la pointe en l'air, en avant de la hanche droite, en élevant la main armée au-dessus de la tête en renversant la pointe vers le bas.

Ces deux signes de demande et de réponse peuvent être considérés comme des signes d'un dialogue gestuel.

Le signe de vengeance est fait par l'ensemble des FF∴ lors de l'admission du récipiendaire dans le Conseil au cours de la réception. Il s'effectue debout, le poignard saisi de la ceinture du côté de la hanche droite et levé au-dessus de la tête, comme pour frapper de haut en bas.

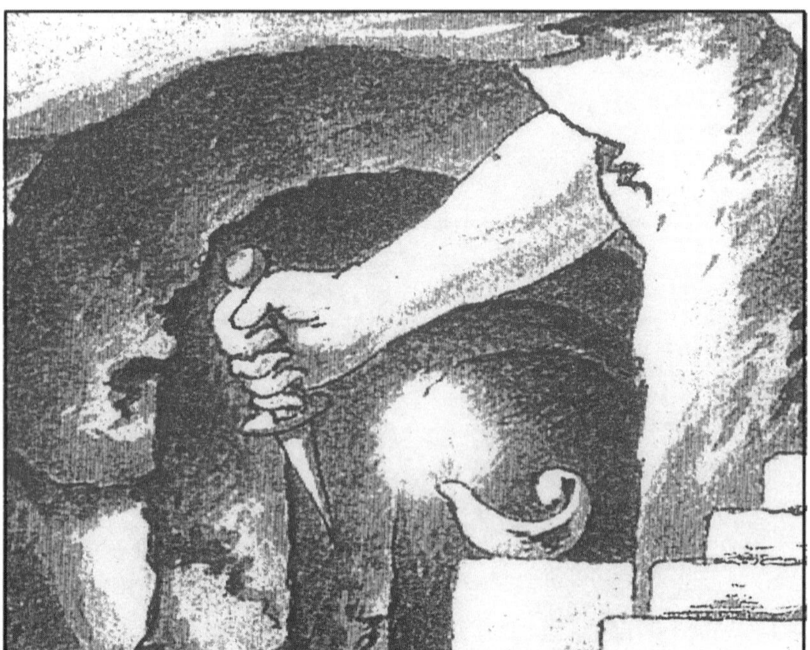

Fig. 72 – Le signe de vengeance.

12 – Le nombre 9

La batterie du grade se fait par huit coups égaux et un séparé 00000000-0.

La marche de ce grade est composée des neuf pas de la maîtrise, les trois pas de l'Apprenti, ceux du Compagnon et ceux du Maître. Le récipiendaire fait neuf voyages, soit huit voyages lents + un rapide. Il faut grimper neuf marches escarpées dans les rochers pour accéder à la caverne. Il y a l'étoile du matin accompagnée de huit autres, de même qu'il y a huit lumières et une plus grande séparée des autres pour représenter les neuf Élus, la plus grande indiquant leur chef Johaben. L'âge est de neuf semaines sur sept ans à cause des neuf semaines qui s'écoulèrent avant la punition du délit.

Ce grade d'Élu est axé sur le symbolisme du nombre 9, multiple de trois rappelé notamment par les trois étapes de la marche en avant et en arrière. Ce nombre exprime la clôture d'un cycle. Il représente l'union du ternaire corps, âme et esprit formant une harmonie. Nombre de justesse et de perfection, il marque l'achèvement des potentialités incluses dans un cycle de manifestation (neuf mois pour naître) (voir aussi sur le nombre 9 le Chapitre sur l'Élu des Neuf, p. 245).

13 – L'heure d'ouverture et de fermeture des travaux

D – Quelle heure est-il ?

R – L'étoile du jour qui paraît nous annonce que le soleil va se lever et qu'il est temps de nous mettre à l'ouvrage.

[...]

D – Où le projet de vengeance s'est-il formé ?

R – En un Conseil Secret.

D – À quelle heure ?

R – Dans l'obscurité de la nuit.

D – Quand êtes-vous parti ?

R – Avant le jour.

D – Qui vous éclairait ?

R – L'Étoile du matin[15].

Dans l'Apocalypse, Jésus parle de l'étoile brillante du matin (Apocalypse 22, 16) et précise *Celui qui vaincra je lui donnerai l'étoile du matin* (Apocalypse 2,28). Il n'est pas dit : *je lui donnerai le soleil ou la lune.* Cette étoile correspond en fait à la planète Vénus qui apparaît en premier

15. *Le Régulateur, op. cit.*

(elle est représentée par 8 branches qui correspondent selon les commentateurs au 8e jour de la résurrection) Elle correspond exactement avec la parole de la 2e Épître de Pierre (1,19) : *jusqu'à ce que l'étoile du matin se lève dans les cœurs.*

Le nom même de Vénus est donné à l'étoile la plus resplendissante (comme celui d'Isis correspondait à l'étoile Sirius chez les Égyptiens). Celle-ci permet de rattacher l'influence de l'étoile à ce qui sera dit de la Dame [16]. Le jour apparaît avec l'étoile du matin, noyée dans la clarté solaire comme celle de la divinité condensant en elle-même la lumière des autres étoiles comme le fait l'Esprit de Vérité. Au Moyen Âge, Dante a reconnu en Béatrice la Dame lui servant de guide dans son ascension spirituelle. Il a marqué du nom d'étoile (stelle) chacune des trois étapes terminales de cette ascension.

En astronomie, l'étoile est considérée comme un astre qui brille de sa lumière propre. Cet astre est regardé, de toute façon, comme un principe de lumière, qui est le sceau de l'Esprit.

Pour les Hébreux, l'étoile de Jacob représente un personnage particulier, le Messie, sans autre nom, ni qualificatif ; ce qui donne à penser qu'à chaque être humain correspond une étoile. Philon d'Alexandrie considère que les étoiles sont des intelligences pures et des êtres de bonté ; Origène partage le même point de vue. Pour certains peuples, les étoiles sont des fenêtres dans le firmament. Pour les Égyptiens ce sont des portes à franchir pour accéder au Ciel [17].

Deux étoiles ont une importance particulière. Vénus, appelée aussi étoile du Berger qui est l'étoile du matin et l'Étoile Polaire qui est celle de la nuit, à l'extrémité nord de l'axe des Pôles.

D – Quelle heure est-il alors ?
R – Le Soleil venait de se cacher [15].

14 – La marche de l'Élu Secret

Cette marche correspond à un aller et retour bien particulier. En effet elle rappelle les acquis qui ont conduit à la Maîtrise par les trois pas de l'Apprenti, les trois pas du Compagnon et les trois pas du Maître. Puis, *l'Élu Secret* prête son obligation sur le Livre de la Sagesse. Á la suite de quoi, il répète la marche qui l'a fait passé de l'Occident à l'Orient, mais il effectue celle-ci, en sens inverse, de l'Orient à l'Occident, à reculons, pas à pas.

16. Bonnet Jacques, *Les symboles traditionnels de la sagesse*, Éditions Horvath, 1976, pp. 59-64.

17. Choptel Jean et Gobry Christine, *Les rois mages, histoire, légende et enseignements*, Éditions Le Mercure Dauphinois, 2002, pp. 105-114.

L'obligation prêtée, le Très Sage dit : *Frère Grand Inspecteur, faites retourner le frère à l'Occident ; faites-lui faire les pas en arrière, pour lui apprendre que l'on n'a rien sans peine, et qu'il ne doit jamais s'offenser des mortifications ordonnées par le jugement de la Loge, l'humilité étant le véritable chemin de la perfection maçonne.*

Cette marche à reculons, réplique en tous points semblable à la marche faite précédemment, ramène toutefois le récipiendaire différent de ce qu'il était à son point de départ. En effet, arrivé à l'Orient il a effectué une station et prêté son obligation d'Élu, il repart, mais investi de la mission de tirer vengeance des meurtriers de l'Architecte.

15 – L'obligation

Le récipiendaire prête son obligation le genou droit à terre, devant le trône du Très Sage, la main droite sur le *Livre de la Sagesse,* tenant de la main gauche un compas croisé avec un maillet. Le T.˙.S.˙. lui pose son poignard sur le cœur, et le Grand Inspecteur lui met le sien sur la nuque ou le dos. Ainsi cerné par devant et par derrière, le récipiendaire prête serment.

Contrairement à l'usage dans les loges bleues et pour la première fois, des FF.˙. et SS.˙. peuvent avoir la surprise de prêter leur serment sur un passage des écritures. Ce livre de la Sagesse est le guide emblématique de ce dont légitimement tout initié est en quête. Ce livre a pour titre « Sagesse de Salomon » Mais la tradition l'appela aussi « Livre de la Sagesse ». Il comprend trois parties d'un seul et même discours. La première partie traite de la mort douloureuse du juste, la deuxième partie est un hymne à la Sagesse, la troisième partie rappelle tout d'abord l'œuvre de sagesse depuis Adam jusqu'à Moïse. Après une invitation à acquérir la sagesse (I, I-15), (sur laquelle le récipiendaire prête son obligation), il est développé l'importance de la sagesse dans la destinée humaine (I, 16-5, 23), puis il en est décrit l'origine, la nature, l'action et le moyen de l'acquérir.

Quelles que soient les croyances philosophiques des Élus, la Sagesse est un idéal à atteindre, il peut y avoir des sages laïques comme des sages religieux, sans que celle-ci n'entrave en quoi que ce soit leur liberté de conscience.

LA SAGESSE ET LA DESTINÉE HUMAINE
Aimez la justice, vous qui jugez la terre,
Nourrissez sur le Seigneur de droites pensées
Et cherchez-le en simplicité de cœur.
Car il se laisse trouver par ceux qui ne le tentent pas, il se révèle à ceux qui ne lui refusent pas leur foi.
Mais les pensées tortueuses éloignent de Dieu
Et la Toute-Puissance mise à l'épreuve, confond les insensés

Non, la sagesse n'entre pas dans une âme perverse, elle n'habite pas dans un corps tributaire du péché ;
L'esprit saint qui nous éduque fuit la duplicité,
Il s'éloigne des pensées sans intelligence, il s'offusque quand survient l'iniquité (Sagesse 1 à 5, Bible de Jérusalem).

16 – Le tablier et le cordon

Lorsque le Conseil s'assemble, tous les membres du Grand Conseil sont revêtus de leur tablier, mais portent leur cordon sur le bras gauche. Le Très Sage, au pied de l'autel, passe alors autour du cou le cordon noir à tous les frères, l'un après l'autre, suivant leurs dignités et offices. Cette investiture silencieuse du cordon est une reconnaissance du Très Sage de l'autorité de sagesse qu'il reconnaît et confirme à chacun des membres.

Le tablier doit être blanc, bordé de noir, et doublé de même : au milieu, sera figuré un poignard jetant des flammes rouges en manière de rayons. La bavette sera noire, bordée de rouge, et doublée de même : au milieu, seront trois flammes rouges

Le cordon est noir, il est brodé au-dessus de trois têtes de mort et de la devise *vincere aut mori* ou bien *vaincre ou mourir* (voir p. 279).

Fig. 73 – Le tablier.
Musée de la Franc-Maçonnerie GODF.

Fig. 74 – Le cordon.
Musée de la Franc-Maçonnerie GODF.

TABLEAU RÉCAPITULATIF

LOGE : CONSEIL DES ÉLUS
Président : Très Sage
1er Surveillant : Grand et Sévère Inspecteur
2e Surveillant : Grand Inspecteur Élu
Récipiendaire : Joaben

Le grade de l'Élu Secret comporte trois Chambres :
La Chambre de préparation est l'équivalent de la Chambre (ou cabinet) du premier grade symbolique. Meublée simplement, on voit les maximes : « Le crime ne peut rester impuni », « la Conscience est un juge inflexible », « Sans un pouvoir légitime, la vengeance devient criminelle ».
La Chambre du Conseil est tendue de noir parsemée de larmes rouges. On place sur l'autel un poignard, un compas, le livre de la Sagesse, un maillet et un cordon noir.
La Chambre obscure doit représenter un désert d'un aspect sauvage, à proximité se trouve de grands blocs de pierre non taillés, c'est la carrière de Ben-Accarr.

HABILLEMENT
Habillement sobre, noir et gants blancs.

LE TABLIER
Blanc bordé de noir, portant un poignard dont la lame est d'argent et la garde d'or, entouré de 9 flammes rouges ; la bavette est noire bordée de rouge, au milieu seront trois flammes rouges.

LE CORDON
Tous les membres seront décorés d'un cordon noir, portant les lettres V.·.A.·.M.·. *Vincere aut mori* (vaincre ou mourir), rosette blanche et petit ruban rouge tenant un petit poignard. Ce cordon est porté de l'épaule gauche à la hanche droite.

LE BIJOU
Poignard d'or à lame d'argent

ATTOUCHEMENT
Le demandeur présente la main droite, poing fermé, pouce levé vers le haut ; le répondeur saisit ce pouce dans son poing de la main droite et le fait glisser entre ses doigts fermés et repliés, tout en retirant sa main. Ce geste est répété alternativement 3 fois.

LES LUMIÈRES
15 lumières par 9 + 6.

LA BATTERIE
se fait par neuf coups, 8 et 1.

SIGNE D'ORDRE
Étant debout, le poignard à la main droite, pointe en l'air, un peu en avant de la hanche droite. Si l'on n'a pas de poignard, on tient le pouce droit levé, poing fermé.

SIGNE DE DEMANDE
Étant debout saisir le poignard placé au repos dans la ceinture du côté de la hanche droite, et le lever au-dessus de la tête comme pour frapper de haut en bas.

SIGNE DE RÉPONSE
Étant à l'ordre (le poignard tenu la pointe en l'air, en avant de la hanche droite) élever la main armée au-dessus de la tête en renversant la pointe vers le bas.

SIGNE DE VENGEANCE
Étant debout, saisir le poignard placé au repos dans la ceinture du côté de la hanche droite, et lever au-dessus de la tête, comme pour frapper de haut en bas.

MOT SACRÉ
Demande : Nekam.
Réponse : Nekah.

MOT DE PASSE
Johaben.

INSTRUCTION PAR DEMANDES ET RÉPONSES

(Cette instruction est reprise du texte du *Souverain Chapitre Métropolitain de 1786*, conforme en tous points à la version de 1786 du manuscrit de Roëttiers de Montaleau *Le Régulateur des Chevaliers maçons ou les Quatre Ordres supérieurs suivant le régime du Grand Orient de France*).

D – Êtes-vous Élu ?

R – Une caverne m'est connue, une lampe m'a éclairé, une source m'a désaltéré ?

D – Qu'avez-vous fait en cette qualité ?

R – J'ai été chargé d'une mission importante dont j'ai reçu le prix.

(l'on montre le cordon noir)

D – Quel était votre projet ?

R – De venger le crime.

D – Quelle vengeance était permise aux maçons ?

R – La juste punition des assassins de leur Respectable Maître, de l'exprès commandement du roi.

D – Où s'est formé le projet de vengeance ?

R – Dans un conseil secret.

D – Á quelle heure ?

R – Dans l'obscurité de la nuit.

D – Quand êtes-vous parti ?

R – Avant le jour.

D – Qui vous éclairait ?

R – L'étoile du matin.

D – Par où avez-vous débuté ?

R – Par la destruction de deux coupables.

D – Où les avez-vous découverts ?

R – Fuyant à travers des rochers escarpés.

D – Avez-vous été plus loin ?

R – J'ai pénétré dans l'intérieur d'une caverne effroyable.

D – Qui avez-vous trouvé ?

R – Le traître, venant de rentrer, se disposant à prendre du repos.

D – Qu'est-il arrivé ?

R – Saisi de frayeur à l'aspect d'un maître, il s'est fait justice lui-même.

D – Que vous restait-il à faire ?

R – Rien, puisque la vengeance était accomplie.

D – Quelle heure était-il ?

R – Le soleil venait de se coucher.

D – Quel âge avez-vous ?

R – Neuf semaines sur sept ans, à cause des neuf semaines qui se passèrent avant la punition du délit.

D – Que signifie la formule de votre réception ?

R – Ce qui s'est passé pour la formation et l'exécution du projet.

D – D'où viennent les huit lumières et une plus grande séparée du reste ?

R – Elles représentent les neuf élus ; la plus grande indique leur chef.

D – Que marquent les six autres lumières ?

R – Les six maîtres qui (leur) furent joints, à titre d'élus, après leur retour.

D – Que signifient les couleurs de la chambre du conseil ?

R – Le noir signifie la noirceur de l'action ; les flammes expriment notre ardeur à en tirer vengeance, et le rouge dénote qu'elle ne peut être éteinte que par le sang des coupables.

D – Que signifient les inscriptions qu'on voit sur les poteaux où les têtes sont placées ?

R – Que le ciel, qui juge les actions des hommes, en est le vengeur certain et ne laisse jamais le crime impuni.

D – Que signifie le chien ?

R – Que le moindre indice sert souvent à déceler le coupable.

D – Que signifie la caverne ?

R – Qu'il n'est lieu si obscur et si caché qui puisse mettre les pervers à l'abri du supplice et du remords.

D – Que signifie le bras levant le poignard ?

R – Que les nôtres doivent toujours être prêts à frapper sur ce qui offense et blesse la vertu.

D – Que signifie l'étoile du matin ?

R – L'heure du départ et le nombre des élus : cela signifie en même temps que l'on ne saurait s'y prendre trot tôt, ni de trop bonne heure, pour faire une bonne action.

D – Que signifie l'escalier difficile, qui est dans le roc ?

R – Qu'il faut franchir les pas les plus scabreux pour parvenir à la destruction du vice.

D – Que signifie la lampe ?

R – Que nous recevons une lumière imprévue dans les démarches dictées par le Grand Architecte de l'Univers.

D – Que signifie la source trouvée inopinément ?

R – Que la providence n'abandonne jamais dans les besoins pressants.

CHAPITRE XIII

DEUXIÈME ORDRE DE SAGESSE DU R. F.

ou

Grand Élu Écossais

Grand Élu Écossais

Présentation du deuxième Ordre de Sagesse

La désignation d'Élu Écossais rappelle que le Maître Maçon a été reçu précédemment au grade d'Élu qui correspond au complément immédiat de la légende d'Hiram sur le plan horizontal, d'ordre humain, alors que la réception au grade d'Écossais est un autre complément de la maîtrise, mais sur le plan vertical, que l'on peut qualifier de spirituel.

Le Second Ordre du Rite français fixé par le Grand Chapitre Général est la juxtaposition de deux grades : *l'Écossais ou Parfait Maître Anglais* et *l'Écossais de Perfection* [1]. On trouve aussi d'importants vestiges de ce grade dans les versions des rituels appelés *Parfait Maître Anglais surnommé l'anneau d'or.* Ces anciens rituels retracent les grands thèmes de la cérémonie d'*Élu Écossais,* c'est-à-dire la purification, l'onction et la manducation, mais ne parlent pas du sacrifice. De plus il y a la découverte du triangle avec le nom ineffable et la découverte de l'Arche d'alliance. On relève avec intérêt que la version du grade de *Grand Élu et Sublime Maître,* 14e degré du *Rite Écossais Ancien et Accepté,* du *Manuscrit Francken* de 1783 [2] met en scène les éléments symboliques précédemment cités, démontrant ainsi l'étroite parenté des deux rites Écossais et Français.

Le thème essentiel de cet Ordre est la voûte souterraine qui devient une voûte sacrée, la pierre cubique à pointe et la découverte du delta, symbole de la parole perdue.

Le récipiendaire après avoir été interrogé sur l'Ordre précédent d'*Élu* subit une succession de purifications qui doit le conduire par étapes vers le Saint des Saints, la découverte du Tétragramme et de l'Arche d'alliance éclairée par le chandelier à sept branches.

La première purification consiste en une sorte de « sacrifice », puisque le récipiendaire est menacé d'être immolé par une hache et un couteau, mais épargné, en souvenir d'Abraham.

1. *Les Grades de Sagesse du Rite Français, histoire, naissance et renaissance,* Éditions À l'Orient, 2000.

2. Guérillot Claude, *Le Rite de perfection, restitution des rituels* traduits en anglais et copiés en 1783 par Henry Andrew Francken, Éditions Trédaniel, 1993, pp. 173-214.

La seconde consiste à être mis entre les mains des « purificateurs » qui doivent le laver de tout ce qui peut blesser l'innocence, par une double épreuve de l'eau (par des ablutions) et du feu (en se purifiant à l'autel des parfums).

La troisième purification est opérée à l'aide d'une mixtion de lait, d'huile, de vin et de farine appliquée au récipiendaire sous forme d'onction sacerdotale. Á la suite de quoi le pain et le vin sont partagés entre tous les assistants avant qu'ils aient accès aux ornements du Saint des Saints.

Dans ce grade d'Écossais (qui n'a d'Écossais que le nom) quelle que soit la tradition d'origine du récipiendaire, chacun retrouvera des repères familiers. Ainsi, un Juif y trouvera des rappels du shabbat, un Chrétien une évocation de la communion, un Musulman des ablutions rituelles. Rien d'étonnant à cela, ces éléments cultuels, utilisés autrement, montrent que l'ésotérisme est une voie spirituelle qui s'appuie légitimement sur les formes extérieurs de l'exotérisme. On les retrouve ici expurgés de leurs aspects moraux et dogmatiques et leur signification spirituelle ayant trait à l'essence de l'Univers est alors donnée à méditer.

La Franc-maçonnerie n'a pas été bâtie sur des mirages, ni sur du sable, mais en s'appuyant sur la Tradition Abrahamique dont les trois branches (Judaïsme, Christianisme, Islam) sont les trois pierres de fondation.

C'est ce que ce grade d'Écossais démontre une fois de plus en s'inspirant très largement d'éléments que l'on retrouve dans le Lévitique, troisième livre du Pentateuque. Le Lévitique est considéré comme étant un écrit qui aurait une source unique dont l'origine serait sacerdotale.

Dans le Lévitique, on relève en effet plusieurs aspects développés dans ce grade d'Écossais, provenant notamment des trois premières parties de ce livre.

Bien que les Lévites n'y soient mentionnés qu'une fois, le récit se rapporte a leur fonction qui leur donnait le monopole du culte en Israël. Lévi, chef de la tribu de ce nom était prêtre de l'ancienne loi. Ce nom fut donné à ce patriarche par sa mère Lia, du verbe hébreu *lavah*, qui signifie être lié, être uni parce qu'elle espérait que la naissance de ce fils lui attacherait son mari Jacob. Les Lévites étaient, chez les Juifs, un ordre inférieur aux prêtres, que l'on pourrait comparer aux diacres des chrétiens, attachés au service du temple.

C'est de ce culte que traite la première moitié du livre dans lequel on retrouve la trame du grade d'Écossais :

— la première partie, de 1 à 7, traite *des lois sur les sacrifices* ;
— la deuxième partie, de 8 à 9, raconte *la consécration des prêtres et l'inauguration du culte* ;
— la troisième partie, 10, donne *des précisions sur le sacerdoce.*

Il est précisé dans un Manuscrit des Écossais Parfaits que : *le but de ce grade est de n'observer d'autre religion que la naturelle ; c'est-à-dire de reconnaître premier un Être Suprême, d'aimer et secourir ses FF.·., dans leurs besoins et dans tous les dangers où ils pourraient se rencontrer ; même les profanes de leur souhaiter autant de bien qu'à nous-même, sans envier leurs biens, ni leurs femmes, de ne point médire, ni calomnier sur aucun de nos FF.·., ni profanes, d'aimer son roi et soutenir les intérêts de l'État*[3].

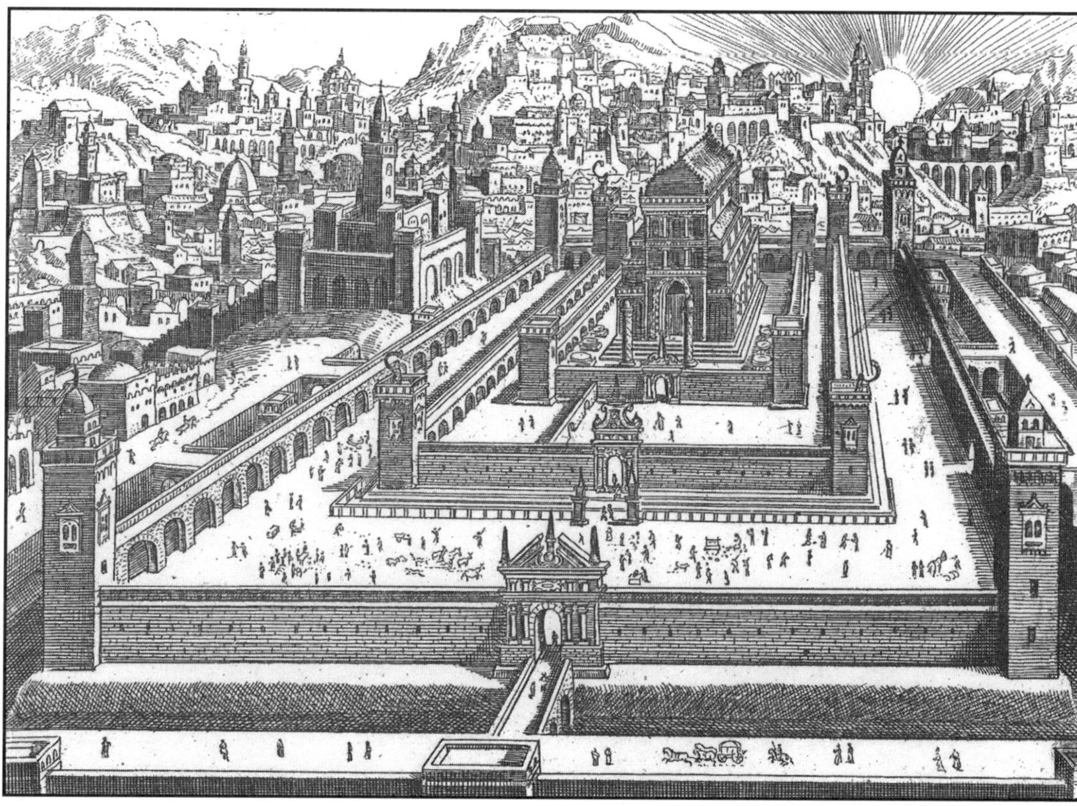

Fig. 75 – Le Temple de Salomon.

Extrait de la Bible de Royaumont.

(Les sources iconographiques du Grand Chapitre provenant de la Bible de Royaumont sont développées dans l'article de Pierre Mollier, *Le Grand Chapitre Général de France et la fixation du Rite Français*, publiées dans le N° 106 de la Renaissance Traditionnelle).

3. *L'Écossais Parfait Maître Anglais*, Ms. Bayreuth 7760-10.

Thème du deuxième Ordre de Sagesse

Ce grade d'Écossais est la suite du grade d'Élu. Ce grade est très proche de la version initiale du 14e degré du R.E.A.A., *Grand Élu Ancien Parfait et Sublime Maçon.*

Les meurtriers étant punis, les travaux étaient presque achevés, il ne restait plus à Salomon qu'à cacher dans un lieu sûr et secret le véritable nom du Grand Architecte de l'Univers qui avait jadis été révélé.

Sa prononciation était ignorée du peuple. Elle se transmettait par tradition une fois l'année ; le grand prêtre prononçait ce nom en l'épelant, entouré de tous ceux qui avaient le droit de l'entendre.

Salomon crut devoir déposer ce nom dans un souterrain du temple, c'est pourquoi il avait fait pratiquer, sous la partie la plus mystérieuse du temple, une voûte secrète au milieu de laquelle il plaça un piédestal triangulaire, qu'il nomma *le piédestal de la science.* On y accédait en descendant un escalier de vingt-quatre marches, divisé en repos par trois, cinq, sept, neuf. Cette voûte n'était connue que de Salomon et des maîtres qui y avaient travaillé.

Hiram avait la parole sur un triangle du plus pur métal ; mais dans la crainte où il était de la perdre, il le portait toujours suspendu au cou, la gravure du côté de la poitrine, le revers en dehors, n'offrant qu'une surface unie et du plus parfait poli. Lors de son assassinat, il se dépouilla de ce delta précieux et le jeta dans un puits qui était au sud-est. Salomon craignant que ce précieux triangle ne soit tombé entre des mains profanes, en ordonna la recherche.

Trois maîtres le découvrirent. Passant près du puits vers l'heure de midi, ils aperçurent dans le fond quelque chose de brillant : l'un d'eux se fit descendre dans ce puits aidé de ses camarades où il trouva l'objet recherché. Il rapportèrent le bijou à Salomon. Á la vue du delta précieux, Salomon fit un pas en arrière, leva les bras au ciel, en signe d'admiration et s'écria *el-Hanan* qui signifie *Grâce ou miséricorde de Dieu.*

Salomon mandata aussitôt les quinze Élus et les neuf Maîtres qui avaient travaillé à la construction de la voûte. Accompagné de ceux-ci et des trois qui avaient fait la découverte, il descendit dans la voûte secrète, fit incruster le delta au milieu du piédestal, et le couvrit d'une pierre d'agate taillée en forme quadrangulaire, sur laquelle il fit graver, à la face supérieure, le mot substitué. Salomon y fit placer devant trois lampes portant chacune neuf lumignons qui y brûlaient d'un feu perpétuel ; Salomon leur déclara que l'ancienne loi défendait de prononcer le nom du Grand Architecte ; après avoir reçu d'eux le serment inviolable de ne jamais révéler ce qui venait de se passer, il donna à ce lieu le nom de voûte sacrée et en fit sceller l'entrée, dont le secret ne fut confié qu'aux vingt-sept Grands Élus

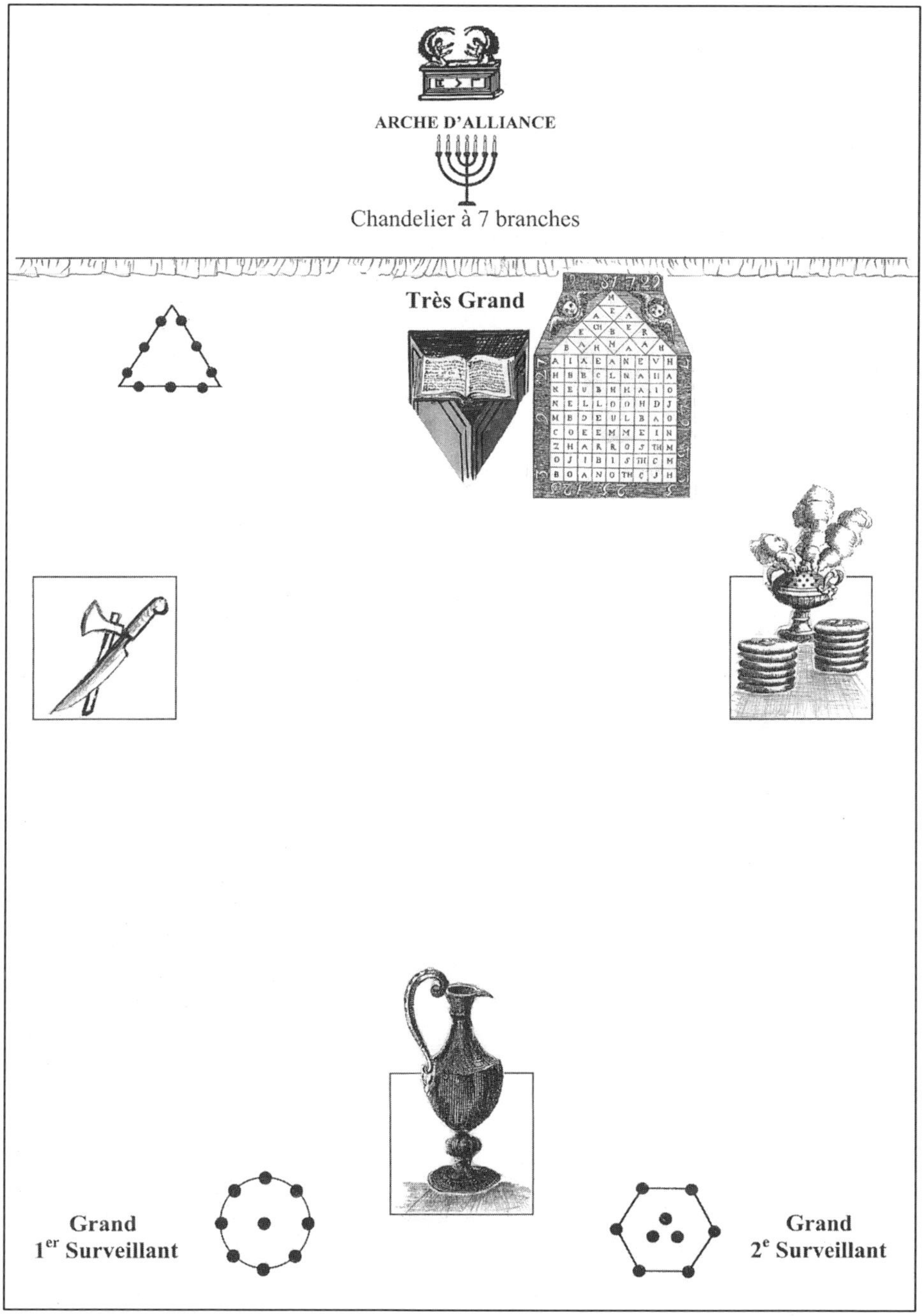

Planche 23 – Plan de la Voûte secrète.

et à leurs successeurs. Ils se jurèrent une alliance éternelle et Salomon leur donna un anneau d'or pour preuve de cette alliance.

Remontés au temple, ils admirèrent la beauté de l'ouvrage et rendirent grâce au Grand Architecte de l'Univers. Salomon étant mort ; ils se gouvernèrent par eux-mêmes, suivant leurs lois, toujours dévoués à la conservation de l'ouvrage.

Le temple fut détruit par les Assyriens : les architectes demeurèrent en fonction. Lorsqu'un nouveau temple fut reconstruit c'est la lignée de ces architectes qui en furent chargés. Ce second édifice périt sous Titus. Ils survécurent incognitos, mais demeurèrent unis. Après une guerre malheureuse ils forment divers établissements utiles et des associations vertueuses : partout ils se distinguent par leurs vertus, liés par la foi de leur serment se distinguant ainsi en tant que Vrais Maçons Écossais.

Fig. 76 – L'Arche d'Alliance avec les deux chérubins.

Bible de Royaumont.

Grand Élu Écossais

TUILEURS	VUILLAUME (1820)	BAZOT (1836)	RAGON (1861)	TESSIER (1883)
ÂGE	Non mentionné	Non mentionné	Non mentionné	Neuf ans
BATTERIE	Vingt-quatre coups, par trois, cinq, sept et neuf : 000 ! – 000 – 00 ! – 000 – 0000! – 000 – 000 – 000 !	00 0000 00 0000000 00 0 00 0 00 0	24 coups frappés ainsi : 00 0, 000 00, 00 00000, 00 0, 00 0, 00 0	Elle se fait par trois, cinq, sept et neuf, en observant la manière ci-après désignée : !! ! - !! !!! - !! !!!!!- !! ! - !! ! - !! !
MOTS DE PASSE	El-Hhanan, et non pas Eleanam, ni Elehanam, comme on lit dans un grand nombre de cahiers ou régulateurs. (voir au 14e du Rite Écossais)	H.L.H.N.M ! Autrement : AD… grâce ! C'est le cri de joie des G∴El∴Ec∴ en apercevant la parole innominable gravé sur le Delta.	Helanam, Vrai mot El-hhanan, qui en hébreu, signifie grâce ou miséricorde de Dieu.	Manale
MOTS SACRÉS	Sehem- Ham'phoras, pour ne pas prononcer le nom de Dieu, le nom expliqué, le nom entendu.	S.M, H.M, P.O.A.H	Shem, Hamm, Phorasch Nom expliqué, entendu, pour éviter de prononcer le nom de Dieu.	Sarohp-Mah-Mehcs
MARCHE	Vingt-quatre pas, à savoir : trois pas d'apprenti, en partant du pied gauche ; cinq autres, en partant du pied droit ; sept autres, en partant du pied gauche ; et enfin neuf autres, par trois du pied droit, trois autres du pied gauche, et les trois derniers du pied droit.	Trois, cinq, sept et neuf pas d'App∴, à savoir : 3 du pied gauche, 5 du pied droit, 7 du pied gauche, 9 dont 3 du pied droit, 3 du pied gauche, 3 du pied droit : à ce dernier pas on se remet en équerre et au repos.	Vingt-quatre pas (3+5+7+9), à savoir 3 pas d'apprenti, en partant du pied gauche, 5 du pied droit, 7 du pied gauche et 9, dont 3 du pied droit, 3 du pied gauche, et 3 du pied droit qui doit être en équerre avec le pied gauche.	Elle s'exécute par trois, cinq, sept et neuf de côté ; à savoir : trois pas d'apprenti du pied gauche, cinq pas du pied droit, sept pas du pied gauche, trois du pied droit, trois du pied gauche, trois du pied droit.
TEMPS DE TRAVAIL	Non mentionné	Non mentionné	De midi à minuit	Non mentionné

1 – Les trois chambres

Il faut trois chambres

— La première est appelée *Chambre de préparation*. C'est l'endroit où le récipiendaire est en méditation en attendant sa réception.

Le F.·. Préparateur fait revêtir le récipiendaire d'une sorte de chasuble blanche sans bouton qui fait office de vêtement sacerdotal.

Fig. 77 – Habits du grand Prêtre et des autres Lévites.

Bible de Royaumont.

— La deuxième chambre est *la voûte sacrée*. Elle représente une voûte souterraine de couleur rouge. L'Orient est séparé du temple par un voile rouge, derrière lequel se trouve une menorah. Sur le plateau du T.·.G.·. est placée une bougie rouge allumée qui évoque la flamme éternelle de l'Esprit.

Cette deuxième chambre est agencée de la manière suivante :

1. L'Autel des Serments

Au bas des marches de l'Orient est placé un plateau recouvert d'un drap rouge sur lequel sont posés une épée, un maillet et le volume de la loi sacrée ouvert au Livre de la Sagesse ou au Livre des Constitutions. Le T.·.G.·. siège derrière l'autel des Serments.

2. Le Piédestal de la Science

Devant l'autel des serments est placé un piédestal triangulaire de couleur rouge, sur lequel sont représentés sur les deux faces apparentes, côté droit, un soleil rayonnant, côté gauche l'étoile flamboyante avec la lettre G, derrière, figure un compas ouvert sur un quart de cercle entre les nombres 3,5,7,9.

Sur le piédestal est posée une pierre cubique à pointe. Sur l'ensemble des faces de cette pierre est représentée la totalité des connaissances des cinq grades

3. L'autel des sacrifices

Au milieu de la colonne du Nord se trouve placée une table servant d'autel des sacrifices sur laquelle est posés une hache et un couteau.

4. Les deux autels des purifications

En face du midi est une table sur laquelle est posée une cassolette à parfums. On peut aussi y trouver une auge, une truelle d'or, une grande coupe remplie de vin et un morceau de pain. Pour des raisons de commodités ils peuvent également être placés à l'Orient sur l'autel des serments. Á l'Occident se trouve un vase d'ablution sur une table avec un récipient d'eau qui rappelle la Mer d'airain.

5. Les trois lumières

Les trois lumières sont en réalité 27 bougies divisées en trois groupes de neuf lumières placées soit à L'Orient, soit auprès du triangle directeur de la loge. Ces trois fois trois neuf lumières représentent trois figures géométriques différentes qui correspondent à différentes combinaisons mathématiques possibles. Ainsi il y a neuf lumières réparties en 3X3 sur un triangle, un cercle avec 8+1 et un hexagone avec 6+3 (voir p. 457).

Selon le Tuileur de Ragon il y a vingt-sept lumières partagées en trois groupes, à savoir : à l'Orient, du côté du midi, un groupe de neuf lumières formant le triangle ; à l'Occident, près du 1er Surveillant, un second groupe formant le cercle par huit lumières avec la neuvième au milieu ; et près du 2e Surveillant, le troisième groupe par six et trois sur deux lignes.

6. Les anneaux symboliques

Le T∴G∴ remettra autant d'anneaux qu'il y a de récipiendaires.

— *La troisième Chambre* correspond au Temple achevé ou au Temple dans sa perfection :

C'est la même que la voûte sacrée, tout est tendu de rouge, mais sans le piédestal de la science couvert de la pierre cubique, ni les trois autels des sacrifices et des purifications.

Reste seul l'Autel des pains avec l'auge, la truelle, la coupe remplie de vin et les pains (ou le pain) sur un autel, soit à l'Orient sur l'autel des serments, soit au midi (après avoir retiré la cassolette des parfums). Lorsque le rideau rouge est tiré, lors de la réception, le chandelier à sept branches est allumé.

Dans ce Temple est un tableau de loge sur lequel seront représentés à la craie ou peints : *Sur le haut de la ligne du midi sera crayonné un puits, dans lequel tombera à l'aplomb un rayon. À l'opposé, sur le haut de la ligne, un buisson ardent jetant une grande flamme. Au milieu de ces objets, sera figuré un compas couronné sur un quart de cercle : entre les pointes, seront tracées les chiffres 3,5,7,9. Au midi, vers le milieu, sera crayonnée une table supportant des vases d'or ; au nord, en face, l'autel des sacrifices. Entre deux, et au-dessous du compas, sera figuré un escalier de vingt-quatre marches, divisé par palier, de trois, cinq, sept et neuf marches : en avant de l'escalier et à l'occident, un grand vase qui correspond à la Mer d'airain.* Le fond du tableau est noir, selon le *Recueil d'instructions sur divers ordres du Chapitre, daté* de 5803.

On note que l'essentiel de la réception se fait dans la voûte secrète et que l'accès au temple est placé sous le signe d'une consécration et d'un partage.

Fig. 78 – Tableau de Loge.

Planche 24 – Chapitre l'Aimable Sagesse, Marseille, 1825, 2e Ordre de Sagesse

2 – La Voûte Sacrée

D – Que renferme la voûte sacrée ?
R – La parole.
D – Quelle est cette parole ?
R – Celle qui fut perdue dans les ruines du Temple.
D – À qui donna-t-on cette parole en premier lieu ?
R – À Moïse, dans le buisson ardent.
D – À qui fut elle-transmise ?
R – Aux seuls Élus Parfaits [4].

La découverte du souterrain avec ses neuf voûtes correspond à la découverte d'un univers sacré représentant à la fois le monde d'en bas qui est le reflet inversé du monde d'en haut. C'est un rappel aussi que le Maître Maçon œuvre constamment en passant de la perpendiculaire au niveau et du niveau à la perpendiculaire. Le monde d'en bas correspond au monde nocturne, régi par le cycle lunaire. Monde que les morts doivent parcourir avant de pouvoir libérer leur âme de toute attache terrestre.

La voûte sacrée est intimement liée à la découverte de la Parole perdue :
D – Où vous a- t'on fait voyager ?
R – À la voûte sacrée.
D – Où est-elle située ?
R – Sous un souterrain qui s'appelle Saint des Saints.
D – À quoi servait cette voûte sacrée ?
R – À renfermer le dépôt sacré.
D – En quoi consiste -t-il ?
R – En la parole innominable.
D – Dans quelle place était-elle ?
R – Elle était gravée sur un piédestal au milieu de la voûte sacrée [5].

On constate que cette voûte est d'abord qualifiée de secrète, parce que cachée et ensuite de sacrée en raison du dépôt précieux qu'elle contient :

D – Pourquoi le nom de voûte secrète à l'ouverture, est-il changé en celui de voûte sacrée à la fermeture ?

R – C'est que le dépôt une fois placé, elle ne fut plus connue que sous ce dernier titre [6].

4. La Haye *MS XXXIV*, 1-5, t. II, pp.181-286, Latomia, 1986.
5. *Grade de Parfait Écossais ou le Vrai Maître*, Bibliothèque municipale d'Avignon, MS. 3081.
6. *Rituel du Rite Français moderne 1786, les Quatre « Ordres supérieurs » Écossais,* Éditions Champion, Slatkine, 1992, pp. 65-109.
7. Flubacher Narcisse, *Grand Élu Parfait et Sublime Maçon,* dans *le Pélican*, n° 36, Automne 1997.

Ainsi que l'a définie Narcisse Flubacher[7] *la voûte sacrée* est le symbole de soi-même, à l'intérieur de soi, au centre de soi où l'on peut retrouver le divin, et c'est cette découverte de Soi qui marque l'enseignement des deux premiers ordres de Sagesse. L'initiation devant éveiller en chacun les facultés qui permettent de s'élever et de s'approcher de la lumière. Le corps n'est pas le tombeau de l'âme, mais le moyen pour l'âme de se manifester. C'est tout le secret de la recherche et de la démarche initiatique.

3 – L'autel des sacrifices

Le sacrifice correspond au don de soi le plus complet. Il apparaît dans toutes les graduations de la vie spirituelle. Il peut se définir d'une façon générale comme l'offrande de ce que l'on a de plus cher, ou comme une oblation visible par laquelle il offre sa personne de Maître Maçon dans l'espérance de s'unir plus intimement à l'Unité ou au Principe.

Fig. 79 – Figures des deux Autels, celui des parfums et celui des holocaustes.

Bible de Royaumont.

Le récipiendaire après avoir fait trois fois le tour de l'autel des sacrifices est placé en position de victime expiatoire la tête tournée face au Midi vers l'Orient, un des Officiers Sacrificateurs tenant une hache posée sur son cou, alors que le second pose le couteau en face de son cœur.

Dans cette position inconfortable le récipiendaire doit répondre à trois questions :

1. Avez-vous observé scrupuleusement les obligations maçonniques que vous avez contractées ?

2. Si vous êtes assez à plaindre pour renfermer dans votre cœur quelque sentiment d'inimitié contre vos Frères, consentez-vous à le déposer ici ?

3. Consentez-vous à immoler toute affection indigne d'un homme vertueux ?[8].

Après trois réponses affirmatives, données en toute sincérité, il est dit alors au récipiendaire qu'on lui fait grâce, à l'image du G.·.A.·.D.·.L'U.·., au moment où son plus fidèle serviteur allait consommer un sacrifice plus grand que s'il eût été la victime lui-même.

4 – L'autel des purifications

(la mer d'airain)

Toutes les traditions prescrivent des ablutions, le plus souvent d'eau, pour permettre à chacun de retrouver l'état virginal de sa naissance

Ainsi après l'épreuve du sacrifice le récipiendaire, après avoir fait trois fois le tour de l'autel correspondant, va subir deux purifications. La première est celle du lavement des mains et des pieds en les trempant dans l'eau par neuf fois, ce qui correspond à l'ablution d'eau qui était demandée à tous ceux qui pouvaient pénétrer dans le Temple.

La Mer d'airain était un vaste bassin de bronze de 2 m 50 de haut et de 5 mètres de diamètre, posé sur 12 boeufs, située au sud-est du parvis du Temple (I Rois, chap.7, versets 23 à 26).

D – Qu'avez-vous vu en entrant dans le Temple ?

R – Un grand vase d'airain rempli d'eau qu'on nomma la mer d'airain laquelle était soutenue par 12 bœufs, dont 3 regardaient l'orient, 3 le midi, 3 l'occident et 3 le septentrion.

D – Que signifient les 12 bœufs ?

R – Dans l'ancienne loi, ils signifiaient les 12 tribus d'Israël et dans la nouvelle ils désignent les douze apôtres.

La mer d'airain repose sur douze bœufs, répartis trois par trois vers chaque point cardinal. Ces bœufs correspondent aux douze tribus d'Israël dont le regard est dirigé aux quatre coins du monde.

8. Roëttiers de Montaleau, *Le Régulateur des Chevaliers Maçons ou les quatre Ordres supérieurs suivant le régime du Grand-Orient, IIe Ordre, Grade d'Écossais*, à Hérédom, s.d.

Dans le rituel de *Grand Écossais de la BN FM⁴ 242*, il est dit que : *la mer d'airain nous représente qu'aucun mortel ne peut pénétrer dans le Saint des Saints, sans être entièrement purifié et lavé de toutes iniquités.*

Les 12 bouvillons qui la soutiennent représentent les 12 pères de la Loi.

[…]

D – À quoi servait l'eau que contenait la mer d'airain ?

R – Elle servait aux sacrificateurs et au peuple pour se purifier avant que d'entrer dans le temple[9].

La mer d'airain, passage nécessaire pour accéder au temple, correspond à une purification de l'initié :

D – Que signifie la mer d'airain ?

R – Que nous devons être purifié de tous vices si nous voulons faire des progrès dans la vertu[10].

[…]

D – Que signifie la mer d'airain ?

R – Elle sert à purifier les vices, des 12 bouvillons qui la soutiennent représentent les 12 apôtres et les 12 tribus et le chandelier à 7 branches nous représente les 7 principaux grades de la maçonnerie[11].

Albert Soued considère que *la demi-sphère à section circulaire de la Mer fait penser au ciel à l'envers, un échantillon des eaux séparées. Dans la Bible, on décrit d'abord les deux colonnes de la dualité avant de décrire la Mer d'airain, comme si on sortait du Temple, pour aller vers la Mer : les Colonnes suggèrent alors la séparation des eaux en vue de la création, avec la Mer comme témoin. Mais le passage entre les colonnes se fait dans les deux sens. On peut aussi faire le chemin inverse, à partir de la Mer et traverser les colonnes : la Mer est alors le chaos ou le monde profane, d'où on part pour entrer, à travers les colonnes, dans le temple, dans l'ordre sacré. Ainsi, dans un sens, la présence divine se dégage du temple ; dans l'autre sens, l'homme microcosme duel va à la rencontre du « sacré » et de l'unité*[12].

Dans le Temple de Salomon, la mer d'airain était un bassin en bronze destiné aux ablutions des prêtres et entouré de figures allégoriques représentant les forces terrestres. La réalisation de la Mer d'airain est attribuée à Hiram, faite d'un alliage composé de métaux libérés de leurs impuretés grâce à l'action conjuguée de l'eau et du feu. L'airain est un alliage des métaux : étain (ou argent) et cuivre, ce qui correspond à l'union alchimique nécessaire des oppositions pour créer l'harmonie. Union de la lune et du soleil, de l'eau et du feu. On peut voir dans ce symbole le résultat du travail

9. Bayreuth, MS. 7760/34, pp. 20-21.
10. Avignon MS 3082/15.
11. Bayreuth MS 7760/12.
12. Soued Albert, *Les symboles dans la Bible*, Éditions Grancher, 1993, pp. 295-296.

maçonnique de chacun. L'airain correspond au principe de fixité et d'incorruptibilité, fruit de l'alliage intime des forces purifiées du Maître. Ce support matériel indique que le Maître Maçon a la possibilité de « vivre » (dans le sens initiatique du mot) et de renaître spirituellement.

La deuxième purification consiste après en avoir fait trois fois le tour à purifier le récipiendaire à *l'Autel des parfums* où il passe la main à plat, les doigts étendus au-dessus de la fumée d'encens qui doit y brûler. Après s'être offert en sacrifice et avoir promis de diriger son comportement par l'équerre et le compas en servant la Vertu, le candidat peut prêter son obligation.

Fig. 80 – La Mer d'Airain, ouvrage de fonte, qui servait à laver les pieds et les mains des prêtres lorsqu'ils entraient dans le Temple.
Bible de Royaumont.

5 – La marche

Elle s'effectue par 3,5,7 et 9 pas. Elle rappelle la descente de l'escalier dans la voûte secrète. Les pas sont exécutés de côté 3 à droite en partant du pied droit, 5 à gauche en partant du pied gauche, 7 à droite en partant du pied droit, puis par trois fois trois : 3 à gauche, 3 à droite et encore 3 pas à gauche.

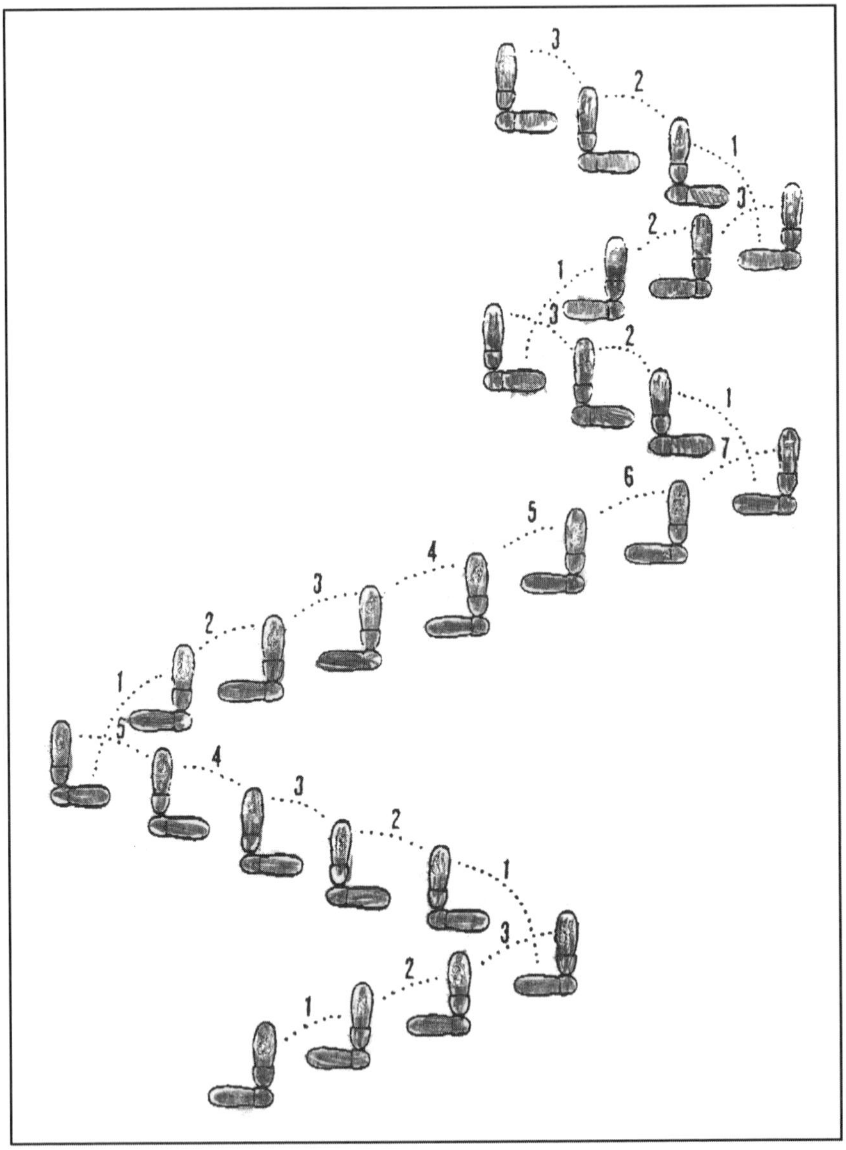

Fig. 81 – La marche de Grand Élu Écossais.

6 – Le dépot sacré

D – Avez-vous réussi dans votre recherche ?

R – J'ai une faveur particulière et une lumière imprévue. J'ai fait la découverte d'un dépôt précieux. Je suis rentré le tenant à la main et dans le même état où j'étais en faisant sa découverte.

D – À quoi servait cette voûte secrète ?

R – À renfermer un dépôt précieux.

D – Dans quelle place était-il ?

R – Le delta précieux sur lequel était gravé les vrais caractères de la parole, fut incrusté sur un piédestal de marbre placé au milieu de la voûte et recouvert avec la pierre cubique [13].

[...]

D – À quoi servait cette voûte sacrée ?

R – À renfermer le dépôt sacré.

D – En quoi consistait-il ?

R – Dans la parole innominable [14].

D – Dans quelle place était-elle ?

R – Elle était gravée sur un piédestal posé au milieu de la voûte sacrée [15].

7 – La mixtion

La truelle d'or est l'instrument utilisé pour oindre le récipiendaire sur le front, la bouche et le cœur d'une mixtion composée de quatre composants hautement symboliques. Cette onction a un caractère particulier de consécration. L'onction que reçut Aaron avec ses fils, influa sur toute sa descendance, qui par là fut consacrée à l'Éternel et dévouée à son culte. Les cérémonies de cette consécration sont décrites dans le Lévitique.

On lit parfois qu'Aaron reçut l'onction sur la tête et que pour ses fils, on ne leur oignit que les mains. Quant aux lévites, on ne leur donna aucune onction. Les rabbins ajoutent que, tant que l'huile composée par Moïse dura, on oignit les souverains pontifes, mais qu'ensuite on se contenta

13. *Rituel du Rite Français moderne 1786, les Quatre « Ordres supérieurs » Écossais*, Éditions Champion, Slatkine, 1992, pp. 65-109.

14. Selon le Petit Robert *innominé*, vient du latin *innominatus* qui signifie os iliaque (qui n'a pas reçu de nom). En fait innomé ou innominé signifie qui n'a pas reçu de dénomination. Le principe Absolu synthétise tous les noms en étant au-delà du nom. Ce qualificatif d'*innominable* est donc synonyme d'indicible, d'inexprimable. Innominabilis signifie "qui ne peut être nommé" et innominis "sans nom".

15. *Les Sept grades de la Mère Loge Écossaise de Marseille 1751*, manuscrit et translation typographique 1812, Éditions les Rouyat, 1981, p. 103.

d'installer le grand-prêtre, en le revêtant pendant sept jours de suite de ses habits sacrés. Les grands-prêtres reçus de la première manière s'appelaient *sacrificateurs-oints*; et celui qui avait été simplement installé par la cérémonie des habits, *initié par les habits*[16]. Rappelons que le récipiendaire est initialement revêtu d'une robe blanche avec une ceinture rouge, symbole d'un vêtement sacerdotal, auquel s'ajoute l'onction sous forme de la mixtion, dans ce grade d'Écossais, ces deux éléments insistant sur l'aspect de réception sacerdotale.

En Orient, l'huile et les aromates ont été souvent utilisés pour distinguer du commun des êtres destinés à des fonctions sacrées ou exceptionnelles. Par ces onctions on signifiait l'effusion des dons nécessaires sur ces personnes, pour qu'elles puissent s'acquitter des fonctions de leur charge, et aussi l'attente où l'on était que ces dignitaires répondent à la haute idée conçue de leur mérite.

À ce sujet il est dit que la liturgie du Temple faisait un grand usage des parfums et que l'on trouvait parmi les différentes classes des Lévites, une classe spéciale de parfumeurs (I Ch. 9, 29-30).

Lorsque le Très Grand passe la mixtion sur le front du récipiendaire à genou, il dit : [...] *Que tes vues soient pures*

Ensuite il passe la truelle sur les lèvres du récipiendaire, en disant :

Que ta bouche ne s'ouvre que pour proférer des paroles utiles à tes Frères.

Enfin lorsqu'il passe la truelle sur le cœur à découvert du récipiendaire, il dit :

Que ta conscience soit à jamais sans reproche et que toutes tes actions se dirigent à la connaissance de la vérité[17].

Lors de l'onction le Très Grand dit mon C∴F∴ *je vous oins avec les huiles saintes la bouche et le cœur pour vous purifier entièrement, à l'exemple du Grand prêtre Aaron qui bénit son fils pour la gloire de l'Éternel*[18].

D – Quelle a été votre récompense ?

R – Le lien des vices a été brisé sur moi. L'on m'a passé sur le front, sur les lèvres et sur le cœur la truelle empreinte d'une mixtion préparée, j'ai participé au banquet des Grand Élus, j'ai reçu le gage d'une nouvelle alliance et enfin j'ai été admis dans un lieu de lumière et de gloire où j'ai terminé mes travaux.

D – De quoi était faite cette mixtion ?

R – De lait, d'huile, de vin et de farine.

D – Que signifient ces choses ?

R – Douceur, Sagesse, Force et Beauté, qualités essentielles au Grand Élu[19].

16. *Encyclopédie ou dictionnaire raisonné des Sciences, des Arts et des Métiers*, t. XXI, Genève 1777, p. 699.

17. *Le Régulateur des Chevaliers maçons, op. cit.*

18. BN, Manuscrit *FM⁴ 242, Grand Écossais Parfait Maître Anglois.*

19. *Rituel du Rite Français moderne 1786, op. cit.*

Une autre interprétation complète la précédente :

D – Quel est le sens de cette mixtion ?

R – Le lait représente la douceur, l'huile la Sagesse, le vin la force et la farine la bonté, qui étaient les qualités de notre respectable maître[20].

Si l'on se réfère à la tradition islamique on trouve une interprétation intéressante de la signification du lait, du vin et de l'eau. *Lors d'un songe un Ange présenta au Prophète trois coupes : une de lait, une autre de vin et une troisième d'eau. Ces différentes boissons correspondent à trois tendances spirituelles : le lait symbolise l'essence intellectuelle de l'âme, donc la connaissance ou la sagesse, le vin correspond à l'amour et à l'ivresse spirituelle, et l'eau représente la pureté réceptive de l'âme ; c'est pourquoi l'Ange dit au prophète : « Si tu avais choisi le vin, ta communauté se serait égarée, et si tu avais choisi l'eau, elle eût été dispersée ».* Dans un autre version, lorsqu'il choisit de boire le lait, l'Ange lui dit : « tu as su choisir la vraie nature primordiale ». *Le lait est toujours la forme apparente de la connaissance, quel que soit l'état d'existence où il apparaît*[21].

Les paroles de l'Éternel sont comparées dans les Écritures à la rosée, à l'eau, au lait, au vin et au miel parce qu'elles ont comme l'eau le pouvoir de faire naître la vie, comme le lait, celui de faire croître les vivants, comme le vin, celui de les ranimer, comme le miel, celui tout à la fois de les guérir et de les conserver[22].

En ce qui concerne l'huile, elle a, selon Henri Stéphane *la fonction de signifier et de réaliser que c'est notre âme qui doit devenir comme cette huile, ce liquide susceptible de s'enflammer, et quand nous déclarons que ceux qui pleurent sont bienheureux, cela veut dire que leur cœur durci s'est liquéfié, en sorte qu'ils puissent être consolés. « Consolés » signifie alors réconfortés, consolidés, effet qu'on attribue également au Saint Chrême, aux Saintes Huiles, lors de la Confirmation ou du Sacrement des malades. Ou encore, le cœur est comme un morceau de glace qui fond sous l'action de la chaleur et qui devient* fervent *et* tendre[23].

En fait cette onction sacerdotale fait faire au *Maître Écossais* une alliance avec la Vertu, ainsi qu'il est dit dans un Manuscrit de Bayreuth :

Mon Cher F.:., je vous oins la bouche et le cœur pour qu'il se conserve pur et sans tache et que votre bouche ne s'accoutume qu'aux bons propos, à ne jamais mal parler de vos FF.:. et à garder un secret inviolable, tant sur les secrets des Écossais Parfaits Maîtres Anglais que sur ceux qui vous ont été confiés[24].

20. *Maçonnerie adonhiramite,* Deuxième partie, perfection, 1787, Les Rouyat, 1975, p. 59.

21. Ibn Arabî Muhyi-d-Dîn, *La Sagesse des Prophètes,* traduction et notes par Titus Burckardt, Éditions Albin Michel, 1955, pp. 147-148.

22. Pseudo Deny l'Aéropagite, *Œuvres complètes,* Éditions Aubier, 1943, p. 357.

23. Abbé Henri Stéphane, *Introduction à l'Ésotérisme* Chrétien, t. II, *op. cit.*, p. 266.

24. Ms. Bayreuth 7760-10, *op. cit.*

Un autre manuscrit allemand précise bien que cette mixtion correspond à une onction sacerdotale semblable à celle que reçurent les patriarches :

Le président de la loge prend avec une truelle d'or de l'huile qui est dans une petite auge sur l'autel et en oint l'œil gauche, la bouche et le cœur du candidat en disant : *en vertu du pouvoir dont je suis revêtu et que j'ai acquis par mes travaux assidus, ma constance et mon intégrité, je vous sacre l'œil de l'huile sainte dont Aaron, le pénitent David et Salomon furent oints et je vous marque du sceau redoutable du Grand Architecte afin que vous soyez toujours agréable à ses yeux et que vous ayez toujours l'esprit occupé de sa présence adorable, qu'il soit dans votre cœur, qu'il y pénètre comme l'huile pénètre le fer et que la faveur et la constance soient l'unique mobile de vos actions*[25].

On peut s'interroger sur la valeur et la nature de cette transmission sacerdotale, ainsi que sur son operativité sur les récipiendaires.

8 – L'anneau de l'alliance

C'est après avoir reçu la mixtion à l'autel des pains qu'un anneau d'or est remis au récipiendaire à l'annulaire de sa main gauche, (parfois c'est lors du partage du pain et du vin) c'est alors que le Très Grand lui dit : *Je vous donne cet anneau d'or en gage précieux de l'espérance que vous devez avoir du bonheur qui doit vous arriver un jour pour récompense de votre zèle et de votre vertu. Je vous engage à ne jamais vous défaire de cet anneau qu'en faveur de votre fils aîné, ou de votre légitime épouse ou au plus vertueux de vos parents*[26].

Dans un autre manuscrit, le Très Grand aide le récipiendaire à se relever et lui présente une bague d'or en lui disant : *Mon C.·.F.·. je vous donne cet anneau en signe de récompense ainsi que Salomon Roi de Jérusalem récompensa les grands architectes, en reconnaissance de leur zèle et de leurs travaux, (en leur recommandant de le conserver comme un gage précieux de son amitié) de même aussi mon C.·.F.·. je vous recommande de ne vous en défaire jamais qu'en faveur de votre fils aîné, d'une épouse vertueuse ou d'un de vos FF.·. que vous vous croyez le plus attaché, surtout ne vous en défaites qu'à la mort*[27].

En Égypte comme en Perse, l'anneau était le signe de l'autorité. Ainsi lorsque Pharaon établit Joseph sur tout le pays d'Égypte, il ôta son anneau de sa main et le mit à celle de Joseph (Genèse 61,42).

D – Qu'avez-vous contracté en recevant ce grade ?
R – Une double alliance avec la vertu et les vertueux.
D – Quelle en est la marque ?
R – Cet anneau d'or qui désigne la pureté[28].

25. Ms Bayreuth 7760-5, *le Parfait Maître Anglais surnommé l'anneau d'or.*
26. BN FM4 242, *op. cit.*
27. Bayreuth *7760-10, op. cit.*
28. Bayreuth, *MS 7760-J*, p. 17.

La réception d'un anneau est un symbole de lien contracté et de fidélité à l'engagement pris. Ainsi, ici l'anneau d'or reçu correspond à une alliance contractée avec un idéal, celui de la vertu et ceux qui s'y identifient, bénéficiant du qualificatif de vertueux.

L'alliance de mariage se porte en général au quatrième doigt de la main gauche ou annulaire. Et c'est bien ici au même doigt qu'est remise cette alliance qui prend le caractère marial d'une union idéale en suivant une éthique de Vertu.

L'anneau a une forme circulaire fermée. Il est symbole de perfection, d'engagement, de pouvoir, de protection. Dans les contes on parle du pouvoir de l'anneau, de sa puissance et de son autorité. Si on se réfère à la légende, Salomon détenait précisément une partie de son pouvoir et de sa sagesse, de son anneau.

Ragon précise que chaque Écossais porte un anneau en forme d'alliance, dans l'intérieur duquel sont gravés son nom et la date de sa réception ; de l'autre, ces mots : *la vertu unit ce que la mort ne peut séparer*[29].

9 – La table des pains

Le récipiendaire est emmené à la table des pains où il partage le pain et le vin avec les membres de l'assemblée dans une communion fraternelle.

Le Très Grand prend le pain et en rompt un morceau, puis il passe le pain au récipiendaire en lui disant : *Prenez et mangez avec nous afin qu'il serve de nourriture à nos âmes ; il passe ensuite le pain au Surveillant le plus près de lui qui en rompt de même un morceau et le passe à son tour au F∴ le plus près de lui qui en fait autant et ainsi à un autre jusqu'à ce qu'il ait fait la ronde. Chacun ayant mangé son morceau, le Grand Maître prend la cruche de vin en remplit la coupe, boit et la passe au récipiendaire, en lui disant :*

Mon F∴ prenez cette coupe, buvez avec nous et que ce vin nous éloigne de toutes condamnations et serve au contraire pour notre propre satisfaction. Le récipiendaire boit et fait passer la coupe au Surveillant le plus près de lui qui en fait autant et ainsi des autres jusqu'à ce qu'elle ait fait la ronde et revienne au Très Grand[30].

Une autre version dit :

Cela fait le Très Grand lui présente le pain et lui dit : *mon F∴ vous vous êtes purifié de toute iniquité, rompez le pain avec moi et mangez-le.* Puis il prend la coupe et la burette, verse du vin, en boit le premier et lui dit : *buvez avec moi ce vin dans la même coupe, à l'exemple des banquets sacrés que faisaient nos anciens pères en offrant à l'Éternel les plus grands sacrifices. C'est*

29. Ragon, *Tuileur Général de la franc-maçonnerie*, Éditions Télètes, Paris, 2000.
30. Bayreuth *7760-10, op. cit.*

aussi dans ce moment que votre cœur et votre âme se trouvent remplis des biens de l'Éternel[31].

Le pain, fruit d'un long processus de maturation est l'aliment vital de base que l'on partage, alors que le vin est considéré comme un symbole de la révélation de l'esprit, provoqué par l'ivresse spirituelle. Ce partage du pain et du vin revêt un caractère de communion où la collectivité prend conscience qu'elle est reliée en une Unité. « Parce qu'il y a un seul pain, nous formons un seul corps, tout en étant plusieurs, car nous participons tous à un même pain » (1 Corinthien X, 17). Les Élus Écossais sont invités ici à prendre conscience qu'ils sont reliés à l'Universel et que leur comportement au quotidien ne peut être pétri que de bienveillance envers leur prochain, puisque tout est en Un et le Un est dans Tout.

Fig. 82 – La table des pains de proposition.

Bible de Royaumont.

10 – Le chandelier à sept branches

L'observation des dix commandement parachève l'alliance spirituelle de la créature avec le Créateur, ce qui amène le Maître Maçon à coopérer consciemment avec le Principe de Vie, selon ses plans, qui sont

31. B. N. *FM⁴ 242, op. cit.*

perceptibles comme toute chose manifestée de l'intérieur vers l'extérieur. Pour cette raison on peut penser qu'il est nécessaire que l'Arche soit illuminée par le chandelier à sept branches qui rappelle à la fois les sept vertus, les sept Arts libéraux, les sept dons de l'Esprit de Vérité (ou Esprit Saint) et les sept jours de la création entre autres choses. Ces sept lumières illuminent et complètent chez le Maître Écossais la foi, l'espérance et l'amour dont l'approfondissement a été déjà l'objet des quatre précédents grades symboliques (Apprenti, Compagnon, Maître, Élu). Le respect de la Règle s'appuyant sur l'observation de la loi conduit à la Connaissance de la réalité. C'est dans cette connaissance que se trouve la véritable force de l'initié, une force invincible qui se manifeste comme une force de caractère éclairée par la lumière du sanctuaire. Ces sept lumières ou feux doivent s'allumer et briller dans le sanctuaire de la conscience intime du Maître Maçon Écossais devant l'Arche ou réceptacle, symbole de cette alliance qui le transforme en véritable maçon transmetteur de lumière et de connaissance, dans la voie de la Sagesse.

Le chandelier est le symbole du Verbe divin, et sa lumière de l'illumination, de l'Esprit de Vérité, c'est pourquoi on le trouve placé devant l'Arche d'alliance.

Il est possible de faire un rapprochement analogique entre le chandelier à sept branches placé devant l'Arche d'alliance et l'arc-en-ciel avec ses sept couleurs, symbole du pont qui relie la Terre au Ciel.

Appelé *menorah* en hébreu, ce candélabre est un emblème traditionnel du judaïsme et faisait partie des objets sacrés du culte que renfermait le Temple. Il est décrit pour la première fois dans le livre de *l'Exode* où l'Éternel fournit à Moïse des instructions détaillées pour sa fabrication (Exode XXV, 31-40 ; XXXVII 17-24 ; Nombres VIII, 2-4).

Dans la kabbale, le chandelier à sept branches évoque les sept émanations inférieures du Principe, dans le cadre des dix sephiroth. Celles-ci correspondent aussi aux « yeux de l'Éternel » décrits dans la vision de Zacharie (IV, 1-14).

D – Qu'avez-vous encore aperçu ?

R – Le chandelier à 7 branches qui signifie les 6 années consacrées à l'édification du temple et la 7e sa dédicace à l'Éternel[32].

Dans un autre manuscrit, la réponse fait le lien entre l'Ancien et le Nouveau Testament :

D – Qu'avez-vous vu encore ?

R – Le chandelier à 7 branches.

D – Que représente-t-il ?

R – Les 7 jours de la création du monde, les 7 années qu'on employa à la construction du Temple et les 7 dons du St Esprit[33].

32. Bayreuth, *MS 7760 – J*, p. 19.
33. Bayreuth, *MS 7760 – 12*, p. 26

Les kabbalistes considèrent le chandelier à sept branches comme le symbole de la structure du monde sensible, l'assimilant à l'arbre de vie. Les sept lumières et les trois nœuds correspondent aux dix attributs divins ou séphiroth. Albert Soued précise que les trois niveaux du socle sont les degrés du processus d'évolution pour parvenir à percevoir la « lumière », cette connaissance qui n'est acquise que par étapes, selon les trois niveaux progressifs des branches du chandelier. Le retour à l'unité de la lumière centrale est assurée par le dix, somme du trois et du sept[34].

Sept correspond à la totalité de l'espace, sept ciels, sept terres, les six jours de la création suivi d'un jour de repos. Le shabbat est consacré à la contemplation de l'œuvre accomplie, immédiatement suivi d'un nouveau cycle qui renouvelle le précédent.

Le chandelier à sept branches est un axe de lumière, support d'une double transformation, tentant de relier le terrestre au céleste, l'humain au divin.

Fig. 83 – Chandelier à sept branches.

Bible de Royaumont.

34. Soued Albert, *op. cit.*, p. 31.

11 – Les vertus d'un Élu Écossais

D – Êtes-vous Maître Écossais ?
R – J'ai travaillé à me perfectionner.
D – Quel est l'ouvrage d'un Écossais ?
R – Garder avec respect le secret de la maçonnerie, sanctifier ceux qui en sont le symbole et pratiquer la plus sainte morale[35].

Un Maçon Écossais pour arriver à la perfection du véritable maçon cultive la vertu (voir l'amour de la Vertu, pp. 388 à 391) :
D – Qu'apportez-vous ici ?
R – Un cœur zélé, ami et partisan de la vertu.
D – Quelles sont les qualités propres à vous les faire recueillir ?
R – Zèle, ferveur et constance.
D – Pourquoi ces vertus ?
R – Les deux premières nous conduisent immédiatement à la troisième qui souvent nous procure le bonheur de voir la Grande Lumière[36]

La vertu est un état d'être. Comme la définit Henri Stéphane *au niveau très bas de l'homme déchu, la vertu se présente sous la forme extérieure de la Loi Morale ou des Dix commandements : Tu ne tueras point, tu ne commettras point l'adultère, etc.. Cette écorce extérieure, qui recèle le noyau intérieur de la « Vertu gnostique » n'est qu'un symbole ou une clef à l'égard de la vertu apophatique*[37] *qui s'identifie à la Gnose. Quant à la Gnose, elle se présente sous la forme théorique de la connaissance des principes, revêtant ainsi une forme mentale qui n'est encore qu'une écorce et un symbole par rapport à la Gnose effective. Aidé de ces deux béquilles (loi morale et connaissance doctrinale), l'homme déchu doit bien se garder de les abandonner sous peine de déchoir davantage. On peut assigner le même rôle aux Rites qui sont des adjuvants formels, indispensables aux débutants, et des véhicules de la Grâce qui constitue leur noyau informel. Ces béquilles tomberont d'elles-mêmes lorsque l'instant métaphysique de la « Renaissance spirituelle » arrivera ; néanmoins l'aspirant à la « Libération » doit savoir que des béquilles sont des béquilles, qu'un symbole est un symbole et qu'une clef est une clef. La clef n'est pas la Porte, la Porte n'est pas le Temple, le Temple n'est pas le sanctuaire.*

*Celui qui ignore que des béquilles sont des béquilles, ravale la vertu au niveau du moralisme, la Gnose au niveau de l'intellectualisme, et le Rite au niveau du formalisme. C'est le sort auquel est voué l'*exotérisme *qui ne s'ali-*

35. B M. d'Avignon MS 3081, *op. cit.*
36. Bayreuth 7760-5, *op. cit.*
37. La théologie apophatique dit de Dieu ce qu'il n'est pas plutôt que ce qu'il est, c'est ce que l'on retrouve dans la *shahada* ou profession de foi en Islam.

mente plus aux sources de l'ésotérisme *et se trouve réduit à l'état d'écorce ou de coquille vide. Un arbre mort vidé de sa sève, peut encore rester debout quelque temps, et garder son apparence, mais un jour ou l'autre il finira par s'effondrer*[38].

On peut lire avec le plus grand intérêt le portrait d'un *Écossais Parfait* donné dans les préliminaires d'un rituel allemand de la fin du XVIIIe siècle :

La Maçonnerie dans diverses parties de l'Allemagne a toujours conservé et conserve encore aujourd'hui le même zèle de nos anciens Écossais Parfaits Maîtres Anglais, et réunit tous les hommes sous un même niveau ; les trois vertus qui sont la base de cet Ordre Sublime sont l'Amitié, la Concorde et l'Égalité des hommes qui ont le bonheur d'être maçons et se traitent vraiment de frères. Ces trois vertus sont soutenues par des œuvres les plus remarquables.

Les Rois, les princes et les plus puissants de la terre se dépouillent de leurs noms augustes pour prendre le doux nom de frères en devenant tous égaux.

Le riche au pauvre fait part de sa fortune et le pauvre y répond par ses vertus. Dans leurs assemblées quoique secrètes, il ne s'y traite que la morale la plus pure qui ramène les hommes mêmes les plus vicieux dans un sentier qui n'est frayé que pour la sagesse fille du ciel et la mère de tous les FF.·. maçons.

La bouche de nos FF.·. ne s'ouvre que pour dire du bien même des profanes à qui ils désirent et souhaitent du bien autant qu'à eux-mêmes[39].

Dans une autre instruction le comportement du véritable Écossais est ainsi défini :

D – Quelles doivent être les dispositions d'un Véritable Écossais ?

R – D'éloigner de son cœur l'iniquité, la vindicte et la jalousie. Être toujours prêt à faire le bien, et n'employer jamais sa langue à la calomnie, à la médisance et au mensonge[40].

12 – Le signe d'extase

Selon *le Régulateur des Chevaliers Maçons* le signe d'extase se fait les bras étendus jusqu'à la hauteur de l'épaule, les mains ouvertes en équerre, la tête penchée sur l'épaule gauche, le pied gauche en arrière. Ce signe d'extase est marqué par un recul, suivi d'un éblouissement provoqué par la découverte du tétragramme sur le triangle d'or.

Il y est substitué le signe d'écharpe, qui se fait en portant la main droite, la paume en haut à l'épaule gauche, et la retirant le long du corps à la

38. Abbé Henri Stéphane, *op. cit.*, t. I, p. 232.
39. *L'Écossais Parfait Maître Anglais*, préliminaire, Bayreuth 7760.
40. *Grade de Maître Parfait, Écossais d'Angleterre*, la Haye 240 E 67.

hanche droite. Ce signe est pour saluer et pour demander la parole. Un rappel du signe de Maître est fait par le contre-signe qui se fait en portant la main droite à la hanche gauche, et la retirant horizontalement à la droite.

Le signe et le contre-signe, le premier vertical, le second horizontal tracent les quatre directions de l'espace.

13 – La pierre cubique à pointe

D – Quelle était la pierre cubique ?

R – Une pierre d'agate, taillée en forme quadrangulaire contenant les mots secrets de l'Art royal[41].

Il y a la pierre cubique ordinaire et la pierre cubique à pointe. Cette dernière qui est constituée d'une pyramide surmontant un cube symbolise la Pierre philosophale. Sur un plan alchimique René Guénon développe que la pyramide qui surmonte le cube représente un principe spirituel qui vient se fixer sur la base constituée par le Sel. Le schéma plan de cette « pierre cubique à pointe », c'est-à-dire le carré surmonté du triangle, ne diffère du signe alchimique du Soufre que par la substitution du carré à la croix ; les deux symboles ont la même correspondance numérique, 7= 3+4, où le septénaire apparaît comme composé d'un ternaire supérieur et d'un quaternaire inférieur, relativement « céleste » et « terrestre » l'un par rapport à l'autre ; mais le changement de la croix en carré exprime la « fixation » ou la « stabilisation », en une « entité » permanente, de ce que le Soufre ordinaire ne manifestait encore qu'à l'état de virtualité, et qu'il n'a pu réaliser effectivement qu'en prenant un point d'appui dans la résistance même que lui oppose le Mercure en tant que « matière de l'œuvre »[42]. Dès lors la « pierre cubique à pointe » représente l'adjonction effective à cette individualité d'un principe d'ordre supra-individuel, constituant la réalisation initiatique elle-même.

Le Maître Maçon retrouve la pierre cubique à pointe dans la neuvième voûte qui rassemble toute la connaissance acquise précédemment. Cette figure réunit en même temps la perfection du cube et l'élévation équilibrée de la pyramide de base quadrangulaire. On peut voir dans cette pyramide, selon 'Umar, une projection du delta, projection qui, répétée quatre fois, correspond à un « quaternaire » non plus quantitatif mais bien qualitatif, à l'image du plus élevé symbole de la loge[43].

41. *Rituel du Rite Français moderne 1786, op. cit.*
42. Guénon René, *La Grande Triade*, Éditions Gallimard, 1957, pp. 106-107.
43. 'Umar, *les symboles géométriques de l'initiation de métier,* dans *Vers la Tradition*, n° 64, juin à août, 1996, pp. 21-30.

'Umar considère que la pierre cubique à pointe est le symbole qui relie l'Équerre au Compas et prépare ainsi l'initié au passage aux états supérieurs de l'être. Il relève sur ce symbole parmi différents points :

a) Il trace » très précisément, et par projection les arêtes de la Pyramide sur la pierre cubique qui la supporte, le symbole de la croix, diagonales du carré de la face supérieure du cube.

b) Il permet de déterminer sur le cube, le « lieu très éclairé » où poser la pointe fixe du compas.

c) Il relie ainsi l'Équerre au Compas, la Quadrature au cercle, et donc la Loge à la Chambre du milieu.

d) Il fait converger les arètes du cube vers le Point immatériel de l'Unité et fait de l'initié un possible « architecte ».

e) Il évoque le Septénaire, par le Quatre du carré et le Trois du triangle et justifie ainsi l'âge symbolique du maître en déterminant le Niveau où celui-ci peut dire avoir « Sept ans » et espérer « plus », en remontant l'axe de la perpendiculaire ainsi intégrée à l'œuvre[44]*.*

On peut considérer que la pierre cubique à pointe se présente comme l'image de l'équilibre et de la stabilité que tout Maître Maçon se doit de développer durant sa vie jusqu'à ce que sa conscience individuelle s'étende et s'élève aux domaines de l'Esprit. Cela étant il n'y a pas d'élévation positive qui ne soit le résultat d'une descente correspondante à savoir être dans les mêmes mesures autant capable d'humilité que d'élévation. Ce que l'on retrouve dans la nécessité de passer de la perpendiculaire au niveau.

La planche 25 suggère le cheminement de l'apprenti qui, par trois phrases d'intériorisation, opère une descente en lui-même à l'aide de la perpendiculaire (I, II, III). La progression ascendante (1, 2, 3) figure la remontée du compagnon jusqu'au plan à l'aide du niveau, plan qu'il dépassera jusqu'au sommet du pyramidion, censé représenter sa capacité à devenir Maître.

44. 'Umar, *La pierre cubique à pointe,* dans *Vers la Tradition,* n° 59, 2e trimestre 1995, pp. 1-6.

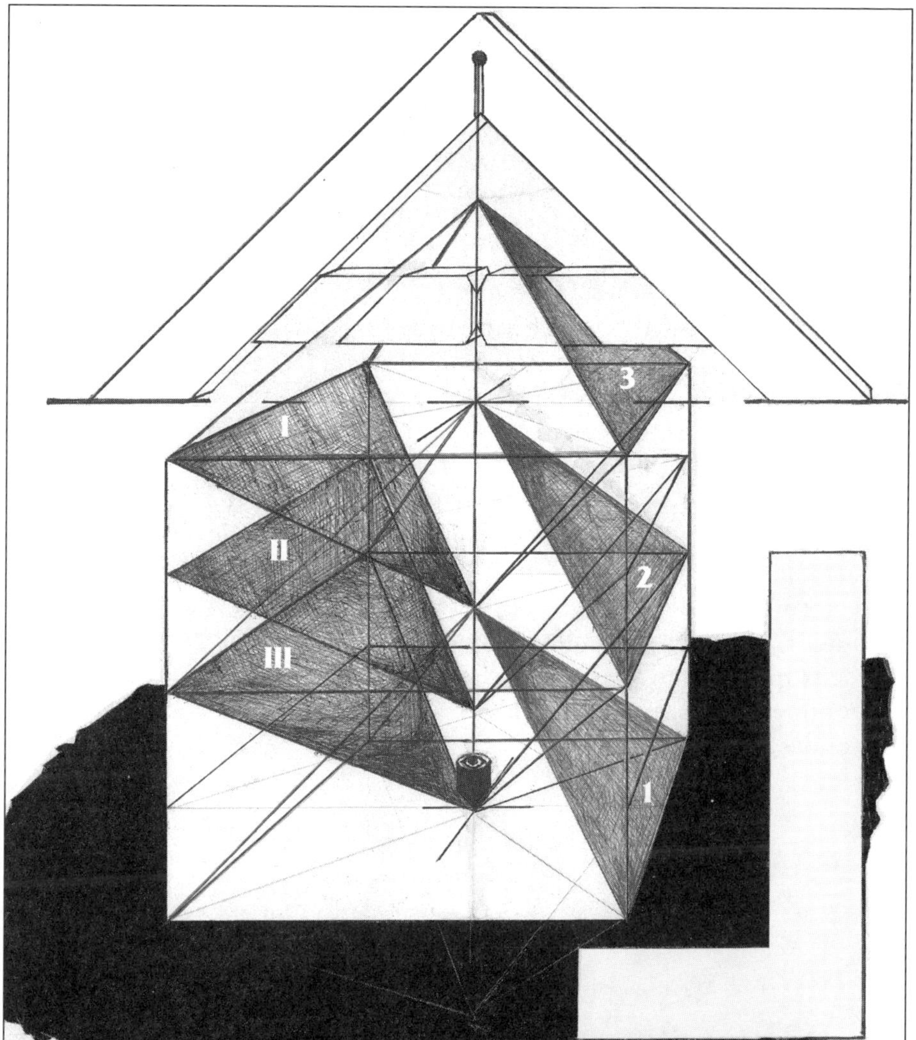

Planche 25 – La pierre cubique à pointe.

À l'aide des trois outils que sont le fil à plomb, le niveau et l'équerre, l'initié fait une descente aux enfers en trois temps, suivi d'une remontée jusqu'à la pointe de la pierre cubique, assimilable au sommet de la montagne : 1 ▼ 2 ▲ 3 ✡

C'est précisément la descente aux enfers (qui correspond aux strates inférieures de tout être). Il est nécessaire de *visiter l'intérieur de la terre* pour avoir l'impulsion suffisante pour faire remonter le Maître jusqu'au plus haute sphère du ciel. C'est en rectifiant, en suivant le chemin alchimique du VITRIOL, que le Maître Maçon va découvrir la pierre cachée des Sages « Visite l'intérieur de la terre et en rectifiant tu trouveras la pierre philosophale ». Par conséquent, on peut envisager que la pierre cubique à pointe se trouve contenue potentiellement dans la pierre cubique ordinaire à l'intérieur de laquelle il est nécessaire d'opérer une métanoïa en descendant jusqu'au cœur du cube ou la Chambre du milieu, dans laquelle se poursuit la progression du Maître.

Explication de la pierre cubique a pointe, face par face

Côté gauche de la pierre, face 1

Dans le bas qui forme un carré, est une division de 100 cases ; 26 contiennent les hiéroglyphes, 26 autres, les lettres italiques, 4 en hiéroglyphes composés, et 4 aussi en lettres composées ; 12 en ponctuation hiéroglyphiques ; 12 en caractères vulgaires et 16 remplies avec les chiffres depuis 1 jusqu'à 70.

Ce carré contient l'alphabet et les chiffres maçonniques. C'est à Euclide, Pythagore et Archimède que sont dus les nombres maçonniques des deux niveaux qui se trouvent dans le haut du chapiteau indiquant que les hommes sont égaux devant Dieu et qu'en conséquence il doivent tous s'entraider[45].

45. Chéreau Antoine-Guillaume, *Explication de la croix philosophique suivi de explication de la pierre cubique*, 1806, Gutenberg reprint, 1981.

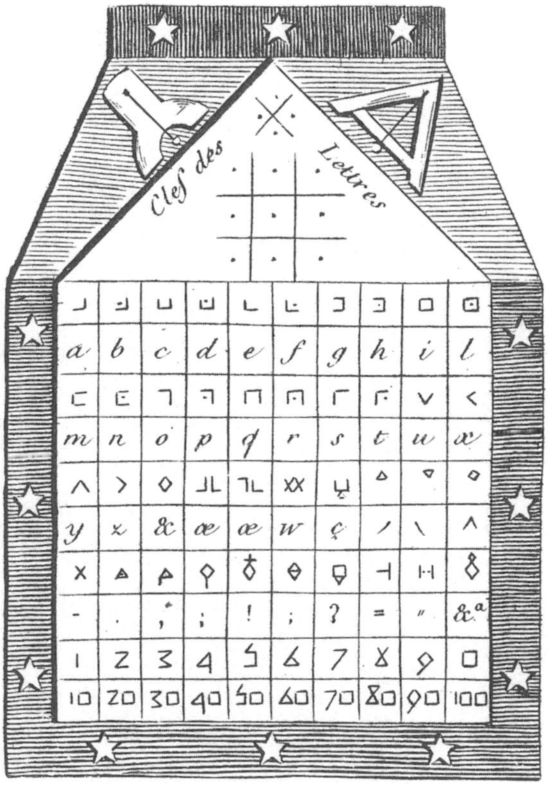

Fig. 84 – Côté gauche de la pierre cubique à pointe, face 1.

Côté face de la pierre, face 2

Elle renferme dans sa composition une division de 81 cases qui forment le carré de 9 où les mots mystérieux se trouvent renfermés, depuis le premier grade jusqu'à celui-ci, en y ajoutant les 16 du chapiteau, qui contiennent un seul mot sacré composé de trois paroles.

Pour lire ce que contient ce carré, on commence :

1. par la première lettre en bas à gauche ;
2. la première lettre de la deuxième ligne en montant puis en descendant en diagonale sur la 1re ligne ;
3. la première lettre de la troisième ligne et on descend toujours en diagonale jusqu'à la première ligne ;
4. On suit toujours la 1e lettre de la ligne suivante et on descend en diagonale jusqu'à la première lettre, etc.

Ainsi pour lire ce que contient la figure le T, qui est au bas sur la première ligne à gauche, ensuite la lettre U, au dessus du T, dans la 1re case de la 2e ligne ; ce qui forme la première syllabe du mot de passe d'Apprenti ;

puis on prend le B, de la 2e case de la 1re ligne, après un A, dans la première case de la 3e ligne en montant, on descend en biais jusqu'à la lettre L, qui forme la 2e syllabe du mot précité ; ainsi du reste des mots qu'on lit en biaisant de gauche à droite, en descendant jusqu'à la dernière case en haut à droite, dans laquelle on trouve deux lettres TH, en opposition avec la lettre T par laquelle on a commencé.

Les 16 cases triangulaires du chapiteau, forment ensemble un grand triangle, où Delta, emblème de la Divinité selon les Égyptiens. C'est dans ces cases qu'est placé le mot sacré du présent grade, le Tétragrammaton, la parole inominale du Grand Jehova, qui était toujours tracée dans un Delta.

Les chérubins qui sont placés sur ce chapiteau et qui accompagnent ce triangle annoncent que tout est divin dans les cérémonies de ce grade, qu'il est l'annonce de la doctrine des Maçons ; ils adorent un Dieu unique et ne le perdent jamais de vue dans toutes leurs actions [46].

Fig. 85 – Marbre sculpté représentant le sommet de la pierre cubique à pointe, côté face.

Musée de la Franc-maçonnerie, collection GODF, Paris.

46. Chéreau Antoine-Guillaume, *op. cit.*

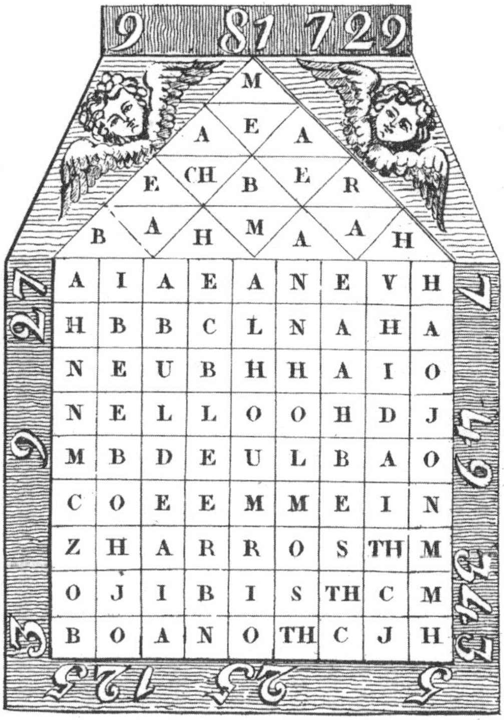

Fig. 86 – Pierre cubique
Carré des Écossais
au Rite Français.

(face 2)

Fig. 87 – Pierre cubique
Grand Écossais de la Voûte Sacrée
au Rite Écossais Ancien et Accepté.

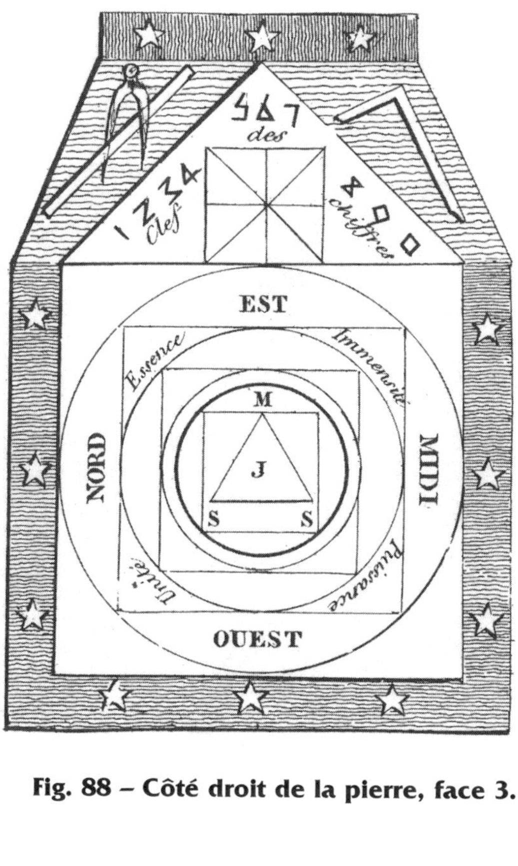

Fig. 88 – Côté droit de la pierre, face 3.

Côté droit de la pierre, face 3

La science des calculs des Anciens commence par la connaissance des chiffres. Cette clef se compose d'un carré parfait coupé en quatre parties égales, par une ligne perpendiculaire et une horizontale, ensuite par deux autres lignes diagonales, d'angle en angle, qui divisent un carré en 8 parties triangulaires ; c'est dans ce tracé que vous trouverez les figures des 10 chiffres depuis 1 jusqu'à zéro.

Le 1 est une ligne perpendiculaire.

Le 2 est pris dans un carré et forme un zed, Z.

Le 3 se prend par la moitié du grand carré duquel on tire une ligne jusqu'au coin, ensuite une autre jusqu'au centre, puis en reculant jusqu'au coin du bas, et une horizontale jusqu'à la ligne perpendiculaire du milieu.

Le 4 se trace par une perpendiculaire à droite. On prend le milieu de cette ligne, on en tire une horizontale jusqu'au centre du grand carré, et on remonte par une diagonale, jusqu'à l'angle d'en haut à droite, ce qui forme un 4 parfait.

Le 5 se fait par une ligne qui part de l'angle d'en haut à droite, en descendant par une diagonale jusqu'au centre ; ensuite on tire une ligne horizontale, à droite jusqu'à moitié de cette perpendiculaire du côté droit ; après, on descend jusqu'en bas et on retourne en arrière jusqu'à la perpendiculaire du milieu.

Le 6 se fait en traçant une ligne diagonale, de l'angle droit d'en haut, à l'angle gauche d'en bas ; de là une horizontale en bas, jusqu'à celle du milieu qu'on trace en remontant jusqu'au point du centre.

Le 7 se prend depuis la ligne du milieu d'en haut en traçant une ligne horizontale jusqu'à l'angle à droite, puis on descend une diagonale jusqu'au coin opposé du grand carré à gauche en bas.

Le 8 se fait en traçant une croix de saint André, c'est à dire deux lignes croisées, fermées par une ligne horizontale en haut et en bas.

Le 9 se fait en partant du centre, en remontant la ligne perpendiculaire, puis une horizontale jusqu'à l'angle à droite, et descendant par une diagonale jusqu'à l'angle à gauche.

Le 0 est le carré.

L'homme se livra à l'étude des mathématiques, science sublime, seulement connue des initiés dans les mystères du 2e ordre ; cette science les conduisit à développer à peu près leur connaissance de l'organisation de toute la nature, en observant aussi le cours des planètes ainsi que l'ordre périodique des saisons.

Le carré du côté droit de la pierre représente cet ancien système.

Les quatre cercles sont les quatre régions présumées autour de la terre avec les quatre points cardinaux, orient, occident, midi et nord, les quatre carrés servent d'angles de division pour les saisons [47].

47. Chéreau Antoine-Guillaume, *op. cit.*

Dernière face de la pierre, face 4

Cette face représente un grand cercle divisé en 360 degrés que le soleil parcourt périodiquement dans les vingt-quatre heures. Dans ce cercle on distingue trois triangles, qui forment 27 cases dans lesquelles est tracé l'ordre invariable de tous les principes connus. Le triangle du centre nommé le grand tout représente la divinité ou l'âme de la nature.

C'est de ce point central, que nous admirerons les merveilles qui nous entourent, et nous verrons l'homme placé sur ce vaste univers, admirer avec étonnement l'espace infini de la voûte azurée, ce qui porta sa curiosité à vouloir étudier la nature dans toutes ses parties, et connaître le mouvement des corps célestes.

Il décomposa la lumière, il y trouva trois couleurs principales, le rouge, le jaune et le bleu. Les couleurs intermédiaires ne sont que des nuances formées par le mélange de deux couleurs réunies ; par exemple, le rouge et le jaune donnent la couleur orange ; jaune et bleu procurent le vert, le rouge et le bleu donnent le violet ; le blanc n'est pas une couleur c'est la lumière, comme le noir en est la négation ou l'absence.

Il fit d'autres découvertes qui lui procurèrent la connaissance des trois règnes, l'animal, le végétal, le minéral.

L'homme agrandissant le cercle de ses connaissances voulut mesurer une superficie, il s'aperçut de la nécessité de poser *le point* du départ, qui, le menant à un autre, lui donna *la ligne*, ce qui permit l'exécution et l'étude des angles, et il parvint en outre à avoir exactement *la surface* et le volume des différents corps.

Aux quatre coins sont indiqués les arts, dont le principe émane de la nature ; la voix et le chant des oiseaux, fournit à l'homme *l'harmonie*, que l'on nomma *la musique*, qui fut le premier des arts.

7 planètes décorent le chapiteau et annoncent l'antiquité des grands personnages qui gouvernaient la terre, lesquels furent par la suite placés dans le ciel par ceux qui les avaient admirés.

Le soleil représente Apollon, le dieu de la lumière, des sciences et des arts ; il indique au moral la première lueur de la lumière céleste.

La lune représente la déesse Diane, sœur d'Apollon, elle était la lumière nocturne et ténébreuse de l'intelligence, ou lumière du 2e ordre.

Mars, dieu de la guerre et des combats présidait aux batailles.

Mercure est l'interprète de la lumière divine, son caducée celui de l'éloquence et de la vérité.

Jupiter, le maître des dieux, emblème de l'intelligence et de la puissance divine ; semble annoncer qu'il a été un des plus grands gouvernants de la terre.

Vénus, la déesse du charme, mère de l'Amour, conduit à la fécondité.

Saturne, le dieu du temps qui se détruit et se renouvelle chaque jour ; les anciens le représentaient dévorant ses enfants (les jours qui fuient derrière nous).

Les attributs qui ornent le chapiteau annoncent les sacrifices et les oblations qui se pratiquaient dans les cultes de l'antiquité et desquels nous conservons encore quelques usages.

Au-dessus du carré, sont tracés deux demi-cercles, dans lesquels sont indiqués deux principes ; la divinité et la nature ; pour le véritable maçon, l'une et l'autre sont synonymes. Tout dans la nature étant soumis à une organisation et à une marche périodique, nous annonce qu'il doit y avoir un grand moteur qui attire à lui notre vénération et nous oblige à penser que rien ne peut être au-dessus de lui.

L'étoile flamboyante en est un symbole. Elle est tracée sur cette pierre, dont le sommet annonce le ciel, séjour éternel de la divine providence, adorée par les maçons sous le titre du Grand Architecte de l'Univers [48].

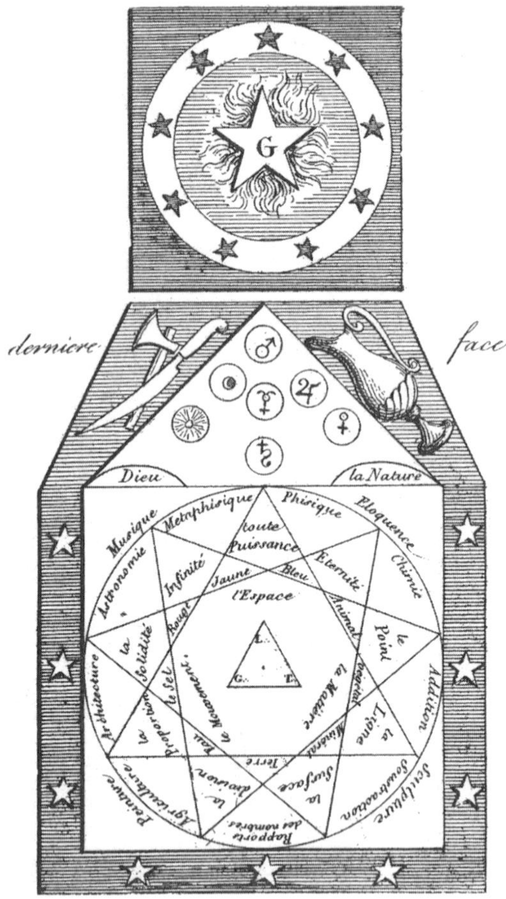

Fig. 89 – Pierre cubique à pointe, quatrième face.

48. Chereau Antoine-Guillaume, *op. cit.*

Fig. 90 – Haut de la pierre cubique à pointe, sculpté sur un marbre blanc

Musée de la Franc-maçonnerie, Collection GODF, Paris.

Planche 26 – Vu d'ensemble de la pierre cubique à pointe.

14 – Le tablier, l'écharpe et le bijou

Le tablier

Les ancien tabliers du XVIIIe siècle représentent tous trois triangles entrelacés avec l'étoile flamboyante sur la bavette.

Ceux actuellement portés sont blancs bordés de rouge. Sur la bavette rouge est représentée l'étoile flamboyante avec la lettre G. Au centre du tablier le bijou du grade.

Fig. 91 – Tablier avec les trois triangles entrelacés

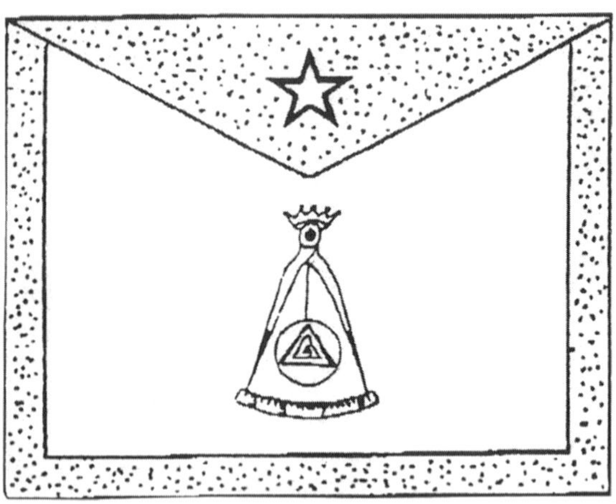

Fig. 92 – Tablier de Grand Élu Écossais actuel

L'écharpe

Elle est rouge à franges d'or. Elle se porte de l'épaule gauche à la hanche droite.

Le bijou

Il est en or et représente un compas couronné sur un quart de cercle. Entre les branches du compas se trouve une médaille fixée en pendule au compas représentant au recto le Soleil ou trois triangles concentriques dans un cercle avec au verso l'étoile flamboyante. Sur le quart de cercle sont inscrits 3,5,7,9.

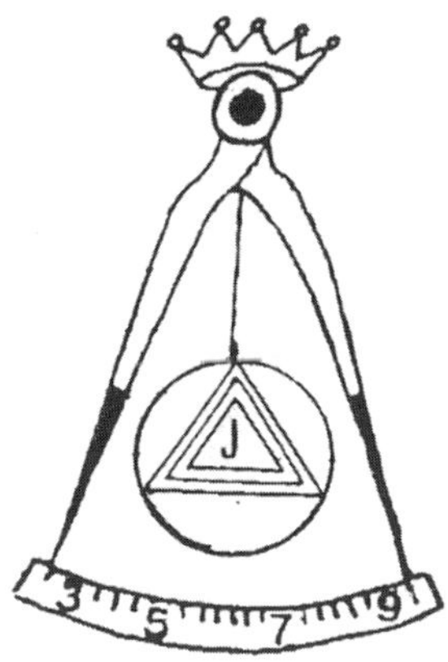

Recto

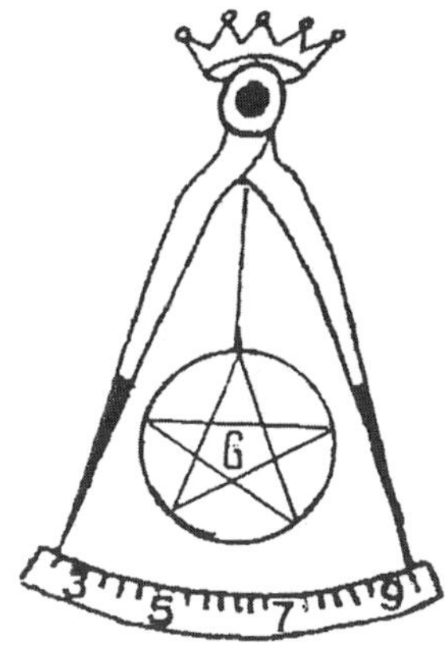

verso

Fig. 93 et 94 – Bijou de l'Écossais Grand Élu

TABLEAU RÉCAPITULATIF

LOGE : Conseil
Président : Très Grand
1er Surveillant : 1er Grand Inspecteur
2e Surveillant : 2e Grand Inspecteur
Récipiendaire : Un Élu

Le grade de Grand Élu comporte trois Chambres :

La Chambre de préparation est décorée simplement.

La Voûte secrète est censée représenter une voûte souterraine. La tenture est rouge. C'est le lieu où se tient le Conseil durant les travaux. C'est le temple jusqu'aux pieds de l'Orient.

Le Temple achevé : c'est le temple Orient inclus.

HABILLEMENT Habillement sobre, noir et gants blancs LE TABLIER Il sera fond blanc bordé, et doublé de rouge ; sur la bavette sera l'étoile flamboyante ; au-dessous et vers le milieu sera le compas couronné sur un quart de cercle, avec une médaille dans le milieu représentant le soleil. LE CORDON Tous les membres seront décorés d'une écharpe rouge avec franges d'or, elle passera de l'épaule droite à la hanche gauche. Chacun à un glaive en main. LE BIJOU d'OR sera un compas couronné sur un quart de cercle au milieu duquel est une médaille à rayons, représentant d'un côté le soleil et de l'autre l'étoile flamboyante. Il sera suspendu à un large ruban ponceau [49] moiré, lequel sera porté au cou et formera un triangle [50] L'ÂGE Neuf ans. LES LUMIÈRES sont au nombre de 27 en 3 groupes de 9	LA BATTERIE Elle se fait par 3,5,7, 9 en criant 3 fois Houzé, Houzé, Houzé. SIGNE D'ORDRE Il s'appelle le signe d'écharpe. On porte la main droite paume en haut sur l'épaule gauche et on la retire le long du corps jusqu'à la hanche droite. LE CONTRE SIGNE Il est fait par celui qui répond, c'est celui du ventre coupé. Il se fait en portant la main droite la paume en haut À l'épaule gauche, et la retirant le long du corps à la hanche droite. Ce signe sert pour salut et pour demander la parole. ORDRE On porte la main droite paume en haut, sur l'épaule gauche. On ne se met à l'ordre pendant les tenues, sauf pour demander la parole. ATTOUCHEMENT Se fait en se prenant mutuellement la main droite que l'on se renverse de l'un à l'autre, par trois fois en disant : Berith – Neder –Shelemoth MOT SACRÉ Schem Ham'Phorasch : le nom entendu MOT DE PASSE El-Hanan

49. Ponceau : ce terme désigne, selon le dictionnaire universel d'Antoine Furetière, un rouge très foncé. Le ruban le plus cher est le ruban ponceau, teint en couleur de feu. Ce nom lui a été donné à cause de la fleur du ponceau, ou coquelicot qui est fort rouge. Le ponceau est synonyme de coquelicot, espèce de pavot.

50. *Travaux du Souverain Chapitre ou ses Quatre Ordres, rédigés par le Souverain Chapitre Métropolitain à l'Orient de Paris*, 1786, Éditions À l'Orient, 2002.

INSTRUCTION PAR DEMANDES ET RÉPONSES

(Cette instruction est reprise du texte du *Souverain Chapitre Métropolitain de 1786*, conforme en tous points à la version de 1786 du manuscrit de Roëttiers de Montaleau : *Le Régulateur des Chevaliers maçons ou les Quatre Ordres supérieurs suivant le régime du Grand Orient de France*).

D – Qui vous conduit ici, mon frère ?

R – L'amour de mon devoir et le désir d'atteindre à la haute science.

D – Qu'apportez-vous pour vous en rendre digne ?

R – Un cœur pur, zélé partisan de la vertu et de la vérité.

D – Où avez-vous travaillé ?

R – Dans une voûte souterraine.

D – Où était placée cette voûte souterraine ?

R – Elle fut construite secrètement sous la partie la plus mystérieuse du temple.

D – À quoi servit cette voûte secrète ?

R – À renfermer un dépôt précieux.

D – Dans quelle place était-il ?

R – Le Delta précieux, sur lequel étaient gravés les vrais caractères de la parole innominable, fut incrusté sur un piédestal de marque, placé au milieu de la voûte et recouvert avec la pierre cubique.

D – Quelle était la pierre cubique ?

R – Une pierre d'Agathe taillée en forme quadrangulaire, contenant les mots secrets de l'Art Royal.

D – Comment déchiffre-t-on les lettres qui y sont incrustées ?

R – En les lisant suivant l'art.

D – Comment avez-vous été introduit ?

R – Par trois, cinq, sept et neuf.

D – Que vous est-il arrivé ?

R – J'ai été éprouvé rigoureusement.

D – À quelle épreuve vous a-t-on mis ?

R – La pointe sur le cœur, et le fer sur le cou, j'ai fait volontairement le sacrifice des passions.

D – Cela a-t-il suffi pour être admis ?

R – Après m'avoir purifié, j'ai été envoyé faire une recherche pour mériter mon entière admission.

D – Avez-vous réussi dans votre recherche ?

R – Par une faveur particulière et une lumière imprévue, j'ai fait la découverte du dépôt précieux : je suis rentré le tenant à la main, et dans l'état où j'étais en faisant la découverte.

D – Quel est l'objet de votre recherche ?

R – La connaissance de l'art de perfectionner ce qui est imparfait et d'arriver au trésor de la vraie morale.

D – Quelle a été votre récompense ?

R – Le lien des vices a été brisé sur moi ; l'on m'a passé sur le front, sur les lèvres et sur le cœur, la truelle empreinte d'une mixtion préparée : j'ai participé au banquet des Grands Élus ; j'ai reçu le gage d'une nouvelle alliance, et enfin, j'ai été admis dans un lieu de lumière et de gloire, où j'ai terminé mes travaux.

D – De quoi était faite cette mixtion ?

R – De lait, d'huile, de vin et de farine.

D – Que signifient ces choses ?

R – Douceur, Sagesse Force et Beauté, qualités essentielles aux Grands Élus.

D – Comment s'appellent les loges des Grands Élus Écossais ?

R – Loges de hautes sciences, et leurs travaux, sublimes.

D – Comment y pénètre-t-on ?

R – La fermeté dans le cœur et sur le front : caractère des hommes irréprochables.

D – Quel est leur premier devoir ?

R – D'observer avec respect les lois de la maçonnerie : pratiquer la plus saine morale ; secourir et aimer ses FF∴.

D – Combien avez-vous de lumières ?

R – Trois fois neuf.

D – Que représentent-elles ?

R – Les lampes inextinguibles déposées dans la voûte secrète.

D – Pourquoi le nom de voûte secrète, à l'ouverture, est-il changé en celui de voûte sacrée, à la fermeture ?

R – C'est que le dépôt, une fois placé, elle ne fut plus désignée que sous ce dernier titre.

D – Où voyagent les Grands Élus ?

R – Dans toutes les parties du monde, pour y répandre la vraie science.

D – Quel âge avez-vous ?

R – Neuf ans.

D – Pourquoi le nombre 81 est-il en honneur parmi nous ?

R – Parce que c'est lui qui contient le plus de combinaisons maçonniques et, qu'en terme de l'art, il est le triple du cube, ou le plus grand carré.

0
0 0

APPENDICE

LE RITE ANGLAIS DE STYLE ÉMULATION

Les différents Tableaux de Loge de la Marque

Dans le cadre de l'approfondissement du *Rite Anglais de Style Emulation*, esquissé en appendice d'un précédent ouvrage [1], il est intéressant, vu l'intérêt de plus en plus grand porté à ce rite, de montrer, au travers de l'histoire des différents tableaux de loge de la Marque, l'appauvrissement d'un rituel qui peut aller jusqu'à la perte de sens. C'est un exemple, hélas, parmi tant d'autres, dû à un manque de compréhension fondamental du symbolisme du grade.

On peut considérer que le tableau de loge de la Marque se présente comme un support de méditation particulièrement complet, car il retrace pour l'homme du métier, à travers les réalisations de la pierre oblongue, de la pierre cubique et enfin de la clef de voûte, l'itinéraire de l'apprentissage à la maîtrise, dans la carrière, comme hors du temple.

Fig. 95 – Pierre cubique et pierre oblongue.

1. Mainguy Irène, *La Symbolique Maçonnique du 3e millénaire*, *op. cit.*, pp. 447-453.

Les différentes phases de la construction d'un édifice sont l'occasion de récapituler un itinéraire où les outils occupent une place essentielle, par leurs interactions cohérentes, qui permettent de gravir les échelons successifs de la Connaissance et d'éveil de la Conscience.

Selon l'ouvrage du Révérend Cryer, intitulé *The Arch and the rainbow*[2] on ne trouve aucune trace d'un quelconque tableau de la Marque avant 1862, ce qui est assez tardif et étonnant, puisque la *Grande Loge de la Marque* fut fondée le 23 juin 1856. Ce n'est qu'en 1862, qu'après avoir vu un dessin exécuté pour la loge Minerva N° 12, un Comité général attira l'attention sur la nécessité d'avoir un tableau tracé.

Aucune reproduction de ce premier tableau n'aurait subsisté, mais petit à petit s'imposa à chacun l'idée qu'il était nécessaire de tracer un tableau de la Marque. En 1870 le Comité Général de la Marque demanda qu'on lui soumît des projets de tableaux et que les loges les plus anciennes lui proposassent leurs meilleurs commentaires et interprétations. Enfin en novembre 1871, Sigismond Rosenthal, portraitiste de renom, présenta un tableau qui fut très apprécié, au point d'être acheté en mai 1873 pour 120 livres. Bien que la *Grande Loge de la Marque* ait informé toutes ses loges de la possibilité de se procurer ce tableau de loge, ce n'est pas pour cela qu'il lui fut conféré un caractère officiel. Néanmoins le tableau de Rosenthal, en usage jusqu'en 1892, devint le modèle de base dont s'inspirèrent les loges qui ne l'adoptèrent pas. Il en résulta de nombreuses variantes, dont celle du Duc de Connaught. Ce dernier tableau se révèle à l'analyse comme étant une copie du précédent, mais avec des modifications qui sont un appauvrissement symbolique pas très cohérent.

Le tableau de Rosenthal, qui est la première production adoptée est le tableau le plus complet et le plus intéressant On y voit au-dessus de la voûte un extrait du Psaume 118 écrit en hébreu. Il existe en deux versions, la plus ancienne (planche N° 27) ne présente que dix symboles, dont cinq à caractère de symbolisme constructif. Les deux premières cases, en bas, de part et d'autre de la voûte, donnent la clef de l'alphabet maçonnique. La deuxième version (planche N° 28) supprime l'alphabet maçonnique et le remplace par quatre outils de tracé et de contrôle. Le reste du tableau est à l'identique, (en dehors du fait que l'ancre marine est sans corde dans la première version et avec une corde dans la deuxième). On remarque que d'autres symboles ont subi de légères variantes dans leur représentation graphique, ce ne sont que des détails.

Dans la version plus tardive du Duc de Connaught (planche N° 30), un triangle équilatéral est mentionné, alors que le croc de levage a disparu. À la place des symboles de Rosenthal on retrouve par contre la clef de l'alphabet maçonnique.

2. Cryer Neville Barker, *L'Arche et l'Arc-en-ciel,* Toulouse, Éditions du Snes, 1998.

Quant au tableau N° 30, en usage actuellement à la Grande Loge de la Marque, il est des plus dépouillé en comparaison des versions de Rosenthal et du Duc de Conaught.

Outre la cohérence indiscutable de l'ordonnancement des symboles, le tableau de Rosenthal présente les versets 22 à 25 du Psaume 118, *en hébreu*, alors que le Duc de Connaught, qui s'en est inspiré, a transcrit ces versets *en latin*, passant d'une langue sacrée à une langue liturgique, ce qui est dommage.

Le tableau de Rosenthal concentre l'attention sur le parvis du Temple de Salomon avec le portique en forme d'arcade qui rappelle tout ce qu'un Maître de la Marque doit connaître comme symboles nécessaires, pour parvenir au sommet de l'édifice couronné par la Clé d'Arc.

Avant d'étudier ces différents symboles en détail, disons quelques mots sur les auteurs qui ont conçu ces tableaux.

Sigismond Rosenthal

Le principal tableau est celui peint par Sigismond Rosenthal. Il fut initié le 24 janvier 1859 à la *Salisbury Lodge N° 435*. Il en fut Vénérable en 1865 et en resta membre jusqu'à sa mort. Membre actif de nombreuses loges, il reçut son Avancement en loge de la Marque le 13 février 1867 à la *Old Kent Lodge* et en fut installé Vénérable Maître en mai 1872. Également membre du Chapitre de *Royal Arch N° 410*, *Ewell*, dans le Surrey, il fut aussi 33e, en France, et 30e en Angleterre du *Rite Écossais Ancien Accepté.* Voici les grandes lignes de la vie maçonnique de Rosenthal, qui fut un maçon très actif, durant presque un quart de siècle.

Le Dictionnaire bien connu, le *Benezit des peintres, sculpteurs, dessinateurs et graveurs,* mentionne S. Rosenthal comme un portraitiste et graveur de portrait de la seconde moitié du XIXe siècle, qui exposa à la *Royal Academy de Londres* de 1865 à 1868.

Planche 27 – Tableau de Loge de ROSENTHAL avec 14 symboles.

Planche 28 – Tableau de Loge de ROSENTHAL avec 10 symboles et l'alphabet maçonnique.

Planche 29 – Tableau de Loge de ROSENTHAL avec 14 symboles.

Même disposition que le précédent.

C'est ce maçon zélé et inspiré, reconnu par tous comme un artiste talentueux, qui réalisa le canevas de référence du tableau de la Marque, qui mérite de retenir l'attention.

Le Duc de Connaught

Le tableau proposé par le Duc de Connaught est plus tradif. Ce royal artiste était le fils cadet de la reine Victoria. Lorsque son frère Edouard devint roi d'Angleterre, il prit sa place comme Grand Maître de la Grande Loge Unie d'Angleterre et le fut durant 38 ans, de 1901 à 1939. Il avait une formation de militaire de carrière, mais cela n'est pas suffisant pour lui reconnaître des lumières sur la franc-maçonnerie. Après un examen minutieux de sa version du tableau de la Marque on y relève trop d'incohérences symboliques pour que cette oeuvre sorte d'un esprit vraiment éclairé.

Ces précisions étant données sur le contexte historique, examinons en détail maintenant le tableau de la planche N° 27 qui correspond aux instructions actuelles :

On remarquera tout d'abord que neuf des quatorze symboles qui récapitulent l'itinéraire du Maître Maçon de la Marque sont spécifiquement des outils que l'on peut classer en trois catégories.

A. outils de tracé et de contrôle (au nombre de 5):
1. la jauge de 24 pouces 2. la perpendiculaire 3. le niveau 4. l'équerre 5. le compas.

B. outils de façonnage (au nombre de 3)
5. la hache 6. le maillet 7. le ciseau.

C. outils de pose (au nombre de 2)
8. le croc de levage 9. la truelle.

Les 5 autres éléments du tableau représentent :
10. une ancre marine 11. un sablier 12. l'échelle de Jacob 13. le volume de la Loi sacrée 14. l'œil qui voient tout. Ce sont des symboles que l'on peut qualifier d'ordre intellectuel, porteurs d'élévation de l'esprit.

On peut lire ce tableau selon trois critères objectifs :

l'écriture hébraïque s'effectuant de la droite vers la gauche, il paraît logique que la lecture des 14 symboles, surmontés de la clef d'arc en tant que couronnement de l'édifice, commence par le premier symbole à droite et en bas de la voûte.

2. Le chemin tracé sur le tableau entre la voûte et l'accès au temple, sur un plan horizontal, s'effectue en zigzag, il paraît donc intéressant et cohérent de le prolonger à la verticale de la même manière, en lisant les symboles alternativement sur chaque pilier gauche et droite selon la numérotation indiquée sur le tableau N° 27 :

Ce chemin en zigzag marque le passage de la ligne droite à la ligne brisée. Il rappelle le coup de tonnerre, l'éclair dans le ciel. Le Z lui-même, lorsqu'il représente l'éclair qui déchire les cieux est avant tout lumière, mais pas n'importe quelle lumière. Il s'agit de la lumière de la rupture qui se manifeste lors du passage d'un état de conscience à son état supérieur. Ici est reconstitué l'itinéraire entre deux portes étroites, la première est la porte terrestre franchie par le profane, la seconde est la porte céleste, au sommet de la voûte que devrait pouvoir franchir un jour tout Maître Maçon de la Marque.

3. Toute montée se faisant du bas vers le haut, il paraît approprié de faire une lecture de ces symboles dans le sens d'une ascension progressive. Les premiers symboles représentés sont à caractère constructif, récapitulant les étapes d'apprenti à compagnon, de compagnon à compagnon fini, puis en phase ultime à Maître d'œuvre.

Ce tableau décrit ce qui se passe à l'extérieur des trois enceintes du Temple. Dans la carrière à droite on voit les deux sortes de pierre nécessaires à la construction du Temple et la clef de voûte. À gauche est représenté un futur Maître Maçon de la Marque éprouvé au guichet lors de son Avancement.

Le tableau de la loge du 2e grade du Style Émulation s'ouvre sur l'extérieur, mais c'est un extérieur dont on ignore tout, on peut espérer que par cet Avancement il sera donné d'avoir une vue simultanée de l'intérieur et de l'extérieur, autant du temple que de la carrière.

Passons en revue la signification de chacun de ces symboles [3], en remontant la voûte :

3. Mainguy Irène, *op. cit.*, chap. VI, "les outils", pp. 261-88.

1• La jauge de 24 pouces

Selon le manuscrit « *L'initiation il y a deux cent ans* » d'Harvey, que l'on retrouve dans le rituel d'apprenti au Style Émulation la règle de l'initié se décompose en 4X6 heures, ce qui se traduit par : 6 H pour travailler – 6H pour servir Dieu, 6 H pour servir un ami ou un Frère sans que ce soit à son détriment ou à celui de notre famille et 6 H pour dormir [4].

La règle renforce l'idée de constance dans le travail : Qui dit règle, dit obéissance acceptée et librement consentie, à l'écoute de l'accomplissement de la Volonté de l'Éternel.

La règle employée à bon escient amène le maçon à l'utiliser pour trouver la mesure, l'ordre inhérent à toute chose, la discipline au quotidien, la présence dans l'instant, l'attention à tout ce que l'on fait, la constance dans une ligne de conduite librement choisie pour l'établissement de son Temple intérieur.

2• La perpendiculaire

La perpendiculaire, de la racine « pendere », pendre, donne la verticale d'un lieu et permet de vérifier l'aplomb. Le fil à plomb consiste en une masse pesante, de très petit volume, suspendue à l'extrémité d'un cordonnet, il sert à indiquer la direction de la pesanteur, c'est-à-dire de la verticale, permettant ainsi de mettre à l'aplomb des ouvrages de charpente et de maçonnerie. Le fil à plomb, est le symbole de la recherche en profondeur, de la vérité, de l'aplomb, de l'équilibre.

Il relie le haut et le bas, le Ciel à la Terre.

Ainsi que le définit 'Umar ce fil est *le lien qui relie, au plan cosmologique et exotérique le manifesté au non manifesté. Il est donc le symbole ésotérique du rattachement initiatique au Principe et de l'influence spirituelle du principe à l'égard de l'Initiation.* Il remarque *qu'au lieu d'être un cylindre le « plomb » est généralement de forme conique et surtout de forme conique inversée, pointe en bas. Outre le fait que la coupe verticale d'un cône inversé soit le triangle inférieur du sceau de Salomon, dont le delta lumineux est le triangle supérieur, on remarque que la pointe inférieure de ce cône permet de marquer au sol l'impact de la Volonté divine, soit dans le Temps, c'est-à-dire l'heure du jour ou de la nuit, soit dans l'espace, c'est-à-dire le lieu de la conformité* [5].

3• Le niveau

Le compagnon doit passer de la perpendiculaire au niveau. Niveau vient du latin « libelle » ou « libra » qui signifie balance. Le fil oscille avant de se stabiliser à la verticale, tout en donnant l'horizontale du plan. C'est

4. Harvey Martin, *l'Initiation, il y a deux cents ans,* dans *Le Symbolisme,* n° 388, janv-mars 1969, p. 97.

5. 'Umar, Introduction générale à l'étude du fil à plomb, dans *Vers la Tradition,* n° 63, mars à mai 1996, pp. 38-43.

par le même système d'équilibre que fonctionnent la balance et le niveau. Le niveau permet de situer l'horizontale à hauteur des yeux, c'est un outil de mesure et de précision dans la recherche de la stabilité et de l'équilibre. Toutes les définitions s'accordent généralement à reconnaître que son rôle consiste à vérifier l'horizontalité du plan. Le niveau permet l'exploration des quatre dimensions de l'espace sur le plan horizontal.

Cette horizontale calme et plane est à l'opposé du chaos et de la confusion. Dans le livre d'Isaïe, on lit : « je prendrai le droit pour règle et la justice pour niveau. » Dans ce verset l'utilisation du niveau est assimilée à la justice, celle-ci étant l'union parfaite de la verticalité et de l'horizontalité, ce que l'on retrouve dans l'emblème divin du glaive et de la balance. Le travail du compagnon permet de trouver le niveau entre le zénith et le nadir, le haut et le bas, c'est-à-dire de se situer au centre de la croix, point de départ de l'unité, le centre point d'équilibre où l'être retrouve sa fonction initiale de médiateur entre ciel et terre.

4• L'équerre et le compas

a) L'équerre

L'équerre se dit en latin « norma », ce mot a pour sens règle, modèle ou exemple. Quant au terme même d'équerre, il tire son origine du latin « exquadra », dérivé du verbe « exquadrare » signifiant équarrir, rendre carré. Elle oriente vers une notion générale de règle, de stabilité et indique la manière dont on doit opérer. De fait il est indispensable au maçon, qui s'aventure sur le chemin ardu de la recherche de la Vérité qu'il porte en lui, de faire en sorte que « ses arguments », les bases de son raisonnement soient parfaitement ordonnées, qu'il sache contenir notamment ce qu'il y aurait dans sa démarche de trop aveuglément subjectif et sentimental. Sans cette discipline, l'édifice construit ne serait pas véritablement stable et s'écroulerait tôt ou tard.

On peut voir aussi dans l'équerre une double règle qui donne la mesure du plan horizontal comme vertical. L'équerre est un instrument fixe qui donne un angle droit (à 90°). De tout temps elle fut utilisée par le tailleur de pierre et le charpentier. Sans le travail de vérification de l'équerre il n'existe pas de matière ordonnée, donc pas de vie possible, puisque l'on ne peut accomplir le geste ordonnateur du Grand Architecte qui, dans le récit de la Genèse, sépare et met en place tous les éléments de l'Univers. L'équerre est l'outil qui harmonise les contraires, c'est pourquoi on la définit comme symbole d'équité, de rectitude et d'équilibre.

Il est difficile de dissocier l'équerre du compas, car il existe un équilibre de relation nécessaire entre les deux. On ne devient apte au 3e grade à se servir du compas que parce qu'au 2e on a su se servir de l'équerre.

L'équerre enseigne au Maître Maçon à régler sa vie et ses actions conformément aux préceptes de la Vertu et du Bien.

b)Le compas

Le compas éminemment mobile, instrument articulé et de mesure permet de tracer des cercles, de mesurer, de reporter des proportions. Symbole de ce qui est essentiellement mouvant, il symbolise le dynamisme constructeur de la pensée, c'est-à-dire sa liberté créatrice, mais aussi la capacité d'invention, de conception, de réalisation de l'esprit.

Le compas sert à tracer le cercle en partant d'un centre précis. Le cercle représente le champ des connaissances humaines, ce champ est virtuellement infini car c'est l'univers entier, mais il est limité en réalité par la limitation individuelle de chacun. Le compas sert aussi à prendre des mesures, à reconnaître les proportions, à mesurer les angles. Il symbolise les diverses opérations logiques par lesquelles l'Esprit humain coordonne ses connaissances et organise ses raisonnements logiques.

Il doit toujours y avoir un équilibre de relation entre l'équerre et le compas et cet équilibre enseigne les limites à ne pas dépasser, en effet le compas ouvert à plus de 90° devient un outil instable et inopérant.

Dans la planche N° 27 l'équerre et le compas se chevauchent comme au compagnonnage, alors que dans la version N° 29 de Rosenthal le compas recouvre l'équerre comme au grade de Maître.

5• La hache

C'est une sorte de cognée à manche court, au fer large et aigu, qui sert au charpentier à tailler le bois ; depuis l'époque néolithique, la hache est l'un des outils que l'homme utilise le plus au combat comme au travail. C'est sous ce double aspect qu'elle semble intervenir dans ce tableau. Il existe différentes sortes de haches. Le Temple n'est pas seulement fait de pierre mais aussi de bois, ainsi dans l'instruction du premier grade du Rite Anglais de Style Émulation, il est rappelé que les pierres étaient taillées dans la carrière, équarries, sculptées, marquées et numérotées sur place et que, de même le bois de construction était abattu et préparé dans les forêts du Liban, sculpté, marqué et numéroté, d'où l'importance de la hache, outil spécifique du travail du bois.

La hache symbolise la force en mouvement, car elle fend, brise, ayant la puissance de la foudre. Elle enseigne au maçon à façonner peu à peu sa trajectoire d'initié, en devenant maître de la matière, sur un plan spirituel, mais la hache a aussi une fonction de destruction des tendances néfastes et là, la hache prend son aspect très marqué d'instrument du châtiment quand on se réfère au signe d'ordre de la Marque qui se termine par le rappel de la pénalité. La maçonnerie enseigne que les armes sont aussi des outils, mais que les outils peuvent être utilisés également comme armes, montrant clairement leur caractère ambivalent.

6• La louve

Le dessin représente davantage un croc de levage qui s'apparente au fonctionnement de la louve.

C'est un outil en fer qui permet de soulever et positionner jusqu'au sommet de l'édifice une pierre de taille à sa place définitive. Les encoches dans la pierre sont faites en forme de queue d'aronde permettant aux deux pièces latérales de la louve, appelées louvetons, de s'y imbriquer exactement. La louve a une fonction de levier et ses trous prennent appui dans des escavités spécialement aménagées dans la pierre.

On retrouve dans l'utilisation de la louve la loi « cause/effet ». En effet la louve met en mouvement un principe actif, la force qu'elle déplace, mais initialement, c'est un outil passif, car elle a besoin d'une volonté supérieure pour l'animer.

La phase de la taille de la pierre étant achevée, le croc de levage ou la louve peut alors permettre de hisser les pierres les unes après les autres. Cet outil fait passer à un stade supérieur qui permet au maçon un travail d'intégration dans la collectivité, d'assemblement des pierres qui les unes après les autres construisent les murs du Temple. C'est l'outil indispensable au levage et à l'intégration de la clé de d'arc dans l'édifice.

La louve donne le moyen de surmonter l'obstacle, la résistance matérielle, physique ou morale, mais cela n'est possible que si l'on sait utiliser un point d'appui et si l'on a la volonté de surmonter ce qui paraît au-dessus de ses forces. La bonne utilisation de la louve repose sur la connaissance et la maîtrise de la force mise en mouvement. Elle correspond à de la ténacité, à une volonté affirmée de tenir son engagement et de poursuivre la voie choisie jusqu'à son terme.

7• L'ancre marine

Du latin « ancore », c'est un gros crochet double envoyé au fond de la mer pour fixer un navire au moyen d'une chaîne. Bien évidemment elle se rapporte au symbolisme de la navigation. Dans sa forme la plus ancienne elle est simplement formée d'une tige entre deux bras sous forme de trident, mais elle est aussi munie de boucles et d'anses, où se lient les cordes qui s'y attachent. Elle est composée d'une lourde masse de métal qui permet aux bateaux de rester à quai même lorsque la mer est déchaînée. Elle est définie comme un symbole de stabilité et de solidarité, car elle évite que le bateau ne parte à la dérive vers des récifs, au même titre que l'âme vers les écueils qui la guettent.

Symbole voilé de la croix elle est aussi souvent accompagnée de l'image du poisson représentant Jésus, par rapport à la mouvance de cette image, elle est un symbole d'ancrage, de stabilité et de sécurité qui permet de s'établir, de se fixer à terre. On la découvre dès le premier degré dans le tableau d'apprenti.

Enfin l'ancre est symbole d'Espérance. Elle invite à trouver son point d'ancrage dans la recherche de la vertu. L'ancre rappelle qu'aucun cheminement ne peut s'effectuer sans être soutenu par la flamme de l'espérance, ainsi que le disait l'apôtre Paul « cette espérance, nous la garderons comme une ancre solide et ferme de notre âme ».

8• Le sablier

Ce symbole ramène à la réalité essentielle : la gestion permanente du relatif, du temps de vie de chacun qui se déroule l'espace d'un instant, du berceau à la tombe, sans que personne connaisse la durée de vie qui lui est accordé pour accomplir une œuvre. À cet égard, les soufis se considèrent comme *fils de l'instant,* le moment présent étant la seule réalité sur laquelle on peut agir, car on ne peut rien changer au passé et le futur demeure hypothétique.

On observe que le mouvement d'écoulement du sable d'un compartiment à l'autre est imperceptible au début de sa descente et qu'il s'accélère au fur et à mesure, tout comme la chute d'une pierre lancée d'un point élevé, cette chute s'accélérant de plus en plus à cause de l'attraction. La totalité des grains de sable qui s'écoule du compartiment du haut vers le bas est comparable au déroulement de toutes les possibilités de développement incluses dans une vie. Une fois que toutes ces possibilités sont épuisées, c'est le terme d'un cycle de vie, l'arrêt de l'écoulement du sable, une mort suivie d'une nouvelle naissance ; lorsque l'on retourne le sablier, il repart une fois encore pour une nouvelle course limitée dans le temps, mais à caractère irréversible.

Le caractère stérile du sable nous rappelle la vanité des choses en tant que simples accidents terrestres. Le sablier qui a deux compartiments nous met en garde contre le danger de l'attraction vers le bas. Un mouvement vers le haut demande à l'être de se détourner volontairement d'un monde qui à la fois l'emprisonne et le disperse. Tendre vers le haut, c'est aller à contre-courant du mouvement naturel de la manifestation et demande à l'initié de résister contre la facilité, de lutter.

Le franchissement de la porte étroite demande de mourir au monde, de sacrifier son ego. Comme l'enseigne le goulot du sablier, il existe une contraction apparente dans l'espace et le temps, qui donne l'impression de pouvoir anéantir chacun, mais qui débouche en fait sur « un nouvel espace ». Il est à la fois inversion et analogie, contraste d'obscurité et de lumière, de mort et de naissance.

Lorsqu'un compartiment du sablier se vide, l'autre se remplit, c'est l'image même du choix spirituel.

Le sablier représenté sur le tableau de la Marque rappelle le caractère éphémère de toute vie, la nécessité d'accomplir une œuvre qui dépasse l'individualité ordinaire, dont la quintessence sera la réalisation de la clé d'arc du Temple.

9• L'échelle

L'échelle est le symbole de ce qui relie par paliers successifs la terre au ciel, pont graduel du bas vers le haut, moyen de communication entre l'être et l'Éternel, d'ascension en partant d'une base pour atteindre un sommet, moyen d'échange et de mouvements de bas en haut et de haut en bas, moyen de communication entre l'ici-bas et l'au-delà.

Le symbole de l'échelle rappelle le parcours ardu de l'aspirant à la Connaissance, sa montée du bas vers le haut ne se fait pas d'un mouvement continu, mais par degrés ou paliers successifs, séparés par des temps d'arrêt. Ce symbole d'ascension par paliers représente le passage d'un plan à un autre, un itinéraire spirituel comportant divers états de conscience figurés par des degrés ou échelons. L'ascension graduelle d'une échelle marque les étapes successives gravies par l'être en quête de connaissance dans son chemin ascensionnel.

Arrivé au sommet de l'échelle, on a un regard inversé sur un horizon nouveau, qui est aussi la voie opposée qui vient d'être parcourue, ce qui donne la faculté de tout voir et par l'analogie des contraires, de tout comprendre.

Jean Climaque qui tire son nom du mot grec « climax » échelle, présente l'ascension de la vie spirituelle en trente degrés, dont les sept premiers se réfèrent aux vertus, correspondant aux vertus théologales : la Charité, la Foi, l'Espérance auxquelles s'ajoutent les vertus cardinales : la Force, la Tempérance, la Prudence et la Justice.

Les sept échelons peuvent aussi rappeler les 7 jours de la création, ou encore l'acquisition de la Connaissance par l'approfondissement des Arts libéraux composés du trivium des arts de la parole, comprenant logique, grammaire et rhétorique et du quadrivium de la science des nombres comprenant arithmétique, géométrie, musique et astronomie.

Saint Benoît invite chacun à « dresser avec les degrés ascendants de nos œuvres », cette échelle qui apparut à Jacob en songe, sur laquelle étaient montés des anges qui la descendaient et la remontaient, semblable à celle représentée sur certaines versions du tableau de loge au 1er grade du Rite Anglais de Style Émulation, notamment dans la version de Harris.

10• Le maillet

Le maillet est généralement en bois, spécialement en buis. Ce bois est choisi à cause de sa dureté, le buis symbolisant la fermeté et la persévérance. Ce marteau de bois est symbole de la puissance directrice du travail et de la volonté agissante.

Cependant le maillet a un pouvoir ambivalent bien marqué, car il peut être outil de création pour celui qui dégrossit sa pierre et de destruction pour le mauvais compagnon qui l'utilise pour éliminer le Maître.

Le tailleur de pierre ne frappe du maillet que sur la tête d'un ciseau bien dirigé, afin que rien ne se perde de l'énergie réservée au travail. Le maillet correspond à la volonté qui met à exécution, main droite, côté actif, se rapportant à l'énergie agissante et à la détermination dont découle la réalisation pratique.

Le maillet correspond à la volonté spirituelle qui actualise et stimule la connaissance qui sous-tend le geste. Il correspond à de la présence d'esprit, au contrôle de soi, à de la persévérance et du courage. Il est aussi un symbole de pouvoir et d'autorité pour tout Maître qui remplit une fonction de direction sur le chantier. Le Maître de la Marque doit « bien marquer » (*mark well*).

11• La truelle

Du latin « truella », cet outil en métal a ordinairement la forme d'un triangle ou d'un trapèze, ce qui est le cas sur le tableau représenté (planche n° 27), alors qu'elle a une forme triangulaire sur les autres. Son manche est recourbé et sa poignée sert au maçon opératif pour la saisir et porter sur son ouvrage le mortier ou le ciment. La truelle permet d'appliquer le ciment qui « lie » les différentes parties d'un édifice, elle sert à gâcher le mortier destiné, en cimentant les pièces de l'édifice, à en réaliser l'unité. Elle permet de sceller, fusionner les pierres entre elles, de les réunir, c'est pourquoi elle est un symbole d'unité et d'union, outil par lequel l'œuvre du constructeur s'achève et devient parfaite, et c'est probablement ce qui a fait dire à Ligou qu'*elle est symbole de l'amour fraternel qui unit tous les maçons*, ciment essentiel, utilisé pour l'édification du Temple idéal. Emblème des qualités essentielles du véritable Maçon, que sont la tolérance, la solidarité, la bienveillance, animé par un sentiment éclairé de conscience de la fraternité universelle entre tous les êtres humains. Elle symbolise également le travail bien fait par excellence et la solidarité entre tous. Elle est symbole de la puissance créatrice.

Denys Roman remarque que *: la truelle a un profil en zig-zag, et d'autre part sa lame est triangulaire : le schéma de cet instrument est donc l'équivalent exact des « foudres » qu'on place dans les mains du « maître du tonnerre ». Il suffit du reste d'avoir vu un ouvrier construire un mur pour être frappé de la façon « saccadée » avec laquelle il projette le ciment, et qui fait penser aux « fulgurations » de l'éclair. Ce qui confirme encore cette équivalence foudre-truelle.* Il signale d'autre part que *la truelle figure sur le* Tracing Board *de la* Mark Masonry *dont l'origine « opérative » ne fait aucun doute ; et que la maçonnerie de langue anglaise a conservé un rite « constructif » où la truelle joue nécessairement un rôle prépondérant : nous voulons parler de la pose de la première pierre d'un édifice public avec les « honneurs maçonniques »* [6].

6. Roman Denys, *Réflexions d'un Chrétien sur la franc-maçonnerie*, chap. II, "Remarques sur quelques symboles maçonniques", Éditions Traditionnelles, 1995, pp. 53-66.

Tout est dans l'art de manier la truelle pour concilier les oppositions nécessaires et fécondes. Elle est l'outil de travail à la recherche du Beau, du Bien et du Vrai dans la construction de toute œuvre de vie en recherche d'Éternité.

12• Le ciseau

Le maillet et le ciseau sont en fait indissociables l'un de l'autre dans le premier travail de dégrossissement de la pierre brute.

On peut noter qu'en symbolique maçonnique, bien que le maillet et le ciseau soient deux outils distincts, ils sont pratiquement inséparables, ou plus exactement ils ne donnent toute leur richesse spirituelle qu'étant associés, excepté quand on envisage le maillet sous l'aspect de « l'autorité », il se suffit alors à lui-même.

Le ciseau est formé d'une lame dure en acier, coupante, taillée en biseau, l'autre extrémité est en pointe. Le vrai ciseau n'est pas emmanché. Une règle opérative impérative du métier veut qu'on doit frapper toujours bois sur métal ou métal sur bois, mais jamais le contraire.

On peut remarquer que la taille offre un aspect négatif par la chute du superflu, mais aussi un aspect positif par l'action qui, par soustraction, cherche à créer une forme, qu'elle soit oblongue ou cubique.

Tailler, c'est ôter, « détacher ». Toute parcelle arrachée par le ciseau au bloc originel quitte définitivement ce dernier, sans retour possible.

Denys Roman observe que : *par rapport à la pierre le ciseau est actif, puisqu'il joue un rôle de pénétration. C'est donc l'équivalent de l'épée, du poignard des « grades de vengeance », voire du « glaive » de la « Loge de table ». Et il symbolise l'éclair comme le maillet le tonnerre.* À son sens, *le ciseau est même plus actif que le maillet, comme l'éclair est plus rapide que le tonnerre*[7].

Par ailleurs sur le plateau du Vénérable au grade de la Marque on ne voit plus l'équerre et le compas sur le Volume de la loi sacrée, mais le maillet à l'horizontale, recouvert du ciseau à la verticale, traçant le 4 de chiffre qui marque ce degré. Le Maître Maçon de la Marque a en permanence ces deux outils de référence qui caractérisent son avancement. Ceux-ci correspondent à un discernement sous-tendu par la détermination de bien marquer toutes ses entreprises pour aboutir à une œuvre achevée et parfaite.

13• L'œil qui voit tout

Il s'agit bien évidemment d'un œil frontal, qui correspond au troisième œil, celui du Grand Inspecteur de l'Univers, symbole d'omniscience, œil de la conscience intérieure, il est aussi symbole de vigilance et de clairvoyance

7. Roman Denys, *op. cit.*

qui permet de discerner la réalité de l'illusion. Il symbolise la conscience en permanence en éveil.

Si l'œil gauche est tourné vers le passé et l'œil droit vers l'avenir, l'œil frontal est par contre un symbole de transcendance. Il est projection de l'Éternité dans un Éternel Présent. Cet œil frontal unique qui voit tout, qui discerne l'Unité dans la dualité, est l'intelligence supérieure pensante de la séphirah Binah, sorte d'œil du cœur, œil de Lumière du regard intérieur, qui cherche à sonder l'invisible, point central de l'être, de l'intuition directe immédiate, comme lieu de la résidence du Principe envisagé comme Soi.

Dans le symbolisme constructif ce troisième œil devient l'œil du Dôme au sommet de la voûte ou de la coupole du Temple, ce trou de la voûte ou trou d'en haut, exprime la porte étroite située au zénith du cosmos ou de la voûte étoilée qui ouvre sur l'Inconnaissable. Ce qui est en haut est comme ce qui est en bas. La voie parcourue passe de la porte étroite franchie par l'apprenti à la porte étroite du Maître Maçon de la Marque. Elle est parfois assimilée symboliquement à l'étoile polaire dans la mesure où celle-ci apparaît comme le point fixe du ciel, autour duquel tout le firmament semble tourner et par cela même symbolise le Principe immuable, comme le point sans dimension au centre de « la roue des choses » . C'est par l'œil du dôme que doit passer tout être arrivé à un stade de réalisation suffisant pour être pacifié au point d'avoir retrouvé l'unité avec son soi, au-delà de toute forme et de toute chose.

En hébreu « ayn », l'œil, est le symbole de la contemplation divine ainsi qu'en arabe il signifie l'œil, mais aussi la source. En Inde le troisième œil est celui de Shiva regardant vers l'Éternité alors que les deux autres regardent le temps.

En résumé cet œil est non seulement celui de la Connaissance, mais aussi celui d'une conscience éveillée, apte à transcender les contingences de toutes sortes, indispensable à toute vraie élévation spirituelle.

14• Le Volume de la loi sacrée

Le Volume de la Loi sacrée est représenté sur les planches N°s 27 à 29 sous forme d'un livre ouvert. Cette présence est indispensable pour respecter le sixième landmark qui impose deux conditions : la Bible doit être en loge, placée sur l'autel du Vénérable Maître, avec l'équerre et le compas. Ils représentent les trois Grandes Lumières de la Franc-maçonnerie.

Ce livre relie tout Frère à l'univers et à travers lui au Grand Inspecteur de l'Univers, on peut y voir un symbole d'alliance, notamment lors de la prestation de serment qui est conclu en baisant le Volume de la Loi sacrée.

Symbole fort du Verbe créateur, manifesté sous l'aspect de la Révélation. Un livre fermé garde son secret, un livre ouvert, instruit celui qui le lit, dévoile ce qui est caché. Ce livre contient un double message, le premier comporte un enseignement extérieur, représenté par les dogmes et la loi morale à caractère exotérique, le second développe une cosmogonie, contient un message symbolique à décrypter, qui est à caractère ésotérique. Le second n'exclut pas le premier, mais au contraire l'éclaire en ouvrant sur le champ infini des possibles et permet de dépasser les limites étroites de la dualité.

Le Volume de la loi sacrée est considéré comme contenant le message d'une Tradition intemporelle, celle-ci étant l'expression de la relation entre la Vérité et la Sagesse, mais à un moindre niveau il contient une loi morale sur laquelle s'appuie les franc-maçons.

La Tradition révélée par le Volume de la Loi Sacrée dans son sens ésotérique est source de Connaissance et de méditation. L'Éternel crée le monde par le Verbe qui s'incarne dans la langue sacrée et dans la parole rituelle qui contient l'essence primordiale.

Une voûte, en son sommet, a la forme d'une portion de sphère faisant passer graduellement de la maçonnerie d'équerre à celle du compas, ou de la *Square Masonry* à *l'Arch Masonry.*

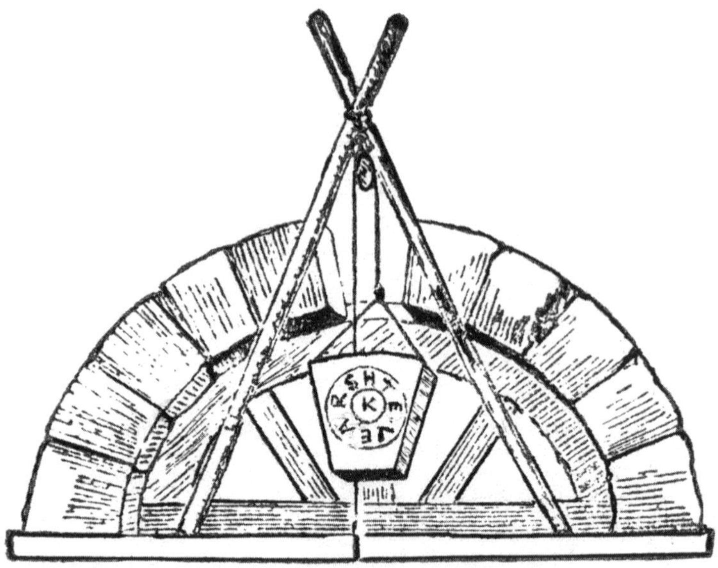

Fig. 96. La Clé d'Arc.

La Clé d'Arc

La Clé d'Arc est le dernier élément posé d'une construction d'un dôme ou d'un arc. C'est de sa stabilité et de son équilibre que va dépendre la solidité de l'œuvre réalisée.

Guénon observe à ce sujet l'identité entre « la clé d'arc » et la « pierre angulaire », appelée également « Pierre de sommet » qui achève ou couronne un édifice.

Il remarque que : *c'est parce que cette pierre a une forme spéciale et unique, qui la différencie de toutes les autres, que non seulement elle ne peut trouver sa place au cours de la construction, mais que même les constructeurs ne peuvent pas comprendre quelle est sa destination ; s'ils le comprenaient, il est évident qu'ils ne la rejetteraient pas, et qu'ils se contenteraient de la réserver jusqu'à la fin ; mais ils se demandent « ce qu'ils feront de la pierre », et, ne pouvant trouver une réponse satisfaisante à cette question, ils décident, la croyant inutilisable, de « la rejeter parmi les décombres »* (to heave it over among the rubbish). *La destination de cette pierre ne peut être comprise que par une autre catégorie de constructeurs, qui à ce stade n'interviennent pas encore : ce sont ceux qui sont passés « de l'équerre au compas », et, par cette distinction, il faut naturellement entendre celle des formes géométriques que ces deux instruments servent respectivement à tracer, c'est-à-dire la forme carrée et la forme circulaire, qui symbolisent d'une façon générale, comme on le sait, la terre et le ciel ; ici la forme carrée correspond à la partie inférieure de l'édifice, et la forme circulaire à sa partie supérieure, qui, dans ce cas, doit donc être constituée par un dôme. »* (keystone) [8].

Les lettres H.T.W.S.S.T.K.S., gravées sur la Clé d'Arc (les lettres en hébreu sont la traduction identique des lettres anglaises) signifient « Hiram Tyrian, Widow's Son, sent to king Salomon », ce qui peut se traduire en français par : Hiram Tyrien, Enfant de la Veuve, Envoyé au Roi Salomon.

En résumé le parcours de cet arc mène d'un point droit à un point gauche, fait passer de la perpendiculaire au niveau en appuyant sur la jauge de 24 pouces, rappelant que tout maçon se trouve entre l'équerre et le compas, médiateur entre terre et ciel. La menace de la hache rappelle au devoir de fidélité par rapport à l'œuvre à accomplir, le croc de levage permet d'accéder au couronnement de l'édifice. L'ancre marine permet de trouver le point d'ancrage dans le chemin de la Vertu, l'espérance chevillée au cœur, le sablier rappelle la relativité de toute chose, et le peu de temps qu'il reste pour franchir les sept échelons de la Connaissance, ce qui demande de savoir « bien marquer », muni du maillet et du ciseau. En maniant la truelle on peut se joindre par l'union des cœurs à ses frères humains, avec une conscience éveillée et prendre appui sur la Tradition symbolisée par le Volume de la Loi sacrée.

Ce quatrième grade (appelé *side degree* ou degré latéral fait la jonction entre le compagnon du métier et le Maître Maçon) assimile le maçon à une pierre vivante, pierre brute, pierre taillée. L'avancement à la Marque est le complément essentiel du compagnonnage et de la maîtrise sur un plan

8. Guénon René, *Les Symboles fondamentaux de la Science sacrée*, chap. XLIII, Éditions Gallimard, 1970, pp. 278-291.

opératif, car il permet au Maître Maçon de devenir la pierre d'achèvement qui trouve son couronnement par son élévation au sommet de l'édifice en tant que Clé d'Arc.

Ainsi que l'on a essayé de le montrer, le tableau de Rosenthal, est le seul tableau sous ses deux versions, qui ait un caractère véritablement initiatique et rappelle les enseignements essentiels du grade, alors que celui du Duc de Conaught relève davantage de la fantaisie esthétique.

Planche 30 – Tableau de Loge du Duc de Connaught.

Les pierres que les intendants admettent sans difficulté sont toutes conformes aux deux mêmes modèles. Ces pierres sont de taille carrée ou oblongue et nombreuses doivent être celles-ci pour que les murs puissent être dressés. Ces pierres sont bien évidemment interchangeables dans leur multiplicité. Afin que l'ouvrage atteigne la perfection et qu'il soit achevé il faut pouvoir le terminer par une pierre unique et différente des autres, et précisons non conforme ou non conformiste qui est la clé d'arc. C'est la forme unique et bien spécifique de cette clé d'arc qui la différencie de toutes les autres pierres qui amènent cette incompréhension des intendants du chantier, qui vont la rejeter, faute de savoir l'utiliser. Elle allie la ligne droite à la ligne courbe, ce qui demande au Maître de la Marque d'être effectivement passé de l'équerre au compas. En raison de sa forme spécifique, elle représente le point oméga de la construction sans laquelle l'œuvre ne peut être achevée. Cette vision prévisionnelle de l'ensemble de l'édifice demande au Maître Maçon de la Marque d'avoir une vision globale de la construction, une véritable vision de concepteur.

Cet avancement en maçonnerie de la Marque fait prendre conscience qu'être original, indépendant, donne un caractère d'exception qui dérange, et par la même entraîne le rejet de la multitude. Pour avoir le privilège d'être la pierre d'achèvement, il faut avoir été rejeté pour être retrouvé par ceux qui finalement reconnaissent leur erreur. Il en fut ainsi de Joseph avec ses frères, (voir Genèse III, 37 à 46).

C'est un élément caractéristique de la voie empruntée par la plupart des grands Prophètes qui furent la clé d'arc du verbe divin à une époque donnée, rappelons nous Moïse, Jésus, Mohammed parmi les principales Grandes figures de la Tradition abrahamique.

Planche 31 – Tableau de loge actuel.

INSTRUCTION PAR DEMANDES ET RÉPONSES
(Rituel de la Haye *240 E 8*)

D – Êtes-vous Maître de Marque ?

R – J'ai fait les 16 voyages réduits à 4.

D – Que signifient les 16 voyages ?

R – Ils signifient que tout bon maçon ne doit point se borner et qu'il doit voyager pour devenir maître de la maçonnerie qui se trouve au 16e grade.

D – Étant réduits à quatre, ont-ils quelque signification ?

R – Oui, Très Sage.

D – Expliquez-les moi ?

R – La première que nous devons prévenir le besoin de nos Frères par nos pas ; le 2e que nous devons toujours chercher à nous instruire ; la troisième que nous ne devons pas épargner nos pas pour empêcher la discorde ; la quatrième que nous devons marcher pour prévenir les besoins de la Veuve et de l'orphelin.

D – Comment étiez-vous disposé en vous présentant en loge ?

R – Cheveux épars, chemise en ceinture, la corde au cou, pieds nus, dépouillé de tous métaux, une pierre brute à la main droite tenue par les deux premiers doigts et le pouce.

D – Pourquoi étiez-vous ainsi préparé ?

R – Pour m'apprendre que tout maçon doit être humble et disposé à la volonté de ses Frères.

D – Pourquoi ne portez-vous la pierre brute qu'avec les deux doigts et le pouce, au lieu de toute la main ?

R – Parce que c'est le signe de secours de ce grade.

D – Qu'avez-vous vu en entrant au Temple ?

R – J'ai aperçu au milieu du temple un autel.

D – Qu'avez-vous vu sur cet autel ?

R – Une pierre de marbre blanc.

D – Que signifie-t-elle ?

R – C'était le modèle qui devait servir à tous les ouvriers.

D – Pourquoi ?

R – Parce qu'elle était parfaite et sans défaut.

D – Y avait-il quelque chose de remarquable ?

R – Oui, deux cercles.

D – Qu'y avait-il entre ces deux cercles ?

R – Les huit lettres initiales.

D – Que signifient-elles ?

R – Hiram, Roi de Tyr envoie l'Enfant de la Veuve à Salomon.

D – Où avez-vous prêté serment ?

R – À l'autel que je trouve au milieu du Temple, qui représentait le guichet où les ouvriers allaient pour faire la demande de leur salaire.

D – Comment avez-vous demandé vos salaires ?

R – À main ouverte.

D – Pourquoi cela ?

R – Pour me faire comprendre que nous ne devons demander de récompense que lorsque nous sommes bien assuré de les avoir mérités.

D – Que vous a-ton demandé étant à l'Autel ?

R – Treize sous.

D – Les avez-vous donnés ?

R – Etant dépourvu de tous métaux, je n'ai pu les donner, mais le premier Diacre les a donnés pour moi.

D – Que vous a-t-on dit après ?

R – Qu'un bon maçon doit toujours trouver quelques moyens pour soulager ses Frères.

D – Pourquoi le Très Sage frappe-t-il sept coups ; le Vénérable 1er Surveillant cinq et le 2e Surveillant 3, pour remettre les ouvriers à l'ouvrage ?

R – Le 2e Surveillant frappe 3 coups pour appeler les apprentis ; le Vénérable 1er Surveillant cinq coups pour appeler les compagnons et le Très Sage sept pour rappeler les Maîtres.

0

0 0

BIBLIOGRAPHIE

1 – Ouvrages sur les Grades de perfection au R.E.A.A.

BAYARD, Jean-Pierre, *Symbolisme maçonnique traditionnel,* t. 2, Édimaf, 1981.

BEAUCHARD Jean, *La Voie initiatique*, Éditions Bore, 1984.

BERESNIAK Daniel, *Rites et Symboles de la Franc-maçonnerie,* t. II, « Les Hauts grades », Detrad, AVS.

BERTEAUX Raoul, *La symbolique de la loge de perfection*, Édimaf, 1987.

BONGARD Roger, *Manuel du rite Écossais Ancien et Accepté*, Dervy, 2002.

Collectif, *Deux siècles de Rite Écossais Ancien et Accepté en France,* Éditions Dervy, (à paraître fin 2003).

DARUTY Jean-Émile, *Recherches sur le Rite Écossais Ancien et Accepté,* Télètes, 2002.

DE GRASSE-TILLY, *Thuileur R.E.A.A. et Rite Moderne,* (fac-similé, Éditions à paraître fin 2003, Sinope).

DONZAC Jean-Pierre et Piovesan Pierre, *Le Rite Écossais Ancien et Accepté des hauts grades*, Édimaf, 2003.

ERMANN Sahir, *Commentaires des hauts grades du R.E.A.A.*, Istambul, 1994.

FONTAINE Jacques, *L'Essor du Maître Secret au Grand Élu de la Voûte sacrée,* Éditions Detrad, s.d.

GUÉRILLOT Claude, *La Rose maçonnique,* Éditions Trédaniel, 1995.

— *Les loges de perfection*, Éditions Trédaniel.

— *La légende d'Hiram selon le rite de perfection et le Rite Écossais.*

— *Ancien et Accepté*, Éditions Trédaniel, 2003.

JAMET Guy et Rénate, *Le Maître ou l'œuvre au Z, étude sur le 4*[e], Éditions le Borrego, 1992.

JAMET Guy et Rénate, *Architectures secrètes ou les Maîtres Parfaits,* Éditions le Borrego, 1986.

NAUDON Paul, *Histoire et Rituels des Hauts-Grades Maçonniques*, Éditions Dervy, 1972.

POZARNIK Alain, *La Voûte Sacrée. De la maîtrise à la Perfection*, Éditions Dervy, 1995.

SEGALL Michaël, *Dictionnaire du R.E.A.A.*, Éditions Télètes, 1991.

2 – Ouvrages sur les Ordres de Sagesse au R.F.

Collectif, *Les Grades de Sagesse du Rite Français, Histoire, naissance et renaissance*, Éditions À l'Orient, 2000.

LHOMME Jean, MAISONDIEU Édouard, TOMASO Jacob, *Ésotérisme et spiritualité maçonniques*, Éditions Dervy, 2002.

Travaux du Souverain Chapitre en ses quatre Ordres rédigés par le Souverain Chapitre Métropolitain à L'Orient de Paris, 1786, Éditions À L'Orient, 2002, préface d'Alain Bauer et introduction de Pierre Mollier.

VIGIER Hervé, *Les Renaissances du Rite Français Traditionnel*, Éditions Télètes, 2002.

3 – Revues traitant de questions historiques ou symboliques du R.E.A.A.

L'Écosssais, *Revue du Suprême Conseil du grand Collège du R.E.A.A.,(A.M.H.G., 16 Rue Cadet, 75009 Paris).*

Ordo ab chao, *(destinée aux membres placés sous la Juridiction du Suprême Conseil de France, 8 Rue Puteaux, 75017 Paris).*

Renaissance Traditionnelle, *B.P. N° 161, 92113 Clichy cedex.*

Salix, *Rencontres Écossaises, 128 Av. de Villiers, 75017 Paris.*

Tradition Écossaise, *128 Av. de Villiers, 75017 Paris.*

Vers la Tradition, *14 Av. du Général de Gaulle, B.P. N° 193, 51009 Châlons-en-Champagne cedex.*

4 – Revues traitant des Ordres de Sagesse du R.F.

Johaben, *Revue du Grand Chapitre Général du Grand Orient de France, Rite Français, 16, rue Cadet, 75009 Paris.*

0

0 0

INDEX DES AUTEURS CITÉS ET DE LEURS OUVRAGES

Avant-propos

1. *Grade de Parfait Élu de la Voûte sacrée de Jacques VI ou Grand Écossais,* traduit en français par le Respectable F∴ le Grand baron de Blairfaindi, sur les cahiers originaux de la Très Respectable Maîtresse Loge Écossaise d'Édimbourg. Manuscrit de Bayreuth, 7760-32.
2. Guérillot Claude, *La légende d'Hiram selon le rite de Perfection et le Rite Écossais Ancien et Accepté,* Éditions Trédaniel, 2003, pp. 100-101.
3. Guérillot Claude, *La Rose maçonnique,* Éditions Trédaniel, 1995 ; et *Les loges de perfection,* Éditions Trédaniel, 1993.
4. Hivert-Messeca Yves, *Vengeance, justice et équité, prolégomènes méthodologiques,* dans *Bulletin du Grand Collège du Rite Écossais Ancien et Accepté,* n° 136, septembre 2001.
5. Mainguy Irène, *La Symbolique maçonnique du troisième millénaire,* Éditions Dervy, 2001, réimpressions 2002 et 2003.
6. Flubacher Narcisse, *Loge de perfection,* dans *Les Cahiers du Pélican,* n° 27, pp. 17-20.
7. Guénon René, *Études sur la Franc-Maçonnerie et le compagnonnage,* t. II, Éditions Traditionnelles, 1972, p. 41.
8. Luquet Georges, *Hauts grades et maçonnerie bleue,* dans *la Chaîne d'Union,* n° 9, 1937-1938, pp. 438-451.
8. Luquet Georges, *op. cit.*
9. Guénon René, *op. cit.*, pp. 271-272.
11. *Écossais,* dans *Encyclopédie de la Franc-Maçonnerie,* la Pochothèque, 2000, p. 234.
12. Donzac Jean-Pierre et Piovesan Pierre, *Le Rite Écossais Ancien et Accepté des hauts grades,* Édimaf, 2003, pp. 21-34.
13. Dachez Roger, *Histoire de la Franc-Maçonnerie française,* coll. "Que sais-je ?", PUF, 2003, pp. 61-62.
14. Doré André, *Un grade méconnu le Chevalier de Royal Arch,* dans *Bulletin du Grand Collège des Rites,* n° 99, 1983.
15. *Rituels du Rite Français moderne 1786,* les quatre « Ordres » Supérieurs : Élu – Écossais – Chevalier d'Orient – Rose-croix, préface de Daniel Ligou, pp. I à XXXIV, tome II, Éditions Champion – Slatkine, 1992.
16. Mollier Pierre, *Le Grand Chapitre général de France et la fixation du Rite*

Français, dans *Renaissance Traditionnelle,* n° 105, janvier 1996, n° 106, avril 1996, nos 115-116 juillet 1998.

17. Guénon René, *Le symbolisme de la croix*, chap. XXII, Éditions Vèga, 1970.
18. Mollier Pierre, introduction à *Les Grades de sagesse du rite français, histoire, naissance et renaissance*, Éditions À l'Orient, 2000, p. 12.

Chapitre I

1. Guérillot Claude, *Les roses épanouies,* t.1, Éditions Trédaniel, 1995, pp. 247-258.
2. BN FM4 768, 4e grade, *Maître Secret.*
3. *Le Manuscrit Saint-Domingue 1764, à la source du manuscrit Francken : le grade de Maître Secret*, transcrit par Jacques Léchelle et Pierre Mollier dans *Renaissance Traditionnelle,* n° 113, janvier 1998, pp. 31 à 44.
4. Guérillot Claude, *Le Rite de perfection, restitutions des rituels traduits en anglais et copiés en 1783 par Henry Andrew Francken*, Éditions Trédaniel, 1993, pp. 35 à 46.
5. Guénon René, *Les Aperçus sur l'Initiation*, chap. XIII, "du secret initiatique", Éditions Traditionnelles, 1973.
6. Le *Livre des mort des anciens Égyptiens* traduit par Grégoire Kolpaktchy, Éditions Dervy, 2002.
7. *Maître Secret*, 4e degré, rituel transcrits en 1805 par le F∴Abraham, membre du Grand Consistoire de France, Bibliothèque André Doré, Grand Collège des Rites.
8. *Maître Secret, op. cit.*, p. 14-15.
9. Paris, Bibliothèque Roëttiers de Montaleau, *MS 20 FM* et *BN, FM4 367.*
10. Al-Qachani Abdu-el-Razzaq, *Le commentaire ésotérique de la sourate de la lumière*, traduit de l'arabe et annoté par Michel Valsan dans *Études Traditionnelles,* nos 437-438, mai à août 1973, p. 104.
11. Lallemant Louis, *Dante Maître spirituel,* Initiation au sens symbolique de la Divine Comédie II Purgatoire, Chant XXX, Éditions Trédaniel, 1988, pp. 151-157.
12. Benoist Luc, *Signes, symboles et mythes*, coll. "Que sais-je ?", n° 1605, PUF, p. 35.
13. Jones B.E., *Freemason's Guide et Compendium*, p. 270.
14. Prichard Samuel, *La Maçonnerie disséquée,* traduit et annotée par Jean-Pierre Berger *dans Le symbolisme,* n° 382, octobre-décembre 1967, pp. 3-31.
15. *L'examen d'un maçon,* dans *cahier de l'Herne*, la Franc-Maçonnerie, documents fondateurs, 1992.
16. Prichard Samuel, *op. cit.*
17. Bibliothèque Roëttiers de Montalleau, *MS 20 FM, op. cit.*

18. Casaril Guy, *Rabbi Siméon Bar Yochaï et la Cabbale*, coll. “Maîtres Spirituels”, Le Seuil, 1961, pp. 84-85.
19. Vassal Pierre-Gérard, *Cours complet de maçonnerie ou Histoire générale de l'initiation depuis son origine jusqu'à son institution en France*, Genève-Paris, Éditions Slatkine reprints 1980 de l'édition de 1852, p. 257.
20. Daniel : 12,9.
21. Pseudo Denys l'Aréopagite, *Œuvres complètes*, chap. 1, traduction, notes et commentaires de Maurice de Gandillac, Éditions Aubier Montaigne, 1943, p. 177.
22. Mainguy Irène, *La symbolique maçonnique du troisième millénaire*, Éditions Dervy, 2001, pp. 283-285.
23. Bermann Roland, *Voie des lettres, voie de sagesse les lettres ont leurs mots à dire*, Éditions Dervy, 2002, pp. 129-141.
24. Vuillaud Paul, *La kabbale juive, histoire et doctrine*, tome I, Éditions d'Aujourd'hui, 1976, pp. 215-216.
25. Paris, BN, FM4 768, 4e grade *Maître Secret*.
26. Segall Michaël, *Mots sacrés et mots de passe*, dans *Ordo ab Chao*, n°37, Supplément 14e.
27. Knorr de Rosenroth, *Le symbolisme des lettres hébraïques d'après les lieux communs kabbalistiques, extraits de la Kabbala Denudata*, traduit du latin et annotés par Yves Millet et ses collaborateurs, Paris, Éditions traditionnelles, 1958, p. 36.
28. Bermann Roland, *op. cit.*
29. Postel Guillaume, *Des admirables secrets des nombres platoniciens*, Édition, traduction, introduction et notes par Jean-Pierre Brach. Librairie philosophique, Éditions Vrin, 2001, pp. 111-113.
30. Abbé Henri Stéphane, *Introduction à l'ésotérisme chrétien*, Traité XI.2, De la Vérité, Éditions Dervy, 1979, pp. 322-323.
31. Parménide, *De la Nature*, trad. du grec par Jean Beaufret, PUF, 1955.
32. Flubacher Narcisse, *Loge de perfection*, dans les “Cahiers du Pélican”, n° 27, pp. 17-20.
33. Flubacher Narcisse, *op. cit.*
34. *L'Examen d'un maçon*, dans “Cahier de l'Herne”, *op. cit.*
35. Furetière, *Dictionnaire universel* 1690, Éditions SNL-Le Robert Reprint, Paris, 1978, t I, A-D.
36. Quillet, *Dictionnaire usuel*, Éditions Flammarion, 1970, p. 156.
37. Naudon Paul, *Histoire, Rituels et Tuileurs des Hauts grades maçonniques*, Éditions Dervy, 1978, p. 279.
38. Segall Michaël, *op. cit.*
39. Erman Sahir, *Commentaires des hauts grades du R.E.A.A*, Istambul, 1994, pp. 13-21.
40. Guérillot, *La Rose maçonnique*, *op. cit.*, pp. 252-253.
41. Guérillot Claude, *Le Rite de perfection*, *op. cit.*, p. 35.
42. *Maître Secret*, MS. 4e degré, 1805, Bibliothèque André Doré du Grand

Collège des Rites.
43. Tabari Abou-Djafar, *Chronique*, t. 1, traduit par Hermann Zotenberg, Éditions Maisonneuve et Larose, pp. 433-436.
44. Ibn'Arabî, *les Châtons de la sagesse*, traduction et notes de Titus Burckhardt, Éditions Albin Michel, 1955, p. 138.
45. Vuillaud Paul, *Le cantique des cantiques* d'après la tradition juive, Éditions d'Aujourd'hui, 1975.
46. Roux Jean-Paul, *Le roi mythes et symboles*, Éditions Fayard, 1995, pp. 213-216.
47. *Recueil des actes du Suprême Conseil de France ou collection des décrets, arrêtés et décisions de 1806 à 1830, précédés des Grandes Constitutions de 1762 et de 1786, et du Concordat passé entre le Suprême Conseil et le Grand Orient*, Éditions Setier, 1832.
48. *Maître Secret*, MS. 4e degré, 1805, *op. cit.*
49. Dans le rituel de Perfection neuf Noms sont associés au Grand Nom Ineffable. Ceux-ci diffèrent encore dans la version du rituel du R.E.A.A de 1804. Il ne sont plus réduits qu'à trois en 1875 selon la version du Tuileur de Lausanne : *Iod- Adonaï- Ivah.* L'énumération de ces noms constitue la principale différence entre le rituel de Perfection et la version du Rituel du R.E.A.A de 1804. Selon le manuscrit Francken ces noms sont : Selon les premières versions du R.E.A.A, vers 1804, notamment dans le Manuscrit XXVII, ces noms sont *Eloah, Adonaï, Jehovah, Jahvé, Job Aloin, Achab, Osem, Jesoüs.* Dans le fonds Kloss de la Grande Loge des Pays-Bas à la Haye les neuf noms sont *El, Eloha, Elohim, Eliel, Eléhaï, Saddaï (pour Shaddaï), Jah, El-Ion, El-Sebaoth.* Dans le manuscrit Saint Domingue 1764 (Cote Baylot FM4 15, op. cit), il est dit : *que ces neuf noms ont chacun 8 attributs de la divinité et qui en tout composent 888 lettres qui forment 72 noms qui sont pris comme le nom de la divinité selon l'alphabet des anges et l'arbre cabalistique.*
50. Guérillot précise dans son ouvrage sur *le Rite de perfection, op. cit.*, p. 42 qu'il s'agit de Besalel bèn Ouri bèn Hour, de la tribu de Juda et d'Ooliab bèn Ahissamakh, de la tribu de Dan (Exode 31, 1-11).

Chapitre II

1. Naudon Paul, *Histoire et Rituels des Hauts grades maçonniques du R.E.A.A*, Éditions Dervy, 1972, p. 278.
2. Guérillot Claude, *La Rose maçonnique*, Éditions Guy Trédaniel, 1995, pp. 258-266.
3. Ward Eric, *Early Master's Lodges and their relations to degrees* in Ars Quatuor Coronatorum, vol. 75, 1962, pp. 124 -181.
4. Paris, Bibliothèque Roëttiers de Montaleau, *MS 20 FM, Maître Parfait.*
5. Wien (Autriche), MS 76/16 – N° 22, *Quatrième grade de la maçonnerie,*

Maître Parfait, pp. 713-722.
6. Alençon, Bibliothèque Municipale, MS 379 de *Maître Parfait.*
7. Clément d'Alexandrie : *Stromates*, V 1,7, Éditions du Cerf, 1981.
8. Blanchard of Wheaton College, *Scottish Rite masonry illustrated*, the complete ritual of the Ancient and Accepted Scottish Rite, Chicago, Illinois, 1987, vol.1, pp. 74-87.
9. *Archives de La Franc-Maçonnerie ou les secrets et travaux de tous les grades jusqu'à celui de Rose-croix y compris les grades écossais par un chevalier de tous les ordres maçonniques*, Paris, Dentu, 1821, p. 134.
10. Wien, MS 76/16, *op. cit.*
11. Bibliothèque des Archives Historiques : *Maître Parfait 4e grade maçonnique, autrement dit, Maître vert*, en certaines loges.
12. La Haye, *MS. de Maître Parfait* 193 D32, 1760.
13. Wien (Autriche), MS.75/2, *Maître Parfait.*
14. L'Aéropagite Denys, *La Hiérarchie céleste,* Éditions du Cerf, 1970, n° 58 bis.
15. Guénon René, *Le Roi du Monde*, chap. XI : localisation des centres, Éditions Gallimard, 1973, pp. 93-94.
16. Bilis Marc, *La Quadrature du Cercle,* dans *Ordo ab chao,* nos 18 et 19.
17. Maier Michael, *Atalante Fugitive*, Épigramme XXI, traduction française d'Étienne Perrot, Éditions Dervy, 1997.
18. La Haye, *MS 193 D32, op. cit.*
19. Guénon René, *Le Symbolisme de la croix*, chap. VI, l'Union des complémentaires, Éditions Vega, 1970, p. 44.
20. Guénon René, *Le Règne de la Quantité, signe des temps*, Éditions Gallimard, p. 137, note 1.
21. Blanchard of Wheaton College, *op. cit.*, pp. 74-87.
22. *Archives de La Franc-Maçonnerie, op. cit.*, p. 138.
23. *MS 29 FM, op. cit.*
24. Bibliothèque Municipale de Lyon *MS 5834, Écossais de perfection.* (ce manuscrit est un composé de *Maître Parfait et d'Écossais des 3j*).
25. Paris, Bibliothèque Roëttiers de Montaleau, *MS 20 FM, Maître parfait.*
26. Bibliothèque. Nationale, *MS. FM4, 45.*
27. Guilly René, *Les Trois colonnes Sagesse Force Beauté et les Trois grands Chandeliers,* les Cahiers du rite Moderne français Rétabli, Loge du Devoir et de la Raison, 1963, p. 84.
28. Dachez Roger, *Le Mausolée du troisième grade du Régime Écossais Rectifié,* dans *Renaissance Traditionnelle,* n° 90, avril 1992.
29. Faivre Antoine, *Conférence des Élus Cohens de Lyon 1776-1778), aux sources du Rite Écossais Rectifié*, Éditions Baucens, 1973.
30. Alençon, *op. cit.*
31. Il s'agit du Saint des Saints, mentionné dans *la Maçonnerie disséquée* de Samuel Prichard, *dans le Symbolisme*, n° 382, octobre-décembre 1967.
32. *Archives de La Franc-Maçonnerie, op. cit.*

33. *MS 29 FM, op. cit.*
34. Blanchard of Wheaton *op. cit.*
35. *Le manuscrit Graham,* dans *le Symbolisme,* n° 392-393, janvier à Juin 1978, p. 99.
36. Guénon René, *Études sur la Franc-Maçonnerie et le compagnonnage,* tome II, Éditions Traditionnelles, 1973, p. 47.
37. Guénon René, *Les Symboles fondamentaux de la science sacrée,* Éditions Gallimard, 1962, p. 47.
38. Schuon Frithjof, *L'Œil du cœur,* Éditions Dervy, p. 14, note 4.
39. Vassal Pierre-Gérard, *Cours complet de maçonnerie ou histoire générale de l'initiation depuis son origine jusqu'à son institution en France,* Paris-Genève, Éditions Slatkine Reprints 1980 de l'édition de 1852, pp. 362-363.
40. BM. Lyon, *op. cit.*
41. Prichard Samuel, *op. cit.*
42. *Archives de La Franc-Maçonnerie, op. cit.*
43 Wien (Autriche), MS. 75/3, *Parfait Maçon.*
44. *MS 29 FM, op. cit.*
45. *MS.20 FM. op. cit.*
46. *The Bonseigneur Rituals, a collecton of 18th Century Écossais rituals,* vol I, Tulane University, New Orleans, U.S.A. Latomia, 1996.
47. Harvey Martin, *L'Initiation il y a deux cents ans,* dans *le Symbolisme,* n° 388, janvier-mars 1969.
48. Coomaraswamy Ananda, *Le Symbolisme de l'épée,* dans *Études Traditionnelles,* 1938, pp. 11-17.
49. La transcription de cette expression latine est erronée, en latin c'est : « *consummatum est* ».
50. *Scottisch rite, op. cit.* et BN FM4 769.
51. *The Bonseigneur Rituals, op. cit.* et Wien (Autriche) MS *76/16 op. cit.*
52. *MS 29 FM, op. cit .*
53. *Archives de La Franc-Maçonnerie, op. cit.,* pp. 198-199.
54. *MS 20 FM, op. cit.*
55. Portal Frédéric, *Des couleurs symboliques dans l'Antiquité, le Moyen Âge et les temps modernes,* Paris, Éditions de la Maisnie, 1975.
56. La Haye *193 D 32, op. cit.*
57. *Recueil des actes du Suprême Conseil de France ou Collection des décrets, arrêtés et décisions de cet illustre corps, de 1806 à 1830,* Éditions Setier, 1832.

Chapitre III

1. Guérillot Claude, *La Rose Maçonnique,* t. I, Éditions Trédaniel, 1995, pp. 266-272.
2. Vuillaume, *Manuel maçonnique ou Tuileur de tous les rites de maçonnerie pratiqués en France,* Paris, 1820.

3. Furetière Antoine, *Le dictionnaire universel*, 1688, réédité par SNL – Le Robert, 1978, vol. 1 de A-D et vol. de P-3
4. Wien MS76/10, pp. 657-668, *Architecture des Maîtres Anglais* (par curiosité).
5. Bibliothèque Municipale d'Avignon MS 3079, *Maître anglais 4e grade supérieur de la maçonnerie.*
6. Wien, MS 76/10, *op. cit.*
7. Soued Albert, *Les symboles dans la Bible*, Éditions Grancher, 1993, pp. 219-228.
8. Schuon Frithjof, *De l'Alliance* in Études Traditionnelles, juin 1940, n° 246.
9. Coran S. II, V38.
10. Le manuscrit mentionne les initiales B.N.S par erreur comme étant de l'anglais, en fait il s'agit des initiales des trois mots hébreux Berith, Neder Schelemoth.
11. Avignon, B.M., *MS 3083*, p. 101.
12. Bayreuth, *MS.7760/34*, p. 18.
13. Manuscrit BN FM4 320, *Maître Anglais par curiosité.*
14. Guénon René, *La Grande Triade*, chap. III, Éditions Gallimard, 1957, p. 33.
15. *Dictionnaire de spiritualité*, t. V, Éditions Beauchesne, 1964, p. 1099.
16. Avignon B.M., *MS.3082, Écossais des 3JJJ* (Ce rituel est un mélange intéressant de Secrétaire Intime et d'Intendant des Bâtiments).
17. Avignon BM, *MS.3079, op. cit.*
18. *Recueil des actes de Suprême Conseil de France, ou collection des décrets, arrêtés et décisions de cet illustre corps, de 1806 à 1830, précédé des Grandes Constitutions de 1762 et de 1786, et du Concordat passé entre le Suprême Conseil et le Grand Orient de France*, Éditions Setier, 1832.
19. Avignon, *B.M., MS 3079, op. cit.*
20. Dans la plupart des autres instructions il est précisé (en levant les yeux).
21. Parmi les réponses les plus courantes on trouve :
    D – Qu'a-t-on fait de vous après vous avoir surpris ?
    R – On m'a mis entre les mains des gardes et j'ai reçu ma sentence de mort.
22. Le Manuscrit Francken de 1783 précise que le Nom J.E.O.V.A est donné par épellation.
23. Dans le même Ms Francken, c'est Joabert qui est à la place de Zerbal. Selon Guérillot, Joabert serait l'une des corruptions usuelles de Yehohaver, voir Guérillot, *Le Rite de Perfection*, Éditions Trédaniel, p. 64.
24. La plupart des manuscrits donnent Cabul et cabuliste, néanmoins d'autres manuscrits présentent une déformation phonétique. dont Caputy et caputiste (dans le FM4 867 de la B.N.de Paris) et Capule et capuliste (dans le M.S de La Haye 240 E 62). Cette ville est mentionnée sous la forme de Caboul dans le Ier Livre des Rois, IX,13 et s'écrit en hébreu Kabûl. Elle est située en Galilée dans la région de Saint Jean d'Acre et a conservé son nom

d'origine encore de nos jours.

Dans le MS 7760/34 de Bayreuth, p. 19, il est précisé:

D – Qu'est-ce que le pays de Capul ou de Cabul ?

R – C'est un pays sablonneux que Salomon avait donné à Hiram Roi de Tyr en échange des matériaux qu'il avait fourni pour bâtir le temple.

25. Dans d'autres versions , entre autres dans les Manuscrits de Wien 76/10 et de la Bibliothèque Municipale d'Avignon 3079 F1, il est mentionné trente provinces au lieu de vingt.

Chapitre IV

1. Désaguliers René et Dachez Roger, *La pensée chinoise et la Franc-Maçonnerie au XVIIIe siècle : à propos du grade de* *Maître Irlandais, Prévôt et Juge*, dans *Renaissance Traditionnelle*, n° 96, octobre 1993.
2. Furetière, *Dictionnaire Universel*, 1690, Éditions Robert reprint, 1978 ; P-Z, t. III, p. 128.
3. *Dictionnaire du Moyen Âge*, PUF, pp. 1140-1141.
4. Vassal Pierre-Gérard, *Cours complet de maçonnerie ou Histoire générale de l'initiation depuis son origine jusqu'à son institution en France*, Genève – Paris, Slatkine Reprints 1980 de l'édition de 1852, pp. 302-303.
5. Guénon René, *La Grande Triade*, Éditions Gallimard, 1957, chap. XVI, pp. 135-143.
6. Paris, Bibliothèque Roettiers de Montaleau, *MS 20 FM, Prévôt et Juge ou Maître Irlandais.*
7. La Haye, *MS 193 D.32 et 240 D.3, Maître Irlandais, Prévôt et Juge.*
8. La Haye Ms. 7240 E 63.
9. La Haye, MS 193 D 32, *op. cit.*
10. La Haye, *MS 240 D.3, op. cit.*
11. Avignon B.M., *MS.3083, Maître Irlandais, Prévôt et Juge*, p. 103.
12. Désaguliers René et Dachez Roger, *op. cit.*
13. La Haye 240 B.10, *Manuscrit de Parfait Illustre Irlandais.*
14. L'étude du *Maître Irlandais, Prévôt et Juge, un grade à redécouvrir* par Pierre Petitjean et Eugenio Esposito, *dans L'Écossais,* n° 3 apporte de précieux compléments à l'article paru dans *Renaissance Traditionnel*, le n° 96, mentionné plus haut. Se reporter aussi au n° 4 de *L'Écossais* qui fournit la signification détaillée des mots chinois, reproduite à la page suivante.
15. Dans *L'Écossais,* n° 4, Courrier des lecteurs dans *Revue du Grand Collège des Rites*, décembre 2002, pp. 50-51.
16. *Recueil des actes du suprême Conseil de France ou collection des décrets, arrêtés et décisions de cet illustre corps, de 1806 à 1830*, Paris, Imprimerie Sétier, 1832.
17. La Haye *Ms 193, D32, op. cit.*
18. Paris, Bibliothèque Roëttiers de Montaleau, *MS 20 FM.*

19. BN, FM4 358 *Grade du Parfait Maître Irlandais et* Avignon, *Maître Irlandais, Prévôt et Juge,* B.M. MS. 3083.
20. M.S.Lyon 5921-5, p. 12.
21. Le manuscrit Francken précise quatre + un coup :
    Q – Comment fûtes-vous admis dans la loge de Prévôts et Juges ?
    R – En frappant quatre fois, et un cinquième après une courte pause.
    Q – Que signifient ces quatre coups, suivis d'un cinquième séparé ?
    R – Les quatre premiers coups rappellent les emblèmes qui ornent les quatre façades du temple et le cinquième symbolise l'unité de Dieu, auquel le Temple est dédié et à qui sont dus tous nos hommages.

Voir Guérillot, *Le Rite de perfection*, p. 74.

22. Cette description de la marche formant le 4 de chiffre est particulièrement intéressante. On pourra se reporter sur ce sujet à l'étude de René Guénon traitant du *Chrisme et le cœur dans les anciennes marques corporatives* parue dans *Études sur la Franc-Maçonnerie et le compagnonnage*, t. II, Éditions Traditionnelles, 1976, pp. 50-67.
23. On peut relever que l'ordonnancement des lumières de la loge est la même qu'au Maître Parfait.
24. Dans le Ms Francken on lit :
    Q – Que signifient les lettres I H S avec la branche d'acacia sur le H ?
    R – Le I veut dire Ina (probablement pour Iva), le H, Hiram et le S, Stolkin, nom de celui qui retrouva le lieu où gisait le corps d'Hiram abif sous la branche d'acacia, qui fut ensuite la marque permettant de retrouver ce lieu. *Voir* Guérillot, *op. cit*, p. 76.

On peut envisager que cette explication extérieure en cache une plus intérieure qui serait « Jesus Hominis Salvator » qui peut être traduite par *Jésus Sauveur de l'homme.*

Chapitre V

1. Guérillot Claude, *La Rose maçonnique*, Éditions Trédaniel, 1995.
2. Guérillot Claude, *Le Rite de Perfection,* Éditions Trédaniel, 1993, pp. 79-90.
3. Vassal Pierre-Gérard, *Cours complet de maçonnerie ou Histoire générale de l'Initiation depuis son origine jusqu'à son institution en France*; Genève-Paris, 1980, Éditions Slatkine Reprints de 1852, pp. 284-288.
4. Wien 76/9, *Architecture des Maîtres en Israël,* pp. 649-655.
5. *Le manuscrit Graham* traduit et annoté par Jean-Pierre Berger, dans *Le Symbolisme,* nos 392-393, janvier-juin 1970, p. 99.
6. Avignon BM, MS.3082, *Écossais des JJJ,* pp. 294-299.
7. Vassal Pierre-Gérard, *op. cit.*
8. La Haye 240 E 65, XXVIII – 11, *Intendant des Bâtiments ou Maître en Israël.*
9. Avignon BM, *MS 3081-13, Écossais des 3JJJ.*

10. Guérillot Claude, *Le Rite de perfection, op. cit.*, p. 86.
11. *The Intermediate degrees 1° - 17° in the Jurisdiction of the Supreme Council 33° of the ancient and accepted rite for England and Wales and its districts and Chapters overseas*, by.G.E.W.Bridge, London, 1990.
12. Avignon, B.M. *MS 3082/15, op. cit.*
13. La Haye *240 E 65, op. cit.*
14. La Haye, *240 E 65, op. cit.*
15. *Recueil des actes du Suprême Conseil de France ou Collection des décrets, arrêtés et décisions de cet illustre corps, de 1806* à 1830, Paris Imp. Sétier, 1832. Les lettres B. A. I. signifient Benchorim, Achard, Jakinaï ou Iakinaï que Guérillot (op. cit) traduit par : « Précieux fils d'une noble famille, Dieu est mon soutien » et K I correspond à Ky (continuation du Prévôt et Juge) et Ivah.
16. Avignon, *Écossais des JJJ, op. cit.*
17. Guérillot, *Le Rite de perfection, op. cit.*, p. 89.
18. Cette fois encore l'instruction parle de termes anglais, alors que les mots, bien que déformés sont en hébreu.
19. Il s'agit probablement de l'âge de vingt-sept ans, mentionné dans la plupart des manuscrits, dont Francken.

Chapitre VI

1. Voir *Ordo ab Chao,* n° 44, deuxième semestre 2001, supplément 12[e], l'excellente étude sur le sujet de Jean- Paul Muisier et Daniel Bacry.
2. Cette version très complète de la légende est extraite du manuscrit de Wien (Autriche) ***MS 76/35 folios 954-961***, intitulé ***Architecture des Maîtres Élus***, 2[d] grade. On peut s'étonner que la tête d'Abiram soit donnée dans cette version comme étant exposée à la porte septentrionale, alors qu'il n'y avait pas de porte au nord, mais à l'Orient. Dans d'autres manuscrits il est bien mentionné la porte orientale à la place de septentrionale.
3. Bibliothèque Municipale de Bordeaux, *Cinquième grade de l'art Royal du premier Temple, Élu symbolique ou petit Élu*, MS 2098, circa 1780.
4. Bérage, Catéchisme du *Parfait Maître Élu*, extrait des *Plus secrets Mystères des hauts grades de la maçonnerie dévoilée*, 1778.
5. *Archives de la Franc-Maçonnerie ou les Secrets et travaux de tous les grades, jusqu'à celui de Rose-croix, y compris les grades écossais par un chevalier de tous les ordres maçonniques*, Paris, Éditions Dentu, 1821, p. 160.
6. Paris, Bibliothèque Roëttiers de Montaleau, *MS 21 FM, Maître Élu des Neuf.*
7. Guénon René : *Le Roi du monde*, Éditions Gallimard, 1973, pp. 59-65.
8. B.M. Bordeaux, MS *op. cit.*
9. Vincent Albert, *Lexique biblique*, Casterman, Éditions de Maredsous, 1964, pp. 157-158.

10. *Archives de La Franc-Maçonnerie ou les secrets..., op. cit.*
11. Furetière Antoine, *Dictionnaire,* t. III, P-Z, La Haye, 1690, Reprint Éditions le Robert, 1978.
12. BN, FM4, *Manuscrit 203.*
13. *Archives de la Franc-Maçonnerie ..., op. cit.*, p. 161.
14. *Idem, op. cit.*, p. 158.
15. B.M. Bordeaux, *MS op. cit.*
16. Berthelon Jean-Pierre, *Miscellanées Traditionnelles et maçonniques*, Éditions Techni- Plis, 1979, pp. 113-115.
17. *Esdras*, Chapitre 7, Verset 6.
18. Pythagore, *Les Vers d'or suivi de Hiéroclès, commentaires sur les vers d'or des pythagoriciens, traduction nouvelle avec prolégomènes I* et notes par Mario Meunier, Éditions de la Maisnie, pp. 120-122.
19. *Archives de la F. M ou les Secrets, op. cit.*
20. B.M., Bordeaux, *MS, op. cit.*
21. Guénon René, *Aperçus sur l'initiation,* chap. XLVI, sur deux devises initiatiques, Éditions Traditionnelles, 1972, pp. 289-293,
22. Clément d'Alexandrie, *les Stromates V,* t. XVII traduit par Voulet, 1981, Éditions du Cerf, n°278 des *Sources Chrétiennes.*
23. Guénon René, *Mélanges*, Éditions Gallimard, 1976, p. 188, note 24.
24. Guénon René, *Études sur l'Hindouisme*, Éditions Traditionnelles, 1976, p. 72.
25. *Recueil des actes du Suprême Conseil de France ou Collection des décrets, Arrêtés et décisions de cet illustre corps, de 1806 à 1830*, Imprimerie de Sétier, 1832.
26. Bibliothèque Roëttiers de Montaleau, MS 21 FM, *Maître Élu des Neuf.*
27. B.M. de Bordeaux, *op. cit.*
28. Cette instruction montre bien que le chien existait aussi dans les anciens rituels d'*Élus des Neuf,* il a disparu lorsque le grade d'*Élu de l'Inconnu* n'a plus été pratiqué. Seul le premier Ordre du Rite Français l'a conservé.
29. On notera que les âges varient selon les rituels, entre autre le MS Francken donne Huit et un ans conformément aux anciens Tuileurs, sauf celui de Lausanne.

Chapitre VII

1. Khebian Jean : *Les grades de vengeance au XVIIIe siècle et sous l'Empire,* Bulletin des Ateliers Supérieurs du Grand Collège des Rites, N° 73, 1970, pp. 27-37.
2. Prichard Samuel, *la Maçonnerie disséquée,* 1730, traduit et commenté par Gilles Pasquier dans *Cahier de l'Herne.*
3. Bibliothèque Municipale d'Avignon, *MS 3084,* folio 29 v°.
4. *Dictionnaire encyclopédique de la Bible,* Éditions Brepols, 2002, pp. 720 et 1311.

5. Bibliothèque du Grand Orient des Pays-bas, *MS Kloss XXXIV – I,* 061.0.
6. Wien (Autriche), *Architecte des Maîtres Élus*, 3e grade, 962-970.
7. Delcamp Edmond, *La Montée vers l'orient*, Éditions Dervy, 1975, pp. 115-121.
8. *Recueil des actes du Suprême Conseil de France ou Collection des décrets, arrêtés et décisions de cet illustre corps, de 1806 à 1830*, Paris, Imprimerie de Sétier, 1832.
9. Dans le MS. FM4362 de la Bibliothèque nationale, à la même question, il est répondu : *Abiram dont le vrai nom est Hoben.*

Chapitre VIII

1. *Recueil des actes du Suprême Conseil de France ou Collection des décrets, arrêtés et décisions de cet illustre corps, de 1806 à 1830*, Imprimerie de Sétier, 1832.
2. Emerek est le terme donné par le Tuileur de Lausanne ainsi que celui en usage dans la plupart des rituels.

Chapitre IX

1. Guérillot Claude, *Le Rite de perfection*, Éditions Guy Trédaniel, 1993, pp. 145 à 148 ; *la Rose maçonnique,* t. I, 1995, pp. 322-28.
2. Quillet, *Dictionnaire usuel par le texte et par l'image*, Paris, 1963.
3. *Larousse Universel* en deux volumes, 1922.
4. Tulane University, New Orleans, USA, *Rituel Bonseigneur,* Latomia, 1996.
5. Paris, Bibliothèque Roëttiers de Montaleau. *M.S. de Grand Architecte*, 21 FM, pp. 174-175.
6. Beyerlé, *Essai sur la Franc-Maçonnerie*, t. second, livre troisième, 1784, pp.114-117.
7. Tulane University, *op. cit.*
8. Hani Jean, *Les métiers de Dieu, préliminaire à une spiritualité du travail*, Éditions des Trois Mondes, 1975, chap. VI, pp. 79-92.
9. Gedalge Amélie, *Des contes de fées à l'opéra : une voie Royale*, Éditions Dervy, 2003.
10. *Évangile de Matthieu* 13, 10 à 13.
11. Guénon René, *Les Symboles fondamentaux de la science sacrée*, chapitres XI et LXX, Éditions Gallimard, 1962.
12. Tulane University, *op. cit.*
13. Guérillot Claude, *op. cit.*, p. 132.
14. *Manuscrit de la Haye* XXX-15 du Fonds Kloss, Latomia, 1987, p. 7.
15. Tulane University, *op. cit.*
16. *Encyclopédie ou Dictionnaire raisonné des sciences, des arts et des métiers.*

Nouvelle édition, Genève, 1778, tome seizième, pp. 38-54.
17. *Encyclopédie; op. cit.*, tome vingtième, p. 252.
18. Ce questionnement est extrait des rituels actuels des obédiences qui pratiquent ce grade.
19. Guénon René, *Introduction générale à l'étude des doctrines hindoues*, Éditions Vèga, 1930, pp. 130-131.
20. Furetière Antoine, *Dictionnaire Universel*, 1690, SNL, Le Robert reprint, 1978, tome I, lettre A-D.
21. *Encyclopédie, op. cit*, t. XIII, pp. 725-739.
22. Pythagore, *Les Vers d'or*, suivi de Hiéroclès, *Commentaire sur les vers d'or des pythagoriciens*, traduction nouvelle avec prolégomènes et notes par Mario Meunier, Éditions de la Maisnie.
23. *Réception du G.·.A.·.*, Collection of the Count de la Barre, vol.1, Latomia 1997.
24. Paris, *MS 21 FM, op. cit.*
25. Ce mot Stekenna a subi une déformation dans sa transcription. Il désigne la Shekinah.
26. *Réception du G.·.A.·.*, Collection of the Count de la Barre, *op. cit.*
27. Réception du G.·. A.·., *op. cit.*
28. *Recueil des actes du Suprême Conseil de France ou Collection des décrets, arrêtés et décisions de cet illustre corps, de 1806 à 1830*, Paris, Imprimerie de Sétier, 1832.
29. La Bible dit l'an du monde 3550-3485 (note du manuscrit).
30. Au XVIIIe siècle *la catoptrique* était définie comme étant synonyme d'entendement, de raison, philosophie ou science, science de la nature, mathématiques, optique. la catoptrique traite non seulement de la réflexion des rayons de lumière et des lois qui suit cette réflexion ; elle traite aussi des phénomènes qui en résultent par rapport à la vision.

Chapitre X

1. Jones Bernard E., *Freemasons'book of the Royal Arch*, Harrap, London, 1972, p. 128. Éléments repris par Guérillot Claude, dans *La légende d'Hiram selon le Rite de Perfection et le Rite Écossais Ancien et Accepté*, Éditions Guy Trédaniel, 2003, pp. 115-116.
2. Jones Bernard E., *op. cit.*
3. Guénon René, *Etudes sur la franc-maçonnerie et le compagnonnage*, tome II, Éditions Traditionnelles, 1973, p. 318.
4. Doré André, *Un grade méconnu le Chevalier de Royale Arche,* dans *Bulletin du Grand Collège*, n° 99/1983.
5. Flubacher Narcisse, *Commentaires sur le 14e grade,* dans *les Cahiers du Pélican,* n° 36, automne 1997.
6. *Dominus vobiscum* signifie « Que le Seigneur soit avec vous ! »

7. *Scottisch Rite Masonry Illustrated the complete rituel of the Ancient and Accepted Scottisch Rite,* vol.1, Chicago, 1987, pp. 268-284.
8. Choptel Jean et Gobry Christiane, *Les Rois Mages, Histoire, légende et enseignements,* Éditions le Mercure Dauphinois, 2002.
9. Eisenberg Josy et Abécassis Armand, *Jacob, Rachel, Léa et les autres. À Bible ouverte IV,* présences du Judaïsme, Éditions Albin Michel, 1981, p. 28.
10. Umar, *Réflexions sur le Tétragramme,* dans *Vers la Tradition,* n° 68, juin à août 1997, pp. 38-45.
11. Allendy, *Le symbolisme des nombres,* Éditions Les Études Traditionnelles, 1948, pp. 370-372.
12. Silesius Angelus, *Le pèlerin chérubinique,* Éditions Aubier Montaigne, 1946.
13. Paris, Bibliothèque Roëttiers de Montaleau, *MS 21 FM, Le Chevalier de la Royale Arche,* pp. 193-224.
14. Bordeaux BM, *MS 2098, Maçon du Secret.*
15. Toulouse B.U., *Écossais ou Élu Parfait de la Loge,* Bordeaux, vers 1750, pp. 50-51.
16. Guénon René, *La Grande Triade,* Éditions Gallimard, 1957, p. 81.
17. Guénon René, *Symboles fondamentaux de la science sacrée,* Éditions Gallimard, 1970, p. 311.
18. Alençon BM, Legs Liesville, *MS.373 à 407,* pp. 233-242, *Royal Arche,* 13e degré, n° 10.
19. Guénon René, *Le Règne de la Quantité et les signse des Temps,* NRF, 1945, p. 137.
20. Doré André, *Un grade méconnu, op. cit.*
21. Naulin Paul, *L'itinéraire de la conscience, étude de la philosophie,* Éditions Aubier, s.d.
22. Guénon René, *Le symbolisme de la croix,* chap. XVII, l'ontologie du buisson ardent, Éditions Véga, 1957.
23. Mouret Claude, *le Tétragramme,* dans *Renaissance Traditionnelle,* n° 50, avril 1982.
24 Silesius Angelus, *op. cit,* p. 62.
25. Vassal Pierre-Gérard, *Cours complet de maçonnerie ou Histoire générale de l'initiation depuis jusqu'à son institution en* France, Paris-Genève, Slatkine Reprints 1980 de l'édition de 1852.
26.President J. Blanchard of Weaton College, *Scottisch Rite Masonry Illustrated the complete ritual of the Ancient and Accepted* Scottisch Rite, profusely Illustrated, vol.1, pp. 268-284, Charles T. Powner Co, Chicago, 1987.
27. Bayreuth *MS 7760-J,* p. 21.
28. Guénon René, *Symboles fondamentaux de la Science sacrée,* ch. XLVIII, Gallimard, 1970.
29. Guénon René, *Le Roi du Monde,* chap. VI, Éditions Gallimard, 1973.

30. Berger Jean-Pierre, *le Manuscrit Graham,* dans *le Symbolisme,* n°s 392-393, janvier à juin 1970.
31. Toulouse B.U., *op. cit.*
32. Davy Marie-Madeleine, *le thème du désert dans le monachisme chrétien,* dans *Cahier de l'Université Saint Jean de Jérusalem,* n° 8 sur le thème "Le Désert et la Queste", Paris, 1982.
33. *Recueil des Actes du Suprême Conseil de France ou Collection des décrets, arrêtés et décisions de cet illustre corps de 1806 à 1830,* Imprimerie Sétier, 1832.

Chapitre XI

1. Ragon, *Tuileur général ou manuel de l'initié,* Éditions Tessier, 1865.
2. Guérillot Claude, *Le Rite de perfection,* Éditions Trédaniel, 1993.
3. Wien MS 76/11 *Architecture des Grands Écossais* (de Valois). On trouve la même version de ce rituel *Un rituel inédit de Grand Écossais,* vers 1748, dans *Renaissance Traditionnelle,* n° 42, avril 1980.
4. Paris, Bibliothèque Roëttiers de Montaleau, *MS 22 FM, Le Grand Élu Parfait Maître et Sublime Écossais.*
5. Guénon René, *Le symbolisme de la croix,* chap. IV, Éditions Vèga, 1957.
6. Un rituel inédit de Grand Écossais, Paris, vers 1748 dans *Renaissance Traditionnelle,* n° 42, avril 1980, Rituel semblable en tout point à celui de Wien 76/11, Architecture des Grands Écossais (de Valois).
7. Concernant *libre et de bonnes mœurs,* se reporter à Mainguy Irène, *La Symbolique maçonnique du troisième Millénaire,* 2001, pp. 102-106.
8. *Le Sceau rompu ou la loge ouverte aux profanes par un Franc-maçon,* 1745, Éditions Rouyat reprint, 1974.
9. Grande Loge Générale Écossaise de France, octobre 1804, *Rituel du 1er degré,* dans *Ordo ab Chao,* n°s 39-40, *Origine et Évolution des Rituels.*
10. *Guide des Maçons Écossais, apprenti,* pp. 209-213, *compagnon,* pp. 252-53, dans *Ordo ab Chao, op. cit.*
11. Anderson, *Constitutions,* sur les textes de 1723 et 1738, traduites par Georges Lamoine, Éditions du Snès, Toulouse, 1995, p. 267.
12. Spinoza, *Éthique démontrée* suivant l'ordre géométrique et divisé en cinq parties, propositions LIX à LXVI, traduction nouvelle de Charles Appuhn, Librairie Garnier.
13. Bayreuth *MS.7760-J.*
14. *Quatorzième grade, Perfection ou le Grand Écossais de la Voûte sacrée de Jacques VI,* Bibliothèque André Doré du Grand Collège des Rites.
15. Paris, Bibliothèque Roëttiers de Montaleau, *MS 22 FM, Le Grand Élu, Parfait Maître et Sublime Écossais.*
16. Quatorzième grade, *op. cit.*
17. Quatorzième grade, *op. cit.*

18. Zohar, 1-1, *Sepher ha-Zohar* traduit par Jean de Pauly, Éditions Maisonneuve, 1975.
19. Toulouse B. U, Écossais ou *Élu Parfait de la Loge*, Bordeaux, vers 1750.
20. Paris, Bibliothèque Roëttiers de Montaleau, MS *22 FM, op. cit.*
21. Zohar, I.- 45, *op. cit.*
22. *Le Sceau rompu ou la la loge ouverte aux profanes par un franc-maçon*, Éditions Rouyat 1974, reprint de l'Édition de 1745.
23. Bonnet Jacques, *les symboles traditionnels de la Sagesse*, Éditions Horvath, 1979, pp. 63-64.
24. BN *MS. FM^{4} 15.*
25. Bayreuth *MS 7760 –5.*
26. Mouret Claude, *Aperçu sur les Séphiroth,* dans *Renaissance Traditionnelle,* n° 60, octobre 1984.
27. Guénon René, *le Symbolisme de la Croix*, chap. IX, Éditions Vèga, 1957.
28. Mainguy Irène, *les Initiations et l'initiation maçonnique*, Édimaf, 2000.
29. Guénon René, *les Aperçus sur l'initiation*, Éditions Traditionnelle, 1973.
30. *Recueil des actes du Suprême Conseil de France ou Collection des décrets, arrêtés et décisions de cet illustre corps, de 1806 à 1830*, Imprimerie de Sétier, 1832.
31. Quatorzième grade, *op. cit.*
32. Bayreuth MS 7760-32.
33. Il est bien évident que deux des trois mots hébreux cités sont mal transcrits, il s'agit de *Neder* à la place de Nedos et de *Schelemoth* à la place de Schmouth.
34. *Le Parfait Maitre Anglais surnommé l'Anneau d'or,* MS Bayreuth 7760-5, p. 3.

Chapitre XII

1. *Rituels du Rite Français Moderne 1786, les Quatre « Ordres » Supérieurs Élu – Écossais – Chevalier d'Orient – Rose-croix.* Préface de Daniel Ligou, postface de Guy Verval, Éditions Champion – Slatkine, 1992, pp. I à XIV.
2. *Rituels du Rite Français Moderne*, 1786, *op. cit.* Élu, Slatkine 1991, pp. 62-64.
3. Meyer Sal, *Les tables de la loi, principes et rits du judaïsme originel,* la Colombe, 1962, pp. 56-94.
4. *Le Régulateur des Chevaliers maçons ou les quatre Ordres Supérieurs, suivant le Régime du Grand Orient*, Librairie Caillot, s.d.
5. *Le Régulateur, op. cit.*
6. Franklin Alfred, *Dictionnaire historique des arts, métiers et professions, exercés dans Paris depuis le XIIe siècle*, Paris, 1906.
7. Voragine Jacques, *La légende dorée*, vol. 2, Éditions Garnier Flammarion,

1976, p. 46.
8. Plutarque, *Questions romaines*, 72.
9. *Le Régulateur, op. cit.*
10. Davy Marie-Madeleine, Abécassis Armand, Mokri Mohammad, *Le thème de la Lumière dans le judaïsme, le christianisme et l'islam*, Berg International, 1976, pp. 42 et 381-388.
11. *Le Régulateur, op. cit.*
12. Scholem Gaston, *Les origines de la kabbale*, Éditions Aubier Montaigne, 1966, p. 321.
13. *Le Régulateur, op. cit.*
14. *Le Régulateur, op. cit.*
15. *Le Régulateur, op. cit.*
16. Bonnet Jacques, *Les symboles traditionnels de la sagesse*, Éditions Horvath, 1976, pp. 59-64.
17. Choptel Jean et Gobry Christine, *Les rois mages, histoire, légende et enseignements*, Éditions Le Mercure Dauphinois, 2002, pp. 105-114.

Chapitre XIII

1. *Les Grades de Sagesse du Rite Français, histoire, naissance et renaissance*, Éditions À l'Orient, 2000.
2. Guérillot Claude, *Le Rite de perfection, restitution des rituels* traduits en anglais et copiés en 1783 par Henry Andrew Francken, Éditions Trédaniel, 1993, pp. 173-214.
3. *L'Écossais Parfait Maître Anglais*, Ms. Bayreuth 7760-10.
4. La Haye *MS XXXIV*, 1-5, t. II, pp.181-286, Latomia, 1986.
5. *Grade de Parfait Écossais ou le Vrai Maître*, Bibliothèque municipale d'Avignon, MS. 3081.
6. *Rituel du Rite Français moderne 1786, les Quatre « Ordres supérieurs » Écossais*, Éditions Champion, Slatkine, 1992, pp. 65-109.
7. Flubacher Narcisse, *Grand Élu Parfait et Sublime Maçon*, dans *le Pélican*, n° 36, Automne 1997.
8. Roëttiers de Montaleau, *Le Régulateur des Chevaliers Maçons ou les quatre Ordres supérieurs suivant le régime du Grand-Orient, IIe Ordre, Grade d'Écossais*, à Hérédom, s.d.
9. Bayreuth, MS. 7760/34, pp. 20-21.
10. Avignon MS 3082/15.
11. Bayreuth MS 7760/12.
12. Soued Albert, *Les symboles dans la Bible*, Éditions Grancher, 1993, pp. 295-296.
13. *Rituel du Rite Français moderne 1786, les Quatre « Ordres supérieurs » Écossais*, Éditions Champion, Slatkine, 1992, pp. 65-109.
14. Selon le Petit Robert *innominé*, vient du latin *innominatus* qui signifie

os iliaque (qui n'a pas reçu de nom). En fait innomé ou innominé signifie qui n'a pas reçu de dénomination. Le principe Absolu synthétise tous les noms en étant au-delà du nom. Ce qualificatif d'*innominable* est donc synonyme d'indicible, d'inexprimable. Innominabilis signifie "qui ne peut être nommé" et innominis "sans nom".

15. *Les Sept grades de la Mère Loge Écossaise de Marseille 1751*, manuscrit et translation typographique 1812, Éditions les Rouyat, 1981, p. 103.
16. *Encyclopédie ou dictionnaire raisonné des Sciences, des Arts et des Métiers*, t. XXI, Genève 1777, p. 699.
17. *Le Régulateur des Chevaliers maçons, op. cit.*
18. BN, Manuscrit *FM4 242, Grand Écossais Parfait Maître Anglois.*
19. *Rituel du Rite Français moderne 1786, op. cit.*
20. *Maçonnerie adonhiramite,* Deuxième partie, perfection, 1787, Les Rouyat, 1975, p. 59.
21. Ibn Arabî Muhyi-d-Dîn, *La Sagesse des Prophètes*, traduction et notes par Titus Burckardt, Éditions Albin Michel, 1955, pp. 147-148.
22. Pseudo Deny l'Aéropagite, *Œuvres complètes*, Éditions Aubier, 1943, p. 357.
23. Abbé Henri Stéphane, *Introduction à l'Ésotérisme* Chrétien, t. II, *op. cit.*, p. 266.
24. Ms. Bayreuth 7760-10, *op. cit.*
25. Ms Bayreuth 7760-5, *le Parfait Maître Anglais surnommé l'anneau d'or.*
26. BN FM4 242, *op. cit.*
27. Bayreuth *7760-10, op. cit.*
28. Bayreuth, *MS 7760-J*, p. 17.
29. Ragon, *Tuileur Général de la franc-maçonnerie*, Éditions Télètes, Paris, 2000.
30. Bayreuth *7760-10, op. cit.*
31. B. N. *FM4 242, op. cit.*
32. Bayreuth, *MS 7760 – J*, p. 19.
33. Bayreuth, *MS 7760 – 12*, p. 26
34. Soued Albert, *op. cit.*, p. 31.
35. B M. d'Avignon MS 3081, *op. cit.*
36. Bayreuth 7760-5, *op. cit.*
37. La théologie apophatique dit de Dieu ce qu'il n'est pas plutôt que ce qu'il est, c'est ce que l'on retrouve dans la *shahada* ou profession de foi en Islam.
38. Abbé Henri Stéphane, *op. cit.*, t. I, p. 232.
39. *L'Écossais Parfait Maître Anglais*, préliminaire, Bayreuth 7760.
40. *Grade de Maître Parfait, Écossais d'Angleterre*, la Haye 240 E 67.
41. *Rituel du Rite Français moderne 1786, op. cit.*
42. Guénon René, *La Grande Triade*, Éditions Gallimard, 1957, pp. 106-107.
43. Umar, *les symboles géométriques de l'initiation de métier*, dans *Vers la*

Tradition, n° 64, juin à août, 1996, pp. 21-30.
44. Umar, *La pierre cubique à pointe*, dans *Vers la Tradition*, n° 59, 2e trimestre 1995, pp. 1-6.
45. Chéreau Antoine-Guillaume, *Explication de la croix philosophique suivi de explication de la pierre cubique*, 1806, Gutenberg reprint, 1981.
46. Chéreau Antoine-Guillaume, *op. cit.*
47. Chéreau Antoine-Guillaume, *op. cit.*
48. Chereau Antoine-Guillaume, *op. cit.*
49. Ponceau : ce terme désigne, selon le dictionnaire universel d'Antoine Furetière, un rouge très foncé. Le ruban le plus cher est le ruban ponceau, teint en couleur de feu. Ce nom lui a été donné à cause de la fleur du ponceau, ou coquelicot qui est fort rouge. Le ponceau est synonyme de coquelicot, espèce de pavot.
50. *Travaux du Souverain Chapitre ou ses Quatre Ordres, rédigés par le Souverain Chapitre Métropolitain à l'Orient de Paris*, 1786, Éditions À l'Orient, 2002.

Appendice

1. Mainguy Irène, *La Symbolique Maçonnique du 3e millénaire*, *op. cit.*, pp. 447-453.
2. Cryer Neville Barker, *L'Arche et l'Arc-en-ciel*, Toulouse, Éditions du Snes, 1998.
3. Mainguy Irène, *op. cit.*, chap. VI, "les outils", pp. 261-88.
4. Harvey Martin, *l'Initiation, il y a deux cents ans*, dans *Le Symbolisme*, n° 388, janv-mars 1969, p. 97.
5. Umar, Introduction générale à l'étude du fil à plomb, dans *Vers la Tradition*, n° 63, mars à mai 1996, pp. 38-43.
6. Roman Denys, *Réflexions d'un Chrétien sur la franc-maçonnerie*, chap. II, "Remarques sur quelques symboles maçonniques", Éditions Traditionnelles, 1995, pp. 53-66.
7. Roman Denys, *op. cit.*
8. Guénon René, *Les Symboles fondamentaux de la Science sacrée*, chap. XLIII, Éditions Gallimard, 1970, pp. 278-291.

0
0 0

TABLE DES ILLUSTRATIONS

TABLE DES PLANCHES

Index alphabétique

C

D

E

F

G

H

I

J

K

L

M

N

O

P

Q

R

S

T

U

V

Z

MAQUETTE
MISE EN PAGE
DARIUS
PARIS

Achevé d'imprimer sur les presses de l'Imprimerie BARNÉOUD
B.P. 44 - 53960 BONCHAMP-LÈS-LAVAL
Dépôt légal : Août 2003 - N° d'imprimeur : 14267
Imprimé en France